Dor
suprema

VICTOR

Dor suprema

HUGO

Novela psicografada por
ZILDA GAMA

Copyright © 1939 *by*
FEDERAÇÃO ESPÍRITA BRASILEIRA – FEB

1ª edição – Impressão pequenas tiragens – 1/2025

ISBN 978-85-7328-542-0

Todos os direitos reservados. Nenhuma parte desta publicação pode ser reproduzida, armazenada ou transmitida, total ou parcialmente, por quaisquer métodos ou processos, sem autorização do detentor do *copyright*.

FEDERAÇÃO ESPÍRITA BRASILEIRA – FEB
SGAN 603 – Conjunto F – Avenida L2 Norte
70830-106 – Brasília (DF) – Brasil
www.febeditora.com.br
editorial@febnet.org.br
+55 61 2101 6161

Pedidos de livros à FEB
Comercial
Tel.: (61) 2101 6161 – comercial@febnet.org.br

Adquirindo esta obra, você está colaborando com as ações de assistência e promoção social da FEB e com o Movimento Espírita na divulgação do Evangelho de Jesus à luz do Espiritismo.

Dados Internacionais de Catalogação na Publicação (CIP)
(Federação Espírita Brasileira – Biblioteca de Obras Raras)

H895d	Hugo, Victor (Espírito)
	Dor suprema / Victor Hugo (Espírito); romance psicografado por Zilda Gama. – 1.ed. – Impressão pequenas tiragens – Brasília: FEB, 2025.
	732 p.; 21cm – (Coleção Victor Hugo)
	ISBN 978-85-7328-542-0
	1. Romance espírita. 2. Obras psicografadas. I. Gama, Zilda, 1878–1969. II. Federação Espírita Brasileira. III. Título. IV. Coleção.
	CDD 133.93
	CDU 133.7
	CDE 80.02.00

Sumário

7   Livro I
       Sonho e realidade

51   Livro II
       Castelos desertos

95   Livro III
       Clarões e penumbras

153   Livro IV
       Ressurreição do passado

209   Livro V
       Da desilusão ao abismo

293   Livro VI
       Os Filhos das sombras

417   Livro VII
       Os Legionários da luz

543   Livro VIII
       Os pioneiros do bem

581   Livro IX
       Nas fronteiras do Céu

Livro I

Sonho e realidade

I

Há, no sul da Europa, um país afamado, de céu sempre azul, clima suave, frutas deliciosas, separado das outras nações fronteiriças por elevadas serranias – balizas de granito e neve – os Alpes – parecendo pedestais da estátua de um Prometeu[1] invisível, erigida por arquitetos visionários, a fim de que pudesse ele escalar o infinito constelado, para lhe roubar as luzes inextinguíveis e resplandecentes dos astros, para, de seus blocos, poder plasmar as efígies dos heróis e dos deuses imortais...

Quase todo o seu território se assemelha a um fragmento de perna de um guerreiro destemido, que, desejando atravessar o Mediterrâneo a nado, em direção ao Ocidente, se afogasse em suas águas revoltas, e, então, desaparecendo o corpo ciclópico, dele restasse apenas uma gigantesca e eterna bota marcial...

É ele banhado por dois mares quase paralelos, os quais se reúnem na extremidade meridional por um amplexo permanente e perpétuo, qual o de dois irmãos gêmeos, que, tendo de separar-se, antevendo infindas saudades, se abraçassem, estreitamente,

---

[1] Titã grego que roubou o fogo divino de Zeus para dá-lo aos homens, que assim puderam evoluir e distinguirem-se dos outros animais.

por toda a consumação dos séculos, não almejando apartar-se, jamais: o Adriático e o Tirreno...

É a terra dos sonhadores e dos artistas, dos belos vinhos, dos vulcões violentos, das ruínas milenárias, das tragédias emocionantes, onde viveram doges e Césares, onde as gôndolas deslizam, serenamente, no dorso esmeraldino do Adriático...

Já sabeis, leitor amigo e perspicaz, que me refiro à Itália, a pátria maravilhosa de Alighieri,[2] de Da Vinci,[3] de Cícero,[4] de Petrarca,[5] de Marco Aurélio...[6]

Silenciosamente, por meio do pensamento – o rádio humano, de origem divina, o maior portento da alma, invisível e perene fagulha do Criador – penetremos em uma formosa habitação romana, na era em que reinava o intrépido Júlio César.[7]

Nas proximidades do Palatino, erguia-se uma construção de maravilhosa arquitetura, obra surpreendente de escultores anônimos, símiles dos pequeninos e operosos agentes netuninos, que edificaram os mais assombrosos monumentos, e, logo, humildemente, se eclipsaram nas trevas das águas, sem que, jamais, aflorassem à superfície marítima...

Nela residia um ex-procônsul da Aquitânia,[8] uma das mais famosas províncias dominadas pelos romanos, e, atualmente, território francês, o qual será designado nesta narrativa pelo nome de Numa Tarquínio, cuja crueldade atingia o fantástico!

Consorciado com uma jovem de peregrina formosura, notável pelo físico e pela alma, opostos aos do esposo, esse contraste valia pelo que se observa entre uma rosa de púrpura aveludada,

---

[2] Maior poeta italiano (1265-1321).
[3] Pintor, escultor, arquiteto italiano (1452-1519).
[4] Filósofo, orador e político romano (106-43 a.C.).
[5] Poeta e humanista italiano (1304-1374).
[6] Imperador romano (121-180).
[7] General romano (100-44 a.C.), conquistador das Gálias, tornou-se ditador.
[8] Região do sudoeste da França, conquistada por Roma em 56 a.C. e tornada francesa em 1449.

cheia de aroma e orvalhos celestiais, e um asqueroso verme, abrigado em sua corola, a sugar-lhe a vida, gota a gota...

Ela vivia em tormentos incessantes, e não podia suportar, sem íntima revolta, as iniquidades que o consorte praticava, sentindo-se acorrentada, pela fatalidade, a um déspota crudelíssimo, infinitamente infortunada, no palácio principesco, tal um rouxinol cego, preso em gaiola de ouro e diamantes, dentro de cerrada noite perpétua, sem um vislumbre de alvorecer ou de liberdade...

Chamava-se Clotilde, e não tinha visto, pela vez primeira, a luz solar na *Cidade eterna*, mas em uma das menores ilhas Baleares.[9]

Seus progenitores, membros ilustres do patriciado romano, eram de opulência régia, probos e altivos, dotados de rara pureza de caráter.

Residiam eles, quando Numa Tarquínio se relacionou com os fidalgos insulares, em solitário castelo de cantaria, edificado no cimo de colina escarpada, parecendo alvo alcíone, aninhado em um alteroso vagalhão de espumas, subitamente petrificado ao influxo de poderoso mago, que o tornasse imóvel por todo o sempre...

Circulavam o solar, de estilo vetusto, resistentes muralhas, que o tornavam inexpugnável, exceto à direita, onde existia íngreme e longa escaleira, ao passo que, à esquerda, havia um rochedo de cor sempre sombria, o qual nunca fora escalado, tão abrupto era, eriçado de agulhas graníticas, como se fossem espadas gigantescas de um exército temeroso que, repentinamente, tivesse sido paralisado e empedernido por um poder invencível...

Derivou-se dele o nome do castelo – Rocha Negra.

Ali, naquela região alcantilada, viveram os genitores de Clotilde, o casal Donato Moréti, em completa harmonia, seus numerosos serviçais, seus jovens filhos – Flávio e Clotilde, Pedro Naldi, heroico e denodado guerreiro, já viúvo, seu filho Luciano e

---

[9] Arquipélago espanhol localizado no Mediterrâneo.

alguns mercenários, que, em caso de assalto, seriam os defensores do castelo.

Flávio era de estatura mediana, trigueiro, de olhos negros e expressivos, revelando sentimentos indômitos e profundos.

Clotilde era alva como as camélias da Palestina, vistas em noites de plenilúnio, com um tênue nacarado nas faces, cabelos castanhos, com reflexos dourados, lembrando o decantado mel do Himeto,[10] longos, veludosos, encaracolados; olhos da mesma cor das madeixas, maravilhosos, suaves, nostálgicos, fascinantes.

Seu aspecto era o de Aspásia[11] ao desabrochar da juventude.

Foram ambos educados por eméritos professores, alguns deles atenienses, que lhes proporcionavam variados conhecimentos literários, artísticos e filosóficos, de acordo com os ensinos pitagóricos, dos quais seu genitor era fervoroso adepto.

Raramente se ausentava Donato do castelo, preferindo a paz do lar, com os entes que lhe eram caros, livre de lutas bélicas, tão frequentes na época, e que serviam para os ambiciosos se apoderarem dos haveres dos vencidos...

Prevendo, sempre, um assalto a seu pacífico solar, o austero e previdente senhor (que dera provas de intrepidez, e havia fraturado um braço em encarniçada investida contra as Gálias),[12] não se descuidava de pesquisar os arredores de sua sólida habitação, reforçando, quando necessário, as muralhas que a circulavam, exceto do lado esquerdo, que se comunicava com o Mediterrâneo e com intransponível penedia.

— Nunca provocarei uma agressão, dizia ele, convictamente, aos amigos; mas saberei repelir os ousados aventureiros que infestam o Mediterrâneo...

---

[10] Monte grego, célebre pelo excelente mel e pelos seus mármores.
[11] Mulher de Péricles, afamada por sua beleza, honra e influência.
[12] Série de campanhas de Júlio César que permitiram o domínio romano sobre a Europa a oeste do rio Reno (58-51 a.C.).

Seus fâmulos, que eram tratados com brandura inigualável, quando saíam a serviço do Castelo eram às vezes provocados pelos fundibulários perigosos, existentes naquelas regiões insulares, invejosos da existência tranquila, laboriosa e confortável, que desfrutavam na Rocha Negra.

Os servos de Moréti, porém, ordeiros e probos, não davam ensejo a contendas, e, não lhes respondendo aos doestos provocadores, retiravam-se, cortesmente, e levavam ao conhecimento de seu amo o que lhes havia sucedido.

Viveram, desse modo, serenamente, por mais de dois decênios, os habitantes da Rocha Negra.

À sombra das muralhas havia frutos e flores, paz espiritual, conforto nos lares; pois, além da do castelão, existiam outras famílias, dignas de conviver com a dele, fraternalmente, desempenhando modestos misteres.

Desse viver e quietude, o mordono do alcáçar, Pedro Naldi – destemido cabo de guerra, companheiro inseparável de Donato quando combatiam nas Gálias – no caso de uma investida, à mão armada, seria o defensor.

Havia, ao alvorecer, exercícios militares, findos os quais, os que neles tomavam parte se entregavam a úteis misteres.

– Enquanto estamos em paz – dizia Naldi, sorrindo – meus soldados são operários, agricultores e industriais... Assim, nunca perdem eles seu tempo precioso, e servem, incessantemente, à pátria e à família!

Naldi era viúvo; tinha, porém, para lhe alegrar a existência, um formoso e adorado unigênito, que herdara os nobres predicados paternos. Era ele, na época a que nos reportamos, em mancebo de quatro lustros de idade, de altura mediana, porte airoso, olhos castanhos, cabelos ondulados, de um louro intenso de avelãs sazonadas.

Desde que nascera Clotilde, quando contava ele quatro anos de existência, sentiu-se atraído por seus encantos infantis, e dedicou-lhe profunda afeição, que se foi vigorando, no percurso da vida, e transformando em veemente amor; fascinado por sua peregrina formosura física, aliada à de sua alma angelical, que parecia transparecer-lhe no olhar, onde havia um fulgor estelar...

Era, a filha de Donato, a irmã que nunca tivera, a mãezinha, que nunca beijara, arrebatada ao túmulo ao dar-lhe a existência, qual se fora a sua própria, que se desprendera de seu corpo, para se infundir no do débil nascituro...

Luciano acompanhara-lhe os passos desde a puerícia, ouvira-lhe o balbuciar das primeiras sílabas dos vocábulos, que todos julgam impregnados de uma candura e suavidade celestes, parecendo fragmentos de um idioma extraterreno, desconhecido no mundo sublunar...

Eram inseparáveis, desde o rosicler da existência. Ele a seguia, e, quando Clotilde percorria as aleias do grande parque do solar, oferecia-lhe pomos de flores, com gentileza cavalheiresca; depois, estudava a seu lado, nos mesmos livros, e com os mesmos professores. Viviam ambos, enfim, inebriados por uma ventura inexprimível na linguagem humana, não desejando outra sobre a Terra, senão a de não se apartarem jamais, fundindo em uma só as duas almas, e, assim sempre unidos, partirem para as mansões siderais...

II

Amanheceu um dia de incomparável encanto, no início de radioso estio no sul do Velho Continente.

Não longe do solar da Rocha Negra, o Mediterrâneo resplandecia com fulgurações de esmeraldas, fundidas aos ardentes raios solares, cintilando como se fossem tesouros de pedrarias orientais, liquefeitas ao influxo de áureo condão divino.

O impulsivo Flávio, fatigado da reclusão em que vivia, ávido de atividade e emoção, propôs aos genitores uma excursão marítima.

Possuíam os castelões uma sólida chalupa, que, quando necessário, fazia o transporte de visitantes e víveres, de uma ilha para

outra. A ideia do mancebo foi recebida com aplauso, exceto por Luciano, que, sem atinar com a causa, teve um súbito sobressalto, e ficou apreensivo, pressagiando algum sucesso desagradável...
Seu desvelado genitor, o chefe das armas do alcáçar, tentou desvanecer-lhe os infundados receios, dizendo-lhe:

– Meu filho, não há prenúncio de tempestade... Eu não me aventuro a ir contigo porque, além de estar um tanto enfermo, quero sempre permanecer como atalaia vigilante, no meu posto de honra, pois sei quão cobiçado pelos corsários é este solar...

Luciano calou-se, e foi incorporar-se aos itinerantes.

Clotilde, trajando formosa túnica azul-safira, com um peplo dourado, dir-se-ia uma aparição olímpica, tal a sedução que irradiava de todo o conjunto harmônico.

Foi ela quem insistiu com Luciano para tomar parte no passeio; e ele, fascinado por sua gentileza, não teve ânimo de contrariá-la, embora desejasse ficar em companhia do venerável genitor.

Ele vestia uma túnica rubra, de inimitável primor; e, ao lado da donzela, formava tão gracioso par, que, ao vê-los, os progenitores de ambos entreolharam-se, sorrindo, abençoando-os com olhar carinhoso, cheio de lágrimas de júbilo, compreendendo que uma era o complemento do outro, que o berço já os havia ligado, qual o destino o faria, certamente, até o derradeiro instante de vida terrena. Quem os visse, ao lado um do outro, belos, e em plena juventude, logo perceberia que lhes prendia as almas um vínculo luminoso e indestrutível de afeto profundo, havendo uma afinidade espiritual absoluta entre ambos, parecendo irmãos no físico e nos sentimentos, estátuas de jaspe e ouro, modelados por um mesmo escultor genial e portentoso – Deus!

Clotilde semelhava-se, pois, mais a Luciano do que a Flávio, parecendo isso, a todos que os viam, um capricho sugestivo do destino, porque não percebiam a revelação insofismável da intervenção divina em duas almas que haviam atingido o mesmo nível de conhecimentos humanos, de moral e de sentimentos, tornando-se gêmeas pelas conquistas espirituais realizadas, irmanadas pelos mesmos e sublimes ideais.

Nunca se haviam apartado um do outro, nem agastado mutuamente.

Uma estreita comunhão de pensamentos fizera penetrarlhes nos corações emotivos uma intensa e inalterável afeição, desde os primeiros tempos de existência.

Naquele dia, sem que ambos pudessem averiguar a procedência de seus presságios, mostravam-se entristecidos e apreensivos...

Flávio, ardente e aventureiro, temperamento ao contrário do da irmã e do companheiro de infância, mostrava-se exultante, e acompanhava os aprestos para o passeio com inaudito interesse.

Seu pai, que o olhava sorrindo, observou-lhe:

– Parece-me que nasceste para argonauta, Flávio!

– É verdade, meu pai – respondeu-lhe o jovem, com incontido entusiasmo, vendo-se observado pelo condescendente genitor –, dir-se-ia que descendo dos antigos e intrépidos argonautas gregos, dos que fizeram parte da expedição do inesquecível Argo...[13] Quanto anseio por avistar novos horizontes, empenhar-me em alguma empresa arriscada!

"Morro de tédio nesta monótona Rocha Negra!

"Já não tolero a fastidiosa filosofia pitagórica e socrática... que eu julgo impraticável em nossa era! Não nasci para esperar serenamente os acontecimentos, mas para ir ao seu encontro, agir e triunfar das lutas, para entrar na atividade de uma vida cheia de aventuras e heroicidades! Como tarda o momento de me incorporar a uma legião romana,[14] para combater ao lado de

---

[13] Navio construído por Jasão para levá-lo a Cólquida, onde precisava pegar o velo de ouro para reassumir o trono de Iolco na Tessália.

[14] Divisão fundamental do exército romano, composta por cerca de 6.000 homens. A legião era dividida em centúrias, que formavam a coorte; seis a oito coortes formavam a legião.

Júlio César, conquistando novas glórias para nossa pátria, em longínquas paragens, além dos mares embravecidos! ..."

– Muito folgarei, Flávio – disse-lhe Donato com tristeza manifesta em seus olhos glaucos –, que cinjas a tua fronte com os lauréis das vitórias guerreiras, mas quanto me custará a suportar a tua ausência, ou morte, talvez, meu filho! Os pais extremosos transmitem um átomo de sua própria vida aos filhos, dos quais ficam sendo, perpetuamente, uma fração integrante, inseparável por todos os séculos... Só se sentem eles integrados quando os têm perto de seu coração, ao alcance de seus braços, para os apertarem de encontro ao peito, que, em cada palpitar, profere os seus nomes queridos! Quando eles se ausentam, ou morrem, não vivem os progenitores como vivem as outras criaturas: falta-lhes algo em suas almas, sentem-se incompletos, desditosos, e, desde então, a luz da vida vai-se-lhes extinguindo lentamente, qual a de uma lâmpada sagrada à qual ninguém mais deitasse uma gota de óleo... É o grande amor que te consagro, Flávio, que me faz adiar, sempre, o instante temido para as lides guerreiras. Insulei-me do mundo, para poder conservar intactos os tesouros que o Criador do Universo me concedeu – minha esposa e meus filhos!

"É o bendito egoísmo do amor paterno que te torna infortunado, meu filho!

"Quantas vezes antevejo, com lágrimas secretas, o instante de nosso apartamento! Quanto sofrerei, sabendo que a tua vida se acha em perigo incessante, pressagiando que jamais regressarás a nosso lar até hoje tão feliz, que vais encontrar uma cova ignorada, muito além, muito longe das fronteiras de nossa pátria, em inóspita paragem, sem ao menos poder cobrir de flores a tua desconhecida sepultura..."

– Mas, querido pai, não pensemos nos infortúnios, e, sim, nos louros do triunfo! – exclamou o jovem, com vivacidade.

— Flávio, na vida humana as venturas são raras, ao passo que as desditas não têm limites... Júpiter[15] que te inspire e te proteja, filho meu!

Os olhares do mancebo, onde fulgurava o brilho da excitação, incidiram sobre o formoso par composto de Luciano e Clotilde, que, a curta distância um do outro, enlevados pelos mesmos sentimentos de ternura, olhavam o chamalote de esmeraldas e ouro, do inquieto Mediterrâneo, alheios ao mundo real... Flávio, depois de percorrer a chalupa, após os últimos aprestos, quando a viu em movimento, aproximou-se de Luciano, desejoso de expandir os seus mais íntimos pensamentos, e interpelou-o:

— Sabes que anseio por ser legionário de César, combater em regiões longínquas? Não sentes o mesmo entusiasmo pelas conquistas de lauréis, que certamente farão feliz a Pedro Naldi, de quem deves seguir os heroicos feitos?

— Confesso-te, Flávio — respondeu-lhe o interpelado, percebendo o alcance dessas palavras — que não experimento o mesmo entusiasmo que manifestas pelos sangrentos triunfos de Marte...[16] Nasci para viver em paz com a Humanidade. Se tiver de combater a teu lado, verás que não sou covarde; mas, parece-me que, longe da Rocha Negra, morrerei de nostalgia...

— Acaso amas o lar paterno mais do que eu, Luciano?

— Os temperamentos divergem de um indivíduo para outro, Flávio! Não posso menosprezar o afeto que consagras a teus progenitores, meu amigo, mas, não devo deslembrar que meu pai, exausto de arriscadas campanhas, já se acha mais próximo do túmulo do que o teu, e, por isso, não tenciono apartar-me dele, para que, caso venha a faltar, tenha quem o substitua na defesa do alcáçar...

— Louvo muito os teus dignos propósitos — retrucou Flávio, com alguma ironia —, mas será somente por causa de

---

[15] Deus romano do dia, equivalente ao deus grego Zeus.
[16] Deus romano da guerra.

teu nobre genitor que se torna tão penosa a tua ausência da Rocha Negra?

— Certamente, não! – respondeu-lhe, lealmente, Luciano, percebendo a alusão – todas as pessoas que conosco privam merecem também a minha estima e consideração...

Flávio abrangeu-o e à irmã em um só lance de vista, e, como para melhor completar seu pensamento, disse, intencionalmente:

— Olha, caro Luciano, antes que eu seja legionário; sem conquistar lauréis... não deixarei que me prendam o coração!

Luciano permaneceu silencioso por alguns instantes; compreendia lucidamente a alusão de Flávio, não o considerando merecedor do afeto da irmã; sentiu a vibração da ofensa, mas, ponderado e digno, querendo evitar um atrito com o companheiro de infância, pôde, de ânimo sereno, replicar-lhe:

— Meu amigo, eu te considero o irmão que o destino não me concedeu, e, por isso, não desejo ocultar-te os meus mais secretos pensamentos; já que desvendaste o sigilo de minh'alma... eu te direi que jamais trocarei os sangrentos louros de qualquer vitória por um só instante da felicidade que desfruto no solar em que vivemos! Para mim não há glória mais inefável do que a de conviver com criaturas nobilíssimas, em um lar tranquilo, onde imperam os sentimentos dignificadores, onde a virtude é a soberana que reina em todos que o habitam!

— Nasceste para ser patriarca ou patrício romano, amigo! – exclamou Flávio, rindo, com zombaria. – Não deixas de pensar com acerto; mas não devemos dar plena expansão aos sentimentos afetivos, que acabam sempre dominando e vencendo o coração, sem também cultuar os que nos podem impulsionar às grandes e imortais aventuras! O coração é qual um árdego corcel que – domado com perícia, é vencido; mas, deixado com a brida livre, pode atirar-nos a um abismo...

— Que valor possui o triunfo guerreiro – sempre desumano, conseguido à custa das lágrimas e do sangue dos vencidos – para quem ama a paz, o labor, o estudo, a fraternidade e a ventura suprema, da Terra: a organização de um lar tranquilo e honesto? Devemos dominar o coração quando ele nos impulsiona para as paixões criminosas, e não para os sentimentos puros e nobres!

— E tens a certeza de que conseguirás, como conjecturas, essa *ventura suprema*? — interpelou-o Flávio, propositadamente.

— Esforçar-me-ei para que ela se torne realidade! — respondeu-lhe Luciano, empalidecendo apreensivo, pela primeira vez, desde que amava a formosa Clotilde. — Não considero impossível conseguir o que te expus, lealmente, porque nunca pratiquei um ato que desdoure as glórias de meus antepassados, nem o farei jamais... Não me julgues covarde, Flávio, pois é possível que ainda combatamos nas mesmas fileiras e, então, verificarás que, embora ame a paz, saberei manejar o gládio... que me causa pavor!

— Bela coragem, a tua, Luciano! — exclamou, rindo com sarcasmo, o filho de Donato Moréti. — Por que te causa pavor uma tão nobre arma?

— Porque desejaria que todos vivessem em harmonia, em uma época menos belicosa do que esta. Queria que todos os povos estivessem de comum acordo, que se auxiliassem mutuamente, respeitando reciprocamente os seus direitos sagrados, e jamais tivessem ensejo de se tornar homicidas... considerados heróis, quando vencedores, e escravos, quando vencidos! Para mim, o verdadeiro herói, bravo entre os bravos, é o justo, o virtuoso, o que sabe cumprir seus deveres terrenos, sociais e espirituais, o que não sacrifica vidas preciosas, mas o que as salva, o que aureola a alma com os louros da honestidade, do Bem praticado, o que não cinge a fronte com os louros que enegrecem o Espírito com as trevas do remorso!

— Não devias ter nascido nesta era, há vinte anos, mas sim, daqui a dois milênios, Luciano! — tornou Flávio, com mal dissimulada zombaria. — És um utopista, e *nunca* verás realizados os teus ideais... Sempre, no planeta em que vivemos, maior será o número dos que se digladiam que o dos que se amam... Fraternidade?! Aqui, na Terra, no mundo das rivalidades, das ambições e das injustiças?! ... Que absurdo! Preparemo-nos, sim, para lutar e vencer adversários, não os poupando... para que eles nos trucidem!

III

Donato Moréti que, pouco distante dos dois rapazes, os observava com interesse, aproximou-se de Luciano, que, ao vê-lo, se ruborizou, qual se houvesse pronunciado ofensas contra Flávio...

Pela primeira vez, o austero ancião entabulou com ele uma palestra afetuosa. Julgando-o, até então, um inexperiente mancebo, qual o próprio filho, ficou surpreso com a sensatez com que dissertara sobre assunto grave – o mesmo que constituíra sempre o seu ideal na Terra: a paz mundial!

– Aprouve-me escutar-te, Luciano – disse-lhe o ancião, com melancolia, apertando-lhe a mão, cordialmente –, e felicito-te pelas ideias que acabas de expender, com uma sinceridade em que não posso deixar de crer, com verdadeiro contentamento! A guerra, a meu ver, é a prova máxima da ferocidade e da vindita humana... Nas lutas sangrentas, são sempre imoladas vidas utilíssimas, profanados lares honestos, usurpados tesouros seculares, acumulados às vezes em longas etapas de labor e sacrifícios... No entanto, os que mais irmãos trucidam e degradam... são os considerados mais famosos heróis! Só há um motivo que pode impulsionar um povo à luta fratricida: a defesa! Se fossem as causas justas as vencedoras... não teríamos a lamentar tantas desditas; mas, quantas vezes triunfam os opressores e os déspotas! Essa é a maior calamidade das guerras. O forte vence o fraco, embora às vezes este esteja coberto de razões... Vais sofrer muito, Luciano, por causa de teus elevados intuitos, com tua apurada sensibilidade, e a nítida compreensão de teus deveres morais... quando tiveres de empunhar uma arma homicida contra o nosso semelhante... Quanto me tortura o prever essa era, que já nos atinge, pois tu e Flávio já ultrapassastes a idade de iniciar os labores consagrados a Marte...

— Muito me alegra o saber que não discordais do que penso, senhor — respondeu-lhe o filho de Naldi, exultante por haver encontrado no ancião um valioso aliado. — Eu desejaria, se meus almejos fossem atendidos pelos deuses, que os homens se tolerassem mutuamente, respeitassem os seus direitos, não ocasionando nunca desarmonias sangrentas, não vivendo como lobos cervais, sempre enraivecidos, ávidos de carnagem! Mas... que digo eu? Lobo, por mais feroz que seja, não ataca o seu semelhante; há fraternidade entre as feras, ao passo que os homens, considerados os mais elevados seres da Terra, semelhantes ao Criador na imagem — quase todos se hostilizam, e embrutecem quando empunham armas assassinas!

— Sou de teu parecer, Luciano; e, por isso, até hoje, embora sendo patrício, e tendo o dever de mandar meu filho cumprir um preceito cívico... ainda não o fiz! Que valem, porém, nossos sentimentos humanitários e fraternos, se estes são incompreendidos por nossos coevos... que mais amam o despotismo e a corrupção de costumes do que a paz e a moral?

"Por que abandonei a minha pátria? Por que me refugiei em um rochedo, qual alcíone que quer, livre das procelas, construir o seu ninho, longe dos olhares dos abutres mais temíveis para não lho destruírem?

"Jamais voltarei a Roma... senão a passeio... Sou amigo de César, mas não nasci para as inquietações em que vivem os nossos compatrícios..."

— Ainda irás a Roma, querido pai, a fim de ver-me chegar de regiões longínquas, em horas de triunfo, conquistado pelas invictas legiões de nosso magnânimo Júlio César! — exclamou Flávio, com ardor e despeito por haver percebido que seu genitor esposara as ideias de Luciano, e não as suas.

— Assim o queira Marte, filho meu! — respondeu-lhe Donato, com incontida amargura, pressagiando o contrário do que dissera ao estremecido e afoito mancebo.

Perto do esbelto Flávio, achava-se Clotilde, alva e formosa, cujo semblante esmaecera desde os primeiros remoques do irmão, referentes a Luciano, pois neles descobrira algo de deprimente e injusto contra o seu afeiçoado. Nunca sentira tão agitado o coração, a augurar-lhe um acontecimento grave, que, certamente, poderia modificar sua ditosa situação, e a daquele que amava com a veemência de quem ama uma só vez na existência...

Dando o braço ao irmão, afastou-se do genitor e de Luciano, dizendo-lhe, com tristeza:

— Desconheço-te, hoje, Flávio! Dir-se-ia que estás hostilizando Luciano, teu digno companheiro de infância, um quase irmão, nascidos ambos com diferença de poucos dias! Já compreendeste, meu irmão, que eu me afeiçoei, profundamente, a ele... não queiras contribuir para nosso infortúnio! Não percebes as sutilezas dos que amam a quietude de um lar; daqueles que se compadecem dos que nos deram o ser, mormente quando suas frontes já estão alvejadas de neve; daqueles que nos adoram ternamente, vivem de nossa vida, e não se resignam nunca a perder-nos; vendo os que criaram com desvelos e ternura tombar nos campos de cruentas batalhas, pisados esses despojos queridos, pelas patas profanadoras dos corcéis! Não queiras compelir um amigo, que é altivo, e foi ferido em sua dignidade, com as tuas referências deprimentes, a partir para uma luta fratricida – que o é toda a guerra – causando, desse modo, duas irreparáveis desventuras: uma, a de seu venerando pai, que pende para o túmulo; outra, a de quem sonha, pela vez primeira, com a felicidade terrena...

— Pois bem, Clotilde — retrucou-lhe o irmão, com certo agastamento —, folgo por me haveres externado lealmente os teus pensamentos... Quero, também, ser franco, embora preveja que isso

te causará desgosto... Não aprovo a tua inclinação por Luciano...
– Qual o desdouro que lhe notas? Flávio! – interrogou Clotilde, com vivacidade e agastamento.

– Nenhum, minha irmã, acho-o até um rapaz de nobres predicados morais e intelectuais; mas é muito jovem ainda, não tem méritos que o realcem na sociedade, nem nutre o desejo de conquistá-los, para só então merecer o teu afeto. És muito bela, Clotilde, e não nasceste para ficar residindo entre penhas; e sim para imperar em Roma, como esposa de um ilustre e vitorioso legionário!

– Não, Flávio! – exclamou Clotilde, com veemência. – Eu não quero outra glória... que a de viver, serenamente, ao lado do que amo desde a infância!

– Talvez mudes de parecer, cara Clotilde, em outro local, sob outro céu, na convivência de uma sociedade culta... – tornou Flávio, misteriosamente. Mas, vendo lágrimas aljofrarem os olhos cândidos da irmã querida, sentiu-se abalado de remorsos, e disse-lhe:

– Eu gracejava contigo, Clotilde! Fica tranquila... não arrebatarei tão precioso tesouro!

Assim dizendo, porém, purpureou-se repentinamente como se estivesse mentindo a si próprio, à sua consciência, ou fosse capaz de praticar o contrário do que afirmara à donzela...

IV

Flávio, que adorava a irmã, retirou-se para a proa da chalupa – *Conquistadora* – que já havia partido de Cabrera,[17] poucas horas antes da palestra dos dois jovens.

Pôs-se ele a observar o horizonte com olhar perscrutador, qual se fosse o de um velho corsário, conhecedor profundo da náutica. Temperamento impulsivo, gênio arrebatado, altivo,

---
[17] Cabrera, uma das ilhas Baleares.

ressumbrava, em todas as suas ações, lealdade e firmeza de caráter. Havia muito, percebera ele que a encantadora Clotilde se afeiçoara, intensamente, a Luciano Naldi. Embora não fosse este, tanto quanto ela, de elevada estirpe, nenhum deslustre apresentava o mancebo, que primava pelos dons intelectuais e morais, e – sabia-o Flávio – nenhuma oposição teria de sua família contra as pretensões esponsalícias dos dois enamorados... Esperava, porém, que Luciano fizesse jus a alguns lauréis, qual seu denodado progenitor, que se notabilizara nas regiões gaulesas, a fim de que então se efetuassem as núpcias. Desgostara-o, pois, extremamente, a aversão que Luciano votava às pugnas guerreiras, porque desse modo jamais alcançaria uma vitória; seria sempre um anônimo chefe de família, não se destacando dentre os seus mais ilustres compatrícios; teria, enfim, uma existência obscura, desprovida de glórias cívicas, imolando o porvir de sua irmã, que possuía atributos físicos e morais, dignos de fulgurarem até nos palácios principescos... Com o seu temperamento impulsivo e leal, muito lhe custaria sofrear tais sentimentos, mas, esforçar-se-ia tenazmente por fazê-lo, para não causar dissabores à sua querida Clotilde.

    Adiantava-se o dia. A *Conquistadora* sulcava rápida e calmamente as vagas, ouvindo-se o rumor dos remos impulsionados por braços vigorosos.

    O Mediterrâneo mostrava-se de um esplendor quase divino.

    As ondas pareciam adormecidas em leitos de rainhas orientais, incrustadas com todas as turmalinas do Universo. Dir-se-ia que as leves ondulações que ainda possuíam, eram escamas lúcidas de uma hidra encantada, amortecida ao som de uma longínqua avena de Éolo,[18] que a modulasse além das fronteiras de Cartago.[19]

---

[18] Deus grego dos ventos.
[19] Cidade destruída pelos romanos no século VII, atual Túnis (Tunísia).

A chalupa singrava docemente, ora ao sabor dos ventos, ora movida pelos remos, fendendo as vagas serenas e glaucas, onde, à sua passagem fugidia, desabrochavam diáfanas rosas de branca espuma, logo desfeitas, como efêmeras ilusões!

Ao aventureiro Flávio, sempre no encalço de sensações ou de emoções inéditas, maravilhava-o qualquer excursão marítima, sôfrego por abandonar a monótona existência na Rocha Negra, a fim de compartilhar dos prélios perigosos, incessantes quase, entre romanos e povos adversos, desejo de viver em alguma metrópole movimentada, onde pudesse compartilhar dos gozos e regalias sociais.

Nascera para empreender aventuras temerárias, e não para a placidez dos lares. Tinha alma de guerreiro, e não de patriarca. Penalizava-o a resolução paterna de conservar-se ilhado do mundo, evitando lutas e represálias, não percebendo a excelsitude das afeições calmas e inefáveis, que soem abrolhar nos corações de sensibilidade apurada no isolamento e na meditação... Notava, com desprazer, a crescente inclinação de Clotilde pelo unigênito de Naldi. Não a condenava por isso, mas desejava que ela – formosa quanto Helena,[20] virtuosa quanto Cornélia,[21] inteligente e opulenta, tendo pelo lado materno parentesco com a família real dos celtiberos – desposasse uma personagem de renome mundial, que a tornasse ditosa e célebre na altiva Roma.

Ele, ao inverso de Luciano, amava as refregas arrojadas – embora nunca houvesse delas compartilhado, por obediência ao genitor –, mas sonhava realizar longas e acidentadas viagens; tinha, enfim, como maravilhosamente se expressara o arguto Donato, alma de intrépido argonauta, sempre insaciável de

---

[20] Possuía a reputação de "mulher mais bela do mundo". Seu rapto desencadeou a Guerra de Troia.
[21] Cornélia africana, a mãe dos Gracchus, símbolo da virtude e da coragem.

proezas temerárias... Almejava afrontar um temporal marítimo, e não viajar em plena bonança...

Com aspecto sobranceiro, contemplava as vagas até então tranquilas, quase já entediado, enquanto em seu íntimo tumultuavam sonhos e visões de glória e triunfo...

Na extremidade oposta à em que se achava ele, viam-se, belos e merencórios, Luciano e Clotilde, contemplando o horizonte, como se nele tentassem desvendar os arcanos do futuro, silenciosos e apreensivos, sem revelar, um ao outro, dolorosos presságios... Subitamente, ambos se olharam com os olhos enublados de pranto, a névoa da tristeza que se lhes evolava da alma, como em límpido lago, em noites hibernais, se eleva alva bruma...

Foi Clotilde quem interrompeu a penosa reflexão em que ambos estavam imersos:

— Luciano — disse ela —, muito me inquietaram as palavras de Flávio, pois nelas percebi alguns remoques à tua pessoa, e quero que saibas quanto isso me desagradou...

— Também eu os observei, Clotilde, com acerba surpresa... Bem sei que Flávio é meu amigo; mas... o que lhe desagrada em mim...

E silenciou, às súbitas, pálido e alterado, tão penoso lhe era o pensamento que concebera, e logo interrompera...

— Que tem ele a dizer em teu desabono? Luciano. Acaso não és digno filho de Pedro Naldi, a quem nosso pai deve a vida, e ao qual confia a vigilância do alcáçar em que residimos? Não é teu genitor um dos heróis das Gálias, amigo de Júlio César?

— Bem compreendo a generosidade de teus conceitos, mas, o que já percebeu Flávio, e não merece a sua aprovação... é o afeto que te consagro, Clotilde! Ele me quer para amigo, e não para cunhado... Não me julga merecedor de tão grande ventura... e não hesitará em cravar-me o punhal de uma recusa, se eu ousar insistir nas minhas pretensões!

— E não merece ser correspondida a tua afeição? Luciano! — interrogou a donzela, esmaecendo.

Era a primeira vez que ambos permutavam confidências afetivas, solidificando os sentimentos que havia muito se dedicavam, mutuamente, embora seus lábios nunca os tivessem divulgado...

— Ele não me julga digno de me aliar à tua família, que tem por ancestrais membros de estirpe real... — pôde responder-lhe o mancebo, após segundos torturantes.

— Que importa a realeza? Luciano! Se às vezes nos palácios imperiais nascem tiranos, bandidos coroados, e numa choupana, pode vir à luz da vida um justo? Vale, acaso, mais um reino do que a virtude?

— Obrigado, Clotilde! Que vale, porém, o teu generoso conceito? Se a sociedade contemporânea só encontra lustre no que galga posição vantajosa, seja embora usurpador ou celerado...

— Confiemos a nossa causa a nossos progenitores, Luciano, e estes saberão fazer-nos felizes. Possuem eles a verdadeira majestade – a *virtude*, que é a soberana de quem Deus reconhece os direitos, e têm o verdadeiro tesouro que pode ser transportado ao Céu... porque se acha acumulado.

— Assim o creio, Clotilde, mas se, estando eles já enfermos, baixarem ao túmulo?... Quem advogará a nossa causa? na própria alma imortal!

— Quem, Luciano? Nossos corações enlutados que, perdendo uma irreparável felicidade, não prescindirão da derradeira que lhes restará... a nossa aliança... que eu espero seja eterna!

— Obrigado, Clotilde! És tão formosa no aspecto quanto no espírito luminoso! Deves ter sido exilada do Olimpo[22] por alguma deusa... talvez zelosa de tua perfeição...

Quedaram-se ambos, com os olhos enevoados de lágrimas, alheios ao mundo físico, embevecidos pelos próprios sentimentos, que lhes faziam pulsar, celeremente, os corações – onde se albergavam sonhos de ventura inaudita... e augúrios

---

[22] Monte grego que seria a morada dos deuses.

dolorosos, porque, nos espíritos dos que se amam, nunca existe a felicidade integral, devido ao receio de virem a perdê-la!

V

Repentinamente, uma lufada ardente, partida do Sul, abrasou as faces dos itinerantes. O velho marujo, que pilotava a chalupa, voltou-se para Donato, e disse, respeitosamente:

– *Domine*,[23] acho prudente voltarmos à Rocha Negra, de onde já partimos há mais de seis horas... As tempestades por esta época, aqui, são terríveis! Estas rajadas de fogo, que percorrem o Mediterrâneo, vindas da África, precedem ciclone, ou tempestade violenta...

– Pois voltemos ao castelo, sem tardança, Genaro! – ordenou Moréti ao chefe dos tripulantes.

Um impulso contrário, dado aos remos por braços musculosos, e as velas enroladas nos mastros prenunciaram o regresso dos excursionistas.

Flávio, que escutara a ordem paterna, ávido de aventuras arriscadas, suplicou-lhe, com veemência:

– Amado pai, um momento apenas; dai-me a atenção: morremos de tédio no solar, onde vivemos segregados do mundo... Estamos apenas a pouca distância da Rocha Negra, e já quereis retroceder?

– Certamente, Flávio! – respondeu-lhe Donato, com energia – pois a prudência a isso nos obriga! Não somos piratas barbarescos para expormos à morte todos os entes que mais prezamos!

– Não dizeis sempre que o nosso destino está traçado pelos numes, e que não morreremos na véspera, mas no instante em que Átropos[24] corta o fio à nossa vida?

---

[23] *Domine*, senhor, em latim
[24] Átropos, aquela das três Parcas – deusas gregas – que cortava o fio da vida, que as outras teciam.

– A experiência e a razão inspiram-me precauções contra os perigos, e não afrontá-los sem necessidade. Flávio! Eu aplaudo a tua coragem, mas não é prudente que, para pô-la à prova, sacrifiquemos a vida de tantos entes estremecidos! A opinião que repetiste, filho, não é minha, mas a de quase todos os seres... No entanto, não devemos ser temerários, fazendo jus às punições dos deuses...

– Esperemos apenas alguns momentos mais, meu pai! – implorou Flávio. – Se os ventos mudarem de rumo, prosseguiremos. No caso contrário, voltaremos ao cárcere! Estava encantado com esta excursão... pois, havia muito tempo, me parecia não estar respirando a plenos pulmões; julgava-me asfixiado em um ergástulo!

Ia Donato replicar-lhe, visivelmente contrariado com a insistência do filho em cumprir-lhe as ordens, quando a atenção de todos os que se encontravam na chalupa convergiu para uma imponente galera, que, até então, se achava oculta por uma colina das Baleares.

– A quem pertencerá essa formosa embarcação? – perguntou Flávio a seu pai, já esquecido do desgosto que lhe estava causando. Seu desejo era o de possuir alguma possante galera para realizar infindas viagens, transpor o Mediterrâneo, contemplar novas paisagens, outros horizontes...

A intensa afeição que dedicava aos genitores era um empecilho às suas aspirações, e ele não atinava como poderia libertar-se daquele jugo benigno mas poderoso, que o privava de efetuar seus almejos de glórias e triunfos mavórticos...

Subitamente, a *Conquistadora* foi abalada por uma impetuosa e ardente rajada de vendaval, que parecia desprendida de uma fornalha chamejante, em pleno maremoto...

– É tarde para fugirmos ao perigo! – exclamou, com angústia, o velho piloto, dirigindo a Donato um olhar aflitivo. – Só há um meio de salvação, acolhermo-nos naquela embarcação que se aproxima.

– Rumo à galera! – ordenou Donato, profundamente emocionado.

A chalupa trepidava sobre as vagas, que, bruscamente, quais leões enraivecidos pelo desafio de tigres indianos, eriçassem as jubas e rugissem clangorosamente...

O tufão generalizou-se pelo Mediterrâneo, de modo assustador.

As velas foram atadas ao mastro, e, dentro em pouco, a chalupa, sem diretriz, cabriolava ao influxo das vagas, que, repentinamente enfurecidas, dir-se-ia terem-se agigantado para lutar com o harmatão.

As pessoas que se achavam na frágil embarcação, lívidas de terror, deixaram escapar dos lábios um brado uníssono.

Luciano foi o único que, naqueles momentos apavorantes, assumiu a direção da *Conquistadora*, e, mostrando calma prodigiosa, auxiliou o timoneiro no que foi mister. Seus esforços, porém, foram infrutíferos: os vagalhões, agitados e erguidos, pareciam muralhas movediças, impedindo os impulsos da frágil embarcação, que começou a adernar...

Um dos marujos embocou uma tuba marítima, e gritou em direção à galera, que se avistava a algumas centenas de braças de distância do local em que eles se achavam ameaçados de naufrágio:

– Socorro! Socorro! Vinde em nosso auxílio!

A senhoril e formosa galera começou a movimentar-se em demanda da chalupa, que, sacudida brutalmente pelos vagalhões enfurecidos que a invadiram, estava prestes a soçobrar.

Após momentos de aflição inenarrável, viram-na aproximar-se da chalupa já meio avariada.

Marinheiros adestrados nas lides oceânicas atiraram cabos aos viajantes da *Conquistadora*; e, com dificuldades inauditas, salvaram os que estavam em iminente perigo, sendo todos transportados ao interior da *Imperial*.

VI

Clotilde, ao primeiro embate da adversidade, alma afeita à paz de um lar virtuoso, não podendo sofrear a comoção que a empolgou, esmoreceu, tendo que ser conduzida em braços, e deposta sobre um coxim de veludo carmesim em faustosa sala, digna de um príncipe oriental.

Nívea e bela, qual efígie de vestal esculturada por um Praxíteles,[25] inspirado pelos numes celestiais, parecia haver tombado de seu pedestal, tornando-se o alvo de todos os olhares circunstantes.

Rodearam-na os parentes contristados. Sua genitora, a extremosa Júnia, tentava reanimá-la, fazendo-lhe massagens, com uma loção alcoolizada, nos membros empedernidos.

Luciano, pálido e consternado, não cessava de a contemplar com indescritível ternura, desejando que lhe arrancassem a própria vida para a inocular na adorada desfalecida.

Achavam-se ainda os tripulantes e os servos de Donato assoberbados de emoção pelo perigo que os ameaçara de morte cruel, ouvindo o ribombar dos trovões, os ululos do furacão, e pelas bátegas de chuva que sacudiam a *Imperial*, quando se lhes apresentou estranha personagem.

Era um homem alto e trigueiro, aparentando mais de cinco decênios de idade. Seus olhos mostravam uma vivacidade e ardência incomodativas, sempre fixos, lembrando os dos ofídios, que não têm pálpebras, fronte profundamente convexa, nariz adunco, faces cavadas. A boca, mal delineada, formava uma reentrância nas maxilas, pela falta dos incisivos, fraturados em uma queda de corcel, mas conservava um ricto de escárnio para quantos nele fitassem os olhos.

---

[25] Escultor grego (390-330 a.C.) cuja obra mais famosa foi *Afrodite de Cnido*.

Eis o aspecto inolvidável da personagem, que encarou os náufragos com petulância. Trajava alva túnica e uma toga escura, que lhe dava tonalidades desagradáveis à epiderme crestada certamente pela soalheira africana. Adiantou-se com desenvoltura para os que se abrigaram na galera, relanceando a vista velozmente por todos; e, fitando os olhos abrasadores na amortecida donzela, interrogou os circunstantes:

– A quem tenho a honra de acolher na *Imperial*?

– A Donato Moréti, veterano, da Farsália,[26] esposa, filhos, amigos e servos, *domine*! – respondeu-lhe Flávio com afoiteza, compreendendo que aquele que lhes falara era o dono da galera, e conjeturando logo ser algum excelso romano, e ansioso de relacionar-se com ele para realização dos seus planos ambiciosos.

– Muito folgam os meus olhos e o meu coração em vê-los... Donato Moréti é meu conhecido, pois ninguém se esquece de um dos mais heroicos batalhadores da Farsália... onde deixou um braço de Hércules[27] em holocausto à pátria... Onde se oculta, presentemente, o inesquecível patrício... que jamais foi visto na invicta Roma?

– Em Cabrera, no solar da Rocha Negra... – tornou Flávio.

– Em Cabrera? Uma ilha semisselvagem! Como se pode viver em Cabrera! insulado do mundo? Ser-me-ia mais fácil encerrar-me... em uma cratera de extinto vulcão... Mas, quem és tu, mancebo? Algum descendente do Donato Moréti?

– Sou o seu primogênito, *domine*!

– E... aquela formosa donzela desmaiada?

– Minha irmã, Clotilde Moréti.

– Estava ela enferma antes do naufrágio da *Conquistadora*?

– Não, *domine*! Ela perdeu os sentidos na hora em que se deu a catástrofe.

---

[26] Farsália, cidade antiga da Tessália, onde César derrotou Pompeu (48 a.C.).
[27] Herói grego, que conseguiu exterminar a Hidra de Lerna.

– Eu não presenciei o sinistro, encerrado no meu camarote, resolvendo um plano de César... Apenas ordenei que socorressem os que estavam em perigo de vida... Empenho-me, agora, em ver tua digna irmã reanimada com as rosas da vida...

Aproximou-se o romano, que será designado pelo nome de Numa Tarquínio, da esmaecida Clotilde, tal uma falena noturna atraída por intensa luz.

Ordenou logo, vivamente interessado pela jovem, que fossem chamar o astrólogo, clérigo e médico de bordo, o qual manipulava, não só as drogas vitalizantes, mas também as destruidoras das vísceras humanas.

Vindo que foi, fê-la aspirar essências de verbena e de outras ervas aromáticas, ativou-lhe a circulação com uma toalha áspera, umedeceu-lhe a linda fronte com um líquido esmeraldino; e, dentro em poucos instantes, reanimada, a donzela descerrou as pálpebras, patenteando, à claridade diurna, seus olhos cor de topázios luminosos, de uma tristeza e sedução inigualáveis, aformoseados por longos cílios, onde fulguravam gotazinhas de lágrimas, buscando o olhar de Luciano.

Menos apreensivos com o estado da filha adorada, Donato e sua lacrimosa esposa dirigiram-se ao possuidor da *Imperial*, e apresentaram-lhe agradecimentos pela amistosa acolhida que lhes dispensara, e pelos desvelos que lhe mereceu Clotilde, que ambos temeram eternamente arrebatada a seus carinhos...

– Eu é que me rejubilo, *domine*, por vos haver reencontrado – disse Numa com exagerada galanteria e ênfase –, bem assim por ter a honra de conhecer os que vos são caros... Permitis que eu saúde, especialmente, à vossa encantadora filha?

Com assentimento de Donato ele se abeirou do coxim, onde estava reclinada Clotilde, e falou-lhe com afetação:

– Formosa donzela, eu rendo a homenagem de minha ilimitada admiração à mais bela Aspásia que meus olhos viram... pois, até a era presente, nunca eles contemplaram um conjunto mais harmonioso do que o vosso: descendeis de Júpiter... se é que não acolhi na *Imperial* a própria Anfitrite;[28] o que poderá fazer que tenha de combater com Netuno[29] ou qualquer outro deus... cioso de meu grande prazer!

Clotilde, ainda aturdida pelo que lhe sucedera, mal percebeu o que o potentado romano lhe dissera; mas, sentindo uma súbita angústia, que lhe confrangeu o coração, impensadamente, como a pedir-lhe que a protegesse, dirigiu o meigo olhar a Luciano, que empalidecera até a lividez ao ouvir os galanteios de Numa Tarquínio, percebendo lucidamente, mais temerosa do que a tormenta que fustigara a galera, fazendo-a oscilar sobre as vagas enfurecidas... essa aproximação do arrogante guerreiro à sua adorada companheira de infância e prometida consorte...

VII

Quando Clotilde se assenhoreou de suas faculdades mentais, lançou um olhar perplexo a tudo que a circundava – móveis aparatosos, e pessoas desconhecidas – e, soerguendo-se no coxim, perguntou à sua lacrimosa genitora:

– Onde estamos nós, mãezinha?

– Fomos salvos pela tripulação desta galera, filha querida, e devemos ser eternamente gratos ao generoso romano que nos mandou socorrer...

– Onde está ele? – interpelou Clotilde, debilmente, relanceando um fúlgido olhar pelos circunstantes.

– Ele se aproxima de ti! – exclamou Flávio, antes que a mãe lhe respondesse, com incontida alegria, mostrando o ex-procônsul, que se detivera a conversar com Donato Moréti.

Numa Tarquínio adiantou-se jubiloso; e, apertando a mão aveludada, e ainda meio gelada da donzela, depois de lhe haver feito exagerada saudação, acrescentou com manifesto agrado:

---

[28] Deusa grega do mar, esposa de Poseidon, Netuno para os romanos.
[29] Deus romano do mar.

— Foi o acaso feliz que hoje me proporcionou o ensejo de vos conhecer e aos vossos parentes, encantadora Anfitrite!

Clotilde, ao ouvir-lhe a voz sibilante, e ao contato de sua mão ampla e descarnada, percebendo que as falanges eram salientes e empedernidas, estremeceu instintivamente, e sentiu o coração agitar-se de súbito, tornando-se-lhe as faces, até então lívidas, de um tom de aurora boreal.

Não querendo, porém, mostrar-se sem gentileza àquele que lhe prestara, e a tantos seres amados, relevante auxílio, respondeu-lhe, com um melancólico sorriso:

— Nem todos os acasos são felizes, *domine*; e, aquele que bendizeis... eu o lamento, pelas aflições que causou aos que mais amo sobre a Terra... Seremos, porém, sempre gratos à vossa generosidade; e, agora, além do nosso reconhecimento, nós vos solicitamos perdão por tanto vos haver importunado!

— Perdoar-vos o prazer que essa bendita procela me proporcionou? Oxalá que a tempestade que agita a *Imperial* durasse eternamente...

— Saberemos corresponder à vossa magnanimidade, *domine*! — exclamou a jovem, penosamente, empalidecendo e novamente procurando o olhar sereno de Luciano, no qual notou uma sombra de incontido dissabor, pois, no coração de ambos haviam irrompido, às súbitas, presságios de desditas que se desencadeariam sobre eles, originadas pela interferência do déspota em suas até então plácidas existências...

Ansiava Clotilde por subtrair-se à presença e aos olhares de Tarquínio, desejando ficar a sós com os seus genitores e Luciano, que a fixava com enternecimento, revelando a vontade de lhe transmitir secretos pensamentos.

Somente Flávio se regozijava pelo que lhes havia acontecido, conjeturando que, por intermédio do afamado e temido ex-procônsul, sua vida se metamorfosearia, realizando-se seus almejos de aventuras e glórias.

A tormenta continuava, com intensidade, a fustigar a galera, mas, bendizendo-a, Numa ordenou a seus ativos serviçais que oferecessem vestes enxutas aos náufragos, e preparassem iguarias deliciosas em homenagem a Donato Moréti e a todos os que lhe eram preciosos.

Quando amainou o temporal, já noite alta, foi-lhes servida lauta ceia, e Tarquínio saudou a seus hóspedes com requintada gentileza, mostrando-se exultante pelo acaso venturoso que os levava à galera, fazendo incessantes libações alcoólicas.

Quando todos se iam retirar para os beliches que lhes foram preparados com magnificência, Luciano abeirou-se de Clotilde, e falou-lhe, em surdina:

— Preciso falar-te, amanhã, em caráter reservado...

Tarquínio, que não os perdia de vista, achando-os belos e semelhantes, disse a Donato, apontando-os:

— Deveis orgulhar-vos de possuir tão formosos descendentes, *domine*! Quão encantadores são os vossos dignos filhos, quer a donzela (que é a mais fascinante que meus olhos contemplaram!) quer os mancebos...

— Agradeço-vos as desvanecedoras referências aos que o destino me concedeu. Estais, porém, equivocado, ilustre romano, quanto aos rapazes, pois somente um deles é meu descendente: Flávio, o trigueiro, que já conversou convosco...

— Oh! justamente o *outro* que parece irmão gêmeo de vossa filha, não pertence à vossa ilustre estirpe! — exclamou Tarquínio, com exagerado espanto. Depois, visivelmente contrariado, fixando o olhar investigador em Luciano, interpelou a Donato:

— Quem é, então, aquele... cavalheiro?

— É o unigênito do glorioso Pedro Naldi, a quem confiei a defesa de meu solar, no caso de um assalto de corsários... Eu o estimo tanto qual se fosse realmente um outro filho meu. É um digno mancebo, possuidor de lúcida inteligência e raros predicados morais.

Luciano inclinou-se, em sinal de cortesia e agradecimento, perante o nobre Donato.

Numa Tarquínio contraiu os cenhos com violência, e em seus olhos houve um lampejo de cratera em ignição. Advertido por um recôndito augúrio de que aquele esbelto rapaz era o predileto de Clotilde, inquiriu ao venerável Moréti, afetando não haver percebido a realidade:

— Estes válidos jovens, vosso filho e o outro, ainda não prestaram os seus inestimáveis serviços à pátria?

— Não... *domine*! — respondeu-lhe o ancião, a custo, compreendendo o alcance daquela intempestiva interrogação. Tenho-os educado para a paz; no entanto, ambos são valorosos, e anseiam para tornar-se legionários romanos...

— Que idade têm eles?

— Vinte completos, *domine*.

— Já ultrapassaram a época de se apresentar às armas, *domine* — respondeu-lhe Numa, em tom irônico e repreensivo. — Nossa pátria não pode prescindir do concurso de tão valorosos mancebos...

E, assim falando, o ex-procônsul sorriu enigmaticamente.

— Se sois pai, *domine* — disse-lhe Donato, com altivez —, haveis de compreender: maior do que o amor consagrado à terra natal... só o que dedicamos a nossos filhos!

— Percebo a intensidade do amor paterno, *domine*, mas, se já houvesse ligado o meu destino ao de uma digna compatrícia, e tivesse descendentes, não deixaria de oferecer os varões à nossa pátria, merecedora do maior sacrifício de nossos corações...

Moréti sentiu que suas faces enrubesceram ao passo que uma algidez polar lhe invadiu os membros.

Para sair do penoso silêncio em que ambos ficaram imersos, Numa, tentando reatar as boas graças de seu hóspede, riu com jovialidade, e disse:

— Não vos contrarieis, *domine*. Todos nós temos o nosso ponto vulnerável, um calcanhar de Aquiles,[30] e o dos pais é o coração, o órgão mais sensível, pois nele se abriga infinito afeto pela prole, sempre temeroso de que algum perigo lhe possa suceder... Não vos acuso por isso – admiro-vos, admiro-vos! Julgo, porém, que, embora muita afeição lhes consagreis, não deveis impedir a estes belos jovens o cumprimento dos seus deveres cívicos! Ainda vos regozijareis com os louros conquistados por eles... Um momento de glória, depois de lutas renhidas, *domine*, vale bem mais do que uma existência secular, mas inativa, monótona, de paz inalterável...

Numa Tarquínio, terminando o que visara, despediu-se, fazendo votos a Morfeu[31] para que todos tivessem repouso confortador; e, após, ele e seus hóspedes retiraram-se para os beliches que lhes foram reservados.

A chuva, em bátegas incessantes, caía com intensidade, fustigando a embarcação, que, por vezes, trepidava, e parecia prestes a desfazer-se e desaparecer no abismo oceânico...

Com o temporal que abalava o Mediterrâneo, havia a bordo da *Imperial*, em muitos corações inquietos, o prenúncio de inevitáveis borrascas morais...

VIII

Ao alvorecer, a chuva cessou.

Luciano, sem haver podido conciliar o sono, levantou-se ao primeiro rosicler da aurora, e pôs-se a contemplá-la do tombadilho da galera, que podia ter ancorado em uma enseada insular, durante a noite, mas, não o fizera porque o timoneiro recebera

---

[30] Herói da Guerra de Troia, morto por Páris com uma flechada em seu calcanhar.
[31] Deus grego dos sonhos.

ordem de se afastar da terra, como para reter, por mais tempo, em seu bojo, os náufragos...

O mar aquietou-se qual leão africano, que, após muitas horas de refregas formidáveis, caísse ao solo exausto, e, vencido pela fadiga, adormecesse profundamente...

O Sol, qual um Lázaro[32] divino, parecia ressuscitar do túmulo esmeraldino das ondas serenas, luminosas pelo esplendor do arrebol, ao influxo maravilhoso de um Jesus invisível...

Ao passo que ele se ia erguendo majestosamente, as vagas refletiam suas radiosidades de ouro e púrpura, qual portentosa apoteose, parecendo o levante um roseiral dos trópicos, todo flor e luz, cujas pétalas caíssem ao mar, e se diluíssem ao contato das águas, ou fossem recolhidas aos leitos das sereias, em dia de magníficos festivais ou de núpcias de deuses...

Luciano olhava a amplidão cerúlea, embevecido, mas apreensivo. Por intuição divina, e graças aos ensinos pitagóricos – que lhe haviam sido ministrados por um emérito professor grego – sempre crera na sobrevivência da alma após o desenlace funéreo de uma existência terrena; nas punições e recompensas, conforme o proceder individual em cada etapa planetária; e, porque sua vida até então estivesse isenta de máculas, idealizava uma ventura inigualável, depois do aniquilamento da matéria, numa região encantadora...

Revelara, desde os primeiros tempos da meninice, ser digno descendente de seus denodados ancestrais, patenteando um espírito austero e refletido. Foi criado sem punições, e sem os carinhos de sua mãe, que se alou ao Mundo Espiritual ao dar-lhe a luz da vida, qual lâmpada que se extinguisse por falta do óleo sacrossanto que alguém vazasse em outro recipiente – e afeiçoou-se intensamente a seu ilustre progenitor e aos membros da

---

[32] Personagem descrita no Evangelho de João, e que teria ressuscitado após quatro dias de morto.

família de Donato Moréti, que julgava sua também, tal o carinho com que era tratado por todos eles.

Inteligente, perspicaz, meigo e valoroso, era estimado por todos com quem convivia. Tendo estudado com os mesmos eméritos educadores de Flávio e Clotilde, e desejando fazer-se artista e não soldado, dedicou-se especialmente à pintura, revelando às suas primeiras telas um idealismo suave e transcendente, que maravilhava a quem as visse.

Progredira nos estudos mais do que Flávio, e isso era um dos motivos de rivalidade secreta entre os dois mancebos, de temperamentos antagônicos. Luciano era o enlevo, o orgulho e a esperança de seu denodado genitor, que nele concentrava todas as suas mais caras esperanças.

A vida, até então, correra-lhe placidamente, qual arroio cristalino, sem um vislumbre de desgosto, entre seres queridos. No horizonte de sua alma, porém, como sucede a todos os entes evolvidos, havia o prenúncio de uma tempestade de dissabores, a antevisão de inesquecíveis sofrimentos... Atingira dois decênios de uma existência sem dores nem preocupações, igual a uma alvorada primaveril incessante...

Subitamente, começou a inquietar-se com os prováveis obstáculos que surgissem para o desviar da encantadora companheira de infância...

Não temia nenhuma oposição por parte de seus progenitores, mas, percebeu claramente que Flávio, ambicionando posição de realce, almejava para sua formosa irmã um consórcio notável, que a fizesse fulgir na mais afortunada classe social. Luciano percebera que não lhe era possível competir em opulência com a pretendida esposa, nem tivera por antepassados membros tão insignes como os possuía ela...

Seus temores, porém, nunca o atormentaram tanto quanto, desde a véspera, ao ouvir as expressões irônicas de Flávio, a seu respeito, e as galantarias do hediondo Numa Tarquínio dirigidas à sua eleita... Sabia que o seu companheiro de infância tinha louváveis sentimentos, mas era excessivamente aristocrata e ambicioso...

Rememorando os sucessos do dia anterior, lastimou sinceramente não haver perecido no naufrágio da *Conquistadora*, amortalhado, juntamente com a noiva querida, nas espumas do Mediterrâneo agitado, pois pressagiava infortúnios inomináveis para ambos...

Desde que o seu olhar observador incidiu sobre Numa Tarquínio, por uma inexplicável intuição augurou desventuras até então deslembradas... Adivinhou-as sua alma afeita à meditação e às pesquisas psíquicas, sugeridas pelos ensinamentos de um dos mais belos poemas de moral perfeita, com que os inspiradores siderais, os iniciados nas verdades celestes têm brindado a Humanidade – os *Versos Áureos*, do imortal filósofo e Mestre de Samos – Pitágoras![33]

Era o senhor da *Imperial* afamado tirano que todos os povos de antanho conheciam, bárbaro vencedor de muitos países de que usurpava os haveres, os homens valorosos, as mulheres mais formosas, profanador de lares honestos...

Seus característicos fisionômicos eram os de um verdadeiro homem-abutre, um ser destituído de sentimentos generosos, dos que não sabem domar os desejos impetuosos, e que, para os saciar, não vacilam em purpurear as mãos e a consciência em borbotões de sangue... Com que suprema arrogância encarava ele os circunstantes! Com que volúpia devorava, o olhar incendiado por súbita paixão, a formosa Clotilde, desfalecida ainda, cuja alma imaculada parecia já se ter alado às regiões etéreas, inspirando mais uma prece do que sentimentos malsãos, pressentindo a aproximação de um monstro...

Conjecturava Luciano que ele ia apresentar-se como pretendente esponsalício de Clotilde; e, embora cresse esta incapaz de

---

[33] Célebre filósofo, matemático e professor grego (571-496 a.C.).

uma traição, não podia vaticinar ainda as infâmias que Numa urdiria contra todos para sair vitorioso...

De que torpezas lançaria mão o desnaturado déspota para lhe vencer os escrúpulos da consciência íntegra, e apoderar-se da ambicionada presa? Não sabia, então, responder àquela íntima arguição... Seu espírito jazera como que em letargo profundo até então; doravante, porém, não sucederia o mesmo; augurava, iniludivelmente, que a bonança de sua vida fora passada, e as refregas mais ásperas avizinhavam-se dele e de todos os entes estremecidos... Sentia-se invadido por uma onda de tétricos pensamentos, dos quais tentava, em vão, libertar-se, e pressagiava que não seriam desvanecidos, em um próximo porvir... Desde a véspera daquele dia, julgava ouvir, a todos os instantes, uma voz sibilina,[34] plena de dolência e carinho, que lhe segredava no mais íntimo escaninho de sua alma:

– Vais perder, por todo o sempre, a cândida e bela Clotilde! Teus sonhos de ventura vão ruir por terra, pobre Luciano!

De onde partiria essa voz pressaga, prenunciando inevitáveis infortúnios? De seu próprio ser... ou do exterior?

Sondando as trevas da noite de vigília penosa, em que estivera, após tantas emoções abaladoras, nenhum vestígio descobrira que confirmasse os dizeres que o atormentavam...

Dir-se-ia que era o seu próprio coração desperto que, em cada sístole e diástole, lhe falava daquele modo, em tom magoado...

Não pudera repousar durante a noite; e, ao perceber os primeiros albores matinais, depois dos cuidados com o vestuário, pôs-se a contemplar os fulgores do levante, e as ondas serenas, tão diversas do que se haviam mostrado poucas horas antes... Assim devia suceder-lhe no decorrer da existência – misto de quietudes e tormentas – às quais ninguém se pode subtrair no mundo sublunar...

---

[34] Alusão a Sibila, mulher que predizia os acontecimentos.

A placidez da manhã arrefeceu-lhe a chama que lhe crestara o cérebro durante a noite, qual labareda que se extinguisse bruscamente, mas houvesse deixado em seu interior indícios indestrutíveis de escombros e cinzas, após uma erupção vulcânica...

Nunca, porém, achara ele tão sublime o arrebol!

Parecia-lhe o Oriente uma cerejeira em flor, que se alçasse ao Céu pelo influxo de um condão maravilhoso, de mago sideral, transformando-a em luz rósea e dourada, que se estendesse pelo firmamento em fora...

A intuição de que, além, através do velário azul da amplidão cerúlea, da atmosfera e do éter, jaziam entidades imateriais, pulcras e formosas, arraigava-se-lhe no Espírito desde que fizera a leitura dos magistrais *Versos Áureos* do inspirado de Samos, cujos ideais ele esposara e confrontava com os da era em que vivia, adotando os daquele, e rejeitando os dos seus contemporâneos.

Lastimava não ter sido um de seus discípulos, achando-o incomparável filósofo, ignorando que já o tinha sido e havia feito parte da plêiade dos iniciados, do templo em Delfos,[35] e que, por haver cometido um delito grave em uma de suas precedentes existências – raptando a esposa de um companheiro de armas (a qual, depois, reconheceu ser a formosa e adorada Clotilde) – ainda estava peregrinando na Terra, a ultimar provas aspérrimas...

Nunca praticara ele um ato que a sua própria consciência verberasse – na sua atual existência – sentindo-a límpida qual a de uma cândida criança...

Que o atingissem as dores, pensava ele com amargura, as lutas acerbas, as provas ríspidas, mas o a que aspirava era conservar a neve da consciência impoluta, sem a denegrir com alguma ação aviltante.

---

[35] Cidade grega que era local dos Jogos Píticos e do famoso oráculo de Delfos, o qual ficava em um templo dedicado ao deus Apolo.

Tão embevecido estava Luciano com as suas cogitações, à proa da garbosa galera, que nem percebeu a aproximação de um marujo, aparentando ter meio século de existência, de olhar ardente e leal, tez bronzeada pelo sol de diversos países equatoriais, o qual lhe tocara levemente no ombro esquerdo, sorrindo com bondade e tristeza. Luciano voltou-se para ele, rapidamente; e, de súbito, olharam-se profundamente, parecendo que, naquele momento, suas almas se mesclaram na permuta do primeiro olhar, ambos sedentos de confidências, sondando os mais recônditos sentimentos que existiam nos escrínios de seus corações...

– Formoso mancebo – falou-lhe o nauta –, quando a juventude desperta antes da alvorada, sem um motivo imperioso... é que seu espírito está inquieto, ou, antes, seu coração está aguilhoado por secretos pesares... de amor!

– Bem o adivinhaste, arguto filho de Netuno – respondeu-lhe o jovem, ávido por transmitir seus pensamentos a um ente sincero e bom, que pudesse aconselhá-lo na dolorosa conjuntura em que se encontrava –, meu coração anda mais agitado do que, ontem, o Mediterrâneo...

– Que são tuas mágoas, senão os receios, às vezes pueris, de um jovem enamorado? Que são elas, porém, mancebo, em confronto com as que me oprimem a mente? Parece que, há muito, tenho paralisada no peito uma espada de fogo... que me requeima o coração de ódio, e não me consome esta execrada vida...

IX

Luciano fixou, compadecido, o interlocutor, tanta expressão de amargura havia em suas palavras. O marujo também o contemplou, com um olhar fulgurante, onde havia lágrimas, e disse-lhe:

– Teu aspecto, mancebo, inspira-me confiança. Tua alma deve ser nobre e leal quanto os teus olhos mo revelam; olhos límpidos, glaucos, de sonhador, feitos de fragmentos de céu veneziano, vagas do Atlântico e safiras de Ceilão...[36] Antes, porém, que nos perturbem a palestra os curiosos, quero dizer-te o que sinto e dar-te conselhos que a longa experiência de uma vida acidentada adquire... Mancebo, ouve-me com atenção. Eu não sou romano, mas gaulês de nascimento e de coração. Era livre, afortunado, feliz, e tudo me usurparam em negro dia: liberdade, tesouros, família! Minha pátria foi assolada por uma onda de bárbaros inimigos; e Numa Tarquínio, um dos mais famigerados asseclas de César, fez-me seu cativo, tendo, antes, infamado o meu lar... Minha infância e minha juventude foram de príncipe, minha senectude... de escravo! Compreendes a minha dor e humilhação? Mancebo!

Emudeceu o marujo, por momentos olhando o mar.

Ouvia-se o ruído dos remos, compassado e monótono. O velho marinheiro enxugou algumas lágrimas, que lhe deslizavam pelo rosto crestado das soalheiras. Havia um estranho clarão em seus olhos de trevas.

Luciano contemplou-o, sensibilizado, prognosticando infortúnios, semelhantes aos do mísero marujo, não só para si próprio, mas ainda para os que lhe eram caros.

O nauta, vendo-o mergulhado em penosas cogitações, quebrou-as, chamando-lhe a atenção, para prosseguir sua comovedora narrativa:

– Mancebo, o maldito... que é o dono desta galera fatídica, venceu-me; e, pela traição, subornando os meus aliados, aprisionou-nos, após, cruel e acintosamente... Vendo-me indefeso, violou o meu lar, apoderou-se de muitos dos meus entes queridos, poluindo-os, torpemente... Quando eu o soube, revoltado, no auge do desespero, verberei-lhe o procedimento, enlouquecido de dor... e o indigno, rindo, novo Gênio do Mal, um belzebu

---

[36] O atual Sri Lanka, célebre pelos rubis e safiras que produz.

hediondo, ordenou a seus verdugos que me vergastassem, no que foi obedecido pelos que o temem e execram... Não quis que me arrancassem a vida... para gozar com a minha degradação e vexame, podendo espezinhar-me e injuriar-me a todos os momentos que lhe aprouver, fazendo-me seu escravo... a suprema afronta a meus brios de homem livre e honesto!

"Espreito, há muito, o instante propício para saciar a minh'alma asfixiada em sangue e em lama pútrida – a lama da humilhação e da ignomínia!

"Eis o que fui impulsionado a revelar-te, mancebo, qual se o fizesse a um filho – que o teria de tua idade, se o carrasco a quem me refiro não houvesse imolado a sua vida, na minha presença, para torturar-me satanicamente! – condoído de ti e de todos os que foram alojados na *Imperial* em má hora... pois, antes houvésseis sucumbido ao furor dos temporais... do que sido salvos por um perverso... que vai exigir, cruelmente, o resgate de sua principesca acolhida aos náufragos... desgraçando-os!

"Fui sincero contigo, e hás de me retribuir a prova de lealdade: dize-me quem é a formosa donzela que, amortecida, foi transportada à galera? Tua irmã ou tua noiva?".

– Obrigado pela confiança que em mim depositaste, marujo – respondeu-lhe Naldi, a custo. – Ela é minha companheira de infância, e, pretendo, dentro em poucas horas, contratar os nossos esponsais...

– Desditosos e belos jovens! É bem provável que, doravante, vossos projetos e sonhos de ventura, sejam burlados, ou, antes, destruídos, totalmente pelo bandido em cujo antro dourado fostes acolhidos, acossados pela fatalidade! Numa Tarquínio está intensamente enamorado da deslumbrante virgem que adoras, mancebo! O abutre encontrou um novo ninho de rouxinóis para devorar... e não vacilará em apoderar-se dele de qualquer modo – legal ou ilegal! Ele é capaz das maiores vilanias para satisfazer os seus mais torpes desejos...

— Que me aconselhas a fazer, marujo e amigo? Parece-me que perdi a faculdade de refletir, estando perto da loucura — tal a deplorável situação de minha alma! ...

— Que deves fazer? Prevenir o ancião, pai de tua noiva, do perigo que vos ameaça a todos... Se conhecêsseis, mancebo, o celerado que abrigou nesta galera míseros náufragos... para fins inconfessáveis — pois está sempre ávido de aventuras, lances trágicos e gozos — iríeis, com certeza, para um país longínquo e ignorado do monstro. Estou eu convicto, ele o fez julgando salvar corsários para se apoderar do quanto lhes pertencesse, e, após, exterminar os que estivessem a bordo, atirando os cadáveres ao mar... que encerra, por todo o sempre, os despojos de todos os que se lhe dão para ocultar! Ele respeitou o prestígio de Donato Moréti... por causa de César, e da encantadora filha que possui. Mas, à menor recusa às suas pretensões, ele os perseguirá, praticando todas as ignomínias de que é capaz, e conseguirá assenhorear-se da sedutora donzela... que seus olhos tigrinos viram, ontem, fascinados! Conheço-lhe os mais secretos pensamentos, as mais íntimas conjecturas, por uma intuição que não sei explicar, mas nunca falha... Fujam, fujam todos os que foram abrigados nesta galera fatal, o mais breve possível, do celerado a que me refiro. Eu não o faço... porque sou forçado a seguir-lhe os passos qual a sombra ao corpo... até que se me apresente o ensejo de lhe esfacelar o coração... com um punhal... como ele o fez ao meu... Sigo-o, impulsionado pelo ódio, sequioso de ver jorrar o seu sangue pestilencial!

O nauta calou-se por momento, tendo nos olhos um clarão de ódio, que, dir-se-ia, certamente lhe inflamava o cérebro... Depois, fixando o rapaz, disse-lhe:

— Meu verdadeiro nome... é Múrfius Selan e o teu, mancebo?

— Luciano Naldi, filho de heroico guerreiro...

— Luciano e Múrfius serão, doravante, aliados perpétuos...

É mister agires, agora, de modo que não sejas outra vítima de Numa Tarquínio... cujo olhar cintilava, ontem, quando te aproximaste da formosa jovem que amas... Se, porém, fores por ele vencido, aliemo-nos para o mesmo fim, e sejamos fiéis, mutuamente, até a morte! Caia a maldição dos deuses sobre aquele que trair este pacto sagrado, para o qual tomo por testemunha o céu... ou o próprio Júpiter!

Assim dizendo o velho marujo estendeu a destra a Luciano, que empalideceu, compreendendo que a pureza de seus sentimentos o impediam de molestar aquele que o havia livrado, e a tantos entes estremecidos, de morte inevitável, mas não podia deixar de firmar um pacto de lealdade com o desditoso nauta, ao qual se sentiu, em realidade, perpetuamente coligado...

Já então, no levante, em apoteose deslumbrante, se desfaziam flores etéreas, de pétalas auri-rosadas. Dir-se-ia que um Apeles[37] divino as houvesse metamorfoseado em púrpura celeste para pincelar uma tela portentosa, em homenagem ao Criador do Universo.

Todos despertaram na *Imperial*, que ancorou em um pequeno porto de Cabrera, e houve ordem de Numa Tarquínio para serem conduzidos à Rocha Negra os sinistrados da *Conquistadora*.

Clotilde, ao notar a palidez de Luciano, denunciadora dos embates de sua alma emotiva, aproximou-se dele, mas evitou interpelá-lo para não despertar atenção dos que a circundavam, observando que era alvejada pelos olhares coruscantes do dono da galera...

Luciano não os viu logo, porque contemplava ternamente a companheira de infância, achando-a mais idealmente formosa depois que em sua mente havia surgido o irreprimível receio de perdê-la... Quando os percebeu, porém, avivadas as suspeitas da véspera contra Numa Tarquínio pelo que soubera, revelado por Selan, tornou-se lívido, prestes a perder a noção da realidade...

FIM DO LIVRO I

---

[37] O mais célebre dos pintores gregos (séc. IV a.C.).

Livro II

Castelos desertos

I

Velejava a *Imperial*, serenamente, no Mediterrâneo dourado pelo esplendor do amanhecer, prestes a aportar em abrigo insular.

Numa Tarquínio, que havia apurado excessivamente a opulenta indumentária, fixava o olhar embevecido no vulto encantador da filha de Donato Moréti, a qual se interessava unicamente por Luciano, julgando-o enfermo.

Iam permutar os primeiros pensamentos, naquele dia, quando foram chamados à realidade pela voz estentórica de Tarquínio, que se aproximou de ambos, e interrogou a donzela:

– Agradam-lhe as viagens marítimas, filha do heroico Donato?

Clotilde voltou-se para ele, bruscamente, como ferida por um secreto punhal, e respondeu-lhe, com receio de lhe desagradar:

– Sim, *domine*, mas não desejo, jamais, empreendê-las... temendo os funestos temporais do Mediterrâneo... Prefiro morrer, tranquilamente, oculta na Rocha Negra...

Tarquínio riu, ruidosamente, e disse:

– Já pensais em morrer, em plena juventude? É natural que ficásseis apavorada, pelo que sucedeu à *Conquistadora*, uma frágil chalupa... Em uma galera, porém, igual a esta, nenhum perigo correrá vossa preciosíssima vida...

"Iludis-vos em outro ponto, formosa dama, as águias não nasceram para se encarcerarem num ergástulo, mas para rasgarem a amplidão sideral! ... Vós sois águia real, e, portanto, podendo atingir o Infinito... quereis ficar acorrentada a um abismo? Um inóspito rochedo, de mísera ilhota, não pode continuar a aninhar uma águia semidivina...".

Sentindo-se purpurear, Clotilde redarguiu, com altivez:

– Não me seduzem as vanglórias mundanas, *domine*! Não alimento as elevadas aspirações que tendes, contento-me com o meu selvagem ninho de pedras, onde vivo ignorada do mundo, mas feliz, e com o coração cheio de paz!

Numa Tarquínio, com um esgar de descontentamento, retrucou:

– Nascestes para reinar em grande metrópole, e não para ser ofuscada em uma penha desconhecida... dos romanos! Se desejardes, e, bem assim, vossos nobres parentes, em vez de nos dirigirmos à Rocha Negra, ordenarei imediatamente ao palinuro da *Imperial*, e esta nos conduzirá a Óstia,[38] e em breve nos acharemos em Roma, que ficará deslumbrada com o tesouro que se ocultava em alcantilado penhasco...

– Não é possível, *domine*, aceitar o vosso honroso alvitre! – exclamou Clotilde, sentindo, às súbitas, uma indômita angústia constringir-lhe o coração. Não estamos prevenidos para uma viagem a Roma, e, além disso, desde o intenso abalo moral que sofreu com os sucessos nefastos de ontem, está enferma nossa extremosa mãe. Iremos, contudo, oportunamente, à vossa residência, testemunhar-vos quanto somos gratos à vossa magnânima hospitalidade...

– Aceito a vossa gentil excusa, linda jovem, e as vossas ordens, *doravante*, serão cumpridas à risca... pois aqui só tendes servos que desejam obedecer-vos com prazer! – respondeu-lhe Tarquínio, inclinando-se, com exagero, perante Clotilde e seu genitor.

---

[38] Porto da Roma antiga.

Sem nenhum outro incidente digno de reparo, a galera, que havia sido desviada de sua verdadeira rota, rumou para a Rocha Negra, e o ex-procônsul acompanhou os seus hóspedes até o solar, observando-lhe as mais ínfimas minudências.

A esposa de Donato Moréti, a virtuosa Júnia, devido às inquietações por que passara na véspera daquele dia, quase no último período de uma grave endocardite, foi transportada ao leito, presa de dispneia e febre. Percebendo a consternação que reinava no lar de Moréti, tão venturoso até aquele fatídico passeio marítimo, Numa Tarquínio apressou a sua partida, e, ao despedir-se do proprietário do solar, falou-lhe, intencionalmente, fitando a aflita Clotilde:

– Os fados nos aliaram por todo o sempre, *domine*! Não é, pois, um *adeus* que vos digo... pois pressinto que as nossas relações amistosas vão ser intensificadas... Aqui me vereis no decorrer de limitado tempo...

Donato expressou-lhe seu perene reconhecimento pela generosa acolhida que lhe dispensara, e à sua família, e fez-lhe oferecimento que a urbanidade lhe impunha.

Tarquínio, patenteando um requinte de cordialidade excepcional, inscreveu em um papiro os nomes de todos os habitantes do alcáçar, para jamais os esquecer, mencionando a idade dos varões que lá viviam...

Flávio, exultante com as relações entabuladas com o potentado romano, prometeu ir visitá-lo dentro de limitado tempo, assim que se verificasse o restabelecimento da saúde de sua genitora, cujo estado lhe causava sérias apreensões. Somente ele exultava com a presença de Numa Tarquínio... enquanto que os seus companheiros de excursão se mostravam entristecidos.

Assim que o ex-procônsul se retirou, Luciano Naldi solicitou uma secreta audiência a Donato Moréti e falou-lhe com gravidade:

– Acumulam-se nuvens tempestuosas sobre vosso ditoso lar, *domine*!

— Bem o prevejo, caro Luciano... A moléstia de minha cara Júnia faz-me antever dias de pesares e inquietações...

— Não é só isso, *domine*, o que ora me preocupa, mas também o que sucederá aos que nos são queridos, depois do encontro funesto com o abutre da honra e da ventura alheia — Numa Tarquínio!

— Por que te referes com tanta severidade a quem nos prestou inestimáveis socorros? Luciano! — interpelou-o o ancião, com tristeza e censura.

— Porque tenho a revelar-vos as vilanias daquele déspota, disfarçado agora em prestimoso amigo, para, amanhã, talvez, cravar profundamente um punhal em vosso nobre coração!

— Eu te desconheço, Luciano; é melhor que me digas o que soubeste, para que eu faça um imparcial julgamento de quem nos socorreu em hora aflitiva... mas não goza de reputação ilibada...

Luciano revelou, então, ao probo castelão o que soubera por intermédio do piloto da *Imperial*.

— Considero-vos, depois de meu digno pai, o meu melhor amigo, *domine* — concluiu o jovem — e, escudado nessa afeição profunda, quero interrogar-vos: consentireis, de bom grado, na aliança esponsalícia de vossa filha com o infame Numa Tarquínio?

Donato meditou durante alguns instantes; depois, apertando-lhe a destra, respondeu-lhe:

— Luciano, meu amigo; eu desejava que Flávio pensasse como tu. Há mais vínculos de afinidade entre a minha alma e a tua... do que entre a minha e a de meu filho, que, embora generoso e bom, se deixa arrebatar pelas vanglórias; e, por isso, antevejo muitas decepções no decorrer de sua existência... Percebo, Luciano, porque me fizeste aquela interpelação, depois de me ter dado a conhecer a tua lealdade e o teu amistoso interesse pelos que nos são caros. O coração paterno, porém, é um lúcido Argos — tem sempre cinquenta olhos vigilantes —, e o meu suspeita, há muito, o que existe no teu e no de Clotilde: amais-vos recíproca e ternamente, e eu não quero interpor-me entre ambos, senão para concorrer para a vossa felicidade... Pode a minha filha ser pretendida por um príncipe, mas, desde este momento, minha palavra se acha empenhada contigo, considerando-te, doravante, outro filho bem-amado!

— Obrigado, meu bom amigo! antes, meu segundo pai! — exclamou Luciano, osculando a destra do nobre ancião. — Quanto sois digno e magnânimo!

O ancião abraçou-o, e prosseguiu:

— Sei que o mundo social aplaudiria o consórcio de minha adorada Clotilde com o déspota romano, de que falávamos, pois todos julgam um lar venturoso... pelo esplendor das habitações e dos móveis que as guarnecem... Bem sabes, porém, Luciano, que eu só considero afortunado aquele onde impera a virtude, a harmonia de sentimentos, o amor recíproco. Compreendo que seria intensamente desditosa a minha querida Clotilde, se se efetuasse o seu matrimônio com um homem tão hediondo no físico quanto no moral; com quem lamento haver contraído uma dívida de honra, e de eterno reconhecimento! Algo de tenebroso e peçonhento existe na alma daquele indivíduo, porque, ao contato de sua mão, senti, ao mesmo tempo, repulsa, asco e uma secreta dor, qual se houvesse sido pungido por uma víbora!... Como hei de desvencilhar-me daquele monstro, sem desdouro para meu caráter?

— Partindo, todos nós, para longínqua região, antes que Tarquínio volte à Rocha Negra, *domine*!

— Sim, essa a resolução que eu tomaria, hoje, se não fosse a moléstia grave de minha boa Júnia... Temos que esperar o restabelecimento de sua saúde, para partirmos para outra nação, talvez a Grécia... Vou, desde já, providenciar para que tudo esteja aprestado para a viagem, com a urgência que a nossa situação requer... Desejo, também, consultar o velho amigo Naldi e Clotilde sobre o que resolvemos sem os inquirir previamente.

II

A saúde da dedicada consorte de Donato continuava fortemente alterada, obstando a que ele efetuasse a projetada partida para a Grécia. Por vezes, a doente delirava e reproduzia, ao vivo, as peripécias da fatídica excursão, em que todos os que amava iam perecendo...

Clotilde, sempre carinhosa, não cessava de lhe dar provas de afeto.

Um dia, ao aproximar-se do leito de sua adorada genitora, esta, que se achava em um período de calma, falou-lhe com ternura, como o fazia em horas ditosas:

– Clotilde, minha amada filha, o meu sofrimento físico só terá limite com a morte... que já me espreita, para que colher a vida... Meu coração desequilibrou-se irremediavelmente ao ver-te desfalecida, prestes a ser tragada pelo mar enfurecido... Desde aqueles momentos, senti por secreta advertência, que a minha saúde ia ser destruída e que algo de aterrador nos ameaça, devido ao encontro funesto... com aquele romano que nos abrigou na *Imperial*... Não sei o que se apoderou de mim ao observar aquele hediondo e arrogante déspota! Parece-me, Clotilde, que o seu olhar tem chamas infernais, que me penetraram no coração, intoxicando-o, gangrenando-o! Percebo, por uma intuição – que a têm sempre os que se abeiram do túmulo –, que Numa Tarquínio nos salvou de uma imensa desgraça, para... nos causar outra maior! ... Sei que, dentro em pouco, surgirão desgostos que hão de infortunar sempre e sempre o nosso lar! Flávio deixar-se-á arrastar e dominar por aquele homem fatal... e Luciano... jamais conseguirá realizar as suas aspirações...

– Por que assim me desiludis, mãe querida? – interrogou a jovem, aflita e lacrimosa.

— Porque... muito me custa desgostar-te, filha amada! Vejo, porém, uma falange de duendes rodeando-me, à noite; e são eles que às vezes me fazem quase enlouquecer, e proferem coisas, que eu repito, e que os que me escutam, julgam incoerentes... Eles me falam coisas pavorosas em altos brados... Não os ouves? Clotilde! Não? Escuta-os agora: estão motejando de nossos receios, e de nossas prováveis desditas, dançando vertiginosamente, agitando os braços esqueléticos, nos ares, tentando outros arrancar-me do leito, para me arrastarem a uma voragem, no que são impedidos por Gênios tutelares, escudos de luz inquebrantável! Que mal lhes fiz eu? Minha filha! Nunca os tinha visto; no entanto, eles me afirmam que outrora nós os torturamos muito, quando éramos tiranos perversos, não sei em que país! Quem está com a verdade, eu ou *eles*? Não o posso dizer ao certo... Talvez, tenhamos mais de uma existência, sofrendo, em uma, as consequências do que fizemos em outra. Não será isso o que nos sucede? Como apareceram aqui esses adversários das eras transcorridas na opulência e na maldade? Apareceram como por efeito de algum sortilégio de Numa Tarquínio, que – assim o dizem todos – já foi nosso aliado, o executor de ordens arbitrárias e funestas... Que passeio deplorável o daquele dia, minha Clotilde! Pobres entes queridos! Findou-se a nossa ventura... Chama teu pai, minha filha! Quero repetir-lhe tudo o que te disse... antes que não possa mais fazê-lo...

A jovem, com os olhos marejados de lágrimas, beijou-lhe a mão, emocionada, esforçando-se por tranquilizá-la, e disse:

— Acalmai-vos, mãe querida! Assim que melhorardes, iremos para muito longe da Rocha Negra, e nos livraremos do infausto romano!

— É tarde, minha filha! Só o meu Espírito poderá partir convosco... É a fatalidade do destino, que pesa sobre nós: temos que resgatar, penosamente, os crimes de eras... longínquas!

Donato, chamado pela contristada filha, abeirou-se do leito da esposa, que, ao vê-lo, lhe disse:

— Meu velho amigo e companheiro de existência, sempre concordaste comigo... Vais agora fazer-me a derradeira vontade: livra a nossa adorada Clotilde das garras daquele falcão maldito! Desejo que ela despose Luciano Naldi, que, há muito, considero um outro filho bem-amado, e não a *ele*!

— Teu desejo será cumprido, Júnia querida — estejas na Terra ou no Céu! — respondeu-lhe o consorte, ajoelhando-se, soluçando, à cabeceira do leito mortuário.

Subitamente, Júnia dilatou os olhos, em que fulgia o clarão de uma outra vida, fixou-os em um ponto invisível para os circunstantes e gritou, com dolorosa entonação:

— Vejo luto e sangue... que parece cair do Infinito! Coragem, Donato, nossa ventura... consumou-se... neste mundo!

E inteiriçou-se sobre o leito, com os olhos sempre fixos em um ponto desconhecido, com os braços elevados, e que, bruscamente, penderam sobre a coberta, com violência. A respiração da agonizante tornou-se estertorosa e, dentro em poucos momentos, algo de precioso se lhe esvaiu do escrínio carnal, que se imobilizou por toda a eternidade...

III

Por um deslumbrante alvorecer, enquanto o Oriente cascateava ouro e nácar lucificados, os corações dos habitantes do solar da Rocha Negra cobriram-se de crepe com o passamento da boníssima Júnia. Uma tristeza indômita desde então errou pelo alcáçar, onde todos os olhos tinham vestígios de lágrimas...

Ainda não se achavam atenuados os pesares decorrentes do luto recente, quando um brigue desconhecido aportou pouco distante do castelo da Rocha Negra, e dezenas de romanos, armados como para uma peleja bélica, se dirigiram ao consternado Donato Moréti, entregando-lhe uma desoladora mensagem, firmada por um alto dignatário de Júlio César, chamando às armas todos os homens válidos de 18 a 40 anos, domiciliados no solar, para embarcarem no brigue, no prazo máximo de cinco horas, sendo aplicadas penas severas aos que se insurgissem contra as determinações do general supremo.

Donato, trêmulo de indignação e de pesar, por não poder repelir a afronta inesperada, pois os invasores, chegando ao solar, haviam pedido ingresso, dando sinal de amigos, chamou à sua presença o denodado Pedro Naldi. Este, porém, já tinha sido feito prisioneiro por alguns centuriões, e não pôde mais atender às suas ordens.

Apresentaram-se-lhe apenas os dois rapazes – Luciano e Flávio – para dele se despedirem. O primeiro estava lívido de emoção, o segundo, sorridente.

Uma angústia estrangulante oprimiu a alma do infortunado ancião, ao observar o incontido contentamento do filho bem-amado, em instantes tão dolorosos quanto aqueles que estavam passando os habitantes do castelo...

– Flávio! – repreendeu ele com os olhos inundados de pranto – como podes sorrir em momento tão aflitivo? Regozijas-te, acaso, ao deixar para sempre teu velho pai, entregue ao mais profundo dos pesares?

– Não, querido pai, pois sabeis que muito vos prezo. Mas é que anseio por uma vida de atividades e de glórias! Aqui reina o pessimismo. Eu quero conquistar louros que vos causarão orgulho e alegria, fazendo-vos esquecer as amarguras desta hora, das quais compartilho!

– Meu filho, sei que os teus intentos são louváveis; mas, desgosta-me este excesso de ambição e de vanglórias pelos sangrentos triunfos guerreiros, prevendo eu que, em vez deles, conseguirás dissabores e decepções inconcebíveis... Com a tua fatal desobediência e avidez de façanhas, foste o causador irrefletido de todos os dissabores que ora nos afligem, e que vão cavar o meu túmulo, pois que não resistirei a tantos ultrajes e sofrimentos!

– Querido pai – disse o mancebo, comovido –, não me acuseis pelos sucessos que fazem parte de nosso destino! Não afirmais sempre que tudo quanto nos acontece os fados o deliberam, previamente?

– Não chegaremos nunca a um acordo, meu filho, pois os nossos sentimentos são quase todos antagônicos... Não sei esclarecer o *porquê* dos fatos, mas minha alma vaticina desgostos irreparáveis! Considero sinistras as relações com Numa Tarquínio, que me afronta com o seu poderio, em nome de César, e retira do alcácar os nossos soldados para poder agir, livremente, desfechando contra nós outros golpes insidiosos...

– Que dizeis? Pai querido! Acusais aquele que nos salvou a vida, e nos acolheu principescamente na *Imperial*?!

Nesse momento o diálogo foi interrompido por um velho servo, que, pedindo licença a Donato, comunicou que Pedro Naldi necessitava falar a Luciano, sem a menor detença. O ancião pediu que voltasse, pois também carecia transmitir-lhe, a sós, alguns conselhos.

Flávio, ao ver retirar-se o companheiro de infância, disse ao consternado genitor:

– Ainda não compreendestes, pai, que o plano de Numa Tarquínio, desguarnecendo o solar da Rocha Negra, de garantias bélicas, é ficar em campo livre, e não encontrar obstáculos para desposar minha irmã?

– E tu aprovas esse indigno proceder daquele falso amigo, Flávio?! Ignoras que Clotilde já é noiva de Luciano? Queres matar-me de desgosto, aliando-te ao verdugo de nossa felicidade?!

– Numa Tarquínio, e não Luciano, poderá fazer ditosa e célebre a querida Clotilde, pai!

– Assim o dizes, porque julgas os homens pelas regalias sociais que possuem, muitas vezes usurpadas torpemente aos vencidos, e não pelos predicados morais e pelas virtudes que existem em suas almas! Vês os corpos ajaezados de púrpura e ouro, e não os Espíritos vestidos de luz, Flávio!

— Ninguém disseca os corpos para descobrir as virtudes, meu pai, que são abstratas... Valem mais, pois, os corpos cobertos de púrpura do que as almas resplandecentes — que ninguém enxerga — repletas de ignoradas qualidades morais... É com ouro, e não com virtudes, que se adquirem palácios e considerações sociais!

— Tu te iludes, meu Flávio! Quando os corpos verminados baixam ao túmulo, onde se desfazem em putrefação e pó, unicamente resta a alma que, se estiver trajada com as galas da virtude, conquistará os palácios divinos, os que os nossos olhos veem, à noite, também vestidos de luz! Não devemos querer somente adquirir o que é da Terra — tudo efêmero e transitório — e que nela tem que ficar, mas o que é do Céu — eterno e infinito!

— E quem me poderá afirmar, categoricamente, que não estais iludido? Querido pai! Os visionários, os filósofos ou os utopistas forjam essas fantasias, que os entes simples e ilógicos aceitam, tal qual as crianças, os contos de fadas, que julgam ter existência real... Que valem virtudes ignoradas, como as de Luciano, recluso neste rochedo? Não têm maior valor, perante todos os povos, os cabedais e a situação de realce do invejável Numa Tarquínio?

— Eu te desconheço, Flávio! Não parece que foste criado em um lar onde se faz, constantemente, a apologia da honra e do dever, mas no de um sicário. Tu me arrancas lágrimas de indignação, e cravas, no meu coração, um punhal de dor inaudita, talvez nos últimos instantes em que podemos transmitir, mutuamente, os nossos pensamentos! Só o que imploro aos deuses imortais é que não caias em alguma cilada infamante do bandido que acaba de me roubar o filho e os melhores amigos, para poder roubar também o derradeiro tesouro deste solar: Clotilde!

— Quem vos afiança que é ele um sicário?! Senão algum invejoso da brilhante situação de Numa Tarquínio, meu pai!

— Quem mo afiança, Flávio? Queres interrogar ao povo romano em sua totalidade para ficares sabendo quem é o monstro de que falamos? Queres saber o que relatou uma de suas vítimas – um de seus servos – de cujos haveres, honra e família ele se apoderou lançando-a à miséria e à prostituicão, e supliciando o seu chefe com o cativeiro, e as mais ultrajantes humilhações?

— Tudo isso deve ser falso e irrisório, meu pai! Não me julgueis, porém, um coração empedernido e inflado de cobiça... Não! Juro-vos, pai querido, que se eu tiver a confirmação do que ora me relatais, saberei desvencilhar-me do celerado!

— Se ainda for tempo, Flávio... Vais ter acesso ao palácio maldito de Numa Tarquínio, que era paupérrimo e de família obscura, mas se enriqueceu com pilhagens infamérrimas; e, todos o asseveram, nos ergástulos de sua principesca habitação, gemem e são supliciados incontáveis desditosos... E como são sufocados seus gritos de revolta? Com a vergasta, com o punhal, com a morte excruciante, em cubículos sem ar, sem luz, sem pão, sem água, exalando podridão pestífera! Eis o homem que escolheste para amigo, e para esposo de Clotilde, meu filho! Eis quem acaba de desfechar-me golpe mortal no coração amargurado pelo luto da viuvez, roubando-me o único filho e os verdadeiros amigos, forjando uma ordem insultuosa de César, sob o pretexto de que é danoso à pátria e à tranquilidade romana alguém manter homens aguerridos, dificultando a inclusão dos mesmos nas hostes cesareanas, como se eu não fora fiel ao nosso soberano, e quisesse apenas defender-me contra bandidos do mar...

— Pois bem, pai querido, eu vou partir para Roma, e, dentro em poucos dias, tudo será desvendado, e de tudo vos darei ciência... Enviar-vos-ei um mensageiro, que vos entregará um pergaminho branco ou tarjado de preto; no primeiro caso, é porque são falsas as acusações contra Numa Tarquínio, no segundo, verídicas... Se todas as incriminações forem reais... irei ao próprio Júlio César, que muito vos considera, e revelar-lhe-ei o que ora nos sucede, a fim de que, imediatamente, vos defenda, e aos que nos são caros, de outras prováveis ciladas do mesmo de quem suspeitamos que sejam as atuais.

– Se o conseguires, Flávio! sem sacrifício da própria vida! Não percebes, meu filho, que o infame desguarnece o alcáçar para melhor saciar os seus intuitos sinistros?

Por momentos, com o rosto esmaecido de emoção, Flávio ficou absorvido pelos pensamentos que lhe tumultuavam na mente; e, como se monologasse consigo mesmo, disse:

– Será crível o que propalam a respeito de quem nos prestou um inolvidável auxílio, em hora tormentosa?! Deveremos retribuir com a perfídia o que nos fez ele em instante trágico e inesquecível?

IV

Naquele instante voltou Luciano ao gabinete de Donato Moréti. Mostrava-se ele desolado com os mais recentes acontecimentos, tendo-lhe sido vedado, pelo chefe dos centuriões, o despedir-se de seu extremecido genitor, que não lhe pôde fazer nenhuma recomendação.

– Estamos prisioneiros, *domine*! – disse ele, angustiado, ao ancião, quase desfalecido. – Vai ficar sem defesa o alcáçar, entregue, unicamente, às crianças, às mulheres e aos inválidos... Vós e meu pobre pai, já não podeis lutar – abatidos pelo bronze do tempo, da desventura e da traição!

Depois, voltando-se para Flávio, que, sensibilizado, via soluçando o alquebrado varão, falou-lhe:

– E se tentássemos reagir agora, às súbitas, contra os invasores? Odeio os louros guerreiros, mas não temo imolar a vida em defesa dos que mais adoro sobre a Terra!

Flávio olhou-o, surpreso; depois, abraçou-o, enternecido, ante essa prova de valor do companheiro inseparável desde o primeiro instante de existência, e respondeu:

— Meu amigo, perdoa-me as mágoas que eu te tenho causado, com um falso julgamento a teu respeito! Compreendo, agora, que és digno da afeição de Clotilde, mas, tentar uma reação, com os nossos soldados já prisioneiros e as armas sequestradas, seria uma loucura! Os invasores esmagar-nos-iam; e, por certo, praticariam vilanias com os que restassem à hecatombe! Vamos, porém, coligar-nos, doravante, tomando meu nobre pai por testemunha: se for uma realidade o que nos afirmam de Numa Tarquínio... saberemos defender os que amamos!

Donato abraçou-os, comovido e em pranto, implorando aos deuses que os protegessem e os fizessem regressar ao infortunado solar, de onde, certamente, havia sido banida a ventura por todo o sempre!

Luciano, depois de haver correspondido à demonstração de afeto, que lhe haviam dado o ancião e seu estremecido filho, foi despedir-se de Clotilde, que se achava empolgada por um pesar indescritível.

Ele ia ser arrancado da Rocha Negra para cumprir as determinações de um sicário – cujo único intuito era afastá-lo de sua adorada e prometida esposa... Compreendia essa lúcida verdade naqueles instantes supremos, prevendo que jamais regressaria àquela mansão bendita... Compreendia, então, a origem da repulsa que sentira por Numa Tarquínio desde quando nele fixara pela primeira vez o seu olhar de visionário... Onde já vira aquela cara sinistra? Que fizera ele ao potentado crudelíssimo, que o olhara com ódio, ao apertar-lhe a mão, quando fora ao solar? Arcanos do destino, que *ele*, sob o guante de inexprimível dor, não tentava solucionar... Urgia dizer as últimas palavras de despedida à estremecida noiva, oscular, pela derradeira vez, a mão generosa de Donato Moréti, e as de seu amargurado genitor.

Muitas vezes, desde quando percebera a excelsitude da afeição que consagrava a Clotilde, parecia-lhe que já lha dedicava desde que a viu no colo materno, quando lhe ouviu os primeiros balbucios, quando deu os primeiros passeios pelo parque, inquirindo-o sobre a vida das rosas, das borboletas e dos pássaros...

Ali, naquele alpestre recanto da habitação, viu a sua existência transcorrer placidamente, cultuando os mesmos entes que a noiva querida, observando o mesmo céu, o mesmo horizonte, sob o mesmo teto, permutando pensamentos como o fazem os astros com os seus raios lúcidos, aliando indissoluvelmente as suas almas harmônicas...

Ainda crianças, acompanhados por fâmulos fiéis, ora erravam pela penedia, ora pelo parque, verdadeiro oásis de verdura e flores, ideado por Júnia Moréti, que o fizera executar pelos artífices de seu esposo, os quais haviam perfurado as pedras, e, nas cavidades produzidas pelos alviões, posto terra transportada da Hespéria,[39] em um brigue veleiro... Tornara-se um local aprazível, onde árvores soberbas, e palmeiras esguias alongavam, para o firmamento azul, as colunas vivas dos caules, e as plumas verdejantes das frondes... Havia no horto três árvores simbólicas, com expressivas inscrições nos troncos, contendo a data natalícia dos irmãos – Flávio, Cláudio e Clotilde, descendentes de Donato Moréti. O segundo, mal chegara à Terra, logo foi arrebatado às regiões siderais – andorinha celeste que mal roçara as cândidas asas pelos marnéis deste planeta...

Um dia, em hora de forte temporal, caíra um corisco na palmeira consagrada ao ser que se alara ao empíreo, lascando-a e fazendo a fronde tombar sobre a segunda, que representava o nascimento de Clotilde. Apenas ligada ao cerne por um dos lados, não feneceu a linda planta. Certa vez, Luciano, contemplando-a, disse a Clotilde:

– Eu era quase da idade de teu irmãozinho Cláudio, que partiu para o Além, e muitas vezes disse que aquela palmeira, agora ferida pelo raio, me representava... Quem sabe, Clotilde, se uma desdita irreparável há de golpear-me o coração qual o corisco o fez àquele vegetal? Nossas almas, Clotilde, são semelhantes a essas

---

[39] Em gr. "região ocidental", nome dado pelos gregos à Itália e pelos romanos à Espanha.

palmeiras, que cresceram juntas, entrelaçaram as suas frondes, aninharam os mesmos pássaros... dos mais belos sonhos, das mais formosas ilusões! Mas, porque sempre me parece que aquele tronco, quase decepado, ao lado dos outros, eretos e cheios de vida, é um prenúncio nefasto para mim? Quem sabe se os nossos corações, também golpeados pelos coriscos da desventura, hão de ser pungidos de infortúnios inconsoláveis?

– Não cogitemos de desditas porvindouras, Luciano, para não as atrair ao presente! – respondeu-lhe a jovem, coparticipando, no entanto, dos receios de seu afeiçoado. – Confiemos nos deuses, que já nos concederam tantas venturas até este momento!

– Mas que podem terminar, bruscamente, como caiu aquela palmeira, ao golpe certeiro de uma faísca do céu – retrucou Luciano.

Olharam-se longamente, inebriados pela mesma aspiração – a de se unirem eternamente – mas, sem que pudessem decifrar os enigmas dos corações, ambos tinham os olhos lucificados de lágrimas... Passearam ao lado um do outro, silenciosos, percebendo, entretanto, que seus pensamentos vibravam em uníssono.

Nunca um pesar, por mais tênue que fosse, lhes ensombrara as almas tão límpidas, quanto o cristal das fontes mais puras. A súbita aparição de Numa Tarquínio, surtiu o efeito de um relâmpago que flamejasse em céu sem nuvens, tornando-os apreensivos, entristecidos, angustiados... A enfermidade de Júnia agravara-lhes os dissabores; e, então, o golpe certeiro que fora vibrado sobre eles aturdira-os, lançando-os em um pego de mágoas e de dores inenarráveis... As preocupações motivadas pela doença de Júnia, e, após, a reclusão pelo luto recente, haviam afastado um pouco os noivos que se aproximaram novamente à hora da desventura, nos instantes amargurados que antecederam a partida de Luciano, Flávio e outros jovens habitantes da Rocha Negra.

Justamente quando Naldi antevia a realização de seu mais caro sonho, o seu consórcio com a meiga e gentil Clotilde, é que o destino ia afastá-lo da noiva estremecida, talvez por tempo infindo...

Era ao entardecer. As tonalidades mais suaves esbatiam-se no ocaso – do róseo ao cinza – prenúncio de sombras noturnas...

Um revérbero dourado e purpurino incidia sobre as ondas trêmulas e sobre o solar, dando-lhes uma aparência extraterrena, de apoteóse mágica...

Silêncio funéreo empolgava toda a habitação, enquanto Luciano ia em busca da noiva adorada, para lhe dar o adeus... que talvez fosse o derradeiro!

Luciano caminhava sentindo que no seu íntimo havia a hecatombe de seus sonhos floridos, um cataclismo que lhe devastara o coração, deixando nele apenas escombros da idealizada felicidade...

Clotilde aguardava-o em um dos alpendres, que ficava em frente às palmeiras simbólicas. Ao encontrarem-se, seus olhares confundiram-se no cristal das lágrimas, a que o crepúsculo punha cintilações de astro em plena fulguração.

– Clotilde!

– Luciano!

Quedaram-se os dois sobre o mesmo banco alpestre, de mãos entrelaçadas, soluçantes. A jovem, trajada de luto, tinha a alvura do jaspe com nuanças de flores de macieira. As madeixas longas, veludosas e encaracoladas, tremulavam-lhe sobre as espáduas e o colo arquejante...

– Como poderemos resistir à crueldade de um afastamento ilimitado, Clotilde? – interpelou ele, com amargura inaudita.

– Não sei dizer-to, Luciano! – respondeu a donzela com voz suave e trêmula – parece-me que enlouquecerei, após tantas desditas a um só tempo!

– São os fados que as tramam... por um motivo ainda ignorado pela Humanidade, noiva querida! Talvez estejam de acordo com as nossas iniquidades, com os nossos desvios, ou com nossas virtudes... Estas são experimentadas, oferecendo-se-lhes oportunidades dolorosas... Devem ser os nossos crimes de passadas existências, Clotilde, que nos causam os dissabores do presente... do futuro! Se estivéssemos padecendo sem causa, se tivéssemos só uma existência limitada, não teríamos direito a uma eternidade porvindoura, e mais valera que neste momento nos arrojássemos deste rochedo às ondas, sempre famulentas de navios e cadáveres, como as hienas de carnagem... Vamos, porém, firmar o pensamento na crença em que fomos criados e educados! Enfrentemos, com ânimo sereno e confiança absoluta nos deuses, invisíveis mas protetores, tudo quanto nos suceder! Vamos apartar-nos – talvez para todo o resto de nossa vida presente – mas, quem poderá separar nossas almas, que devem estar ligadas desde há séculos, e o hão de estar por toda a eternidade? Não foram os próprios deuses que as fizeram gêmeas pelos sentimentos afins? Tudo nos falta nestes instantes angustiosos – menos a esperança, que é o lenitivo dos desventurados... Esperar que se realize nosso mais caro almejo... é verter uma gota de refrigério em nossos corações infelizes... Esperemos, pois, querida de minha alma, que uma era menos infausta nos reúna por toda a consumação dos séculos; mas, se eu não puder regressar jamais, se meu corpo tombar inerte no campo de batalha, meu Espírito virá onde estiveres, sempre teu, sempre adorando-te! Então, querida, não te sacrifiques por minha causa! Tens a liberdade de escolher um companheiro digno de ti, tens o direito de ser feliz ainda, Clotilde!

– E que felicidade poderei desfrutar, na Terra, longe de ti, sabendo que já baixaste ao túmulo? – protestou a donzela. – Vais sofrer menos do que eu, porque verás novas regiões, horizontes desconhecidos, ao passo que eu continuarei a viver, tendo em tudo uma recordação de ti e dos outros entes amados, cujas imagens não se afastarão de meu coração flagelado de saudades!

"Se não voltares mais, Luciano, jamais despirei o luto que imperfeitamente interpretará o meu pesar infinito! E, se é verdade, segundo aprendemos, que a alma sobrevive à matéria – aqui me encontrarás todas as tardes, como se estivesse a teu lado sem que te visse, como se a cegueira pusesse trevas nos meus olhos e no meu íntimo!"

– Querida noiva, quanto me confortam as tuas palavras! Creio em ti, com a mesma fé com que creio nas coisas divinas: jamais duvidarei da tua lealdade! Mas, se fores de outro (com que angústia o digo), é porque... um grave motivo assim te obrigou a proceder... No entanto, nossas almas continuarão aliadas, perpetuamente irmanadas pelos mesmos sentimentos, que (tenho a impressão dessa verdade) já foram unidas no passado, e sê-lo-ão, também, por todo o decorrer dos milênios! A afeição que te consagro... jamais terá limites! És minha irmã e minha noiva. Meu afeto é tão veemente que não terminará com esta existência terrena; ultrapassará o tempo atual, o futuro ilimitado! Pois bem, noiva querida, façamos um pacto, tomando os deuses por testemunhas: unidos os nossos Espíritos desde o berço, sê-lo-ão, doravante, perenemente! Só conseguirão, como agora o fazem, separar os nossos corpos... mas não os nossos corações, ou antes as nossas almas! Confiemos em um Ente supremo que há de abençoar a nossa união por toda a vastidão dos tempos porvindouros!

– Sim, Luciano, só a fatalidade do destino poderá fazer-nos quebrar um juramento que é a mais ardente aspiração de nosso ser! Partirás... ficando tua imagem em meu coração; minha alma seguir-te-á como a sombra de teu coração despedaçado... igual ao meu!

– E a minha ficará onde estiveres, Clotilde! Eis o que é a saudade, noiva querida: é a permuta de duas almas amantes, dois corpos que continuam vivos com os Espíritos ausentes, mas que ela unifica, prende com um grilhão de luz igual aos raios surgidos de duas estrelas que, apesar de muito distantes, se confundem em um eterno ósculo!

Apertaram-se as mãos e permutaram as almas em um olhar que, dir-se-ia, desceu até os mais íntimos refolhos do ser. Depois, com os corações vinculados por um mútuo e perpétuo pacto de fidelidade, dirigiram-se ao local onde se achavam seus amargurados genitores...

V

Aproximava-se o momento decisivo para aqueles noivos idealistas, atingidos em pleno coração pelo punhal da crueldade de um déspota enamorado.

Donato Moréti, aparentando toda a serenidade de ânimo, que contrastava com a palidez do rosto ebúrneo, dirigiu a palavra aos que iam partir, talvez para não regressar jamais:

– Meus amigos e meus filhos – disse com voz trêmula, traindo a emoção que lhe abalava o íntimo – como sempre vos considerei, nunca, nas pelejas mais encarniçadas, sejais destituídos de piedade por vossos míseros contendores. Nunca ensanguenteis as mãos e as consciências, com os crimes que os homens aplaudem, mas os deuses punem severamente; não usurpeis aos vencidos suas maiores preciosidades: a honra de suas famílias e os seus haveres, em pilhagens apavorantes! Conservai sempre, a despeito de tudo, a nobreza de vossos caracteres. Se quiserdes imitar os mais afamados romanos, entre Sila[40] e Sertório,[41] não trepideis em imitar o segundo!

"Quando eu era da vossa idade, com a alma repleta de anelos de glória, de almejos de ventura, também cumpri o meu dever de cidadão da Terra, mas nunca olvidei os meus encargos de futuro cidadão do Céu, ou o de vassalo do Soberano do Universo, do qual os deuses são dignitários e arautos... Combati na Hespéria sob as ordens do intrépido Sertório, do qual hauri

---

[40] Ou Sula, ditador romano (136-78 a.C.) que cometeu muitas atrocidades.
[41] General romano (123-72 a.C.) assassinado por seus oficiais.

belos exemplos cívicos. Lá, naquela região encantadora, encontrei a minha adorada companheira de existência, descendente de nobres celtiberos, a qual teve a felicidade de baixar ao túmulo antes de seu velho consorte, agora morrendo lentamente, mas que, acima das suas agonias morais, sempre encontra um lenitivo celeste – a paz de consciência!

"Dando a César e à pátria o único filho que o Céu me concedeu, sinto que dois refrigérios divinos mitigam as amarguras de minha alma: realizaram-se os ideais de Flávio e cumpri o meu dever cívico com um supremo sacrifício!

"Tu, Luciano, outro filho espiritual que o destino fez nascer sob o mesmo teto que o meu, cujo genitor tem sido o meu melhor amigo desde a juventude, meu inseparável companheiro desde os primeiros anos de mocidade, não poderás realizar os teus planos senão depois que voltares, definitivamente, às plagas natais...

"Compreendeis todos vós, meus mais delicados amigos, como nos custará suportar as saudades dos que vão partir... tendo incerto o regresso... Ficarei insulado neste solar, que se tornará sombrio, entregue às mais penosas e incessantes cogitações, tendo soldada, para sempre talvez, a límpida e rósea cor do céu de minha existência... onde já corvejam os abutres da dor e das decepções esfacelantes!

"A ti, Luciano, e a Flávio, confio uma fraterna mensagem a um dos nossos parentes, domiciliado na Hespéria, em cujo teto, quiçá, possais repousar das refregas mortíferas...".

Assim dizendo, o ancião entregou a cada um dos dois mancebos pequeno pergaminho onde havia escrito apenas algumas palavras, cujo sentido só quem as lesse com imensa atenção, ou quem soubesse interpretar enigmas, poderia compreender.

Luciano e Flávio, comovidos até às lágrimas, abraçaram-no, osculando-lhe, com ternura, a única mão que lhe restava...

— Que os deuses vos abençoem e protejam nas pelejas mais renhidas, filhos meus! — Pôde dizer-lhes Donato; e, tornando a altear a voz, dirigiu-se aos que iam partir:

— Sede, todos vós, fiéis servidores do invicto César! Segui-lhe os nobres exemplos e nunca maculeis as vossas almas com a pilhagem e a vindita, preferindo as riquezas da Terra... para perder as do Céu!

Um estrídulo vibrar de clarim marcial deu por finda a alocução do venerável Moréti, que empalideceu intensamente.

Todos os circunstantes, inclusive os récem-vindos, se inclinaram diante do ancião, e marcharam, descendo a escaleira do solar...

VI

A brusca partida de tantas pessoas, que residiam no castelo da Rocha Negra, deixou-o envolto em desolação, repleto de silêncio sepulcral...

Os dois dignos e infortunados progenitores de Flávio e Luciano, estavam consternados.

— Queria que me tirassem a vida e não a honra! — exclamou Pedro Naldi, em dolorosa palestra com o velho amigo. — A afronta que recebi... não terá conforto, vai levar-me ao túmulo. Não posso resistir à dor de me haverem usurpado o único filho e coartado o direito de defender o solar, que me foi confiado por meu mais desvelado amigo...

— Eu não te acuso, porém, Pedro! — respondeu-lhe Moréti, enternecido. — Sei que foste manietado para não poderes agir como devias... no caso de um assalto dos piratas que infestam o Mediterrâneo... Apanharam-nos de surpresa, pois os julgávamos amigos, pelos sinais que nos deram para se aproximar do castelo... Foram verdadeiramente traidores e capciosos – dignos emissários de um monstro... Numa Tarquínio! A tua inação involuntária... salvou a vida a muitos entes queridos. Sei que és corajoso, e tão fiel quanto as sentinelas que se deixam matar em seu posto de honra, como foram fulminadas todas as de Pompeia,[42] que não fugiram à hora mais trágica de suas existências! Fomos vencidos pela fatalidade... representada na figura sinistra de Tarquínio!

É ele quem arremessa contra os nossos corações combalidos as setas mortíferas das desventuras mais acerbas! ...

Clotilde, dominada por um pesar inominável, tentava escondê-lo aos olhos turvos de lágrimas dos dois velhinhos adorados, reanimando-os em horas de desalento e saudades absorventes.

– Como é doloroso o crepúsculo de nossas existências! – dizia Pedro Naldi, olhando o senhor da Rocha Negra, tão alquebrado, que, só a custo, movia as pernas trôpegas.

– É que já se aproxima a noite da Eternidade, meu amigo, a qual, talvez, para nós, que tanto temos sofrido, se transforme em alvorada sem-fim...

– E onde encontraremos a ventura, Moréti, sem os fragmentos de nossa própria alma, os nossos filhos bem-amados?

– É verdade, meu amigo! Mas, se temos por futuro a eternidade, havemos de reavê-los, havemos de reconstituir toda a nossa transcorrida felicidade, interrompida na Terra, mas reconstituída no Céu!

Iam-se escoando os dias, morosamente, sem um incidente digno de reparo.

Certa vez, porém, inesperadamente, aproximou-se da Rocha Negra pequena caravela, de onde fizeram sinal de que havia uma mensagem a ser recebida por seus habitantes.

O emissário, que desembarcou apenas por momentos, partira de Roma comissionado por Flávio e Luciano para levar notícias, e recebê-las dos que lhes carpiam a ausência. Já haviam ambos sido

---

[42] Alusão à destruição da antiga cidade de Pompeia (Itália) em 79 com a erupção do Vesúvio.

armados legionários; e, quando o mensageiro chegasse ao castelo, teriam partido para a Hespéria, ao encontro dos gauleses.

Haviam sido recebidos no palácio de Numa Tarquínio, o primeiro com grandes demonstrações de agrado, o segundo, com fria reserva... Não haviam ainda conseguido apurar a verdade quanto ao proceder do ex-procônsul, mas notavam que era ele temido pelos romanos, que evitavam até pronunciar-lhe o nome...

Solicitaram notícias circunstanciadas de todos os entes amados, mas convinha não fazerem confidências comprometedoras...

Não sabiam ao certo quando poderiam enviar-lhes outras mensagens, mas fá-lo-iam na primeira oportunidade, por intermédio de emissário que lhes inspirasse plena confiança.

Novamente pesou sobre a Rocha Negra uma atmosfera de inquietação, de saudade, de tormentos intraduzíveis, como se estivessem ameaçados os seus habitantes de um perigo iminente. Sobre suas cabeças havia uma verdadeira espada de Dâmocles,[43] invisível para os olhos materiais, mas pressentida pela visão psíquica dos seres evolvidos...

Seis meses decorreram entre apreensões e tristezas, sem que lhes chegasse às mãos a anunciada carta, que aguardavam com ansiedade indescritível...

Chegara o inverno, com uma intensidade assustadora. As árvores do parque despiram-se das folhas, e os galhos, crestados pelo frio, tinham a aparência de braços dissecados, cujas carnes fossem momentaneamente retiradas, e a que apenas restassem os nervos abalados pelos vendavais, recobertos depois por músculos de neve... Todas as janelas e portas do solar foram cerradas; mas, tal era a inclemência dos tufões enregelados, que estremeciam nos gonzos, parecendo sacudidas

---

[43] Cortesão de Dionísio I de Siracusa, convidado por este para um banquete, tendo suspensa sobre a sua cabeça uma espada, presa apenas por uma crina de cavalo. Símbolo de um perigo iminente.

insistentemente, por pulsos férreos, com a fúria de assaltantes que nele quisessem penetrar com violência...

Mergulhado em silêncio, o castelo da Rocha Negra parecia desabitado.

Transidos de frio, e com as mentes repletas de recordações penosas, certa noite, achavam-se Donato Moréti e Pedro Naldi em uma das salas da habitação, aquecendo-se ao fogo de uma lareira. Estavam emudecidos, com os olhos semicerrados, as frontes resguardadas por um gorro de veludo negro, em cuja base se viam alvas madeixas de cabelos, revelando quão violentos haviam sido os embates de seus espíritos, que tornaram a cor das noites polares em neves alpinas de que se cobriram as suas cabeças...

Quem os visse naqueles momentos, diria que já eram seres de um outro planeta; que não pertenciam mais ao rol dos habitantes terrestres; que eram fantasmas materializados... por um poder supraterreno...

Subitamente, Pedro Naldi, como desperto de intenso torpor, ou de sono milenário absorvente, olhou o velho amigo, e viu, à luz da lareira, em suas faces, fulgurarem gotas de pranto, certamente geradas ao influxo de pensamentos dolorosos. Para cortar o fio tenebroso de tais cogitações, disse-lhe em tom de profunda tristeza:

– Como está áspero o inverno deste ano, *domine*! Não me lembro de haver assistido a outro semelhante!

– Quem sabe se não será o último que passamos sobre a Terra, meu amigo? Quem sabe se não é nosso coração desalentado, que observa o inverno sob outro aspecto, Pedro?

– Antes o fosse, *domine*! Sei que ele me enregela a alma dorida... Escutai o uivo do vendaval... Não vos parece um carpido doloroso de lobos famintos, prenunciando novas desditas?

– Já eu o havia pensado, Pedro...

– Se o inverno enregela o coração ou a alma, não o sei mais distinguir... O que vos afirmo, porém, com segurança, *domine*, é que tenho uma montanha de neve aqui, dentro do peito; e, entretanto, como custa a esmagar-me o coração!

– É que o coração não deseja ir para o túmulo, antes de enxergar o sol de uma vida que ora lhe falta, Pedro!

Ambos se olharam, enxugando lágrimas...

Foi Naldi quem prosseguiu o diálogo, interrompido pela emoção que se havia apoderado dos dois desalentados varões.

– É bem verdade o que dissestes, meu amigo... É maior, porém, a minha dor do que a vossa... porque tendes a vosso lado uma estrela a cintilar em vossa alma, Clotilde, ao passo que a minha jaz em trevas, que julgo eternas.

– Não vedes que também ela, como nós, está com o coração nevado pelo inverno da saudade?

– Sim, *domine*... mas o meu e o vosso são mais tenebrosos que o dela, porque, em um coração juvenil, por muito acerbo que lhe seja o infortúnio, sempre há uma dourada macieira em flor, o canto em surdina de um rouxinol, vibrando a canção imorredoura da Esperança... mas, no dos velhos... há apenas a gelidez dos sepulcros, o silêncio dos desertos, as sombras noturnas sem vislumbres de alvoradas...

"Repito que a minha desdita é maior do que a vossa, pois que tendes ainda no lar uma roseira em flor; eu, além das agruras da saudade do meu único filho, tenho o receio de que seja ele vítima de ciladas de Numa Tarquínio; tenho crestados os louros do passado pela humilhação e pela desonra que me infligiu aquele sicário! Tanto tempo esperamos um assalto dos corsários que infestam o Mediterrâneo, e nunca nenhum deles nos veio molestar: entretanto, *domine*, mal sabíamos que, no derradeiro capítulo de nossa vida, para nos amargurar e apressar a descida para a cova, seríamos vencidos pelo corsário da nossa ventura, das nossas glórias, da nossa honra... Numa Tarquínio!"

VII

Decorriam os dias penosamente, lentamente, para os moradores do solar da Rocha Negra.

Diminuíra a intensidade dos furacões. Havia no firmamento mais azul e mais radiosidade, prenunciando a primavera, que já se fazia anunciar por súbito declínio da invernia desoladora.

Por uma formosa manhã, os raros e velhos habitantes do alcáçar foram avisar a Donato e a Pedro Naldi de que se aproximara uma importante galera, que já dera o sinal do desembarque de seus tripulantes amigos.

Dentro em poucos instantes, houve no quieto solar um movimento desusado, um renascer de atividades, extintas desde alguns meses, desde a visita da milícia romana.

Grande foi o espanto dos pacíficos moradores do castelo, vendo surgir uma multidão de servos e marinheiros em direção ao pórtico, muitos deles conduzindo preciosidades, vasos de fino carrara e de jaspe, lavrados artisticamente na Etrúria,[44] cofres contendo joias valiosas, invólucros onde se divisavam vestes e adornos da mais pura seda da Pérsia.[45]

Recebidos cortesmente por Pedro Naldi, eles lhe disseram que aquelas *modestas* prendas eram destinadas a Donato Moréti e à sua digna filha, enviadas por Numa Tarquínio, que, no período de poucos instantes, viria apresentar-lhes as suas saudações.

Quando o arguto ancião, pai de Luciano, transmitiu a Donato a mensagem dos recém-vindos, prenunciou graves acontecimentos para os habitantes da Rocha Negra. O senhor do solar, compartilhando dos justos temores do velho amigo, aparentando uma placidez espiritual, que era desmentida pela palidez do semblante,

---

[44] Antiga região italiana, que atualmente equivale à Toscana.
[45] Atual Irã.

apurou a indumentária, e mandou abrir o salão, onde foram introduzidos Numa Tarquínio e seus sequazes.

— Como? *domine*! — disse Donato, tentando sorrir com amabilidade. — Além de nos salvar a vida, em vez de serdes galardoado generosamente, quanto o mereceis, ainda nos cumulais de ofertas régias, que só um Salomão[46] poderia retribuir condignamente?

— Muito mais mereceis, *domine* — murmurou o ex-procônsul, curvando-se com afetação e simulada humildade. — Tudo o que vos ofertei, e à vossa adorável filha, não significa um só átomo da minha admiração por ambos, nem do júbilo que sinto por ter tido o ensejo de vos prestar um insignificante auxílio...

— Aumentastes, desse modo, *domine*, indefinidamente, o nosso débito de reconhecimento... Haveis de permitir que eu vo-lo retribua, embora imperfeitamente...

Numa Tarquínio, sem dar resposta, a um gesto significativo de sua mão direita, fez que sua comitiva se retirasse com a rapidez dos efeitos de magia. Voltando-se, depois, para Donato, falou-lhe, enrubescendo:

— Se tendes, realmente, o desejo de me ser grato, podeis exceder o pouco que já vos tributei... Eu é que contrairei convosco uma dívida eterna.

— Como? Senhor! Que tesouro possuo, sem o saber, com que vos possa recompensar sobejamente?

— Oh! pois desconheceis o tesouro inapreciável que tendes em vosso lar?... Vossa incomparável filha?

— Oh! senhor, humildes somos para aspirar a tão elevada honra! — exclamou Moréti, tornando-se lívido.

— Eu serei o honrado com a concessão que desejo obter, ardentemente, desde que ela me seja outorgada por ambos — disse-lhe Numa, com falaz humildade.

---

[46] Rei de Israel, notável pela sua sabedoria e riqueza.

Donato refletiu, por momentos, na gravidade da situação, e respondeu-lhe:

– A honra de vossa rogativa é tão ilimitada... que me acho aturdido! Não tendo nunca pensado em tão grande ventura para minha filha Clotilde, que é comedida em suas aspirações, seu consórcio está ajustado com um jovem ainda no início de sua carreira militar...

Chegou a vez de Numa Tarquínio se tornar pálido, da brancura de um bloco de carrara.

Reclinando-se no coxim, em que se instalara, interpelou, com sorriso mefistofélico, aparentando calma:

– Quem é o feliz mortal que soube conquistar o nobre coração de vossa formosa filha? *Domine*!

– Aquele que conosco priva, desde os primeiros instantes de vida, o filho de meu dedicado amigo e companheiro de armas, o jovem Luciano Naldi, ora sob o comando do invicto Júlio César...

– Já o suspeitava, *domine*! – respondeu-lhe o tirano, tornando-se rubro pela violência da comoção que lhe abalou o ser.

– Senhor, não julgueis que neste instante eu não me sinta desolado por vos haver recusado uma proposta que, para todos nós, seria uma honra inconcebível – a aliança de nossas famílias – pelo consórcio de dois de seus mais nobres membros... É meu desejo, pois, retribuir as ofertas que trouxestes, qual um soberano, patenteando-vos desse modo nosso reconhecimento infinito!

– Obrigado, *domine*! – disse-lhe Numa Tarquínio secamente, e com um gesto de menosprezo. – Não aceitarei nenhuma oferta vossa; pois não tenho por hábito receber retribuição às dádivas que concedo aos *amigos*... A única preciosidade que eu aceitaria de bom grado...

Ia ele prosseguir, quando, sem deixar que fossem pressentidos seus leves passos, surgiu no salão, bela e melancólica, a filha de Donato Moréti.

Tarquínio ergueu-se impetuosamente, e foi ao seu encontro, fazendo acentuada curvatura.

VIII

— Por quem vestis luto? – interrogou-a Numa, extasiado, desejoso de lhe prodigalizar gentilezas.

— Pela mais extremosa das mães, *domine*! – respondeu Clotilde, desvencilhando-se da mão de múmia que premia a sua, quase com violência.

— Vede, formosa donzela, como, neste momento, se irmana o nosso destino: vós, trazeis luto nas vestes... e eu, no coração! E, o meu, será perpétuo...

— Muito o lamento, *domine*, mas, por que será infindo o vosso? Perdestes, acaso, vossa adorada companheira de existência?

— Nunca a tive, jovem; e, agora, que pretendia unir o meu destino ao da mais sedutora donzela que conheço... sei que vai pertencer ao mais feliz dos mortais... Compreendeis como é grande a minha desventura?

— Sim, *domine*; mas podeis ainda encontrar outra mais formosa, e que tenha livre o coração... para vos poder dedicar ilimitada afeição! – disse-lhe Clotilde, empalidecendo, pois percebera o alcance das palavras que ouvira.

— Nunca! nunca! – respondeu-lhe Numa, com arrebatamento. – Não existe, na Terra, alguém que suplante Clotilde Moréti...

— Como? senhor! Pois vós éreis meu pretendente?! Não sabíeis que... que já tenho os meus esponsais contratados com Luciano Naldi, meu companheiro de infância?

— Acabo de o saber, agora, e é isso o que me causa o mais acerbo dos pesares... Nunca tive um outro semelhante a este!

— Perdoai-me, *domine*, o desgosto involuntário que vos causei, pois eu e a minha família muito vos prezamos... Luciano é o noivo designado pelos deuses; pois, quando abri à luz da vida os meus olhos... já o encontrei junto de meu berço...

— Mas devíeis considerá-lo irmão, e não futuro esposo...

– O coração não reflete, *domine*, quando se consagra a primeira e maior afeição a alguém, que no-lo saiba cativar!

– Bem o dissestes, donzela; pois nessa situação me encontro eu, para minha desventura!

Caiu um pesado silêncio no vasto salão, como se ele se tornasse, às súbitas, uma câmara mortuária.

Bruscamente, Numa Tarquínio fixou o olhar chamejante na meiga Clotilde, interpelando-a, intencionalmente:

– E se não se realizar o vosso casamento com ele? Aceitar-me-eis por esposo?

Clotilde apavorou-se, pressagiando algum projeto sinistro do déspota para alcançar o seu objetivo. Compreendeu que as suas palavras seriam uma sentença funesta lavrada contra seu noivo adorado. Subitamente, como que inspirada por seus amigos invisíveis, ela lhe respondeu com nobreza, afetando serenidade de ânimo:

– Senhor; se Luciano me trair, ou morrer, não suportarei tão grande golpe, e, certamente, baixarei ao túmulo!

– Iludis-vos, formosa jovem, ninguém morre de desgostos... senão estaríeis na presença de um cadáver! Não morremos quando o desejamos... mas quando Átropos o determina!

Ela calou-se, sentindo-se apreensiva, e sem atinar com uma resposta decisiva. Depois, lívida de terror, sabendo que ia proferir uma sentença de suma gravidade para si mesma, deu-lhe uma imprevista decisão:

– Senhor, vossa insistência muito me honra. Vede, porém, que não mereço a vossa preferência, por não poder retribuir vossa afeição, como o mereceis. A resposta que desejais, só vo-la poderei conceder... depois do fracasso do meu noivado... se ainda me encontrardes com vida!

– Aguardarei o futuro, confiante nos *deuses*, que velam por nosso destino! – disse ele, sorrindo enigmaticamente, e curvando-se. Daí por diante o diálogo dos dois perdeu a intensidade.

Conversaram friamente sobre assuntos vários, até se consumar o sacrifício de prestar homenagens ao disfarçado adversário, que só desejava apoderar-se da encantadora presa, não poupando, para a possuir, qualquer ardil infamante.

Donato e sua filha cumularam-no de amabilidades, tendo a extravasar-lhes da alma uma repulsa indizível.

Quando ele se retirou do solar, Moréti conferenciou com Pedro Naldi; e, ao alvorecer do dia seguinte ao da visita de Numa Tarquínio, fez partir um parlamentário de ilimitada confiança no encalço de Luciano e Flávio, que já se achavam na Farsália, sob o comando de Júlio César.

"Eu é que desejava ir a teu encontro, caro filho" – escreveu Pedro Naldi – "mas, já me vão faltando as forças físicas, e o coração pulsa desordenadamente, enfermo de saudades e de dissabores, e temo não chegar ao fim da viagem terrena, ficando tu na ignorância do perigo que te ameaça e à querida Clotilde, que já considero filha também..."

Dava-lhe paternais conselhos e ensinava-lhe o modo de evitar qualquer traição de Numa Tarquínio, precatando-se contra todos os que de si se acercassem.

IX

Desde a partida dos jovens guerreiros e do passamento da virtuosa Júnia, no castelo de Moréti pairava uma ameaça de novos infortúnios, inevitáveis e acabrunhadores.

Os dias fluíam, lentamente, entre suspiros, apreensões, curtos diálogos, que revelavam todos os pensamentos e inquietações que angustiavam os habitantes de Rocha Negra.

A adversidade cria liames muito mais indissolúveis que a ventura.

Os venerandos progenitores dos legionários, que se haviam ausentado daquele remanso de paz e harmonia, confabulavam no alpendre do alcáçar, confundindo suas torturas morais, seus receios, suas penosas cogitações...

Quase sempre, qual arcanjo de consolação, aparecia Clotilde, e expendia ideias que patenteavam todo o senso de que era dotada; e, assim, irmanados todos pelo sofrimento – o grande nivelador da Humanidade – solidificavam elos afetivos e atenuavam-se, mutuamente, as agruras pungitivas dos ausentes bem-amados.

Às vezes, a airosa donzela mandava algum fâmulo transportar sua harpa até o local em que se reuniam os dois inconsoláveis anciãos, e, das áureas cordas do instrumento, evolavam melancólicas vibrações que se diriam preces sonoras, queixumes da alma saudosa, temores e esperanças de muitos corações angustiados, arrancando lágrimas de enternecimento de todos que as ouviam, desejosos de as escutar indefinidamente...

Dois meses se escoaram de penosas expectativas.

O emissário expedido da Rocha Negra não voltara ainda, e nenhuma notícia havia dos que de lá haviam partido para o cumprimento do seu dever cívico.

Uma tarde, já no início da primavera, em que o crepúsculo maravilhoso dominava o horizonte e punha cintilações de rubis esfacelados nas ondas movediças, os habitantes do solar perceberam a aproximação da majestosa *Imperial*.

Aguardando, alvoroçados de alegria, notícias dos ausentes queridos, foram ao encontro dos marujos, quando estes desembarcaram, com imensa curiosidade. Dentre eles se destacou um parlamentário de Numa Tarquínio, dizendo estar de posse de uma importante mensagem para o senhor do alcáçar. Este e Pedro Naldi receberam-no com fria polidez.

– Venho, *domine* – disse o mensageiro, a Donato –, da parte do glorioso Numa Tarquínio, que se encontra na *Imperial*, patentear-vos os seus mais veementes sentimentos de profundo pesar... pelo golpe que o destino cruel acaba de desferir em vosso coração sensível...

Os dois anciãos ergueram-se num só impulso, e foi Naldi quem o interpelou:

— Que desgraça vindes anunciar-nos? Dizei-o!

— Arriscaram a vida, heroicamente, os bravos jovens Flávio Moréti e Luciano...

Não terminou a frase, pois Pedro Naldi, tornando-se lívido, tombou sobre o solo, sem proferir uma palavra, levando apenas a destra à região toráxica, como a mostrar que o seu coração explodira de dor, ao golpe tremendo que lhe fora desfechado pelo perverso procônsul; e, de seus lábios, entreabertos, começou a fluir um filete rubro de sangue...

Clotilde precipitou-se para ele, desejando ampará-lo; mas não o conseguiu, pois, quando o Espírito abandona o seu invólucro material, parece que este se torna de bronze, manifestando-se logo em toda a plenitude a força centrípeta, que atrai para o solo, para a voracidade dos vibriões, para o laboratório da Natureza que aos poucos transforma os tecidos, em líquidos, em fluidos, em corpúsculos...

Donato Moréti contemplou o amigo que tombara qual cedro do Líbano ao furor dos tufões asiáticos, e, com um olhar vago, de quem perdeu a noção da realidade, tal o traumatismo moral que o atingira em pleno coração, não proferiu sequer uma palavra.

Clotilde, percebendo a morte daquele que considerava um outro pai extremoso, quase enlouquecida de dor, abraçou-se a Donato, o qual, à vibração de tanto sofrimento, dir-se-ia, despertou às súbitas, e prorrompeu em soluços...

Aproximaram-se os demais emissários de Numa Tarquínio para apresentar a ambos condolências e despedidas. O nobre castelão, sofreando a consternação que se apoderara de sua alma varonil, disse-lhes, com cortesia:

— Dizei a Numa Tarquínio que nós lhe agradecemos as atenções, e que, quando voltar à Rocha Negra, talvez esta já esteja transformada em... necrópole, unicamente!

Eles se inclinaram, e partiram.

Quando os parlamentários saíram, houve maior explosão de sentimentos do ancião e de sua filha.

Rudemente abalado por tantos pesares e por tantas desditas, Donato baixou ao leito, indiferente à vida, ansioso por abandonar a Terra, na qual se considerava em demasia, seguindo no encalço dos estremecidos entes, que dentro de tão limitado tempo haviam partido para o Além – enigmático para ele e para todos quantos desconhecem as leis psíquicas.

Deliberara apenas não se alimentar mais, para definhar aos poucos e abreviar o desfecho almejado. Nenhuma palavra pronunciara durante três dias. Uma noite – espectro da dor e da desolação – Clotilde tomou-lhe a destra gelada, e, soluçante, disse-lhe:

– Pai querido, concentrai todas as vossas forças físicas e morais, implorando aos deuses o seu auxílio para vos concederem ânimo de lutar e sofrer, lembrando-vos de que, se baixardes ao túmulo, não podereis ficar tranquilo, deixando-me à mercê desse maldito destruidor de toda a nossa ventura, que quer tornar-me mais desgraçada ainda, apoderando-se de meu corpo... porque a minha alma já desposou aquele que foi, e será sempre, o meu único amor sobre a Terra. Nunca o trairei! Continuarei a considerá-lo meu noivo adorado... de quem me julgo viúva... Despertai, meu querido pai! Não quero duvidar de vossa afeição; sois meu único protetor, e eu me entrego em vossas mãos tutelares! Só quero viver a vosso lado! Vós atualmente resumis, para mim, todos os amores terreais!

– Como?! – respondeu-lhe o ancião, com voz cavernosa, como se falasse de dentro de um sepulcro profundo, parecendo desperto de um sono cataléptico – desejas ainda viver, para prolongar o teu martírio, filha minha?! Que esperas ainda da vida?! Tudo está consumado, Clotilde!

– Oh! meu desditoso pai, único amigo que me resta neste mundo vil; se morrerdes, voluntariamente, acarretareis a minha desgraça; não subsistirei a tão grande pesar, e... arrojar-me-ei, do cimo deste rochedo, ao mar!

– Oh! minha adorada Clotilde! Acaso não tenho o direito de esperar que termine o meu suplício?!

– E o vosso superará o meu, amado pai? Vistes acaso, em plena mocidade, fracassarem todos os vossos sonhos de felicidade? Quereis perder a vossa alma e a minha? Não sabeis que o suicídio é o supremo agravo assacado contra a Potestade Divina?

– Tens razão, minha filha: não pareço um velho soldado que mandou decepar, com estoicismo, um de seus braços, em hora trágica da vida! Não tenho o direito de te arrastar na queda fatal... É mister que eu viva, e siga os teus passos para te defender contra esse monstro cruel!

– Sim, meu pai! É mister viver, mormente para que seja descoberta a verdade. Para sabermos se os queridos mortos, que choramos, terminaram a existência gloriosamente, ou sob o punhal dos asseclas do infame que nos transmitiu a notícia...

– E que faremos, adorada Clotilde, se descobrirmos a prova concludente de que foram eles assassinados ao mando de Numa Tarquínio?

– Terei a precisa coragem de o denunciar a Júlio César, e implorar-lhe justiça...

– E cuidas, filha amada, que Júlio César te fará justiça... indo contra um indispensável cabo de guerra, notável por seus atos de perversa bravura? Clotilde, infelizmente, na Terra, não imperam as virtudes e o direito dos povos, mas as ambições e o poderio dos déspotas; conquistado por qualquer meio, lícito ou ilícito, pouco lhes importa, contanto que dominem e obtenham posição culminante; tiranos que as turbas detestam, mas a quem prestam homenagens com os lábios e demonstrações ruidosas, tendo, às vezes, no íntimo, o desejo reprimido de os apunhalar! ... A virtude vive na penumbra; ninguém a vê senão o olhar arguto de Deus, para o qual não há sombras nem eclipses! A perversidade, sempre ousada, e a riqueza ostentam-se à luz solar; ninguém lhes enxerga os aleijões morais e tributam-lhes, todos, as mais pomposas e hipócritas honrarias... Que faço eu, na Terra? Filha minha! Exausto de lutar contra a adversidade, que, por alguns anos, parecia haver-se esquecido de mim, fiz-me bom, honrado, indulgente, justiceiro, e, agora, que contava morrer tranquilo, quando meus cabelos são de neve, e gelado o meu coração, roubaram-me o filho e os amigos, e já não posso reagir: acovardei-me, vencido por um celerado! Falta-me um braço, a mocidade varonil, o estímulo para vencer os obstáculos, como outrora, quando via tudo sob outro aspecto!

– Tendes razão, pai querido! Eu compartilho das vossas desditas; mas não penseis somente na vossa situação, mas na minha também... Não compreendeis que serei a mais desgraçada das mulheres, se tiver que pertencer ao infame que matou os nossos defensores, para se apoderar de mim, pai? Lutai mais um pouco, entrai na derradeira batalha da vida, com denodo moral, e, talvez, possais obter um triunfo definitivo... Se perderdes a batalha, Deus não saberá fazer justiça ao herói da honra e do dever? Pois o Criador do Universo, que semeou de sóis todo o Cosmos, forjando a luz em profusão... há de fazer vencedores a treva, o erro, a maldade... sendo ele a Justiça suprema e a Luz do Universo?

– É preciso viver ainda? Clotilde! – bradou o enfermo, como possuído de novas energias – Sim? Pois saberei erguer-me do leito ou do túmulo, e defender, como leão ferido, a sua prole bem-amada! Dá-me a roupa mais negra que eu tiver, a que melhor interprete o luto de minha alma! Quero levantar-me, para te defender, filha adorada!

Clotilde abraçou-o em pranto, confundindo-se as lágrimas que lhes desVIZavam pelas nobres faces. Quando a donzela observou que o amado progenitor havia triunfado do desalento, que dele se apoderara por muitos dias, retirou-se para sua câmara, depois de haver determinado que um fiel servidor fosse ajudá-lo a vestir-se e a erguer-se do leito.

X

Avizinhava-se a hora do crepúsculo. Já as primeiras pinceladas de rubi luminoso aformoseavam o ocaso, o túmulo aparente do monarca fúlgido, do arauto divino, montado em corcel radioso quanto ele próprio – o Sol – qual se um Apeles sideral começasse a esboçar uma tela prodigiosa, que ninguém reproduz fielmente!

– Como contrasta o fulgor do céu com as sombras do meu coração!

Seu olhar, baixando ao solo, divisou as palmeiras simbólicas que assinalavam o seu nascimento, e o dos irmãos, todos já extintos, a segunda das quais Luciano dissera, um dia, que representava o seu destino, e estava fendida por um corisco...

"Oh! meu pobre Luciano", pensou ela, "quão certeiro foi o teu doloroso prenúncio sobre o porvir que nos aguardava; a nossa felicidade, tão intensa e profunda, jaz fulminada, igual a essa palmeira, tal se o tivesse sido por efeito de um corisco infernal! Como foi real o augúrio que fizeste antes de se efetuar a excursão fatídica; adivinhaste que de nós ia aproximar-se um ciclone funesto, para destruir nossos ideais, nossos planos de ventura, deixando-me, em pleno desabrochar da existência, indiferente à vida, submersa em um caos de infortúnios inconcebíveis! Sinto que meu coração morreu para o mundo e que o meu corpo, vestido de luto, até o extremo instante, rastejará penosamente qual se houvesse saído de um túmulo, animado por estranha e fictícia vida, aspirando a voltar para todo o sempre à sua sepultura, para que a alma, liberta dos liames materiais, pudesse cindir a amplidão constelada, em busca dos seres queridos que partiram para o Além!

"Apego-me ainda à vida, por compaixão ao infortunado velhinho que me deu o ser... É a piedade filial que me aprisiona à Terra, que eu odeio...

"Como poderei, porém, viver doravante? Sem o vislumbre de uma esperança no futuro? Viver sem esperança alguma no coração é sentirmo-nos náufragos, sem um fragmento de navio para nos salvar, pois este foi destruído, violentamente, de encontro a um rochedo invencível – o destino – e submergiu-se nas ondas, eternamente, talvez... Que é que me prende, mais, à vida? Nada, além da afeição a meu desventurado pai, e o desejo indômito de desvendar a verdade a respeito dos que morreram longe... criminosamente, como eu conjeturo... inspirada pelos numes celestes!"

Uma infinita amargura lhe constringiu o seio, e gotas cálidas de pranto lhe fluíram do íntimo. À sua frente, as três palmeiras simbólicas balouçavam docemente, as folhas emplumadas, parecendo vivificadas, braços que se agitassem para o Alto, em atitude de preces, ou que desejassem abraçá-la, carinhosamente, compartilhando de sua inconsolável tristeza.

Bruscamente, a do centro, a que havia sido golpeada por uma faísca elétrica, desprendeu, com rumor, a fronde decepada, e caiu ao solo...

– Tudo está terminado! – murmurou Clotilde, trêmula de emoção. – Eu compreendo a mensagem que acabo de receber... enviada pelos entes adorados, já intangíveis... Vou dar-lhes a resposta que esperam...

Clotilde retirou-se do local em que estivera, e, chamando alguns servos, ordenou-lhes que cortassem as duas palmeiras restantes.

O velho jardineiro olhou-a petrificado, pois fora ele quem as plantara, e não ignorava o que representavam.

– Isso vai causar-vos dissabores! – exclamou ele, apavorado.

– Que maiores dissabores poderá a sina adversa reservar-me, do que aqueles que estou suportando?

– Não vo-lo sei dizer... mas, às vezes, há outros mais pungentes ainda... Não corteis a palmeira que representa o vosso nascimento... pois isso vos trará novos infortúnios...

Clotilde, surda às advertências do zeloso e experiente cultor do parque, assistiu à execução de suas ordens. Dentro em poucos momentos os formosos vegetais ruíram por terra, e as três frondes reuniram-se, pela derradeira vez, quais cabeças de três guilhotinados, que rolassem, do mesmo impulso, de um cadafalso invisível...

"Eis o nosso destino, pensou ela, soluçando; mas, haja o que houver, as nossas almas serão reunidas no seio da morte, como já o foram em vida, e jamais se apartarão. Luciano, eu e Flávio fomos palmeiras humanas inseparáveis por toda a consumação dos séculos!"

As folhas das palmeiras ainda se moviam pelo perpassar da viração, como se estivessem possuídas de uma vitalidade extraterrena, ou fossem ressuscitadas ao influxo de um condão celeste.

As sombras noturnas, desfeito o esplendor fascinante do crepúsculo, invadiram a Natureza.

Há, sempre, algo de triste e funéreo no agonizar do dia; morre a luz para dar expansão às trevas, até que, na abóbada celeste, sejam acesas as lâmpadas divinas que a aformoseiam com as suas radiosidades surpreendentes.

Aos poucos, as rochas, as árvores e a casa foram desaparecendo aos olhos lacrimosos de Clotilde.

Nenhum bulício das frondes se fez ouvir. A súbita calmaria, que sucedeu à aragem do entardecer, prenunciava mudança de tempo, brusca metamorfose meteorológica.

Clotilde tentou divisar o Mediterrâneo, ao longe, onde vira desaparecer o brigue veleiro que conduzira os legionários queridos, à morte...

Tudo estava indistintivo e caliginoso.

Por instantes meditou ela sobre todos os sonhos fagueiros, já destruídos, pulverizados pela mó da fatalidade, qual se, repentinamente, da vastidão cerúlea houvesse baixado uma descomunal avalancha sobre todas as suas mais ridentes aspirações, todas as mais douradas esperanças de sua idade em flor, sentindo que também sua alma fora esmagada, triturada, tornadas pó impalpável todas as ilusões da sua juventude...

Via-se só, prestes a perder o último amigo, cercada de trevas permanentes...

"Eis o emblema de meu futuro", meditou ela, "eis o que me aguarda na Terra: um mar intérmino de trevas!"

FIM DO LIVRO II

Livro III

Clarões e penumbras

I

Amanhecera um dia sombrio e merencório, trazendo prenúncios de temporal, que já se avizinhava.

Havia uma quietude absoluta na Natureza, uma imobilidade de eterna nebulosa naquela região insular, onde estava edificado o solar da Rocha Negra.

Donato achava-se convalescente. Clotilde, amparando-o pelo braço direito, passeava com ele pelo parque, tentando diluir as ideias depressivas que o faziam sofrer – o tormento incessante da saudade e do desalento...

Dir-se-ia que a sua fronte, outrora altiva, se abatera de súbito; seu corpo se curvara; cabelos de neve emolduravam-lhe o rosto pálido e descarnado. Envolto em uma toga de cor escura, com o andar ainda vacilante pela debilidade, que, por mais de um mês, o tinha prendido ao leito de sofrimentos, parecia ter atingido mais de um século de existência... Relanceava, às vezes, o olhar pelas frondes das árvores, até que um dia, lembrando-se das três palmeiras do parque, inquiriu a filha sobre o que lhes havia sucedido para serem decepadas...

– Mandei-as cortar, pai querido...

– Pois tiveste ânimo de o fazer? Clotilde! – interrogou ele com a voz alterada pela surpresa.

— Sim, meu pai, porque não representavam elas mais a vida de três criaturas bem-amadas, mas a sua morte... Elas, vivas, não podiam simbolizar o desaparecimento eterno dos que adoramos com veemência, pois partiram, para jamais voltar a estas paragens...

— Mas tu te esqueces, filha, de que uma das palmeiras te representava, e tu ainda estás viva, és o meu único arrimo e consolo na Terra! Por que a sacrificaste... antes do tempo?

— Vós é que estais iludido, amado pai, pois a palmeira que representava o meu nascimento não devia permanecer entre as duas restantes, porque elas estão livres, bem mais ditosas do que eu, em mansões felizes, e eu... é que morri para a ventura, para a alegria, para o mundo!

— És muito jovem, filha amada, e quem sabe se as tuas amarguras não serão desvanecidas ainda, como névoa ao surgir do Sol? Quem sabe se ainda não serás ditosa quanto o mereces? Clotilde!

— Ditosa, eu?! Pai querido! Só se substituírem o meu coração por outro... que não pulse por um noivo adorado, por uma extremosa mãe, por um irmão estremecido! ... Quem me arrancará dele as mais santas afeições, a saudade e as recordações excruciantes? Tenho a impressão de que um raio se precipitou, das nuvens, sobre meu coração, golpeando-o como o fez à segunda palmeira, em hora de temporal... fulminando os meus mais áureos sonhos, destruindo todas as minhas esperanças, pulverizando todas as minhas aspirações. Parece-me que o futuro não existe mais para mim, e, sim, o passado, que atinge a vastidão dos oceanos...

— Eu é que devo assim falar, filha querida. Tu és alvorada, eu, noite procelosa...

— Há alvoradas que se confundem com as trevas... em horas de temporal, e noites que mostram todo o esplendor da Natureza... ou antes, do Criador do Universo! Julgo, pai querido, que o meu corpo está com uma vida fictícia, enclausurando uma alma em funeral, prestes a desfazer-se em pó...

— E ainda queres que eu viva, Clotilde, para ouvir o que me disseste, sentindo eu já o ruído da campa encerrando o meu alquebrado e mísero corpo?

— Porque sois a derradeira esperança de minha existência, pai! Sois para mim, atualmente, a síntese de todos os meus afetos, a razão única de conservar a minha vida, tudo quanto há de mais sagrado e precioso no mundo!

— Pobre e amada filha! És qual a hera viçosa, que se enrosca em um tronco de árvore morta, já alvejada pela mão certeira do lenhador...

Por alguns momentos, sentados em um rústico e pétreo banco, ambos confundiam seus queixumes e suas lágrimas — a formosa filha reclinada ao ombro direito do desolado ancião...

À tarde, inesperadamente, um dos velhos servidores de Donato avistou a galera de Numa Tarquínio, aproximando-se da Rocha Negra, e foi, prestamente, comunicar-lhe o ocorrido.

— Que deseja ainda o miserável? — pensou o genitor de Clotilde — que intuitos sinistros o trazem a meu infortunado lar? Quer, acaso, escarnecer de nossa dor infinita?

Poucos momentos após, recebendo ordem de desembarque, expedida do solar, neste surgiram Numa Tarquínio, seus inúmeros servos, ou escravos, e centuriões.

Donato Moréti recebeu-os com fria polidez. Poucos instantes de banal conversação, e o senhor do desguarnecido alcáçar interrogou ao ex-procônsul:

— A vossa presença, *domine*, envolve um motivo grave. Posso inteirar-me do que desejais neste desditoso solar?

— Que desejo eu, *domine*? Não vos lembrais do pedido que, há precisamente oito meses, tive o ensejo de vos dirigir?

— Senhor, acaso não vedes que a era atual não é de esponsais, mas que eu e minha infortunada filha trajamos luto por quatro entes queridos?

– Oh! bem sei que, *aqui*, reina grande pesar pelos sucessos lamentáveis que não convém avivar... Pensando em vo-los suavizar, concorrendo para dissipar os vossos dissabores, oferecendo-vos a minha habitação e os meus préstimos, é que voltei à Rocha Negra!

– São nobres vossos intuitos, *domine*, pelos quais nos consideramos perenemente reconhecidos; mas, sendo nosso luto muito recente... alvitro que deveis adiar os vossos projetos para os realizar no percurso do ano vindouro...

Nesse ínterim, apareceu Clotilde; alabastro vivo, desfeitas as rosas das faces pelo sofrimento e pelas vigílias; emagrecida, embora sem perder a regularidade harmoniosa do corpo. Seus olhos pareciam aumentados, como que fendidas as bordas das pálpebras pelas lágrimas, notando-se neles um fulgor permanente de febre ou de prantos.

Numa Tarquínio cumprimentou-a com profunda reverência, e disse-lhe, com afetada gentileza:

– Sabei que os vossos pesares tanto me preocuparam que me apressei em tentar desvanecer-vo-los.

– Obrigada, *domine*; mas, quem os poderá desvanecer?! Só Átropos, a consoladora de todos os desventurados...

– Enganais-vos, formosa donzela; a mudança de região, os prazeres sociais, o tempo que consome todos os dissabores, são potências invencíveis para debelar todas as mágoas, por mais arraigadas que estejam em nossos corações!

– Mas, eu, *domine*; não desejo procurar lenitivo aos meus infortúnios; senão conservar-me neste local, e, rememorando as horas transcorridas, aguardar a consumação de todas as dores, ou, antes, a morte, como dádiva celeste...

Tarquínio contorceu os lábios, numa expressão trágica de visível contrariedade, enrubesceu, e, logo depois, esmaeceu, mas, de súbito, com firmeza e revelando toda a energia de que era dotado, disse:

– Escutai, *resolvi* levar-vos e a vosso pai, deste degredo para Roma – onde vos aguardam régios festins! Por vossa causa, meu palácio está engalanado e florido. Todas as pessoas de realce na incomparável cidade, onde impera Júlio César, esperam-vos jubilosas! Refleti em minhas palavras: *não me façais cometer um desvario*, negando-me o que vos proponho em paz e respeitosamente...

– Por que não consultastes o nosso desejo, previamente, *domine*? – interpelou Clotilde, com os olhos brilhantes de emoção.

– Porque estais livre, e eu já vos considero noiva e esposa, e, como tal, é que desejo levar-vos para Roma!

Apegando-se a uma derradeira esperança, que pudesse tirá-la da situação desesperadora em que se achava, disse-lhe ela, com entonação dolorosa e semblante lívido:

– Senhor, talvez ignoreis que eu e meu inesquecível noivo, antes de nos separarmos para sempre, firmamos um pacto indissolúvel – *de fidelidade eterna* – e aquele que quebrasse a jura sagrada... seria maldito pelos deuses! Senhor, é inabalável esse pacto para mim, e, *jamais*, me tornarei perjura!

– Perdão, mas vós não o traireis – *ele* morreu, e, portanto, está desfeito esse conchavo ilógico...

– Mas, nós não o fizemos só para a vida, *domine*, e, sim, também para a morte! Se *ele morreu*, sua alma é imortal, há de ter conhecimento do que se passa na Terra; e eu não desejo que *ele* me considere perjura. Julgo-me viúva – até o extremo final desta malfadada existência!

Numa Tarquínio que, até então, representava a farsa de uma polidez apurada, sorriu sarcasticamente. Esse sorriso tinha algo de sinistro e de terrível. Dir-se-ia que seus lábios se contraíram subitamente, num ricto macabro, dando-lhe um aspecto fúnebre e hediondo.

II

E, adiantando-se, assim falou com ironia:

– Formosa donzela, vós que me fascinastes; não insistais em argumentos inúteis, que não convencerão a minha indômita vontade de vos tornar minha consorte. Não queirais fazer a minha e a vossa desgraça... Vede o luzido séquito que nos circunda, e sabei que todos os presentes vêm assistir aos nossos esponsais. Vossa recusa de me receber por esposo é uma grave ofensa que me fazeis; e, agora, vos declaro: *voluntária* ou *involuntariamente* sereis minha esposa, no primeiro caso; amante, no segundo...

— Senhor — respondeu-lhe ela com emocionante nobreza — como pode um ex-procônsul romano, um rei temporário, insultar assim uma indefesa donzela? Não vos condoeis dos meus dissabores e dos de meu infortunado genitor? Quereis matá-lo de desgostos? Quereis abater com a vossa prepotência o último membro de uma nobre família?

— Podeis imaginar o que quiserdes; minha vontade é irrevogável... Todos o sabem, menos vós, gentil donzela... Se recusardes a proposta que já vos foi patenteada com lealdade, este alcáçar, dentro em poucos instantes, vai converter-se em mar de sangue! Se sois compassiva e prezais os que convosco privam, evitai desgraças irreparáveis. Tenho dito o meu ultimato.

Um grito dilacerante fez-se ouvir, repercutindo tragicamente pelas abóbadas do solar, proferido pela desditosa Clotilde que se ajoelhou, soluçando, aos pés de seu genitor estarrecido e prestes a esmorecer, dizendo-lhe:

— Amado pai, que teremos feito aos deuses para que estes nos dilacerem impiedosamente os corações?

O ancião, sem uma palavra de revolta, como se houvesse emudecido por efeito de tantas desventuras, acariciou-lhe a fronte com as mãos crispadas.

Lívido e colérico, Numa Tarquínio adiantou-se até ambos, e, com arrogância, interrogou a donzela:

— Por que vos julgais desgraçada com o desejo de unir o meu destino ao vosso, insigne honra que muitas mulheres têm disputado? Seria um ato indigno o de vossa aliança com um dos mais gloriosos patrícios romanos?

Donato Moréti ergueu a filha e, com voz trêmula e cavernosa, respondeu-lhe:

– Sei que muito nos honra o vosso pedido, *domine*, mas o que nos causa revolta é o não quererdes respeitar o nosso luto e a nossa dor! Agis conosco como se fôssemos escravos, e não membros da família de dois legionários que acabam de imolar a vida à pátria, e como se eu não houvesse também pago o meu tributo de sangue a Roma! Por que não adiais a execução dos vossos projetos? Não compreendeis que as nossas almas estão dilaceradas por sucessivos infortúnios?

– Mas, o meu interesse não é o de suavizar as vossas desditas?

– Como? *domine*! Se viestes a nosso lar com intuito de submeter à vossa a nossa vontade? Como insistis em casar-vos com a minha filha, se esta jurou fidelidade eterna a seu noivo, vivo ou morto?! ...

– Quer isso dizer que me insinuais que adie os meus projetos... para vos eclipsardes de meus olhos... Compreendo os vossos planos *amistosos*... Quereis o tempo suficiente para vos ausentar daqui, para região ignorada... É assim que resgatais a dívida de gratidão que contraístes para comigo quando vos salvei a vida?!

– Seria preferível que nos deixásseis morrer, *domine*, para não nos exigir tão violentamente o pagamento! – murmurou Donato com infinita amargura.

– Como?! Que dizeis?! Pois então excede ao débito a indenização, propondo-vos uma aliança lícita com a vossa família? Não achais que, somente vós, sois os beneficiados, e que o vosso débito aumentou, e fostes os recompensados e não eu? – rugiu Numa Tarquínio.

– Assim seria, senhor, se aqui viésseis com intuitos pacíficos, esperando um ensejo mais propício à vossa pretensão; se não nos ofendêsseis com o vosso poderio, e não nos lançásseis em rosto a vossa generosidade...

"Não precisamos fugir, porque nenhum crime cometemos! Ninguém aqui pensa em esponsais, mas em carpir o desaparecimento dos entes queridos... dos defensores de nossa dignidade ultrajada com a vossa prepotência!"

– É que não estou habituado a ser desatendido! – bradou Numa Tarquínio, deixando transparecer pela catadura os mais nefastos sentimentos de sua alma de tigre ferido. Dir-se-ia que, às súbitas, se lhe desligara da face a máscara da polidez, e nela fora afivelada outra, trágica e satânica...

– Senhor – disse-lhe Donato com altivez – não lidais com vilões, mas com um patrício romano e sua filha, tão livres como o sois!

– Acho-me, porém, em situação superior à vossa; e, portanto, garantido pelas prerrogativas que me outorgam as leis; não vos oponhais aos meus desejos, que muito vos honram!

– Representais as leis ou o despotismo? – interpelou o nobre ancião, quase desfalecido de indignação.

– Que vos importa sabê-lo?! Obedecei-me! – respondeu-lhe Numa, com voz estentórica; e, após, voltando-se para Clotilde, esmaecida e consternada:

"Cumpri as minhas determinações, ou vereis esta habitação transformada em túmulo desse que é vosso pai, e muito tem afrontado a minha dignidade, esquecendo-se, ambos, de que contraístes para comigo um débito de honra... Se ainda sois casta e virgem, se não fostes a amante de Luciano Naldi, e, para ocultar uma falta irreparável, representais esta farsa de *fidelidade eterna*, consenti em ser minha esposa... Se já não fordes pura... caro pagareis a vossa hipocrisia! *A felicidade ou a morte*! escolhei uma destas propostas".

Clotilde olhou o progenitor, com o olhar desvairado, quando o ouviu murmurar com augusta nobreza:

– Amada filha, sejamos dignos de nossos heroicos antepassados: entre a desonra e a morte..., escolhamos esta, que nos livra das mais acerbas humilhações!

"É preferível o túmulo a uma aliança odiosa. Que fazem os deuses, que se conservam indiferentes à nossa desdita, e nos desamparam, nestes momentos atrozes, às mãos de um impiedoso algoz? Entreguemo-nos à morte, Clotilde! A vida tornou-se intolerável desde que sucumbiram os que amamos, e podiam desafrontar a nossa honra ultrajada! Que vale a vida com os corações golpeados, e as faces purpureadas de pejo?! Que importa o ouro e o poderio, com as almas enlodadas pela covardia?!".

III

Lívido de cólera, Numa Tarquínio adiantou-se, e bradou, com fúria:

– Escolhestes a morte? Quereis libertar-vos de mim, por esse meio? Ah! Ah! Ah! Ainda não conheceis a minha perspicácia. Até há poucos momentos aqui se achava o *amigo*, o enamorado de Clotilde. Agora contai com a minha justa vindita! Quereis morrer, *domine*? Sim, sucumbireis lentamente tendo, antes, presenciado a desonra de vossa filha, que vai ser entregue, neste momento, ao mais ínfimo de meus escravos! Quereis a morte, bela Clotilde? Pois bem, ides tê-la depois do que acabo de expor a vosso ilustre genitor, que vai perecer de inanição, sem alimentos, e, ambos, em horas de martírio moral e físico, que vos parecerão séculos, haveis de lamentar o vosso orgulho e a vossa rebeldia!

– Pai! Pai! – murmurou debilmente a jovem, contorcendo-se em espasmos de angústia – como nos fere a desgraça!

– Filha adorada! não te posso defender porque um dos meus braços jaz em um sepulcro... e o outro, com o corpo, já pende para a sepultura...

Subitamente, com o olhar de alucinada, Clotilde dirigiu-se a seu verdugo e interpelou-o com angústia:

– Senhor, escutai-me: se eu consentir em ser vossa... esposa, poupareis a vida a meu desventurado progenitor? Tratá-lo-eis como o merece pelo seu passado de glórias e de virtudes?

O crudelíssimo procônsul, com um sorriso de triunfo, exclamou com arrogância:

– Sim! Dou-vos minha palavra de cavalheiro: vós e ele... tereis o tratamento da consorte e do sogro de Numa Tarquínio!

Não permitiu o tirano que Clotilde se afastasse um momento do local onde se achavam – tal o receio de que a presa cobiçada ainda pudesse escapar à sua prepotência, pondo termo a vida. Ela se achegou ao pai, que, na hiperestesia nervosa em que se achava, parecia não mais perceber os acontecimentos. Os circunstantes olhavam, alternadamente, ora o hediondo ex-procônsul, ora a sua cândida vítima. Dir-se-ia que se achava naquele salão um impiedoso Satã, que conseguira aprisionar um arcanjo celeste; ele sorria, vitorioso; ela fitava os olhos cintilantes de pranto, no adorado ancião que lhe dera o ser. Parecia que a vida orgânica abandonava o corpo vestalino da jovem, pois se tornara nívea qual o carrara dos túmulos. Transformara-se em neve dos Apeninos[47] o corpo que parecia modelado por um Praxíteles divino...

– Clotilde Moréti – disse-lhe Numa Tarquínio, inclinando-se diante da esmaecida donzela –, apressemos o nosso enlace. Tudo está preparado para que se efetue agora...

E estendeu-lhe a destra, sorrindo. Ao contato de sua mão, Clotilde estremeceu visivelmente, qual se fora ligada a uma bateria magnética, ou pungida por uma áspide mortífera, sentindo que, não o seu corpo, mas a sua alma se convulsionara dentro do estojo carnal, qual se fosse tangida por um açoite de chamas, ou arrebatada por um violento aquilão dos desertos africanos...

Odiava-o, e ia unir-se a ele, que lhe causara acerbos e inconsoláveis desgostos, ao seu algoz, e de todos os seres que mais amava

---

[47] Cordilheira italiana.

sobre a Terra... Execrava-o com toda a pujança de sua alma ultrajada, vilipendiada, infamada pelas ofensas que por ele lhe foram assacadas, e a quantos prezava mais que à própria vida. Ela, até então compassiva e altruística, rebelava-se contra o destino e os deuses, que a haviam abandonado à sanha de um desprezível sicário. Sentia-se capaz de lhe lacerar o coração com um punhal intoxicado; de lhe cuspir no rosto depois de o ver inanimado; de tripudiar sobre o seu cadáver pestilento!

E, no entanto, ia aliar o seu destino ao dele! ... Onde se teriam fundido as algemas que iam uni-la ao execrado tirano? Nas geenas, certamente, forjadas por Satã e seus asseclas.

Como odiava a Humanidade! – ela, até então um arcanjo consolador dos desditosos!

Que covardes julgara aqueles homens que a rodeavam, vilões que viam um carrasco infamar uma donzela e um ancião indefesos, conservando-se impassíveis espectadores das suas desventuras, quando todos, de um só impulso, se quisessem, poderiam trucidar a Hidra de Lerna,[48] que se apoderara da honra e da liberdade de duas inocentes vítimas.

Míseros escravos, sem dignidade e pundonor eram eles! Não teriam, todos, pais e irmãs? Não compreenderiam os tormentos inauditos, o asco que ela votava ao repugnante verdugo, que ia ser seu esposo? Para onde lhes fugia o brio e a heroicidade?

Que seria que os dominava senão o receio de perderem a vida e a situação vilmente adquirida, como se estas valessem mais que a honra e a virtude?

Parecia-lhe que o seu próprio coração, depois de tantas refregas morais, de ter sido fustigado pelo látego flamejante da dor, se ia pulverizando, calcinando, transformando-se em um punhado de cinza... Já nao era o mesmo da donzela confiante no porvir,

---

[48] Monstro com sete cabeças, que renasciam à medida que eram decepadas. Foi morto pelo heroico Hércules.

bafejada pela fortuna, florida pela ternura dos progenitores e do noivo adorado; envelhecera bruscamente; tornara-se decrépito, sentindo suas aspirações fagueiras, seu futuro de sonhadas venturas, precipitados em um sorvedouro infindo, restando-lhe apenas o desejo de acompanhar o amado velhinho que lhe dera o ser; prestes a resvalar para um jazigo, e a vontade de represália do pejo incomensurável de se ver unida ao asqueroso sicário, que julgava o ouro acima da dignidade, a fizera sua esposa para se apoderar do seu corpo, sabendo que a sua alma seria eternamente de outro...

Ele a quisera para tornar mais invejável sua posição social, para ostentar uma opulência nababesca e uma consorte mais formosa que a própria Helena, cujos primores físicos seriam cobiçados e celebrizados na Roma tão corrupta quanto sua própria alma... Não a amava com o amor de Luciano, puro, respeitoso e casto, não; dominava-o a vanglória de ligar o seu destino ao da mais formosa jovem que seus olhos deslumbrados haviam contemplado!

Pareceu-lhe ouvir o fragor de rochedo estilhaçado por um camartelo de Golias,[49] fantástico, cujos blocos fossem atroadoramente resvalando em um abismo incomensurável... Esse rochedo era o seu próprio futuro e o seu passado, que ela teve a sensação de haver sido pulverizado pela fatalidade, restando-lhe apenas o presente odioso...

Julgou-se envolvida em um nevoeiro intérmino, onde não havia um tênue raio de luz, e sim a gelidez mortuária de uma necrópole abandonada durante séculos...

Quando o sacerdote terminou a cerimônia nupcial, os covardes assistentes prorromperam em um brado uníssono de aplausos... Com o olhar alucinado, ela notou que, somente um deles, aparentando quarenta anos de idade, tez morena, olhos expressivos e melancólicos, se conservou imóvel e lhe fixou o olhar, onde

---

[49] Gigante filisteu de 2,9m, morto por Davi.

havia cintilações de lágrimas... Essa fisionomia, desde então, fotografou-se nitidamente em seu cérebro. Não a esqueceria jamais, mesmo que decorresse um milênio sem a rever.

IV

Consumada a cerimônia esponsalícia, Clotilde, sentindo na alma um vácuo de cratera, abraçou-se ao pai, e ambos não choraram... Dir-se-ia que eram dois espectros, que, após uma expiação tremenda, desejassem enlaçar-se por toda a consumação dos séculos.

Numa Tarquínio, sorridente, disse-lhe:

– Espera-nos a *Imperial*. Podeis trazer os servos que desejardes...

Grave e trêmulo, o genitor de Clotilde ordenou a um dos seus mais conceituados servidores que fizesse comparecer à sua presença todos os seus escravos, fâmulos e habitantes da Rocha Negra, os quais, pouco depois, se reuniram no pátio lateral, à esquerda da habitação.

Falou-lhes então, com amargura indescritível:

– Meus fiéis servidores, e meus amigos, quis reunir-vos para vos dar o derradeiro adeus; sei que pela última vez ouvis a minha voz. É provável que eu e minha filha aqui não mais tornemos. Se a morte, desejada ardentemente, nos arrebatar a vida, continuai assim unidos, em harmonia, como se aguardásseis a nossa volta... Amintas, o meu honrado mordomo, continuará a velar pelos interesses deste alcáçar, que, então, será de todos vós. Cada um terá o seu quinhão, no final de um ano. Os poucos escravos que possuo estão livres, e coparticiparão dos haveres comuns. Os que se rebelarem contra o bondoso e probo Amintas, serão excluídos de Rocha Negra... Se aqui não voltarmos jamais... tudo isto vos ficará pertencendo...

Lacrimosos e soluçantes, todos aqueles seres se prosternaram diante do magnânimo ancião, osculando-lhe muitos a destra alva e trêmula.

Alguns servos, não se conformando com a partida do seu amo ou senhor, ainda ajoelhados, disseram-lhe:

— Senhor, consenti que vos acompanhemos, e à vossa piedosa filha, a Roma. Queremos servir-vos até o derradeiro instante... das vossas, ou das nossas existências!

Donato, com um gesto, assentiu ao que desejavam seus abnegados fâmulos, que preferiram a afeição à liberdade...

Dentro em poucos momentos rumores e passos apressados se fizeram ouvir pelas câmaras e corredores, arrastando, com precipitação, as arcas dos que iam partir por tempo indeterminado...

Quando Donato e Clotilde desceram a escaleira da imponente habitação — onde tão ditosos tempos outrora haviam decorrido — acompanhados pela multidão que os circulava, fez-se um silêncio mortuário no interior do solar. Dir-se-ia que ambos estavam petrificados como a rocha em que edificaram o alcáçar; eram a síntese da dor e do desalento, a concretização do desespero mudo, que lhes transparecia nas nobres feições!

"Parece que tenho o coração carbonizado!" – pensou, com tristeza infinita, a jovem.

Sentiu, por uma emoção indefinível, o silêncio tumular da vivenda senhoril, onde nascera, e na qual ficaria prisioneira a sua alma, por indeléveis recordações de um passado florido de róseas fantasias... Pareceu-lhe que um cataclismo a aprofundara no solo, não lhe sendo mais possível rever a luz solar; percebeu que se cavara em seu âmago um vácuo intérmino, impreenchível, onde seriam sepultadas todas as suas esperanças e todas as suas ilusões destruídas, e compreendeu que, no mundo sublunar, todas as suas quimeras estavam derrocadas, não lhe restando sequer um átomo de felicidade terrena... Só lhe ficava um afeto, uma ternura, uma centelha divina – o amor que consagrava a seu infortunado progenitor, o nobre velhinho que, emudecido de dor e revolta impotente, se curvara em poucas horas e cujo frêmito do coração ela percebia ao descer a marmórea escada do solar, do qual o ciclone invencível do infortúnio ia arrebatando-os para sempre...

Só ele lhe dera ânimo de viver mais, talvez, alguns dias, até que baixasse ao túmulo... Se ele morresse em breve – sentia-o bem – seria a derradeira chama de um círio que se extinguiria dentro de sua alma desolada, como se por ela passasse um simum africano...

Estilhaçara-se, no recesso de seu ser, algo que o fazia sentir amortecido o próprio coração, onde se rasgara um sorvedouro infindo, e nele resvalaram todos os seus almejos mais fagueiros. Para ela a Terra perdera a força de atração, e sua alma flutuava no Espaço, mas ainda acorrentada ao solo, qual se fora águia real, em pleno Infinito – o infinito do sofrimento em que se achava asfixiada – e as penas fulgurantes a cair, e ela receasse, apavorada, rolar a um caos onde imperassem as trevas absolutas...

V

Instalaram-se todos na *Imperial*, festivamente empavesada, a contrastar com os corações amargurados dos que haviam partido da Rocha Negra. Havia em seu bojo uma promíscua multidão de servos, de cavaleiros e de escravos; alguns de rostos melancólicos, outros risonhos, conjecturando os festins em homenagem aos esponsais de Numa Tarquínio, no auge do júbilo...

Donato deixara-se cair em um camarote que lhe haviam preparado. Sentiu-se aniquilado, sem forças físicas, sem lágrimas para carpir sua desdita, a qual se lhe apresentava maior que a própria amplidão sidérea!

Por que não lhe tirara a vida o infame que o escravizara e à filha bem-amada? Por que foram ambos açoitados pelo látego da humilhação e da desgraça em tão limitado tempo, eles que eram bons, justos, probos? Por que fizeram os deuses impiedosos vitorioso um carrasco?

Todos os acontecimentos se precipitaram como que tangidos por um vendaval destruidor, desde o fatídico encontro dos excursionistas da *Conquistadora* com o tirano da *Imperial*... A imprudência de Flávio produziu todos os fatais sucessos que ele ora deplorava, já sem forças para reagir contra a fatalidade...

Como pressentira inauditas desventuras o nobre Luciano Naldi! Como se iludira, em seus arroubos de glória, o seu adorado Flávio, sonhando conquistar triunfos imorredouros; e, no entanto, fora imolado pelo bandido que ele julgara amigo e protetor! Como se metamorfoseou a sua existência, calma e feliz, em um abismo de sofrimentos indescritíveis... Morreram-lhe a esposa, o filho, os amigos; piores, porém, do que todos esses infortúnios, foram as humilhações e as afrontas que lhes infligira, a ele e a Clotilde, o dissoluto ex-procônsul... Sua alma estava contundida, maculada pela desonra...

Por que lhe faltaram as forças para esbofetear o ignominioso verdugo, que se apoderou de seu maior tesouro – a filha estremecida?

Por que não empunhara o punhal, com a única mão que lhe restava, e se tornara ágil em substituição à outra, e não trespassara com a lâmina o coração do torpe Numa Tarquínio? Como se sentia acovardado, envilecido, conspurcado em sua dignidade de homem austero e probo! Ele, altivo e generoso, que sempre aconselhara aos filhos a prática da virtude, certamente, se ainda lhe restasse algum valor da mocidade, se transformaria em homicida – para vingar as afrontas que o vilão lhe assacara, menosprezando suas cãs, e a pureza da filha adorada...

Não chorava; não podia sentir o lenitivo das lágrimas; um tremor contínuo, porém, lhe agitava os membros e o coração, que estuava de angústia...

Tentou levantar-se do leito, mas não o conseguiu. Quis chamar os camareiros, que, sentinelas devotadas, velavam por ele, condoídos de suas amarguras, mas só a custo conseguiu articular um único vocábulo:
– Chamem...
– Que desejais, *domine*?
Longa pausa. Depois de um esforço sobre-humano, completou a frase:
– Chamem... a... Clotil... de!
– Impossível obedecer-vos, *domine*... Numa Tarquínio preveniu a todos de que, a quem a chamasse, antes que ele o consentisse... arrancaria a vida, a punhal!
Um gemido doloroso se lhe escapou do seio opresso; sentiu-se, então, mais ínfimo e infortunado que os próprios servos... Chorou, por alguns instantes, alheio à presença dos criados, que, de frontes inclinadas, deixavam, também, fluir pelas faces, descoradas, lágrimas ardentes.
Naqueles momentos, que ele compreendeu serem os supremos de sua existência, restava-lhe o consolo inigualável de haver sido justo e compassivo para os fracos, e cumprido, austeramente, todos os seus deveres terrenos: tinha a consciência tão imaculada quanto a neve dos pincaros do Himalaia! Esse refrigério, porém, não o confortava integralmente, pois se avolumara em seu coração a mágoa de haver, honesto e clemente embora, perdido a derradeira batalha da vida, saindo vencedor o sicário que lhe usurpou os mais preciosos de seus tesouros: os filhos e os amigos!
O consórcio de Clotilde com o infame que lhes roubara todas as venturas era a suma afronta à sua dignidade de patrício e homem impoluto! Não podia conceber a união de uma vestal com um dragão asqueroso: o eclipse de um astro pela sombra de um crocodilho; a aliança de uma alvorada do estio com as trevas de um inverno polar; acorrentar a virtude mais ilibada ao vício

mais degradante – Aspásia e Sardanapalo;[50] conspurcar a neve mais pulcra com o lodo infecto dos pauis pestilenciais; macular a virgindade com a hediondez da prostituição; esfacelar um lírio com as garras de um tigre...

Não era concebível resistir a tanta dor e humilhação!

Parecia-lhe que, vendo a filha querida consorciada com um corrupto, havia consentido que ela – cândida e nívea donzela – se apresentasse em uma saturnal, em uma orgia sodomita...[51] Não podia sobreviver a essa ignomínia, à catástrofe de todas as venturas, de sua dignidade de homem incorrupto, que criara entes nobres, destinados a desempenhar, na sociedade de qualquer país, um papel relevante, digno dos descendentes dos afamados Gracchus.[52]

No seu íntimo houve como que a violenta erupção de um Stromboli,[53] crestando-lhe todas as mais nobres aspirações, devastando seu coração, carbonizando-o, transformando-o em cinza e lava incandescentes, que ainda o faziam padecer inominavelmente... Parecia-lhe que fora arrojado a uma cratera insondável, ou encerrado entre muralhas inabaláveis; sentia-se perdido por todo o sempre, sem um raio de esperança que o pudesse iluminar! Rolara do glorioso Capitólio[54] aos abismos da Rocha tarpeia...[55]

A dor do vexame era-lhe inconsolável. Não desejava que a alvorada de um novo dia penetrasse no beliche em que estava inerte, impotente para a luta, incapaz de desafrontar sua dignidade fundamente ferida... Não queria que a luz solar lhe iluminasse a face, descorada pelo vilipêndio, e de vencido nos prélios da adversidade, ignorando que aquela batalha perdida era a suprema

---

[50] Rei lendário da Assíria (séc. IX a.C.), devasso e faustoso.
[51] De acordo com a *Bíblia* (GÊNESIS, 19:24 a 38), a cidade de Sodoma e seus habitantes foram destruídos por Deus devido a seus atos imorais.
[52] Tibério e Caio, filhos de Cornélia Africana, célebres por seu proceder correto.
[53] Vulcão italiano.
[54] Templo dedicado a Júpiter, onde eram coroados os heróis romanos.
[55] Próxima do Capitólio, de onde eram precipitados os traidores da pátria.

no plano terreno, tornando-o herói para Deus, para ingressar nos mundos siderais!

Com a voz débil, despediu-se dos fiéis servidores e fez-lhes recomendações para que fossem transmitidas à filha adorada. Eles, prosternados, ouviam-no, soluçando. Depois pediu um pergaminho para escrever algumas palavras a Clotilde, mas já não pôde fazê-lo; a mão direita já estava meio álgida, inativa, e um frêmito o abalou da fronte aos pés.

O infortúnio ferira-o mortalmente; a desventura fulminara-o. Sentiu, por uma sensação que não lhe parecera inédita, as forças físicas abandonarem-lhe o organismo debilitado pela idade, pela doença grave que havia pouco o levara ao leito e, sobretudo, pelo excesso de dissabores por que estava passando – toda a tortura moral que o flagelava, desde os agravos que lhe foram infligidos pelo bárbaro que o escravizara, e à filha querida –, suprema ignomínia assacada a seus brios de homem culto e livre, até então! Quis, com um esforço inaudito, articular mais alguns vocábulos dirigidos à filha, mas não conseguiu terminar. Começou a dizer aos camareiros:

– Dizei a Clotilde que minha alma se liberta deste infame cativeiro, para implorar justiça aos deuses... – Mas um súbito esmorecimento chumbou-o ao leito, e ele percebeu que um grave fenômeno psíquico ia passar-se no seu âmago. Uma repentina convulsão abalou-lhe o corpo; e, sem mais se poder dominar, começou a inteiriçar-se, sentindo os liames que, até então, lhe aprisionavam ao organismo físico a fagulha divina – a alma – romperem-se bruscamente, e invadir-lhe os membros invencível paralisia.

Uma cor marmórea substituiu a tênue coloração das faces, e seus olhos, abertos, e fixos por momentos no teto, fecharam-se logo depois, perenemente. Sua mão crispou-se, qual uma garra de condor, sobre o tórax, do lado esquerdo, como a querer aperceber-se do derradeiro pulsar do coração, ou deste arrancar um punhal de dor inominável que nele se introduzira; mas logo, num espasmo geral, todos os membros se distenderam e se imobilizaram para sempre.

Estava consumada aquela etapa terrena do que fora abnegado senhor da Rocha Negra.

Descera o velário do destino sobre a cena final do drama pungente de sua existência, levando ele na alma o amargor de uma decepção inconsolável! ...

VI

Correu, célere, a bordo, a consternadora notícia do desfecho da existência terrena de Donato Moréti. Todos suspeitavam da causa comovedora que lhe ocasionara a morte, e sentiam-se, no íntimo, revoltados contra o déspota que fora responsável por aquele desenlace funéreo.

Clotilde, ao inteirar-se do ocorrido, alma como as efígies de carrara, ajoelhou-se perante os despojos sagrados, sem uma lágrima a tremeluzir-lhe os olhos merencórios. Dir-se-ia que o pranto, a jorrar-lhe da alma enlutada, se extinguira de todo às chamas das desventuras que lhe devoravam o coração. Sentia-se inerte, incapaz de pelejar contra o absolutismo do destino. Parecia-lhe ter o corpo animado por uma vida fantástica, e que sua alma, premida pelo guante da desdita, o abandonara, sendo substituída por outra, de trevas, que o transformara em penumbra eterna... Sentia-o amortecido por apatia invencível; triturado por um camartelo descomunal; vergastado, cruelmente, por todos os ciclones do universo; crucificado, aviltado, misérrimo!

Ajoelhada, tendo a seu lado, vitorioso e impassível o indigno esposo, julgava-se a mais infortunada de todas as criaturas...

Não lamentava o passamento do adorado genitor; invejava-lhe o final de seus padecimentos! Implorou-lhe ao nobre

Espírito o término de seus pesares, ou de seus martírios inomináveis. Percebia que a sua juventude florida fora transformada em intenso inverno siberiano, transportara-se do ápice de uma cordilheira ao pântano infecto; sentira suas asas – que todos as têm ao desabrochar das esperanças e das róseas fantasias! – cortadas cerce, ou desfeitas como as de Ícaro,[56] ao desejar cindir o firmamento das venturas terrenas...

Considerava-se humilhada e infamada por se haver unido ao seu verdugo. Desejava que um inesperado cataclismo abalasse o mundo, soterrando todos os abrigos humanos, convulsionando as águas em um maremoto mundial, atraindo tudo para um turbilhão profundo...

Era a maldição dos deuses que pesava sobre ela – só, irremediavelmente só, após a hecatombe de todos os entes queridos, fustigada pelo açoite da desgraça, ligada a um ser desprezível; só, para sentir o abandono atroz em que se achava então! Que fizera, porém, para tanto merecer? Que delito moral cometera? Que dever transgredira, para lhe serem arrebatadas todas as felicidades dignamente conquistadas, para ser punida com veemência por algozes insaciáveis? Qual o poder da crença sublime em que fora criada – se nenhuma entidade celeste possuía um átomo de comiseração para lhe sustar um único infortúnio, mas, antes, deixavam que sobre ela se desencadeassem todos os vendavais da desventura?

Rompera-se o último grilhão terreno – o amor que consagrava ao bom e venerável ancião que lhe dera o ser; findara-se para ela o derradeiro apego à vida...

Era mister abreviar o epílogo sombrio de sua existência. Odiava, execrava, aquele com quem se consorciara em momento fatal, para evitar o último dissabor ao adorado velhinho...

---

[56] Filho de Dédalo, ambos fugiram do rei Minos, de Creta, usando asas artificiais de cera e penas. Atraído pela sua beleza, Ícaro voou próximo ao Sol, suas asas derreteram e ele caiu no mar Egeu, morrendo.

Numa Tarquínio, para ela, concretizava todas as perversidades humanas, de vez que, para conseguir apoderar-se de seu corpo, não trepidara em juncar de cadáveres sua existência, em transformar o seu porvir em um manancial de lágrimas eternas! Cada vez mais se lhe arraigara no íntimo o desejo de se vingar do monstro a que fora jungida pela fatalidade. Viveria para a vindita. Queria vê-lo sofrer quanto ela estava padecendo; queria vê-lo ultrajado quanto o fora seu nobre genitor.

Seu aspecto era o da efígie da dor, a velar pelos despojos sagrados do extinto querido.

Um momento houve em que, estando ausente o cruel Numa Tarquínio, alguns servos de Donato Moréti, os que lhe assistiram aos derradeiros instantes de vida planetária, ajoelhando-se perto dela, entre lágrimas, lhe narraram as últimas palavras de seu digno pai.

Ela os olhava, imóvel, angustiada, sem uma expressão de sofrimento ou revolta, ouvindo a reprodução das palavras do que sucumbira às ríspidas vergastadas de um sofrer inominável. No seu cérebro, porém, os pensamentos fervilhavam. Agradeceu aos serviçais a sua dedicação, e prometeu gratificá-los.

"Querido e desventurado pai!", pensava ela, "viverei para a desforra. Auxiliai-me a vencer, a esmagar a cabeça da Hidra infamante que se apoderou de todas as nossas venturas, para as destruir. Se a alma é imortal, como me afirmastes tantas vezes, não me abandoneis! Sede o farol bendito de minha vida!"

A apoteose matinal já se extinguira. As águas marítimas, que pareciam uma infinda jazida de ouro e rubis liquefeitos, trêmulos e luminosos, transformaram-se, às súbitas, em serenas ondulações esmeraldinas.

Já se avizinhava a *Imperial* do porto de Óstia, quando Numa Tarquínio, abeirando-se da esposa, lhe disse que havia tomado uma grave resolução que precisava expor-lhe sem demora. Clotilde tinha uma aparência marmórea, e, no entanto, ao contato da destra do tirano, que lhe tocara um dos ombros, estremeceu qual se fosse pungida por uma serpente.

Ele a impulsionou, para que não continuasse abraçada ao cadáver paterno, parecendo participar de sua rigidez e de sua frialdade funérea; como se houvesse contaminado seu corpo em plena juventude a insensibilidade mortuária.

Só então percebeu Numa Tarquínio que Clotilde havia perdido os sentidos. Foi chamado o mesmo cirurgião ou herbanário, que, no dia da fatídica excursão em que se encontrara com o cruel romano, a socorrera, com inteligência. Transportada a um coxim, neste esteve insensível por algum tempo. Quando, porém, após algumas horas decorridas, findou o seu entorpecimento, o seu olhar divagou pelo aposento ornamentado com aparato régio, incidindo sobre o rosto patibular de Numa Tarquínio, e o seu corpo convulsionou-se de pavor.

Ele despediu os circunstantes, e disse-lhe com afetação e orgulho:

– É mister que te mostres digna de ser a esposa de um procônsul romano.

VII

Um frêmito de indignação purpureou o descorado rosto de Clotilde, mas tão profundo era o asco que lhe inspirava o cruel romano, que ela novamente cerrou as pálpebras.

– Quero – prosseguiu ele com impiedade, sorrindo sarcasticamente – que não lamentes excessivamente o sucedido. Teus servos olham-me como se eu fora um bandido, por causa de teu aspecto doloroso e trágico... Se quiseres evitar prováveis desforços, muda de atitude... Já dei todas as providências, a respeito de Donato Moréti. Seu corpo, com as honras cabíveis a um veterano, foi atirado ao mar... Não ficaria airoso que amanhã, ao chegarmos a Roma, onde nos aguardam festejos suntuosos, houvesse funerais, em vez de manifestações de regozijo por nossos esponsais...

Ela soergueu-se no leito de um só impulso, exclamando, com desespero e revolta:

— Matai-me, por Júpiter! Tirai-me a vida que odeio ou deixai-me livre para me atirar ao Mediterrâneo, que sepultou meu derradeiro amigo sobre a Terra!

Ele sorriu com superioridade, e, vedando-lhe a saída do beliche, respondeu-lhe com simulada calma:

— Creio que não me casei com uma escandalosa mundana, e sim com *a filha de um homem virtuoso*, ao menos na aparência... Evita estas cenas dramáticas, aliás, ridículas ao extremo... Acalma-te, e mostra-te digna da situação de realce que ocupas...

— Será crível que vos apodereis até de minha própria vida? Haverá escrava mais ínfima do que eu? Por que vos comprazeis em me matar lentamente, e não de uma só vez?!...

— Por quê? — tornou o algoz, com aspereza. — Para que sofras o mesmo suplício que se apoderou de meu coração, desde que te conheci, contrariando-me nos meus desejos. *Eu* que sou obedecido até pelo olhar... que digo? Até pelo pensamento! És a única criatura que se insurgiu contra as minhas pretensões! Ouviste bem o que te disse?!

— Se me julgais criminosa, ou rebelde, por que me poupais a vida? Matai-me e arrojai-me ao túmulo de meu nobre pai! A vida é-me intolerável!

— Por quê?! Tornas a interpelar-me? Porque *quero* que sofras, como eu. *Quero* que vivas porque és muito jovem e bela. *Quero* que os homens... invejem a minha... *fortuna*!

— Como podeis ser feliz, fazendo-me desgraçada?

— Não me insultes, Clotilde, que eu sou terrível em meus desforços!

— Que mais podeis fazer-me?... Senão matar-me, após tantas humilhações que me tendes infligido? Nestes momentos, em que meu coração sangra pela morte do mais digno dos pais, se vos tivésseis condoído do meu padecimento... talvez ainda fosse possível uma reconciliação... *Agora*, tudo será baldado! Cavou-se entre nós um sorvedouro infindo que, jamais, será transposto! Nunca mais haveis de inspirar-me outros sentimentos... senão o de temor e ódio! Nossas almas estão separadas por toda a eternidade!

– A mim, que me importa – disse ele, com sarcasmo e frieza – que as nossas *almas* (cuja existência real ponho entre as minhas dúvidas) estejam separadas eternamente... se me pertences, segundo as leis terrenas, *és minha* esposa, és linda, e todos os homens cobiçarão a minha sorte?

Clotilde, ouvindo-lhe as expressões cruéis, recaiu sobre o leito, convulsionada por espasmos nervosos. Soluços incoercíveis abalaram-lhe o tórax, com intensidade.

Numa Tarquínio, insensível àquela dor inenarrável, disse-lhe, pausadamente:

– Não sei por que te consideras desditosa em minha companhia, se todas as romanas disponíveis desejavam esta insigne honra... Podia fazer-te minha escrava ou minha amante, e, no entanto, procedi com a máxima nobreza – fiz-te minha consorte... Aguardam-te palácios e festins principescos. Não *quero*, pois – ouviste bem? – que me repitas que és desgraçada, nem exageres as demonstrações de pesar pela morte de Donato, que já era demais neste mundo... Vou deixar-te por alguns instantes, para readquirires compostura e serenidade, a fim de que as servas te preparem para a chegada a Óstia, onde me esperam amigos. Não consinto que, insensatamente, perturbes os festejos nupciais!

Indiferente ao tormento daquela alma agoniada, fechou o beliche e retirou-se com arrogância.

Uma hora depois deste diálogo, Tarquínio abriu o camarote de um só impulso. A desventurada Clotilde jazia sobre o leito, novamente inerte, marmorizada, com aparência cadavérica. Ele, com ímpeto brusco, sacudiu-a. Ela não deu acordo de si.

Apavorado, auscultou-lhe o tórax, percebendo as pulsações, mas estas eram tão fracas que pareciam prestes a finalizar...

VIII

Numa Tarquínio, percebendo a gravidade do estado de Clotilde, reclamou a presença do que já a havia socorrido por duas vezes, mas foi com sérias dificuldades que este conseguiu fazê-la voltar à vida. À algidez sepulcral sucedeu elevada temperatura, febre escaldante, delírio. O rosto carminado e os olhos lúcidos – tornaram-na de uma beleza supraterrena. Nunca se apresentara aos olhos de Tarquínio tão formosa assim: suas faces pareciam pinceladas com o rubro fulgor dos arrebóis tropicais; os olhos rutilavam como que incendidos pelo esplendor dos astros; os cabelos, ondulados e opulentos, desprendidos em madeixas castanho-áureas, davam-lhe um indizível encanto. Ora soerguia o busto, como que impelida por mãos invisíveis, mas possantes; ora imobilizava-se nas almofadas purpurinas, qual se já estivesse em estado de coma.

Dir-se-ia que seu Espírito se lucificara, e lhe transparecia no semblante, com a tonalidade dos crepúsculos estivais; irradiava-se dela uma surpreendente beleza qual se um Fídias[57] celeste houvesse conseguido esculpir a sua inimitável obra-prima...

Numa Tarquínio contemplava-a embevecido, temeroso de a perder para sempre. Sua irritabilidade atingira proporções inverossímeis.

Sem motivo justificável ordenava que vergastassem os escravos, mormente os que haviam pertencido a Donato Moréti, os quais acocorados, em prantos, aguardavam, com a humildade dos desgraçados indefesos, notícias da adorada senhora enferma. O porão da faustosa galera já se achava pinhado de infelizes que

---
[57] Escultor grego (490-431 a.C.).

nem ao menos tinham o direito de suplicar misericórdia, compaixão, ou de chorar sua desdita, e cujo único crime fora o de não se levantarem com precipitação à passagem inesperada do déspota, agitado por indômitos sentimentos...

Os ex-escravos de Naldi e Donato eram sobre todos os mais atormentados. Múrfius, com quem Luciano confidenciara pesares e temores, sem se descuidar de seus deveres, tudo observava, e por vezes, seus olhos chispavam de ódio e revolta contra as atrocidades do tirano que os infelicitava, acumulando em seu cérebro pensamentos de vingança irreprimível...

Havia em todos os corações uma angústia indizível, uma ansiedade incontida em todos os semblantes, e muitos daqueles infortunados imploravam aos deuses a volta da saúde da desditosa Clotilde, não só compadecidos de seus sofrimentos físicos e morais, mas porque compreendiam ser o receio de a perder para sempre, a causa da ferocidade de seu algoz.

Uma atmosfera de terror pairava naquele reduto marítimo onde se aglomeravam seres acovardados pelo desalento, pelo temor de novos e inomináveis suplícios; parecia-lhes que no formoso bergantim se alojaram todos os tormentos e todos os receios do universo, arrastando-os através do Mediterrâneo azul, faiscante de lúcidas lantejoulas, dragão límpido e belo, indiferente às angústias dos que se abrigavam acima de suas escamas cintilantes!

Hora houve, ao dealbar de um dia encantador, em que todos foram dominados de intraduzível desolação: constou-lhes que Clotilde estava agonizando...

– Eu me arrojarei ao mar! – gemeu em surdina um dos infelizes, no auge do desânimo.

"Eu concitarei todos os presentes a trucidar o nosso carrasco!", pensava Múrfius Selan, em cujo coração se aninhara a tarântula da vingança. "Tantas vidas preciosas valem bem mais do que a de um indigno sanguinário!"

Penetremos, pela visão psíquica e retrospectiva, no local onde se achava a enferma.

Ao período ígneo, ou de excitação violenta, sucedera o de algidez agônica. Uma lividez de alabastro afivelara-lhe ao rosto a máscara ideal dos deuses do Capitólio, parecendo que uma daquelas obras-primas fora transportada ao leito, sob um dossel de veludo escarlate, contrastando com a sua alvura de neve alpina.

Nenhum movimento lhe animava já a plástica helênica.

Uma transpiração abundante, provocada pelos reagentes febrífugos, aljofrava-lhe a epiderme. No seu íntimo, Clotilde sentia o esvaimento da essência divina – a alma – prestes a ingressar na pátria celeste. Perdeu a consciência do local em que permanecia o corpo tangível e, suavemente, percebera que o seu Espírito se exteriorizara, e fora transportado a uma paragem de beleza indefinível; assemelhava-se a um ninho de neblina azul, onde divisava seres lucificados, de formosura indescritível. Havia uma vibração dulcíssima naquele mar eterizado, que lhe penetrava a alma, dando-lhe uma sensação deliciosa de calma e conforto.

Todas aquelas entidades passavam em grupos graciosos, não atentando em sua presença. Uma, porém, estava a seu lado: ela a pressentia sem a ver, por intuição extraterrena.

Subitamente, ouviu uma voz maviosa que assim lhe falou:

– Clotilde, filha bem-amada do Criador do Universo, teu Espírito, burilado pela dor, já se acha quase escoimado de todas as máculas que o enegreceram em passadas e delituosas existências.

"Acabas de passar por árduas mas remissoras tribulações; mas ai de ti! Ainda não se acham consumadas...

"É mister que retomes o peso esmagador do fardo das expiações, e caminhes ainda alguns passos, no carreiro sombrio e eriçado de espinhos da existência terrena! É mister que vivas ainda sob o jugo do perverso, que execras, para se finalizarem débitos tremendos, e para que aqueles que te cercam, e gemem e sofrem martírios indizíveis, tenham lenitivo...

"Para que termines o ciclo das reencarnações planetárias, faz-se mister o fecho de ouro: *a abnegação, o sacrifício, a renúncia, a piedade.* Esquece, filha amada, teus tormentos morais – terremotos da alma que transformam em escombros áureos as venturas e as ilusões encantadoras! Perdoa a quem tas destruiu; olvida o passado caliginoso por onde perpassam os espectros amados... dos que podiam e podem ainda fazer-te ditosa! Não os perdeste, dileta irmã; apenas desconhecerás por algum tempo as suas pegadas, mas de todos poderás aproximar-te por meio de preces vibrantes, aromas celestes, que exalam as almas puras, e ascendem para o firmamento constelado, para as moradas dos redimidos! Todos eles estão a teu lado, estendem-te as mãos tutelares, para que não caias no abismo do suicídio – ofensa máxima assacada ao mais carinhoso de todos os pais: *Deus*!

"Por que desejas renunciar à vida? Por que não és venturosa? Mas, que é ser feliz, Clotilde? Possuir opulência igual à de Creso?[58] Ser formosa qual Vênus?[59] Habitar palácios? Ser aliada ao que amas ainda? Não. Tudo isto é transitório. Tudo isso o túmulo e o tempo consomem. A única ventura real que existe na Terra, Clotilde, a felicidade incorruptível que os bandidos não usurpam, e Deus valoriza, que o tempo não destrói, e os vermes não corroem... tu a tens, filha querida; é a PUREZA DA CONSCIÊNCIA, é a satisfação íntima por não haveres trangredido nenhum dos teus deveres morais, sociais e espirituais!

"És bem ditosa, pois, Clotilde... Nesta existência tens sido irrepreensível; e, não fossem os delitos de transcorridas etapas

---

[58] Último rei da Lídia (Anatólia), atual Turquia. Famoso pela sua riqueza, atribuída à exploração das areias auríferas do Pactolo, rio onde, segundo a lenda, se banhava o rei Midas (que transformava em ouro tudo que tocava).
[59] Deusa romana da beleza e do amor.

terrenas, querida minha, seria ocasião propícia para partires para as regiões serenas do Cosmos. Já sabes, pelo conhecimento dos ensinos pitagóricos, que as nossas existências planetárias, os nossos crimes e as nossas virtudes são correlacionadas, e não insuladas; somos responsáveis em uma peregrinação terrena pelo que praticamos em outra; e, portanto, o Bem ou o Mal que realizamos terá uma consequência inevitável no futuro.

"Eis por que ainda foste submetida a provas ríspidas, as derradeiras de tuas existências planetárias, com as quais fecharás o ciclo de todas, fulgidamente, se não fracassares na provação máxima...

"Perdoa-me se ofendo os teus mais secretos sentimentos de revolta contra o que te derrocou os castelos róseos das venturas arquitetadas no período áureo da vida... Infeliz de quem, amando-te até a loucura, sonhando um quinhão de felicidade terrena, apenas conseguiu ensanguentar a consciência, enegrecer mais o próprio Espírito, roubar o que a criatura tem de mais precioso, o tesouro celeste que nos pertence, aqui ou no Infinito: a serenidade da alma, desfrutada pelos bons, pelos justos, ou pelos redimidos! E esta é a felicidade que possuis, em grau superlativo, Clotilde! Tua alma é bem mais pura e alva do que o teu corpo jaspelino, e, quanto mais sofreres... mais translúcida e linda será ela! Esquece, pois, o momento presente, pela eternidade porvindoura nas mansões afortunadas onde se congregam os que triunfam do Mal. Olvida que és jovem e formosa, e que nutrias o almejo de usufruir delícias no festim da existência, para te lembrares de que te cercam desgraçados cujas carnes são ulceradas pelos açoites dos carnífices. Protege-os. Ampara-os. Enxuga-lhes os prantos ardentes com palavras de comiseração e conforto. Estende-lhes a mão de fada, qual âncora aos náufragos, qual o orvalho que cai do céu sobre flores desabrochadas, em um Saara de desventuras! Compra a tua ventura perpétua, infinita, inigualável, por mais alguns instantes de martírio... É a conquista de um Éden por alguns ceitis de suplício moral, suavizado pelo Bem que praticares – refrigério divino!

"Compreendo a repulsa que te causa o mundo terráqueo, com as suas vilezas e os seus delitos; percebo a amargura que está denegrindo o teu nobre coração, afeito à virtude e à justiça; mas não te revoltes por se te avivar na memória adormecida pelo perpassar dos séculos a triste realidade de outrora: já foste solidária com o desditoso que ora te domina – inflado de orgulho, vaidade e zelo, como se jamais houvesse de ser chamado ao tribunal do Magistrado supremo para julgamento e sentença! Apavorada, retrocedeste no carreiro dos delitos tenebrosos, e entraste, definitivamente, no dos deveres impolutos... Ele prossegue no caminho maldito...

"Agora, enquanto tua alma ascende para o Céu, a dele está descendo vertiginosamente, para um báratro de padecimentos indescritíveis...

"Ai! do que, galgando imerecidamente situação de realce, pode saciar todos os seus caprichos condenáveis, e não vacila em imolar direitos alheios, e sentimentos louváveis, satisfazendo desejos imoderados e indignos, calcando aos pés a virtude e a honra de seus semelhantes! ...

"Filha dileta, ainda alguns séculos se escoarão nesse orbe sem que verdade mais lúcida impere nesse abismo de trevas... Afirmo-te, porém, não tarda o Semeador da Luz eterna a descer ao cárcere de sombras... Não tarda, pois, que alvorada mais formosa doure o horizonte da Humanidade, para que ela possa triunfar do erro e do pecado...

"*Ele* – o disseminador do Verbo Divino, feito humilde servo do Senhor supremo, com as mãos cheias de estrelas para as semear na Terra, nas almas denegridas pelos crimes nefandos que têm infortunado os povos, desde as eras primitivas – virá com fulgor de astro cujo brilho foi eclipsado momentaneamente; mas seu poder será reconhecido por toda a consumação dos milênios!

As verdades diamantinas, emanadas do Criador do Universo, ofuscadas pelos dogmas e pelas convenções humanas, abrolharão lentamente em todos os Espíritos, abertas em rosas de luz, em plena primavera! Filha querida, teu corpo físico tem apenas 18 anos de idade, mas o teu Espírito já venceu muitos séculos, veio de longínquas paragens, com um acervo de desenganos, de crimes, de abnegações, de virtudes, e ainda não finalizou as provas amargurantes, ainda não resgatou todos os débitos contraídos para com o sumo Árbitro universal...

"Não fraquejes, nunca, nos instantes de refregas morais, quando a alma tem ensejo de lutar com denodo e remir os seus erros, cobrindo-se com os louros da vitória. Sê forte e virtuosa. Perdoa e consola os desditosos que te cercam, pois basta uma palavra, áspera ou meiga, pronunciada por teus lábios, para que teu consorte e algoz (que te ama até a insânia!) os lance em calabouços mortíferos, ou lhes conceda liberdade integral! Cada triunfo que obtiveres, em teu Espírito desabrochará uma radiosidade estelar... És uma lâmpada celeste, acesa na masmorra tormentosa de padecimentos indizíveis existentes nos subterrâneos sombrios de um palácio, que não tardarás a conhecer... Sê boa e compassiva. Esquece a felicidade da Terra, mitigando dores, estancando lágrimas. Fazer o Bem é a ventura dos justos e dos santificados, pelo martírio das provas seculares!

"Dentro em pouco tempo, filha amada, baixará à Terra o núncio deífico, Pegureiro da Luz, que norteará as ovelhas desse vasto aprisco – o mundo das sombras perenes – aos prados fúlgidos e azuis do infinito...

"A Humanidade tem vivido submersa no charco dos vícios, no paul das iniquidades, no dédalo dos crimes e das paixões nefandas... porque desconhece o alvo a culminar, a conquista da ventura perpétua por meio do cinzelamento do próprio espírito. Até agora – com raras exceções – só a atrai a matéria, a formosura das plásticas venusinas, o ouro com todas as suas regalias; e, por isso, para muitos corruptos, a heroica mãe dos Gracchus vale menos do que Hetera.[60]

"Tempo virá, porém, filha querida, em que o amor espiritual, fraterno, puro, germinado na alma impoluta, qual lírio branco em vergel vicejante, encadeará todos os seres, irmanando-os com o escopro da dor, para neles gravar virtudes excelsas...

"Tu, filha amada, já estás ascendendo para o verdadeiro Soberano do Universo, cujo templo Ele próprio edificou, arquitetando uma cúpula de estrelas com os fulgores eternos: a abóbada celeste!

"Esses deuses transitórios, que ornamentam os templos pagãos, que fascinam os olhares, pelo esplendor das roupagens, dentro de limitado tempo baquearão. Já se vislumbra além, nas estâncias siderais, o clarão de uma nova era – um desconhecido, mas maravilhoso rosicler... Ele somente ditará às almas, ávidas de conhecimentos transcendentes, o código luminoso e eterno, que todos os povos conhecerão, qual roteiro estelífero arrojado do Infinito às cerradas selvas da corrupção, e dos delitos tenebrosos...

"No percurso dos milênios, e por seu intermédio, Ele aqui tem vindo sondar os Espíritos cheios de trevas: Rama,[61] Krishna,[62] Hermes,[63] Moisés,[64] Orfeu,[65] Pitágoras, Platão...[66] fundir-se-ão em uma só entidade luminosa, pois todos eles terão por finalidade o Emissário Divino, o zagal de todas as criaturas humanas, para arrebanhá-las e conduzi-las ao Aprisco celeste. Foram eles os precursores do Mestre dos Mestres, os alabardeiros reais, os arautos deíficos, que vieram prenunciar o advento do Rei de todos os soberanos terrenos, na

---

[60] Famosa cortesã grega.
[61] Segundo os hindus é uma das encarnações de Vishnu, lutou contra Ravana, o rei dos demônios.
[62] Há duas versões na crença hindu, uma de que seria o próprio Deus, a outra de que seria outra encarnação de Vishnu.
[63] Deus grego, mensageiro ou intérprete da vontade dos deuses.
[64] Profeta do Velho Testamento, recebeu os dez mandamentos de Deus.
[65] Segundo a mitologia grega é poeta e músico.
[66] Filósofo grego (428-347 a.C.).

humildade e nas virtudes peregrinas! Suas palavras formarão o código de Luz perpétuo deste orbe; seus conselhos salutares e inspirados nas Verdades siderais, serão o bálsamo e o conforto dos aflitos e dos desventurados; seus ensinamentos, com a magia de penetrar as almas – por mais trevosas que sejam elas – no decorrer dos evos, tornar-se- -ão em lúcida realidade na Terra, redimindo todos os delinquentes.

"Arauto divino, alma evolvida e acendrada por todas as provas e abnegações excelsas, virá pregar as leis da fraternidade, doçura e perdão aos desesperançados e desditosos. No entanto, filha amada, também *Ele* padecerá as mais inomináveis atrocidades... Muitas vezes sua fronte puríssima, nimbada de fulgores aurorais, penderá de amarguras; também *Ele* padecerá as injustiças e os apodos humanos, estoicamente...

....

"Quem, pois, se isentará da dor no planeta das lágrimas, se é ela que nos eleva das trevas para a luz eterna? Por que não se resigna a criatura humana com alguns instantes de intensa angústia, se é ela, a dor, que faceta a alma, qual o buril ao diamante; se é ela o mago que descerra os pórticos da ventura ilimitada que só os redimidos soem fruir nas regiões siderais? Saber sofrer é a ciência do justo. Padece, pois, querida, e não desesperes, nem blasfemes, nem pratiques um dos delitos mais graves perante o Juiz Universal – o suicídio – a rebeldia contra os decretos do Alto, cometida pelos que não se conformam em padecer com paciência as adversidades, os dissabores e as iniquidades terrenas que, como tocadas por uma varinha mágica, se metamorfosearão em flores de alegria, em gozos puros e imateriais, infindos, em mansões de gratos labores e de felicidade intérmina...".

IX

– Bem sei, Clotilde, que és uma alma possuidora de rara nobreza; compenetro-me de teus tormentos morais, de tuas revoltas contra o tirano, e das espezinhações por que tens passado; e, dar-te-ia razão, se ainda não conhecesse os sábios desígnios divinos!

"Ouve-me, pois: não te rebeles contra as saraivadas de padecimentos remissores, nos instantes de ríspidas tormentas morais; olvida os próprios martírios, e esforça-te por viver sendo útil a nossos irmãos – os infortunados que te rodeiam – para aqueles a quem podes mitigar as amarguras, os vexames, os suplícios... Compreendo as tuas agonias; mas, se as suportares com heroica resignação e com a humildade dos justos, terás a tua pulcra fronte aureolada com lúcido diadema, mais valioso que o do maior potentado da Terra: – o dos redimidos pela dor; o dos triunfantes nos prélios planetários; o do conquistador das regiões celestes, e da felicidade imorredoura...

"Vais, com o coração apunhalado de recordações dolorosíssimas, ingressar na dissoluta quão formosa Roma, onde a Arte triunfa e a Virtude periclita... Já tens a alma acendrada pelos deveres morais, abroquelada no heroísmo e na honestidade, vitoriosa nos prélios angustiantes mas redentores. Prepara-te, pois, para a extrema batalha... que culminará o sacrifício, atingirá proporções descomunais, e será mais dolorosa do que já o foi até o presente... Filha querida, não temas, porém, a batalha definitiva: teus amigos invisíveis estão a teu lado, vigilantes e carinhosos. Sentirás suas mãos de névoas ampararem-te, guiarem-te os passos, tutelarmente, até que resgates o derradeiro débito para com o excelso Soberano do Universo... e, assim, finalizarás a *dor suprema*!

"Vais penetrar na cidade, que, por muito tempo ainda, terá supremacia sobre todas as metrópoles deste planeta.

"Vais ser invejada pelas mulheres e cobiçada pelos homens; pois todos verão em ti apenas a brilhante situação que ocupas e a plástica primorosa que possuis... e ninguém suspeitará das tuas amarguras nem das tuas lágrimas... Tu, porém, filha amada, conservarás intacta a açucena de tua alma; nunca transgridas os teus deveres sagrados, isso para adquirires novos méritos. Cerra ouvidos às lisonjas dos que te cercam, que, como setas de fogo, penetram nos corações, crestando-lhe os lírios da virtude, neles já desabrochados... Vais enfrentar o orgulho – o câncer que contamina todos os Espíritos vaidosos. A ociosidade é a virtude do século. É mais honroso, para muitas mulheres, o meretrício do que o labor doméstico. Há maior mérito, para muitos indivíduos, na pilhagem e no assassínio de nossos irmãos, do que no trabalho honesto da lavoura e das indústrias. A guerra – homicídio coletivo, acobertado pelas leis civis e militares – é o mister mais rendoso das sociedades hodiernas.

"Vale mais quem maiores conquistas bélicas fizer, quem mais vidas arrancar, mais infortúnios disseminar, mais banditismos praticar, mais desonras ocasionar, mais famílias desvirtuar, mais homens escravizar!

"O ouro e o despotismo são dois soberanos mundiais. Perante eles quase todos os joelhos se dobram, quase todas as almas se corrompem, quase todos os entes se tornam venais. As mãos dos que assim procedem rivalizam com o veludo mais suave, e as suas consciências com os esterquilínios mais asquerosos. Os palácios mais imponentes elevam-se do solo, parecendo gigantescas flores de mármore rendilhado; e os que os edificam – míseros escravos ou proletários – morrem, às vezes, nas cruzes e nos patíbulos, nivelados a malfeitores, considerados entes desprezíveis, sem honra, sem pátria, mercenários, cobertos de andrajos que mal lhes encobrem as chagas dos corpos, açoitados nos pelourinhos pelas vergastas dos seus algozes empedernidos! ... Roma é bem um lago de safiras, onde se refletem céu e estrelas coruscantes – os gozos mais requintados – e que, no fundo, contém podridões nauseantes, devassidões que corrompem e gangrenam os corpos apolíneos e as almas pusilânimes... É, ali, mais meritório apunhalar um desventurado adversário, ou um servo, do que empunhar um alvião. A púrpura do sangue humano, que enluva as mãos dos déspotas, tem mais valor do que a aspereza das mãos dos agricultores, dos que fazem abrolhar da terra lavrada os rosais, as vindimas, as searas que se cobrem de flores, dos aromas de dulçurosos frutos, de trigo nevado...

"As orgias dos festins são mais apreciadas do que as fábricas e as lavouras. O ouro dos vencidos embriaga os tiranos e as suas legiões venais, dá-lhes honras e regalias, mas conspurca os Espíritos dos vencedores.

"Estes são corvos que se banqueteiam nos sepulcros dos exterminados, que tripudiam sobre os cadáveres dos vencidos nos campos de batalha, e usurpam a um só tempo a honra, a vida e a liberdade com os tesouros dos conquistados! A balança da Justiça – a Têmis[67] divina – anda desequilibrada: numa das conchas, o absolutismo, a violência e o aparato forçam-na até os abismos do Espaço descendente; a outra, onde existiam a honra, a liberdade dos vencidos, dos escravizados honestos, ergue-se para o Infinito ascendente, qual se nela houvessem nascido asas angélicas que a arrojassem às alturas siderais, desejando exilar-se nos astros lúcidos, já que não encontram guarida na Terra! Infelizmente, e por muitos séculos ainda, venerar-se á mais a espada, que vara os corações, do que um instrumento agrícola, preparador das leivas para cultivo dos vegetais, de onde germinam as messes benditas. Os romanos aromatizam os corpos efêmeros, que desejam belos, e corrompem as almas, denegridas de vilezas, descuidados de futuro eterno! ...

"Eis, filha minha, a época em que vives.

"Não será, porém, duradoura tua estada no grande empório europeu, onde inolvidáveis sucessos estão prestes a desenrolar-se; e tua alma será atingida por alguns dardos intoxicados de recordação indelével!

"Sê, porém, o orvalho luminoso para os Espíritos ávidos de justiça, cujos corpos vergam à passagem do déspota... que te escravizou também! Mais tarde, liberta dos grilhões terrenos,

---

[67] Deusa grega da justiça.

compreenderás toda a gênese de teus pesares, das humilhações por que passaste. Tua atual existência é o reverso de outras, escoadas em festins régios, nos quais imperavas soberana da beleza, do mal e da corrupção...

"Já fizeste sufocar brados de revolta; já espezinhaste criaturas honestas; escravizaste consciências íntegras; fizeste poluir donzelas por teus asseclas e amantes, em horas de desvario ou de vinganças atrozes...

"As almas, à semelhança do aço, só se enrijam e se tornam inquebrantáveis, na forja ardente da dor, do dever e da virtude!

"Teus tormentos de hoje – antítese dos gozos de outrora – transformar-se-ão em alegrias novamente no porvir, se triunfares de todas as provas imprescindíveis ao aprimoramento de teu Espírito. Suporta-as, pois, com resignação e humildade. Teu corpo encantador pertence transitoriamente ao verdugo que dele se apoderou; mas tua alma – límpida e açucenal – será rociada pelos aljôfares do Céu, metamorfose-se-á ainda em águia divina, sacudirá da Terra o pó que ora a obscurece, e alçar-se-á a mundos radiosos onde não existem sofrimentos, nem injustiças. Padece e cala. Esquece teus próprios pesares, e lembra-te dos de nossos companheiros de degredo terreal. Não te revoltes contra as expiações acerbas e supremas que te aguardam.

"Confia e espera na equidade do sumo Juiz do Universo, e serás, enfim, aliada àquele que amas, e ao qual juraste fidelidade perpétua.

"Não transgridas, porém, teus deveres morais. Sorve, até a derradeira gota, as amarguras das tribulações redentoras. Não queiras fugir à vida pelo crime inominável do suicídio, tão fortemente implantado na sociedade hodierna. Herói não é o que aniquila a vida orgânica, e sim o que espera, até o derradeiro transe, a execução dos arestos divinos; o que enfrenta com verdadeiro denodo as adversidades e os padecimentos terráqueos. Assim como é sagrada a vida de nossos semelhantes, e quem lha usurpa é considerado homicida e condenado a penas severas, também o é aquele que se suicida! Em alguns casos, mais assassino é o que arranca a própria vida, do que o que aniquila a do seu próximo; pois há homicidas por defesa, em momentos de desatino, de alucinação pelo ciúme, pela desonra, pelo desacato, pelo ódio, em que um contendor enfrenta o outro; ao passo que o suicida trai a confiança que inspirou ao Criador do Universo, que lhe entregou ao Espírito, um corpo indefeso, inerme, passivo; é, em suma, igual ao parricida aniquilando o ser àquele a quem deve a vida!

"Suicídio e assassínio são delitos de consequências gravíssimas.

"Às vezes, o homicídio é sequência de uma falta aviltante, é cometido em defesa da propriedade, da honra, de um ultraje, que, levando ao desespero e à irreflexão, faz um indivíduo, nesse momento de insânia, arremeter contra o ofensor, e (Caim perpetuado através dos séculos) arrancar-lhe a vida com a ponta de um punhal, ou com arremesso de um calhau, qual perverso fundibulário... O agravo recebido é uma atenuante ao crime perpetrado. Felizes, porém, são os que não se deixam vencer pelos sentimentos malsãos e ultores, e correspondem ao insulto com uma prece, ignorada dos homens, que ascende às amplidões cerúleas, transformada em aroma e luz, e se transmuda em bênçãos para quem a desprendeu do coração compassivo...

"O suicida é o adversário de si próprio. É o que imola o tesouro divino, nivelando-se ao rapinante que frauda os cofres de seu próprio filho. É o celerado que não vela pelo erário precioso que a Majestade suprema lhe confiou. É o salteador de sua própria fortuna celeste. É a sentinela covarde, que assalta as preciosidades sagradas de um templo, em vez de as conservar intactas e incólumes, até delas fazer entrega a quem lhas confiou. Relâmpago de desespero e revolta, esse auto-homicídio tem fulgurado em tua mente, ao desenrolar dos últimos episódios de tua existência... Não lhe dês asilo em teu nobre espírito, Clotilde. Depende da prova máxima – o resgate de todas as faltas ou débitos desta e de outras eras, porque, filha amada, o nosso estágio terreno é o conjunto de todas as experiências de vidas sucessivas; somos responsáveis em uma, pelos desatinos perpetrados em outras... Mais tarde saberás o que foste e o que praticaste... É no arroio das lágrimas que as almas se redimem; é na força incandescente da dor que os caracteres se retemperam e se tornam rijos qual o aço de Pórcida.

"E, filha minha, quanto mais mérito um Espírito adquire, maiores são as provas finais. Sofreando-as, com resignação e denodo moral, mais valiosos serão os louros conquistados, perante os quais os dos jogos olímpicos se desvalorizam, perdem o seu prestígio...

"O vencedor dos embates espirituais será engrinaldado, não de flores e folhas simbólicas, mas de pedrarias fúlgidas e indestrutíveis, que brotam da própria jazida da alma redimida e vitoriosa do mal. As derradeiras refregas morais são, por isso, as mais dolorosas e mais meritórias.

"Eis por que, filha minha, tantos tormentos foram desencadeados sobre o teu coração e sobre o dos entes nobres que te deram o ser...

"Sofre-os, pois, com ânimo e confiança plena no Absoluto, que pontifica no Universo, em sólio constelado, porque Ele próprio é a luz e a alma que se impregnaram nos astros, dando-lhe um lume incessante, eterno, inextinguível!

"Ele, que tudo fez abrolhar do caos, ainda está quase desconhecido na Terra – ínfimo reduto de misérias físicas e morais, cárcere de gemidos incessantes, foz de rios caudalosos, que parecem transbordados dos corações repletos de lágrimas...

"Eis, filha minha, por que têm sido assim tuas últimas tribulações: o teu Espírito já se aproxima da finalidade planetária, ensaia o surto às regiões de paz que existem além, não habitadas por ociosos, mas por abnegados cultores do Bem, das virtudes excelsas, dos deveres mais austeros! Prepara-te, pois, para a derradeira batalha ascensional. Esquece as vilezas de nossos infortunados irmãos, que se acham agrilhoados nas masmorras do pecado;

lamenta-os, antes, pois o teu porvir transformará as tuas dores presentes em rosas de prazeres eternos, ao passo que aqueles ainda terão que resgatar com prantos acerbos os seus delitos, em séculos de padecimentos. Conforma-te com os desígnios supremos e com a separação temporária dos entes nobilíssimos, que foram teus progenitores, e Pedro Naldi – Espíritos evolvidos, que ultimaram provas acérrimas, conseguindo sua promoção às mansões felizes do Universo. Árduos foram seus últimos embates morais, mas mantiveram-se sempre dignos e devotados ao Bem e à Justiça! Suas derradeiras pugnas não foram sangrentas, mas suas almas entraram na liça e foram rudemente feridas; em cada chaga aberta pelo gládio da dor, desabrochou um foco de luz intensa! Tiveram glorioso acesso aos mundos dos redimidos, deixaram de ser soldados romanos para se tornarem legionários do Bem, servindo às ordens do mais excelso dos generais – *Deus*!

"Não lamentes mais, pois, os tormentos por que passaram, porque estes foram as possantes asas que os arrojaram às lúcidas pátrias do Universo!

"O mesmo há de suceder tc. A Têmis divina, que tem pesado todos os teus méritos e deméritos de várias existências, já acusa em uma das conchas da balança poucos delitos, e, na outra, um acervo descomunal de heroísmo, de honestidade, de probidade, de cumprimento de deveres; e não tarda a manifestar-se o desequilíbrio que fará tua alma ser impulsionada deste sombrio ergástulo às regiões rutilantes... Não fraquejes nos momentos de provas definitivas e remissoras! Luta heroicamente... e serás vencedora!"

X

Calou-se a voz dulcíssima que vibrou nas fibras mais sensíveis do coração de Clotilde, qual cavatina harpejada, suavemente, em alaúde celeste. A doente abriu as pálpebras violáceas que se destacavam da neve do rosto – duas pétalas de ametistas – e sentiu que, sob o influxo de poderosa entidade, lhe fora restituída a vitalidade, que ela percebia infiltrar-se-lhe no organismo, qual neblina inefável. Gemido profundo foi exalado de um peito opresso, e dir-se-ia que se eternizaria na amplidão marítima...

Clotilde estremeceu, e pensou, ao certificar-se de que ainda se achava acorrentada à vida material:

– Por que não se alongou, perenemente, a confabulação do Amigo dedicadíssimo que aqui esteve? Por que não me levou consigo? Será possível que ainda se prolongue o meu suplício, já tão desditosa e torturada por penosas recordações, e ainda seguida por uma falange de desventurados?!...

– Graças sejam rendidas aos deuses – disse alguém junto ao leito da enferma, qual se houvesse respondido a seu secreto solilóquio.

Ela tornou a cerrar as pálpebras, parecendo não haver percebido a voz estranha que se lhe havia dirigido.

– Graças sejam rendidas aos deuses! – repetiu a mesma voz dolente.

Ela abriu os olhos, e volveu-os para quem lhe falara.

– Senhora – disse-lhe um homem de tez trigueira, barbas longas, trajando túnica branca –, sou o encarregado de vossa cura; e, se não a conseguisse, eu e vossas enfermeiras seríamos atirados ao mar...

– E eu preferia a morte – respondeu com amargura –, para mim, o viver é que é a morte...

– Calai-vos, senhora! Podeis piorar, pensando em desventuras. Aproxima-se o vosso esposo.

Numa Tarquínio, com os cabelos em desalinho, faces enrubescidas de emoção, acercou-se da consorte que, percebendo sua presença, menos com as faculdades físicas do que com as psíquicas, sentiu que a proximidade daquele ente detestado lhe causava uma impressão de acúleos penetrando-lhe a alma.

– Clotilde – disse Numa, com expressão de carinho –, estás melhor?

Ela, como se não o tivesse percebido, interpelou:

– Quem geme assim? Foi para ouvir esses gemidos amargurados que não me deixaram sucumbir?

– Que hei de fazer aos malditos que perturbam a tranquilidade de minha vida, atormentando com o receio de te perder para sempre?

– São eles os culpados do que tenho sofrido?! ...

– Que hei de fazer para te ser agradável?

– Dai-lhes liberdade, e tratai-os com brandura, e sereis servido com dedicação...

– Eles não merecem a tua compaixão, querida!

– Minha alma percebe... e sofre muito com o que se passa a bordo... Eu morrerei de pesar se alguém tornar a ser vergastado ou atirado ao Mediterrâneo...

Numa Tarquínio retirou-se, precipitadamente, do beliche; instantes após, sua voz áspera e autoritária ressoou na galera, ordenando que cessassem as punições crudelíssimas, e todos os prisioneiros fossem postos em liberdade.

Os desditosos, que gemiam lugubremente, foram conduzidos ao tombadilho do navio, e um aspecto desolador apresentou-se aos olhares da tripulação e dos legionários: não pareciam seres humanos que se patentearam à luz solar, mas uma coorte de espectros apavorantes, ulcerados pelas chibatadas que haviam recebido; muitos com os membros atrofiados pelas aperturas dos grilhões, com os rostos equimosados, as vestes dilaceradas, os cabelos hirsutos! ... Quem eram aqueles desgraçados? Homens reduzidos à escravidão, nas últimas conquistas bélicas de Numa Tarquínio.

Ao menor queixume de pesar, à menor manifestação de descontentamento eram supliciados barbaramente; azorragados pelos erros que cometiam e pelos que não cometiam... Levados à *Imperial* para mover os remos, quando as forças lhes faltavam, quando privados de alimento desfaleciam, eram arrastados ao porão da galera – antro sombrio e infecto, onde se retorciam, em espasmos de dor, outros infelizes já meio inconscientes, também considerados desidiosos no serviço, e cujas carnes doloridas estavam dilaceradas pelos açoites violentos! Bastava que pronunciassem uma palavra de revolta, um rogo, uma súplica humilde, para que seus padecimentos fossem centuplicados. Naqueles dias de amarguras, enquanto Clotilde parecia prestes a baixar ao túmulo, a irritabilidade do tirano atingiu ao inacreditável: aturdia-se maltratando os que o cercavam; mandava seviciar a míseros que submetia aos mais arbitrários castigos físicos; tentava asfixiar os bramidos da alma apunhalada de remorsos e os impulsos da paixão voraz que o embriagava, com os padecimentos de seus subordinados; e, por isso, nunca o látego fustigara com tanta veemência os desgraçados e indefesos vencidos em batalhas injustas e sangrentas! A guarda luzidia dos centuriões que o seguia – temeroso ele, por toda parte, de ataques e revoltas, e de uma provável agressão dos servos de Donato – apavorava-se com os martírios infligidos imerecidamente aos desventurados cativos de diversos países.

Eram eles verdadeiros farrapos humanos, cujos corpos estavam sendo constantemente ulcerados, retalhados por açoites aviltantes: já haviam perdido o instinto de conservação, pois aspiravam à morte com avidez, para se livrarem de tantos vexames, e de tantas desditas! Naquele dia, em que Clotilde apresentara súbita melhora de saúde, aos primeiros ósculos da luz solar, os castigos cessaram, por encanto ou influxo de um condão maravilhoso; as algemas foram abertas, as correntes esmagadoras caíram inertes ao solo, como férreas serpentes fundidas pelo corisco da morte; todos os que se achavam a bordo da *Imperial* puderam respirar, a plenos pulmões, haustos vivificantes de aragem, desentorpecendo os membros às carícias do Sol, veros golos de luz, e dúlcida esperança que lhes confortavam os corações.

Dentro em poucas horas as úlceras foram pensadas; as sórdidas roupas substituídas por outras, modestas mas higiênicas.

As fisionomias serenaram e havia em quase todos os olhos o fulgor de lágrimas de reconhecimento à que jazia imóvel no beliche dourado.

Houve quem a visse e a comparasse a uma nívea estátua de jaspe, retirada de seu pedestal, por algum iconoclasta, mas animada por uma alma sensibilíssima, sentindo até a vibração da asa de um inseto, contraindo-se ao menor temporal, confrangendo-se com um gemido ou com qualquer manifestação do sofrimento alheio... menos do que proviesse do ser execrado que a usurpara do lar paterno e tivera a atrocidade de arrojar ao mar – qual fardo inútil – os despojos sagrados do venerando progenitor... A própria veemência do ódio amorteceu por efeito dos seus padecimentos físicos: dir-se-ia que os mais violentos sentimentos estavam atenuados, restando-lhe apenas mágoa infinita por tudo que havia sucedido. Após o vigor das erupções vulcânicas do ódio, cobrira-se-lhe a alma com a neve do Himalaia, qual ocorre com as crateras dos vulcões extintos...

Somente para Numa Tarquínio não se arrefeceria o seu rigor – ela o sentia bem, naqueles momentos inolvidáveis em que voltara à vida, tendo a sensação de já haver sido enterrada, e, após, retirada de um túmulo infindo... As exortações do amigo invisível, que lhe impregnaram a alma – essência divina na corola de uma açucena – pareceu-lhe tê-las ouvido já, no âmago de longínquo sepulcro, mas não se achava ainda com ânimo de pô-las em execução, totalmente. Sofria ao reconhecer o local em que se encontrava; ao evocar os últimos sucessos de sua existência, conservava no íntimo a impressão de ter sido abalada, bruscamente, pelos vendavais da desventura...

O pesar superlativo não havia sido suavizado; via-se longe de todos os entes queridos, e perto do celerado, cuja voz e contato lhe faziam trepidar a alma, cravando nela pontas aguçadas, símiles dos punhais calabreses...

XI

Clotilde preferia ser escrava a ser esposa de Numa Tarquínio. Ser-lhe-ia menos penoso ficar acorrentada, algemada, crucificada do que viver intimamente com um ente abominável, infame, cruel, dissoluto, com as regalias ilusórias de rainha... Para que voltara ela à vida? Unicamente para que seres misérrimos tivessem algo de repouso ou fossem suavizados os seus martírios? Nobilíssima era, decerto, a missão que lhe fora confiada por uma Entidade cuja sapiência e cuja justiça não deveria pôr em dúvida; mas sacrificar a sua liberdade e todas as suas mais caras aspirações, embora em prol de desventurados, era-lhe prova que superava as suas forças psíquicas... Tinha receio de fracassar.

– Mas, não estás só na refrega... – ouviu ela alguém dizer-lhe, bem no recesso da alma, enquanto suas pálpebras se conservavam cerradas, temendo enxergar o seu algoz.

– Quem mais sofre, sem ser eu, semelhante suplício moral? – interrogou ela, no âmago de sua mente.

– Entidades redimidas, que já venceram acerbas mortificações!

– Não me desamparem, pois! Venham auxiliar-me a triunfar do mais supliciante de todos os tormentos!

Numa Tarquínio, julgando-a adormecida, abeirou-se do leito e contemplou, com o olhar coruscante, o rosto empalidecido da esposa, qual se o fizesse a uma estátua de alabastro, plasmada por genial escultor; e, apesar das alterações que padecera com a sua grave enfermidade, nunca ele a achou tão formosa! Por aquela mulher, jovem, bela e altiva, tão diversa das outras beldades que lhe ofereciam afeições plenas de interesse, permutando-as por joias e preciosidades, ele seria capaz de arriscar a vida – por um meigo olhar ou por um sorriso sedutor. Nunca ele havia amado alguma linda mulher com igual ternura. Seu coração árido, desprovido de sonhos e de fantasias, afeito às contingências de uma existência agitada, tornou-se egoísta e impiedoso. Nunca havia ele pensado em unir o seu destino ao de alguma donzela, supondo todas as beldades femininas frívolas e traidoras...

Subitamente, todas as suas mais secretas convicções ruíram, ao defrontar a filha de Donato, síntese de formosuras plásticas e morais! Compreendeu, então, subitamente, que a amava até a loucura, e seria arrastado a um dédalo de torturas morais se não conseguisse cativar-lhe o coração, que ele sabia pertencer a outrem, e que o detestava profundamente... A presença de Clotilde, desde o primeiro instante em que a conhecera, causara-lhe uma impressão indelével. Tentou esquecê-la, e não o conseguiu. Dir-se-ia que exerceu sobre ele uma fascinação de magia, um deslumbramento inexplicável.

Para possuir o seu amor não vacilaria em cometer os crimes mais abomináveis; e, com quanto mais indiferença e repulsa era tratado, mais recrudescia a sua paixão empolgante, dominadora, invencível! Ao vê-la em estado gravíssimo, depois de todas as vilanias que praticara para possuí-la, apoderou-se de todo o seu ser uma revolta inominável, um desespero desconhecido e avassalador!

Amava-a, então, insanamente? Sim e não. Desejava ardentemente que ela vivesse, para a apresentar vitoriosamente à altiva Roma, ou com a esperança de que ela correspondesse ao indômito sentimento que lhe inspirara; odiava-a, porém, pelo asco com que o tratava, pressentindo que ela o execrava; adorara-a quando a vira desfalecida, agonizante quase, percebendo que, com ela, seriam derrocados todos os planos, todos os seus almejos terrenos; e sentir-se-ia insulado no meio de uma completa multidão, que ele desejaria torturar, exterminar, para que todos os viventes compartilhassem de seu desespero, e dos seus sofrimentos inauditos!

Era o seu afeto semelhante à atração que exerce um lírio nevado sobre lagarta viscosa e nauseante. Era uma luz ofuscante que lhe havia penetrado na masmorra da alma, indiferente à dor alheia, aos brados de indignação, que ele asfixiava com as mais inconcebíveis torturas. Ele, o terror dos próprios tiranos, o adversário crudelíssimo, o potentado que vencia pela força e pelo despotismo, era, então, dominado, subjugado pela formosura e pureza de uma jovem, cujo olhar, para ele, valia mais que todos os reinos terrestres e todas as constelações do Infinito?!... Amava-a com violência, porque sabia que jamais seria por ela correspondido, e a paixão é tanto mais impetuosa quanto mais resistência e obstáculos encontra para ser saciada.

Vingara-se do seu desprezo, tornando-a desventurada. Não sentira comiseração por seus padecimentos antes de a ver prostrada em um leito de agonias; queria, contudo, que ela vivesse a seu lado; que todos os homens lhe cobiçassem o triunfo; desejava patenteá-la aos olhares deslumbrados dos romanos, qual se o fizesse a um tesouro dificilmente conquistado, ou a um troféu incomparável aos que já havia conseguido, tendo-os disputado a dragões invencíveis até então, mas afinal exterminados por ele, novo Hércules protegido pelos deuses imortais! Ao vê-la retornar à vida, depois de a supor perdida para sempre, uma emoção indefinível o dominou, uma irradiação desconhecida alvoreceu em sua alma, penetrando-lhe os mais secretos refolhos... Cogitou, então, da possibilidade em que estivera de ficar só no vasto planeta terráqueo; flagelado por uma dor inominável, tenaz, que, aos poucos, lhe iria corroendo o próprio coração: a saudade de um bem perdido, a desolação da viuvez em pleno noivado!

Compreendeu, enfim, que com os dissabores a ela infligidos podia tê-la levado à loucura ou ao túmulo, e todos os seus planos, desse modo, teriam sido frustrados... Tudo, porém, conjecturava ele, dependia do proceder de Clotilde: por uma prova de amor, tornar-se-ia bom e justiceiro; por um desprezo, transformar-se-ia no mais cruel dos bandidos!

XII

A galera *Imperial*, que havia fundeado, por alguns dias, num porto da Córsega, até restabelecimento completo de Clotilde, prosseguiu sua rota; e, finalmente, aportou em Óstia. Numa Tarquínio expediu logo um emissário a Roma, onde ele e todos os que compunham a sua comitiva foram recebidos com festivais e excepcionais homenagens.

Clotilde, já em plena convalescença, deixava transparecer no rosto escultural infinita tristeza, tornando-se silenciosa e incomunicável. O esposo tentava penetrar-lhe os sentimentos, mas não o conseguia, pois ela escudava-se em um mutismo constante, e, apenas, por vezes, lhe falava com amargura:

– Minha alma ainda arrasta o meu corpo sobre a Terra, mas eu estou morta para o mundo, ao qual só a desdita acorrenta...

Numa sentia a vibração destas palavras qual a de um látego no rosto, mas silenciava, não querendo desgostá-la.

Invencível repulsa sentia ela pelo consorte e pelo afamado empório das sete colinas[68] – onde se concentravam os mais cultos e também os mais ignorantes, os mais probos e os mais dissolutos, os mais denodados e os mais covardes indivíduos humanos – misto de prazeres, de misérias, de dores, de heroísmo, de vilanias que se abrigavam em palácios portentosos, em asquerosos tugúrios. Insensível às demonstrações de apreço e às coisas que a circundavam, Clotilde chegou à faustosa habitação, engalanada para a receber. Pareceu-lhe haver penetrado em vivenda de fadas, talhada em mármore filigranado de carrara, tendo maravilhosos altos-relevos que semelhavam espumas petrificadas.

Numa Tarquínio havia se esmerado para recebê-la, soberanamente, solenizando, de modo inesquecível, os seus esponsais.

---

[68] Roma.

Atingiu ao fantástico a ornamentação das salas e do jardim, onde se congregaram as maiores notabilidades romanas: senadores, cônsules, militares, acadêmicos, menestréis, damas belíssimas, que invejavam o esplendor das homenagens prestadas à filha de Donato Moréti. Todos saudavam a eleita do temido procônsul e lhe prodigalizavam aplausos; ela, no entanto, merencória e pálida, sentia a dor indômita constringir-lhe o coração, prestes a desfazer-se em borbotões de lágrimas... Parecia-lhe que um incêndio o havia crestado, transformando-o em cinza... e limitava-se a deixar-se arrastar pelo turbilhão do destino, qual se fora uma pluma exposta a vendavais siberianos... A lembrança do desmoronamento do lar paterno amargurava-lhe a alma, incessantemente; por isso, e por tudo que sofrera, não podia compartilhar das homenagens, que lhe tributavam; só o seu corpo neles figurava, pois o Espírito alava-se, a todos os instantes, ao solar da Rocha Negra... Todos lhe notaram a tristeza invencível, mas Numa, para desfazer suspeitas odiosas dos convivas, dizia-lhes que a saúde da cara consorte fora profundamente abalada por uma febre maligna; entretanto, por mais sigilo que guardassem os seus subordinados, dentro em pouco tempo, Roma estava de posse da verdade: ele havia escravizado a filha de um patrício, de um herói da Farsália, mas ninguém ousava comentar o sucesso, salvo em surdina...

A habitação, em que residia o casal, ostentava-se no lugar da futura Praça dos Doges, e seu aspecto era deslumbrante. Ornamentaram-na os mais famosos decoradores daquela época. À frente, havia uma formosa escaleira de mármore róseo, dando acesso ao átrio, onde se perfilavam colunas do mais níveo carrara, finamente lavoradas como escultores gregos. O interior era primoroso. O átrio, o triclínio, as câmaras, os lavabos, tudo revelava opulência régia. Flores artificiais, imitando as mais belas da Natureza, pendiam das abóbadas de neve e ouro, magistralmente decoradas pelos mais egrégios pintores de antanho, representando cenas mitológicas e as principais batalhas em que Numa Tarquínio saíra vencedor. Ninguém, ao contemplar tantas preciosidades, poderia conjecturar que sob os tetos da imponente habitação (primor incomparável de estatuária, orgulho dos mais célebres escultores mundiais) existisse um antro sombrio de torturas inauditas: lôbrego e infecto porão, onde se contorciam, em espasmos de dor, ao látego vigoroso dos verdugos, desventurados prisioneiros, cujo único delito era o de terem sido vencidos por um déspota crudelíssimo.

Quando Clotilde, aturdida pelo esplendor das homenagens que lhe foram tributadas, percebeu o que se passava no subsolo do palácio do consorte, heroica e bela, ordenou a duas servas que transmitissem a Tarquínio o seu pensamento:

– Ide à presença do senhor e dizei-lhe que, hoje, desejo ver as galerias subterrâneas desta habitação!

Ele, ao receber a estranha comunicação, percebeu o alcance de tais palavras e empalideceu subitamente. Clotilde queria verificar se, às ocultas, ainda continuavam os suplícios aplicados a indefesos escravos ou prisioneiros de guerra – míseros vencidos, arrancados às pátrias distantes, pungidos de nostalgia, saudosos de entes queridos, e a quem não se permitia manifestar revoltas nem queixumes.

Numa Tarquínio, sempre impiedoso e prepotente, apenas atenuara a ferocidade nos dias subsequentes a convalescença da esposa, não querendo magoá-la novamente para não lhe alterar a saúde. Regressando ao lar, porém, ordenou outras prisões, e, nas sombrias masmorras da sua formosa vivenda, permaneciam entes humanos flagelados por indescritíveis torturas físicas e morais. Não queria ele cavar mais profundo o abismo entre si e Clotilde, percebendo que ela, apenas tolerando sua presença com indizível sacrifício, votava-lhe secreto e invencível desprezo.

E – situação incompreensível para ele, até então – quanto maior era o asco da consorte, quanto mais insensível era ela às demonstrações de carinho, às homenagens públicas... mais intensa e viva era sua paixão indômita por ela! Dar-lhe-ia de bom grado a própria vida para que ela o acariciasse, lhe dirigisse o olhar triste e formoso, lhe retribuísse as manifestações de agrado e afeto... A sua indiferença, o seu silêncio, a sua reserva, afrontavam-no mais do que látegos vibrados por vigorosos carrascos em pleno coração... Às vezes ele a odiava pelo descaso com que era tratado; revoltava-se contra sua ofensiva mudez; mas – sentia-o bem – seria incapaz de viver mais sem a sua presença, sem a certeza de que ela lhe pertenceria até à morte, e se abrigava sob o mesmo teto, e ainda, porque, perante o público e amigos, ele era invejado com veemência por haver conquistado a mais bela e casta de todas as jovens conhecidas, maravilha humana, parecendo talhada em jaspe pelo mais egrégio de todos os escultores mundiais...

O seu olhar, principalmente, fascinava-o!

Ele o considerava um luar celeste oculto sob as pálpebras veladas por cílios longos e veludosos; e, quando o via erguido suavemente para algum interlocutor... tinha ímpetos de a arrebatar a todos os olhares, para que seu fosse, unicamente seu...

O que mais lhe doía na alma era, às vezes, observá-lo volvido para alguém; enquanto que, para ele, Numa Tarquínio, cujo olhar se tornava de flama ardente, só havia uma algidez polar, amortecia-se a luz daquelas pupilas estelares, como que recolhida em escrínio de gelo alpino...

Dar-lhe-ia tesouros fantásticos, tributar-lhe-ia aplausos reais, somente para conseguir que ela o olhasse sem repulsa, com ternura...

Naquela manhã, recebendo o inesperado aviso, ele bem o compreendeu: desejava descobrir toda a extensão de seus crimes para melhor o desprezar e odiar. E ele, que sempre se mostrara despótico e destemido, acovardou-se por momentos: não queria que ela descobrisse a verdade em toda a sua hediondez, que ela percorresse aquele antro insalubre, sem ar e sem sol, onde quase todos os dias agonizava um desventurado escravo...

XIII

Nunca sentira Tarquínio compaixão pelos desditosos que mandava supliciar, mas temia desagradar à formosa consorte.

A lembrança de sua enfermidade, do seu aspecto mortuário a bordo da *Imperial* – causava-lhe um mal inexprimível...

Quando a vira em melhores condições de saúde, experimentara indescritível emoção e fizera o secreto protesto de jamais lhe causar qualquer desgosto profundo. Tornara-se ele, desde então, preocupado e taciturno. Ele, que amava os festins ruidosos, os prazeres mundanos, já não os buscava, e, quando neles tomava parte, não manifestava alegria, e sim vigilância incessante para com a bela companheira, cujo braço de neve premia com a sua destra possante... Não poderia viver sem a certeza absoluta de que, jamais, Clotilde pertenceria a outrem, não se conformando sequer com o pensamento de que, Além-Túmulo, não mais seria exclusivamente sua, mas dos deuses, que ele, por isso... passou a detestar... E por que não lhe correspondia ela à afeição que ele lhe consagrava, e era a de um potentado romano? Podia acaso alguém comparar o seu prestígio imenso com o que teria o anônimo filho de Pedro Naldi? Não o superava ele, Numa Tarquínio, em fortuna, posição social, ilustração, glórias, heroicidades?

Quantas vezes tinha ele nos lábios essa interrogação, mas, junto de Clotilde, intimidava-se e não ousava quebrar-lhe o silêncio tumular...

– Dir-se-ia, pensava ele, que me enamorei de uma esfinge, ou de uma estátua marmórea de sepulcro: não lhe ouço a voz mais, ao aproximar-me dela, sinto a sua frialdade pétrea...

....

As duas emissárias de Clotilde apavoraram-se ante o mutismo de Numa Tarquínio. Após alguns instantes de reflexão, falou-lhes bruscamente, com a energia que lhe era peculiar:

— Dizei à *senhora*, que lhe proíbo a ida às masmorras, antes que sejam debelados alguns casos de moléstia contagiosa que há naquele local – impróprio para acolher uma dama de sua estirpe, onde até seus pés podem ficar enxovalhados!

Com uma reverência profunda, elas retiraram-se, com os corações latejando aceleradamente.

Era, então, a hora destinada ao apuro das vestes de Clotilde, bem como a dos cuidados que mais lhe realçavam a beleza peregrina. Embora não se preocupasse ela com as vaidades sociais, o despótico esposo ordenara-lhe que se apresentasse sempre deslumbrante aos olhares de todos quantos lhe fossem tributar protestos de admiração. Suas joias valiam tesouros incalculáveis.

Ela, ao ver as suas servas de regresso, ouviu com incontido desdém a resposta de Tarquínio.

"Quer ele, tardiamente, ocultar a verdade!", pensou ela, com amargura. "Julgava que eu ignorasse a existência desses antros de torturas que estão debaixo de nossos pés... As almas vis comprazem-se na prática dos atos mais execráveis e não evitam macular a consciência e as mãos; não temem a justiça do Alto e só se preocupam com o conceito que, em aparência, a sociedade lhes dispensa, como se esta ignorasse seus crimes abomináveis!"

Eram as escravas prediletas de Clotilde as que ela encarregara de transmitir ao esposo os seus intuitos. Ambas desempenhavam o então honroso mister do apuro pessoal e do vestuário da formosa e ilustre dama. Ambas, jovens e belas, Fátima e Mércia, serviam-na com a maior dedicação, desde o momento em que a conheceram, tão diversa, no aspecto e no proceder, das amantes do cruel Tarquínio, o qual as obrigava a servi-las – triste condição para elas que haviam nascido livres, e sido ditosas, até quando seus genitores foram vencidos e trucidados pelo odiado romano!

Eram ambas de origem fenícia.

A primeira vez que elas foram pentear Clotilde, apresentaram-se com os bustos obrigatoriamente desnudados, a fim de que não pudessem ocultar sob as vestes algum punhal ou tóxico vingador dos ultrajes que as escravas sofriam das mais impiedosas *dominas*. Clotilde não lhes permitiu, porém, que continuassem com esse vexatório uso, tolerado entre a elite romana, e ordenou que a servissem com as suas roupas modestas, dizendo-lhes não as temer, e concluindo, com amargura:

– Se quiserem arrancar-me a vida... eu ainda as bendirei!

Elas, então, com os olhos aljofrados de pranto, ajoelharam-se, oscularam-lhe a destra de jaspe, murmurando:

– Como havemos de tirar a vida de quem não é *senhora*, mas a mãe dos desventurados?

Desde aquele instante estabeleceu-se estreita afinidade entre as três infortunadas mulheres – aliadas pelos vínculos indestrutíveis da dor e da desventura, que não se dessoldam na Terra, nem no Infinito!

Ao receber a resposta de Tarquínio, Clotilde manifestou intensa tristeza, mas, à tarde, ela compreendeu, claramente, que os deuses lhe favoreciam os planos compassivos: Tarquínio, procônsul de grande prestígio, foi chamado à longínqua região da Ibéria para decidir, pelas armas, uma questão de suma importância para os romanos, e teve que partir, precipitadamente, da sua soberba vivenda, ali deixando o seu maior tesouro – a esposa, que dele se despediu friamente...

Numa Tarquínio partiu com o coração premido de indescritível pesar, e deixou a consorte recomendada a um dos auxiliares que mais prezava, Salústio Pompílio, o qual, quando ele se ausentava do lar, assumia a direção de tudo quanto lhe era incumbido.

FIM DO LIVRO III

Livro IV

Ressurreição do passado

I

No dia imediato ao da partida de Numa Tarquínio, terminado o apuro do traje, Clotilde estava mais bela do que quando passara a residir em Roma, pois, pela primeira vez, alguma serenidade d'alma se refletia no seu rosto helênico, principalmente nos olhos de topázio, plenos de luminosidade.

Como se aproximasse o inverno, ela envolveu o elegante peplo de veludo carmesim em um longo manto escuro que mais lhe destacava a formosura das faces de alabastro e rosas. Acompanhada pelas duas servas, Fátima e Mércia, solicitou uma audiência a Salústio Pompílio, o representante de Tarquínio, quando este se ausentava. Era um denodado servidor da pátria, ainda em plena juventude, esbelto e culto.

Embora não concordasse, intimamente, com as atrocidades do procônsul – que lhe consagrava especial deferência – desejando adquirir posição de relevo, fiel se mostrava no cumprimento das ordens recebidas, e assim conquistara sua plena confiança. Salústio era o único subalterno que recebia as confidências de Numa Tarquínio. Este, ao ausentar-se, transmitira-lhe alvitres secretos; mas, na precipitação da partida, esqueceu o pedido de Clotilde.

Quando esta se apresentou, pôde ele, então, pela primeira vez, sem receios, contemplar-lhe a beleza, e perceber sua comovedora melancolia.

Ouviu, respeitosamente, o que ela lhe expôs, encantado pelo timbre melodioso de sua voz, e, após alguns segundos de reflexão, respondeu-lhe:

– Senhora, estou ao vosso dispor. Vosso consorte, o ilustre Numa Tarquínio, que tantos louros tem conseguido para nossa pátria, ordenou-me que vos obedecesse em tudo, exceto...

– Dizei-me qual é a exceção! – pediu ela com vivacidade.

Ele meditou por mais alguns instantes, e, depois, com lealdade retorquiu:

– Sou fiel servidor de vosso esposo, e, além disso, sabeis que, à menor transgressão das determinações que me deu, serei punido com a morte?

– Bem o sei, senhor, infelizmente! Não vos comprometerei jamais; assumo toda a responsabilidade de meus atos, e prefiro a morte a deixar que sejais punido por minha causa...

– Pois bem – disse Salústio, a meia-voz, para que as escravas não o ouvissem –, Numa recomendou-me para obedecer às vossas vontades, menos quanto a ausentardes-vos do palácio, ou receber quaisquer visitas, mesmo femininas... Ninguém poderá falar convosco, exceto eu e vossos fâmulos... Ninguém poderá ser introduzido nesta habitação durante sua ausência...

– Serei eu acaso a mais vil das mulheres, escravizada e prisioneira como se fora uma criminosa? – perguntou Clotilde, com os olhos aljofrados de lágrimas.

– Não, *domina*, é que estais consagrada a mais formosa das romanas, vosso esposo vos ama até à loucura... e faz por vós... o que faria qualquer outro homem a quem pertencêsseis legalmente! – respondeu-lhe o esbelto Salústio, comovido e pálido – mas perdoai-me, e ouvi-me: – disse-lhe ele, depois que conheceu o seu desejo de visitar os subterrâneos – qual o vosso empenho em visitar as masmorras insalubres desta habitação? Não vos contentais com o esplendor em que viveis? Senhora!

– Enganais-vos, senhor – respondeu-lhe Clotilde, com tristeza e energia –, todas as homenagens do mundo não me tornam ditosa... Só me preocupo em conhecer *toda a extensão da perversidade humana* para poder minorar os sofrimentos dos desgraçados e oprimidos!

– Não sois da Terra, *domina*, mas do empíreo. Estou ao vosso dispor, mas advirto, respeitosamente, vossa vida corre perigo, assim que penetrardes nesses calabouços!

– Que as vossas palavras sejam proféticas, senhor! – tornou Clotilde, com amargura e nobreza.

II

Ao descer as escadas estreitas e denegridas pela umidade subterrânea, que punham em comunicação a faustosa vivenda de Numa Tarquínio com o antro em que eram supliciados anualmente dezenas de infelizes prisioneiros, Clotilde sentiu um bafio gelado e pútrido, sobreavisando-a do perigo a que se expunha se levasse avante o seu intuito de penetrar na masmorra. Ela, porém, impavidamente, começou a descer os degraus, seguida por Fátima, Mércia e Salústio, e dois escravos empunhando archotes armados em prata fosca, cujas chamas oscilavam ao bafejo da aragem que se insinuava por algumas aberturas circulares das muralhas vedadas por grades de ferro fundido.

Os carcereiros, ao avistarem a esposa do procônsul, fizeram uma reverência à sua passagem, e puseram-se ao seu dispor para o que desejasse observar. Seguida de sua pequena comitiva, e de dois escudeiros, que também empunhavam archotes, pálida de intensa emoção, realçando a lividez do rosto à luz amarelada que o iluminava, destacando-o do manto sombrio que lhe envolvia o busto, ela tentava perscrutar as trevas que os rodeavam. A princípio, quase nada distinguia; ao cabo, porém, de alguns segundos, afeita à escuridão reinante naquele lúgubre ambiente, começou a enxergar pessoas e coisas, com uma súbita clarividência, qual se no seu íntimo se houvesse acendido uma lâmpada maravilhosa, cuja luminosidade se infiltrasse através dos olhos e das pálpebras... Extensos salões, separados apenas pelas múltiplas colunas, dos arcos de resistência, que amparavam toda a parte superior da habitação, formando sombrias galerias – onde se lobrigavam vultos, em posição vertical e outros atirados ao solo.

Ela percebeu que os primeiros eram os carcereiros e guardas e os segundos as vítimas do crudelíssimo homem ao qual se achava acorrentada pelas forças do absolutismo. Grandes argolas de ferro, incrustadas nas colunas, sustinham correntes do mesmo metal, às quais eram presos os vencidos, para serem martirizados. Ao redor dos pilares, sobre o pavimento térreo, havia manchas circulares e denegridas, qual se as trevas das masmorras ficassem ali perpetuadas: eram os vestígios do sangue das pessoas que neles já tinham sido torturadas...

Clotilde, por uma lúcida intuição, logo o compreendeu, e um súbito confrangimento lhe assaltou a alma. Estirados em lôbregas enxergas, destacavam-se vultos gemendo dolorosamente, parecendo desenterrados, que houvessem sido supridos de novo sopro vital; patenteavam-se-lhes os rostos e os membros esqueléticos, ulcerados, verminados.

Asquerosos farrapos mal lhes cobriam os corpos chagados e denegridos pelo furor dos espancamentos sofridos dos seus algozes.

Estendidos nesses sórdidos farrapos, seminus, corpos amortecidos pelas chibatadas contundentes, ulcerados, equimosados, arroxeados, apenas gemiam angustiosamente. Houve um silêncio tumular.

Todos os desventurados detentos, ao brilho dos archotes, sentiram os olhos ofuscados e não acreditavam no que mal vislumbravam: o rosto idealmente belo, célico, da jovem mulher, aureolada pelos lindos cabelos com reflexos de ouro líquido. Os gemidos cessaram, e, quando a voz de Salústio, vibrante e avigorada pela repercussão nas muralhas e abóbadas de cantaria, os avisou de que ali se achava a digna e piedosa consorte de Numa Tarquínio (cuja fama de compassiva já havia penetrado nos calabouços), dezenas de braços esqueléticos se ergueram, a custo, parecendo que de muitos sepulcros espectros se movimentavam, implorando compaixão para os seus inauditos suplícios...

Clotilde, ao ver aquele espetáculo emocionante, levou a destra ao seio, sentindo o coração opresso, os soluços prestes a explodirem, em uma expressão de revolta e de dor infinita. Além de tudo, reconhecera, em alguns dos infortunados prisioneiros, os fiéis servidores de Donato Moréti! ...

Melodiosa e comovida, sua voz ressoou pela vez primeira naquelas abóbadas sombrias, interpelando a Salústio:

– Qual o crime destes desgraçados?! *domine*!

– Urdiram uma trama contra a vida de nosso grande procônsul Numa Tarquínio... para, assim, poderem evadir-se...

– E vós, senhor, se vos encontrásseis nas condições destes desditosos... estais bem certo de que não procederíeis do mesmo modo que eles?

– Difícil e comprometedora para ser respondida é a vossa interrogação, senhora! – exclamou o centurião, desejando ocultar-lhe o seu mais íntimo segredo.

– Ah! senhor, como quereis conquistar glórias e as boas graças de um tirano, comprometendo a vossa felicidade de Além-Túmulo e enegrecendo a vossa consciência?

Salústio, baixando a fronte, respondeu-lhe a meia-voz:

– Senhora, não me julgueis mal... Até há pouco, eu só conhecia da existência o desejo de vencer, de conquistar louros, tendo empedernidos os mais nobres sentimentos da comiseração; agora, sou capaz de imolar a própria vida para que não me condeneis, de ser piedoso para com os infelizes e desse modo não merecer o vosso desprezo...

— Tendes uma consciência viva, mas que estava amortecida pelo egoísmo, e, agora, desperta às vibrações da piedade — respondeu-lhe Clotilde no mesmo tom, percebendo que uma força desconhecida assim a impelia a falar...

Depois, suavizando mais a voz, disse-lhe:

— Sois o aliado de que eu necessitava...

— ...para destruir o poder do tirano que vos subjuga, senhora? — completou Salústio, ansioso.

— É uma sublime causa que advogo, e não a minha, *domine!* — disse Clotilde com altivez. — A minha existência está dilacerada, e nada há que me possa conceder sequer um átomo da felicidade que morreu... Quero, porém, mitigar o sofrimento alheio, esquecendo o meu próprio... Em primeiro lugar quero que todos os servos de meu adorado pai, dedicados amigos e não escravos, regressem ao solar da Rocha Negra. Amanhã... desejo abraçá-los pela derradeira vez...

— Vossas ordens serão cumpridas, *domina*! E se eu as cumprir sempre, escrupulosamente, não traindo jamais a vossa confiança, perdoar-me-eis o que já fiz?

— Sim, a comiseração é generosa e abrange todos quantos sofrem... até mesmo os que executam as arbitrariedades dos algozes... pois só estes são os verdadeiros culpados!

Quando Salústio ia replicar, ocorreu um caso inesperado: aqueles desventurados até então esmorecidos, torturados, opressos de tormentos morais, sentindo-se abandonados pela Humanidade e pelos deuses, percebendo, agora, que alguém se compadecia deles, podendo minorar-lhes os padecimentos, começaram a soluçar de emoção, abençoando o nome da criatura angélica, que, olvidando os prazeres mundanos, se lembrava dos que sofriam atrozes dores físicas e morais.

— Senhora, vós não sois da Terra vil, mas do Céu estrelado!

– exclamou alguém, comovidamente. Quem lhe falara assim estava a seu lado direito e para ela ergueu novamente os braços em súplica.

Clotilde, os olhos enublados de lágrimas, abeirou-se do infortunado que, vendo-a perto, lhe falou em segredo:

– Senhora, não me reconheceis, mas eu estava a bordo da *Imperial*, quando, juntamente com os que vos eram caros, fostes nela abrigados... Tenho uma revelação a fazer-vos...

– Ouvir-te-ei, amanhã – respondeu-lhe ela no mesmo tom, continuando a sua peregrinação pelas galerias, interrogando os enfermos, dirigindo-lhes palavras de conforto e carinho maternal.

Nunca pensara que tão intensa fosse a miséria reinante naquela masmorra, cujas emanações pútridas causavam náuseas aos que lá descessem pela primeira vez. O aspecto repugnante dos desditosos detentos despertava-lhe profunda mágoa, consternando-lhe o coração, e reflectia com amargura:

– Como podem os deuses consentir que alguém pratique, impunemente, tantos crimes, qual o faz o maldito que tortura tantos infelizes... cujas vidas eu reputo mais preciosas que a dele?

III

À noite, Clotilde não conseguiu adormecer por completo, tendo focalizadas na mente as cenas dolorosas que observara na tétrica enxovia do palácio em que vivia – rainha... prisioneira!

Providenciara para que tudo fosse saneado no subsolo e sustados quaisquer castigos. As pútridas enxergas em que se achavam os doentes foram destruídas e substituídas por novas; enviou aos pobres encarcerados coberturas e vestes higiênicas, ordenou a um herbanário afamado prestar-lhes socorros imediatos. Conseguiu, desse modo, minorar os padecimentos dos ergastulados, que abençoavam a generosa consorte do monstro que, sem causas justas, os martirizava incessantemente!

No dia subsequente, Clotilde desceu de novo aos calabouços.

Quando os prisioneiros a avistaram, chorando de emoção, prorromperam em gratas exclamações. Ela os encorajou a suportar a prova pela qual estavam passando; verificou terem suas ordens sido cumpridas, e que outro era o ar por todos respirado graças ao asseio, às exalações de plantas aromáticas, ali queimadas em profusão.

Detendo-se perto de cada humilde leito, afinal abeirou-se do enfermo que prometera fazer-lhe uma revelação. Ao vê-la, ele, depois de agradecer os benefícios, falou-lhe, confidencialmente:

– No malfadado dia em que fostes salva do naufrágio da *Conquistadora* para bordo da *Imperial*, consegui conversar, intimamente, com o vosso noivo, Luciano Naldi...

– Ele me relatou a sua palestra com um marujo da fatídica *Imperial*...

– Eu lhe transmiti os meus pesares, e ele me transmitia os seus temores. Precipitaram-se os acontecimentos, que não ignorais, e vos infelicitaram, senhora. Tudo isso sabeis, menos que, quando ele e vosso irmão foram arrancados de vosso lar, eu e três cruéis mercenários fomos encarregados pelo infame Numa Tarquínio – que prometeu libertar-nos e gratificar-nos – de tirar-lhes a vida nos momentos de combate em que tomassem parte, fazendo constar que houvessem perecido em batalha... o que todos supuseram ser a realidade... Pois bem, vosso irmão foi, efetivamente, morto à traição. Vi o seu cadáver mutilado. Luciano, porém, foi por mim avisado do perigo que o ameaçava, e, ferido gravemente em combate, eu o aconselhei a simular que havia perdido a vida. Quando os soldados mortos estavam sendo transportados à vala que os recebeu, pude iludir a vigilância de todos os companheiros, e pô-lo a salvo na habitação de um conhecido meu, a quem prometi gratificar generosamente. Não sei, até o presente, senhora, qual é o seu destino: ignoro se morreu, ou se foi salvo, mas conservo dele as palavras que me disse para, se possível, vo-las transmitir: "Dize a Clotilde que eu e Flávio fomos miseravelmente traídos pelo vil Numa Tarquínio; mas, se eu não morrer, irei a Roma pedir justiça a Júlio César. Saberei pleitear os nossos direitos, e vingar a morte de Flávio!".

"Não tive mais notícias de Luciano, senhora. Regressando eu a Roma, antes do vosso casamento, acompanhei Numa Tarquínio à Rocha Negra, e compreendo todo o vosso martírio... Não pude conter-me, senhora, e expus os meus pensamentos a um companheiro de armas, julgando-o amigo, e, ele, para ser agradável ao infame Tarquínio, tudo lhe relatou... Eis por que fui cruelmente punido. Tem ele duplo interesse no meu desaparecimento dentre os vivos: sabe que eu reprovei a sua arbitrariedade contra uma indefesa donzela e um nobre ancião, e quer fechar no sepulcro quem poderia revelar – em um ímpeto de indignação – o seu torpe proceder para convosco... Desse modo ele quer libertar-se ao mesmo tempo de um adversário e de uma testemunha de seus crimes... Antes de partir, ao descer a esta pútrida prisão... ouvi-o dizer a Salústio: 'Quando eu voltar... quero o lugar de Selan para outro... *Ele* precisa desaparecer...'.

"Os suplícios teriam recrudescido... se não fosse a vossa abençoada intervenção! Vede, senhora, o meu estado!" – terminou Múrfius soerguendo a cobertura, mostrando-lhe o corpo esquelético, denegrido e ulcerado, desprendendo nauseante emanação.

Clotilde estremeceu ao contemplar todos os tormentos por que passara o desditoso que se sacrificara por ela e pelo seu sempre amado Luciano. Desde que começou a ouvir a narração do prisioneiro, sentiu um abalo profundo que a deixou petrificada junto ao infortunado confidente, parecendo-lhe estar alheia à realidade, transportada a um lugar de sofrimentos inconcebíveis, presa de apavorante pesadelo.

Duas ideias, porém, a todas se avantajaram: a certeza do delito de Numa Tarquínio, a esperança bruxuleante de que Luciano ainda não estivesse encerrado em um túmulo, ainda pudesse existir algures e defendê-la contra o déspota, que a escravizara! Aturdida, depois de tantas peripécias e de tantos martírios morais; sentindo-se insulada no mundo terreno, chorando os que haviam desaparecido nas campas longínquas, a revelação de Múrfius causara-lhe uma como que trepidação d'alma, lançando-a em um báratro de perplexidades... E se Luciano ainda existisse alhures e pudesse livrá-la do execrando potentado que não lhe respeitara os direitos e desgraçara todos os entes que ela continuava a amar? Loucura? Pesadelo? Prestes a desfalecer, reagiu fortemente contra os embates íntimos. Um frêmito lhe percorreu o corpo, e ela, concentrando todas as suas forças psíquicas, falou, aproximando-se, mais de Múrfius:

— Fiel e nobre amigo, serás recompensado, generosamente, pelos esforços que fizeste para salvar Luciano, e pelo que tens sofrido por minha causa! Confia em meu reconhecimento; vais recobrar a tua liberdade... antes que eu consiga a minha! ... Numa prometeu libertar-te... com a morte; eu te libertarei com a vida...

— Ai! senhora! — murmurou o infeliz, soluçando — minha libertação vai ser eterna: talvez que, amanhã, meu corpo tenha deixado de padecer, baixando à vala comum, onde desaparecem os desgraçados iguais a mim!

— Não, Múrfius, agora é mister que vivas! Vou melhorar tuas condições, para que possas ir em busca de todos os que amas. Vais receber o galardão conferido aos fiéis servidores!

— Senhora, eu agi por conta própria, sem esperar remuneração alguma, pois, tendo tido família, que eu adorava, compreendi a vossa situação e a dos que muito amastes, e quis sacrificar-me por todos vós — entes nobilíssimos, infelicitados, como eu, pelo mesmo detestado monstro!

— Mostras, com esse proceder, que não tens um coração venal; e, desse modo, maior é a minha gratidão pelo que fizeste! Tens o direito de ainda ser feliz, ao lado dos que adoras... És digno dessa ventura. Já não estás melhor, com o novo regime nesta masmorra?

— Sim, *domina*; mas parece-me que as minhas forças físicas estão extintas... Julgo impossível a minha cura, e... estou exausto de padecer!

— Para os deuses, tudo é possível! Amanhã, não virei aqui para não despertar suspeitas, mas saberás o que eu resolver a teu respeito, por intermédio do irmão de Fátima, que é centurião, e se chama Múcio.

— Obrigado, senhora, sois merecedora de habitar o Olimpo.

— Vais simular que o teu estado de saúde se agravou muito, e *morrerás*... para seres conduzido à vala... de onde, à noite, um dos meus emissários há de retirar-te e tratar-te... como procedeste com Luciano!

— Sim, senhora minha! Compreendo a vossa abnegação; quereis salvar-me... continuando no vosso martírio! — exclamou ele, soluçando.

IV

Todo esse diálogo de Clotilde e Múrfius, proferido com a rapidez permitida a dois aflitos seres, foi terminado em poucos instantes.

Clotilde percorreu todos os cubículos da lôbrega enxovia, que, dir-se-ia, tinha sido engenhada pelos agentes das trevas, ou dos imaginados tormentos perpétuos... Ela ficou sensibilizada ante tanta miséria humana, tantas úlceras pútridas, tantas contusões violáceas, tantos ossos deslocados e fraturados; e — o que lhe causou mais profunda e indelével impressão — com a observação das colunas onde eram supliciados os que ousavam lamentar-se dos injustos castigos ordenados por Numa Tarquínio. Todas elas se achavam marcadas pelo sangue de centenas de vítimas ali presas, azorragadas, desprendendo odores tábidos de sangue, atestados do martírio por que passaram incontáveis infortunados, cujas carnes foram esfaceladas pelo furor dos açoites empunhados pelos verdugos.

Ao redor das colunas, qual sombra eternizada, havia outras manchas escuras sobre o solo também impregnado do sangue dos supliciados... que, às vezes, dali eram transportados para as valas do Ostriano.[69]

Quando ela regressou ao seu aposento, ali ficou por algumas horas, completamente incomunicável.

Dor descomunal e profunda a fez soluçar por muito tempo, abalando-lhe o seio, onde gemia o encarcerado coração, que lhe parecia ter sido também açoitado em alguma coluna pétrea do destino inexorável, por um algoz crudelíssimo... Não achava na Terra nada que a confortasse, abalada sua fé primitiva aos embates da adversidade implacável, que a precipitara ao vórtice de sofrimentos insuportáveis. Naquela era infortunada em que o meigo Rabi da Palestina ainda não havia baixado ao mundo das lágrimas, senão invisivelmente, a Humanidade achava-se sem apoio, desprovida de crenças consoladoras, desditosa...

Recorria aos deuses – estátuas insensíveis aos brados de dor – invenções humanas, produtos de filósofos e escultores geniais, mas que eram sempre mudos às imprecações do desespero clamando justiça, e nenhum lenitivo deles fluía para refrigerar os corações angustiados...

Bem pressentira ela estar, na Terra, desamparada para a luta que ia travar pelas almas amarguradas. Jeová – o deus iracundo da Antiguidade, era mais temido que amado. Os atributos do verdadeiro Criador eram desconhecidos, e Ele não era venerado com afeto, mas temido como déspota universal, de poder ilimitado, instrumento de destruição, de vingança e de punições sem apelo...

---

[69] Antigo cemitério romano, entre a Via Salaria e a Via Nomentana.

A Terra – que se veste de luto todas as noites, para não contrastar o seu manto de luz emprestada do Sol, com o sofrimento e a treva que existem em muitas almas infortunadas – era outrora, quanto ainda hoje o é, o planeta do pranto e da tristeza... Jesus, porém, estava prestes a descer ao berço da Humanidade terrena, para atear, em muitos Espíritos de boa vontade, o archote da fé e da resignação. O clarão de seus ensinamentos, em vez de empalidecer com o defluir dos séculos – intensifica-se cada vez mais no coração dos que compreendem os seus sublimes dizeres. Na época, porém, a que me reporto, a piedosa Clotilde soluçava sem o lenitivo da fé para os seus pesares, olvidando, aos embates da adversidade, os ensinos pitagóricos, que a deslumbraram nos áureos tempos de sua felicidade inebriante, ao lado dos entes adorados, e por eles também amada com intensidade...

Desde a revelação de Selan, jamais poderia pairar um átomo de dúvida em sua mente sobre os crimes de Numa Tarquínio, quer contra os entes que mais caros lhe eram, quer contra os desgraçados detentos...

A verdade patenteara-lhe subitamente toda a hediondez da alma vil de Numa; e torturava-a, até ao auge do sofrimento, o saber que estava agrilhoada a um monstro, que a tornara desditosa, para ser ele, exclusivamente, o venturoso! Que infame era; que consciência negra possuía, para alicerçar uma ventura com tantas lágrimas e tantos cadáveres? Interceptara, delituosamente, duas vidas preciosas, em plena juventude, incapazes de praticar uma vilania, para poder apoderar-se de sua vítima cobiçada! Ordenara dois homicídios e fora também o assassino moral de seu genitor... Queria-a indefesa para conseguir seus malévolos intuitos... Era o covarde que se aproveitara de desventurada situação para torná-la sua esposa, conspurcando a neve de sua pureza com beijos polutos, que, para ela, parecia porejarem a peçonha letal das víboras e dos escorpiões asquerosos...

Execrava-o, e achava-se acorrentada a seus caprichos; era ele seu senhor e carrasco; não podia transgredir-lhe uma única vontade!

Algo, porém, no seu íntimo, a advertia para que evitasse causar-lhe ostensivo desagrado; para que se precatasse contra as suas violências e perseguições, não por si própria, cuja vida era um fardo intolerável, mas pelos que gemiam nas masmorras daquele palácio, encantado e diabólico, que lhe inspirava repulsa e pavor! Julgava-se desgraçada, e não podia patentear que o era. Para ela, a hipocrisia transformara-se em uma virtude; sofria loucamente por não poder manifestar a quantos lhe prestavam homenagens as dores que lhe supliciavam o coração. Aparentando uma felicidade que não possuía, martirizava-se.

Após muitas horas de pranto e angústias, chamou as servas prediletas para desfazerem os vestígios das lágrimas e servirem-lhe uma taça de leite frio. Depois, ordenou que fosse à sua presença, numa das salas de recepções, o chefe e defensor do palácio, Salústio. Este, que parecia ter já aprendido a ênfase de Tarquínio, falou-lhe, cumprimentando-a cortesmente:

— Eis-me à vossa disposição, *domina*! Que desejais de vosso servo?

— Quero – respondeu ela, pausadamente – que melhoreis mais as condições dos infortunados detentos!

— Lembrai-vos, senhora, de que estou já transgredindo as ordens de vosso ilustre esposo...

— *Ele* raramente desce àquele antro de suplícios, receando perder a saúde; e os carcereiros, que temem pelo corpo, sujeito às enfermidades e à morte, nada lhe dirão... Faço um apelo à vossa consciência: se tendes coração humano; se não sois o assecla de um tirano, podeis melhorar – sem que ele o saiba – a dolorosa situação daqueles infelizes!

— Ordenai, *domina*, e vossas determinações serão cumpridas! – tornou Salústio, com humildade e tristeza.

– Ouvi, pois. Eu me interesso por todos aqueles desditosos. Suas súplicas pungentes abalaram-me até ao âmago da alma. Não teria um só momento de serenidade espiritual se não minorasse os seus tormentos.

"Mandai sanear, mais ainda, aqueles cubículos pestilenciais; mandai incinerar as antigas enxergas e as coberturas. Substituí tudo quanto lá existe. Ponde lâmpadas que bastem, por todos os calabouços, e que os iluminem bem. Deixai o ar correr livremente por todas as vigias. Ponde cântaros com água em todos os lugares onde houver um doente, cuja maior tortura tem sido a sede... Ordenai que se lhes levem banhos, tisanas e alimentos que apetecerem. Não lhes apliqueis imerecidas punições!"

– Ordenastes, *domina*? Serei o executor fiel de vossas ordens! Haviam-me ensinado a ser cruel; vós me ensinais, agora, a ser bom... Prefiro ter-vos por mestra misericordiosa.

– Obrigada! Os deuses vos inspirem! Aqui tendes esta bolsa, trazida do solar paterno, contendo a quantia necessária às despesas que ides realizar. Levai aos prisioneiros tudo quanto possa lenir-lhes os padecimentos. Entregai a importância existente em outra escarcela aos amigos de meu pobre pai para que regressem à Rocha Negra; onde, viva ou morta, irei algum dia, crente de que hei de alcançar a liberdade... a minha única aspiração!

– Senhora, sois, pela bondade, descendente dos numes celestes; mas... uma ponderação: e se os detentos, recobrando a saúde, se insurgirem contra o vosso esposo?

– Nunca temais o mal, se praticardes o bem! Por que se revoltarão eles, se forem tratados com humanidade e brandura? Que delitos perpetraram os desventurados... senão lamentar a perda do que há de mais sagrado para nossa alma: a liberdade, a família e a pátria? Que são eles senão heróis vencidos pela fatalidade do destino, que deu ganho de causa ao mais cruel dos déspotas? Dão-se-lhes suplícios em vez de consolação, apenas porque choram o que lhes pertencia? Enxugam-se lágrimas com açoites? Emudecem-se lábios com a morte?

"Podeis ficar tranquilo, senhor; eu assumo a responsabilidade de tudo quanto suceder... se ele regressar ao lar! Que me importa seja eu uma das suas futuras vítimas, igual às que se acham nos calabouços! Aceitarei a morte libertadora de meu martírio, qual dádiva do Céu, preferindo-a à vida de opulência e hipocrisia, dentro da qual sinto a alma esfarrapada e mísera, sem um átomo de ventura ou de consolação."

Salústio curvou-se diante de Clotilde, em silêncio, sem ousar olhá-la; retirando-se, após, para dar execução às suas incumbências.

V

O carcereiro-mor, Salústio, cumpriu fielmente quanto Clotilde solicitara. Em poucas horas os pútridos cubículos, onde padeciam entes humanos, foram saneados, e eles receberam alimentos, remédios, tratamento cirúrgico eficiente. Muitos deles, porém, já com os organismos debilitados pela febre e pela falta de alimentos, com as chagas gangrenadas, morreram abençoando o nome de sua piedosa protetora.

Dentre os que foram transportados às valas do Ostriano achava-se Múrfius Selan, o qual, tão logo as trevas baixaram sobre a necrópole romana, foi retirado por um irmão de Fátima, auxiliado por amigos dedicados, e recolhido à modesta habitação de um deles, a fim de ser convenientemente tratado. Clotilde enviou-lhe não só dinheiro, mas joias também para que, convertidas em recursos pecuniários, lhe garantissem os cuidados de que necessitasse para o completo restabelecimento da saúde.

Quando, depois das radicais transformações por que passaram os calabouços, Clotilde desceu novamente ao subterrâneo para o percorrer, foi recebida com exclamações de júbilo, e súplicas aos deuses para que fosse abençoada por eles. Tendo, então, finalizado o luto rigoroso, trajada de alva túnica, parecia nimbada por uma luz sideral, que, dir-se-ia, se lhe irradiava da fronte pulcra. Depois que desceu, lentamente, as escadas, foi ainda aclamada com alegria e lágrimas de gratidão.

Os braços dos enfermos – tal como sucedera quando fora lá pela primeira vez – também se elevaram, mas, desta feita, só expressavam o mais caloroso e sincero reconhecimento. Muitos dos prisioneiros, em prantos, que resplandeciam ao fulgor dos archotes, imploravam-lhe a graça de lhe oscular as níveas mãos, o que ela não só permitia, como deixava cair, nos pobres leitos, óbolos em moedas, frutos, ou confeitos delicados.

Já, então, da sombria masmorra se erguiam murmúrios, não clamores de sofrimentos, nem imprecações de revolta e desespero, mas suaves vibrações de alegria, de rogos aos deuses para lhe recompensar as venturas que lhes concedera. Diversos servos a seguiam, conduzindo bandejas de prata, repletas de pequenas dádivas, que eram entregues aos encarcerados, reconhecidos e confortados com as palavras de esperança e lenitivo, que a cada um dirigia. O carcereiro-mor, Salústio, também a seguia, contrito e silencioso, não podendo expressar os seus pensamentos de admiração pela formosa dama, e sentindo-se fascinado por sua beleza incomparável e por sua bondade excelsa... Quando ela, ora com os olhos cintilantes de lágrimas, ora de júbilo pelo bem praticado, se ia retirar para os seus aposentos particulares, Salústio deteve-lhe os passos, dizendo-lhe:

– Senhora minha, estais satisfeita com a execução que dei às vossas ordens?

– Sim – respondeu-lhe ela –, e não me esqueci de vosso valioso auxílio... Aqui tendes uma singela lembrança do cumprimento exato do que vos confiei; tomai esta bolsa, que pertenceu a meu desditoso e único irmão!

Assim falando, Clotilde estendeu a nívea destra a Salústio, entregando-lhe uma pequena bolsa de brocado rubro e dourado, onde estavam encerradas joias e moedas que haviam pertencido a Flávio Moréti.

Salústio baixou a fronte, depois de haver contemplado por momentos a formosa consorte de Numa Tarquínio, e, sem tocar na oferta, murmurou, comovido:

— Que recompensa mais valiosa merece um humilde servo como eu, do que cumprir fielmente os nobres desejos da mais nobre de todas as romanas? Quereis retribuir, soberanamente, meus serviços? Dai-me, apenas, o que concedestes a muitos encarcerados: o direito de oscular a vossa mão caridosa e bendita.

Clotilde assentiu no que lhe fora pedido, e, depois, insistindo pela aceitação do que pretendia dar-lhe, disse, meigamente:

— Não tendes uma esposa, uma adorada mãe ou uma noiva a quem possais dar esta bem merecida lembrança?

— Não, *domina* – respondeu-lhe Salústio, com infinita tristeza –, não tenho ainda uma digna companheira de existência, e... não conheci os meus progenitores... Confesso, com inaudito pesar, que sou um filho espúrio, criado ao léu da sorte, até que Numa Tarquínio, por motivo ainda ignorado por mim, começou a proteger-me, distinguindo-me com a sua confiança e relativa estima... Tenho, porém, vivido sempre só, sem família, sem afeições, sem um conselho amigo... eis por que sou dedicado a Numa Tarquínio – o único ser humano que me tem beneficiado – e, odiando a sociedade, exerço o triste mister de carcereiro, e, por vezes, o de verdugo... Assim como ninguém se compadece de mim... também me tornei indiferente à dor alheia! Vós, *domina*, sois a primeira réstia de luz que desceu à tétrica masmorra de meu Espírito, impregnado de trevas e de gemidos de que ninguém suspeita! Conseguistes, senhora, transformar os meus mais secretos sentimentos; compreendo, agora, a felicidade, até então desconhecida, de ser bom! Tenho a impressão de que baixastes do Céu, e... receio, às vezes, que a ele volteis, eternamente, deixando-me mais desgraçado do que outrora!

— Os seres celestes, Salústio — disse-lhe Clotilde emocionada —, não vêm à Terra sofrer...

Salústio olhou-a, comovido; e, depois, em voz baixa, temendo a gravidade das palavras que ia pronunciar, murmurou:

— Senhora, soubestes conquistar todos aqueles que a vós servem por dedicação, e, a Numa Tarquínio, por temor! ... Doravante somente sofrereis o que vos aprouver: tendes ao vosso dispor as mais sinceras e profundas afeições: podeis contar conosco para a vida ou para a morte!

— Obrigada, Salústio, por vossa demonstração de fidelidade e sacrifício! Esperemos, porém, com serenidade de ânimo, os futuros acontecimentos... Se eu tomar alguma deliberação... dela sereis cientificado!

VI

Clotilde retirou-se para seus aposentos particulares, sentindo (o que não lhe havia sucedido por muito tempo) uma dulcíssima tranquilidade de alma, qual se em seu íntimo houvesse raiado uma nova aurora espiritual... Esqueceu, por algumas horas, a própria dor, lembrando apenas que havia refrigerado padecimentos alheios. Compreendeu, então, a extensão das causas da obediência de todos a Numa Tarquínio, que lhes corrompia as consciências pela ambição de serem libertados, ou premiando-os com a distribuição, por vezes, de quantias consideráveis, usurpadas aos desditosos vencidos! Triunfava pelo suborno e pelo absolutismo.

Ela, ao inverso do consorte, só praticava o bem, tendo um nobre objetivo: minorar os padecimentos dos míseros ergastulados, movida por um sentimento de lídima compaixão; nunca havia conjeturado conquistar afeições para abalar o poderio do esposo, apesar de toda a aversão que ele lhe inspirava...

As palavras de Salústio fizeram-na, pela primeira vez, capacitar-se de sua verdadeira situação: daquela data em diante... estava em suas mãos destruir o despotismo do tirano, vingando, desse modo, todas as humilhações que ele infligira aos seus entes queridos, fazendo-o expiar todos os seus crimes e perversidades! Soubera ele imperar pela cobiça, pela covardia dos que o temiam, pelo receio de todos que o cercavam naquele palácio – dividido metade para o prazer, e outro tanto para os mais desumanos suplícios...

Ela, em pouco tempo, já reinava nos corações reconhecidos, conquistara verdadeiras dedicações; seria obedecida, cegamente, pela bondade, pela beleza moral – dom celeste com que as mulheres podem vencer todos os obstáculos, conseguindo todas as vitórias do lar abençoado em que viverem.

Ele adquirira asseclas para a perpetração de delitos; ela triunfara pela virtude e pela comiseração. O poder do déspota seria destrutível; o seu, indestrutível. O Arcanjo do Bem venceria o Lusbel[70] empedernido.

Por alguns segundos o desejo de vindita assoberbou-lhe o coração magoado; mas, subitamente, sem explicar o estranho fenômeno, pareceu-lhe ressoarem-lhe aos ouvidos as palavras de seu generoso genitor, muitas vezes pronunciadas:

– Antes ser vítima que verdugo! Sofre, filha querida, os mais tremendos dissabores, mas não os inflijas a quem quer que seja! A vingança desmerece a grandiosidade do martírio e nivela o imolado ao mesmo grau do carrasco... Odiar é sentimento humano; não vingar uma ofensa é tornar-se superior ao adversário; perdoar é deixar de ser mortal e tornar-se quase divino...

Ela estremeceu, e murmurou em segredo:

– Perdoai-me, amado pai! Eu não desejo desforra aos meus padecimentos, mas aos vossos, aos de Luciano, de Flávio, e aos

---

[70] Lúcifer.

de todos os desditosos soterrados, em vida, em soturnas e pestilenciais enxovias... Não tenho o direito de esmagar a Hidra... mas os deuses, os Hércules celestes, o farão por mim e por todos os que têm padecido os ultrajes e as injustiças de Numa Tarquínio!

Decorreu algum tempo sem incidentes dignos de menção.

A noite cingira a Natureza em um sudário de crepe. Fazia frio: o inverno já se avizinhava.

Reclinada em um coxim de púrpura escarlate, realçando o rosto pálido, qual se fora uma escultura plasmada em jaspe vivo, Clotilde evocava os sucessos ocorridos após a partida de Tarquínio. Súbito, uma melopeia nostálgica e dolente chegou a seus ouvidos. De onde partiria? Da Terra ou do Céu? Aproximou-se de uma ogiva. Nenhum rumor exterior, nas vias públicas. No extenso jardim reinava completo silêncio. O som, porém, cadenciado, suave e melancólico parecia brotar do solo, do recôndito da terra, como se esta, humanizada, deixasse evolar-se, do coração magoado, triste melodia ou prece dolorosa por todos os entes que viviam à sua superfície, por todos os seres a quem, qual mãe extremosa, abrigava em seu seio fecundo.

Quanta melancolia no cântico misterioso, semelhante a sonoro carpido de muitas criaturas, chorando a pátria longínqua, ou os carinhos dos entes amados e perdidos por todo o sempre... Repentinamente, Clotilde compreendeu o que se passava: era do subsolo que partia a estranha melodia, vibrada por dezenas de encarcerados, recordando as plagas distantes, ou musicando uma prece de reconhecimento à generosa protetora, que lhes estendera as mãos para mitigar, com a sua ternura piedosa, as suas dores físicas e morais...

Dir-se-ia que a própria Terra cantava, chorando...

Esse cântico suave repercutiu em sua alma, fazendo-a estremecer de emoção singular, e ela o escutou de pé, com os olhos aljofrados de lágrimas, o rosto unido aos batentes das ogivas de sua câmara...

Pela primeira vez, desde que se tornara desventurada, sentiu dulcíssimo hausto de consolação, de adormecimento dos próprios pesares, de enternecimento mais profundo pelos padecimentos alheios. Doravante já não se sentiria totalmente insulada, pois, ao seu influxo benéfico, dezenas de criaturas humanas deixaram de sofrer, e, por gratidão, tornaram-se suas aliadas perpétuas...

Percebeu, então, a ventura que ainda poderia fruir no mundo sublunar: estancar lágrimas, confortar corações sensíveis e amargurados...

A ideia de vingança eclipsou-se em sua nobre alma. Saberia viver para com seu manto tutelar proteger aqueles infortunados que lhe enviavam um expressivo manifesto de gratidão, solidariedade, afeição e espiritual felicidade... Continuaria esposa de um cruel déspota – cuja presença lhe causava asco – para ter o ensejo de ser útil a tantos infelizes, não permitindo que, sob o mesmo teto, se torturassem indefesas criaturas... cujo único delito fora defender a pátria com heroicidade, carpir suas desditas, lamentar a perda da liberdade e dos entes que adoravam! Podia, daquela data em diante, contar com a dedicação de Salústio e de todos os que estavam sob suas ordens. Seus desejos seriam cumpridos. Salvara já Múrfius: podia libertar, sob morte aparente, outros desventurados. Se Numa descobrisse a verdade... seria ela a única sacrificada, pois assumiria toda a responsabilidade desses atos...

VII

Múrfius, graças aos desvelos da família a quem foi confiado, e à generosidade de Clotilde, recobrou, embora lentamente, a saúde. Pensou, então, em retirar-se para a Eritreia,[71] mas deteve-o

---

[71] Mais jovem país africano (1993).

esta reflexão: os entes caros que lá deixara, certo já se haviam dispersado, e procurá-los em vão ser-lhe-ia um novo suplício. Interessava-se ele, ardentemente, pelo destino de sua benfeitora, e queria estar a par de todos os sucessos ao retorno de Numa Tarquínio, que já estava anunciado para breve.

Ficaria, pois, clandestinamente, em Roma, vigilante pela sorte de sua protetora... almejando imolar por esta a sua própria vida! Muitas vezes, à noite, disfarçado com vestes femininas, tendo um longo manto a envolver-lhe a fronte, passava pelo palácio do tirano, ansioso de rever o vulto gracioso e inconfundível da compassiva Clotilde, sem, contudo, lograr o seu intento.

Numa Tarquínio, regressando da Gália Transalpina, ficou surpreendido com a metamorfose operada na situação dos prisioneiros. Fora informado (por um servo que não gostava de Salústio, e tinha intuito de conquistar as boas graças do déspota) de tudo quanto ocorrera. Uma exasperação súbita lhe turvou a alma. Longe da esposa, sentira-se saudoso e ávido por contemplá-la novamente; mas, recebido friamente, sem a menor demonstração de agrado, mal dissimulado o pesar de vê-lo sob o mesmo teto, percebeu que recrudescia todo o ressentimento que reinava em seu coração com a indiferença daquela a quem amava até à loucura! Foi à sua presença, e fixou-a com intensa paixão. Enquanto andara por longínquas paragens, em luta incessante com adversários implacáveis, ela se alindara mais ainda.

Certamente seu Espírito, tendo repousado, toda ela revelava calma e renascente saúde; suas faces, descarnadas pela grave enfermidade, tornaram-se novamente regulares, com uma coloração que parecia amalgamada de neve e rosas... Seus olhos estavam límpidos e brilhantes. Certo sentira-se ela ditosa com a sua ausência... enquanto que ele se amargurara com a separação, e estava ansioso por vê-la novamente... Levara-lhe dádivas principescas, que foram recebidas com indiferença, sem uma palavra de reconhecimento, qual se lhe houvesse ele ofertado ninharias...

Ao ter ciência de que ela descera ao subterrâneo e se inteirara de todos os suplícios que haviam sido aplicados aos encarcerados, Numa sentiu-se humilhado e ferido em seu orgulho de leão, por uma flechada tóxica... Foi em busca da esposa, em seus aposentos particulares, com o olhar sombrio, desprendendo às vezes centelhas de ódio, o rosto enrubescido, maxilas contraídas, os incisivos premindo os lábios, e falou-lhe com precipitação:

— Clotilde, despede as servas, que eu necessito falar-te intimamente.

Ela, prevendo a procela de dores que se aproximava, despediu as serviçais com um gesto amistoso, e, serenamente, aguardou as palavras do déspota, que a interpelou com aspereza:

— Não conheces ainda o meu gênio? Não sabes que as minhas ordens são definitivas, e ninguém as transgride?

— Quais foram as vossas ordens desrespeitadas? Acaso não foram fielmente executadas pelo digno Salústio?

— Por que desceste aos infectos subterrâneos desta casa contra a minha determinação?

— Desejava conhecê-los, e disso eu vos dei ciência, lealmente. Partistes sem haver tomado uma deliberação decisiva; dissestes apenas que, lá, existiam casos de moléstia contagiosa, mas não me proibistes de realizar o meu intento. Não menosprezei os vossos escrúpulos porque não evito a morte, desejo-a, bem o sabeis. Fiquei ergastulada nesta habitação, onde imperam a opulência e a tristeza, sem poder satisfazer um só pensamento... ao passo que vós, em plena liberdade, executáveis todos os vossos planos...

— Eu estava defendendo a pátria, arriscando a própria vida! — responde ele, colérico.

— Pois bem, se tendes a liberdade de arriscar a vida em defesa da pátria, eu, filha de patrício, e não de escravo, também quis expor a minha em defesa dos que morriam nas masmorras, apodrecidos em vida, amaldiçoando os carcereiros e os carrascos! O que fiz não deve merecer a vossa condenação, mas o vosso aplauso e o de todas as consciências nobres e justas – porque, assim procedendo, defendi a minha saúde, a vossa e a de todos os habitantes deste palácio! Que melhor ensejo terei eu, no decorrer da existência, de velar pela vida de nossos semelhantes? Morrer, para mim, é o supremo ideal. O meu egoísmo, porém, não atinge os que me cercam, desejando que me acompanhem ao túmulo... Não me lembrei de contrair uma enfermidade mortal, e sim de confortar a penúria e a agonia dos desgraçados detentos. Ninguém queria obedecer-me; parece que aqui os corações já se empederniram ante a visão das torturas humanas! Fiz valer os direitos que julgo existirem, os de vossa consorte... para lograr os meus intentos! Salústio e todos os seus subalternos são vossos fiéis aliados. Se houve transgressão às vossas ordens – que eu ignoro – somente a mim deveis punir!

Clotilde, assim falando, animou-se, pouco a pouco, até que o fez com veemência, com os olhos cintilantes de lágrimas. Numa fitava-a, deslumbrado, esquecido de que viera disposto a supliciá-la moralmente pela falta que ele considerava imperdoável, e ela havia cometido...

Vendo-a, naquele instante, toda a sua animosidade se eclipsou, e percebeu que ela o fascinava; mesmo desprezando-o, anulava suas energias combativas, triunfava da sua vontade até então férrea e esmagadora...

Ela, havia muito, andava sempre emudecida. Naquele momento reanimara-se. Ele a ouvia embriagado por sua voz como por uma harmonia celeste. Escutara-a embevecido. Apenas uma expressão de Clotilde lhe ferira o coração: "Morrer, para mim, é o supremo ideal!". Já, então, menos encolerizado ele lhe dirigiu a palavra sem aspereza:

– Aceito as tuas razões, deixando de destituir do cargo o carcereiro-mor, Salústio, que eu queria punir severamente. Bem vês que eu sou justiceiro... Por que continuas a tratar-me como a um adversário? Por que persistes na ideia de morte? Quem, mais do que eu, poderia proporcionar-te o mesmo conforto, a mesma existência faustosa e feliz que aqui desfrutas?

— Apenas compreendeis a felicidade material, *domine*!

— E acaso existe outra sobre a Terra? Só os deuses poderão fruir venturas imateriais...

— Oh! senhor! não é preciso ser milionário para que alguém se sinta feliz. Eu o era, sem os esplendores sociais de Roma, no meu insulado rochedo em que vivia... sem ouvir gemidos e amargos queixumes... Para mim, *domine*, a ventura consiste em viver entre amigos, com a consciência tranquila...

— Pois bem, aqui também a terás se mudares de atitude para comigo, tratando-me como esposo e não como *senhor*. Se não me ofenderes, com alusões cuja ironia percebo, e muito me magoam, prometo-te não punir os *culpados* pelas inovações realizadas durante a minha ausência... No caso contrário, verás que não me submeto aos caprichos de uma adversária... que eu tenho cumulado de gentilezas!

Clotilde lembrou-se de que, entre ele e a felicidade que almejava, existiam três cadáveres, que lembravam seus crimes. Ponderou, porém, que, para evitar a morte de Salústio e de seus auxiliares, necessitava de agir com prudência; e apenas o interpelou, com doçura:

— Que insulto vos dirigi, *domine*? Melhorar a situação dos desgraçados prisioneiros, saneando os infectos calabouços onde sofriam eles, obstando, talvez, a incursão de uma febre maligna, é ofender-vos gravemente?!...

— Não é isso o que me ofende, Clotilde. Fazes-te desentendida... Compreendo bem que dizes a frase: "Lá, insulada em mísero rochedo, eu era ditosa!", porque ainda só te lembras dos que *continuas a amar*, detestando a minha companhia!

— Pois é insulto o chorar os que amamos, *domine*? – interrogou ela, com os olhos fulgurantes de lágrimas.

— Não quer isto dizer que ainda *amas os entes desaparecidos*... como se fora eu o culpado de haverem sido eles arrebatados pela morte?

Por prudência e para evitar vinganças irreparáveis, ela emudeceu sobre o que lhe havia Múrfius revelado, dizendo-lhe, com tristeza e suavidade:

— Não é crime o prantear os que morreram consagrando-nos pura afeição, senhor. É a recordação de tantos entes queridos que não me deixa ser feliz. Como posso ser venturosa na opulência, tendo o coração amortalhado em crepe? Já vistes um cadáver, ornamentado com vestes aparatosas, mostrar-se ditoso com as suas vestes? Parece-me, *domine*, que sou esse *cadáver*... insepulto, arrastando pelos salões floridos uma formosa mortalha!

— Mas tu ainda podes ser venturosa, Clotilde, se o quiseres! — disse-lhe Numa com veemência.

— Como poderei realizar esse milagre, *domine*? Como é que um ser mal-aventurado pode tornar alguém ditoso? Não vos compreendo...

— Como? Não fizeste feliz a situação dos encarcerados? Que é que podes fazer por mim? Simplesmente tornando em realidade esta maravilha: amando-me, tratando-me com carinho!

— Impossível, *domine*... Eu morri para o amor como o entendeis. Para o resto do meu viver, só existe em mim o sentimento de amor-piedade; e desse vós não necessitais, porque sois opulento, livre, adulado, coberto de reverências.

— E, se eu, voluntariamente, pobre e sem prestígio, renegasse todas as regalias do mundo para ser teu escravo, consagrar-me-ias o teu amor?

Ela meditou por alguns instantes, sem atinar com uma resposta conveniente, compreendendo a gravidade de sua situação. Depois, subitamente inspirada, murmurou com firmeza:

Sim... se eu conseguir olvidar o passado... Quem há de, porém, desarraigar de minha alma tantas recordações suplicantes?

— E quem não as tem na vida? Somente um recém-nascido ou um cretino... Com pensamentos lúgubres ninguém, na Terra, poderá ser feliz!

— Não me refiro às vicissitudes, comuns em todas as existências; mas aos trágicos sucessos que me arrebataram, ao *mesmo tempo*, todos os entes queridos!

— E que responsabilidade me cabe pelo que te aconteceu? Não tenho tentado suavizar todos esses sucessos infaustos e inevitáveis? – disse Numa Tarquínio, empalidecendo, pois havia percebido nas palavras da esposa uma alusão a seus crimes, que lhe demonstrava não acreditar ela em tantas fatalidades...

VIII

Clotilde ficou perplexa. Compreendeu, porém, a gravidade de sua situação e da dos que desejava proteger, e viu que não lhe podia dar uma resposta infirmando as suas suspeitas. Refletiu, felizmente, que há momentos, no decorrer da vida, em que a omissão da verdade se torna uma virtude: a virtude inestimável do sacrifício...

— Não vos acuso, *domine* – disse-lhe, então, ela, com os olhos enublados de pranto, e aumentando, assim, mais o seu fulgor de estrelas –, mas o que me causa reparo é que, desde o nosso encontro, a partir do naufrágio da *Conquistadora*, parece que uma fatalidade pesa sobre mim...

— Não sabes que o destino é traçado pelos deuses? Todos esses sucessos, que lamento, fazem parte da urdidura da tua sina... Esquece-os, pois, e lembra-te apenas de que tens o direito de ser ditosa pela tua situação social; de que és soberana pela juventude e pela formosura; de que podes fruir ainda todas as felicidades terrenas e tornar venturosos os que contigo privam...

"...embora tenha na alma luto perpétuo!", pensou Clotilde, sem mais se manifestar, usando de prudência, a tempo de obviar prováveis desgostos.

Quando Numa Tarquínio regressara da Farsália, Salústio e seus subordinados tiveram receio de que ele os punisse severamente por haverem desobedecido às suas determinações, mas tais temores foram desvanecidos, porque durante algum tempo se aboliram os castigos físicos. Muitos encarcerados puderam recobrar a saúde.

Um dia, Numa, que parecia haver abandonado a ferocidade dos impulsos sanguinários, disse à consorte:

– Estranho que tanto interesse te despertasse a situação dos detentos... Não compreendes que, ficando em condições de defesa, hão de revoltar-se contra mim? Não percebes que é mister enfraquecer-lhes o organismo, amortecer-lhes a força física, para que não possam evadir-se ao menor descuido, nem se rebelem contra seus adversários – os romanos?

– E já pensastes, *domine*, que podeis ser ainda vencido e ficar sob o domínio de um déspota cruel? – ponderou Clotilde.

Ele riu, ruidosamente, e respondeu-lhe com ironia:

– E não achas esta única suposição – a de poder eu vir a ser ainda prisioneiro de algum desses miseráveis, que encerrei em calabouços, desses ferozes inimigos de outrora, que tudo fizeram para me vencer – digna de me inspirar os meios de eliminar-lhes a vida? Não sabes que, "quem o adversário poupa em suas mãos sucumbe", fatalmente?...

– E não será mais humano tratá-los com brandura e justiça, para não lhes excitar a odiosidade, nem a represália, não tendo, assim, que os temer se, pelos baldões da sorte, as vossas posições forem invertidas?

"Não será a maior ventura terrena, o viver sem remorsos, não ensanguentando a consciência?"

– Clotilde, és muito jovem e inexperiente das torpezas humanas... Quem não é cruel, arrogante e destemido, nesta época, arrisca-se a ser escravo de qualquer infame! Prefiro ser senhor a ser escravo de tiranos...

– Como os há em profusão, nesta era... – disse Clotilde, com amargura.

– Como os houve e haverá por toda a consumação dos séculos, Clotilde! A crueldade é fruto de todas as eras. Entre o cordeiro e o tigre, prefiro ser a fera: devorar, e não ser devorado! É-me mais agradável ser algoz do que vítima...

Depois, mudando de entonação, disse:

– Escuta-me. Não quero que desças mais ao subterrâneo...

– Belo sistema o vosso para me dominar cada vez mais, senhor! Encerrada em um dos calabouços deste palácio, ou em uma câmara aparatosa... não achais que sou, da mesma forma, escrava? Quereríeis liberdade, assim, qual eu desfruto? Que semelhança há entre a minha e a vossa existência – que é a de quem não se submete à menor coação?

– Não sabes que entre a vida do esposo e a da consorte há sensível diferença? Acaso empunhas uma espada em defesa da pátria? Não compreendes que o verdadeiro reinado da mulher é o do lar, ao inverso do homem, cujo campo de ação é ilimitado? Não é a escravidão pelo amor, a maior ventura feminina? Que liberdade desejas fruir fora desta habitação, que tem todos os atrativos, todo o conforto de esplendor real? Tens-me infligido tremendas humilhações, porque não ignoras o prestígio de tua beleza fascinante, que me tem desorientado ou acovardado, Clotilde!

– Não sei se sou formosa – respondeu ela, serenamente –, mas quisera ser monstruosa, vivendo e agindo como me aprouvesse... Tempo virá em que os direitos masculinos e femininos serão equivalentes: nenhum dos consortes terá maior domínio sobre o outro! O homem não será o eterno potentado!

– Clotilde, não perturbes o meu coração, que parece adormecido para o mal... Se eu perder a razão... como outrora, a minha vingança será incrível... não poupando a *ninguém*... Verás sangue em borbotões e ouvirás gemidos que atroarão os ares... Quando me enfureço... sinto que em mim acorda uma hiena sedenta de carnagem e de vindita!

Ela estremeceu e ficou silenciosa, empalidecendo fortemente.

De seus olhos fluíram lágrimas, que brilhavam como estrelas líquidas nos longos e veludosos cílios.

Numa olhou-a deslumbrado, sequioso de lhe enxugar o pranto com ósculos ardentes; mas conteve-se, e, sempre impulsivo e orgulhoso, não se deixando vencer pelo deslumbramento nem pela piedade, procurou conservar o cenho contraído, e disse, com estudada indiferença:

— Não quero que chores mais hoje, Clotilde, para que não se magoem os teus olhos... Bem sabes que, logo à noite, se realizará o festim que os meus amigos pretendem oferecer-me, em regozijo pelo meu regresso, pois *somente eles* se alegraram com a minha volta e com os meus triunfos! Quero que te apresentes rainha pela formosura e pelo esplendor das vestes, para suplantares todas as mulheres que aqui comparecerem... Os homens amam as vitórias bélicas, mas, para eles, nenhuma sobrepuja à que alguém consegue – quando conquista uma formosa mulher! Meu maior prazer será que eles me invejem o denodo guerreiro e a felicidade do lar... o que ainda não alcançaram no decorrer de suas existências... inúteis!

— Não me concedeis ao menos a liberdade de chorar e de sofrer às ocultas? – suspirou Clotilde com amargura.

— De que sofrimento falas, Clotilde? – irrompeu ele com insofrida cólera. – Por que choras, se estás em plena juventude, és bela e opulenta, e todas as romanas cobiçam a tua sorte?

— Ignorais, acaso, senhor, toda a tragédia que se desenrolou em minha vida, destruindo todas as minhas alegrias terrenas?

— E hás de lamentar eternamente o que já foi consumado, e é irremediável? Perdeste um lar; mas não possuis outro, e em melhores condições do que o primeiro?

Ela olhou-o por entre o pranto, com o olhar espelhando mágoas; querendo, porém, obviar novas amarguras, não lhe respondeu, velando os olhos com alvo lencinho, qual se o fizesse com um pouco das espumas de um mar encapelado.

Ele teve ímpetos de se ajoelhar e de lhe pedir perdão pelas ofensas que lhe dirigira; mas lembrou-se de que o maior pesar dela era não haver desposado o belo homem que amava; de que todos aqueles prantos ele nunca os mereceria, e sim o *outro*, o noivo extinto...

Adorava-o ainda, e tinha a desfaçatez de chorar a sua ausência eterna, na sua presença – suprema afronta a seus brios de potentado invencível! Parecia até que considerava mais digno de apreço um de seus servos do que ele, seu esposo e senhor! Então, longe de se compadecer de suas lágrimas, sentiu exacerbado o amor-próprio, humilhado, revoltado contra quem ousava menosprezar o seu prestígio e as provas de afeição que ele lhe consagrava!

– Clotilde! – disse Numa com impetuosidade – eu te proíbo, doravante, estas lamúrias sobre o *passado*... que odeio! Se quiseres que te satisfaça os desejos, não me atormentes com essas recordações fúnebres e intoleráveis... Grava bem na mente o que te vou dizer, e não esqueças, jamais, estas palavras: por uma palavra tua... que nunca me dirigiste... serei capaz de imolar a própria vida, para te fazer ditosa; mas... por uma só ofensa... não vacilarei em derramar borbotões de sangue!

A mísera ouviu-o apavorada, sentindo um infinito desespero íntimo; mas não lhe retrucou uma única palavra.

IX

A dor muda, o pesar silencioso – como o tem aquele que não possui na Terra um ser amigo com o qual possa expandir o sofrimento que se recalca no âmago do coração – fere qual agudo punhal que nele se introduzisse; não ter um conforto para a dor secreta que adormece conosco, perturba o nosso sono, pois está sempre vigilante; não ter o direito de contemplar, com alegria, os esplendores da Natureza; o sentimento torturante que tolda todos os júbilos e todos os gozos terrenos de nuvens sombrias, enflorando de goivos as frontes pensativas, pungindo com estiletes de fogo os sensíveis corações, gelando nos lábios os gritos de revolta e asfixia, e, na garganta, o brado de desespero: eis o que se passava no recôndito da esposa ou escrava de Numa Tarquínio...

Na aparência, ditosa e invejada; no recesso da alma, infinitamente infortunada, igual à mais ínfima de todas as cativas... Era-lhe a vida um tormento inominável... e tinha que iludir, a todos que a vissem, com a máscara da ventura, frequentando festins, que lhe causavam aversão; conversar com homens de proceder dissoluto, que a olhavam com abrasadora paixão, mal o esposo dela se apartava. Desejava insular-se daquele meio social – tão diverso do em que fora criada e educada, nos mais sãos preceitos de moral e pureza; queria ilhar-se em longínqua região, onde pudesse evocar o passado florido, sem constrangimentos, não necessitando ocultar suas lágrimas aos olhos do déspota que lhe vedava até o direito de prantear os entes queridos... Ornamentava o corpo de tecidos e adornos maravilhosos, e tinha o coração mais esfarrapado do que um desditoso mendigo – coração que ia morrendo, lentamente, à míngua de esperança, de ilusões, de carinho, de conforto espiritual...

Desejava morrer, e sentia a seiva física da juventude avivar-lhe o róseo da face, após prolongada enfermidade; estuava-lhe o coração – que tinha clamores de revolta – e, no entanto, seus lábios silenciavam como os dos cadáveres, por não possuir um ser amigo com o qual pudesse expandir os seus dissabores... Era a mísera e infortunada dama que se trajava com os ouropéis mágicos de uma inexistente felicidade; era o coração, golpeado de dor inconsolável, oculto em um báratro de sombras, ostentando sobre o seio açucenal pedrarias cintilantes, estrelas minúsculas, furtadas às paragens siderais...

A aparência exterior, de ventura, de aparato, de gozos para o mundo hipócrita; o interior... em funeral, que lhe parecia perpétuo; o exterior, coparticipando de festins, músicas, banquetes opíparos; o íntimo, a soluçar, com a alma genuflexa, carpindo todas as alegrias fracassadas.

Era ela, ao mesmo tempo, a miséria e a opulência congraçadas por grilhões sutis e indissolúveis, forjados pelo destino enigmático e invencível...

Dir-se-ia que era ela uma estátua vivendo por influxo de estranho deus, êmulo do Criador do Universo, que lhe infundisse uma existência transitória, para arrastar pelo mundo mantos de púrpura, ostentar pérolas e pedrarias raras, valendo reinos; mas, no âmago, alojando o Espírito de um pariá, habituado às vestes andrajosas, aos calhaus dos impiedosos... Seu aspecto, naqueles instantes, revelava toda a desolação da alma, havia em seu olhar lacrimoso fulgores de loucura... Seu rosto empalidecera subitamente, qual se de novo houvesse nele afivelado a máscara simbólica da dor, feita com o mármore da desdita.

Teve ímpetos de sacudir ao solo, com asco, como se fossem minúsculas víboras, os braceletes, os anéis e o colar que lhe embelezavam o corpo escultural, da fronte aos pés; mas conteve-a um pensamento indefinível: não devia agravar a situação, para que não fossem novamente torturados os ergastulados, dos quais parecia ainda ouvir os gemidos angustiosos e as preces de gratidão...

Esquecer os próprios padecimentos para se lembrar de mitigar os dos infortunados sob o jugo de um ente empedernido; eis a diretriz que se lhe impunha. Não tentaria morrer enquanto pudesse ser útil a seus desditosos semelhantes; sufocaria as revoltas e os rugidos do coração, sentindo na paz celestial da consciência a bênção de seu nobre progenitor, que, às vezes, parecia chegar-lhe até ao âmago da alma qual um plenilúnio suave, um sopro divino, que se infiltrava no seu íntimo encarcerado, bálsamo ou música indefinível...

Suas pálpebras estavam magoadas de tanto chorar. Ela as banhou em água aromatizada com essência de murta. Quando o espírito serenou, readquirindo aparente tranquilidade, recorreu aos cuidados de suas servas nos aprestos da indumentária e ornamentos para o festim, ao qual era forçada a comparecer. Ultimado o apuro do vestuário, Clotilde estava deslumbrante de formosura e opulência; dir-se-ia uma entidade sideral, momentaneamente baixada à Terra, em cumprimento de excelsa missão. A melancolia dos olhos, que era mais intensa naquele dia, dava-lhe um encanto indizível, recôndito fulgor de lágrimas ainda existentes no seu íntimo e não exteriorizadas...

Ao entardecer, Numa Tarquínio foi à câmara da esposa buscá-la para tomar parte no festim organizado por seus amigos, ou pelos que... temiam o poderio e a tirania do procônsul. Ele, ao contemplá-la, teve um sorriso de orgulho, mas, sem lhe dizer sequer um galanteio, deu-lhe o braço, triunfante como se desejasse patentear, aos que iam homenageá-lo, a sua mais valiosa e bela conquista. Ambos foram recebidos com exclamações de júbilo e com uma profusa tempestade de flores, juncando-lhes a passagem, entre alas das mais gradas personagens romanas.

Clotilde era o alvo de todos os olhares extasiados na sua formosura incomparável. Dulcíssimas melodias, aromas inebriantes e luzes multicores se confundiam no ambiente encantador. Fora, aclamações delirantes.

Começou o opíparo banquete, servido no parque, entre flores e lâmpadas coruscantes. A beleza de Clotilde era comentada por todos os circunstantes, depois que havia recobrado a saúde, alindando-se como por efeito de um condão mágico. As mulheres sentiam, no íntimo, um inaudito despeito; os homens olhavam-na com enlevo. Ela, porém, conservava sempre a mesma inalterável tristeza. Às vezes, por fugaz instante apenas, contemplava a multidão, mas, logo, baixava o olhar velado de melancolia, qual se buscasse vislumbrar alguém... que já não pertencia ao mundo real, por certo... Houve, dentre os assistentes, um jovem, belo e inteligente, que, magnetizado por seu olhar sedutor, no decorrer do festim, ao som de flautas e alaúdes, desferiu um cântico de enamorado menestrel, enaltecendo os dotes morais e plásticos de uma dama, lamentando que já houvesse escravizado o coração...

Todos o aplaudiram com entusiasmo sincero, mas, fazendo reparo na fisionomia de Numa Tarquínio... experimentaram uma sensação de algidez invadir-lhes os corações. O procônsul, empalidecendo singularmente, segredou algo nos ouvidos da consorte, que a fez ficar lívida e, involuntariamente, erguendo o olhar para o jovem menestrel, viu-o, contemplando-a deslumbrado, qual se estivesse fascinado por uma aparição celeste... Antes que o garboso cantor (que recordava o noivo querido) terminasse as últimas estrofes, Clotilde, envolvendo-se em um peplo de veludo dourado, que lhe dava um aspecto real, deixou o recinto, quase com precipitação.

Quando, ladeada por um séquito de aias, ia ela atravessar o lindo parque, brilhantemente iluminado, notou que o afoito vate lhe seguia os passos. Numa Tarquínio, que não o perdia de vista, também o acompanhava, e, rapidamente, empunhando acerado punhal, fê-lo tombar sobre esmeraldino e florido canteiro de rosas rubras bruscamente desabrochadas ou coloridas com o sangue do desditoso rapsodo...

X

Clotilde foi carregada, em braços, semimorta, para a sua câmara dourada.

Recolhida ao leito, depois que recobrou os sentidos, sentiu-se avassalada por uma dor inconcebível. Parecia uma efígie de mármore sob dossel de brocado do leito de encantada princesa.

Todos os rumores festivos haviam cessado como por efeito de mágica.

Silêncio tumular reinou pela imensa habitação, após a brusca retirada de todos os convivas.

No dia seguinte ao do festim, Numa Tarquínio entrou, repentinamente, no aposento esponsalício, e chamou pela esposa repetidas vezes.

Ela, vencendo pavor e asco profundos, atendeu-o.

– Clotilde! – disse-lhe o perverso – viste como se pune um ousado plebeu que alça o olhar para a mais bela e cobiçada de todas as romanas?

Ele e *todos os que o imitarem*, serão abatidos como cães empestados...

– Por que – objetou amargamente a mísera – quereis que me apresente em público? Por que não me encarcerais até que eu desprenda o derradeiro alento? Por que fazeis questão de que eu seja formosa?

– Por quê? Não o compreendes? Porque eu me orgulho de possuir um tesouro, e quero patenteá-lo aos olhos de todos, para que mo invejem! Mas ai do que tentar apoderar-se dele!

– Deveis, então, *domine*, cegar todos os homens!

– Basta que eu te proíba de os olhares! – retrucou, com rancor.

– Mas eu não sou cega!

– Não és? Não é o que me parece... Tu o és, sempre, para me olhar...

Ela, temendo exasperá-lo mais, emudeceu, chorando. Ele, com voz estentórica, fez-lhe referências deprimentes, e retirou-se arrebatadamente.

Clotilde, ficando a sós, sentiu recrudescerem seus padecimentos morais.

Ninguém ousou acusar o déspota, que praticara um homicídio público, afrontando toda a seleta sociedade romana... Recebera ainda encômios por seu ato arbitrário, qualificado de "heroico, por ter desafrontado a sua dignidade menosprezada pela petulância do ínfimo grego que dirigira galanteios inconvenientes à sua esposa" (aliás, secreto e igual era o desejo de todos os cavaleiros que se achavam no fatídico e trágico festival)... Morrera o único dos circunstantes que interpretara, lealmente, os sentimentos unânimes de admiração pela desditosa beldade – escrava de um desalmado...

Vencida pela fadiga mental, após algumas horas de dolorosas cogitações, Clotilde adormeceu; e, quando mais profundo era o sono, pareceu-lhe que alguém estava a seu lado, pronunciando o seu nome com carinho, e ela reconheceu, naquela voz familiar, a de seu amado progenitor. Presa de grande emoção, suplicou fervorosamente:

– Pai querido, não me abandoneis às mãos do celerado! Receio novas ciladas do sicário que me escravizou para me atormentar, e comete os mais hediondos crimes sem o menor vestígio de remorso, tendo ainda o aplauso dos dissolutos que o cercam! Salvai-me, pai adorado, das garras do abutre inconsciente que eu detesto!

Ninguém lhe respondeu prestamente às interpelações e aos rogos.

Nenhum rumor percebeu ela no recinto silencioso da câmara. Subitamente, porém, percebeu que alguém soluçava junto à sua cabeceira.

– Quem chora comigo, compreendendo o meu penar? – interrogou ela tristemente.

Silêncio absoluto. Semidesperta observou que estava chovendo. Dentro do fatídico palácio imperava uma quietude polar. Dir-se-ia que a Natureza e a Humanidade se haviam aniquilado por todo o sempre, que nenhum bulício existia no universo revelador de um derradeiro sopro de vida, e que só ela restava de toda a hecatombe, com a alma acorrentada eternamente à matéria, para sofrer por toda a consumação dos milênios.

Silêncio e trevas, iguais às que existiam em muitos corações opressos, pompeavam sobre Roma àquela hora.

Dia a dia, avolumava-se no íntimo de Clotilde um oceano de mágoas, inexprimível dissabor que se diluía em lágrimas, não encontrando sequer um conforto para sua excepcional situação – a de ser desditosa e invejada!

Subjugada aos caprichos de um algoz, coberta de adornos de incalculável valor e que ofuscavam os olhares cobiçosos; rainha pela beleza e pela opulência que ostentava, sentia-se misérrima por falta de sinceras afeições! Essa dualidade de situação causava-lhe inaudito desgosto: preferia só possuir andrajos para se cobrir da nudez, viver em paupérrima choupana, mas ao lado do que amara e continuava a amar sempre e sempre!

Alma sensível e leal, abatia-se com as próprias dores e com as dos desventurados com que privava em uma régia habitação, onde contrastava o aparato com o infortúnio...

Quando alvoreceu, ela continuava a fazer penosas conjecturas, e manteve-se no leito durante o decorrer do dia, recusando os alimentos que as servas lhe levavam, em baixelas de prata fosca, conservando-se incomunicável.

O róseo das faces fora novamente substituído por uma lividez de alabastro.

Numa foi vê-la à tarde. Descerrou uma das ogivas e contemplou-a, por momentos, inerte sobre o leito, pálida qual efígie de jaspe, tendo a aparência dos cadáveres, e não a dos que ainda estão com a alma ligada ao estojo carnal. Surpreso e alarmado, Tarquínio precipitou-se para ela, e chamou-a em alta voz. Ela abriu as pálpebras, onde cintilavam prantos que pareciam transmitir aos olhos uma radiosidade permanente.

— Ainda choras o desgraçado cantor?! — interpelou com impetuosidade — pelo que o observo... *aquele* indigno pariá não te desagradou... De outro modo não se explica pesar tão intenso por uma causa tão mesquinha!

Ela respondeu, com voz suave e triste:

— Achais coisa ínfima uma vida humana, senhor?! Sabeis se ele está sendo pranteado por uma infortunada mãe?

— A mim, que me importa — quer a vida de um anônimo... quer a de um monarca?

— Mas eu penso de modo diverso do vosso, *domine*; para mim todas as vidas são sagradas, até a dos próprios irracionais inofensivos... Minha alma sofre com a dor alheia, e confrange-se com a perspectiva de um crime.

— A sensibilidade feminina é uma enfermidade deplorável! ... Não venho, porém, a este aposento, discutir coisas inúteis. Estás ficando fanada... Ouve bem o que te vou dizer: a tua decantada formosura, que tanto me *fascinava*, tornando-te invencível... está em declínio! Faze tudo para reavê-la, se quiseres reconquistar a supremacia de outrora... Por que te conservas no leito? Não sabes que a inação prolongada, a penumbra e a falta de luz solar desmerecem a beleza plástica?

— Falta-me a precisa coragem para me apresentar perante as amigas e os servos, depois do que sucedeu, sendo eu a causadora involuntária de uma tragédia...

Numa Tarquínio gargalhou com escárnio, dizendo-lhe:

— Tuas *amigas* invejam-te a felicidade de seres amada e defendida por um denodado! Tens vexame dos escravos? Pois eu os considero... cães indispensáveis para a realização dos mais úteis e dos mais ínfimos misteres! A mim, não me incomoda a presença de tão desprezíveis criaturas... Ordeno-lhes o que têm a fazer, sem os enxergar. E eles que ousem desobedecer-me! só os olharei no momento preciso de os apunhalar, para lhes vibrar o golpe certeiro no coração! Muda de pensar e de proceder. Age como eu, que tenho conseguido resultados surpreendentes com o meu sistema administrativo: não ter compaixão de quem quer que seja; vencer, sejam quais forem os meios empregados, tratar como adversários irreconciliáveis os desprezíveis vencidos!

"Trata de alindar-te, porque, diminuindo a tua formosura, não terás mais domínio algum sobre o meu coração... Se te tornares sem atrativos físicos... ai de ti! Bem sabes que não me faltam belas amantes. Serias então tratada como os que me servem; e, certamente, não terias direito de revolta contra o destino, porque te consolarias com os mesmos a quem tratas como se fossem da tua casta!".

Clotilde, pálida e indignada, ergueu-se do leito e disse-lhe com nobreza:

– Como quereis que esqueça eu os ultrajes passados, se a eles ajuntais os do presente, cada vez mais humilhantes?! Por que não vos libertais de mim, eternamente, varando-me o coração com um punhal... como o fizeste com o desgraçado cantor?

– Acaso te enamoraste dele? Clotilde! – interrogou-a Numa, num acesso de cólera.

– Não me julgueis uma leviana, senhor! Apenas lhe invejo a felicidade de se haver libertado de um mundo abominável!

Numa, vendo-a soluçante, arrependeu-se, por momentos, das crueldades infligidas à indefesa esposa, e com profunda entonação, que revelava os seus mais secretos sentimentos, falou-lhe:

– Não soubeste, nunca, fazer a minha felicidade, nem a tua, Clotilde!

Ela continuou a soluçar, sem proferir palavra.

XI

Dias de desalento decorreram naquele ambiente onde vivia a desventurada Clotilde. Interpretando as cruéis advertências de Tarquínio, para obviar uma provável hecatombe em seu próprio lar, ela, sofreando amarguras inauditas, apurava a indumentária, e saía a passeio pelas vias de Roma, comparecia a festivais suntuosos, tendo nos lábios um sorriso melancólico, que bem traduzia seus íntimos infortúnios; pois, embora mostrando ilusória alegria, no coração havia um irremovível e secreto dardo envenenado...

Alindava-se, porém, o mais que lhe permitiam os requintes da indumentária e os das loções importadas da famosa Grécia – a terra onde todos rendiam verdadeiro culto à beleza plástica.

Aliado a isso, o escopro da dor cada dia a tornava mais idealmente bela, esculturando-lhe com maestria os traços fisionômicos e dando-lhes mais fulgor a seus olhos de topázio encantado!

Certa vez, um dos amigos de Numa Tarquínio, vendo-a a certa distância, envolta em um peplo carmesim – que mais realçava a neve da epiderme, dando-lhe tons suaves de rosas luzentes, falou ao procônsul:

– Não sejas egoísta, Numa!

– Qual o meu egoísmo condenável? Ascânio! – interpelou Tarquínio, sorrindo, pois percebera que ele se referia à sua consorte.

– Por que ocultas a todos os amigos o local maravilhoso onde descobriste tão inestimável tesouro feminino? Desejava sabê-lo para ir buscar um semelhante ao teu...

Numa riu com orgulho, e respondeu com ênfase:

– O tesouro era único, oculto em uma região insular, quase deserta; e, para dele me apoderar, precisei trucidar quatro formidáveis dragões, que custosamente venci!

– Se eu descobrisse algum igual ao teu... teria júbilo em trucidar, não quatro, mas quarenta dragões! – disse o amigo, olhando com enternecimento o vulto airoso de Clotilde.

Numa percebeu-o, e, visivelmente contrariado, advertiu-lhe, com um sorriso que não ocultava os seus intuitos sinistros:

– Até que o descubras, caro amigo, em alguma Cabrera insulada, como eu, fica sabendo que a conquista pela qual tanto esforço tive de empregar, é agora intangível e ai de quem ouse tentar apoderar-se do que legalmente me pertence! Serei capaz de exterminar *todos os dragões* do mundo!

O seu interlocutor compreendeu que o gracejo revelava um fundo de veracidade, fora leviano e podia ter consequências desastrosas.

Pretextando súbita indisposição, retirou-se do festim em que ambos se achavam, lembrando-se do que havia sucedido ao ingênuo menestrel, cuja trágica morte ainda estava vívida em todas as mentes.

Algum tempo decorreu sem incidentes dignos de menção. Clotilde, sempre meiga e triste, deixara-se arrebatar pelo turbilhão da vida, desejando, intimamente, libertar-se de tantas recordações penosas, por meio da morte, que ela julgava tardar em demasia.

Uma tarde, aprestando-se para sair, Tarquínio disse a Clotilde:
– Prepara-te, com o maior apuro, a fim de assistires ao mais suntuoso de todos os festivais de tua existência: a chegada de César, que volta glorioso da Gália... Seus admiradores, amigos e legionários vão tributar-lhe inolvidáveis homenagens!

Ela escolheu uma veste de pelúcia esmeralda e um peplo de brocado áureo, orlado de pérolas de Ofir.[72] Era tão deslumbrante o seu aspecto, que, vendo-a, Tarquínio disse com desvanecimento e ironia:

– Hoje, certamente, terei que *fazer justiça* a outros menestréis... – E, assim dizendo, ocultou, sob as vestes de seda cor de olivas, o mesmo punhal persa de que se utilizara para exterminar o pobre e enamorado rapsodo. Só ele se julgava com o direito de possuir o tesouro que fora prometido a outrem; ele pôde usurpá-lo, apoderando-se dele ilicitamente, mas não consentia que alguém lho arrebatasse.

---

[72] Região do Oriente rica em ouro e preciosidades.

É a teoria dos egoístas ou ambiciosos: para eles, o mundo integral não basta; para os outros mortais, um átomo de poeira é excessivo!

....

Aguardava, ao procônsul e a sua esposa, uma carruagem dourada, conduzida por formosos corcéis árabes, brancos, maravilhosamente ajaezados.

Compacta multidão se aglomerava nas principais vias romanas, garridamente ornamentadas. Filarmônicas marciais percorriam-nas festivamente, arrancando exclamações populares de ardente civismo.

Súbito, ao som de trompas e clarins, aproximaram-se os carros triunfais das legiões denodadas, que regressavam de longínquas regiões, tendo conquistado novos e imorredouros lauréis para o famoso Império dos Césares – que parecia avassalar o orbe terráqueo.

Os cavaleiros tomavam a dianteira da infantaria, garbosamente montados em ginetes egípcios, e saudavam as autoridades e o povo, indo ao encontro de Júlio César, que acabava de surgir em faustosa carruagem descoberta, escoltada por luzidio e imponente séquito de alabardeiros reais. César recebia, sorrindo, com a fronte coberta de louros, as ovações delirantes do povo, que lhe atirava flores em profusão.

– Ave, César! Ave, César! – era a principal das exclamações de todos os lábios.

Os senadores, os cônsules, os altos dignitários de Roma, recebiam também aclamações entusiásticas dos assistentes cujas almas fremiam de emoção cívica. Não distante da carruagem de Numa Tarquínio e sua esposa, destacando-se pelo garbo e formosura, via-se um jovem legionário, que relanceava o olhar pela multidão como desejoso de descobrir algo que muito o interessasse. Quando o carro deslumbrante de César defrontou com o do procônsul, Clotilde empalideceu mortalmente ao fixar o melancólico olhar no belo cavaleiro que também, por seu turno, ficou lívido ao reconhecer a consorte de Tarquínio.

Luciano Naldi e Clotilde Moréti acabavam de se reconhecer naquele momento; e haviam sido observados pelo arguto procônsul...

A realidade imprevista e irrefragável apresentou-se-lhes bruscamente, deixando-os aturdidos.

Pelo semblante trágico de Numa passou um lampejo de ferocidade: fora traído pelos emissários a quem encarregara de eliminar os jovens Luciano e Flávio de entre os vivos...

Reaparecendo, eles, certamente defenderiam a incomparável beldade que o alucinara, enlouquecendo-o de paixão, e que ele roubara aos carinhos paternos, sem recuar ante os muitos crimes praticados, para a poder possuir! Se Clotilde não o amara até então, recordando os *mortos* queridos, esforçando-se, tenazmente, por se conservar fiel ao noivo idolatrado; vendo-o, agora, de novo, mais belo e glorioso... havia de adorá-lo ainda mais intensamente!

Se os desdéns de Clotilde lhe eram um suplício a recordar-lhe os entes amados (e nenhum o seria tanto quanto o noivo, esbelto e sedutor) a vida em comum, desde aquele fatal encontro, tornar--se-ia decerto intolerável!

Quisera ele próprio, naquele instante inolvidável, trespassar o punhal no coração do odiado mancebo; mas, pelo que percebeu, Luciano fizera-se amigo de César, e este admirava os mais garbosos e denodados cavaleiros, num requinte de estética e de civismo apaixonado, qual um esmerado jardineiro se orgulha de patentear a todos os olhares as mais encantadoras flores, como se fossem por ele próprio produzidas, e não pela Natureza.

Era mister, naquela hora, dissimular o que vira, até que, aproveitando um propício momento de confusão, alguém, a seu mando, abatesse o mancebo, com a lâmina de afiado punhal...

Ninguém, mais do que ele, sabia planejar o modo de extinguir uma vida, por mais preciosa que fosse... Daquela vez nenhum infame assalariado poderia iludi-lo, pois ele próprio estaria presente no instante decisivo...

De esguelha, olhou a consorte...

Clotilde, esmaecida, deixava-se conduzir no áureo e majestoso veículo, repleto de flores odorosas... qual se a levassem em um esquife, à hora de baixar ao túmulo!

A multidão, transitando pelas ruas de Roma, desapareceu para ela, que só vira o relâmpago de um formoso olhar, sempre adorado, inesquecível, incomparável, que ela encerrava no íntimo da alma qual relíquia preciosa em um sacrário. Desejou, então, que a sua vida terminasse bruscamente – para jamais ver algo sobre a Terra, e levar, na suprema e arcanosa peregrinação, através das constelações siderais, a carícia luminosa daquele olhar faminto do seu, guardando um mundo de recordações do passado venturoso, perdido eternamente pela fatalidade do destino!

Prantear-se alguém, algum ser idolatrado que se julga eclipsado no sepulcro – o abismo que traga vorazmente muitos sonhos fagueiros, muitas esperanças radiosas, muitas venturas floridas –; supor-se extinta a vida terrena de um ente bem-amado, que se esvaeceu diante dos órgãos visuais, mas cuja recordação palpita, vívida e perene, dentro do coração magoado e saudoso; pensar-se em um ser amigo, que se considera perdido, aniquilado, e, súbito, esse alguém surgir, pleno de beleza e sedução, da tumba ignorada, tal a Fênix[73] das próprias cinzas imortais... é enlouquecer de alegria uma criatura humana, e, logo, após, matá-la de tristeza infinda por sabê-lo incapaz de realizar a ideada felicidade de outrora!

Como seria imensamente ditosa, se ainda estivesse no longínquo fortim insular onde nascera e fora criada, onde ficaram vagando os espectros de tantos entes idolatrados! Agora, porém, de que lhe valia o regresso de Luciano – o noivo amado? Se já não

---

[73] Ave fabulosa que renascia das próprias cinzas, segundo a mitologia grega.

tinha livre o seu destino; se já havia contraído o odioso consórcio com o desnaturado, que ordenara a morte do noivo inesquecível, por intermédio de míseros assalariados! ... Como fora real a revelação de Múrfius Selan! Por que não dera resposta ao angustioso apelo que lhe dirigira, quando previra a destruição do lar paterno pelo déspota que a escravizara? Não o recebera, interceptado por algum celerado ou assecla de Numa? Por que, até aquele dia, não viera em sua defesa, sabendo-a em situação aflitiva, prisioneira em uma habitação que não considerava sua?

Por que não lhe escrevera sequer uma palavra – para a encorajar a sofrer e a triunfar do monstro que se apoderara dela e de todos os mais caros de sua família? Revê-lo, após dolorosa separação, depois de sabê-lo perdido para o seu amor profundo, sem lhe poder transmitir os pensamentos, era a suprema tortura, o supremo suplício moral! ... Livrar-se-ia ele de uma segunda vindita do desumano verdugo, inflexível no desejo de o eliminar de entre os vivos? Havia de vê-lo ressuscitado, saído de um túmulo ignorado, para o perder eternamente? Não! Teria ânimo de se rojar aos pés do magnânimo César, de lhe narrar todas as suas vicissitudes, todos os seus tormentos, e implorar-lhe o seu patrocínio para uma causa justa, o seu apoio incomparável para se libertar de um carrasco, e recobrar o noivo fiel, o denodado legionário – Luciano Naldi!

XII

Clotilde voltara ao lar, quase desfalecida, tendo a tumultuar-lhe na mente um infinito de agonias morais e de interpelações, que, então, ninguém poderia confortar, a que ninguém poderia responder...

Numa não lhe dissera uma única palavra; sua catadura, porém, tornara-se mais hedionda, sulcada por profundos vincos, que, dir-se-ia, eram víboras adormecidas, prestes a despertar para concretização do que se passava no recesso daquele crânio...

Desde o memorável encontro, ele intensificara a vigilância em torno da esposa. Esta só podia ausentar-se do camarim, em sua companhia. Uma tarde, ao pentear as formosas madeixas castanho-áureas, Fátima, aproveitando a momentânea ausência das outras camareiras, disse-lhe baixinho, a medo:

— Senhora, Múrfius está escapo e com saúde graças à vossa generosidade. Ele já soube do regresso de *quem muito vos interessa*, e pediu-me para vos comunicar que se acha ao vosso dispor...

As inesperadas palavras da serva dedicada ressoaram, profundamente, na alma desolada de Clotilde, que fremiu, compreendendo todo o seu alcance; estava em seu querer a eliminação da vida do tirano que infelicitara a todos quantos ela mais amara... Não seria lícito o desforço? Não lhe seria perdoado, pelo Criador do Universo, um crime, que deixaria de o ser pelos resultados a obter? — Livrar a Humanidade de um verdugo?

Mas que estranha vibração lhe penetrava no íntimo da alma, naquele instante decisivo, repercutindo intensamente em seu ádito?

"— Não, amada filha, não queiras perder a felicidade do Céu, pela da Terra!"

Quem lhe incutira na mente, qual relâmpago, semelhante conselho? Quem poderia ser esse ente protetor, senão o querido e nobre Donato Moréti?

Clotilde estremeceu à estranha vibração, e respondeu à desvelada Fátima:

— Agradeço a dedicação de Múrfius, muito preciosa nestes angustiosos instantes... Não tomei, porém, qualquer deliberação definitiva sobre a minha situação, cada vez mais dolorosa... Ele que aguarde o momento oportuno para agir...

Ambas ficaram em silêncio, à entrada de uma outra serva.

Numa Tarquínio cerceava todas as ações da consorte. Não lhe permitia que falasse nem às próprias cativas, senão para transmitir quaisquer palavras que se relacionassem com a indumentária, ou com a alimentação.

Um dia ao alvorecer, ela, transida de pavor, começou a ouvir gritos dilacerantes partidos do subterrâneo do palácio.

Que haveria sucedido? Tarquínio, com o fim de a torturar, ordenara a Salústio que infligisse, aos prisioneiros, bárbaras sevícias.

Recomeçara para ela inenarrável suplício moral.

A aparição de Luciano redespertara no déspota os instintos ferozes e o desejo de vingança pela emoção que tal aparição causara à mísera esposa.

Passaram-se dias de indescritíveis angústias para Clotilde, que, uma vez, na presença do cruel verdugo, ouvindo os lamentos dos desventurados detentos, lhe disse:

— É preferível que me arranqueis a vida com um punhal, *domine*! Não prolongueis mais o meu martírio, imposto injustamente, sem que eu e os desgraçados prisioneiros vos tenhamos ofendido!

Ele encarou-a, com escárnio, os olhos relampejando cólera feroz, e, com entonação profunda e frizante, respondeu-lhe, lentamente:

— Quero que sejas atrozmente atormentada, tanto quanto eu o tenho sido por ti... que és anjo, para todos os que te cercam, e Satanás, para o meu coração!

— Quem ousa atormentar-vos, *senhor*?

— Quem? Ainda mo interrogas? Quem me odeia, sem o dizer, friamente, transformando o rancor em um desprezo aviltante? Quem recebe as mais pomposas homenagens com o desdém estampado nos olhos, e os lábios emudecidos? Quem, sendo a esposa de um grande servidor da pátria... vive com a *imagem* e o *nome* de outro homem gravados no coração? Quem desmaia à passagem de um vilanaço... que se apresenta em Roma com ares de herói e conquistador... quando *todos* já o consideravam nos antros de uma geena?

— Mas que ultraje vos fez ele, para que o execreis de tal modo? Acaso será um crime terem-no os deuses protegido, e a César, conservado, em tão longa refrega, a vida de valorosos soldados?

— Não o confundas com *César – nobre e leal*! Ele é um infame, que vem a Roma exclusivamente para perturbar os lares honestos; mas muito se arrependerá de tal arrogância...

Clotilde achou prudente não defender a quem tanto prezava; e silenciou, abalada por soluços incoercíveis.

Desde aquele incidente, raro os consortes permutaram impressões.

Escoavam-se os dias, lentos e lúgubres, na habitação de Numa Tarquínio.

Um dia, porém, Roma foi convulsionada por um sucesso retumbante, atroador, clangoroso: o homicídio do denodado Júlio César, quando este galgava as escadas do Senado, apunhalado por Brutus, que ele considerava e amava como se filho fora, pois o era da amante favorita, fazendo-o exclamar:

— *Tu quoque, Brute, file mi?*.[74]

Morto covardemente o insigne conquistador das Gálias – que se insinuara no coração dos romanos por seus méritos excepcionais, foi designado pelo Senado para sucessor, Augusto Otávio, seu sobrinho e amigo, débil na aparência, mas que, bruscamente (por certo sob o influxo do Espírito de herói extinto na Terra, porém possuidor de faculdades incontestáveis no Plano Espiritual) mostrou pasmosa atividade, manifestando energia e coragem invencíveis. Dir-se-ia que, no frágil organismo, a alma de Otávio fora metamorfoseada em outra, varonil e denodada, que alçara a espada para a vindita, para as empresas arriscadas, para o arrojo que produz triunfos.

---

[74] "Até tu, Brutus, meu filho?", exclamação de Júlio César ao ver Brutus no grupo dos seus assassinos, 44 a.C.

Os adversários do César assassinado estremeceram de pavor. O desforço não se fez esperar. Por uma palavra suspeita, por um gesto indecifrável, por um olhar indiscreto, cabeças másculas, plenas de juventude e valor, rolavam sob o gládio dos centuriões. Lares eram devassados, mancebos denunciados por vagas informações, infundadas às vezes, e sumariamente decapitados. Uma atmosfera de sangue, de luto, de receios e de dor pairava sobre a Cidade eterna.

....

Um dia, ainda no leito, Clotilde viu Fátima abeirar-se dela, na ausência de Numa Tarquínio, que se achava no Senado, a fim de fazer parte da assembleia, convocada com urgência por Augusto Otávio.

A serva, depois de humilde cumprimento, disse, entregando-lhe um ramalhete de rosas:

– Senhora, com as devidas precauções, meu irmão recebeu, de um desconhecido e belo jovem, estas flores para serem entregues, *pessoalmente*, à *domina*...

Clotilde agradeceu o desempenho da delicada missão, e, ficando a sós, desfez os atilhos do ramalhete, e descobriu um minúsculo bilhete, escrito em pergaminho:

"Sempre adorada C. Eis-me, após odiosas ciladas, de regresso a Roma, ansioso por arcar com todos os perigos para reaver o tesouro que, covarde e cavilosamente, me foi usurpado por um desumano monstro! Já havia exposto a César a traição que me foi feita por um indigno procônsul, e ele prometeu fazer-me justiça, assim que averiguasse a procedência da minha denúncia; mas a fatalidade persegue-me! Sei, por intermédio de M., de tudo quanto tens padecido... Estou disposto à luta, à morte, se preciso for, para reconquistar o que perdi em hora fatal. Se estiveres de acordo com os meus planos, manda-me, escrita por tua própria mão, a palavra – SIM –; no caso contrário, ficarás silenciosa, e, nessa penosíssima hipótese... nada mais deverei esperar da vida! Teu, sempre teu, L. N.".

Indizível inquietação se apoderou do coração pressago da mísera Clotilde ao ler a mensagem. Para que não surgisse o menor compromisso aos implicados na secreta missiva, após a leitura, repetida muitas vezes, para gravar bem em sua alma todos os vocábulos, a desditosa consorte de Tarquínio destruiu, em lágrimas, o precioso autógrafo. Eram bem de Luciano, do amado de sua alma, as expressões daquela inolvidável missiva, que ficaria eternamente gravada nos refolhos do seu atormentado coração. Olhou enternecida para as rubras rosas, oferta do seu adorado companheiro de infância, e estremeceu, recordando-se do desditoso menestrel cuja morte trágica nunca poderia esquecer. Seria um doloroso presságio o que então sentiu, fazendo-a empalidecer? Meditando na gravidade da situação, conservou-se reclusa em seu velado camarim, entristecida e assediada por vaticínios tenebrosos. Grave era o momento que vivia, tendo em perspectiva a liberdade ou a derrocada dos seus sonhos mais queridos.

Que estranha fatalidade os perseguia; justamente no instante em que Júlio César prometera fazer-lhes justiça... fora assassinado por adversários, que, até à véspera, eram considerados seus amigos dedicados?... Uma conjetura inopinada lhe relampejou no cérebro, com fulgores de incêndio em florestas ressequidas: não seria provável que Numa Tarquínio, fazendo suspeita a afeição existente entre César e Luciano Naldi, o apontasse como um dos mandatários do monstruoso atentado?

E se não fosse descoberta toda a urdidura da trama sanguinolenta, que teve por finalidade eliminar uma preciosa vida de herói?

Apesar das inquietações, dos sofrimentos morais por que estava passando, sentiu inebriante conforto com a recepção da florida mensagem; embora, na realidade... contivesse também grave projeto, que podia simbolizar um sepulcro, cuja lápide, repleta de fragrantes flores, ocultasse no interior... tristeza e desolação!

Ela computara, em rápido pensamento, todo o valor, toda a extensão formidável fechada na dimensão léxica deste vocábulo – SIM.

Dir-se-ia que os povos remotos, os que hauriam do Espaço insondável o germe das línguas a serem formadas neste planeta sublunar, quiseram designar as coisas mais veneráveis, mais portentosas, mais meritórias por breves sílabas; as grandes sínteses que no idioma de Camões apenas têm uma: Deus, céu, mar, mãe, pai, ar, não, sim – como se quisessem expressar com a celeridade do pensamento tudo quanto possui um valor inestimável, ou participa da extensão infinita: uma infinidade de emoções fundidas em um vocábulo.

Clotilde, naqueles segundos tormentosos, olhando as rosas que recebera, intérpretes de uma afeição sempre profunda e em cujo aroma sentia a pureza e a sublimidade de um afeto imortal, lembrou a duração efêmera da flor, símbolo talvez das esperanças fugidias, que, por um átomo de tempo, desabrocham nas almas torturadas de dois companheiros de infância e de juventude sonhadora...

Como poderia enviar-lhe a resposta desejada sem que despertasse alguma suspeita odiosa? Com o coração prenunciando dissabores e lutas acerbas, mas almejando finalizar o intolerável martírio moral em que vivia; querendo arrostar todos os perigos, até a morte, contanto que não se prolongasse indefinidamente o suplício de ser cativa de um monstro, pegou uma áurea medalhinha que lhe fora ofertada pelo próprio Luciano, brinde de natalício ditoso, abriu um escaninho existente na mesa, e nele inscreveu, com um estilete metálico, a palavra que, para ela, então, encerrava todas as esperanças, todas as promessas de amor, todos os prováveis pesares: – SIM!

Chamou em seguida a serva favorita, Fátima, e entregou-lhe a joia querida, pedindo-lhe que a entregasse a Múrfius para que este a fizesse chegar às mãos de Naldi. Compreendendo a gravidade da sua situação, as duas desditosas jovens, tão diferentes na hierarquia, e tão iguais na desventura, ficaram silenciosas por momentos.

Lentamente, Clotilde, fitando os olhos na escrava dedicada, disse-lhe:

– Fátima, se os fados me favorecerem os planos, se algum dia eu for livre... tu também o serás!

– Que felicidade poderei fruir, na vida, senhora, senão a de viver junto a vós?...

– Pois bem, Fátima, tua vontade será satisfeita, não, porém, como escrava, mas sim como irmã estremecida...

Ambas choravam, antegozando uma ventura difícil de ser conquistada e uma liberdade cuja aurora, para ambas, ainda não havia raiado, e talvez estivesse longe de se realizar naquela sua dolorosa existência de formosas cativas de um déspota sanguinário...

FIM DO LIVRO IV

Livro V

Da desilusão ao abismo

I

Não havia decorrido um quarto de hora que a desventurada Fátima se retirara da câmara de Clotilde, quando, ao atravessar precipitadamente o jardim lateral da habitação, encontrou Numa Tarquínio, que regressava do Senado, onde fora tratar de graves assuntos. Ele percebeu que ela queria ocultar-se à sua arguta vista, em um renque de papoulas rubras. Numa, havia muito, sabendo a cordialidade que existia entre sua esposa e aquela escrava, por vezes concebera odiosa suspeita contra a mesma, e quis afastá-la de Clotilde, mas esta tão pesarosa se mostrara, que ele permitiu que ela continuasse nos mesmos misteres, tornando-se, porém, o alvo de seu olhar, que, prevenido, era de perspicácia inexcedível. Vendo-a, fê-la parar com brusco movimento de mão, e interrogou-a com aspereza:

— Aonde vais? Não sabes que vedei a saída a todos os serviçais da *domina*?

Fátima ficou lívida, colhida assim de surpresa, e, chorando, respondeu-lhe:

— *Domine*, estáveis fora quando soube que meu pai está à morte... Pedi à *domina* para ir vê-lo pela derradeira vez...

— A verdade vai ser patenteada, mulher pérfida e venal!

Chamando Tarquínio um dos guardas do palácio, ordenou-lhe que arrastasse a mísera Fátima ao subterrâneo e, em sua presença, fosse rigorosamente revistada.

Semimorta de pavor, Fátima foi arrastada perante Salústio, que, imediatamente, compreendeu a gravidade da situação da favorita de Clotilde...

Era mister, porém, obedecer às ordens do encolerizado tirano.

Feita minuciosa investigação foi encontrada a preciosa joia de Clotilde, encerrada em minúscula bolsa, colocada na bainha do manto que envolvia a desditosa escrava.

Numa, que via sempre aquela preciosidade com a esposa, preferida dentre todas as que possui, supôs tratar-se de um latrocínio, mas, examinando com olhar de lince a formosa medalhinha, descobriu, lívido de ódio, o fatal monossílabo escrito no escaninho.

— SIM! — leu, enlouquecido de ciúme.

Então, todo o amor que consagrara a Clotilde se metamorfoseou em execração pela infortunada que o traíra...

"*Eles* se correspondiam por intermédio desta alcoviteira! *Isto* é a resposta ao que ele lhe havia transmitido por esta infame. Ambas afrontaram a minha dignidade e o meu rancor", pensou o enfurecido Tarquínio. "A minha vingança será inolvidável, atravessará séculos, para exemplo das adúlteras! Vou começar a desagravar a minha honra..."

Assim pensando, empunhou uma lança que se achava ao alcance da mão, e, com ela, atravessou o coração da desditosa Fátima, ordenando a Salústio, que o olhava, esmaecido de emoção:

— Atirem-na ao tanque das moreias.[75]

Encerrou-se, depois de sua desumana façanha, em uma câmara reservada, onde costumava tomar deliberações de extrema

---

[75] Moreias, peixes tão vorazes quanto as piranhas do Brasil. O que Numa ordenou era comum em Roma naquela época.

responsabilidade, sentindo que as suspeitas mais execrandas se entrechocavam no seu cérebro vulcanizado de raiva, ciúme e despeito:

"*Ela* sabia, há muito, que *ele* existia em alguma longínqua região", conjecturava Tarquínio; "e, por isso, teimava em ser-lhe fiel... Nunca deixou de o amar; bem o compreendi por seus olhares comprometedores... SIM – representa a traição premeditada por ambos... Adorei aquela hipócrita com êxtase, supondo-a honesta e pura. Submeti-me a todos os seus caprichos; cumulei-a de conforto principesco e de dádivas reais; tornei-a opulentíssima e invejada por todas as mulheres que a viam... e ela se mostrava indiferente a tudo, de uma insensibilidade glacial... É orgulhosa, covarde, infame, ludibriadora... Para desvendar os arcanos de sua alma de lama (que ela aparenta ser de neve, de perdão e de piedade) basta o que descobri, auxiliado pelo acaso, pela fatalidade ou pelos deuses vingadores... Odeio-a! Execro-a como se fora o mais traiçoeiro de todos os meus mais implacáveis adversários! Hei de, agora, sem vestígios de remorsos, vibrar-lhe no coração o mesmo punhal venenoso que ela cravou no meu... Hei de regozijar-me com o seu tormento; e, depois de a repudiar acintemente, torná-la-ei uma das mais desprezíveis escravas das minhas amantes; e, se reclamar contra o que lhe fizer – escudado na mais íntegra justiça –, se não tiver ânimo de a matar... expulsá-la-ei deste palácio, que ela não merece mais, e do qual se tornou indigna!"

Um furor indescritível se apoderou do cruel procônsul. Por algumas horas, esteve incomunicável, no aposento onde se enclausurara; e, após, de cenho contraído, e catadura feroz, ausentou-se do lar por algumas horas.

Enquanto ele forjava planos sinistros, em seu dormitório, semicerrado, onde tudo mal se divisava – através da penumbra que reinava –, estava sua infortunada esposa imersa em desolação infinita...

Nenhum movimento exterior quebrava a quietude de tudo que a rodeava. Esse silêncio e esse isolamento pesavam-lhe na alma torturantemente; sentia-se mais desventurada do que nunca. Era a escrava prisioneira em cárcere florido... No recesso daquele ambiente calmo e aromatizado pairava uma inquietação indefinível, a premir-lhe o coração, desde que expedira a secreta mensagem por intermédio da dedicada Fátima, que soube ter sido assassinada pelo cruel verdugo.

Fracassara o derradeiro plano que poderia salvá-las, se triunfasse! Angustiava-se por haver sido, involuntariamente, a causadora do sacrifício inútil de uma vida preciosíssima... Sem o desejar, ao influxo da paixão nefasta do consorte, ia ela sendo circundada de espectros... Quem lhe poderia valer, na desesperadora situação em que se achava? Qual seria a vingança de Tarquínio contra ela e Luciano? Um presságio lúgubre eclipsou-lhe na alma a derradeira esperança, transformando-a em desolação.

Estava perdida a suprema batalha.

Só poderia triunfar ainda, por meio de um crime; confiando a Múrfius a execução do plano por ele mesmo concebido, havia poucos dias. Como, porém, conseguir fazer chegar até ele algumas palavras? Estava só, inteiramente só, para lutar contra um carrasco! Um avassalador esmorecimento dominou-lhe todo o ser, impotente para reagir contra a fatalidade do destino cruel; sentiu-se pusilânime para a refrega da vida, esmagada, vencida, aniquilada, imensamente desgraçada!

Irromperam-lhe do seio soluços incoercíveis; e Clotilde desejou que seu coração explodisse de dor, asfixiando-a em borbotões de sangue!

II

Aquele dia, que começara tão tragicamente, escoou-se em mortal inquietação para Clotilde.

Ela já não temia, por si própria, as consequências funestas de sua fatal imprudência, pois a morte viria apenas satisfazer-lhe o incessante almejo de se eclipsar do cenário da vida; mas pelo único e derradeiro ente que adorava sobre a Terra – Luciano!

Presa de inenarrável ansiedade, chamou por Mércia, e interrogou-a:

– O senhor saiu novamente?

– Sim, *domina*. Saiu há muito, e ninguém sabe aonde foi, nem quando voltará...

Ela preferia a cólera de Numa Tarquínio àquela ausência e silêncio ameaçadores.

Algo de sinistro pressentia, e tinha a intuição de que ele estava agindo ocultamente, para conseguir cevar os seus sentimentos ferozes.

À noite, à luz vacilante de uma lâmpada de prata, que, pendente do teto, mal iluminava pinturas preciosas, de flores e aves, Clotilde distinguiu o vulto negro do tirano, cuja face, desta vez, lhe pareceu mais pávida e mais hedionda do que antes.

Aproximando-se dela, disse-lhe, bruscamente:

– Deverás preparar-te para um *festejo* matinal, amanhã, às 6 horas, precisamente...

– Sinto a saúde abalada; não me forceis a um passeio que seria martirizante...

– Minha resolução é inabalável. Irás, mesmo que seja em padiola. É a derradeira vez que te constranjo a sair contra a tua vontade, como, aliás, sucedeu sempre, parecendo até que tens vexame de te apresentar em público em minha companhia, talvez porque não sou um fátuo jovem... ridiculamente belo, menos valioso do que uma hetera...

– Senhor, não discutamos assuntos que nos causarão dissabores, sem chegarmos jamais a um acordo. Quero também que me escuteis... talvez pela derradeira vez... Ouvi-me. Fátima morreu inocente. Ela sempre me foi fiel e dedicada. Hoje, sabendo que seu genitor estava à morte, não tendo em mãos quantia alguma disponível, dei-lhe aquela joia para que a vendesse, podendo, desse modo, socorrer o pai enfermo... A joia pertenceu a minha mãe. Foi o primeiro presente de noivado que meu pai lhe ofertou; e, por isso, sendo uma dádiva do dia do contrato de suas núpcias, havia nela gravado um simbólico – SIM!

Numa fixou-a com desdém irreprimido, e disse-lhe:

– Não é mister que se prolongue a farsa por mais tempo... *Ninguém* ilude a Numa Tarquínio impunemente, senão uma só vez! Caí em plena realidade...

Assim dizendo, retirou-se arrebatadamente da câmara de Clotilde, sem lhe prestar mais nenhuma atenção durante o dia, que decorreu lentamente, lugubremente, entre novos presságios aterradores... Angustioso receio de iminentes desventuras confrangeu o coração da infortunada jovem, fazendo-o palpitar desordenadamente.

Atemorizava-a, acima de tudo, a premeditada serenidade do verdugo, de quem ela aguardava uma explosão de ódio veemente. Era a calmaria da vingança forjada contra ela, que o fazia aparentar uma tranquilidade inexistente no seu íntimo, e que, decerto, se transformaria em procela de desditas sobre sua abatida fronte.

Que monstruosidade pavorosa premeditava ele para o dia imediato? Por que desejava que ela se apresentasse em público, pela *derradeira* vez, como lhe dissera ele intencionalmente, em uma época tão calamitosa como o era aquela que estavam vivendo os romanos, de inolvidável desforço contra os adversários de Júlio César, cujo homicídio estava sendo vingado impiedosamente por Otávio Augusto?

Com a alma excruciada de temores dolorosos, Clotilde permanecia imóvel em um coxim na penumbra do recinto; seu rosto marmóreo distinguia-se na semiescuridão em que se achava, qual uma estátua plasmada em nevado mármore; não se alimentara durante o dia, permanecendo desalentada até que a noite ensombrou, funereamente, o aposento em que se conservava como que mergulhada em sono cataléptico.

Era noite alta, quando ordenou a uma serva que acendesse a lâmpada central; mas não se recolheu ao leito, continuando imersa em penosa meditação, rememorando todo o passado sombrio decorrido naquele encantador palácio, em que todos – exceto o tirano que o possuía – viviam em permanente opressão...

Voltara Numa, havia dois dias, a ser o mesmo déspota completo de outrora.

Alarmada a desditosa Clotilde, tentando libertar-se dos gemidos que lhe pareciam ascender do solo, das profundezas da Terra, de um coração sepulto durante séculos, sofrendo dissabores inconsoláveis, sempre vivo como afirmam ter ficado o da Donzela de Orléans,[76] quando sofreu o suplício da pira ardente; compreendendo que era a causadora involuntária daqueles carpidos torturantes, que lhe penetravam na alma como verdadeiros punhais de fogo, resolveu, inabalavelmente, acabar com tantos martírios por meio do suicídio.

Passou-se, então, surpreendente fenômeno: à inação sobreveio a agitação febril.

Sem poder mais sopitar as suas mágoas; agindo sob o império de uma força estranha e invencível, ergueu-se do coxim onde estivera por muitas horas, parecendo semimorta, envolveu-se em um manto, saiu da câmara e começou a andar, rapidamente, pelo extenso corredor que separava os seus aposentos dos reservados a seu cruel esposo.

Ao atravessar o átrio, que ficava pouco distante do local onde sempre se achavam os guardas do palácio, ordenou, a um destes, que fosse chamar, à sua presença, o carcereiro-mor.

Salústio, saudando-a, surpreso por vê-la, àquelas horas tardias, fora dos aposentos conjugais, e compreendendo o perigo que haveria se Numa Tarquínio os visse, advertiu-a delicadamente:

---

[76] Joana d'Arc, heroína francesa que foi queimada viva e no meio de suas cinzas foi encontrado o seu coração intacto.

— Prefiro a morte, Salústio, à tortura em que me encontro! Afronto-o, hoje, para que ele me apunhale de uma só vez. Não vim, porém, aqui para falar de meu martírio... Ouvi-me. Por que recrudesceu o tormento para os desgraçados prisioneiros?

— Recebemos ordens terminantes de vosso esposo, *domina*, para assim proceder... contra os ditames de nossa consciência santificada com os vossos belos exemplos – respondeu-lhe Salústio, olhando-a com enternecimento, e sentindo que seria capaz dos maiores sacrifícios para lhe poupar mais lágrimas.

"Senhora! – continuou ele, após momentos de emocionado silêncio – estou disposto, para vos servir, aos mais arriscados embates, embora saiba que vou imolar a liberdade e a vida..."

— Não o consinto, Salústio; basta o infortúnio dos que ousaram dedicar-me sincera afeição.

— Também sofro, senhora, vendo-vos assim angustiada! Quão feliz serei se, a vosso serviço, perder a vida por vossa causa!

— Obrigada, Salústio – disse Clotilde, com os olhos marejados de pranto. – Eu me sinto só para a luta suprema, abandonada e oprimida. É um bálsamo, para meu coração, a vossa prova de dedicação. Sei que vos compadeceis de meus tormentos...

— ...que poderão cessar... se o quiserdes! – murmurou Salústio, intencionalmente, interrompendo-a.

— Estou desiludida da Terra e dos deuses que me têm desamparado em instantes aflitivos! Deixemos, porém, de digressões inúteis, que nos poderão ser fatais, não permitindo aproveitarmos o tempo precioso, que está fugindo, e levando-me pedaços da alma! Escutai-me, Salústio: Amanhã jogarei a derradeira cartada da vida. Sei que meu verdugo me prepara tremenda represália, e já tomei a extrema deliberação... Quero, pois, fazer-vos a última súplica: se, amanhã, for consumado o suplício de minha existência... desejo que vos compadeçais – mais do que quanto *ele* estava ausente – dos desditosos encarcerados!

— Sim, *domina*, eu me encarregarei de seviciá-los ficticiamente, vergastando as colunas pétreas! Os gemidos que ouvirdes, da amanhã em diante, não serão gemidos de dor, mas carpidos de saudades de sua grande protetora, ou preces de gratidão à piedade da mais bondosa e desventurada senhora que os meus olhos contemplaram!

— Obrigada, Salústio. Eu tinha necessidade deste desabafo com um ser nobre e generoso. Confio em vossa promessa. Adeus!

— Contai com a minha dedicação... que poderá transformar-se em martírio, para compartilhar do vosso destino!

Ambos choravam. Estreitaram as mãos pela primeira e última vez, em pacto sagrado de mútua fidelidade e amor fraterno e puro.

Fora, nos arbustos e nas árvores gigantescas do parque, houve um frêmito de folhagens. Um súbito vendaval percorreu o ambiente, sibilando soturnamente nos interstícios das janelas. Rápidas lufadas abalavam os vitrais com estranho ruído, parecendo ululos de feras assaltando uma indefesa habitação, e prestes a penetrar em seus recintos.

No palácio fatídico de Tarquínio, os candelabros oscilavam nas correntes que os sustinham aos tetos, como que movidos por mãos invisíveis que desejassem arrojá-los a um abismo... Portas e ogivas fremiam e algumas folhas abertas, aparecendo as *sombras*[77] para as fechar.

Bruscamente, ouviu-se um estrépito de cavalos que estacionaram em frente à principesca habitação.

Clotilde e Salústio separaram-se com precipitação.

Exausta pelas refregas morais que a haviam supliciado por tantas horas, Clotilde recolheu-se ao leito, auxiliada por Mércia, que lhe perguntou:

— Não quereis algum alimento, senhora? Há mais de vinte horas que não vos alimentais...

---

[77] Sombras, assim eram chamados pelos romanos os mais humildes cativos.

— Não, Mércia. Tenho fel na boca e na alma. Estou aprestando-me para a morte, e não para a vida...

Depois, olhando-a, e vendo lágrimas a cintilar nos seus olhos orlados de violácea cor, pelo muito que havia pranteado Fátima, sua infortunada companheira de desdita; e, aguardando um desfecho trágico para si própria, a qualquer instante, disse-lhe:

— Mércia, tu e Fátima não fostes escravas para mim, mas amigas desveladas. Pressinto que algo de muito grave se abeira de mim... É provável que não resista ao derradeiro golpe, que presumo seja mais rude do que os anteriores. Nunca tive apego às coisas materiais, que os deuses nos emprestam para uso temporário. Sei que tens irmãos na Gália Cisalpina. Quem sabe se ainda poderás libertar-te, e, então, terás o direito de regressar à pátria distante, da qual foste arrastada pelo sicário que teve a dita de vencer e escravizar heróis? Não sei que estranho presságio me adverte de que me aproximo do túmulo...

E parou, subitamente. O esguio candelabro de prata, pendente do teto, estremeceu violentamente, qual se houvesse sido impulsionado por um ser intangível, mas vigoroso.

— Dir-se-ia – murmurou a pobre Mércia, transida de pavor – que Fátima está presente e nos escuta...

— Se for uma realidade o que imaginas – disse Clotilde, compartilhando do pânico de sua serva –, que ela me perdoe o tê-la feito desgraçada, quando aspirava a fazê-la venturosa... Júpiter, porém, teve compaixão de quem nasceu livre e foi feita escrava de um malfeitor maldito... e deu-lhe a liberdade eterna! Como eu anseio por conquistá-la também! ...

III

Clotilde, observando as lágrimas da desvelada Mércia, disse-lhe:

— Adverte-me secreto prenúncio, de que algo extraordinário se passará em breve na minha existência. Se, por ventura, eu tombar no túmulo – onde talvez se consumam os meus pesares – receberás a prova de minha gratidão. Vês, ali, aquele nicho, onde se acha a estatueta de Júpiter? Há, próximo, um esconderijo, no qual ocultei o que trouxe de mais precioso do castelo da Rocha Negra... Se eu deixar de existir, ficarás com tudo o que lá for encontrado, pois ali está, com as preciosidades encerradas no cofre, uma declaração minha, para que não julguem hajas cometido um furto... Quero que repartas algumas com Múrfius e Salústio. Adquirirás o teu resgate, libertando-te, legalmente, do monstro, e poderás regressar à tua pátria. Lá, encontrarás, certo, a ventura de que te privaram em Roma...

– Ai! senhora minha! – exclamou a humilde serva – que felicidade poderei desfrutar na Terra, se deixardes de viver, não me sendo possível mais ser-vos útil?

– O tempo, que não cessa de se escoar, há de dar-te lenitivo às mágoas! Hás de poder esquecer-me, vivendo ao lado dos que te amam. Esteja, porém, eu onde os deuses determinarem, no Espaço ou neste mundo de trevas, conservar-me-ei, sempre, reconhecida à minha dedicada companheira de amarguras!

A porta, que havia sido cerrada pela fiel Mércia, abriu-se com ruído e, à luz trémula da lâmpada, apareceu a figura sinistra de Numa Tarquínio, que, com um impulso violento, afastou a pobre cativa.

Aturdida pelo terror que sempre lhe causava as violências do verdugo, Clotilde, mudo espectro da dor e da desolação, conservou-se imóvel, e sem um protesto.

Numa apenas falou, com voz estentórica:

– Venho renovar as minhas ordens: espero que, ao alvorecer, estejas preparada para o festejo para que te convidei... pela derradeira vez! Não deves fazer demasiado sacrifício pela perda do sono, pois, pelo que observo, passas as noites em vigília... premeditando, certamente, o que nunca ousas confessar-me!

Clotilde, vencida pelo pavor e pela angústia, não respondeu. No momento, porém, em que o cruel algoz pronunciara as últimas palavras, um trovão – metralha celeste – atroou pela amplidão celeste, sacudindo o solo, e, logo após, impetuosas bátegas de chuva fizeram estremecer portas e ogivas.

Clotilde, sem ânimo de reagir contra a fatalidade (porque desconhecia as consequências dolorosas dos delitos cometidos em outras vidas, e seu penoso resgate), conservou-se reclinada, considerando-se a mais infortunada criatura do universo.

Vendo-a inerte e emudecida, houve um fulgor sinistro nas pupilas do procônsul, como os há nos olhos dos tigres africanos – quando descobrem presa indefesa em que podem saciar a fome.

– Não me respondes? hipócrita! – interpelou ele, com voz atroadora.

Ela, transida de terror, apenas gesticulou com a formosa fronte, afirmativamente.

Tarquínio retirou-se precípite do aposento, fechando a porta com fragor.

Fora, a procela continuava a açoitar as árvores do parque, e as janelas, por onde o vento soprava como alcateia de lobos famintos, rondando vítimas apetecidas...

Clotilde, sacudida por um tremor incoercível, não pôde erguer-se do móvel onde se achava, nem teve ânimo para chamar a espavorida Mércia. No estado de alma em que se encontrava aprazia-lhe o insulamento e as sombras. A luz da lâmpada estava prestes a extinguir-se e oscilava no teto como um coração quase agonizante; às vezes, os coriscos rubros iluminavam o soturno aposento e as cortinas de púrpura que velavam as portas exteriores do palácio fatídico, parecendo incendiá-los.

Clotilde achava estranho o proceder de Tarquínio, insistindo para que fizesse, em sua companhia, o *derradeiro passeio...*

Novas e pertinazes angústias a assoberbavam, e, mais do que sempre, considerava-se a mais ínfima das escravas...

Que brusca e hostil atitude assumira ele desde a véspera

daquele dia, que, para ela, parecia ter tido a duração de um século? Como suspeitara que Luciano lhe houvesse escrito?

Como reconhecera ele a letra na palavra fatal – SIM –, Luciano? Onde se acharia este, depois do assassínio de César – o amigo que prometera agir em seu favor e fazer-lhe justiça? Quem saberia dizer-lhe se ambos – ela e Luciano – não haviam sido atraiçoados por espiões ou apaniguados de Numa Tarquínio? Teria Luciano sabido do trágico sucesso que originara a morte da infortunada Fátima? Onde estaria? Oculto? Ou a serviço do sucessor de Júlio César? Teria Múrfius, disfarçado com vestes femininas, e que fora o portador do ramalhete-mensagem, assistido ao assassínio da desditosa serva, ou tido dele conhecimento? Teria Luciano logrado o mesmo prestígio no coração de Otávio Augusto? Ter-se-ia ausentado de Roma, desiludido de sua afeição (suprema desventura para sua alma amargurada!), a fim de evitar prováveis desditas e perturbações na sua vida, tão eivada de dores e infortúnios?

Um desespero indefinível lhe estuou do coração, ao lembrar-se de que havia chorado intimamente, com o Espírito vestido de crepe, o passamento do noivo querido; de que, após decorridos dois anos – que lhe pareceram milênios – de inconcebíveis suplícios morais, pudera vê-lo só por um instante apenas, ressuscitado, tão belo como outrora, para o perder, novamente, por todo o sempre! Que faria ele, quando o soubesse partido para região ignorada, sem haver obtido a derradeira prova de sua fidelidade, e do seu amor infinito?

Vencida, afinal, pela fadiga, Clotilde teve um súbito esmorecimento, sentindo-se aniquilada, tal se o fosse pela derradeira vez, por toda a consumação dos séculos...

Parecia-lhe, no entanto, que o seu Espírito se exteriorizara e se aproximara de um ser intangível que lhe pronunciara o nome com carinho. E ela reconheceu o timbre familiar do querido e finado genitor:

– Clotilde!

– Pai querido! – murmurou ela no pensamento – não me abandoneis! Receio novas ciladas do sicário que me escravizou... Falai-me, aconselhai-me, pai adorado, sobre o que premedita *ele* contra mim... e Luciano!

Nenhum rumor percebeu em redor, por alguns instantes. Sentiu, porém, alguém gemendo, e distinguiu estas palavras, em tom doloroso e trêmulo:

– A prova suprema! A dor suprema!

– Quem está gemendo? Quem me avisa da aproximação de uma prova acerba... da qual não sei se poderei triunfar?

Silêncio absoluto! ...

A chuva cessara de cair; mudez tumular reinava no palácio maldito.

Dir-se-ia que a Natureza e a Humanidade haviam adormecido num sono perpétuo, para que jamais o menor bulício agitasse o Universo...

Silêncio e trevas avassalavam a Cidade eterna, naqueles momentos, penetrando as almas dos que a habitavam, tetricamente, desoladamente...

Que mal indefinido lhe premia o coração? Quem a advertia da proximidade de uma prova máxima? Por que não lhe respondiam, às aflitivas arguições, os seres amigos que, invisíveis, a cercavam de carinho e sofriam com ela? Ia morrer, ou enlouquecer, por certo...

Descerrou as pálpebras, como por efeito de um esforço ignoto.

Os primeiros albores da alvorada penetravam na câmara de Clotilde, insinuando-se por escassas frestas deixadas pelos reposteiros que guarneciam as portas.

"Como seria feliz se não cessasse nunca mais a noite e se a Humanidade jamais despertasse para a vida, imersa em sono cataléptico perpétuo!", pensou ela, com amargura. Como se coadunavam, com as trevas de sua alma, as que amortalhavam a Natureza!

Contrariando, porém, esses desejos dolorosos, as sombras noturnas dissiparam-se e os plenos rubores aurorais invadiram suavemente o aposento da desditosa esposa de Tarquínio.

Uma serva penetrou, de leve, no dormitório, com o fim de a despertar, mas encontrou-a já acordada.

– Onde está Mércia? – interrogou Clotilde.

– Não pode erguer-se do leito, *domina*, por causa do abalo que sofreu ontem; não se encontra em condições de vos servir...

– Vem vestir-me daqui a momentos, Flávia. Deixa-me só por agora, mais algum tempo...

– Perdão, cara senhora – replicou a escrava, tremendo –, foi *ele* que, antes de romper o dia, mandou que vos preparásseis para sair...

– Está bem, Flávia. Não tenho permissão nem de chorar: sou, como vês, igual à mais desventurada das cativas!

Entregou-se, com a fria indiferença de uma estátua, aos cuidados das servas, que, depois do banho aromatizado, a pentearam e vestiram esmeradamente, envolvendo-a em um peplo de seda esmeraldina, que, a despeito da palidez, lhe fixava a beleza, tão espiritualizada quanto a de uma entidade extraterrena.

Numa Tarquínio aguardava a sua chegava com impaciência, rodeado de luzidio séquito, composto de centuriões, mercenários e legionários, dando marcial aspecto à projetada excursão matinal.

A aparição de Clotilde, acompanhada de formosas aias, causou um murmúrio de admiração. Ela olhou, de relance, o famigerado esposo e seus sequazes, e estremeceu, divagando o olhar pelo jardim florido, rociado e brilhante pelos aljôfares da chuva e do orvalho. Como contrastava a Natureza em flor, com a angústia que lhe oprimia o coração de escravizada a um carrasco!

Instalaram-se todos em aparatosas carruagens, e, lentamente, foram transportados ao Coliseu, onde se acotovelavam milhares de pessoas de rostos lívidos, parecendo esperar um sucesso trágico...

Mal chegara Numa, uma trompa de guerra fez soar pelos ares estridente toque, e, logo em seguida, diversos gladiadores surgiram na arena.

Foi, então, nesse preciso momento, que o procônsul, erguendo-se na tribuna que lhe haviam reservado, se dirigiu aos circunstantes, com voz estentórica:

— Vão ser justiçados os inimigos de nosso muito amado e desditoso Júlio César, os quais, de algum modo, protegeram e ocultaram, em Roma, os que se insurgiram contra o maior dos guerreiros, contribuindo para o desenlace fatal – que está no domínio público... São eles todos traidores da pátria e de lesa-fidelidade ao inimitável Herói. – Ei-los!

Míseros jovens, seminus, deram entrada na arena, escoltados por doze centuriões.

Ao vê-los, Clotilde soltou um grito angustioso, vibrante, qual punhal de sons, rasgando aqueles corações atemorizados; acabava de reconhecer em um deles o seu adorado companheiro de infância, Luciano Naldi, que ia ser imolado pelos sanguinários gladiadores romanos!

Reinou, logo após o grito de Clotilde, um silêncio de deserto.

Todos os olhares convergiram para a tribuna onde se salientava a figura sinistra de Numa Tarquínio, que infundia terror em todas as almas com a sua catadura feroz.

Com surpresa geral, naquele tempo desolador em que ninguém ousava, impunemente, externar os seus pensamentos contra os tiranos opressores, o mais belo dos condenados, Luciano Naldi, alçando o braço direito ao alto, falou ao povo, com timbre sonoro e firme:

— Romanos, sabei, todos vós, que fui um defensor e não um traidor da pátria! Fiel soldado, lutei ao lado do incomparável Júlio César; legionário impoluto, acabo de ser infamado com a pena máxima, sumariamente, para satisfazer à vingança de um déspota... Morro inocente; mas a maldição dos deuses cairá sobre a cabeça do verdugo que me caluniou perante Otávio Augusto...

— O nome do falsário, mancebo! — rugiram vozes, em uníssono.

— O mesmo que me roubou a felicidade, com a noiva adorada, e agora tenta rapinar-me a honra também! Ei-lo! — disse Luciano, apontando, com um gesto largo, o vulto patibular de Numa Tarquínio. Ao aceno deste, um dos gladiadores abateu-o com terrível golpe, e o jovem Luciano tombou ao solo em um lago de sangue, sem um brado de revolta ou de dor...

Sussurro formidável, que se fez semelhante ao do desabar de um alude sobre despenhadeiros insondáveis abalou o Coliseu.

— Assassino! Infame! — gritaram assistentes enfurecidos.

— Matem o caluniador também, gladiadores! — vociferava a multidão, enquanto os lutadores, insensíveis aos rogos de perdão para os desditosos prisioneiros, os iam abatendo a rijos e certeiros golpes de gládio, tingindo-se a arena com a púrpura inconfundível do sangue humano.

Outro grito penetrante, de desespero e de dor infinita, ressoou pelo Coliseu, partido da tribuna do perverso procônsul, sempre garantido pelo séquito marcial que o defendia.

— Luciano! Luciano! — exclamou Clotilde, enlouquecida de sofrimento, como a invocar a proteção do povo para o seu amado, esquecendo-se de que era a esposa do verdugo. Depois, vendo-o tombar exânime, bradou com incrível energia, procurando revelar, desse modo, à multidão, a sua íntima e intraduzível tragédia:

— Matem-me também, romanos! Sou indigna de viver, maldita pelos deuses!

Um ululo de revolta popular fez estremecer o tirano, que observava a infortunada dama. Prevendo o perigo das ameaças, desembainhou uma formidável adaga, enquanto todos os aguerridos milicianos que o guardavam formaram, em torno dele, verdadeira muralha humana, livrando-o de qualquer desforço. E assim o conduziram ileso à faustosa carruagem.

Clotilde, após o segundo e desvairado grito, caiu desacordada ao solo, como que fulminada pelo mesmo golpe mortífero que abatera o seu amado companheiro de infância.

IV

Quando, depois de algumas horas de amortecimento e de torpor, Clotilde voltou à penosa realidade, compreendeu sua irremediável situação, sentindo que seu coração estava ferido por efeito de uma punhalada... ainda que não lhe arrebatara a vida detestada!

Observou achar-se em outro aposento, que não o seu faustoso camarim, estirada sobre um singelo leito, único móvel existente naquele aposento humílimo ocupado pela desventurada Fátima.

Essa afronta fora premeditada pelo impiedoso algoz, que, por todos os meios, queria agora ferir-lhe a dignidade de esposa, pois que ousara patentear em público afeição criminosa por um legionário infamado – escândalo esse comentado acremente por todos os romanos que tiveram conhecimento do trágico acontecimento desenrolado no Coliseu, na manhã daquele dia inolvidável...

Teve ela a impressão de haver adormecido por um século, e, após, despertado em um sepulcro sombrio... Não havia no compartimento nem ogivas nem persianas; apenas um orifício circular, ao alto da parede anterior, por onde penetrava, tenuemente, a luz diurna, que lhe pareceu ser já a do crepúsculo. A única porta existente estava aferrolhada pelo seu lado exterior.

Ela certificou-se, então, da sua exata situação: estava prisioneira de Numa Tarquínio; deixara de ser consorte para se tornar uma encarcerada... Sabendo quanto o marido era rancoroso, violento e inflexível, percebeu que se havia cavado entre ambos um abismo intransponível de suspeitas e odiosidades, durante toda a existência que lhe restasse, e que só poderia ser de agonias, humilhações e suplícios inimagináveis.

Depois do ocorrido no Coliseu, tornou-se de todo intolerável à infortunada Clotilde a presença do carnífice de todos os entes que ela mais amara sobre a Terra.

Uma reconciliação, entre ambos, seria absurdo irrealizável. A cratera infinita do vulcão de ódio e asco, que os separava até então, aumentara mais, cavada por titãs infatigáveis, tornando-se imensurável!

Execravam-se mutuamente.

Necessitava tomar uma deliberação urgente e definitiva.

Sentou-se, a custo, sobre o modestíssimo leito em que fora atirada ainda amortecida e inconsciente. Sentindo premir-lhe os membros superiores os valiosos braceletes que possuía, ela os desprendeu com amargura, arrojando-os sobre o pavimento, onde caíram com ruído; despojou-se, sucessivamente, de todas as joias que a tinham ornamentado para o suplício atroz, fazendo-o com asco, qual se se desligasse de peçonhentas víboras que a houvessem picado mortiferamente...

Fora monstruoso o proceder do bruto que dela se apoderara, e que só pensara em torturá-la!...

A vida tornara-se intolerável desde o instante em que o encontrara no caminho, até então florido, de sua existência. Preferiria que lhe houvessem decepado a cabeça a que a tivessem deixado continuar a viver no mesmo antro abominável em que se encontrava também, para ela, o mais cruel e odioso homem do mundo! Como lavara ele, no sangue de um inocente, o rancor infernal de que se achava possuído!

Numa Tarquínio era, por certo, o mais feroz de todos os celerados.

Levada ao desespero de uma dor moral inenarrável, sentia como que um vácuo infinito dentro de sua alma! Não tinha mais lágrimas para derramar do coração, que lhe parecia premido pela colossal manopla de um gigante. Estava só sobre a Terra!

Só, para a luta, abandonada pelos deuses insensíveis às suas torturas, sem um ente amado para lhe lenir os padecimentos, encerrada em escuro cubículo, destituída de qualquer regalia social, infortunada, aniquilada, infamada... Que lhe restava mais no planeta do sofrimento?

Nada. Todos os seus sonhos de felicidade, todas as suas esperanças, todos os seus projetos... tudo baqueara, fragorosamente, abismando-se em um algar hiante... Até Múrfius Selan e Salústio – que ela julgara amigos – a abandonaram à sanha do procônsul... Era-lhe intolerável a permanência na Terra. Fora torpemente vencida por uma fera humana.

O dia estava em declínio.

A aproximação da noite, em uma cela sem lâmpada, causa aos prisioneiros sensação de pavor.

Ela se ergueu do leito, cambaleante, não só por efeito da falta de alimentos, mas também pelo violento traumatismo moral por que passara, parecendo-lhe estar convalescente de grave enfermidade, ou ter sido retirada de um jazigo onde tivesse estado encerrada durante séculos... Preferia, no entanto, a pobreza daquele reduzido aposento, vazio de móveis e de ornamentos suntuários, a continuar em câmara deslumbrante, sujeita ao contato com o renegado que a dominava.

Era preferível ser escrava a ser esposa de um verdugo.

Além do modesto catre, havia, apenas, no humilde apartamento de sua prisão, um púcaro com água e o indispensável a uma encarcerada. Sentindo a garganta afogueada, sorveu alguns tragos de água.

Parecia-lhe que o seu corpo estava amortecido, ancilosado, crestado por um calor febril, com as lágrimas extintas, sem brados de revolta, qual se em seu coração houvesse estalado todas as fibras da emoção, estabelecendo-se em seu íntimo um vácuo impreenchível, tendo ao fundo, despenhadas todas as aspirações da vida... Sua fronte devia estar nimbada pela neve da desgraça.

Sentia que envelhecera na alma e no corpo; que uma súbita decrepitude sucedera, bruscamente, à juventude radiosa que todos admiravam.

A impressão que ela própria tivera, no momento cruciante em que vira decapitar o adorado gêmeo, de infância e de mocidade, gravara-se-lhe no recesso da alma, como por efeito de um choque elétrico; o mesmo golpe mortífero vibrado em Luciano, ela o sentia, indelével, em seu coração, carbonizando-lhe as últimas esperanças, estancando-lhe a celeste fonte das lágrimas, tornando-a a mais infausta e degradada de todas as mulheres!

Em todos os embates da vida, em que tomara parte, havia meses, fora batida pela desventura; fora abandonada pelas Entidades celestes; os deuses, certamente, eram pura ficção dos homens – não existiam no Universo, pois, caso contrário, não deixariam impune o monstro que infelicitava, perversamente, indefesos encarcerados, escravizando-a também a ela, a livre filha de um patrício...

Subitamente, como que subindo da Terra, Clotilde ouviu uma dolorosa vibração – misto de lamentos, choros, gemidos...

Compreendeu o que estava acontecendo: Numa voltara a mandar torturar os prisioneiros, para melhor lhe suspliciar o coração...

Era, pois, inadiável a execução do projeto que, lentamente, havia muito, se arraigara em seu Espírito: deixar o cenário do mundo por meio da morte voluntária. Era-lhe impossível a vida, que suportara, até então, a fim de amparar os infelizes detentos que viviam sob o mesmo teto, e de lhes ser útil.

Agora fora derrotada na derradeira batalha da existência; era desesperadora a sua posição; pressagiava acerbas decepções no porvir; aguardavam-na tremendas humilhações que a faziam desde já estremecer de medo... O desumano Tarquínio seria capaz de a mandar arrastar a um festim orgíaco, ou a uma daquelas masmorras aonde fora ela levar alento aos que padeciam tormentos insuportáveis...

Anoitecera morosamente. Clotilde continuava o círculo vicioso das suas tristes cogitações.

Por instantes ficara o cárcere imerso em trevas compactas, e logo que desapareceu o último vestígio do crepúsculo, sentiu as sombras avassalarem sua alma, parecendo-lhe haverem-na penetrado.

Dir-se-ia que o seu ser se identificara com a escuridão noturna e que a escuridão ficara fazendo parte integrante de si própria, dando-lhe a sensação de um eclipse eterno... Treva: símbolo perfeito daquilo a que fora ela reduzida pelas chamas vorazes do infortúnio...

Uma agonia infinita lhe invadiu o espírito; e, por segundos, pairou, em sua mente cansada, a dúvida de estar ainda, ou não, no mesmo planeta em que vivera, até a véspera daquele dia fatídico...

Lentamente, porém, uma claridade suave, de luz celeste, penetrou na cela da desditosa ergastulada, pelo orifício existente na parede externa daquele pavimento, ao nível do subterrâneo.

Lá fora devia existir o maravilhoso esplendor de um plenilúnio, a iluminar a Natureza em estado estival...

V

– Perdi a derradeira batalha da vida! – murmurou Clotilde, dolorosamente. – Fui esmagada pela fatalidade!

Recordava e relembrava o que se havia passado: fora reduzida à escravidão, a toda sorte de espezinhações... enquanto que ele, o seu verdugo, se conservava intangível pela Justiça Divina e humana; livre, escarnecendo de sua dor inaudita, banqueteando-se em companhia de devassos amigos e de despudoradas heteras...

Ele lho havia predito, e assim estava acontecendo.

Se ela se humilhasse, ou se rojasse a seus pés, implorando-lhe um fementido perdão, talvez que ele estendesse a mão conspurcada por incontáveis crimes à mulher, cuja formosura era invejada pelas romanas, e admirada pelos homens corruptos...

Restava-lhe, porém, intacta, esplendorosa e imaculada a consciência de que nunca transgredira um só de seus deveres morais, conservando-se sempre digna filha do patrício romano, que soubera criá-la em um lar onde imperava a mais lídima e pura moral.

Ela, Clotilde Moréti, jamais imploraria perdão ao algoz de todos os entes estremecidos de que tragicamente se vira privada... Entre ela e Tarquínio abrira-se um abismo igual ao que existe entre os corpos interplanetários...

Igual e prolongado, continuava a chegar-lhe aos ouvidos o lamento dos encarcerados. Por que não cumprira o prometido o dedicado Salústio? Quem saberia dizer-lhe se também ele não lhe traíra a confiança – revelando tudo o que ela lhe havia dito na véspera do dia fatídico ou em outro, pois lhe faltava a noção do tempo decorrido, parecendo-lhe estar enclausurada por mais de um século? Quem poderia informá-la se ele não fora denunciado ao déspota, por alguém que desejasse insinuar-se no seu ânimo, com objetivos interesseiros? Estaria, também, Salústio prisioneiro, e sendo supliciado? Ninguém lhe respondia às aflitivas interrogações...

Só! Insulada, qual se fora uma temível sanguinária; inteiramente só em toda a vastidão do Universo ilimitado! Nenhum indício visível da sobrevivência do Espírito de seus genitores e de tantos entes queridos, arrebatados pela foice da morte... E fora ela – piedosa e honesta – que, sem o desejar, se tornou a causadora de toda a hecatombe... Ela, que possuía sentimentos dignificadores, semeara a morte e a desolação!

Sentia-se acovardada para a luta final – em que teria de se empenhar contra o odioso tigre indiano, a que se achava jungida pela fatalidade...

Fracassara a virtude, vencera a ignomínia.

A vitória pertencia ao sevandija.

Ela detestava o mundo e a Humanidade.

Não cria mais nos deuses, nem na imortalidade da alma, pois fora abandonada às mãos de um malfeitor invencível, sendo justa e abnegada.

Ajoelhou-se, de chofre, e, braços erguidos, murmurou com veemência:

— Potências ocultas! Se existis, realmente, fulminai-me! Não me tortureis mais com tantos suplícios, a mim, que nunca transgredi as Leis Divinas e sociais, ao passo que cumulais de glórias e regalias aos infames da Terra!

Súbito, um brusco alarido de música e de brados alegres, revelando júbilo, chegou até ao cubículo, fazendo-a compreender o que se passava fora daquela porta cerrada: Numa Tarquínio, mais uma vez triunfante de suas vítimas, tendo cevado seu ódio em borbotões de sangue, banqueteava-se ao lado de amigos dissolutos e de meretrizes escandalosas...

Era a suprema afronta a seus brios de esposa, embora sempre houvesse preferido ser apunhalada a ser beijada por ele...

Ergueu-se com a alma vibrando de indignação, e pensou alto:

— Roma execranda, acolhes com mais carinho as corruptas decaídas, do que as mulheres virtuosas, as matronas honestíssimas! O mundo é dos vis e dos déspotas! Para os povos contemporâneos, a virtude é lama; o gozo, diamante inigualável. Sou de mais, numa sociedade corrupta, porque fui criada na mansão da honra e do dever. Que mais posso esperar sobre a Terra? Ser escrava das amantes do bruto que me quer degradar?

O plenilúnio devia ter sido envolto em algum manto de nuvens sombrias. As trevas haviam obscurecido de novo a estreita cela, onde Clotilde se debatia em um dédalo de angústias renovadas.

Novamente lhe chegaram aos ouvidos as vozes alteradas dos ébrios comensais de Numa Tarquínio.

— É-me intolerável a vida entre estes monstros! — repetiu ela, cheia de amargura.

Tornava-se urgente a realização do que incutira no seu próprio espírito: o suicídio. Ignorava ela (desditosa Clotilde!) que já se abeirava, sem que o soubesse, o momento do triunfo definitivo, da vitória suprema: a redenção espiritual.

Suportara o fardo da vida, tal qual se lhe apresentava, no intuito de intervir em favor dos desventurados que a cercavam, antes que fossem abatidos pelo vendaval dos suplícios desumanos a que eram repetidamente submetidos, e cujos gemidos tantas vezes haviam cruzado seu coração.

Não podia, horas sequer, sobreviver à derrocada de todas as suas aspirações, na iminência de novos vexames e de mais intensos dissabores, vendo o seu verdugo sempre vencedor, arrogante, impune, prestigiado, fruindo vitoriosa vida ignóbil ao lado de indignos comparsas... Ela não queria tolerar ser por um minuto escarnecida por um vilão daquele jaez. Se ele a repudiasse publicamente, enquanto Luciano existisse, ela suportaria a afronta com heroicidade; e, depois, fugindo da cidade fatídica, em local ignorado pelo monstro, ainda poderia ser ditosa... Perdera-o, porém, irremediavelmente, tal qual o vira nos instantes supremos de vida – belo, altivo, heroico – e essa lembrança trágica lhe causava uma sensação mortal.

Já estivera essa sentença lavrada uma vez, quando alguém invisível lhe dissera:

– Aproxima-se a prova máxima! A dor suprema!

Por que, porém, essa entidade privilegiada, que podia desvendar os arcanos do porvir, a abandonara, então, em um pélago de angústias? Onde estava a sua generosidade? Como poderia vencer, só, desoladoramente só, no mundo vastíssimo? Semeara o bem, fora sempre virtuosa e justa; e, naqueles dias aflitivos, achava-se insulada, sem uma afeição, sem uma palavra de conforto... Onde estava a justiça dos deuses? Até quando permaneceria naquele estado aflitivo, prisioneira e infamada? Até quando aprouvesse ao seu algoz invencível... Inflexível em suas resoluções, Numa Tarquínio não abrandaria a sua vingança e sua situação tendia a agravar-se, e nunca a melhorar...

Se ela houvesse sido hipócrita, afivelando ao rosto a máscara de um falso amor, conseguiria agradar ao feroz esposo. E poderia ela conseguir esse disfarce, havendo em seu íntimo uma repugnância invencível por ele? Mesmo encarcerada, ainda preferia ela todas as decepções, todos os martírios, à aviltação perante sua própria consciência incorrupta. A virtude em que fora criada não lhe permitia praticar semelhante vilania.

Debatendo-se nas trevas que a envolviam, concebeu o pensamento que lhe parecia o final: pôr termo a seus sofrimentos morais! Deixar-se-ia morrer, lentamente, de inanição.

Seria isso, porém, prolongar o seu suplício.

Um novo clarão de plenilúnio inundou-lhe o cárcere por momentos.

"Quem sabe," pensou ela, "se não há, realmente, a imortalidade para a nossa alma, e um julgamento severo para todos os crimes, e bem assim a recompensa para todos os padecimentos nobremente suportados?

Quem sabe se *ele* não será justiçado, no Tribunal Divino... e eu, por mais absurdo que isto me pareça, não poderei ser ditosa, ao lado dos que muito tenho amado?

Esta incerteza, porém, da sobrevivência do Espírito à matéria, torturava-a.

Gritos de ébrios e canções obscenas, em promiscuidade, chegavam-lhe até ao cárcere, insultando suas tristes cogitações.

Em um ímpeto de revolta ela se ergueu do leito onde se atirara, plena de desalento, e, sem relutar, deu execução à ideia que, havia muito, a obcecava: o suicídio...

VI

No triclínio florido e brilhantemente iluminado, banqueteavam-se os comensais de Numa Tarquínio. Este, que fazia incessantes libações alcoólicas de custosos falernos, mostravase ruidosamente folgazão – pois não queria que o julgassem apreensivo pelos sucessos da manhã, no Coliseu...

Não desejava patentear o menor pungir de consciência pela imolação de tantos jovens esperançosos, nem o mais leve pesar pela manifestação de um afeto criminoso de sua esposa, por um deles, o que Roma estava comentando com acrimônia.

Enquanto Clotilde, a eleita de seu coração, prestigiava, publicamente, um adversário de Júlio César, seu particular amigo, ele demonstrou aos companheiros de armas e a todas as pessoas de suas relações que havia desafrontado sua honra, repudiando a pérfida, ostensivamente; e, para que todos bem compreendessem o seu procedimento nobre, bastava a ausência da infiel no festim que ficaria memorável por longo tempo...

Os aparatosos camarins da repudiada foram patenteados às damas equívocas, que lá compareceram e faziam referências irônicas e causticantes à formosa e desventurada jovem, vingando-se, assim, vilmente, de sua beleza fascinante, que ofuscava a de todas elas... As almas torvas dos covardes e invejosos esperam, sequiosas do mal e dos infortúnios alheios, que se lhes apresente a oportunidade de saciar os seus inconfessáveis desejos de represália, concorrendo com as maléficas vibrações de seus pensamentos sombrios para que sejam positivados.

Enquanto todos os convivas de Tarquínio se deliciavam com incessantes libações e escandalosas expansões passionais, Clotilde, reclusa em um ergástulo cheio de trevas, sofria suplícios morais inconcebíveis.

Sem a sua presença – que parecia iluminar e santificar os festivais a que comparecia – o festim daquela noite inolvidável transformou-se em bacanal, tendo por escopo humilhar uma encantadora e virtuosa mulher, invulnerável às seduções mundanas, e tripudiar sobre o cadáver de um denodado batalhador, caluniado com a pecha de traidor de César...

Sem que ela o compreendesse até então, todos os que lhe

haviam prestado homenagens, até aquela época, o faziam por hipócrita cortesia, pois os homens e mulheres não lhe podiam perdoar a virtude e a formosura... justamente dois dos predicados que exornam os que já alcançaram um triunfo espiritual e que tão bem se exemplificariam em Jesus e Maria de Nazaré.

O procônsul mostrava-se comunicativo e regozijado pela vitória alcançada sobre os adversários de César e os seus; mas, no íntimo, ele apenas se considerava eterno vencedor de um rival abominado – Luciano Naldi, que ousara sair do túmulo e patentear-se ao lado de Júlio César; e que tivera o atrevido arrojo de acusá-lo em público, mas que jamais o faria...

Julgava-se ele, para todo o sempre, livre do odioso preferido de Clotilde – a única mulher pela qual seria capaz de praticar as maiores heroicidades ou as mais inconcebíveis degradações... para não a ver pertencer a outrem!

Liberto do temível rival, não desejando perder o prestígio de senhor absoluto em sua habitação – cuja opulência e ventura causavam zelos ao próprio César – certamente havia de conseguir a vitória final: ver a cobiçada consorte, para não ser humilhada, completamente metamorfoseada em outra criatura – meiga, dócil e carinhosa para com ele, como o era até para com os seus servos, e não mais altiva e insensível às demonstrações de apreço que lhe tributara... enquanto ela pensava em *outro*...

Conjecturava ele que, volvido algum tempo, atemorizada pelo rigor com que estava sendo tratada, arrependida da afronta pública que lhe infligira, havia de corresponder-lhe à afeição, que, a contragosto seu, aumentava infinitamente, quanto maior era o menosprezo com que ela o tratava... e que constituía o seu maior suplício!

Naquele vasto refeitório, onde havia, em promiscuidade, odores ativos de vinhos capitosos, flores preciosas, extratos maravilhosos, importados do Oriente; onde se viam mulheres jovens pomposamente trajadas; cavalheiros notáveis pelos predicados físicos e intelectuais, em uma confusão licenciosa; onde se entoavam canções em que predominava a falta de moral, acompanhadas pelos sons melodiosos de flautas, cítaras e alaúdes... ele, por vezes, sem poder olvidar a infiel, desejava mandá-la chamar, a fim de fazer parte do deslumbrante festival...

Que lhe importavam todos os prazeres do mundo – com o desprezo de Clotilde?

Quando se retiraram os alegres convivas, Numa Tarquínio sentia-se envaidecido por verificar que o seu prestígio não havia sido abalado entre os orgulhosos romanos, e que festejara, ruidosamente, a derrota de um inimigo e rival... que tentara indispô-lo com o povo e com Otávio Augusto. Ao declinar da noite ele estava ansioso para que todos se ausentassem.

Alguns dos convivas, impossibilitados de locomover-se, por acentuada embriaguez, permaneceram recostados nos triclínios, profundamente adormecidos; e nenhum escravo ousava perturbar-lhes o sono, sob pena de sua vida correr perigo.

Apesar da jovialidade que o procônsul aparentou ante os amigos, sentia ele algo no seu íntimo, que se revoltava com o seu próprio proceder daquele dia, gelando-lhe, por vezes, bruscamente, a alegria excessiva no rosto hediondo; estancando-lhe o riso macabro nos lábios, que se contorciam como por efeito de uma convulsão incoercível... Percebia, então, claramente, quanto fora severo para com a esposa; mas, temperamento impulsivo e indômito, que era o seu, não pudera sofrer a ofensa escandalosa que lhe fizera ela, o crime imperdoável de manifestar uma afeição adúltera por quem estava sumariamente condenado à pena última, por traidor ao regime legal...

Suas palavras de revolta incrustaram-se-lhe nos refolhos da alma: nem os falernos, nem os cânticos álacres, nem as damas formosas, haviam conseguido ensurdecê-las, pois as ouvia incessantemente, supliciantemente...

Nunca fora ultrajado como naqueles instantes fatais! Tivera ímpeto de asfixiar a mulher que o dominava; e, se não o havia feito, foi porque desejava vê-la resgatar, lentamente, o delito cometido, até que lhe implorasse perdão... Se tal não o fizesse... ai dela! Desde então se tornaria uma desditosa abandonada, escravizada, oprimida, espezinhada...

Quando ela soubesse que ele ia viver maritalmente com outra mulher, de quem ela se tornaria desprezível serva, havia de se arrepender, acerbamente, do que o fizera padecer, e, certamente, imprecar-lhe-ia perdão...

Sem que o quisesse, porém, ainda se sentia subjugado a seus encantos, continuando a pensar nela incessantemente... Como teria Clotilde passado a noite? Soubera que ela havia recusado toda a alimentação que uma serva lhe levara. Ninguém mais lhe ouvira a voz. Proibira ele à serviçal que lhe levasse uma lâmpada, com receio de que ela incendiasse as vestes... Teria ela recobrado os sentidos, sem uma reação eficaz, qual a que provocava o seu abalizado herbanário, digno êmulo de Esculápio?[78]

Haveria possibilidade de ambos esquecerem ainda o passado odioso?

Teria ela adormecido apesar do ruído do festim? Estaria desejosa de que a reintegrassem nas suas regalias de senhora? Seria ele, realmente, inflexível com a repudiada consorte, até o extremo alento?

Com a mente aturdida pelas copiosas libações, atraído por um poder indômito para junto de sua vítima; com os cenhos contraídos por efeito dos pensamentos vulcânicos que lhe esfuziavam no cérebro, quais lavas candentes de uma cratera em plena erupção; com as roupas em desalinho, encaminhou-se para a clausura da infortunada Clotilde. Um escravo, semiadormecido, segurava a chave do cárcere privado. Numa Tarquínio arrebatou-lha da mão, com violência, e introduziu-a na fechadura, febrilmente.

A porta rangeu nos gonzos, e ficou aberta, patenteando-se aos

---

[78] Deus romano da Medicina.

seus olhos, afeitos à intensidade da iluminação dos salões resplandecentes, apenas uma lúgubre penumbra, que não o deixava distinguir o interior do sombrio aposento. Com a impetuosidade do impulso que ele dera à porta, não percebeu o menor movimento no recinto do cubículo.

Bruscamente, como se aguardasse a sua chegada para se desenvencilhar de espessas nuvens, o suave e radioso luar desprendeu revérberos, que penetraram na humilde cela da encarcerada.

Quando ele se aproximou do pobre leito, recuou espavorido, convulsionado, as mãos crispadas como garras de ave de rapina, os olhos esgazeados, e, retrocedendo sempre, foi de encontro à parede, com fragor... Pelo vitral circular que existia no alto, por onde penetrava a claridade radiosa do plenilúnio, acabava de ver, congesta e violácea, a desventurada Clotilde, já inanimada, cadavérica, estrangulada com as suas encantadoras tranças de cabelos castanhos com reflexos de neve... O laço fatal descia-lhe do pescoço alvo, e torneado qual serpente veludosa, que morresse também, depois de haver aniquilado a vida da que lhe dera o ser, aquietando-se sobre o seu corpo hirto... Arquejando, cambaleante, ensaiou ele alguns passos até o cadáver, querendo agitá-lo, a fim de verificar se era aparente ou real a morte da esposa, porém, mal lhe tocou no corpo empedernido, recuou, espavorido e convulso.

– Morta! morta! – rugiu Numa Tarquínio, com voz trêmula, lívido de emoção e terror. – Maldição! Eu que a julgava, mais do que outrora, *minha*, exclusivamente *minha*... e, no entanto, fugiu do cárcere por todo o sempre!

"Ei-la eternamente livre... para se unir ao maldito legionário de Cabrera... mesmo que seja em uma geena satânica! Por que não a apunhalei, no Coliseu, à vista da turba amotinada, que ousou implorar a liberdade do *infame*?... Nunca foi ela a mulher virtuosa que eu supunha... pois que não evitou um escândalo público; e, agora, parte no encalço do... *amante*!

"Como os odeio! Como os abomino! Malditos! Hei de vingar-me de ambos... supliciando todos os que estiverem em meu poder... tornando-me a fera mais implacável do mundo inteiro!"

Enquanto ele assim dizia, furioso de zelos, de novo os argênteos, alvíssimos raios da Lua penetraram no cubículo.

À sua divina luminosidade, pôde ele distinguir o vulto da suicida, cuja expressão de dor profunda estampada no rosto escultural, sem que o quisesse, lhe causou uma emoção inenárravel...

Uma das tranças da infeliz moveu-se, sutilmente, e ele teve a impressão de que o seio de Clotilde ainda arfava. Bruscamente, ajoelhou-se junto do cadáver, auscultou-lhe o tórax, e, nenhum movimento circulatório observando, prorrompeu em soluços abaladores: os primeiros e os últimos daquela existência de fatídico déspota, invencível até então.

Que loucura fora a sua, encerrando a altiva filha de um patrício romano em uma paupérrima alcova de escrava; arrancando-a, subitamente, de sua câmara florida e principesca?!

Quis desatar-lhe os cabelos encanecidos subitamente, na ânsia de a ver ainda respirar; mas o contato daquelas serpentes veludosas fez que as suas mãos se crispassem, e que, erguendo-se arrebatadamente, saísse, bradando, estentoricamente, alucinado:

— Corram a socorrer a *domina*! Fujam de mim... se ela houver morrido, realmente! Todos... Todos... Compreenderam? Hão de todos morrer também! Hão de sofrer como eu sofro... como tenho padecido, há muito tempo! Odeio tudo: a Humanidade, o mundo, os deuses!

O herbanário que atendia aos chamados de Numa Tarquínio, e residia no seu próprio palácio, apresentou-se no sombrio aposento, onde se achava Clotilde; e, depois de a examinar meticulosamente, tentando, em vão, reanimá-la, verificou-lhe o óbito.

A notícia do suicídio de Clotilde foi propalada, celeremente, por todos os recantos da formosa habitação e por toda a Cidade eterna.

Dos subterrâneos lúgubres, onde agonizavam os prisioneiros,

torturados por outrem, que não Salústio (de cuja sinceridade Numa começara a duvidar), um lamento uníssono, indefinível se elevou: o carpido dos infortunados, que souberam haver perdido a derradeira esperança de salvação...

VII

Quando a certeza absoluta do falecimento de Clotilde foi por todos conhecida, arraigou-se no espírito conturbado de Numa Tarquínio uma surda revolta contra os deuses, contra os servos e os escravos, contra a Humanidade inteira, enfim!

"Morta!", pensava ele, delirando. "Morta a mais formosa mulher deste mundo vil! Todos os homens ma cobiçavam; todas as damas a invejavam! Eu queria fazê-la doidamente feliz... e ela não me compreendeu! Foi a única mulher que conseguiu dominar-me... e que eu amei até à loucura! E perdi-a por todo o sempre! Maldição dos deuses desnaturados... Se eu pudesse encontrá-los, frente a frente... haveria de me vingar dos celerados, que, de certo, também a quiseram para fruir os seus carinhos!"

Enquanto Tarquínio se torturava com pensamentos pungitivos, reinava grande alvoroço por toda a faustosa habitação. Os convivas, que haviam adormecido no vasto refeitório, despertaram, extremunhados, e retiraram-se, prudentemente, procurando os lares.

Cativos, centuriões, enfermos, todos pranteavam a perda irreparável da piedosa consorte do déspota – desgraça que atingiu a todos os corações, intensamente. Reinava, por todo o vasto e suntuoso palácio, uma comovedora consternação.

Quando Tarquínio se convenceu de que nenhuma esperança podia haver de tornar à vida a desventurada vítima de sua paixão nefasta, mandou chamar o chefe de sua casa militar, Salústio Pompílio, que se lhe apresentou pálido, mostrando no semblante patente alteração, que só uma imensa dor íntima causaria, e a que nenhuma outra se poderia comparar.

— Salústio! — ordenou-lhe Tarquínio, olvidando que, na véspera daquele dia, afrontara a dignidade da desventurada esposa, repudiando-a, torpemente, qual se fosse uma hetera vulgar. — Quero que prestem à extinta todas as homenagens fúnebres a que tem direito, por ter sido consorte de um procônsul! Amanhã, depois de tudo consumado, virás aguardar as minhas ordens. Preciso de teus serviços e da tua dedicação, que... ultimamente, tenho posto em dúvida...

Salústio inclinou-se, murmurando, com voz soturna, sem se defender da acusação, ou suspeita, formulada pelo déspota com quem falava:

— Vossas ordens serão cumpridas, *domine*! Posso saber em que consistem elas?

Repentinamente, os olhos de Numa Tarquínio cintilaram com um brilho de incêndio de floresta ressequida, de ódio incontido, que lhe punha frêmitos nervosos nos músculos faciais. Depois, fitou os olhos no rosto consternado de Salústio, e disse-lhe, em um desabafo, tudo o que lhe oprimia o peito:

— Salústio, amanhã esta casa vai ser inundada em borbotões de sangue!

— Oh! senhor — replicou o jovem comandante dos mercenários, com tristeza e coragem —, pois serão conspurcadas as homenagens consagradas à morta bem-amada por todos... com essas cenas trágicas, que tanto lhe desagradavam aos piedosos sentimentos? Não seria mais louvável que perdoásseis aos encarcerados... que mereciam a compaixão da compassiva senhora?

Os lábios do déspota contorceram-se em um ricto de escárnio e forçada superioridade, e redarguiu:

— Que vale satisfazer-lhe mais a vontade? Existirá ainda ela? Foi grata a tudo quanto lhe proporcionei para a tornar infinitamente feliz? Que me importa a ventura alheia... em um mundo que detesto? Que lucro terei saciando a vontade de ingratos? Basta que impere, *agora e sempre*, a minha, exclusivamente a minha! Resolvi que, amanhã, *todos* hão de padecer comigo, compartilhar, realmente, da desgraça que me envenenou o coração!

– Mas, *domine*, que coparticipação tiveram todos os desventurados que vos cercam na vossa dor inconsolável? Pudessem eles, e não seria conservada a vida preciosíssima de vossa esposa?

– Que fizeram eles? Que importa o sabê-lo? *Quero* que ninguém mais seja venturoso, enquanto eu for desgraçado! Não *quero* que alguém sorria enquanto eu estou esmagado por uma desdita sem nome! Quero que desapareçam dentre os vivos os que me cumulam de despesas e ingratidões! Odeio a todos! A *todos*, ouviste bem, Salústio? Ninguém se salvará de meu furor... Tu mesmo... toma cuidado, se te opuseres à minha sede de vingança! Não tens mais a teu favor a encantadora fada, que intercedia por *todos*; eu lhe satisfazia os caprichos, e, no entanto, ela só me dedicava ódio e desprezo!

Salústio estava petrificado de terror ante a perspectiva que se lhe antolhava para o dia subsequente àquele. Impunha-se uma reação à sanha tigrina do tirano que infelicitava centenas de indefesas criaturas humanas. Como procederia para livrá-las dele, que parecia estar demente?

Salústio viu-o sair de sua presença com o andar vacilante e os dentes rangendo de cólera intensa, encerrando-se, após, em uma câmara em plena escuridão, onde ficou incomunicável. Enquanto ele se insulara da sociedade, a casa regorgitava de damas e cavalheiros de grande realce social, que iam prestar as honras fúnebres à infortunada suicida, que fora transportada do cubículo, onde expirara, para o mais fausto salão da residência, e mal era entrevista sob um montão de flores odoríferas. Fervilhavam, a meia-voz, comentários diversos sobre os últimos sucessos dramáticos, que se prendiam à morte de Clotilde e de seu formoso companheiro de infância e juventude... Muitas pessoas chegaram a afirmar que não se tratava de um suicídio, porém de um estrangulamento da linda jovem, levado a efeito pelo ciumento déspota, que a escravizara, e que, para anular suspeitas odiosas, lhe prestava honras principescas...

Salústio, sob pretexto de congregar todos os milicianos e mercenários para, juntos, deliberarem sobre as homenagens, que, à tarde, seriam prestadas à extinta bem-amada, relatou o que ouvira dos lábios de Tarquínio, que estava premeditando saciar sua cólera fremente em oceanos de sangue...

– Cumprireis à risca, todos vós, as ordens emanadas por nosso amo e senhor? – interpelou-os o oficial, com entonação dolorosa. – Nós somos defensores da pátria, e não assassinos de desgraçados prisioneiros...

Aplaudiram-no, discretamente, os circunstantes, erguendo o braço direito à altura da fronte, alguns com os olhos cintilantes de lágrimas...

Salústio, com um esforço inaudito, interrogou-os novamente:

– Quereis obedecer-lhe, *cegamente*?

– Sim, no que concerne às honras fúnebres devidas à mais formosa e digna das mulheres que conhecemos! É um tributo de gratidão que devemos à desventurada morta...

– E enquanto ao mais que nos ordenar ele?

– São desejos de um louco; e quem os atender... será justiçado pelas leis humanas ou pelos deuses!

– Mais do que isso: teremos a execração pública e a consciência ensanguentada!

Nesse momento adiantou-se um homem envolto em um longo manto persa, com um turbante escuro que mal deixava a descoberto a face tisnada pelo sol africano e repleta de gilvazes profundos.

Tomou uma atitude majestosa, e, erguendo o braço direito como a evocar a proteção do Alto, falou-lhes com desassombro:

– Mancebos e ilustres guerreiros! Ouvi-me: os crimes do

monstro que acaba de imolar à sua sanha tigrina a mais bondosa das mulheres, bradam por uma severa punição ou vingança cabal! Vingança? Não! Justiça! *Ele* não vacila em cometer novas iniquidades porque já tem a alma negra de um irmão de Satanás, quer também arrastar a dos que lhe obedecem cegamente, para não ser o único a sofrer os suplícios infernais! Eu sou, como muitos de vós, uma de suas incontáveis vítimas, salvo pela angélica criatura que pôs termo a seus martírios... se é que ela o fez por suas próprias mãos! Não achais, companheiros e amigos, que esse irreparável crime deverá ser o derradeiro daquela sanguinária fera?

– Sim! – responderam todos os circunstantes.

Apenas um, dentre todos, adiantando-se, o interrogou:

– Quem sois vós? Para podermos crer na vossa lealdade. Quem sabe se não sois um espião de Numa Tarquínio?

Com uma nobreza que a todos impressionou, o desconhecido fez descer o manto que o envolvia, e, mostrando o rosto assinalado por cicatrizes indeléveis – produzidas por instrumentos de suplícios – respondeu-lhe:

– Quem sou eu? Que o diga Salústio Pompílio! Vede todos vós também: sou uma das vítimas do tirano de quem me julgais asseclo! Reparai nos gilvazes que recordam as torturas que eu aqui sofri, por ordem do bandoleiro que me usurpou os haveres, as filhas, a honra e a felicidade! Como pude salvar-me do abutre odiado? Pela piedade da arcangélica Clotilde, que me fez simular haver morrido – e quase já era um cadáver – para me poder livrar dos tormentos infligidos nestes calabouços pestilenciais. Não duvideis, pois, da sinceridade de minhas palavras; quero pagar uma dívida de honra e gratidão para com a mais bela e santa das mulheres!

"As homenagens que vão ser tributadas à extinta querida serão realizadas em paz. Todas as almas estão de luto e fremem de indignação contra o algoz que privou a Humanidade de uma de suas mais preciosas criaturas... Depois... os delitos premeditados pela fera que infelicita todos os presentes... serão sustados!".

– Que poder tendes vós para sustar as ordens do poderoso Numa Tarquínio? – interpelou-o um dos assistentes.

– Apenas *isto*... um punhal! – respondeu-lhe o mouro, que já havia sido reconhecido por Salústio como um dos antigos encarcerados, Múrfius Selan, que, assim dizendo, apresentou aos circunstantes um acerado punhal marroquino, enquanto lágrimas, com cintilações de gotas de fogo, lhe deslizaram pelo rosto deformado por cicatrizes feitas pelos látegos dos torturadores.

Um silêncio sepulcral seguiu-se às suas palavras, como que selando um tácito conluio de todos os ali congregados.

– Quando pensais realizar o vosso intento? – tornou a mesma voz de um dos ouvintes.

– Amanhã, quando *ele* ordenar o massacre dos pobres e indefesos prisioneiros. Quem concordar com o meu plano, queira erguer o braço direito.

Todos desembainharam seus sabres e os levantaram, num só movimento, à altura da cabeça, gesto esse equivalente a um juramento sagrado.

VIII

Quando, terminada a reunião, em uma das salas subterrâneas do palácio de Numa Tarquínio, diversos assistentes desejaram acercar-se de Múrfius, este havia desaparecido, como por passe de magia.

Salústio, que fora incorporar-se aos guardas-defensores da principesca habitação do procônsul, havia-se recordado das feições do antigo prisioneiro. Lembrara-se de que ele definhava nas masmorras infectas e fora conduzido por alguns escravos à vala comum da necrópole romana, destinada aos humildes.

Tantos foram os martírios por que passara que não julgava possível haver escapado à morte. Pareceu-lhe que era o seu espectro vingador erguido da cova anônima... para justiçar o exterminador de centenas de inermes desgraçados...

Enquanto Salústio rememorava o passado, Numa Tarquínio, alheio ao que se tramava contra ele, sob o mesmo teto de sua residência, que, então, lhe parecia intolerável, era presa de excruciante remorso.

Encerrou-se em uma câmara luxuosa, e, pela primeira vez, lembrou-se de que todas as maravilhas de Arte que continha – e representavam tributos pagos pelos infortunados vencidos, ou preciosidades usurpadas aos adversários trucidados por determinação sua – eram impotentes para fazê-lo olvidar seus crimes...

Estantes finamente lavoradas continham estatuetas de Paros,[79] vasos etruscos; o soalho era coberto de alcatifas de púrpura; lâmpadas de bronze pendiam do teto, oscilando como se fossem corações de guerreiros; dosséis de damasco e brocado velavam-lhe o leito, digno de ser ocupado por um monarca oriental...

Numa, porém, vivia naqueles instantes subjetivamente, alheio ao que estava em seu redor. Naquela noite, sentia-se agitado por uma neurose indefinível... Aferrolhara a porta, apagara a lâmpada, sem haver chamado um servo, e atirou-se, pesadamente, no leito, tentando repousar o corpo e a alma; dir-se-ia, porém, que uma chama sutil os estava devorando. Um tremor convulsivo apoderou-se dele, da fronte aos pés; sentia um íntimo entrechocar de desejos, um atordoamento de ebriez que lhe confundia os pensamentos, custando-lhe a coordená-los, como se estivessem sendo diluídos no cérebro, fundidos pelas flamas de sentimentos desconhecidos...

Ele, que primava pela tática bélica, pela energia indomável... acovardou-se, avassalado por uma força ultrapotente, tornando-se incapaz de reagir contra a invasão desses sentimentos desconhecidos, que ele não poderia expressar por palavras faladas ou escritas!

Pela primeira vez, naquela existência tumultuosa que já ultra-

---

[79] Ilha grega, famosa na Antiguidade pelo seu mármore.

passava meio século, pareceu-lhe que, do rochedo de sua alma empedernida, iam fluir, em gotas ardentes, lágrimas vertidas pelo coração, fundamente esmagado pela avalancha do destino...

Julgou haver assistido à hecatombe formidável do mundo sublunar desagregado, um terremoto universal dentro do próprio cérebro; e, após, todas as catástrofes que se desencadearam em seu íntimo, em violentas procelas, destruindo-lhe todas as aspirações de felicidade; fundindo os restantes sentimentos em um só amálgama de desespero, de pesar, de arrependimento e de desolação: o de ter concorrido para o suicídio da única criatura que amara até *à loucura*, e que se lhe escapara pelo pórtico da morte, sem que ele pudesse mandar no encalço de seu cobiçado tesouro as legiões que comandara, qual novo gênio infernal da Guerra... Então, que podia *ele* contra os deuses intangíveis, que, no entanto, tinham vencido o seu prestígio de procônsul insuperável?

Fora vencido pela fatalidade!

Em seu âmago fizera-se um vácuo infinito, pareceu-lhe estar flutuando no espaço e prestes a ser arrojado de alturas siderais sobre vagalhões embravecidos ou às profundidades de uma cratera em plena erupção, com o crepitar das labaredas vorazes, asfixiando-se com as cinzas escaldantes, sentindo o contato das lavas incandescentes, sem uma pálida esperança de poder alcançar os bordos.

Reconhecia, então, dominado de tortura indizível, que fora demasiadamente severo e cruel para a meiga e silenciosa criatura que descobrira além das vagas do Mediterrâneo, qual ninfa ideal, filha das espumas e das auroras boreais, que, tendo algo de neve, rosa e ouro, que a todos fascinava, tesouro incomparável, se conservara longe das vistas humanas, invulnerável ao mal, com todas as virtudes da encantadora Aspásia...

Por que a magoara tantas vezes, depois que se apoderara de tão graciosa criatura? Ai! por quê?! ... Ele bem o sabia. Porque aspirava, unicamente para si, ao seu amor, que era toda a sua glória, todo o seu orgulho, e, que, no entanto... jamais quisera compartilhar da sua afeição por aquela preciosidade humana...

Compreendia, perfeitamente, quanto ela o detestava; que o tolerava por temor; que fora insensível à paixão que lhe inspirara, e por isso nunca lhe dirigira o lindo olhar piedoso... e tudo isso constituía o supremo suplício para o seu coração humilhado! O olhar de Clotilde!

Ergueu-se do leito. Ao pensar no formoso olhar da suicida, pareceu-lhe distingui-lo na penumbra da câmara como irradiado de dois diamantes azulados, suavemente radiosos, qual luar opalino – mais divino do que terrestre – com reflexos de lágrimas... Nunca observara tão estranho fenômeno psíquico!

Como pudera ver – quando Clotilde já estava prestes a ser encerrada em um túmulo – o mesmo olhar sedutor que ele julgava tecido com as fulgurações estelares ou com os crepúsculos da Palestina?! Como seria loucamente feliz se ela o volvesse para os seus olhos, sempre insaciáveis daquela carícia luminosa, sempre enamorados de sua formosura inominável, ávidos de amor e ternura.

E perdera-o para sempre; lembrança que era máximo tormento para seu coração agora esfacelado de dor! Para reavê-lo, naqueles instantes acabrunhadores, não se arrependeria, nem se vexaria de perpetrar as piores degradações, de perder todos os seus triunfos guerreiros, de ser escravizado, martirizado, infamado... contanto que se compadecesse ela do seu tormento infernal... qual o fazia com os desgraçados que gemiam nas masmorras pestilenciais... dos quais, às vezes, se sentira ele invejoso (e, por isso, por esse incrível ciúme, os mortificava com injustos suplícios!).

Flagelava-o a tremenda desilusão de ter fixado os sedutores órgãos visuais da extinta, salientes das órbitas, sem luz, vítreos, fúnebres, impressionantes... Aonde fora a luminosidade que os assemelhava a fúlgidos astros? Que radiosidade fora aquela que, por segundos apenas, vira relampejar nas trevas do aposento? Haveria algo de imortal na criatura humana, que sobrevivesse à matéria? Impossível! Absurdo! Nunca acreditara em semelhante superstição! O mundo real era o único palpável e existente; nada mais além dele seria aceitável. A alma não passava de uma quimera ideada por Platão e seus discípulos. Mesmo que o Espírito de Clotilde fosse indestrutível... não lhe pertenceria jamais: seria dos deuses, ou de... Luciano Naldi! Por que não procurara retê-lo na matéria formosa que enclausurava? Por que não a tratara com menos dureza? Que se passara no íntimo da suicida, a ponto de ficarem encanecidos os seus cabelos de ouro? Por que misteriosa alquimia se metamorfoseara o ouro em prata, em poucas horas?

Enquanto a tivera prisioneira a seu talante, inteiramente sua, não apreciara devidamente o tesouro que possuía; depois que a perdera, irremediavelmente, seria capaz dos maiores heroísmos, dos maiores sacrifícios para revê-la com vida, no esplendor da mocidade.

Assim é feita a alma humana: deseja algo com ardor, com avidez, e, se consegue atingir o seu ideal, transformado em realidade tangível, torna-se, logo após a conquista ambicionada, indiferente, sem entusiasmo; mas ai dele se o perde para sempre! Para possuí-lo novamente... trocaria pela ventura extinta todas as preciosidades terrenas e siderais (se as possuísse), a própria vida... que é a maravilha máxima do Universo!

A aurora não tardava a purpurear o Oriente e Numa Tarquínio ainda não havia conseguido um segundo de repouso, físico ou mental...

Com as pálpebras desmesuradamente abertas, fitava os olhos na penumbra, tentando novamente vislumbrar o clarão astral do olhar maravilhoso que, por alguns rápidos instantes, lograra vislumbrar...

Ele, que se conservava estirado sobre o leito – depois de se haver levantado por momentos de agitação –, observava tudo que o circundava, como a suspeitar iminente perigo de morte. Repentinamente, pareceu-lhe que tudo se movimentara na antecâmara. Percebeu o agitar de um reposteiro, que velava a porta do aposento contíguo ao em que se achava, destinado ao apuro do vestuário, às massagens após o banho.

Pareceu-lhe que um braço, muito alvo, acabava de agitá-lo bruscamente, e esse abalo se comunicara ao próprio leito onde o procônsul se conservava deitado, com os olhos esgazeados.

Na obscuridade em que se encontrava, começou a perceber vultos sombrios, em atitude ameaçadora, aproximando-se do leito...

Temendo a cilada de algum adversário, desceu da cama com precipitação e procurou um punhal que sempre deixava à cabeceira do leito, mas não conseguiu sustê-lo: dir-se-ia que a arma, tantas vezes manejada por ele, se tornara de um peso invencível, ou se incrustara em um rochedo...

Percebeu que braços gigantescos lhe tolhiam os movimentos, ou que uma vontade superior à sua – sempre vitoriosa – lhe aniquilara as forças musculares, ancilosando-lhe os membros locomotores...

Quis levantar-se ou bradar por socorro – mas uma algidez mortuária paralisava-lhe os impulsos da alma, empolgando-lhe o organismo, e a voz extinguira-se-lhe na garganta...

Sentia-se dominado por uma força extra-humana. Julgou que as suas faculdades mentais estivessem ainda ofuscadas pelas libações alcoólicas do fatídico festim...

Tinha a garganta abrasada qual se fora uma forja ardente. Para refrigerá-la, quis sorver alguns tragos de água no próprio recipiente de porcelana onde ela existia sempre, mas apenas conseguiu beber um gole; achou-a com sabor estranho, salobra, afigurando-se-lhe ser algum tóxico, ou um sorvo de sangue humano... Com os olhos dilatados, pôde, enfim, distinguir os primeiros alvores aurorais, o que lhe causara a impressão apavorante de vultos intangíveis, ameaçadores alguns, outros contorcidos em espasmos de dor... como sucedia aos açoitados nas colunas do subterrâneo... Um terror desconhecido e intolerável o avassalou pela primeira vez naquela existência de ignomínias; e, maior foi o seu tormento, quando supôs distinguir, dentre os espectros, Luciano Naldi, que se diversificava de todos por seu donaire majestoso, de túnica alva e semiluminosa, com o braço direito ereto para alto...

Dir-se-ia Têmis rediviva, com aspecto varonil, simbolizando a Justiça celeste... iminente sobre sua fronte...

Quis bradar pelos servos, com a voz estentórica do seu hábito, mas apenas conseguiu abrir os maxilares – qual se fora um crocodilo enraivecido – sem que a laringe pudesse emitir o mais imperceptível som...

Uma potência surpreendente e inusitada dava-lhe a impressão de esmagamento, aprisionando-o todo em vínculos de bronze...

E a noite fatal prolongava-se indefinidamente – a segunda de seu martírio moral – parecendo-lhe ter já durado um século! Nunca desejara tanto ver um raio de sol como então, e por ele seria capaz de dar metade de seus cabedais... inúteis para o tirarem daquela aflitiva perturbação!

Não podendo desvencilhar-se do entorpecimento em que se achava desde a véspera daquela noite (a do festejo orgíaco), pois quanto maior era o seu esforço para reagir, mais enleado se sentia, teve a sensação de estar sendo arrastado para um abismo hiante, uma cratera infinita... Depois, sentiu que algo de precioso lhe fora arrebatado do organismo, deixando, inerte sobre o leito, o corpo material, empedernido e inconsciente... Já o Sol havia aclarado os prados, quando Numa Tarquínio recobrou os sentidos. Sua primeira recordação foi a de que naquele dia iam realizar-se os funerais de Clotilde; e então, ele, que tanto desejara o alvorecer, lamentou não ter sido eterna aquela noite, em que padecera atrozmente, a fim de que tudo na Terra permanecesse no mesmo *statu quo*, como se jamais houvesse amanhecido, para que não fosse levado daquela habitação desolada, o cadáver da desditosa suicida...

Uma revolta incontida e violenta lhe extravasou do coração,

onde julgou reacesa a cratera do ciúme em ignição... Recebera aquele ato homicida como sumo escárnio e suprema ofensa da esposa... para se libertar de seu jugo, e, assim, poder seguir em busca do ex-noivo ou amante adorado! Ah! se pudesse ir ao encontro de ambos... saberia vingar-se de um modo inolvidável para os dois! Como, porém, poderia conseguir saciar o seu desejo? Pela mente em ebulição, passou-lhe como fugaz meteoro, a ideia da vida de Além-Túmulo; e o pensamento do suicídio relampejou-lhe no cérebro, almejando desvendar-lhe os arcanos...

Mas onde encontrá-los, na vastidão incalculável do Infinito?

Não acreditava na sobrevivência do Espírito. Morrer estupidamente, abandonando sua posição invejável, suas glórias, suas conquistas... tendo apenas a certeza de que seu corpo havia de entrar em putrefação no subsolo, sem poder encontrar os fugitivos... melhor seria continuar a desfrutar as regalias da fortuna nababesca que possuía, vingando-se de todos os que o cercavam, tornando-os infortunados quanto ele se sentia, no seu íntimo...

IX

Numa Tarquínio não podia definir o que se passara durante a noite, que lhe parecera de duração perpétua, e na qual estivera prestes a enlouquecer... Viu, com alívio, a câmara inundada da luz solar, que, no entanto, contrastava com as sombras lutuosas que pairavam em seu âmago.

Os funerais de Clotilde estavam aprestados para as primeiras horas da tarde, e ele se conservou no leito por mais algum tempo, entorpecido, desalentado, vencido por um poder avassalador e indômito...

Envidando esforços sobre-humanos para dominar o estado deplorável em que se encontrava, fez soar uma campainha, e, logo após, surgiram os seus servos, a fim de lhe prepararem o banho aromatizado e de lhe prestarem os cuidados pessoais e do vestuário.

Quando dele se abeirou, o primeiro escravo teve ímpetos de retroceder, tal o aspecto hediondo do procônsul, que parecia ter envelhecido decênios em poucas horas, cavando-se-lhe as faces em vincos profundos – como se tivessem sido abertos a ponta de sabre – com a aparência de minúsculas serpentes entrelaçadas... Os seus cabelos haviam encanecido, como se houvessem sido reduzidos a cinzas, por efeito de um incêndio interior, e, logo depois, tivessem caído sobre eles flocos de neve insolúveis; emagrecido visivelmente, tornara-se mais saliente a maxila inferior, e os lábios mal ocultavam os dentes pontiagudos como os dos caninos, grandes, desalinhados, denegridos, parecendo carbonizados. Era ele bem a representação viva do déspota impiedoso e desnaturado, que nunca se comovera com as lágrimas e as torturas de seus subordinados, e que patenteava os vestígios de um remorso voraz, que lhe crestava a alma feroz.

Com desvelos incomparáveis, os fâmulos prepararam-lhe o banho, submeteram-no a massagens gerais, e, quando terminados os cuidados higiênicos, apresentaram-lhe o espelho de aço polido, onde ele, mirando-se, estremeceu involuntariamente e ficou surpreso com a diferença que nele se operara, durante as duas noites fatais!

"Envelheci décadas, em poucas horas!", pensou *ele*, com desgosto, pois nunca o impressionara tão desagradavelmente o seu próprio físico, como acontecia naquele instante inolvidável.

Recusou a primeira refeição e apenas sorveu um copo de falerno da Campânia,[80] tentando reerguer as forças orgânicas, que sentiu abatidas...

Incontáveis personagens de destaque social aguardavam a sua presença para lhe testemunhar os sentimentos de consternação pela morte prematura da consorte. Para simular que nenhu-

---

[80] Região sul italiana famosa por seus vinhos.

ma coparticipação tivera no infausto sucesso, ordenou que os funerais tivessem um esplendor desconhecido. Uma compacta multidão de legionários, senadores, cônsules, altos dignitários de Roma, populares, escravos e libertos lacrimosos constituía o préstito fúnebre da infortunada Clotilde, que tivera por derradeiro abrigo um cubículo de cativa; e, depois de inanimada, ia ser transportada a um régio sepulcro – qual se fora uma soberana – sob flores preciosas, brocados e veludos de inestimável valor...

Ouviam-se os lamentos plangentes das carpideiras e os soluços dos humildes – dos que não se vexam de patentear uma dor sincera perante os poderosos do mundo. Todos lastimavam o ocorrido à formosa Clotilde – astro de beleza e virtude, que, por momentos apenas, cintilara no firmamento romano, logo descambando num oceano sombrio, de eterna duração.

Numa Tarquínio não acompanhou o féretro da extinta e insulou-se na mesma câmara onde passara horas de inconcebível amargura, com as feições alteradas por uma emoção inigualável.

Quando, à noite, foi chamado por um servo ao triclínio – onde não havia outro comensal senão ele – lembrando-se da encantadora Clotilde, que jamais ali comparecia, sentiu-se dominado por um pesar profundíssimo, e, temendo alguma cilada de seus subordinados (que, talvez, houvessem intoxicado alguma iguaria), Tarquínio absteve-se de tocar nos alimentos, mas fez incessantes libações de vinho de Ligúria.[81]

Suas faces, até então esmaecidas, purpurearam-se subitamente; os olhos estriaram-se de sangue; e, com voz abaladora, exigiu a presença de Salústio, que, prestamente, se curvou perante o déspota, aguardando ordens. Vendo-o, Tarquínio olhou-o com sobrançaria, e perguntou-lhe:

Ainda não foram cumpridas as minhas determinações?

– *Domine* – respondeu-lhe Salústio, com dignidade –, acaso

---

[81] Região italiana, cuja capital é Gênova.

não achastes esplendorosas as homenagens tributadas à vossa excelsa esposa?

– Sim; mas que maior demonstração de dor poderemos prestar-lhe à memória imorredoura... senão assinalando com lágrimas e sangue esta data, para que mais memorável fique ela? – disse-lhe Numa, rangendo os dentes, e fixando, com expressão satânica, o seu interlocutor.

– Desejais, então, que este formoso palácio fique inundado de sangue humano, *domine*?! – retorquiu Salústio com indefinível entonação de voz.

– Não me interrogues de novo, Salústio, pois sabes como costumo punir os rebeldes!

– Perdoai-me, *domine*, não me insurjo contra a vossa vontade indiscutível... mas, se vísseis quantas lágrimas há em todos os corações, que lamentam o trespasse de vossa digníssima consorte, talvez mudásseis de resolução...

– Não tenho por norma mudar de resoluções. Estas são sempre inabaláveis!...

"Já te expus o que quero: patentear aos nobres romanos quão intenso é o meu pesar pelos *últimos sucessos* ocorridos em meu lar... procedendo como o incomparável Otávio Augusto, que tem ordenado centenas de execuções sumárias... a ponto de não haver mais, em Roma, número suficiente de carrascos para exterminar os seus adversários... ou os de Júlio César!"

– Senhor – objetou o jovem com tristeza –, mas César tinha inimigos... e vossa adorada esposa só possuía admiradores de suas virtudes!

Numa Tarquínio, lisonjeado pelas referências à desventurada Clotilde, silenciou por alguns segundos; mas, bruscamente, com a catadura feroz, tornou, com a arrogância que lhe era peculiar:

– Que importa que ela não os tivesse... se os tenho eu? O meu dissabor supera o do próprio Otávio Augusto... Não quero que os meus inimigos se regozijem com os meus padecimentos!

Quero que todos sofram como eu! Sentirei aplacar a minha dor com as torturas que padecerem esses vis, que infestam o meu palácio, se alimentam com o que me pertence, e não trepidariam em me apunhalar... à primeira oportunidade que se lhes apresentasse, esquecidos de tudo quanto por eles tenho feito! *Quero* sanear esta habitação. *Quero* viver mais tranquilo, livre de falsários e embusteiros, sem recear sorver um gole d'água, que sempre tenho o temor de que contenha qualquer tóxico... Se não cumprires as minhas ordens, dentro em poucos instantes... terás a merecida punição!

Salústio, olhando o tirano, teve a impressão de se achar na presença de um monstro mitológico, de hediondez apavorante, com os olhos congestos, os dentes entrechocando-se de furor indomável. Percebeu que aquele crudelíssimo déspota já se avizinhava da loucura e seria capaz dos maiores desatinos e das mais condenáveis barbaridades... Fazendo uma curvatura profunda, o jovem militar retirou-se de sua presença e dirigiu-se ao átrio, onde se encontravam imobilizados diversos cavaleiros, centuriões e mercenários, aguardando as últimas deliberações do procônsul, as quais lhes seriam transmitidas pelo denodado Salústio, a fim de executarem, ou não, o que haviam premeditado na véspera daquele dia. Chegando ele, transmitiu-lhes o que premeditava o procônsul, cuja resolução era inabalável: o suplício de todos os míseros detentos e de todos os que se insurgissem contra ele... ou contra as suas homenagens sangrentas...

Um silêncio sepulcral reinou, por momentos, no sombrio palácio onde tantas atrocidades haviam sido perpetradas, impunemente, pelo desumano potentado.

Bruscamente, fremiu os ares o som de uma trompa guerreira. Como por efeito de surpreendente sortilégio, apareceu a estranha personagem da véspera, que havia, corajosamente, interpretado os sentimentos de todos os habitantes do nefasto palácio de Numa Tarquínio, e, dirigindo-se a Salústio, descobrindo a fronte, perguntou-lhe:

— Desistiu ele de seus intuitos sinistros?

— Não; persiste na mesma resolução desumana: ordenou-me a chacina de todos os prisioneiros!

— Suas ordens não são mais as de um defensor da pátria, mas as de um ébrio perverso! É impossível que os presentes continuem a obedecer-lhe, nivelando-se à pantera sanguinária e insaciável!

Naquele momento, mal soaram as últimas palavras de Múrfius, houve um rumor de armas que se erguiam acima das frontes, e um brado uníssono e estrídulo de revolta irrompeu de todos os peitos opressos.

Servos, *sombras* e escravos, aterrorizados, correram, precipitadamente, mudos de espanto, aguardando um grave e arriscado sucesso...

Numa, compreendendo rapidamente a gravidade de sua situação, deixou a câmara, dirigindo-se ao átrio, a fim de se inteirar do que havia acontecido. Quando percebeu a atitude hostil de todos os seus subordinados, ficou possuído de furor, e, alçando o punhal, atirou-se sobre alguns infelizes que dele se achavam mais próximos.

— Soou o instante, longamente esperado, de me vingar de um monstro! — disse Múrfius, enfrentando o enfurecido tirano.

Numa Tarquínio, ao reconhecer o antigo detento, que ele soubera ter morrido de febre maligna, recuou, cambaleando, lívido, tomando-o por um espectro vingador; mas, como ainda predominava nele o instinto de conservação, bradou, com voz cavernosa:

— Salústio, confio na tua dedicação e lealdade! Reage contra estes bandidos que me querem assassinar!

— Já não tens mais soldados nem escravos! Todos que te cercam são teus adversários, carrasco-mor — rugiu Múrfius.

— Traíram-me todos; miseráveis! — exclamou o procônsul, com desespero.

Depois, encarando-os com orgulho, ou ódio, disse com arrogância:

— Sei defender-me só, canalhas, pois valho mais do que todos estes sicários, que eu supunha amigos! Vão saber quanto custa a vida de Numa Tarquínio, fiel servidor de Júlio César...

— ...Ao qual mandaste assassinar, para não fazer justiça a Luciano Naldi! – tornou Múrfius, com denodo.

Assim tendo dito, Múrfius exclamou com voz de comando:

— Amigos e companheiros; não o temais! Vinde todos vós! Precisamos aliviar a Terra de um monstro!

Ouvindo-o, Numa colou as costas à parede, descrevendo círculos com o braço direito, que empunhava um punhal reluzente. Múrfius, à frente da multidão, que o secundava, com audácia inaudita e agilidade felina arrojou-se sobre o perverso procônsul, que, já ensanguentado, arquejante, espumando de ferocidade, tentava ferir os que dele se aproximavam. Com um esforço hercúleo, Selan conseguiu apoderar-se de seu braço direito, vergando-o até fraturá-lo, e exclamando com furor:

— Basta de crimes, bandido!

O procônsul, colérico, quis ainda lutar com o braço que lhe restava incólume, a fim de se desenvencilhar de seu contendor, mas, abeirando-se dele, diversos indivíduos, com cordas resistentes, ataram-no da cabeça aos pés.

Triunfante, Múrfius disse, com ardor:

— Foste vencido, enfim, pantera alimentada com o sangue de incontáveis vítimas!

"Verás, agora, coração tigrino, tudo o que nos fizeste sofrer... Tu não soubeste conservar o nume celeste que usurpaste de Luciano Naldi e de seu extremoso genitor, aos quais infamaste como se fossem os mais ínfimos dos escravos... Somente a angélica Clotilde podcria, com um gesto apenas, sustar os nossos planos de justiça!

"E tu a perdeste, matando-a de desgostos, ou com as tuas próprias mãos, tigre sedento de sangue e de desventuras!".

— Matem-me, sicários! – rugiu Tarquínio, espumejante.

— Matar-te de um só golpe?! Monstro! Não! Tens que morrer lentamente, apodrecido em uma das masmorras que construíste para as tuas vítimas...

Salústio aproximou-se de Múrfius, dizendo-lhe baixo:

— Se este perverso conseguir ainda salvar-se... estamos perdidos! Sua vida é, para todos nós, uma terrível ameaça!

— Escuta-me, Salústio: tenho um plano excelente, cuja execução tranquilizará a todos os presentes. Ouve o que planejei: farás, amanhã, ao Senado, uma comunicação, em nome de Numa Tarquínio, participando-lhe que, desgostoso com o passamento de sua esposa, o procônsul empreendeu uma viagem de recreio, por mar — como é hábito seu — a fim de recobrar a calma e a saúde, profundamente abaladas com os últimos sucessos...

"Um séquito pomposo, ao alvorecer, partirá em direção a Óstia. Todos os que aqui se acham, sem compromissos militares, serão dispersados onde mais lhes convier.

"Os soldados apresentar-se-ão a Otávio Augusto, para entrarem em atividade, durante a *ausência* de Tarquínio. O tesouro que for encontrado neste palácio maldito será fraternalmente repartido entre todos os circunstantes. Sei, por informações incontestáveis, que ele possui mais ouro e preciosidades que o próprio Otávio, em um compartimento contíguo à sua câmara, cuja chave ele jamais confiou nem à própria Clotilde. Dentro em poucos dias, far-se-á constar, por um emissário fidedigno, que o *desventurado* procônsul, não suportando os seus dissabores inconsoláveis, se atirou ao Mediterrâneo, durante a noite... Eu... ficarei aqui, só com o verdugo de tantos infortunados seres humanos, para lhe infligir as mesmas torturas que ele ordenava a seus servos, com a indiferença de um rochedo... Os enfermos, aqui existentes, serão transportados a diversos lares, para recobrar as forças e a saúde.

"Eu nada quero do tesouro maldito.

"Deixai-me, completamente só, com o tirano cruel!

"Há muito estava ansioso por este instante para lhe fazer sofrer mais do que todos os supliciados por ele!"

— Teu plano é admirável, Múrfius — disse Salústio —; realizando-o, ninguém suspeitará de nós! Vou transmiti-lo a todos os que aqui se acham; depois que levarmos Numa Tarquínio de nossa presença. Depois que todos se retirarem, libertos de jugo nefasto, eu ficarei contigo, pois tenho que te auxiliar no que for mister. Não te abandonarei à beira de um abismo, talvez!

Decorridos poucos instantes, pôde Salústio transmitir os planos de Múrfius a todos os circunstantes, que o aprovaram com entusiasmo.

Enquanto isso se passava no átrio, Numa Tarquínio, amordaçado e fortemente ligado por cordas, tinha sido transportado a um dos calabouços infectos do execrando subsolo, soltando urros de dor e de revolta impotente.

Em poucas horas, antes que surgisse o dia, o malfadado palácio ficou em absoluto silêncio, desguarnecido dos seus mais preciosos valores, tendo sido encontrados verdadeiros tesouros acumulados em diversos cofres embutidos nas paredes de um aposento contíguo ao do de Numa Tarquínio; e... uma compacta multidão humana desapareceu nas trevas que envolviam a Cidade eterna...

Incontáveis e faustosos veículos, conduzindo preciosidades, escudeiros, serviçais e mercenários dirigiram-se para Óstia, onde embarcaram na majestosa galera *Imperial*. Nenhuma suspeita pairou na mente de alguém sobre os sucessos ocorridos naquela noite memorável.

No término de quinze dias, o Senado Romano recebeu à comunicação verbal do *suicídio* do procônsul Numa Tarquínio, e ninguém duvidou da veracidade do acontecimento, julgando todos que ele, flagelado de remorsos, houvesse encerrado o ciclo de sua existência com um ato de desatino...

X

Enquanto constava em Roma que Numa Tarquínio estivesse viajando, para avigorar a sua saúde combalida, sua residência conservava-se hermeticamente fechada.

No entanto, ele – desvanecidos os vestígios da embriaguez – compreendeu, claramente, sua desesperadora situação; mas não podia mover-se nem bradar por socorro, porque se achava acorrentado e amordaçado. Percebeu que todos os habitantes do palácio fatídico se haviam retirado para lugares ignorados, carregando-lhe todas as preciosidades por ele acumuladas; e, pela primeira vez, refletiu nos crimes que havia perpetrado... usurpando-as às suas vítimas ou aos vencidos em bárbaras campanhas sanguinolentas... A um rumor intenso de passos acelerados, arrastar de móveis, ordens em tom marcial, sucedeu um silêncio sepulcral...

Manietado e contundido, ele se contorcia convulsivamente, tentando desvencilhar-se daquele suplício inominável: estar insulado numa sombria masmorra, torturado, assediado por pensamentos que o tornavam o mais desgraçado de todos os mortais! Quantas horas decorreram na ampulheta do tempo, sem que pudesse ele perceber o menor ruído ou um tênue raio solar? Não podia avaliar os momentos decorridos, mas teve a sensação de haver transcorrido um milênio, desde os últimos e trágicos acontecimentos em que tomara parte.

A sede afogueava-lhe as entranhas, como se estas estivessem sendo revolvidas por tenazes incandescentes... E as horas sucediam-se, implacavelmente, inexoravelmente, no meio das trevas; o prisioneiro receava a invasão dos escorpiões que ele próprio mandara conservar nos calabouços com o perverso objetivo de melhor cruciar os desditosos prisioneiros.

Repentinamente, ouviu passos que se aproximavam do local onde se encontrava, e, fixando o torvo olhar nas trevas, pôde lobrigar os vultos de Múrfius e Salústio.

Ao vê-los, Numa Tarquínio rugiu de desesperação intensa e proferiu palavras incompreensíveis, por estar amordaçado.

Desataram-no, parcialmente, os dois recém-chegados. Seus lábios estavam intumescidos, não só devido à pressão que sofrera na boca, mas também porque ele próprio se mordera em momentos de desespero e alucinação.
— Bandidos! Soltem-me! Sou um procônsul, e não um escravo desprezível! — exclamou ele, com voz rouquenha.
Múrfius, que acendera um archote, olhava-o com desprezo, e disse-lhe:
— Bem vês que, doravante, um *procônsul* será também escravo... de quem já o foi... tendo nascido tão livre quanto a águia real! Não te lembraste disso, homem feroz, coração empedernido? Foste, enfim, subjugado, pelos deuses justiceiros! Esses grunhidos, que proferes, não nos comovem... como não te sensibilizaram as nossas lágrimas, nossos martírios, nossas imprecações! Supliciavas inocentes com requintes de lobo cerval, como se fossem monstruosos malfeitores. Infame, insaciável de gozos ilícitos, devoraste as fortunas de muitos entes dignos e honestos, que esmagaste torpemente; dissoluto, que profanavas os lares honrados e virtuosos... dos quais fizeste bordéis, chegou o instante bendito da vingança!
"Salvo milagrosamente pela generosidade daquela celestial criatura — que conspurcaste com teus amores impuros — eu espreitava este momento apetecido para te fazer expiar o que nos fizeste padecer! Vingaremos, assim, os sofrimentos inomináveis que nos infligiste; e, mais do que isso, a morte ignominiosa da adorável companheira que escravizaste, sendo ela filha de patrícios romanos, merecedora das bênçãos da Humanidade toda, e da qual não compreendeste a sublimidade! Clotilde Moréti e Luciano Naldi — ligados por um elo de luz — hão de viver eternamente no coração dos romanos, que compreendem que foram imolados à tua sanha leonina.
"Vê, desalmado, onde te achas: nas extensas covas, onde apodreciam em vida centenas de criaturas humanas, corroídas pelos

vermes, com as vísceras devoradas pela sede e pela fome mais acerbas, com os corações estilhados de revolta, de desespero e de soluços.

"Estás, enfim, entregue à Justiça bendita! Sofrerás os mesmos tormentos com que nos martirizaste! Todos os que, aqui, gemiam em agonias prolongadas foram levados para lares caridosos; e, em breve, partirão para os que amam, livres e felizes! Só de uma coisa todos nos lamentamos: não havermos libertado a nossa benfeitora – que a isso se opôs – e cuja recordação enche de lágrimas os nossos olhos e os nossos corações!

"Nunca tiveste comiseração dos que reduziste à escravidão, homem execrando!

"Eu era chefe de uma grande tribo da Mauritânia,[82] e tu me trataste como se eu fora íntimo servo.

"Nunca te condoeste dos padecimentos alheios; assim serás tratado, com dureza e impiedade. Estás entregue à justiça do que maltrataste, ofendeste vilmente, injuriaste! O sangue que derramaste vai ser vingado! Também vais ser tratado com crueldade, para compreenderes o que fizeste a entes humanos, e não a irracionais, para que resgates, até o último ceitil, as tuas dívidas de déspota empedernido! ... Pelos teus suplícios poderás ajuizar os que nos infligiste! Querias homenagear o passamento de nossa adorada benfeitora com borbotões de lágrimas e de sangue; e, no entanto, a maior prova de gratidão que podemos tributar àquela alma angélica... será a punição de seu implacável algoz!".

Numa Tarquínio ouviu o que Múrfius lhe dissera, como se estivesse escutando um libelo irrespondível, na própria geena... Aquelas horas de sofrimentos já lhe haviam amortecido os furores; os gritos de revolta não vibravam mais nele com a mesma intensidade; os olhos, que fuzilariam de ódio contra o seu mais implacável adversário, estavam agora sem brilho, amortecidos.

---

[82] País africano desde 1960.

Nenhuma defesa soube formular. Quando, porém, reconheceu Salústio, teve uma súbita explosão de revolta:

— Traíste-me, falsário! Arrependo-me de não te haver torturado e lançado os teus fragmentos aos cães!

— Não – redarguiu Salústio com altivez –, nunca traí a confiança dos que sabem cumprir os seus deveres humanos!

"Tu me tornaste carrasco pelo temor. Eu desejava ser bom e honesto, e tu me fizeste praticar atos aviltantes. Que mal te haviam feito os desgraçados prisioneiros, senão defenderem suas vidas e seus tesouros sagrados e chorar a liberdade perdida? Era eu o primeiro a cumprir as ordens... porque, se o não fizesse, sabia o que me aguardava: a morte torturante que reservavas a todos os que não te obedeciam... Tu me obrigaste a macular as mãos no sangue dos vencidos, que valiam mais do que os seus algozes... Eu queria ser bom e me tornaste um verdugo; por tua causa perdi a minha alma e a minha salvação... Meus olhos já não tinham prantos suficientes para chorar a desdita dos que mandavas supliciar, e morriam, amaldiçoando os seus carrascos... Se não fosses um perverso, eu seria o mais justo e exemplar de todos os homens! Recaiam sobre tua fonte as abominações que pratiquei, empedernido tirano! Eu quis recuar, espavorido dos meus próprios crimes, quando conheci os sentimentos celestiais de tua escrava esposa... Foi ela quem me fez odiar, com veemência, os meus erros, e execrar o que me arrojou ao abismo... Por ela seria capaz de ser excruciado, para merecer um só olhar de seus olhos, que eram feitos de crepúsculos e de estrelas..."

Salústio quedou-se, velando as pálpebras com as mãos em um gesto de amargura infinita. Numa Tarquínio, que o escutara, rangendo os dentes de cólera, bradou com a voz roufenha:

— Desgraçado! Amavas tu, por acaso, a Clotilde! Dize-o! Eu...

— Sim! – respondeu o jovem – Não com amor corrupto e grosseiro igual ao teu, homem impuro e vil! Adorava-a como se adora um ser divino, ideal, puríssimo! Desde que para este palácio – antro de tormentos! – *ela* veio, tudo em meu íntimo se metamorfoseou; desde então só obedecia à sua vontade! Eis por que Múrfius foi salvo. Eis por que outros muitos desditosos tiveram sua liberdade. Eis por que, coligados para a vingança, havemos de desafrontar a Humanidade e a bendita criatura, sem igual sobre a Terra! E que tu mataste, perverso.

– Mentes, indigno, ela nunca te transmitiu sequer um pensamento! – rugiu Numa Tarquínio, rangendo os dentes, de ódio e zelos.

– Estás iludido, homem-pantera, pois há muito, nesta maldita habitação, só obedecíamos às suas ordens secretas. Ela nunca pactuou com os teus crimes! Era uma entidade célica que todos nós adorávamos. Somente tu não compreendeste a sublimidade de seus sentimentos! ...

– Não a matei; infame! Foi ela quem o fez com as suas próprias mãos. Que responsabilidade me cabe por esse suicídio?

– Não tentes desviar a grande responsabilidade que te esmaga neste momento; indigno! Tu foste o único culpado por tudo que aconteceu. Não era possível que uma mulher virtuosa e santa suportasse tantos ultrajes e tantas ignomínias. Tu te mostrarias digno, pela vez primeira, diante de nossas consciências, se não quisesses isentar-te de um delito que foi causado por ti. Tuas vilanias obrigaram-na a refugiar-se no céu, porque a vida, em tua companhia, era, para ela, o maior dos tormentos... Nenhum brado de consciência há em teu ser! És um monstro, indigno da nossa comiseração. Vais, enfim, experimentar o látego que fazias vibrar contra inermes criaturas....

– Infames! Não ousareis flagelar o glorioso amigo de César! ...

– Amigo de César! Tu? Oh! Indigno guerreiro! Pensas que não sabemos que foste tu quem assalariou diversos inimigos de César, dando-lhes somas consideráveis, porque o temias, visto como se tornara ele amigo de Luciano Naldi, a quem prometeu fazer justiça? Julgas que desconhecemos todas as tuas falsidades e torpezas?

– Matem-me, então; mas não me avíltem! – tornou Numa, em crescente excitação, em desespero de causa.

— E tu não o fazias a tantos nobres varões? Tu te compadecias de tantos guerreiros ilustres cujo único crime era o de terem sido dominados por ti, que lhes infamavas os lares e lhes usurpavas os tesouros acumulados nesta habitação maldita, ornamentada com as lágrimas, o sangue e a vida de tantos desventurados?

— Mentes! Mentes, dragão! — trovejou o procônsul.

— Nenhum brado de revolta conseguirá atenuar a convicção que temos de tuas perversidades! Podemos, enfim, ver-nos, frente a frente, de viseira erguida! Que importa não acredites nas verdades que ora te dizemos, antes da execução da justiça, a que foste condenado pelos que te rodeavam, detestando-te? Vais experimentar o látego do *lampirus*,[83] exercitado em centenas de vítimas, até que uma súplica divina lhe imobilizou o braço por algum tempo...

— Miseráveis, não me infamem; não sou um escravo! Temei a justiça de Otávio, quando souber da traição que me fizestes!

— A ele é que deveríamos entregar o vil assassino de César, para que lhe aplicasse merecida punição!

— A minha fortuna será do que me conceder a liberdade — vociferou o prisioneiro, entre súplica e temor.

Salústio ouviu-o impassível. Múrfius riu com sarcasmo, e disse-lhe com firmeza:

— A tua fortuna... os teus tesouros empilhados à custa de rapinagens, já estão distribuídos pelos que partiram, acompanhando um simulado procônsul! Foi arrombada a arca secreta de teu gabinete, e de lá retiradas as somas que fariam inveja aos mais afamados Cresos... Somente nós dois não quisemos a menor parcela do que já possuíste... A justiça não se avilta, recebendo paga pela execução das leis mais austeras!

— Mentis, malditos! Torturais-me, porque apenas desejais a minha morte para vos apoderardes dos meus haveres!

---

[83] O encarregado de flagelar os prisioneiros, na Antiga Roma.

– Vais convencer-te do contrário, aos poucos, nos dias de angústia que te estão reservados... Vais também uivar de dor, sem ter quem se compadeça de ti. Nós não agimos por dinheiro, mas representando o mais incorrupto dos direitos. Vamos vingar tuas desditosas vítimas e nossa amada senhora, a bendita Clotilde...

– Matem-me! Matem-me, cães, depressa, antes que o dia surja...

– Não o queremos, déspota vencido! Morrerás lentamente, lentamente corroído pelos remorsos e pelos vermes, desfazendo-te em pedaços...

XI

Múrfius e Salústio saíram por momentos, depois de ter atado fortemente a uma das colunas de suplício o abatido procônsul, que soltava gritos roucos contorcendo-se em espasmos de dor moral e física.

Poucos instantes decorreram e surgiram os dois companheiros conduzindo o cadáver de um dos cativos apunhalados por Numa Tarquínio, à hora em que foi atacado por seus inimigos. Mais três despojos humanos foram conduzidos por eles, e postos ao redor do encarcerado. Depois, Salústio, erguendo o archote para que Tarquínio visse os infortunados que havia matado, olhou-o com os olhos fulgurantes de lágrimas, e disse emocionado:

– Que os deuses façam a merecida justiça, verdugo de inermes criaturas! Tu, monstro, tornaste carrasco um coração propenso ao bem e ao perdão... Tantos foram os flagelados por meu braço, que me requintei na arte maldita de martirizar seres humanos... A força física dos braços decuplicou, arrancando gemidos, torturando...

"Sou o produto de tua perversidade... Havia uma outra força celeste que superava a minha, anulando-a como se nunca houvesse existido: era a súplica de Clotilde, era o desejo de não lhe desagradar... Não atormentei mais nenhuma vítima de tuas arbitrariedades... desde que seu olhar divino baixou sobre mim, envolvendo-me em uma carícia do Céu... Quanto era ela formosa, chorando! Suas lágrimas iluminavam-lhe os olhos castanhos, onde havia sempre a tristeza profunda das noites de procela... Clotilde, mulher divina, que não soubeste adorar de joelhos, bandido! Clotilde, tu, que me ouves das mansões felizes, vem, e abençoa a vindita do mais humilde de teus servos! Adorei-te com o fervor de um crente. Nunca senti emoção igual à experimentada no dia em que desceste a esta lúgubre masmorra, enchendo-a da tua luz espiritual, mais brilhante do que a das manhãs primaveris, trazida com a tua presença, irradiada da tua fronte nimbada das luminosidades do plenilúnio, quando entravas nos cubículos negros, onde jaziam as podridões humanas. O celerado vai receber condigna punição!".

– Não quero mais ouvir-te, infame! Liberta-me, cão, e verás como se castiga a quem ousa amar a mulher de seu senhor!

Salústio parecia não o escutar, imerso nas dolorosas cogitações geradas das suas próprias palavras:

– Ela deve estar no Olimpo, pelo bem que realizou neste mundo... Foi o mais perfeito ser que os deuses criaram... Dir-se-ia que ela própria era feita de radiosidades astrais...

– Não podemos deixar de lhe vingar a morte, ocasionada pelas crueldades de um algoz, que, muitos anos, esteve nos fastígios da glória e do poder, tornando desgraçados centenas de entes humanos! – exclamou Múrfius, com rancor.

– Momento este ansiosamente esperado! – tornou Salústio, como que desperto de um sonho.

Uma lâmpada, pendente do teto baixo e enegrecido, foi acesa por Múrfius, que disse, com escárnio, dirigindo-se ao procônsul:

– Acendi a lâmpada, *domine*, para que vejas bem os teus últimos crimes; contempla as tuas derradeiras vítimas, que vão ser os teus companheiros de existência até o extremo instante, neste formoso palácio que destinaste aos que, livres e opulentos, tu reduziste a ínfimos e desventurados escravos.

Numa Tarquínio com os olhos congestos, as faces empalidecidas de pavor, espumejava de ódio incontido, rangendo os dentes, qual fera enfurecida.

– Retirai-vos de minha presença, salteadores! Lembrai-vos de que sois servos, e eu senador romano! Muito caro pagareis os vossos ultrajes!

– Aqui não há mais senador, nem servos. Nunca te lembraste de nossas regalias sociais nos momentos em que ordenavas os nossos martírios. Tua opulência, tuas regalias senatoriais provieram da fraude e da extorsão. Vais ser torturado, como o foram os teus prisioneiros. Veremos que o cadáver de um senador romano será mais pútrido do que o do mais desventurado cativo. Penitencia-te de tuas monstruosidades, pois vais ser justiçado pelos representantes dos deuses e da Humanidade, afrontados com as tuas atrocidades!

– Arrependo-me por não haver sido mais cruel ainda do que fui! Arrependo-me por não te haver cortado aos pedaços, atirando-te às moreias, enquanto estava em liberdade! Odeio todas as criaturas, a Humanidade toda! Fui traído por todos, até por ela, que cerquei de pompas e glórias reais!

– Não soubeste inspirar sentimentos puros em uma alma angélica. Empestas o ar que respiramos, tantos têm sido os teus desatinos. Precisas ser eliminado da Terra...

Assim dizendo, Múrfius e seu companheiro ergueram o vencido detento, e, a custo, conseguiram prendê-lo a uma coluna – à mesma onde aquele fora vergastado atrozmente. Empunharam os aviltantes látegos, e com eles zurziram intensamente o infeliz, que se contorcia de dores inauditas, e vociferava, inutilmente, contra os seus algozes...

XII

A figura sinistra de Numa Tarquínio, com o corpo atado a uma das colunas de flagelo por espessa corda, com os braços suspensos, numa atitude de súplica forçada, parecia de uma altura descomunal, e destacava-se na penumbra do subterrâneo, como se chegasse do solo ao teto. Dir-se-ia uma árvore humana, que nascera na sombra, e erguera os galhos para o Infinito, tentando, vãmente, alcançá-lo, para se livrar de uma punição que o aviltava. Ao seu redor achavam-se os cadáveres dos desventurados servos, disformes e ensanguentados, já em decomposição.

Revezavam-se os dois vingadores, nos tormentos infligidos ao prisioneiro, que se convulsionava, e, entre gemidos, exclamou:

– Matem-me, sicários! Estes tormentos são de fogo e são de gelo; penetram-me o corpo e a alma!

– São o resultado da tua perversidade – respondeu-lhe Salústio. – Minha energia muscular aumentou, flagelando inocentes. Eis a consequência de tua obra nefasta!

Aos poucos, as forças físicas de Numa Tarquínio declinaram. Blasfemava, urrava, mas seus sofrimentos deixavam impassíveis àqueles que lhos aplicavam.

Só à noite houve uma trégua.

Salústio e Múrfius, exaustos, careciam de repouso e alimentos.

As sombras eram mais intensas naquela fúnebre galeria, cujo ambiente se ia tornando irrespirável devido às emanações pútridas dos cadáveres. Um tremor convulso abalava profundamente o desventurado procônsul. Ele, que até então não havia proferido uma rogativa, pediu, com ansiedade:

– Minha fortuna por um pouco de água!

– Não tens mais nem um ceitil para dar a quem quer que seja; tu já morreste para o mundo! Nada, sobre a Terra, te pertence! Era assim que procedias para com os atormentados pelo pior de todos os suplícios, a sede!

Arquejante, com a língua desmesuradamente decaída, os

cabelos eriçados, os olhos esgazeados, tinha ele um aspecto pavoroso! Ninguém, vendo-o, reconheceria o verdugo de outrora...

Súbito, os dois coligados entreolharam-se, aturdidos e apavorados: dir-se-ia que o subsolo se enchera de neblina que tomava, aos poucos, formas humanas, movimentando-se ao redor da coluna onde se achava Numa, qual uma procissão silenciosa de seres intangíveis. Alguns agitavam os braços para o alto; outros rodopiavam vertiginosamente; outros rojavam-se pelo chão como que à procura das manchas de sangue vertidas pelas vítimas nos últimos instantes de vida, e pareciam chorar, osculando-as; outros faziam gestos ameaçadores em direção ao prisioneiro. Quatro daqueles entes imateriais adiantaram-se e foram postar-se junto aos cadáveres que rodeavam o supliciado, como se tentassem erguê-los do solo; e choravam, vendo baldados os seus esforços...

Tarquínio, a custo, com voz cavernosa, percebendo que os seus algozes se iam retirando, disse-lhes:

– Não me deixem neste flagelo atroz! Matem-me! matem-me, por piedade!

A multidão de seres fluídicos, que o assediava numa farândola macabra, passava a seu redor, fazendo alguns deles esgares e trejeitos que o alucinavam. Nenhum tormento poderia comparar-se ao dele, reconhecendo, naquela turba inquieta, servos, cativos e adversários torturados por sua vontade, que, então, era onipotente...

A lâmpada, que oscilava no teto, bruxuleava, prestes a extinguir-se. Tarquínio, o verdugo de tantos desditosos, acovardado pelos padecimentos por que passava, começou a bradar por Salústio e seu companheiro: preferia que eles o atormentassem mais, muito mais ainda, contanto que não o deixassem à mercê dos espectros dos chacinados de outrora. Esse, para ele, era o martírio máximo, inominável, inaudito!

Nenhum dos dois, porém, foi em seu socorro. Ficou ele na masmorra fatídica, entregue aos impalpáveis inimigos. Com as carnes intumescidas, equimosadas, ardentes como chagas comburentes, o infeliz implorava a seus algozes que, ao menos, o deixassem morrer estirado numa das enxergas do calabouço, que a sua crueldade havia mandado construir.

Ninguém lhe respondia. Os duendes riam de seus padecimentos inconcebíveis. Continuava a ouvir insólitos rumores por toda a habitação. Teve a efêmera esperança de que seus amigos, descobrindo a cilada de que fora vítima, viriam à sua procura, para o libertar. O tempo ia, porém, decorrendo lentamente sem que surgisse nenhum deles... Parecia-lhe que tremores sísmicos abalavam o solo, que gemidos ululantes vibravam nos ares, provocados por vergastas que flagelassem indefesos escravos; que as ogivas se despenhavam do alto ao solo; que todas as portas e janelas se abriam num impulso de vendaval africano...

Uma claridade rubra sucedeu à da lâmpada extinta, sem que ele atinasse de onde provinha. Subitamente, percebeu de onde era projetado aquele clarão sanguíneo: os espectros estavam empunhando archotes que pareciam embebidos em sangue e desprendiam uma luminosidade vermelha, brilhante, ofuscante... Desfilavam todos diante dele, olhando-o, com escárnio, através das pupilas fosforescentes, onde ele compreendia haver ódio implacável e inextinguível... Alguns deles, regozijados com os seus tormentos, apontavam-no com as falanges longas, gargalhando de modo louco, enquanto outros cabriolavam à sua frente.

XIII

Era intolerável ao vencido Numa Tarquínio aquela situação punitiva!

Delirando, ele incriminava a sua crueldade e invocava a morte para que terminasse, rapidamente, a sua tortura; mas eles simulavam indiferença às suas dores, e desfilavam silenciosos. Nenhum rosto amigo descobriu dentre os da falange de escarnecedores... Todos se haviam coligado para o suplício, insensíveis à sua situação desesperadora. Uma única esperança bruxuleou em seu íntimo, onde rugia uma procela de dores indefiníveis: ver o espectro radioso de Clotilde, pois sabia que ela somente se condoeria de seus padecimentos...

Clotilde, porém, não lhe apareceu. Em vão esperou o seu fantasma, cuja presença havia de suavizar-lhe os infernais padecimentos!

A noite foi consumada naquele tormento inominável! Os duendes desapareceram, bruscamente, avizinhando-se um novo dia. Dúbia claridade descia ao subsolo pelo alçapão que Salústio e Múrfius haviam deixado aberto.

Ouviu ele o rumor de chuva e trovoada. Horas infindas decorreram sem que fosse alterada a sua dolorosa situação. Alquebrado pelas torturas por que estava passando, com as carnes doridas e intumescidas, ora gritava, ora blasfemava, uivava, bradava por socorro, ora se imobilizava, após espasmos de dores, com a boca desmesuradamente escancarada, com a língua pendente... Quando recobrava os sentidos, lembrava-se de sua angustiosa posição, e olhava as sombras, apavorado, temendo descobrir os seres imateriais que o haviam atormentado por tantas horas...

A sede recrudescia com o perpassar das horas, tornando-se intolerável!

Sua boca já estava contorcida, a garganta afogueada, o corpo, todo equimosado, tornava-se violáceo.

– Água! Água! – bradava ele, penosamente.

Ao termo de mais algumas horas, percebeu passos na escada que descia ao subterrâneo, e viu Múrfius e Salústio aparecerem, empunhando um archote. Ao verem os recém-chegados o aspecto hediondo do prisioneiro, recuaram espavoridos.

– Água! Água! – gemia o prisioneiro.

– Por que a negavas às tuas vítimas, quando ta imploravam? – perguntaram-lhe ambos.

— Só agora... percebo o mal que fiz... assim procedendo... mas ainda odeio todos os homens! Arrependo-me... por não haver incendiado o mundo!

— Se tivesses tido esse poder, tê-lo-ias feito, tigre insaciável de sangue! É assim que pretendes aplacar a nossa vingança?

— Já estais vingados... vingados cruelmente! Matai-me, agora!

— Morrerás, sim, mas lentamente, como ordenavas que se fizesse com os desditosos encarcerados – disse-lhe Múrfius com amargura. – Eu estive apodrecendo em vida, muito tempo, neste calabouço maldito, que te reservamos agora, para que nele morras... Quando eu melhorava, mandavas que me flagelassem novamente... Bem sabes quem me salvou daquele martírio...

— Continuai o flagelo, mas, antes, dai-me água! água – pediu Tarquínio, já quase em completa afonia. E a boca ficou desmedidamente escancarada ao pronunciar as últimas palavras.

Vendo que não era atendido, em custoso esforço, olhando o jovem, suplicou-lhe debilmente:

— Água... Salústio... em nome... de Clotil... de!

Salústio, que havia deixado o archote numa elevação, empalideceu, interrogando-o, com acento doloroso:

— Por que evocas o sagrado nome da tua infeliz vítima? Não sabes que estamos justiçando o autor da morte da adorada *domina*?

— Ela não se vingava... nunca... era piedosa e boa! Por amor de Clotilde... dá-me água... muita água, Salústio!

O jovem, com olhos fulgurantes de pranto, à lembrança da criatura ideal, que tanto amara em segredo, não pôde resistir por mais tempo à rogativa do desesperado recluso... Desapareceu por instantes, e logo surgiu conduzindo um cântaro de água fresca. Ergueu-a aos lábios de Numa, que a sorveu penosamente, pois a garganta estava intumescida de tanto rugir contra os seus supliciadores...

— Salústio – murmurou ele –, depois de saciar o flagelo da sede, eu... agora... te perdoo... mas tira-me o resto da vida!

O jovem olhou-o compadecido, pela primeira vez, e disse a

Múrfius, tocando-lhe em um dos braços:

— Vem comigo, Múrfius, preciso falar-te...

Retirados do local em que se achavam, com o semblante entristecido e pálido, Salústio confidenciou ao amigo:

— Compreendo que algo de extraordinário ocorre comigo... Como sabes, fui repousar no cubículo onde se extinguiu a vida... da incomparável Clotilde... Chorei, comovido, recordando-lhe as feições angélicas, a piedade inexcedível, e houve um momento em que eu, já quase adormecido, julguei vê-la ajoelhada à minha cabeceira... Quando atentei na visão, esta se esvaeceu... Pois bem, meu amigo, desde aquele instante, alguma coisa de anormal se passou em meu íntimo... pois sinto que se evolou o ódio que eu nutria contra o celerado... vencido! Minhas forças físicas quebrantaram-se... e não tenho mais o ânimo preciso para prosseguir a vindita, como era meu desejo... Houve uma súbita metamorfose em minha alma: sou outro ser, bem diverso do que o era ontem!

— É porque não tens contra ele motivos graves para o detestar Salústio!

"O contrário foi que te sucedeu, pois foste distinguido por ele... Eu só tenho motivos de queixa, de revolta e de abominação! Numa Tarquínio arrebatou-me a esposa fiel, os filhos adorados, amigos, fortuna, honra... Ele me espezinhou, tratando-me como se fora o mais degradado dos escravos, retalhando-me a carne com a vergasta, e a alma, com o desespero! Deixou-me apodrecer em masmorra pestilencial!"

— Sim, Múrfius, tens razão, mas eu sou sincero, fazendo-te a confissão que já conheces; e posso acrescentar mais o que se passa no âmago de meu coração: não conheci, nunca, uma só pessoa de minha família; sou um filho do anonimato, abandonado ao léu da sorte... Fiz-me soldado para encontrar a morte, compreendendo quanto é vil a Humanidade... que possui mães que abandonam os filhos, piores do que as dos irracionais! Assim vivi até que Numa Tarquínio trouxe, da Rocha Negra, o inestimável tesouro que todos nós conhecemos... Amei, desde então, com toda a veemência, com toda a veneração, a nobre senhora que, por algum tempo, foi o nume celeste baixado a este antro de dores... Foi esse o único sentimento divino que germinou em minha alma, onde só se acumulavam amarguras... Por sua causa seria capaz de praticar as maiores heroicidades, ou as mais tremendas insânias! Aliei-me a ti para vingar sua morte irreparável, não podendo perdoar ao monstro por ela responsável, nem conformar-me com que fosse sacrificada à sua sanha a mais bela e a melhor de todas as mulheres... Desde ontem, porém, passa-se comigo um estranho fenômeno: eu a vejo a todos os momentos, ajoelhada, em atitude de mágoa ou de prece... Vês aquele recanto sombrio, ali, à nossa direita? Não a distingues com a sua túnica alvíssima... contrastando com as mãos em súplica, enluvadas de trevas?

– Confesso que não a vejo... Deve ser alucinação tua!

– Não, meu amigo, esta noite, em que chorei, prosternado, em seu último e miserável abrigo, ela me apareceu, formosa e triste, e falou-me algo que eu percebi ser uma rogativa para que não flagelássemos mais o seu verdugo, que o deixássemos entregue à Justiça Divina... Tarquínio também deve ter experimentado o seu benéfico influxo, pois fez o primeiro rogo, com humildade desconhecida em seus lábios, e em nome da querida morta... Há alguma coisa de extraordinário em tudo isso, e, para confirmar esta suposição minha, noto que meu ódio se esvaeceu e que começo a condoer-me dos sofrimentos do tirano: fui dominado, manietado por um poder desconhecido, Múrfius!

– Tu, Salústio, que atendeste aos rogos de Clotilde, e me deste a liberdade, mereces-me todo o crédito. Receio, porém, que o abalo moral por que passaste... esteja alterando as tuas faculdades mentais...

– Enganas-te, Selan, não estou desatinado, mas em plena realidade. Como posso eu iludir-me no que meus olhos enxergam? Eu a tenho visto, meu amigo...

— É a sua imagem encantadora de vestal e de mártir, que ainda está gravada em tua mente, Salústio...

Por segundos, os dois aliados quedaram-se em silêncio que, inopinadamente, foi quebrado pelos gritos roucos do prisioneiro.

Ambos se dirigiram para onde ele se achava. Ao vê-los, exclamou o desventurado:

— Libertai-me... para que eu possa, ao menos... morrer deitado! É horrível morrer na posição em que estou!

— Era assim que imolavas os inocentes que te imploravam, não um leito, mas um pedaço de terra para poderem morrer, e tu lhes recusavas tudo! — respondeu-lhe o filho da Mauritânia.

— És mais cruel do que eu fui! Lembra-te de que sou um antigo servidor... da pátria...

— Também nós o éramos. Somente agora compreendes o mal que praticaste? É tarde, muito tarde, porque se te livrasses de nossas mãos, ainda tirarias desforço de nós, com ódio tigrino... Nós te aplicamos a pena de talião... e somos justos assim procedendo.

XIV

Mais algumas horas se escoaram na ampulheta de Saturno.[84]

Os dois aliados calculavam que todos aqueles que haviam partido, no dia do encarceramento do procônsul, já se tinham dispersado e tomado a resolução de viver em longínquas paragens. Urgia que se livrassem eles da responsabilidade do homicídio de Numa Tarquínio, pois, quando chegasse ao conhecimento das autoridades a notícia do seu sucídio, a casa seria aberta para fazerem o arrolamento de tudo que existia em sua principesca habitação.

O mísero procônsul, com as carnes dilaceradas, foi arrastado

---

[84] Na mitologia romana, deus do tempo.

ao mesmo sombrio cubículo onde Múrfius penara por muito tempo. Em vão Salústio interveio para cessarem os tormentos contra Numa. Múrfius foi inflexível. Chagas pútridas corroíam o organismo do prisioneiro; e, pela intensidade de sofrimento, delirava ele constantemente, ora bradando por socorro, ora ordenando chacinas, ora chamando por Clotilde, implorando-lhe que o salvasse de tantas torturas...

Seus gritos, porém, não eram quase percebidos, e não sensibilizavam a Selan, que, impassível, parecia encarnar a justiça invulnerável: punia serenamente o destruidor de todas as suas venturas terrenas!

Tarquínio já havia percebido que Salústio não tinha ânimo de o atormentar mais; como, porém, seus padecimentos eram intraduzíveis, recusava os alimentos e somente implorava água, com frequência.

O ambiente do subterrâneo estava asfixiante, devido à falta de renovação de ar, e à decomposição dos cadáveres que rodeavam o supliciado.

— Retirai-os daqui — suplicava ele, com os olhos esgazeados.

— São *eles* os teus derradeiros companheiros desta existência, monstro! — respondeu-lhe Múrfius. — Não tarda que te abandonemos aqui, só e insepulto. Era meu desejo, atirar-te ainda vivo, à noite, ao tanque das moreias, como o fazias aos desgraçados, que te desagradavam, enquanto te banqueteavas... e nós carpíamos os nossos infortúnios e nos estorcíamos de dores inenarráveis...

— És mais inflexível do que eu! — murmurou Tarquínio, com dificuldade.

— Não; somos benignos contigo, pois as tuas perversidades não têm conta, e as nossas resumem-se nesta, a única: justiçar o mais execrando dos déspotas! Se te aplicássemos a pena de talião... serias torturado durante um século! Os deuses hão de perdoar o que ora praticamos, porque estamos pondo em execução o Direito Divino...

Salústio, ao inverso de seu comparsa, quedava-se emudecido, pois fraquejara na luta empreendida – não compartilhando mais dos sentimentos vingativos de Múrfius. Se este o consentisse, ele, Salústio, transformar-se-ia em enfermeiro do procônsul, tratá-lo-ia como a um pai mutilado, em honra à morta querida... que só possuía palavras de compaixão para todos os desventurados... Por algumas vezes julgou ele divisar, na obscuridade das galerias, um vulto branco, inconfundível, o de Clotilde, fluídico – neblina sutil – que se movimentasse, com a fronte pendida, como que chorando, e pôde notar uma nódoa negra naquelas mãos que se uniam numa súplica perene... Para não lhe causar um desgosto, seria capaz de sacrificar-lhe a vida. Não tinha o direito, porém, de abandonar o companheiro, pois a ele se coligara por um juramento, que queria cumprir, a despeito de todos os obstáculos.

O mouro era inflexível como um obelisco de granito feito homem, dotado de vontade férrea. O que havia sofrido estava indelevelmente gravado em seu cérebro...

Nunca perdoaria ao verdugo vencido, por maiores que fossem os padecimentos deste.

– Tu, Salústio – dizia-lhe –, não tens os mesmos motivos para odiar este monstro quanto eu o odeio. Foste distinguido por ele, que parecia ter predileção por ti, ao passo que eu sofri as mais aviltantes humilhações, passei pelos mais acerbos tormentos! Meus ossos chegaram a aparecer à flor da pele, pois a carne estava corroída pelas contusões das vergastas, apodrecida e macerada... Sarei, por intervenção do Alto, e da celestial Clotilde, para poder punir o mais indigno dos seres. Eu, a todos os momentos, rememoro todos os meus tormentos, para que me não falte a precisa coragem para consumar a minha desforra – que é a de centenas de sacrificados!

No término de poucos dias de inauditos tormentos, Numa Tarquínio apresentava sintomas de alienação mental. Convulsionado de dores intoleráveis, imprecava contra a

Humanidade e os deuses, que o não libertavam de tantos padecimentos, blasfemando contra eles; rogava, então, aos seus algozes que o matassem de um só golpe; bradava por Clotilde, confessando então toda a paixão violenta que por ela nutrira...

– Eu te adorava muito, até a loucura! – exclamava ele. – Quero seguir-te os passos...

Logo após bradava por socorro, imprecava contra os seus adversários, e raras vezes coordenava com acerto os pensamentos.

Uma noite, depois de ligeira refeição, constituída de frutas colhidas no pomar, e de vinho que existia na adega, Salústio e Múrfius conversaram a respeito da situação de ambos.

– A permanência no subterrâneo – disse o primeiro – ser-nos-á fatal... morreremos intoxicados com o ar pestilencial que lá existe. É bem verdade que já estamos quase habituados a ele, mas, agora, é mais grave a nossa situação... por causa dos cadáveres insepultos que lá estão. Impõe-se a nossa retirada daquele local... Que havemos de fazer do prisioneiro?

– Já pensei sobre o caso, Salústio. Vamos partir ao alvorecer, pois o estado de Numa Tarquínio é desesperador... Antes, porém, faremos o enterro de todos os mortos... Se o procônsul não morrer... tanto pior para ele: ficará só, terminará a vida abandonado, e, quando alguém penetrar nesta habitação fatal, encontrá-lo-á no mesmo estado em que ficavam suas vítimas, a cuja recordação ainda estremeço de horror. Vai ele resgatar bem caro seus crimes pavorosos...

Pela última vez desceram ao subsolo do palácio onde se haviam desenrolado tão impressionantes tragédias.

Numa Tarquínio, quase sem se alimentar, e consumido pela febre e pelas úlceras que irromperam em seu organismo contundido, apresentava o aspecto de um desenterrado, estava irreconhecível: o rosto escaveirado; os cabelos empastados de sangue coagulado; as pálpebras denegridas; o corpo despido, emagrecido, ensanguentado, não era mais o do arrogante e temido senhor de outrora, mas o de alguém que houvesse sido retirado da sepultura.

Delirava incessantemente: gargalhava, gemia, gritava com a voz apagada. Tinha lucidez apenas momentânea. Como havia sido atado ao poste novamente, vendo o seu estado lastimável, Múrfius e seu companheiro desligaram-no, deixando-o cair ao solo. Ele tombara por terra, desgovernado e incapaz de qualquer reação.

— Estás livre! — disse-lhe o mouro, com escárnio.

— Livre, eu? Matem-me! Estou sofrendo muito!

— Ainda precisas viver algumas horas... como eu vivi... curtindo dores enlouquecedoras, sorvendo fel e lágrimas... Tu ainda não padeceste tanto quanto eu... Uma semana de martírios não se compara aos meses seculares que passei sob teu jugo hiênico.

— Retirem estes cadáveres... Não quero morrer olhando-os...

— Por que os feriste barbaramente? Que mal te haviam feito os desventurados?

— Queria que todos... todos padecessem... como eu...

— Pois se assim é, se querias fazer todos desditosos, não esperes a nossa piedade — pois é indigno dela!

O prisioneiro, caído arquejante, e gemendo, poucos instantes depois deste diálogo já não tinha consciência do que dizia.

Entre uivos de dor, subitamente começou a dialogar com um ser invisível:

— Estás vingada... Túlia! Eu... sim... te matei... quando foste mãe... *Ele*... teu filho tem sido o meu carrasco... Salústio... meu filho...

Estarrecido de espanto e pesar, Salústio inclinou-se para ele, interrogando-o:

— Numa... Numa... que disseste?! És, então, meu pai?! ...

Ele, porém, olhou-o com olhos inexpressivos e não lhe deu resposta. Poucos momentos depois, parecendo chorar, tornou, como em um lamento:

— Sai... Túlia! Já disse: estás vingada... por teu filho...

Alguns minutos mais, recomeçou o delírio, pedidos de socorro, a entidades invisíveis.

— Eu enlouqueço! – murmurou Salústio, fitando os olhos do torturado, como querendo arrancar-lhe o segredo até ali encoberto por um véu, cuja ponta acabava de se levantar. Seria ele, realmente, seu genitor? Por que não lho dissera, quando o viu empunhando uma vergasta para lhe dilacerar as carnes? Fora Numa também o verdugo de sua mãe, que ele não conhecera? Estava, assim, desvendado o segredo de seu nascimento! Permitiriam os deuses que ele flagelasse o próprio pai, em punição das monstruosidades por este cometidas?!

Eis por que a ideal Clotilde, bela e triste, lhe aparecera e lhe apontara o Alto, como a significar que já conhecia a realidade, e a sugerir-lhe que entregasse a causa de tantos infelizes ao supremo Tribunal Divino... Torturando o próprio genitor, ultrapassara os bandidos, ele, que desejava ser bom e justo! Como poderia continuar a viver com o peso daquela recordação? Sentia-se, doravante, mais criminoso que o próprio Tarquínio! Estava elucidada a proteção que, sempre, ele lhe dispensara, escolhendo-o, jovem e inexperiente, para chefiar todos os mercenários, submetendo-lhe todos os prisioneiros... Seria ele, realmente, filho daquele ente execrado? Teria Tarquínio matado sua mãe, quando, certamente, lhe exigira reparação da falta que cometera, seduzindo-a? Fora, então, Numa o verdugo de suas amantes, e, depois, da esposa? Mas teria ele, Salústio, o direito de vingá-las? Seria permitido pelos deuses o desforço que exercera, vergastando aquele que fora autor da sua vida? Perdoar-lhe-iam as Entidades celestes? Não se tornara um parricida, merecedor da maldição de todos os seres siderais e terrestres?

Algo de anormal se passava em seu íntimo, havia muitos dias. Só então compreendeu os alvitres de Clotilde, querendo livrá-lo da víbora do remorso. Todos tinham o direito de torturar um dos mais perversos algozes da Humanidade – Numa Tarquínio – exceto ele. No entanto, fizera-o. Se ele se considerava infortunado até aquele momento, mais o seria daquela hora em diante...

XV

Salústio era dotado de consciência íntegra, serena, austera. Em face da suposição de haver torturado o próprio pai, só encontrava a atenuante de ter sido impulsionado a fazê-lo pelo Espírito de sua genitora, sedento de vingança, do homem que lhe usurpara a honra e a vida. Ainda nesta hipótese, o seu crime era grave, julgado por ele mesmo, juiz severo de si próprio. Era mister, pois, ter certeza do que o encarcerado deixara apenas entrever em uma frase confusa. Chamou por ele, com ânsia aflitiva:

– Numa Tarquínio, fala, dize a verdade, já que sabes do segredo do meu nascimento!

Ele, porém, delirando sempre, inconsciente já, respondia em frases desconexas.

Múrfius, condoído da situação de Salústio, obtemperou, com critério:

– Meu amigo, não tentes mais desvendar o arcano de teu nascimento... para não te sentires mais desditoso ainda! Deixemo-lo, agora, entregue à justiça dos deuses! Ele nunca teve comiseração por alguém; é justo que sofra todas as consequências de seus monstruosos crimes!

– Compreendes, porém, que eu não tinha o direito de o martirizar, como o fiz! – exclamou o jovem, com indefinível amargura.

– Não o ouviste dizer que estás vingando tua própria mãe, infamada e morta por ele?

Salústio, mais do que nos dias anteriores, sentia-se tolhido por uma força estranha. Suas ideias e seus pensamentos haviam-se modificado: aos sentimentos rancorosos sucedera a piedade filial... Achava-se, mais do que outrora, insulado e infeliz. Subitamente, tomou uma resolução que foi transmitida ao companheiro:

— Amigo, não podemos permanecer, por mais tempo, nesta horrível situação... A nossa permanência neste recinto é um verdadeiro suicídio... Como desejo, porém, abreviar o meu suplício moral, quero ficar neste subterrâneo infecto até que o desventurado Numa Tarquínio expire... Desejo dar-lhe uma sepultura e a seus fúnebres companheiros. Não é justo, porém, que sejas condenado à mesma sorte, pois tens família, e eu sou um mísero filho espúrio, ávido por deixar a vida e o mundo vil! Não sairei mais daqui contigo, Múrfius, conforme havíamos combinado...

— Perdeste o senso, Salústio?! Estás comovido com o estado do odioso algoz? Queres, acaso, sacrificar teu futuro e tua juventude por quem foi o mais cruel dos celerados?

— Não queiras investigar os meus mais secretos pensamentos, amigo! Estou, há dois dias, dominado por uma força invencível. Deixa-me, Múrfius; e, quando de novo penetrares aqui, encontrarás também o meu cadáver!

— Enlouqueceste, Salústio! Se aqui permanecermos por mais algumas horas... perderás a razão! As cenas trágicas a que temos assistido, abalaram-te o senso... Não posso, pois, deixar-te nesta angustiosa conjuntura, e seria condenável se o fizesse...

— Não, amigo; tens família, tens quem te ame e te receba com júbilo, com lágrimas de alegria, quando chegares ao lar... e eu...

— Que dizes, Salústio? Não percebeste, então, toda a extensão de minha desventura? Não tenho mais um lar, pois este foi conspurcado pelo monstro de quem te compadeces; minha fortuna pessoal foi usurpada por ele e seus sequazes! Não tenho ânimo de voltar à Mauritânia para contemplar, na hediondez da realidade, os seres que mais amei... porque temo encontrar esposa e filhos nos lupanares! Enlouqueceria de dor, certamente, se tal se desse!

— Se assim é, caro amigo — disse-lhe Salústio com rara nobreza —, eu te seguirei até a Mauritânia, pois quero resgatar meu crime, praticando uma ação meritória: auxiliar-te a retirar do lodo e da miséria entes que, puros e virtuosos, foram em hora fatal atirados aos prostíbulos por um cego e déspota vencedor! Pensaste, acaso, Múrfius, em não rever mais os que amaste, não lhes estendendo a mão salvadora?

– Salústio, meu amigo, tu deves estar inspirado pelos deuses, neste instante; tuas palavras me comovem até às lágrimas! Deves estar sob o domínio santo de Clotilde... Vamos, caro companheiro, do qual jamais me apartarei, pois contigo terei a necessária coragem para contemplar toda a extensão de minha desgraça! Até agora eu vivi para a vingança; doravante viverei para arrancar da lama da perdição as almas que Júpiter me confiou! Vamos agir, e retiremo-nos deste recinto pestífero.

"Logo ou amanhã talvez, o infame Tarquínio deverá ter consumado sua odiosa existência... Portanto, depois, caro amigo, estaremos livres para abandonar esta maldita habitação! Não devemos deixá-lo insepulto, para evitar suspeitas..."

– Sim, agora, deixo-te com o infeliz tirano... e quero ficar, pela derradeira vez, no cubículo onde Clotilde exalou o último alento: desejo permanecer de joelhos, até que surja o dia, que será o de nossa libertação! Não te preocupes com as despesas da jornada: tenho o suficiente para a sua realização, pois soube economizar, enquanto aqui estive...

– Sim, vamos retirar-nos daqui, mas primeiro enterremos os cadáveres dos derradeiros sacrificados...

XVI

Numa Tarquínio já não podia mais locomover-se. Flagelavam-no as úlceras, corroídos os músculos gangrenados. Ardia em febre e tremia convulsivamente. Delirava, ameaçando os que julgava enxergar, e não queriam obedecer-lhe às ordens imperiosas.

Para ele, novamente a galeria se povoara de névoas que tomaram formas humanas, formando personagens imateriais, que zombavam de seus padecimentos e de suas imprecações inoperantes.

Outros espectros passavam por ele silenciosamente, apontando-o à execração dos que o circundavam, fazendo gestos ameaçadores. O prisioneiro não percebeu mais a presença nem a ausência de seus adversários. Múrfius e Salústio, que o deixaram deitado em uma infecta enxerga, tiveram, antes, a precaução de sepultar os últimos imolados em uma das celas secretas, que havia no subsolo, formando diversos esconderijos, verdadeiros sepulcros destinados a ocultar muitos dos exânimes após os suplícios das colunas; e, algumas vezes, ali encerrados ainda semivivos, até que desaparecessem consumidos pelos vermes e pelo tempo...

Ele, então, mal percebendo o que havia sucedido, continuou a ver os cadáveres, que, subitamente, lhe pareceram erguidos do solo, tomando atitudes vingadoras. O enfermo, ora gargalhando, ora uivando de dor, encolhia-se apavorado, implorando a Salústio que o livrasse das presenças importunas. Rangia os dentes com ruído, remordia os lábios, já tumefactos e arroxeados, suplicando água para suavizar o vulcão chamejante que existia dentro de si. Via-se perseguido por todos os seus adversários; e, muitas vezes, julgou estar sendo atado, outra vez, à coluna, e vergastado cruelmente, até pelos mais rebaixados dos seus escravos!

Ele queria gritar, mas a voz enrouquecida não podia mais pedir socorro, e não se lembrava de lhes rogar perdão...

— César! — exclamou ele em delírio, quase imperceptivelmente. — Tu já foste vingado barbaramente: vê a minha situação de traído, humilhado, infamado! Comprei o punhal de Brutus... teu filho, e, no entanto, o meu... cortou-me as carnes com a vergasta... dos escravos! Preferia o punhal de Brutus... à chibata infamante de Salústio! Vê, César! É horrível! É horrível!

Os espectros, que o cercavam, escarneciam de suas dolorosas confidências...

Ele, julgando-se ainda investido da dignidade de procônsul, prometia-lhes honras e quantias miraculosas, para lhe valerem na angustiosa situação em que se achava, implorando-lhes um pouco de água, insciente de que Salústio havia deixado um cântaro repleto do precioso líquido à sua cabeceira. Apontava os que o perseguiam implacavelmente, ameaçando-os de punição: dizia estar apodrecido, e julgava que ainda o chicoteavam, incessantemente.

Dentre a turba invisível que o sitiava, ninguém se condoía de seus enlouquecedores padecimentos...

– Não me vergastem mais! – dizia ele, com angústia comovedora. – Vejam... as minhas carnes... estão despegando-se dos ossos! É horrível!

Outras vezes, supunha que lhe entregavam um copo de água: ele tentava sorvê-la com ansiedade, mas sentia que toda ela se transformava em sangue ou fel. Queria punir os escravos que o ameaçavam de espancamento, mas não podia erguer do enxergão senão o braço esquerdo, pois o direito estava fraturado em três pedaços, nem lhe era possível mais movimentar os membros, flácidos, doloridos, desconjuntados, tetanizados, fazendo-o, ao mais leve esforço, desprender profundos gemidos... Além do que sofria fisicamente, aumentavam-lhe os padecimentos os gemidos que ele julgava ouvir, as maldições, os rugidos de revolta e de execração vibrando no seu íntimo, trespassando-o como estiletes abrasadores...

– Basta, infame! – murmurava ele, a custo, em delírio, julgando ainda estar vendo Múrfius. – Por que não imitas Brutus? Crava-me o envenenado punhal, de uma só vez... no coração.

A sede, no máximo grau, afogueava-lhe as entranhas; a língua pendia da boca, esperando uma gota do líquido, que ninguém lhe dava para amenizar o sofrimento. Podia apenas emitir sons guturais, frases confusas, das quais somente se percebia a exteriorização da ideia fixa que o atormentava:

– Á... gua! Á... gua!

Nessa alucinação, cuidou, repentinamente, estar vendo uma catarata de torrente assombrosa, descomunal, em que todos podiam sorver tragos de sua linfa transparente e gélida; só ele não tinha direito de se dessedentar, sentindo dentro do corpo labaredas inextinguíveis... consumindo-o lentamente sem que ninguém se compadecesse de suas angústias... Bruscamente, novo pavor e agonia inenarráveis se apoderaram do seu ser: dentre a penumbra do calabouço acabava de divisar o vulto esbelto e formoso de Luciano Naldi! Todos os seus perseguidores se quedaram imóveis. Circundava-o um clarão astral. Sua túnica era alvinitente, com cambiante de ouro e violetas.

Numa Tarquínio, estarrecido, encarando-o, compreendeu que o nobre guerreiro era ditoso, e protegido pelos deuses, e, pelo seu cérebro, ofuscado no delírio, passou o relâmpago de uma inveja indomável... Vendo-o dirigir-se-lhe, acovardou-se; e, temeroso de que Luciano fosse tirar um desforço dos ultrajes que lhe fizera, quis recuar, gritar, mas apenas conseguiu estirar mais a língua violácea...

Passou-se, então, uma cena rápida e indescritível: Luciano ajoelhou-se perto da misérrima enxerga em que Numa Tarquínio agonizava; e, alçando os luminosos braços, tendo na mão direita um cálice diamantino, que desceu, vagarosamente, do alto, encheu-o de linfa cristalina, pô-lo à altura da fronte do enclausurado, aspergiu uma gota sobre a língua gangrenada do desditoso, e, após, imobilizou-se em atitude de prece fervorosa.

Numa Tarquínio, percebendo a sublimidade daquela ação, digna dos deuses imortais, descaiu a cabeça para fora da enxerga, abriu desmesuradamente os olhos, não podendo desfitá-los da aparição encantadora que lhe pareceu haver baixado do Céu, teve uma convulsão espasmódica, e morreu, sentindo a algidez daquela gota divina sobre a língua afogueada...

Suas mãos ficaram contraídas, como a empunhar, ainda, um punhal invisível – sua arma favorita, com que cometera os mais hediondos homicídios – e que não ousara erguer, jamais, contra aquela visão resplandecente...

FIM DO LIVRO V

Livro VI

Os Filhos das sombras

I

Na clepsidra do tempo – lira de água – resvalaram, gota a gota, alguns decênios, como caem pétalas de uma rosa eterna, as quais abrolhassem, e logo se desfolhassem, incessantemente, por toda a consumação dos séculos...

Havia, nos arredores de Roma, no reinado de Nero,[85] uma habitação de modesta aparência, onde se abrigavam três seres humanos, aliados por inquebrantável afeição: uma virtuosa matrona, Lúcia Paulina, já viúva, e duas filhas de peregrina beleza – Dulcina Júlia e Norma, por ordem de idades.

A primeira das aludidas donzelas era trigueira, de olhar ardente, lábios purpurinos, enérgica e dotada de coragem indomável; a segunda, alva qual a neve do Himalaia, cabelos ondulados, castanhos com cambiantes de ouro fulvo, olhos que lembravam o céu de Veneza. Nunca se apartaram uma da outra, pois a mais profunda amizade prendia-lhes as almas, que lhes transpareciam nos olhos, onde havia a pureza dos diamantes de Bagdá.[86]

---

[85] Imperador romano paranoico (37-68 d.C.); matou sua mãe e foi acusado de incendiar Roma.
[86] Capital iraquiana.

Uma única preocupação lhes ensombrava a serena ventura em que viviam: a adorada genitora estava gravemente enferma, e elas temiam perdê-la, arrebatada pela impiedosa Átropos.

Naquela era, à qual nos reportamos, em que sua pátria estava resvalando para um báratro de corrupção e de tirania, elas se refugiavam no humilde albergue que lhes pertencia, como açucenas desabrochadas em um paul deletério, sem macular a alvura das pétalas, evitando qualquer contato com o ceno da perdição, em que parecia submergir-se a Terra...

Um dia, porém, nefasto para ambas, o segundo vendaval da desdita abalou-lhes a existência: a veneranda progenitora exalou o derradeiro alento, deixando-as desoladas, inconsoláveis, e em penosa situação pecuniária. Uma tarde, em que Dulcina, com os lindos olhos orvalhados de lágrimas, refletiu nas amarguras da vida, resolveu dizer à irmã, que nunca se envolvia com as questões domésticas:

— Minha querida, já não podemos mais fazer face às despesas do lar... Precisamos deixar Roma. Temos nosso tio Pôncio, que é abastado, residente em Florença. Pensei em irmos procurar o seu apoio e a sua proteção valiosa... pois os nossos poucos haveres foram quase todos esgotados com o tratamento de nossa mãezinha...

— Como faremos esse trajeto, de Roma a Florença, sem a coadjuvação de um homem — interrogou a irmã, como desperta de um sonho.

— Já refleti sobre isso, Norma. Alugaremos a sege de Sérvulo, excelente amigo de nossa família; e, com ele e a proteção dos deuses, havemos de chegar ao local desejado.

Com inauditos sacrifícios, vendendo objetos queridos, obras de Arte que haviam pertencido a seus antepassados, fecharam o humilde abrigo que tanto adoravam; e, acompanhadas por Sérvulo, veladas em mantos escuros para não patentearem aos olhares curiosos os seus prantos e a formosura que possuíam, começaram o percurso de Roma à pátria de Correggio e Sanzio,[87] imortalizada por seus pincéis portentosos.

Dois dias decorreram sem incidentes dignos de registro. No terceiro, porém, uma brusca procela começou a fustigar a sege das itinerantes que, atemorizadas, se abrigaram nas ruínas de uma habitação, que devia ter tido avantajadíssimas dimensões, pouco distante da estrada de rodagem.

Os cavalos que conduziam o veículo, desatrelados, foram levados a um dos compartimentos, ainda existentes na demolida residência, certamente de algum potentado vencido por adversários mais poderosos que ele. Pelos escombros, que cobriam uma grande extensão, podia-se avaliar a imponência daquele abrigo humano, quiçá destruído em horas trágicas de ríspidas refregas.

Estatuetas de alvo mármore, mescladas a fragmentos de colunas da mesma substância mineral, abóbadas semidevastadas, piscinas já entulhadas de caliça, portadas de pórfiro, tudo revelava o extinto esplendor daquela habitação, que devia ter pertencido a algum milionário romano.

Incólumes ainda, achavam-se três compartimentos, do lado do levante, em que se ostentava uma denegrida rocha, semelhante a um degrau de granito para gigantes escalarem as regiões siderais...

Trêmulas de susto e apreensões, as donzelas refugiaram-se em um dos mencionados compartimentos, enquanto o palafreneiro tratava de ocultar a carruagem e seus condutores em uma das galerias do destruído castelo, ainda intacta, formando um túnel de proporções desmesuradas, parecendo terminar no rochedo, que distava dele menos de um hectômetro.

Angustiadas, as duas jovens esperavam, com ansiedade, o amainar da borrasca e o termo daquela noite trevosa. Dulcina, sempre animosa, procurava confortar a irmã, cuja palidez lhe dava ao rosto aparência de uma imagem de alabastro.

---

[87] Pintores italianos, 1489–1534 e 1483–1520, respectivamente.

– Não te mortifiques tanto, querida Norma, pois sei que as tempestades, nestas paragens, são assustadoras, mas não duram muito... Em poucas horas reinará bonança; e, ao alvorecer, poderemos prosseguir a jornada...

– Mais do que a tormenta... temo o abandono em que nos achamos, Dulcina! – respondeu-lhe Norma, com a voz chorosa e o coração cheio de amarguras.

Recolhidas a um soturno recanto das ruínas, ainda quase incólume, as jovens sentiam-se ameaçadas de um súbito perigo. O palafreneiro, relacionado com ambas, desde tenra idade, um vigoroso corso, não se mostrava também tranquilo, pois sabia que aquelas regiões eram infestadas por malfeitores. As pobres órfãs, sem alimento havia algumas horas, sem alento, emudecidas, trataram de se acomodar sobre as peças de vestuário que iam levando para Florença. Durante quase toda a noite, que lhes pareceu tétrica, elas ficaram à espera de que cessasse a chuva e abrandasse a violência do vendaval, aconchegadas, uma à outra, as cabeças e as mãos unidas, em silêncio profundo, raramente cortado por breves palavras, traduzindo a ansiedade de seus corações inquietos. Dulcina, alma varonil e impulsiva, de quando em quando quebrava o mutismo em que se achavam, para encorajar a mais jovem, cuja saúde fora sempre delicada e de sensibilidade intensa, vibrando à menor reação.

II

– Ânimo, queridinha – disse Dulcina, percebendo que a irmã estava trêmula e enregelada. – Não deve faltar muito para amanhecer; e, como vês, a tempestade já está abrandando...

– És muito corajosa, Dulcina – disse-lhe a mais moça em tom meigo –, mas, agora, não consegues infundir-me ânimo; sinto-me alarmada, pressagiando algum acontecimento funesto nestas ruínas que me apavoram! Parece-me que, aqui, é um antro de bandidos...

– Que loucura, a tua! Que motivo te levou a imaginar semelhante coisa?

– Vês, ali, naquela cavidade, onde as trepadeiras se entrelaçam?

– Sim, querida de minha alma... Que estás vendo?

– Julgo, à luz dos relâmpagos, e até nas trevas, que há, ali, dois olhos fosforescentes... de algum sicário, ou fera, que nos observam!

Dulcina, surpresa e curiosa, atentou na direção indicada, e estremeceu involuntariamente, murmurando, receosa:

– Chamemos nosso amigo, Sérvulo, para nos certificarmos da verdade!

Duas vozes, casando-se, trêmulas de emoção, vibraram nas ruínas, alcançando um limitado âmbito, por causa do fragor da tormenta. Ainda assim, Sérvulo, que se conservava vigilante, receoso pelas donzelas e pelo que possuía (cavalos e carruagem, sua única fortuna, com a qual auferia os meios de subsistência para si e para a família), ouviu o grito e correu, armado, para onde se achavam as duas irmãs, animando-as:

– Estou armado apenas de um punhal, minhas meninas, mas não me falta coragem para enfrentar um bandoleiro... salvo se...

Suas palavras foram interrompidas por um inesperado sucesso: gélidos de espanto, todos viram, ao clarão de um archote empunhado por Sérvulo, e aceso à pressa com a pederneira, um vulto de indefinível hediondez, olhos fulgurantes de felino, o qual serpeou entre a vegetação, para os viajantes estarrecidos de surpresa.

Pareceu-lhes haver visto um ser desarticulado, coleante como os reptis, fantástico, horrível... Aproximando-se deles cada vez mais, puderam os itinerantes distinguir-lhe o conjunto: era um indivíduo de proporções descomunais, cabelos incultos, revoltos, ásperos, barba intonsa, rosto congesto, tumefato, com manchas violáceas, o nariz já meio carcomido pela morfeia, as orelhas disformes, os dentes pontiagudos, à mostra nas maxilas salientes... lembrando as dos crocodilos africanos!

As moças, enlaçadas, e cheias de terror, dirigiram um olhar angustiado para o monstro que rastejava a seus pés, e que, com os olhos chispantes, parecia fascinado pelo conjunto harmonioso, que elas, como obras de Arte viva, de algum Fídias celeste apresentavam naqueles minutos inesquecíveis...

— Quem ousa buscar refúgio... no *Pálacio da Desgraça*? — perguntou o estranho ser, com sarcasmo e amargura, e com voz desagradável.

— Pobres peregrinos, acossados pela tempestade! — respondeu-lhe Sérvulo, com simplicidade e polidez.

— Bem vejo que sois forasteiros, pois, quem conhece a fama destas ruínas... nunca se abeira delas... Aqui vivo, como *vivem* os mortos... dentro de uma sepultura; e tudo *isto*, que vedes, me pertence...

— Haveis de permitir, senhor, que estejamos aqui... até que cesse a tormenta?

— Correis menos risco, lá, ao furor da borrasca... do que no esconderijo de um leproso... no quartel dos *Filhos das sombras*![88]

— Que dissestes, senhor?! — gritou Sérvulo, recuando, atemorizado.

— A verdade, que eu nunca revelo, como ora faço, premido por uma força desconhecida: a presença destas donzelas que, talvez, sejam disputadas a punhal pelos *associados*, que aqui se refugiam... causa-me pena — sentimento este ignorado, ou inexistente, até há pouco... em meu íntimo! Não sei o que se passa comigo, ou o que de mim se apoderou ao vê-las... Odeio a Humanidade. Sou capaz de praticar as maiores vilanias, por um punhado de moedas. Não tenho comiseração dos que sofrem, porque o meu padecer ao de todos supera! Tenho sofrido muito, espezinhado

---

[88] Designação de um bando de salteadores, alojados em um dos contrafortes dos Apeninos.

impiedosamente... e o meu revide não cessará jamais! Agora, porém, tenho outros sentimentos...

"Daquela furna, acolá, observei estas jovens, à luz dos relâmpagos; e, confesso, nunca se me apresentou à vista quadro mais belo e comovente...

"Enquanto elas oravam e choravam, eu as contemplava, extasiado, julgando, por vezes, que os deuses se haviam compadecido de mim, e tinham enviado seres angélicos para consumar os meus infortúnios! Quando gritaram por vós, senhor, compreendi a realidade: são criaturas materiais, da Terra, e, talvez, desditosas... E eu, que tenho curtido tantas dores, compadeci-me, pela primeira vez... da desventura do próximo!"

— Quanto vos agradecemos, senhor – disse Dulcina, encorajando-se –; as vossas nobres expressões muito nos tranquilizam!

— Não lhes chameis *nobres*, menina, antes de conhecer os meus sentimentos... Sou ainda capaz de cometer desatinos contra a sociedade, insensível às desgraças alheias! Odeio a Humanidade, os felizes, os que se banqueteiam com manjares finos, e se esquecem dos que só encontram pela estrada da vida... ossos, deixados pelos cães, ou calhaus, que não podem devorar nos momentos de fome voraz!

— Ai! senhor – tornou Dulcina, com tristeza –, vejo que tendes alguma poderosa razão para assim falar; mas como podemos execrar a Humanidade toda, se ela se compõe, na sua quase totalidade, de infortunados? Quantas úlceras morais se ocultam, às vezes, sob faustosas e invejáveis aparências?

— Quem possui ouro, escravos, palácios, gozos mundanos, por mais desditoso que seja, pode desfrutar muitos prazeres que são sonegados... aos reptis da minha condição!

— Mas fostes, sempre, assim? – interpelou-o a jovem, curiosa e compadecida do infeliz.

Ele, porém, não lhe respondeu. Procurava soerguer o busto do solo, para melhor poder olhar o helênico semblante de Norma, que parecia alheia ao diálogo entre sua irmã e o hediondo habitante das ruínas, embora estivesse intensamente desejosa de que terminasse a tormenta... para deixar aquela lúgubre paragem.

Nunca sentira ele tamanho deslumbramento como ao contemplar a loura virgem, de rosto escultural, olhar velado de tristeza, cabeleira da cor dos mais afamados topázios, cuja graça e candura o fizeram sentir-se mais infortunado e nauseante, temendo maculá-la até com o seu olhar de ofídio humano.

— És filha da neve ou de Apolo?[89] – perguntou ele a Norma, que ainda não havia pronunciado nenhuma palavra em sua presença.

Ela estremeceu, e respondeu-lhe, com voz suavíssima:

— Sou mortal, como vedes, senhor... Se fosse filha de Apolo... os deuses já teriam vindo socorrer-nos, e não nos abandonariam à mercê das procelas e dos perigos!

Embevecido, ele a contemplava, e mal percebeu o que lhe fora dito, pois murmurou, em solilóquio:

— Temo que, quando surgirem os primeiros raios do Sol... *ela* se dissolva...

— Sois opulentas?

— Não; somos pobres, e órfãs de pai e mãe...

— Quereis ficar muito ricas, sendo as rainhas dos *Emboscados*... ou Filhos das sombras?

— Quem são *eles*? – perguntou-lhe Dulcina, empalidecendo.

— São os que agem às ocultas, nas trevas da noite. Nasceram no anonimato, qual se tivessem a sua origem na escuridão dos subterrâneos, como os cogumelos, e se recolhem nas furnas da rocha... acolá!

— E ficaríamos, aqui, nesta situação aflitiva, senhor? – inquiriu Dulcina, sustendo os soluços e as lágrimas.

— Não, por certo... Vós teríeis habitações confortáveis, em grandes cidades, servas, roupagens deslumbrantes, manjares, seríeis rivais das rainhas do Oriente...

---

[89] Na mitologia greco-romana, o mais belo dos deuses.

— E, em troca de tudo isso, senhor, que nos caberia fazer? Que teríamos a conceder-lhes?

— Informações sobre a fortuna dos que forem prestar-vos homenagens, sobre os seus hábitos, enfim, tudo quanto se relacione com o seu modo de vida... Quanto a mim, que sou o chefe supremo de todos os *Emboscados*... e vivo, aqui, à espreita dos que passam... para dar o fatal aviso... contentar-me-ei com os vossos beijos...

— Oh! senhor, o que nos propondes é muito grave, para resolvermos de afogadilho! — tornou Dulcina, sentindo-se tomada de terror igual ao da irmã, prestes a perder os sentidos. — Concedei-nos alguns dias para vos responder...

— Quereis burlar-me? Para onde ides?

— Não queremos iludir-vos, senhor! — exclamou a jovem, com dignidade. — Vamos a Florença, em busca de um tio materno, e estaremos de volta, dentro em pouco tempo...

— Saberei certificar-me da verdade; e, se tentardes enganar-me, caro pagareis o embuste! Não tendes algum *protetor*?

— Só confiamos na proteção desse tio desconhecido...

O monstro humano, aproximando-se mais das aterrorizadas itinerantes, disse:

— É inacreditável o que me dissestes, menina! Não vindes de Roma? Certamente ali já fostes disputadas, a punhal, por muitos rapazes enamorados de vossa formosura...

— Temos vivido reclusas, longe do convívio social... alheias aos prazeres impuros e à corrupção que enegrece as almas!

— Sois, então, cândidas açucenas humanas, belas e puras... Tanto melhor para os que vão ser vossos vassalos!

III

A estranha personagem, pronunciando estas últimas palavras, afastou-se dos viajantes, rojando-se pelos escombros, qual se fosse um crocodilo, e desapareceu em uma furna, que era o começo de uma galeria subterrânea.

— Estamos perdidas? – exclamou Norma.

As donzelas choravam, presas de justificada angústia.

— Ânimo, meninas! – disse Sérvulo, tentando confortá-las. – O dia já rompeu. Aprontai-vos para a partida...

A tempestade havia cessado. Suave claridade penetrou todos os recantos das ruínas. Uma viração frígida fustigava algumas árvores, vestígios de antigo pomar, arrancando-lhes ruídos que pareciam lamentos...

As jovens, impacientes pela continuação da jornada, imploravam a Sérvulo, com ansiedade, que aprestasse a sege para a partida, aflitas por deixarem aquelas regiões sinistras.

Quando iam entrar no veículo, ouviram um silvo estridente. Atemorizadas, voltaram-se para o local donde havia partido o som. Com indizível terror, avistaram o macabro habitante dos escombros, que lhes disse, com sarcasmo:

— Ide-vos, sem agradecer a hospedagem?

— Perdoai-nos, senhor! – respondeu-lhes o palafreneiro, com grande humildade – não sabíamos onde procurar-vos, para cumprir esse dever de gratidão...

— Bem; podeis partir, sem impedimento. Espero, porém, o vosso regresso, para o cumprimento do que vos propus. Fostes verdadeiramente felizes, crede-me... Esta noite passada, todos os meus amigos, ou companheiros, estavam agindo, muito além, muito além dos Apeninos.... Fostes de sorte! Se *eles* aqui estivessem... teríeis de escolher o que mais vos agradasse... ou a eles... Seríeis disputados, em luta renhida... Mas nenhum estava recolhido ao *castelo*... Os deuses vos protegem, como eu conjecturei...

"Não tenteis embair-me, pois, desse modo, teríeis o ódio e a perseguição dos poderosos *Filhos das sombras*, cujo prestígio é incombatível... Aqui tendes de voltar rainhas ou escravas... pouco importa!"

Fixava-lhes o torvo olhar, assim falando.

— Saberemos cumprir o que propusestes a duas pobres órfãs — disse Dulcina, trêmula – gratas por vossa generosidade para conosco...

A manhã raiara de todo, com esplendor divino.

Dir-se-ia que as trevas, como um manto negro, mas diáfano, foram esfaceladas por dedos de gigantes, deixando a Natureza patentear todo o seu fulgor excelso.

Os contornos das colinas apresentavam-se com nitidez de painel flamengo, visto à luz maravilhosa do alvorecer. Os Apeninos, que haviam desaparecido por algumas horas, novamente surgiram a todos os olhares, inundados das radiosidades do Sol.

Saídos da penumbra das ruínas, os viajantes tiveram um deslumbramento!

Depois do que Dulcina dissera, instalaram-se na sege. As jovens, quase unidas em um amplexo fraterno, com as mãos entrelaçadas, choravam, imaginando as ocorrências daquela noite inolvidável...

O morfético lhes havia ensinado uma senha – *Sombras* – palavra com a qual, no caso de serem abordados pelos rapinantes do seu bando, ficariam livres, pois constituía a prova cabal de que já se havia entendido com o chefe.

Após algumas horas de trajeto pela estrada de rodagem, lograram atingir extensa planície. Anoiteceu. Uma luminosidade de incomparável beleza, após longos instantes de trevas intensas, inundou o horizonte, como por efeito de pinceladas de luz liquefeita, onde houvessem dissolvido ouro e diamantes fabulosos... Só depois de distantes do local sinistro, em que haviam pernoitado, as duas jovens externaram os pensamentos, em mútuos desabafos.

Durante o dia tinham interrompido a viagem para, em modestas hospedarias, repousar algumas horas, tomar algum alimento, e dar descanso às alimárias da sege. Anoitecera em plena floresta. A radiosidade que já lhes havia despertado a atenção, aumentou prodigiosamente, surgindo formoso plenilúnio de inenarrável excelsitude, parecendo uma gigantesca pérola de luz que tivesse sido arrojada do Mediterrâneo ao firmamento tranquilo, de intenso azul, dando-lhe a aparência de uma rutura circular feita em pleno céu, de onde jorrassem as luminosidades divinas, lá acumuladas... Norma, descerrando as pálpebras, teve um deslumbramento; e, logo, após instantes de reflexão, sentiu emoção profunda.

– Dulcina – murmurou ela, confidencialmente –, quanto me entristece o luar! Julgo, às vezes, não ser esta a primeira existência que tenho na Terra, mas que já tive muitas outras vidas... penosas e infortunadas, e que, em noite assim enluarada... se passou algo de muito grave comigo. Por isso, sempre me causa tristeza a Lua cheia... Que terá ocorrido, e onde, irmã querida?

– Que ideia, a tua, Norma! És uma alma sonhadora; desde a infância tens expressado esses pensamentos, mas deves combatê-los, pois eles te podem conduzir ao desvario... Lembra-te de que vivemos uma só vez, e não nos devemos atormentar com ideias absurdas...

– Tens uma alma bem mais forte do que a minha, Dulcina; e, sem o teu ânimo inquebrantável, eu já teria desfalecido ao primeiro embate do destino... Quisera, porém, que percebesses o que se passa em meu íntimo... em noites de luar. A impressão dolorosa ainda me domina... a de ver aquele hediondo leproso das ruínas; julguei já tê-lo visto, numa outra era, muito afastada, em que me fixou olhares impuros, causando-me uma angústia intraduzível, pois pareciam de espectro foragido de um sepulcro... que não tinha sido aberto... havia muitos anos!

– Senti eu, tanto quanto tu, minha querida Norma, grande repulsa por aquele desventurado e imploro aos deuses me permitam que nunca mais o veja. No entanto, força é confessar, ele não foi, de todo, mau para conosco...

– Foi a fatalidade que nos levou àquelas ruínas, irmã querida!

– Por que assim o dizes, Norma? Os deuses nos livrarão do monstro que as habita...

– Bem quisera eu que assim fosse; mas, por inexplicável intuição, sei que sucederá o contrário do que pensas... *Sei* apenas dizer-te que o homem fatal nos seguirá os passos, e tentará executar o louco projeto que concebeu a nosso respeito... Antevejo muitas lágrimas e muitas dores...

– Não te preocupes tanto com os acontecimentos da noite passada, Norma! Nosso tio Pôncio vai acolher-nos paternalmente, e saberá proteger-nos contra os perversos *Emboscados*... Não voltaremos, jamais, àquelas malfadadas ruínas!

– Que Júpiter te ouça, e nos proteja!

Mais alguns dias de jornada, e, ao crepúsculo de um dia luminoso, os viajantes começaram a avistar os mais formosos prédios públicos de Florença, onde fulguraram egrégios artistas, que plasmaram mármores que se tornaram imortais!

Chegaram os fatigados itinerantes à residência de Áustio Pôncio, que possuía invejável fortuna e habitava um dos mais imponentes prédios de Florença, localizado em uma das mais movimentadas ruas da cidade. Foram as duas jovens acolhidas com polidez pelos parentes, mas não com alegria e afetuosidade, exceto pelo tio.

Compunham a família de Pôncio, sua esposa, Genoveva, e um filho, Estênio, que, então, contava pouco mais de quatro lustros, escultor exímio, noivo de opulenta donzela de Veneza.

Exaustas de uma longa viagem, as recém-chegadas foram instaladas em confortável aposento, onde repousaram convenientemente. No dia imediato, despediram-se de Sérvulo, ao qual confiaram a guarda da modesta habitação que possuíam em Roma, autorizando-o a ocupá-la com a família. Solicitaram uma audiência ao tio, expondo-lhe o acontecido nas ruínas e a sua penosa situação, contando apenas com o seu amparo.

Depois de alguns instantes de reflexão, ele lhes disse, compadecido de ambas:

Não deveis voltar a Roma, sem um protetor legal. Esforçai-vos por viver em harmonia com minha esposa, que tem temperamento bem diverso do meu... Ficareis, aqui, no lugar das filhas que o destino não nos concedeu... Ficaremos vigilantes, para que não haja algo de desagradável com os temíveis *Filhos das sombras*, que infestam os Apeninos. São terríveis nas suas desforras!

Áustio era de sentimentos generosos, não sucedendo o mesmo com a consorte, ambiciosa, ávida de regalias sociais, incapaz de praticar uma ação altruística. Não se compadecia das tribulações alheias, pois, naquela existência, nunca fora atingida por nenhuma, quer de ordem material, quer de ordem moral. Trajava com exagero e comprazia-se em humilhar os que não podiam rivalizar com o aparato de suas vestes. Quando o marido, cientificado do que sucedera às sobrinhas, disse considerar o seu lar enriquecido com duas filhas formosíssimas, Genoveva, com visíveis contrações de lábios – sinal de grande contrariedade –, respondeu-lhe, com arrebatamento:

– Tardiamente vieram elas... agora que esperamos a nossa encantadora Otávia, noiva de Estênio! Tornar-se-ão em demasia as *filhas*, dos outros!

– Senhora – disse Pôncio, com serenidade e nobreza –, o coração não se constringe com afetos novos; dilata-se! Nele, e em nosso lar, onde há sempre sobra de pão, cabem três belas criaturas, que serão filhas queridas, e farão a ventura de nossa senectude... que se aproxima!

Genoveva não retrucou ao consorte, mas reputou ofensivas à sua dignidade as suas palavras, referentes à sua idade, que, com pródigos cuidados, procurava dissimular; e, desde aquele instante, considerou intrusas as órfãs, das quais buscaria desvencilhar-se a todo transe.

IV

À tarde, quando o crepúsculo suave de Florença pincelou de púrpura o firmamento azul, as sobrinhas de Pôncio dirigiram-se ao jardim da faustosa habitação do tio. Dulcina, de olhos brilhantes e negros, tez moreno-rosada, vestia formoso peplo carmesim; Norma, alva e delicada, de cabelos que lembravam fios de topázio, preferiu uma roupagem azul turquesa, da mesma tonalidade de seus olhos cristalinos e melancólicos.

Quando ambas, emudecidas, contemplavam os esplendores vesperais, abeirou-se delas um esbelto mancebo, de feições esculturais, olhar sonhador, cabelos castanhos com reflexos de ouro fundido. Impressionava a semelhança do recém-chegado com a mais jovem das primas, pois era ele o filho de Pôncio, Estênio, que chegara de Veneza.

– Somente agora, minhas primas, regressando de Veneza, onde estive ausente por alguns dias, posso vir saudar-vos! – disse o jovem.

Olharam-se os três formosos seres, confundindo os olhares em uma justa curiosidade recíproca, de quem se avista pela primeira vez. No entanto, esses encontros, supostos os primeiros, são, muitas vezes, o reencontro de Espíritos seculares, que se aproximam de novo uns dos outros, tendo, no passado, suas existências intensamente entrelaçadas. São, nesses fugazes instantes, reatados fios divinos e luminosos do destino, reencetando-se afeições ou odiosidades mútuas... À semelhança de centelhas estelares, transmitem-se, de alma para alma, os fulgores que se concentram no âmago de cada uma, imantadas com o magneto divino dos afetos indissolúveis, através dos milênios... Foi isso que sucedeu naquela hora.

Estênio, criado com carinho e conforto principesco, não mostrava a arrogância dos que têm infância despreocupada e ditosa com as fantasias mais belas sempre satisfeitas, servidos, com submissão, por todos os subalternos, como se fossem entidades encantadas... Correspondia ele à afeição dos genitores com extrema ternura, revelando em todos os atos muita ponderação, dignidade e nobreza de caráter, semelhantes aos predicados morais do austero genitor, e bem diversos dos da que o havia concebido.

Nutria ideias de abnegação e justiça, embora os julgasse irrealizáveis sobre a Terra. Era compassivo e pródigo com os humildes, respeitoso com os potentados, embora reconhecesse, nestes, erros condenáveis. Inteligente e perspicaz, espírito observador e laborioso, dedicou-se a diversos estudos, em Atenas, aprendeu várias e egrégias Artes liberais, optando pela pintura e escultura, nas quais se distinguiu logo pela originalidade e irrepreensível firmeza de traços.

Enamoraram-se dele as mais encantadoras e opulentas jovens atenienses e florentinas; mas ele apenas lhes consagrava admiração, respeito ou reconhecimento.

Sua mãe, orgulhosa do filho que concebera, desejando que ele contraísse núpcias vantajosas, levou-o à residência de uma falecida irmã, em Veneza, e insinuou-lhe a ideia de solicitar em casamento uma de suas sobrinhas, Otávia Apúlcio. Ele o fizera em obediência ao almejo materno, por saber que, se não lho satisfizesse, causaria, talvez, a sua própria desdita, pois era ela intolerante e inflexível; mas, desde então, apoderou-se dele invencível melancolia.

Voltara de Veneza, à tarde do dia em que ficara maravilhado com a gentileza de suas primas, recém-chegadas de Roma. Não sentia ele pela noiva senão superficial afeto, pois achava-a frívola e de feições vulgares, imaginando que seria capaz de o trair com facilidade, pois não ignorava que ela já havia sido requestada por outro rapaz (que apenas visava aos seus haveres), mas pelo qual ela se apaixonara loucamente, e com quem prometera consorciar-se quando ele regressasse a Veneza, de onde se ausentara para local ignorado.

Genoveva queria que o consórcio se realizasse antes de tal regresso, pois ambicionava aumentar os cabedais do filho com os magníficos tesouros da sobrinha, órfã de mãe.

Voltara Estênio apreensivo com a sua penosa e intolerável situação, premeditando romper o compromisso matrimonial, que o tornaria infortunado futuramente, quando encontrou, entre flores, as duas desconhecidas donzelas, que, no dia seguinte, considerava dignas de serem modeladas no mais fino mármore, motivo por que pediu permissão para o fazer, entusiasmado por haver encontrado modelos que ele considerava plasmados por um deus-artista.

– Pareceis, amáveis primas – disse-lhes uma vez, o jovem artista –, esculturas vivas, obras primorosas de Apolo...

– Exageras, Estênio – respondeu-lhe Dulcina, sorrindo –; eu não sou formosa quanto o é minha irmã; e bem sei que ela, e não eu, merece as homenagens de tua admiração...

O moço empalideceu de intensa emoção, e falou, com sinceridade:

– És uma alma perspicaz e franca, Dulcina, e eu também sou incapaz de cometer uma hipocrisia... afirmando que és igualmente bela quanto o é Norma, pois esta é a criatura de feições mais encantadoras que meus olhos já contemplaram, ultrapassa, em perfeição, à própria Helena, a formosura máxima da Grécia! ... Quanto lamento ter já empenhado a minha palavra com uma outra prima, de sentimentos medíocres, por quem não tenho afeição... superior à que se consagra a um parente que mal conhecemos... não sentindo por ela a mesma estreita afinidade que liga meu coração... aos destas primas adoráveis!

Assim dizendo, o escultor fixou o límpido olhar, quase velado de lágrimas de emoção, no rosto sedutor de Norma. Esta, então, comovida, disse-lhe, com sinceridade:

– Estênio, compreendo o que se passa contigo, pois no meu íntimo existe igual tormento: encontrar, em véspera de a perder para sempre, a única criatura por quem nossa alma sente uma atração invencível! Crueldade do destino: mostrar-nos a ventura... no instante de a perder! No entanto, Estênio, minha alma não se deixa aviltar por uma ideia condenável: *nunca* hei de trair quem quer que seja, mesmo quando esse *alguém* me torne a maior das infortunadas!

– Louvo os teus nobres escrúpulos, pois também os tenho; no meu âmago tumultua uma formidável luta do coração contra a razão... e não cogito de saber qual será o vencedor... Já não posso subjugar os sentimentos que me dominam, os pensamentos que fervilham em minha mente: consagro-te profunda e imorredoura afeição, e parece-me que enlouqueceria no dia em que unir o meu destino ao daquela a quem não dedico nenhum amor... Não me conformo com a ideia de te perder para sempre, somente para não contrariar a vontade de minha mãe, que não desejo desgostar: no entanto, querendo fazer-me feliz... ela vai concorrer para minha desdita! Entre tão cruel dilema... só vejo uma resolução a tomar: morrer!

– Não; Estênio! Não! – exclamou Dulcina. – O suicídio é o assassínio de si próprio, e os deuses nunca perdoam esse crime! O suicida é o carrasco de si mesmo!

– É porque nunca estiveste na dolorosa conjuntura em que estamos, querida irmã! – respondeu-lhe Norma, com amargura e desalento. – Também eu me apavoro com a ideia do suicídio, por uma intuição indefinível, mas vejo que a nossa situação é penosa e supliciante... Nunca hei de aconselhar a Estênio o desobedecer às ordens maternas. Não quero fruir felicidade arquitetada por uma dupla traição, com as lágrimas de uma noiva e de uma zelosa mãe... Que faremos, pois? Só há um caminho a seguir: fazer triunfar a razão, e não o coração... A decisão que tenho a tomar, a que se impõe imperiosamente, para tranquilidade de nosso coração... só poderá ser a renúncia à felicidade, apenas entrevista por nossos corações, mas irrealizável na Terra, apressando a nossa partida – minha e da querida Dulcina – para Roma...

– Que disseste? Norma! – interpelou-a, aflito, o primo. – Como poderei deixar-vos partir, indefesas e infortunadas, ameaçadas de uma cilada pelos terríveis *Filhos das sombras*, regressando a um antro de corrupção avassaladora? Já pensastes no que vos poderá suceder? Não receais uma traição dos temíveis *Emboscados*?

— Já imaginaste, também, Estênio, o que sofreremos quando nossa tia Genoveva perceber o que se passa em nossos corações? Já observei que ela nos segue e espreita... Não há quem iluda um coração de mãe extremosa!

— Pensas com maior serenidade de ânimo do que eu, Norma! Que me importam todas as dores, todas as humilhações, com o teu amor? Não serás capaz, a fim de compartilhar do mesmo afeto, de sofrer todas as desditas, todos os reveses?

— Sim, Estênio! desde que não pratiquemos um ato indigno, reprovado pela nossa própria alma, pela nossa consciência!

V

Nunca sentira Estênio uma afeição assim empolgante, como a que sentia por aquela nobre criatura, idealmente formosa e meiga, tal ele a sonhara em arroubos de artista...

Naquele instante em que, comovido, ouvira a leal confissão de um afeto igual ao seu, dos próprios lábios da encantadora prima, tomou uma das mãos da donzela, tendo a impressão, ao seu contato, de que um pássaro veludoso houvesse caído do espaço, semimorto, dentro das conchas das suas... Não havia premeditado revelar seu amor à gentil parenta, estando com a palavra empenhada com outra jovem, por lhe parecer isso uma falta de probidade. Alma afeita à meditação, à sinceridade e ao convívio com o seu modelar genitor, desde os primeiros anos de juventude, havia ele concebido planos de ventura terrena com a eleita de seu coração, imaginando-a com o aspecto de Norma... Não a tendo encontrado ainda, submetera-se à escolha materna. Quando, porém, se resignara às caprichosas tramas do destino, eis que lhe surge a criatura tantas vezes idealizada, e que ao contemplá-la, no regresso de Veneza, lhe pareceu descida do firmamento azul e constelado, uma entidade maravilhosa — misto de névoa e luz – humanizadas. Desde então, para ele, o compromisso assumido com a progenitora e Otávia tornou-se intolerável.

Era mister, pois, libertar-se do empenho de sua palavra, o que se daria se confessasse a verdade a seu digno pai e amigo; mas temia a cólera, a maldição materna... Para que, pois, o cruel destino lhe levara ao lar feliz a cândida donzela que tanto amor lhe inspirara, desde o momento em que a vira, sob um dossel de flores, qual se fora a representação viva da primavera, fazendo-o sentir o coração atingido por um corisco divino: o amor?...

Tudo isto refletia o artista, enquanto suas primas, com os olhos enevoados de pranto, não ousavam formular uma frase sequer, tão melindrosa se lhes afigurava a situação de ambas. Houve, pois, no ateliê onde se achavam, penoso silêncio, embora todos desejassem expandir os seus pensamentos, percebendo intuitivamente que estavam unidos por liames divinos; que se haviam encontrado poucos dias antes no plano terrestre, mas tinham já os Espíritos agrilhoados em muitos séculos de convivência e de lutas comuns, de quedas fatais e de sacrifícios salvadores! ... O penoso mutismo em que permaneciam foi quebrado, subitamente, por Dulcina, comovida com o sofrimento da irmã bem-amada:

– Norma – disse ela, abraçando-a –, compreendo o tormento de tua alma à forte vibração de um sentimento, ao mesmo tempo celeste e humano... Conheço-te, desde que vieste ao mundo, pois aguardei a tua chegada do Alto, durante cinco anos, e sempre foste, para mim, irmã e filha adorada... A princípio, quando nasceste, julgava-te uma boneca viva, vinda do Paraíso; e, por isso, e porque a todas suplantaste em encantos, deixei de brincar com as que eram menos lindas do que tu... Com o perpassar do tempo, interpretei a elevação de teus sentimentos e meu afeto aumentou, indefinidamente! Suportei, com o coração compungido, a partida de nossos queridos pais para o mundo das sombras, mas não resistirei à nossa separação, mesmo que o seja por algumas horas! Faço meus os teus martírios e os teus raros prazeres. Sendo diferentes as nossas idades... sinto que são gêmeas e inseparáveis as nossas almas! Quem sabe – penso isto com frequência – se não tens razão, quando afirmas que não temos uma só existência terrena, mas diversas, em várias épocas, sendo os grandes afetos e os ódios profundos originados nas névoas do passado? Por que ambas estremecemos ao ver o morfético das ruínas em que nos abrigamos? Por que é assim intensa a afeição que entrelaça as almas dos que aqui se acham, se apenas nos conhecemos há pouco mais de um mês? Em vão nos dirigimos estas interrogações: jamais terão elas uma solução satisfatória! O que posso asseverar, porém, é que velo por ti, com extremos de mãe carinhosa, que sabe devassar o coração daqueles que concebeu, perquirindo-lhe todos os segredos...

"Percebi, logo que o nosso primo aqui chegou, a impressão empolgante que te causou a sua presença, e que o mesmo sentir teve repercussão em seu íntimo... Reflitamos, agora, sobre nossa atual situação: viemos de uma cidade tão bela quanto corrupta, procurando um abrigo calmo e honesto; vejo, porém, que aqui, doravante, nos aguardam grandes amarguras... Percebo, intuitivamente, que estamos sendo vigiadas por nossa tia, que não suporta, de bom grado, a nossa permanência neste ditoso lar... Faço-te, pois, Norma querida, em nome de nosso afeto eterno, este apelo irrevogável: – Partamos, novamente, para Roma, antes que os nossos corações sejam atingidos por dores inconsoláveis!".

– Nunca! nunca! – exclamou Estênio, antes que a melancólica Norma pronunciasse qualquer resposta. – O destino não erra despoticamente, pois está sob o domínio dos deuses, e ele é que nos aliou sob o mesmo teto, e, certamente, há de também unir, perpetuamente, as nossas almas! Estou disposto a lutar, por mais acerbas que...

– É assim que desejas cumprir a palavra empenhada em Veneza, Estênio?! – inquiriu-o Genoveva, com aspereza e ironia, entrando, precipitadamente, no aposento onde se achavam reunidos os três jovens, depois de escutar o que haviam palestrado.

Sua fisionomia estava congesta e alterada pela cólera que romperia, impetuosamente, à menor objeção dos presentes.

– Acaso ouvistes o que conversávamos?! Mãe querida! – interrogou o filho, com amargura repressiva, levantando-se.

– Sim! Há muito desconfiava de que estivésseis conspirando contra a felicidade de Otávia, que te ama verdadeiramente, confiante na lealdade... que tinhas até há pouco tempo...

– Mas nunca lhe fiz nenhum juramento de fidelidade eterna, mãe!

– Como não fizeste?! ... Se prometeste desposá-la em breve, Estênio! ...

– Para vos obedecer, unicamente, mãe, porque sei que ela ama Genaro; e, apenas por achar vantajoso este projeto de consórcio – conforme dizem os seus parentes –, resolveu tornar-se minha noiva... preferindo sê-lo de quem anda por lugares ignorados...

– Estás faltando à verdade, Estênio, caluniando tua prometida esposa! Tu, que *eras* um perfeito cavalheiro, estás de tal modo dominado pelas *sereias* romanas, que já sabes forjar uma falsidade contra uma honesta e formosa donzela... tentando justificar uma deslealdade contra ela premeditada!

– Juro-vos, mãe, que não estou caluniando Otávia, pois somente para não vos desgostar é que guardei sigilo do que ora vos relato, sinceramente arrependido por haver assumido um compromisso... que se me afigura desastroso para nós, para mim e para ela!

– És outro homem, Estênio, bem diverso do que foste... até o dia em que aqui chegaram... *estas sedutoras*!

– Não as ofendais, mãe, pois são dignas de alto conceito, pela coragem e honestidade com que têm afrontado a adversidade!

– Quem lhes dá crédito, senão tu, Estênio, que estás fascinado por elas? São *romanas*... e belas em demasia para que honestas sejam!

– Oh! minha mãe! então a virtude é incompatível com a formosura? É mister ser dragão para ter castidade? A virtude involuntária... tem algum mérito? A Natureza, que parece compartilhar do poder e da sapiência dos deuses, afeiçoa corpos esculturais com almas monstruosas? Por que não arrancais a venda da injustiça, que tendes nos olhos, a fim de poderdes vê-las como eu as vejo: com os Espíritos cândidos e luminosos, através dos corpos vestalinos, conservando-se imaculadas no infortúnio que as atingiu, sem um arrimo, em uma cidade onde predomina a dissolução de costumes? Que mal já vos fizeram elas – para que as execreis? Que prova tendes contra a sua inconteste probidade? Por que viriam elas acolher-se em nosso lar feliz, se fossem dissolutas, como conjecturais, levada por sentimentos injustos? Acaso lhes faltariam amantes em Roma? Por que não vos compadeceis de sua desdita, não as acusando de embuste sem nenhuma prova positiva?

– Por que vieram usurpar o teu amor por Otávia e por mim, toldar a felicidade que acarinhava, há muito, de te ver consorciado com a filha de minha querida Ângela... que ma confiou no extremo instante da vida! Achas pouco esse motivo de aversão contra *elas*?

– Quem vos afirma que usurparam elas a afeição que vos consagro, mãe querida?

– Nunca procedeste como agora, Estênio! És outro ser bem diverso do que foste...

– Porque, pela vez primeira, senti o verdadeiro amor, em toda a plenitude, vibrando um hino de ventura em meu coração de sonhador! Porque percebo, claramente, ser perene o afeto que dedico a Norma, e, portanto, não posso cometer o desatino de unir a outra o meu destino. Evito, assim, a desventura de outros entes. Amo-a tão profundamente, mãe, que, se desposasse a prima de Veneza, enlouqueceria... ou seria levado ao túmulo, dando termo à minha própria existência... Eu a esperava, há muito, nos meus devancios de artista... Sabia que ela viria, por uma intuição divina... Agora, que a encontrei, hei de perdê-la para sempre? mãe! Sabendo que ela chegaria... desejava esperá-la com o coração livre... mas vós me aprisionastes num compromisso, com que me sinto desditoso desde quando o assumi! Parece-me que amo Norma, de há muito, sim, de há muitos séculos! Perdoai-me a lealdade da confissão. Sei que vos desgosto, contrariando os vossos almejos de mãe extremosa; mas, porque o sois, não deveis concorrer para a minha desventura, forçando-me a renegar a felicidade a que aspiro: aliar a minha vida à da mulher que amo, e não à de quem me é indiferente, e tem afeto a outro homem, que eu soube estar para regressar a Veneza...

— Proíbo-te que difames Otávia, mormente na presença destas *sereias*! ...

— Juro-vos, mãe, haver falado a verdade! Ireis comigo a Veneza, sem anunciar a Otávia a nossa visita. Tomareis informes com pessoas de vossa inteira confiança, a respeito do que ora vos digo. Assevero-vos, porém, que, se lá fordes, após a chegada de Genaro... ficareis convicta da realidade, do que tanto duvidais!

— E se estiveres faltando à verdade, Estênio?

— Sabeis como prezo a honra e a probidade, mas, se estiver faltando aos meus deveres morais, expulsai-me de vossa presença, pois não serei mais digno de beijar-vos as mãos, querida mãe!

VI

Um profundo silêncio reinou naquele recinto aprazível, em que se viam objetos artísticos de alabastro e mármore; quem observasse, então, os seres humanos ali congregados, teria a impressão de que todos houvessem sido transformados em estátuas, enquanto em suas almas fremiam sentimentos impetuosos — lavas incandescentes de um vulcão, concentradas e prestes a serem expelidas!

Subitamente, pálida e emocionada, Norma ergueu-se do local onde estivera sentada, imersa em dolorosa perplexidade, e, aproximando-se mais de Estênio, com os olhos cintilantes de lágrimas, disse-lhe com veemência:

— Eras feliz, antes da nossa vinda para este lar, ao qual nos trouxe a fatalidade dos fados adversos... Pensei que pudéssemos encontrar, aqui, a paz em que vivíamos em Roma, embora humildemente; e, sem que o desejássemos, Estênio, estamos ocasionando pesares e discórdia... Eu teria remorso, pela vida afora, se causasse qualquer desdita a alguém. Aqui fomos recebidas como filhas, por nosso bondoso tio, mas continua a perseguir-nos a adversidade, Estênio! Submetamo-nos à lei inflexível de uma sina infortunada. Não desobedeças às determinações maternas. Partiremos, amanhã, por todo o sempre. Ficarás, assim, livre para fazer a felicidade de duas criaturas...

— E tu, Norma — interrompeu-a o escultor, com amargura —, poderás, também, fugir ao afeto que me inspiraste e me domina o coração? Onde encontrarei a ventura, longe de ti e sabendo-te desditosa? Queres, então, o meu infortúnio, contraindo um consórcio de interesses e falsidades, renegando a única felicidade a que aspiro, unir os nossos destinos, deixando-vos partir, a ti e a Dulcina, belas e infelizes, indefesas donzelas, expostas a incontáveis perigos?

— Não é da minha felicidade que eu cogito, mas da tua, Estênio!

— E por que a mereço mais do que tu? Norma!

— Porque tens progenitores que te adoram... És opulento e artista notável. Nasceste com o direito de ser feliz; nós, eu e minha irmã, não possuímos as mesmas regalias da existência...

— E não está patente que, se o destino me favoreceu mais do que a ambas, embora eu assim não pense, foi para que repartisse convosco o que tenho em demasia? Não levaste em conta a formosura e a virtude que tendes, e que superam tudo quanto possuo?

Genoveva adiantou-se para o filho, e disse-lhe com a mesma mordente ironia:

— Não compreendes, Estênio, que ela é hábil na sedução e quer render-te completamente por meio de uma nobreza... sobre a qual ponho minhas dúvidas?

O moço empalideceu intensamente, respondendo à genitora:

— Não cometais um crime, minha mãe, confundindo a dignidade com a astúcia! Será crível que nesta criatura haja a maldade de que a julgais possuidora? Quereis tornar-me desgraçado apenas para satisfazer uma aspiração que só existe em vosso coração? Não compreendeis que Otávia poderá ser feliz sem o meu amor... e Norma, talvez, sacrifique a vida por minha causa?

— Experimentemos, Estênio! Estás fascinado de tal modo que queres convencer-me de um absurdo... Irei a Veneza e, *pessoalmente*, farei as pesquisas necessárias à elucidação da verdade. Se Otávia, realmente, te estiver traindo, tens o direito de desfazer o contrato de núpcias que com ela aprazaste. Não consinto, porém, que te cases com *esta prima*... sem também colheres informes a seu respeito, pois conjecturo que não é tão sincera quanto nos quer parecer...

Quando Genoveva acabou de pronunciar estas palavras, Norma, lívida pela força de desencontradas emoções, disse ao primo:

— Não insistas na realização de uma ventura inconquistável na Terra! Amanhã, quando partires para Veneza, será eterna a nossa separação! Eu e minha irmã não podemos continuar a ser alvo de odiosas suspeitas!

— Acalma-te, minha prima — ponderou Estênio —, não devemos desistir da ambicionada felicidade, justamente agora que acaba de raiar o primeiro vislumbre de esperança! Precisamos saber triunfar de nossas provas, por mais acerbas que sejam! A dupla investigação que vamos efetuar é indispensável ao nosso caso.

"Sei, porém, que a verdade vai ser patenteada em toda a sua plenitude. Sairemos vitoriosos de ambas as provas, pois serão concludentes."

Quando o jovem terminou estas palavras, visivelmente comovido, viu entrar no ateliê o venerável Pôncio, que disse, com inexprimível mágoa:

– Escutei, sem ânimo para vos interromper, tantos foram os dolorosos debates que aqui se travaram... Também eu, pai e amigo, interessado por todos os presentes, tenho direito de agir e de expender a minha desvaliosa opinião... Escutem-me, pois, os que forem meus amigos: quando acolhi, nesta casa, as filhas de uma irmã adorada, assumi a responsabilidade de as proteger, a ambas, como se fossem minhas próprias descendentes. Vejo-as, ultimamente, apreensivas e dominadas por incontido pesar, que não me confiaram, mas que eu adivinhei... com o coração experimentado pelos embates da vida... Opino que, entre uma noiva abastada e ditosa, não amada e falsa, e uma jovem de rara beleza e virtude, não é mister senão esta prova decisiva: Estênio deve preferir a segunda à primeira!

– Todos conspiram contra mim, nesta casa! – explodiu a irascível matrona. – Foi a desgraça que entrou nesta habitação com a vinda destas malfadadas *romanas*... que, certamente, fizeram algum malefício contra mim! ... Querem apoderar-se de tudo quanto tenho de mais precioso no mundo – lar, esposo e filho!

Sem responder aos agravos de Genoveva, Norma ajoelhou-se aos pés do tio, e, lacrimosa, suplicou:

– Meu tio, deixai-nos partir! Eu morrerei de remorsos se causar algum infortúnio a quem quer que seja! Eu e minha irmã nascemos para o sofrimento. Persegue-nos uma sina cruel. Ficai em paz com vosso filho e vossa esposa. Não façais a vossa desdita, defendendo-nos contra as ofensas injustas de nossa tia, que nos considera dissolutas e perversas!

– Ergue-te, Norma! – murmurou o ancião comovido e penalizado. – O que me pedes é impossível. Não causarei a desventura de duas honestas donzelas, dignas filhas de uma irmã modelar, que sempre recordo com admiração e saudade... Ainda não podes compreender toda a extensão do perigo que ambas correm em uma cidade onde os costumes licenciosos pompeiam vencedores! Quem vos defenderá contra as ciladas dos infames?

— Viveremos com Sérvulo e sua família, reclusas dentro do único tesouro que nos pertence, e do qual ninguém nos expulsará, nossa humilde habitação! Dar-nos-eis, apenas, o indispensável à nossa manutenção.

— Eis a verdade que surge em toda a sua plenitude! — exclamou, vitoriosa, a temível Genoveva. — Como eu deliberei mandar colher informes sobre a conduta das *virtuosas donzelas*... que têm infelicitado o meu lar... já querem fugir à prova definitiva, regressando a Roma; depois de haverem representado, aqui, uma ridícula farsa de nobres sentimentos! Vieram a Florença apenas... seduzir ou buscar sestércios.

— Não insultes a desventura que chora, Genoveva! — replicou o consorte, com severidade, abraçando a sobrinha soluçante.

Altiva e formosa, Dulcina levantou-se, e disse sobranceiramente à tia:

— Senhora, mandai, neste momento, um emissário da inteira confiança de meu tio, a Roma! Nós o aguardaremos, serenamente, aqui, embora nos sintamos cruelmente humilhadas. Se vossas malévolas suposições forem verídicas, expulsai-nos, esbofeteai-nos! Se, porém, forem caluniosas, recaia sobre vossa fronte a maldição dos deuses!

VII

Estênio, na manhã seguinte à em que ocorreram os sucessos já descritos, despediu-se, com afeto, das duas primas. Como visse que Norma estava chorosa, tranquilizou-a:

— Será rápida a minha ausência, querida! Já te considero noiva adorada e não quero que te entregues ao sofrimento, que, brevemente, será transformado em ventura... Esquece as referências ofensivas de minha mãe... que ainda te há de prezar como verdadeira filha!

— Não sei expressar o que se passa comigo, Estênio! Dir-se-ia que nos vemos hoje pela derradeira vez...

— Que ideia absurda, querida! Havemos de rever-nos dentro de poucos dias. Compreendo o que ocorre em tua alma sensível: tão grande é o nosso afeto, que um momento de separação se nos afigura um século!

Ficando a sós com a irmã, Norma não pôde conter os soluços. Dulcina abraçou-a, carinhosamente, e interpelou-a:

— Temes, acaso, a verdade que virá de dois pontos diferentes? Quem sabe se a felicidade não nos aguarda em limitado tempo, após o regresso do Estênio?

— Não sei definir o que sinto, Dulcina; mas avassalam-me o coração vaticínios desoladores... Parece-me que nos ameaça uma esmagadora adversidade...

— Confiemos nos deuses tutelares, em nosso primo e em nosso tio Pôncio!... Eles não nos abandonarão, por mais acerbas que sejam as nossas provas!

Pôncio estava entristecido e apreensivo pelo que se havia passado no atcliê de seu filho... Sempre vivera oprimido pelas arbitrariedades da consorte, mas a tudo se resignava para poder ficar em harmonia no lar; as injustiças assacadas contra a reputação das sobrinhas, porém, feriram-no no âmago; jamais conjecturara ele que a esposa fosse de tão degradados sentimentos.

Achava-se ele, no dia imediato ao da partida do filho e da companheira de existência, no seu gabinete de estudos, quando Dulcina entrou; e, depois de lhe oscular a fronte, lhe disse:

— Querido tio, acabo de receber uma carta que muito me tem preocupado... Lede-a e aconselhai-me o que devo deliberar...

A carta, apresentada pela jovem a seu tio, era contristadora e assinada por uma de suas raras amigas, que, desde sua chegada a Florença, a visitava com frequência, e lhe dera, e à irmã, grandes demonstrações de afeto. Chamava-se Regina, e vivia em companhia de seu irmão Felício, residindo ambos nos arredores da cidade, em suntuoso castelo. Na missiva, a jovem fazia um aflitivo apelo à Dulcina e à Norma, para irem vê-la, pois fora ferida, gravemente, em uma caçada, e o irmão tinha saído em busca de quem a tratasse e estava ausente de Florença...

Pôncio, ao terminar a leitura, aconselhou-a, com ponderação:
— Tens o dever de ir vê-la, pois que se encontra em dolorosa situação, mas não permaneças lá senão o tempo indispensável para lhe fazer uma visita amistosa... salvo se o seu estado for desesperador! Neste caso, Dulcina, não deixarás de me comunicar o que houver. Não te acompanho porque me sinto enfermo, mas irás com tua irmã e um servo de absoluta confiança.

Uma carruagem estava à espera das jovens. Além do condutor do veículo, via-se um dos servos de Regina, o que entregara a carta a Dulcina.

As duas donzelas beijaram a mão de Pôncio e partiram, prometendo voltar em poucas horas. Contra todas as previsões, não voltaram, porém, no decorrer do dia, nem da noite que lhe sucedeu... Alarmado, expediu Pôncio um emissário à habitação de Felício e Regina, mas ali, com aflitiva surpresa, ninguém lhe soube informar para onde ela e o irmão haviam partido...

Indescritível amargura se apoderou do ancião, pois sabia o risco a que estavam expostas as sobrinhas, que, certamente, tinham sido vítimas de odiosa cilada.

Apresentaram-se-lhe à mente três hipóteses: uma fuga, habilmente efetuada pelas duas jovens; uma implacável vingança de Genoveva, fazendo recair uma suspeita infamante contra elas; um audacioso rapto, realizado por malfeitores ou enamorados de ambas, cujos encantos haviam já despertado a admiração de muitos rapazes de Florença.

As duas primeiras hipóteses foram postas à margem, tão absurdas lhe pareceram, subsistindo a terceira com iludível certeza, pois não eram raros os desaparecimentos de formosas donzelas, raptadas por bandidos que se haviam coligado em uma associação secreta, extremamente alarmante.

....

Acompanhemos as infortunadas moças que, fascinantes de beleza, entraram na carruagem, que supunham pertencer à afetuosa Regina. Quando perceberam que já eram raras as habitações, ficaram apreensivas, e Dulcina disse ao servo que lhe havia entregue a mensagem de sua amiga:

— Não calculava que fosse tão distante a residência de Regina... Desisto de prosseguir a viagem, para não inquietar nosso tio! Queremos regressar a Florença!

Impassível, o suposto servo apenas lhe respondeu:

— Faltam momentos para chegarmos...

Decorreram mais alguns angustiosos instantes que, às duas alarmadas jovens, pareceram intérminos... Atemorizadas, não avistando, senão ao longe, os prédios da cidade, exclamaram, para que o palafreneiro as ouvisse e lhes obedecesse:

— Parai a carruagem! Queremos voltar imediatamente!

No instante em que elas pronunciaram estas imperiosas frases, o simulado servo desceu do veículo, e, pondo os dedos à boca, soltou um silvo estridente, que foi secundado por outros assobios penetrantes.

A sege parou, e alguns robustos indivíduos, sem que elas tivessem tempo de agir, colhidas pelo imprevisto da cena, vendaram-lhes os olhos, amordaçaram-nas e manietaram-nas.

Loucas de terror, as jovens compreenderam que eram transportadas para rumo ignorado.

Indefinível medo se apoderou de ambas, ao avaliarem a cilada em que haviam caído...

Regina, a graciosa amiga das duas infortunadas desde que estas se instalaram em Florença, tendo coincidido chegarem pela mesma época, encontrou-as em encantador festim, no palacete de faustoso romano, travando relações íntimas com ambas e mostrando-se de inigualável gentileza.

Visitava-as com frequência, em companhia de seu irmão Felício – esbelto mancebo que parecia estar enamorado de Dulcina, pois não ignorava a inclinação de Norma para o primo, Estênio, que era quem as acompanhava nas noites de festivais a que compareciam. Ela e o irmão residiam em confortável prédio, no extremo oeste da cidade; mas, sempre que as recém-chegadas desejavam retribuir-lhes as visitas, os dois prazenteiros irmãos ausentavam-se, subitamente, para tomar parte em ruidosas caçadas, das quais diziam ser apaixonados apreciadores, realizadas sempre em longínquas paragens...

Não tinham tido ensejo, pois, as sobrinhas de Pôncio, de conhecer o castelo da amiga, semioculto em verdadeiras muralhas, por cima das quais apenas se avistavam alguns torreões, e frondes das árvores seculares, conforme todos afirmavam.

As demonstrações de cordialidade da amável Regina e de seu irmão desagradavam sobremodo a Genoveva e ao seu esposo, pois não lhes sabiam da procedência, embora patenteassem um esplendor nas vestes que causava surpresa a quem os via. O mistério que os envolvia, aparecendo e desaparecendo bruscamente da cidade, causava grandes apreensões ao sensato Pôncio, que somente consentira na ida das sobrinhas à sua residência, por julgar aflitivo o apelo de Regina.

Enquanto Pôncio dolorosamente lamentava o desaparecimento das queridas sobrinhas, horas inenarráveis de angústia decorreram para as desventuradas jovens. Seria noite alta, quando a carruagem estacionou em local ignorado. Brados de vitória foram vibrados à sua chegada, por indivíduos que deviam estar embriagados. As infelizes foram retidas, por braços vigorosos, e conduzidas do veículo para lugar elevado, que parecia uma escarpada montanha. Finalmente, após uma rápida ascensão, foram depositadas em um leito. Mãos grosseiras retiraram-lhes a venda dos olhos e as ligações dos membros, que, atados fortemente, estavam entorpecidos. Descerrando as pálpebras, atemorizadas, certificaram-se do local em que se achavam encerradas: desguarnecido compartimento com duas modestas camas, mesa circular, sobre a qual havia uma bilha e alguns alimentos, uma lâmpada pendente do teto, uma porta, hermeticamente fechada, e uma janela, com varais de ferro. Esmorecidas e amedrontadas, as desditosas entreolharam-se, murmurando Norma, com grande desalento:

– Estamos perdidas! Caímos em horrível cilada!

Levantaram-se, cambaleantes, e chegaram à janela. Uma lufada de viração refrigerou-lhes as frontes ardentes. Distinguiram uma rocha, onde estava construída a prisão em que se achavam enclausuradas, à incalculável altura do nível do solo. Olharam o céu, a implorar, silenciosamente, socorro, e Norma estremeceu, distinguindo nele um formoso crescente, alfanje divino – deslizando no Infinito para ceifar as mais deslumbrantes flores luminosas que nele existem, eternamente... Presa de intensa emoção, Norma ajoelhou-se, soluçando. Enternecida, e em prantos, a carinhosa Dulcina ergueu-a e abraçou-a, dizendo:

– Não nos entreguemos ao desespero, Norma; confiemos numa intervenção suprema... que nos há de salvar!

Quando já se achava menos agitada, Norma respondeu-lhe:

– Minha querida, já te disse que não sei expressar o meu sofrimento em noites de luar... Dir-se-ia que já vivi outrora, e que, em uma noite luminosa de luar, algo de muito grave se passou em minha existência... Parece-me que o ocorrido comigo, ainda se reflete no presente... Devo ter cometido um hediondo crime para ser, assim, tão desventurada quanto o sou...

– Quem sabe, irmã querida, se não vivemos, realmente, mais de uma vez? Lembras-te, nestes amargos instantes, de quando nossos pais nos falavam sobre os povos do Oriente, que acreditam na transmigração das almas, em diversos corpos, em várias épocas? Mas que delito tremendo teremos cometido nós, para merecer destino tão cruel?

– Que sei eu, Dulcina querida, do abismo do passado? Afirmo-te apenas que, se os nossos raptores tentarem poluirnos, me atirarei desta rocha abaixo...

As duas desditosas abraçaram-se, confundindo as suas lágrimas, temerosas de um desacato dos celerados que as haviam aprisionado talvez para sempre. Uma angústia irreprimível constringiu-lhes os corações, arrancando-lhes caudais de pranto...

VIII

Subitamente, a porta abriu-se com violência e uma figura sinistra por ela se insinuou, seguida de outras, de rostos velados por negras máscaras, em cujas órbitas os olhares cintilavam, assustadoramente. O indivíduo, que vinha à frente, falou, com voz de falsete, completamente dissimulada:

– Ficai tranquilas... até amanhã! Vou fechar a porta, cuja chave ficará comigo. Tratai de alimentar-vos e de adormecer, pois estais doravante, definitivamente, prisioneiras dos poderosos *Filhos das sombras*. Amanhã tomareis parte em um festim e sabereis o papel que tendes a desempenhar... *Boa noite!*

As encarceradas ouviram-no, trementes, sem uma réplica sequer, sentindo-se desfalecer, invadidas pelo desalento da derrota completa!

Dir-se-ia que a porta estremecia com frequência e seria aberta, a todos os instantes, e que outras figuras sinistras estavam a espreitá-las.

Bruscamente ouviram o rumor de uma borrasca que atroava os ares com as bombardas ensurdecedoras dos trovões...

– Por que não nos fulmina um raio, consumando o nosso suplício? – murmurou Norma, com tristeza.

– Não blasfemes, querida! Quem saberá dizer-nos por que assim sofremos? Resignemo-nos com a nossa infortunada sina. Esperemos no socorro dos deuses. Sei, por uma intuição que julgo do Céu, que *alguém* nos salvará!

– Sou mais desditosa do que tu, Dulcina, pois temo perder a afeição do nobre Estênio, que jamais quererá por esposa quem já foi escrava de bandoleiros! Nossa tia Genoveva desprezar-nos-á com asco e nunca mais nos abrirá as portas de sua casa... Justamente agora, que eu tinha esperanças de triunfar da desventura, é que desaba sobre nós esta procela de infortúnio!

– Quem desvenda o futuro, Norma, senão os deuses? O perigo em que nos achamos será motivo para atrair nosso primo em busca de teu coração, com um afeto mais profundo e mais vibrante... Desejará ele salvar-nos da emboscada em que caímos. O amor intensifica-se com o receio da perda do ser adorado, avoluma-se com os obstáculos que se interpõem à sua conquista!

– És o único tesouro que possuo no mundo, Dulcina! És uma alma forte e invencível; se me faltares, rolarei o despenhadeiro... de que estamos à beira!

Abraçaram-se, chorando. Houve momentos de silêncio no dormitório, apenas quebrado, de quando em quando, pelo troar dos canhões do espaço. Norma, sempre esmorecida, disse com amargura:

– E se nos deitássemos agora, irmã querida?

"Se conseguíssemos adormecer... para nunca mais despertar? Quem sabe não será esse o socorro dos deuses de que me falas? Que nos vale uma existência de tantas torturas?"

– Cala-te, Norma! Disseste, há pouco, que és mais desventurada que eu, porque receias perder o amor de Estênio... E eu, Norma! Eu era amiga de Regina... porque amei, desde o primeiro momento, aquele que eu julgava ser seu irmão, o cativante Felício... E hoje... convenci-me de que ele não passa de um cúmplice destes bandidos! ... Foi ele, certamente, e sua falsa irmã, talvez sua amante, que nos atraíram a este antro de torpezas... Se alguma dúvida a tal respeito pairasse em minha mente, ter-se-ia desvanecido, há poucos instantes, pois eu o reconheci, pela estatura, pelo negror dos cabelos e pela voz, que ele não pôde disfarçar completamente, naquele que nos transmitiu ordens, antes de fechar esta fatal prisão!

— Enlouqueceste, acaso? Dulcina! Pois amavas, então, Felício? Será ele um dos nossos algozes?

— Antes estivesse desvairada, para não compreender a nossa desesperadora situação! Julgava que Felício me consagrasse sincero afeto... mas a brutal realidade acaba de me revelar a alma do bandido em um corpo esbelto e sedutor! Foi essa maldita paixão que me fez desobedecer, algumas vezes, à nossa tia Genoveva, e agora percebo que ela velava como mãe, por nossa reputação, condenando minha intensa simpatia pela falsa amizade de Regina... Fiz que nos perdêssemos por um funesto sentimento... Só eu mereço a punição do Céu! Vês quanto sou mais infeliz do que tu, pois, à angústia de nossa situação... junta-se o remorso de te haver arrastado ao abismo em que nos encontramos...

— Não te amargures tanto, irmã querida! Eu te perdoo tudo! Tu és o meu único tesouro na Terra; eu também, por amor a Estênio... seria capaz de cometer desatinos!

IX

Fora, ululavam os vendavais, como se fossem lobos vorazes, alígeros por um poder mágico de alguma fada malfazeja, ansiosos por escalar a rocha onde fora erigida a mansão em que estavam prisioneiras as duas jovens. Dir-se-ia que esses lobos invisíveis uivavam, enfurecidos, desejando arrombar portas e janelas para penetrar no interior daquele covil de malfeitores, a fim de poderem, livremente, devorar os que nele, então, se encontravam...

Transidas de susto, as frágeis donzelas continuavam chorando, pressagiando novos perigos e iminentes catástrofes sobre suas frontes.

Quase ao dealbar do dia, exaustas do sofrimento moral, adormeceram profundamente, por algumas horas.

Norma, presa de estranha anestesia, percebeu que sua alma abandonara o fatigado envoltório material e adquirira uma sutilidade inexplicável, que a fazia transportar-se, com a máxima facilidade, às mais distantes regiões... *Viu-se* ela em insulado solar, ao alto de uma rocha, tal qual se achava então. A seu lado, airoso e belo, caminhava Estênio, ambos inebriados de ventura. Repentinamente, um foi arrebatado. Fora ela então transportada à Cidade eterna. Reconheceu-a por seus edifícios imponentes e suas misérias inconcebíveis. Estênio havia desaparecido. A seu lado postara-se um indivíduo de catadura hedionda, porte gigantesco, aspecto patibular. Padecia ela com a sua presença execrável. Cercava-a uma turba desconhecida, exceto uma jovem escrava, submissa e dedicada, nas feições da qual reconheceu, nitidamente, sua adorada Dulcina. Viu-a ajoelhada a seus pés, depois de haver ocultado algo no seio, soluçante, sem pronunciar um único vocábulo... Norma, enternecida, disse-lhe com emoção:

– Vai, *Fátima*; e, se sairmos vitoriosos, terás a liberdade!

"Mas que sucedera? Por que fora apunhalada a linda serva e atirada ao tanque de famulentas moreias? Horror! Horror!"

Ainda não se havia desvanecido a acerba impressão daquela cena que lhe abalara o espírito, e outro trágico acontecimento a fizera estremecer como por efeito de um tremor sísmico... Via-se ela no Coliseu, forçada a assistir à exibição sensacional de gladiadores que iam justiçar um indefeso mancebo... Quem era este, porém? Horrível recordação: acabava de reconhecer na vítima o nobre Estênio, na arena do Coliseu, perto de dois gigantescos gladiadores.

Luta desigual e desumana... *Ouviu-o* apenas dizer algumas palavras que lhe penetraram o coração como estilete de fogo, e, logo após, foi abatido por um golpe certeiro dos dois cruéis lutadores.

Como não enlouquecera ela? Sentiu-se arrastada, por braços invisíveis, daquele local maldito onde correram cascatas de sangue humano...

Depois, viu-se encarcerada em estreito e modesto cubículo. Apenas sentia esta ventura: libertara-se do monstro que a dominava, cujos beijos lhe feriam a alma, conspurcando-a, enodoando-lhe as faces...

Como, porém, livrar-se de tantos suplícios enlouquecedores? Terminando a vida. Estirada em pobre leito, desatou os seus veludosos cabelos, e, com eles, comprimiu a garganta... Sentia-se sufocar!

A asfixia! O ar que vivifica os tecidos e rodeia o globo terrestre; que faz parte integrante do organismo físico de todos os seres; que se infiltra nos músculos por infinito número de orifícios minúsculos – os poros – como que produzidos a ponta de agulha ou estilete mágico; que penetra nos pulmões, dilatando-os e comprimindo-os, plenificando-os de oxigênio vitalizante; que purifica o rubro líquido – o sangue – em pequeninos riachos a circular nas artérias e nas veias, percorrendo, vitoriosamente, todos os membros, indo ter ao mesmo estuário – o coração – o oceano incomparável dos sentimentos, órgão da vida por excelência, do qual é impulsionado por meio de um propulsor divino... Desde que o ar deixe de percorrer os seus domínios por alguns instantes apenas, sobrevem a intoxicação geral, pois o sangue, sem o seu influxo, torna-se um líquido negro e mortífero... Sem ele, o coração – que determina o começo e o remate de uma existência – perde o seu império: paralisa para sempre as suas sístoles e diástoles...

Os alimentos são imprescindíveis à vida orgânica; no entanto, pode-se deles privar um ser humano por muitos dias consecutivos. Enfraquece, mas não se aniquila. Sem o ar, porém, há a brusca intoxicação de todo o corpo material; há os estertores da angústia; há a cremação dos últimos haustos absorvidos, o envenenamento sutil de todos os tecidos, o arrancar violento da vida em todos os músculos e em todas as vísceras! ... E o que mais aterroriza o suicida por asfixia... é que a alma se desprende bruscamente do corpo e continua a padecer os mesmos suplícios daqueles rápidos instantes – como se lhe faltasse o alimento vital de todo o Universo! Foi, assim, que se patentearam a Norma aqueles segundos infindáveis de intensíssima tortura... Desprendeu-se, então, seu Espírito, qual neblina de manhã hibernal, mas continuava prisioneiro do mesmo local, assistindo a episódios pungentes, percebendo estar separada, por tempo indefinido, de seu querido *Estênio* – o único alvo de sua atribulada existência...

– Como é cruel a imortalidade! – exclamou ela no seu íntimo, com infinita desolação. – Por que não morremos, realmente, aniquilando-se, ao mesmo tempo, corpo e alma? Matai-me, eternamente, impiedosos deuses! Um impulso vigoroso fê-la estremecer: encontrou-se em extensa galeria subterrânea, onde se aglomeravam desgraçados detentos, em grande número, alguns com as túnicas materiais, e outros, despidos delas, patenteando os corpos horrivelmente contundidos...

– Vês? – disse-lhe suave, mas enérgica voz. – São os calcetas da dor. Cumprem inapeláveis sentenças que a Lei do Criador dos mundos lavrou contra eles... para resgate de tenebrosos crimes! Filha querida, ouve-me bem. És uma alma afeita ao cumprimento do dever mais rigoroso. És compassiva e justa. Prestaste o teu concurso valioso em minorar a situação dos que te rodeavam, pois o supremo Senhor, condenando imparcial e austeramente ao sofrimento os Espíritos imperfeitos, para seu levantamento moral, compadece-se deles e envia, sempre, quem lhes dulcifique os padecimentos, roteando-os para a virtude e para a regeneração. O que por eles fizeste, a imolação de teu amor profundo e da tua pureza a um dos infelizes monstros que envergonham a Humanidade constitui tesouro preciosíssimo que te será restituído quando consumares todas as tuas expiações terrenas! A balança divina, de precisão absoluta, não deixa de acusar um átomo sequer das ações meritórias ou delituosas! Chegou o instante de te revelar verdades luminosas. Podias estar liberta da dor, fluindo uma tranquila felicidade em regiões de incomparável beleza, se não tivesse fracassado no término da tua existência passada, pondo, bruscamente, remate à tua própria vida...

– Vida deplorável... vida de angústias... vida de suplícios! – murmurou Norma, com tristeza.

– Mas tudo isso ia ser consumado dentro em poucas horas! A existência do homem, que te espezinhava, ia ser interrompida, tragicamente, por um de seus incontáveis adversários. Ias ficar livre de seu jugo, e, ao mesmo tempo, possuidora de riquezas valiosíssimas, que poderias repartir com os que te cercavam, levando conforto a muitos lares, fazendo a ventura de muitos desgraçados!

– Por que não me disseste tudo isso a tempo de evitar o meu suicídio?

– O mérito da prova consiste na ignorância quanto à recompensa!

Houve um silêncio polar, que, à infortunada prisioneira dos *Filhos das sombras*, pareceu sem fim...

X

– Se eu te dissesse, amada irmã, o que ia suceder, seria desvalorizada, em parte, a tua acerba prova; não seria tão intensa a dor suprema que te feriu o sensível coração; e, assim, teria decrescido o mérito da recompensa!

"Cumprir o dever estoicamente, sem desfalecimentos, crendo, sempre, na Justiça e na integridade do direito celeste; sofrer todos os martírios morais ou físicos, sem revoltas, sem blasfêmias, sem atentar contra a própria vida; ter, enfim, absoluta confiança no Altíssimo – a Entidade sublime que forja as almas, os mundos, as estrelas, as flores e todos os portentos do Universo; crer no Ente incomparável que nos fez imortais para que fossem eternas as recompensas após nossa redenção espiritual; eis a rota a seguir por todos aqueles que se acham neste vasto sanatório, que o é o planeta em que ainda habitas... Quase sempre, no remate das existências trágicas, depois de quedas tremendas e de abnegações excelsas, Ele nos confia penosas e arriscadas missões, para, se sairmos delas triunfantes, galardoar-nos com munificência...

"Norma, irmã querida, não julgues falha a Justiça suprema; nenhum defeito ou nenhuma virtude lhe passa despercebida. Na tua passada existência, em que foste consorte de um tirano, já possuías todos os nobres predicados de alma aprimorada nos embates da adversidade... Já estavam aplainados todos os óbices, suprimidos todos os tormentos por que estás passando; mas faliste, não chegando ao termo de tua expiação, decepando o fio vital, o que importa em uma prova de rebeldia, muito condenável, contra a Majestade absoluta de toda a Criação; em deserção do exército dos invencíveis, dos que caminham, gloriosamente, lutando contra as tribulações planetárias, exército destinado a acampar nas regiões consteladas... onde se acolhem os vitoriosos do mal!

"Fugiste à derradeira batalha da vida, infortunada irmã! Se a tivesses vencido, a liberdade a que tens aspirado, em vão, há séculos, estaria consumada... Agora, tens que vencer novas pelejas e novos obstáculos, para que se torne plena realidade um dos teus mais caros anelos! Sofres as tremendas consequências de muitas vidas ociosas, de abastança e realce social, nas quais praticaste delitos revoltantes de perfídias, de perseguição, de falta de cumprimento de deveres, de opressão para com os teus subalternos. Tens que reparar, penosamente, tudo isso, dolorosamente, para conquista da ventura que desejas, de há muito – a união com um ente adorado, por quem já tens cometido faltas apavorantes... Foste ainda a causa de ser ele imolado à sanha do malvado que te dominava, e bem assim do sacrifício de outras vidas preciosas, de seres que te amavam, inclusive do que é precisamente teu conforto, tua consócia nas provas por que passas, dando-te o exemplo sublime de uma resignação e coragem inexcedíveis – Dulcina! Tens ainda que padecer acerbamente, para que consigas a felicidade que idealizas... Um desvio, o mais leve delito, e, irremediavelmente, resvalarás na voragem de outras severas expiações... Por quê? perguntarás por certo? Porque já tens o espírito facetado pela dor, arroteado para o bem, apto para todas as virtudes, iluminado pelo clarão divino da inteligência e das percepções que distinguem, iniludivelmente, o bem e o mal! Não tens mais o direito de falir. Estás em um remate de existência terrena, cujo ciclo já se teria encerrado na anterior a esta, se houvesses vencido as derradeiras pelejas...

"Foi-te confiada excelsa missão – que se soubesses consumar, triunfando de todas as dores, de todos os contratempos, de todos os infortúnios; se saísses vitoriosa, já terias desprendido tua alma deste cárcere de trevas! Já estarias aliada perpetuamente ao Espírito de Estênio – que retornou ao plano material, somente pelo muito amor que te consagra, para te auxiliar a venceres as tuas mais rudes provas... Ele, pelos louros espirituais conquistados, já podia ter alçado o Espírito às regiões felizes do Universo, mas quis voltar à arena de sofrimentos para suavizar tuas amarguras, dar-te a mão varonil, nos momentos propícios, ajudar-te, enfim, a subir as escarpas da existência... Não duvides, pois, da lídima afeição que soubeste despertar em sua alma generosa. Nunca te abandonaremos, irmã querida, a menos que resvales novamente, ao abismo pavoroso do suicídio...

"Nova missão, dolorosa e difícil, o Senhor dos mundos houve por bem conceder-te, para que resgastes a falta gravíssima que praticaste, atentando contra a tua própria vida. Depende do modo por que a desempenhes, o galardão... ou outras e mais profundas desditas! Estás à borda de um resvaladouro: se souberes manter um equilíbrio exato, mãos piedosas, mãos potentes, mãos fulgurantes hão de guindar-te do caos em que te achas às plagas siderais! Ouve-me, pois: nunca mais profiras palavras ofensivas à Majestade suprema, as quais só servem para agravar os teus infortúnios; não penses jamais em interceptar o fio sagrado da vida, por mais acerbas que sejam as tuas desditas; não queiras solucionar, com um dos delitos máximos, tua aflitiva situação.

"O suicídio é um crime que atinge diretamente a Lei soberana e universal – a da vida. É um dos débitos mais difíceis de remir. É a covardia do soldado que, na hora da refrega, foge e se oculta em uma selva ou em um fosso, deixando que seus companheiros de luta sejam chacinados, ou abatidos por adversários cruéis... Que general poderá premiar o covarde, ao invés de o punir severamente? O homicida é um desventurado que sacrifica uma vida preciosa, e caro tem de ressarcir a sua crueldade; mas, às vezes, tem atenuantes, conforme o agravo de seu contendor. Muitas vezes fere para defender a própria honra ou a da prole amada. O suicida é um auto-homicida de responsabilidade indiscutível; atenta contra o próprio corpo, confiado à guarda de um Espírito que traiu a confiança divina, que lho concedeu. Seu crime raramente tem dirimente. É semelhante ao do sicário, que apunhala indefesa criança em seu berço adormecida; igual ao de um soldado ferindo um adversário enfermo, que lhe entregasse as armas de defesa; ao do bandido que trucidasse um desditoso foragido, oculto em sombria caverna, ou manietado por algemas férreas. Se não houvesses fracassado, irmã, já estarias ao lado de quem tanto prezas, vinculados ambos por afeto fraterno, venturosos, em paragens onde se desfrutam gozos imateriais.

"Sempre odiaste *aquele* que te dominou, e te fez infortunada.

"Se, porém, pudesses aprofundar as Leis celestes, ter-te-ias livrado de seu influxo nefasto... que tem concorrido para redimires muitos delitos perpetrados no passado longínquo. *Ele* tem agido sob o império de indomável paixão, ofuscado por amor violento não compartilhado, o que tem sido o seu flagelo máximo, o látego de fogo que lhe tem crestado os bons sentimentos, mas que o há de levar à redenção... Jaz, ainda, no eterno arquivo de tua alma, a recordação de sua fisionomia inconfundível...

"Viste-o, há pouco tempo, quando vieste de Roma e pernoitaste nas ruínas deste malfadado castelo... Ele também te reconheceu, e – ai de ti! – novamente se reacendeu o facho da indômita paixão, qual se esta fora a erupção de um Stromboli violento que devasta todo o circuito em que se acha..."

– Serei forçada a amar esse monstro? – interrogou Norma, agoniada.

Houve um interregno na lição do Mensageiro, invisível, mas cuja presença era assinalada por uma fulgurante luminosidade. Depois, fez-se ouvir sua dulcíssima resposta:

– Sim, minha irmã, afirmo-to eu. Há um amor sublime, que qualquer donzela, por mais cândida que seja, pode dedicar a um monstro de perversidade, sem macular sua pureza... Tu já podias ter-lhe consagrado esse amor excelso – a piedade – porventura o mais abnegado de todos os afetos sem ressaibos de materialidade, pleno de suavidade e candura, tecido de luz astral; que existe em alto grau, somente nas almas dos que já se aproximam do Senhor do Universo, ou nas dos que já ensaiam o eterno surto para o Infinito. E nunca tu a sentiste, Norma, por maiores que fossem as demonstrações de afeto que *ele* te tributava...

"A piedade, irmã, é rival da luz solar; pode estender seu manto fulgurante, quer sobre um jardim florido, quer sobre um paul pestilencial, negro, profundo, pútrido, sem se contaminar, saneando-lhe as impurezas, fazendo que os lírios mais cândidos e alvos desabrochem nele como estrelas de neve vegetal, e voltando ao Céu sem se ter corrompido, talvez mais bela, menos ardente, mais radiosa, mesclada de aromas inebriantes...

"É mister, pois, que abrolhes em teu coração esse nobilíssimo sentimento, porque já tens o espírito adestrado nos prélios da desventura, embranquecido nos caudais do sofrimento e das lágrimas redentoras...

"A piedade é o sentir de uma águia rasgando a amplidão etérea, condoída dos seres que rastejam no solo: vermes e reptis asquerosos, não perdendo, por isso, o esplendor de sua beleza fascinante e invejável, antes, tendo-a aumentada pelas cintilações de um pensamento pleno de abnegações, sem o menor resquício de egoísmo...

"É semelhante ao da açucena, alvinitente, compadecida do charco onde foi germinada, dessa podridão mortífera, que a gerou com a pureza virginal das vestais! Como pode um lodaçal pestífero gerar, no mesmo seio, animais nauseantes e venenosos, e flores puríssimas e aromáticas? Contrastes da Natureza... os mesmos que existem, às vezes, em nosso próprio âmago... Não amorteças, porém, em teu íntimo, o desejo de liberdade com que sonhas há muito, tu e tua companheira de martírios morais. Liberdade! Arcanjo de asas fúlgidas, feitas de plumas alvidouradas – és o ideal de todos os seres humanos, das almas, torvas ou luminosas! Desde o primeiro vagido... já a criatura racional concebe o almejo de a conquistar, ansiando ter livres os movimentos, rompendo os primeiros atilhos com que a constringem os cuidados maternos, aprisionando-a nas faixas infantis... Depois, mal ensaia os primeiros passos, logo se manifesta o desejo de fugir aos desvelos carinhosos de seus pais, querendo fruir a autonomia de seus atos, cerceados no remanso dos lares, anelando correr e folgar, livremente!

"Quando atinge a idade adulta, expande mais desassombradamente a vontade de emancipação, mas – ai dos míseros entes humanos! – é justamente quando são mais pesados os esmagadores grilhões dos deveres sociais e morais, fazendo-os vergar os corpos para o solo, sob o seu jugo de bronze...

"Tem o ser pensante o desejo indômito de libertar-se de tudo o que o molesta, de cortar o espaço, como fazem os pássaros altaneiros; mas não lhe é dado realizar esse ideal enquanto não alija da alma o lastro avassalador dos erros e das paixões nefandas. Por isso, o jugo das provas é insuperável, aprofunda-o para a terra, lança-o nos subterrâneos tenebrosos, obriga-o a percorrer as selvas sombrias onde há silvedos de pesares e de infortúnios...

"No entanto, irmã, é nesta masmorra de trevas, de dores acabrunhantes, que o ser consegue realizar o seu ideal de tantos séculos. É com o latejar do sangue, premido nos pulsos e nos tornozelos por grilhões torturantes (ao passo que os seus olhares se erguem para a amplidão estrelada, numa prece muda e enternecedora, sem blasfêmias de rebelado nos lábios), que ele conquista a felicidade suprema: libertar-se de todas as atribulações terrenas! Por meio da abnegação, do trabalho, da humildade, dos deveres rigorosamente cumpridos, ele consegue a liberdade psíquica, que não é ilimitada, porque, na Terra ou no Infinito, todos são submissos ao Criador e Pai, que cumula de bênçãos e proteção a todos quantos sabem servi-lo com extremos de filhos reconhecidos... Outrora, irmã querida, como agora, tu aspiraste a ser livre. Deves aniquilar esta nobre aspiração? De modo nenhum. Cultiva-a qual um jardineiro a uma planta preciosa; rega-a com as lágrimas do sofrimento, das decepções tremendas, das humilhações pungentes, e ela, então, adquirirá vigor e se tornará cedro descomunal, igual aos do Líbano... Mas, para isso, tens que *te libertar* de todos os potentados deste planeta – que são os teus próprios erros e desvios morais – para te submeteres a um único Soberano, cujo poderio não te oprimirá: – Deus! A vontade de ser livre é uma das mais sublimes aspirações humanas; e, por isso mesmo, mais difícil de ser realizada...

"A liberdade *absoluta* não existe aqui ou além.

"A única que podemos fruir, e é a mais meritória, consiste em nos desvencilharmos dos nossos maiores e mais implacáveis adversários: nossos erros, nossos crimes, livrando-nos do mal.

"Essa liberdade é conquistada pela alma, depois de ter estado encarcerada na carne e nas trevas do remorso, emancipando-se de todos os seus desatinos, angelizando-se pouco a pouco, penosamente, heroicamente, subindo íngremes escarpas, vias dolorosas, ascendendo para o espaço e para a luz, para o Criador de todas as coisas! ...

"Outrora foi-te confiada meritória missão, para que conquistasses essa liberdade, e não a consumaste como era mister.

"Agora, tens outra arriscada incumbência. Se saíres vitoriosa, o teu mérito será centuplicado, obterás a idealizada liberdade, que almejas há ilimitado tempo.

"Quando os Espíritos ultimam as provas terrenas, tendo já sólida experiência das consequências desastrosas dos crimes cometidos, são-lhes outorgadas tarefas difíceis, para que seja aferido o seu valor moral. Uma tiveste outrora; outra tens de executar fielmente, agora..."

XI

Houve um silêncio absoluto por momentos, que, à jovem adormecida, pareceram infindáveis, tendo tido a impressão de que a Natureza entrara em marasmo aniquilador, eterno...

Depois, assustada, e cheia de angústia, ela ousou interpelar a entidade sob cujo domínio se sentia então:

– Dizei-me, senhor, como devo agir para terminar todos os meus padecimentos desta existência?

– Não me chames *senhor*, mas *irmão*, pois todos nós o somos, filhos do mais perfeito e afetuoso Progenitor – Deus!

"Escuta-me, irmã querida. Tu já praticaste delitos, injustiças e prepotências.

"Bela e impura, arrastaste muitos homens à loucura e ao desvario moral.

"Destruíste e infelicitaste lares, esposas e crianças. Oprimias por vaidade; possuidora de tesouros e poderio real, deles fizeste uso deplorável. Tiveste, porém, profunda compunção, e desejaste remir os teus crimes.

"Perdeste o direito a um lar tranquilo e afortunado. Foste condenada a ser oprimida para melhor aquilatar o valor da liberdade, sabendo como ferem os corações as injustiças e as arbitrariedades...

"Eis por que foste encarregada de dulcificar os tormentos dos desditosos que soluçavam nas masmorras insalubres do palácio maldito!

"Sentiste, então, toda a hediondez dos que escravizam seres humanos sem lhes respeitar direitos sagrados. Não concluíste tua missão terrena, voluntariamente.

"Fracassaste. Deus, porém, misericordioso e compassivo, levou em conta, para a tua salvação, a virtude, os sacrifícios, os padecimentos, o altruísmo. Bem vês que foste sentenciada por um Pai benévolo e juiz imparcial, e não por um déspota cruel. Agora, vai ser posto à prova o teu mérito moral: encaminhar para o Senhor do Universo os seus vassalos transviados, os seus soldados desertores, desgarrados do exército do bem e do dever!

"Difícil e arriscada será a tua missão: tens que arrancar, às trevas do pecado, almas denegridas pelas monstruosidades praticadas, mostrando-lhes o carreiro luminoso da salvação!"

– Como hei de consegui-lo, se estamos sob o império de malvados, que, certo, quererão macular-nos com as suas torpezas?

– Quem são eles, porém, amada filha? Gotas de luz do astro soberano de toda a Criação; são estrelas ofuscadas na cerração polar dos delitos e das crueldades; são águias acorrentadas ao charco da miséria e das podridões terrenas... mas não deixam de ser fagulhas do mesmo Sol, filhos do mesmo Pai clementíssimo, nossos irmãos ulcerados pela lepra da maldade, mas que não devemos deixar resvalar, eternamente, no abismo das vilanias! Outrora, tu te compadeceste das chagas dos corpos, e lhes suavizaste as dores; agora vais pensar as úlceras das almas; e, quanto mais dificuldades encontrares, maior será o galardão conquistado! É mais excelsa a tua missão atual que a passada... só comparável à daquele que tombou do firmamento, como estrela cadente, à qual lhe faltasse a força de atração, o astro que se engastou, por momentos, nos marnéis terrestres... cujas irradiações já atravessaram o mar Vermelho e o Mediterrâneo e não tardam a chegar a Roma...

– Não sei a quem vos referis, mestre e irmão querido...
– Vais sabê-lo, dentro em pouco...
– Que hei de fazer de proveitoso, presentemente?
– Compadecer-te dos infelizes que te encarceraram. Dar-lhes a mão que te parecerá maculada, mas eu o afirmo que se cobrirá de luz imperecível. Com a proteção do Alto, essa frágil e rósea mão tornar-se-á de bronze invencível, podendo assim retirar do resvaladouro dos crimes mais hediondos almas denegridas que ainda se esplenderão qual o diamante mais fúlgido, norteando-as às paragens siderais, que eles só contemplam para conjecturar se a noite será ou não bastante caliginosa, de modo a favorecê-los nas pilhagens ou nos homicídios que premeditam e realizam muitas vezes, apunhalando suas vítimas, ao brilho diamantino dos astros noturnos...

"Vais dirigir-lhes a palavra, com piedade e comiseração, despertando-lhes aversão pelos atos de ignomínia que já perpetraram, despertando-lhes novos sentimentos morais, fazendo-os compreender as sublimidades das Leis Divinas, encaminhando-os, enfim, para o Sumo Juiz de todas as consciências...

"Se assim procederes, serás escudada por uma força extraterrena, bem assim tua companheira de cativeiro. Serás, então, coadjuvada pelas falanges siderais, e terás o poder invicto dos escolhidos do Onipotente: semear germes de luz nas trevas de muitas almas... e em teu próprio espírito, que se tornará radioso, se bem cumprires tua dignificadora missão, sem falir. Ai de ti, porém, se não souberes desempenhá-la, rigorosamente! Não te amedrontes, porém, querida Norma! Já possuis em teu íntimo um acervo considerável de virtudes, capaz de te inspirar o austero cumprimento das mais escabrosas incumbências, impavidamente, heroicamente! Coragem, pois. Ânimo invencível. Tereis, tu e tua nobre irmã, dedicadíssimos amigos a vosso lado.

"Desperta, agora, irmã bem-amada!"

Com um profundo suspiro, a jovem tornou à realidade, no mesmo instante em que Dulcina despertou também. As irradiações solares penetraram no sombrio aposento das prisioneiras, parecendo que um sendal de luz se havia introduzido pelas grades da janela, para as envolver suavemente.

— Conseguiste dormir, Norma? — interrogou Dulcina à sua companheira. — Não sei explicar como pude adormecer assim, pesadamente, com tantas tribulações a flagelar-me o coração!

— Sim — respondeu-lhe Norma; e, depois de alguns segundos de reflexão, fez-lhe a seguinte confidência:

— De que estranho sonho acabo de acordar, Dulcina! Dir-se-ia que eu conversava com um amigo invisível, que me falava de outras eras, em que sofri muito! Sinto-me, porém, reanimada e confiante numa compassiva Entidade que acaba de sugerir-me ideias... que vou tentar pôr em execução!

— Pois eu, minha querida, tive horrível pesadelo: ia fugindo de um palácio, apertando ao seio preciosa mensagem, quando fui apunhalada; e, ainda semiviva, atirada a um tanque profundo, cheio de moreias insaciáveis! Como era torturante estar sendo devorada por aqueles peixes famintos!

— Pavoroso o que sonhaste, Dulcina! Hás de ficar surpresa se eu te disser que tive um sonho semelhante ao teu! Vais ouvir o que planejei para executarmos hoje.

— Desconheço-te o ânimo, Norma! És sempre irresoluta e tímida... Hoje, até o timbre de tua voz tem outra modulação... Que resolveste que fizéssemos?

— O que *ele,* o amigo do sonho, me aconselhou: dirigir a palavra aos infelizes que nos encarceraram, chamando-lhes a atenção para o mal que já têm praticado, a fim de despertar neles a observância dos seus deveres morais...

– Será possível realizares o que dizes? Querida! Só se te for concedido um poder celestial...

– Quem sabe se a Entidade que me orientou possui esse poder extraterreno? De onde vêm os gênios benfazejos? Do Céu, certamente...

XII

Um forte impulso abalou a porta do dormitório das moças, que, atemorizadas, viram surgir um vulto masculino, envolto em negro manto, deixando apenas a descoberto a região frontal, onde se destacavam os olhos coruscantes. Disse-lhes ele, em tom de servo respeitoso:

– No aposento contíguo a este, encontrareis banheira e vestes para substituição das que trazeis; à noite, virei para vos acompanhar até onde se realiza um banquete em homenagem às encantadoras rainhas dos *Filhos das sombras*; e, assim, podereis conhecer o nosso ilustre chefe e nossos denodados companheiros...

Apesar de temerosas, não deixaram de cumprir as ordens recebidas.

Passaram ao compartimento imediato, onde encontraram o que lhes fora anunciado. Nenhum rumor havia por todo o prédio, semioculto pela serrania vizinha. Parecia uma habitação ensalmada, sob o domínio do poderoso sortilégio. Elas ficaram surpresas pelo exemplar asseio da banheira de alvo mármore.

Sobre um coxim de damasco negro (cor simbólica usada pelos salteadores em cujo poder estavam) viram duas formosas túnicas de brocado da mesma cor, talhadas à romana.

Não desejavam utilizar-se delas, mas, observando-as mais atentamente, viram um minúsculo papiro com os seguintes categóricos dizeres: "Não tentem as novas rainhas dos generosos *Emboscados* desobedecer-lhes à mínima das ordens, pois há severas punições para qualquer infração às suas mais insignificantes deliberações".

Advertidas por secreto receio, depois das abluções vestiram as lindas túnicas, ornadas apenas por duas papoulas de veludo purpurino; cuidaram, com esmero, de todos os requintes da indumentária, enquanto lágrimas brotavam de seus formosos olhos...

– Eis-nos com os corpos engalanados, e as almas de luto! – murmurou Norma.

– São as ironias e os contrastes do destino, querida irmã! Meu luto, porém, é mais intenso do que o teu: pois morri para o prazer, sentindo que meu coração também morreu...

Passaram novamente ao dormitório, onde encontraram uma bandeja com delicados alimentos. O aposento estava todo reorganizado e florido, como se por ali houvesse passado alguma fada.

Decorreu o dia cheio de penosas conjecturas. Nenhum bulício percebiam. Pelas janelas gradeadas, junto das quais haviam passado parte da noite, tentavam sondar o horizonte, sem o conseguirem, porque a mole granítica que lhes vedava a vista parecia um gigantesco mastodonte, eternamente adormecido, querendo elevar seu corpo descomunal até quase o infinito... Nenhum rumor, nenhum movimento agitava aqueles desolados penhascos.

Apenas, por momentos, voejaram graciosas andorinhas, que, dir-se-ia, desejavam manifestar cordialidade às jovens prisioneiras, pousando algumas alegremente nas grades do cárcere, como que convidando ambas a segui-las... Depois, ruflaram as asas e partiram para muito além, ensinando-lhes como poderiam livrar-se daquele ergástulo: rasgando o espaço azul!

– Por que não possuímos as asas daquelas ditosas andorinhas? – murmurou Dulcina olhando a irmã.

– Quem sabe se não as teremos ainda? – respondeu-lhe Norma, meditativa. – Nossas asas, as que os deuses nos concederam, acham-se encerradas no invólucro da carne, mas não estão quebradas! Hão de elevar-se, mais tarde, para além ainda das lindas avezinhas, até onde palpitam as estrelas mais brilhantes!

– Quem nos dera que as tivéssemos, agora, para conquistar a nossa liberdade!

Anoitecia. Em frente ao dormitório, avistava-se o ocaso que se purpureava de lúcidos rubis. Parecia que o céu estava em plena apoteose, no final de uma ópera divina em que os atores fossem alados, descidos das regiões siderais, envoltos em mantos de pelúcia fulgurante, circundados de flores luminosas... Ambas tiveram a impressão de que os próprios deuses velavam por elas. Subitamente, um ranger da porta tirou-as do êxtase em que estavam, fazendo-as estremecer, involuntariamente. Os batentes abriram-se, como por efeito de encantamento, e as mesmas personagens da véspera, com os rostos velados por máscaras negras, adiantaram-se, e uma voz dissimulada dirigiu-lhes estas palavras:

– Queiram descer as nossas rainhas ao primeiro andar. Esperam-nas os *Filhos das sombras*...

As formosas donzelas, apesar da lividez dos semblantes, de mãos enlaçadas como para formar perpétua aliança, com os olhares perscrutadores, desceram estreita e sinuosa escada, entrando, após, em vasto salão, faustosamente ornamentado e iluminado por candelabros de bronze.

Extensa e florida mesa, de lauta ceia, estava circundada por cerca de trinta indivíduos, todos trazendo um peplo negro que lhes dava sinistra aparência, tendo no rosto máscaras sombrias. À cabeceira, achava-se o chefe do bando fatídico, trajado com maior apuro do que os outros circunstantes, também com o semblante oculto. A um sinal feito por ele, todos descobriram o rosto; e, horrorizadas, as prisioneiras reconheceram, em um deles, no chefe, o hediondo habitante das ruínas; e, em outro, o jovem e belo Felício, que olhava Dulcina como se desejasse dizer-lhe, com a luz do olhar, algo de misterioso e inadiável...

Aplauso unânime acolheu as jovens, que tinham a palidez do jaspe branco, e os olhos cintilantes de lágrimas.

– Salve as duas mais formosas rainhas do universo! – exclamaram todos, exultantes de contentamento.

Foram elas instaladas em dois lugares até então vagos, perto do ocupado pelo indivíduo que parecia ter supremacia sobre os demais convivas. Quando ele se ergueu para dirigir a palavra às recém-chegadas, estas foram abaladas por um tremor incoercível, certificando-se de que aquela voz e aquela fisionomia disforme da personagem dos escombros, onde haviam pernoitado em horas fatais para ambas, eram do chefe supremo do bando.

– Formosas rainhas – disse ele com emoção, olhando-as com o olhar fosforescente –, eis-me cumprindo solene promessa! Bem vedes que os chamados *bandidos*, malditos pelos ditosos da Terra, que desfrutam todas as regalias de uma vida ociosa e inútil, não se condoendo dos que têm fome e frio – sabem ser gentis para com indefesas donzelas... Os considerados desprezíveis, enquanto vestiam farrapos, e tinham os rostos macilentos pela fome e pela vigília, são agora elegantes cavalheiros porque não lhes falta o ouro que fascina os olhos cobiçosos, e corrompe as consciências; e vingam-se da injusta sociedade que os oprimiu, impunemente, que os vergastou com escárnios e injúrias... quando lhes atirava o supérfluo! Vede os que vos cercam: interrogai-os! Todos têm uma dolorosa história a narrar – a história da sua própria vida! Quem são aqueles que nos deram o ser? Para muitos, meros escravos, anônimos desgraçados... mortos, às vezes, ao furor da chibata dos senhores desalmados, que arrojaram os seus cadáveres, à guisa de fardos nauseantes, nas valas pútridas, ou nos tanques em que se engordam peixes ferozes e vorazes...

"Para esses só têm mérito a opulência ou o despotismo. O rico não necessita de virtude nem de inteligência. Cícero teve valor pelos bens que possuía, e não pelo fulgor de seu talento de escol. Pois bem, temos conseguido justiça, exercida por nossas próprias mãos. Nós, os que nascemos na desventura, os filhos da miséria, dos prostíbulos e do anonimato desprezível, para os quais não há leis nem direito que os amparem, temos também necessidade de viver e fruir as delícias da vida... Somos implacáveis adversários dessa classe privilegiada que nos expulsa como a cães, quando honrados, mas andrajosos, e nos abre os salões suntuosos, quando estamos cobertos de veludos, embora de alma rota e carcomida de vícios, coberta de máculas ou da lepra dos crimes mais torpes! Eis, formosas rainhas, porque nos vedes empenhados na conquista do que a Humanidade mais valoriza: Ouro! muito ouro! Já o temos nós, tê-lo-eis vós! Contamos com o vosso auxílio, com o fulgor da juventude, da beleza e da inteligência que irradiam de ambas, para todos galgarmos posições afortunadas!

"Desse modo não passareis mais as humilhações que já tendes sofrido... em opulenta habitação onde éreis toleradas... e tidas por intrusas!"

O orador elevou sua taça repleta de um líquido dourado, e todos os convivas o secundaram em conjunto:

– Salve! as mais belas rainhas de todos os reinos! Somos aliados para a vida e para a morte!

Pálida, ofegante, mais formosa do que uma escultura grega, Norma, com timbre de voz dulcíssimo e vibrante de emoção – clarim divino que ressoou pelo âmbito do salão festivo –, dirigiu-se aos circunstantes, sendo ruidosamente aplaudida:

– Cavalheiros, vós nos surpreendestes com um acolhimento generoso e com palavras cheias de amargura, comovedoras... Não vos acusamos.

"Sois o produto das injustiças sociais. Sabemos quanto é impiedoso e cruel o mundo em que vivemos. Os felizes ofertam iguarias saborosas aos cães de fina raça, e atiram côdeas de pão, já petrificadas, aos seres humanos que desmaiam de fome, quando não os fazem correr, a vergastadas, pelos lacaios arrogantes... Penetramos nas vossas desditas, que fazemos nossas, nas vossas dores, que apunhalam corações sensíveis, que sabem medir as arbitrariedades e as humilhações dos potentados...

"Sabemos tudo isso, mas, apesar de espezinhadas, órfãs e pobres, possuímos o maior tesouro, a maior ventura que nenhum tirano, nenhum malfeitor nos poderá usurpar, porque está oculta em escrínio divino, que, para alguém conseguir abri-lo, com chave radiosa, terá de escalar o próprio céu: a nossa consciência pura, a paz interior, gerada pelos deveres morais, austeramente cumpridos, apesar de todas as atribulações por que temos passado...

"Vós, senhores, seguistes uma vereda diversa da que eu e minha irmã trilhamos, porque não conhecestes os carinhos de uma santa mãe, não recebestes os sublimes conselhos de um pai laborioso e severo! Nós nunca nos consideramos pobres, porque possuímos, sempre, esta riqueza incomparável, que herdamos de nossos progenitores, e queremos restituir-lha nas paragens siderais: a virtude! A virtude diviniza os seres humanos, mesmo que estejam atirados ao abismo da miséria e das mais rudes adversidades; ninguém lhes poderá roubar tal preciosidade celeste, bem semelhante à escaleira de Jacó: liga ela as almas resplandecentes, das sombras da Terra ao firmamento repleto de estrelas! Ela é asa de luz, que nos eleva deste planeta às mansões dos deuses!

"A morte não nos apavora, nem nos acovarda; preferimo-la à maior felicidade, com as almas corruptas pelo mal. Queremos a humilhação, a dor, o martírio, contanto que não percamos a pureza do nosso espírito, a honestidade que herdamos de nossos pais, mantidas invulneráveis ao mal, em uma cidade onde pompeiam a dissolução de costumes e o amor aos gozos... Como quereis, pois, cavalheiros, aliar-nos às vossas empresas, que visam às venturas terrenas, se não nos vinculam os mesmos ideais? Que nos vale o ouro, sem a paz de consciência? Vós, que tendes sido desditosos e oprimidos, quereis tornar-nos cativas, ou impulsionar-nos a praticar o que está em desacordo com os nossos sentimentos?"

– Queremos apenas o vosso concurso para que possamos realizar um arrojado empreendimento! – exclamou o chefe do bando sinistro.

– Sem mancharmos a nossa alma? – interpelou-o Norma, imperturbável.

– Que vem a ser *alma* para os *Filhos das sombras*? Falamos nela apenas como a sede de todos os sentidos, mas ignoramos se sobrevive à matéria! Conhecemos e afirmamos o que nossos olhos enxergam, nosso tato pressente; tudo o que não for do mundo real, nós contestamos! Se temos, ou não, alma, é-nos indiferente saber... Se a temos de perder, se merece ela o Olimpo ou as geenas, que nos importa o seu destino? Não investigamos o futuro. Odiamos o passado. Contentamo-nos com o presente.

"Vemos que sois belas e inteligentes, e não podemos dispensar o vosso concurso precioso. Eis tudo aclarado. Nada mais desejamos, além do que já sabeis."

XIII

Houve silêncio por alguns segundos, findos os quais a inspirada Norma novamente interrogou o chefe do bando sinistro:

– Que pretendeis que façamos por todos vós?

– Dir-vos-ei, amanhã... Hoje, festejamos a aquisição de mais duas rainhas – por certo as mais encantadoras de todas – a cujos pés arrojamos os nossos corações deslumbrados e jubilosos!

Lívida qual alva camélia, prestes a desmaiar de emoção, temerosa de que ela e sua terna Dulcina fossem enrodilhadas em funestos sucessos, fez um apelo aos que a escutavam:

– Cavalheiros, vós, que sofrestes as injustiças e os vexames impostos pelos venturosos do mundo, lembrai-vos de que eu e minha irmã somos indefesas e honestas donzelas, tudo esperando de vossa magnanimidade! Nosso ideal é o de viver na obscuridade de um lar modesto e honrado...

– Não haveis de arrepender-vos de vos associardes aos generosos *Emboscados*! – exclamou o chefe.

– Contai com o nosso ilimitado reconhecimento, senhor! Quero, porém, elucidar melhor os meus pensamentos, que são idênticos aos de minha companheira e irmã, criadas com ternura por nossos dignos progenitores, aos quais fizemos um juramento sagrado na hora extrema de suas existências: o de jamais faltarmos ao cumprimento de nossos deveres morais! "Preferir a morte à desonra!" – era o seu lema. Eles nos confiaram a um outro Pai, sublime e inigualável: Júpiter, o soberano dos deuses! Não desejamos, jamais, ofender à Majestade suprema, nem com uma ideia impura!

"Não vos condenamos, senhores! Relegamos, a quem os quiser, os bens terrenos, falazes, somente aspirando aos do Céu, perenes! Fomos educadas na escola do dever, do sacrifício e do estoicismo. O menor desvio far-nos-á perder a nossa maior ventura – a paz de nosso espírito, a proteção dos deuses e a de nossos pais, cujas almas adejam, sempre, junto aos nossos corações, vibrando em nossos íntimos os hinos celestiais da harmonia, do bem e da probidade... Vós não conhecestes os arcanjos dos lares. Não se podem improvisar sentimentos puros sem o escudo tutelar daqueles que nos deram o ser – os nossos mais desvelados amigos – que os infundem em nossos corações com os seus ósculos da mais sincera afeição. Não se consegue ligar pedras com lama, mas com argamassa, que se petrifica no decorrer do tempo... Não tivestes essa ligação poderosa – a do amor paterno – e ficastes insulados no mundo, prestes a resvalar em um despenhadeiro... Faltou-vos o fulgor do afeto paternal; vossos corações ficaram com a rijeza do granito, sabendo empreender com denodo a luta em busca do ouro, das jazidas terrestres; mas desconheceis o ouro divino com o qual podemos conquistar o próprio Céu: o cumprimento fiel de todos os deveres morais, a despeito de tudo, de todas as humilhações, injustiças, decepções e desventuras. O berço em que nascemos faz-nos trilhar linhas divergentes – a Terra e o Céu! Não podemos, pois, coligar-nos às vossas empresas sem o risco de perdermos o que vamos conquistando com lágrimas e sofrimentos inauditos! Vós, que tendes as almas dilaceradas pelas iniquidades e espezinhações do mundo, concedei-nos o que desejamos com ansiedade: a nossa liberdade! Deixai-nos partir... e nós vos bendiremos, considerando-vos os mais generosos e acolhedores amigos de quantos encontramos, depois que morreram os que os fados nos concederam, e, novamente, levaram para o túmulo... ou para o Olimpo!"

– Quereis livrar-vos de nós! – interpelou-a o chefe, com uma entonação em que se notava intensa ironia.

– Queremos a liberdade! – respondeu-lhe, com firmeza, a jovem oradora, empalidecendo.

Uma estridente gargalhada ressoou no recinto onde se achavam os comensais.

– Liberdade! Quem a possui na Terra, senão os déspotas e os abastados? Como a quereis adquirir, lindas jovens, se sois desprovidas de opulência e de defensores? Aqui os tendes mais do que onde estáveis... nas condições, quase, de escravas... Não cometais a loucura de querer livrar-vos do *suave* domínio dos *Filhos das sombras*, que sabem ser amigos dedicados e adversários inexoráveis! Aqui, sois rainhas; tendes à vossa disposição banquetes, vestes luxuosas, adoradores fervorosos, ao passo que *lá*, de onde viestes, éreis tratadas como importunas (tal vos considerava a esposa de vosso tio Pôncio). Sabemos da vossa vida pormenorizada. Chamam-nos malfeitores, mas os piores são os que residem em palácios e não se condoem dos desgraçados! Não tenteis, pois, livrar-vos de nossa alçada, porque também nós, os odiados pela Humanidade, não sabemos perdoar, considerando o perdão a covardia dos fracos, dos que temem apunhalar um coração... que os detesta! Somos terríveis no desforço, quanto magnânimos na amizade. Contentai-vos com esta, e evitai aquele... Sereis livres... depois que tiverdes satisfeito o que pretendemos de vós. Banqueteemo-nos, agora, pois estão à nossa espera... os *nossos* amigos!

– Cavalheiros; mais algumas palavras e terei terminado o que pretendo expor-vos. Reconhecemos que muitos de vossos ideais são fundados na desoladora realidade da vida... Nós, porém, preferimos as humilhações e os padecimentos mais acerbos a perder a limpidez de nossas consciências!

– A consciência deixou de existir, há muito, asfixiada no lodo pútrido que nos atiram os opressores do gênero humano!

– Que vos importa tenha ela desaparecido para os déspotas e os delinquentes? Será crível que o ser humano, maravilha de órgãos e faculdades divinas, paute os seus sentimentos pelos dos maus ou dos tiranos? Será aceitável que estejamos, aqui, atirados ao acaso, como pedras desprendidas dos penhascos? Além, nas fronteiras azuis do firmamento com a Terra, onde brilham os astros – que devem ser, talvez, as pátrias dos bons e triunfantes do mal, onde há luz em profusão – não existem, certamente, almas torvas, ou gangrenadas pelos delitos mais torpes; há, sim, entidades prodigiosas, que descem a este planeta de trevas para nos observar, incessantemente, e seguem os nossos passos, como protetores abnegados, que penetram os nossos corações com o fulgor de seus olhares... Não haverá, naquelas paragens celestes, uma justiça absoluta, mas íntegra e imparcial, para punir os algozes, e galardoar os bons e os virtuosos? Não será justo que os esfarrapados, os oprimidos, os infelizes sejam conduzidos às paragens ditosas do Universo, desde que sejam probos e austeros, cumpridores de seus deveres morais, convertendo-se as agruras da existência em gozos infinitos; ao passo que os perversos e arbitrários resgatam os seus crimes encerrados em calabouços, onde serão punidos com o azorrague do remorso, até que, nos seus espíritos nebulosos, surjam fagulhas divinas de piedade e humildade – como saem do próprio granito, à vibração de um corpo metálico, centelhas fulgurantes, migalhas de estrelas?

"Não é melhor trabalharmos para nossa felicidade perene, sendo honestos e bons, do que sermos opulentos à custa das lágrimas e dos tormentos alheios, acossados pelo látego da compunção?"

– E quem nos garante a imortalidade da alma, conforme no-lo afirmavam Sócrates, Platão e Pitágoras, linda jovem? Quem assevera a infalibilidade daqueles famosos filósofos gregos?

– O nosso próprio ser, senhor! Há, em nosso íntimo, algo de superior, de nobre, de divino, que não poderá ser destruído nem terminar no fundo dos sepulcros! ... O que é constituído de músculos, de nervos e de ossos, tem duração limitada, está sujeito às contingências da matéria e do aniquilamento: o pensamento, porém, que se irradia do cérebro, sem deixar vestígios, tal qual a luz solar que não possui combustível conhecido, é sempre inesgotável, como o são as mais excelsas aspirações humanas, que ninguém poderá suster nem exterminar!

XIV

Depois de uma pausa, que durou segundos, com o rosto acerejado por intensa emoção, transfigurada, e irradiando pensamentos dignificadores, Norma continuou:

– Cavalheiros, se fôsseis amados por vossos pais extremosos, se vísseis suas frontes encanecidas e beijásseis suas mãos enregeladas pela neve da morte, à hora da partida para a verdadeira pátria – a dos bons e virtuosos – certo havíeis todos vós de crer, inabalavelmente, na sobrevivência da partícula divina, que se aloja no íntimo de nossa carcaça, e sem a qual o corpo seria inerte, inconsciente, inanimado, idêntico a um bloco de granito... Não quereríeis perder, por todos os milênios, puras e santas afeições!

"Vós sentiríeis, dentro de vós mesmos, a saudade dos que, desaparecendo, diante de vossos olhos materiais, se imortalizam pela luz das recordações e vivificam em nossa mente, ou em nossos Espíritos, que são as urnas sagradas que o Criador destinou para encerrar todas as relíquias preciosas de nossas existências..."

— Vossa fala de rouxinol nos encanta e nos seduz, inspirada pitonisa — disse o chefe — sem o que não consentiríamos que estivésseis dizendo as verdades.... desagradáveis que nos tendes patenteado! Não conhecemos os que cometeram o crime de nos dar a vida, pois que no-la concederam para, logo após, nos abandonarem ao acaso, como se fôssemos culpados por haver nascido, ou como se houvéssemos vindo ao mundo já desprezíveis facínoras... Fomos criados ao léu da sorte, e eles desapareceram nos calabouços ou nas valas comuns! Nosso passado é tão sombrio quanto a cratera de um vulcão extinto...

"Nunca indagamos do futuro. Somente temos uma preocupação: adquirir ouro, às montanhas, para nosso uso e desfrute! Deixai o idealismo que vos encanta, proferido por vossos lábios formosos, mas que não tem utilidade prática... Sois bela em demasia para renegar os gozos deste mundo. Escolhei, dentre nós, os que mais vos agradarem, e estes serão os vossos servos ou vossos esposos; e vós, adoradas soberanas! Eu me iludi, quando disse que só desejamos tesouros deslumbrantes, pois eu os trocaria, de bom grado, para possuir um outro mais valioso ainda: vosso amor, formosa sacerdotisa!"

Uma lividez lactescente, oriunda do pejo e da revolta, desmaiou o semblante sedutor de Norma. Uma sensação desconhecida fê-la estremecer da cabeça aos pés, apoderando-se de seu ser uma vibração nunca sentida, que lhe deu inconcebível energia. Retomou a palavra, e disse, com firmeza:

— Senhores, se sois os *Filhos das sombras*, perseguidos pelos venturosos do mundo; se não conhecestes mães extremosas e nunca lhes beijastes as mãos venerandas; não julgueis que a Humanidade toda seja desprovida dos mais santos e imaculados sentimentos! Nós – eu e minha irmã – nascemos para os lares puros, para os afetos ilibados, e não para as aventuras perigosas. Lembrai-vos de que somos indefesas donzelas, e vós, que tendes por norma defender os fracos, deveis olhar-nos como se o fizésseis às vossas próprias irmãs, que fossem de reputação intacável. De outro modo não poderemos viver no mesmo ambiente em que vos achais. Se nos forçardes a praticar qualquer ato que vá de encontro às nossas consciências, decretareis, irrevogavelmente, a nossa morte!

Houve um murmúrio de surpresa entre os circunstantes, alguns dos quais exclamaram, com sinceridade:

– Quanto nos desprezais, lindas jovens! Acaso vos sentis desonradas em receber as nossas homenagens?

– Sim; se não souberdes respeitar a pureza de nossa alma, e a de nosso corpo. Para vós, só há venturas na riqueza; para nós, na virtude. Preferimos o ouro do Céu ao da Terra.

"Seremos mais ditosas em alfurjas, cobertas de andrajos, do que em palácios de onde a honra esteja banida! Cada um de nós deve seguir os ditames de sua consciência. Não duvidemos de que além, acima de nossas frontes, haja um tribunal luminoso, cravejado de estrelas, no qual terão de ser julgados todos os nossos atos – bons e maus! Não acreditais na imortalidade da alma? Quem nos impedirá, porém, de crer nela com veemência? Nós sentimos essa certeza, em nosso íntimo. Existe, no recôndito do ser, algo de imortal, de perpétuo que nos aconselha a praticar o bem e a repelir o mal. Se estivermos iludidas, morreremos felizes, com a incomparável ventura de havermos sido sempre honestas, por não termos traído o juramento que fizemos, na hora extrema, a nossos pais. Que é a felicidade para o Espírito cheio de remorsos? Que sabor terá um fruto delicioso retirado da mão de um cego, ou de uma criança que não pôde defendê-lo senão com ardentes lágrimas? Que prazer haverá nas vestes de púrpura e nas habitações faustosas, usurpadas aos que as possuíam à custa de labores e sacrifícios? Não; mil vezes será preferível o pão negro da miséria, as roupas esfarrapadas, contanto que os nossos Espíritos estejam livres de máculas, envolvidos na túnica alva e radiosa da probidade!"

Calou-se a donzela, cuja formosura radiante dava prova eloquente de que fora intérprete de verdades siderais, veiculadas das regiões fulgurantes do Universo.

Aqueles desditosos, que desconheciam os sentimentos afetivos e dignificadores, filhos do anonimato e da corrupção, repudiados pela sociedade enquanto trajavam de mendigos, e, depois, acolhidos como se fossem príncipes, quando ostentaram vestes custosas, conquistadas por meio de crimes sucessivos; que viviam com os corações transbordando fel e ódio, e as mãos adestradas nas armas fratricidas; foram despertos, sacudidos violentamente, pela primeira vez, por um clarim de ouro – a voz da virginal criatura que os fixava com ânimo sereno e piedade infinita. De que lhes falara ela, afinal? Da felicidade das mansões honestas, dos santos afetos dos progenitores, que eles não conheceram, por quem não foram amados nunca, por quem haviam sido atirados à senda do vício? Ai! deles, porém! Que poderiam ter feito em benefício dos filhos, se eram escravos, ou haviam morrido em pestíferas masmorras? Nunca tiveram a ventura de beijar a mão de uma carinhosa mãe; nunca receberam uma prova de ternura paternal...

Aquela jovem deslumbrante, cuja pureza se assemelhava à da mais cândida vestal, viera, qual visão celeste, falar-lhes dos afetos que jamais haviam experimentado, e parecia aureolada de um halo divino – que a tornava invulnerável aos sentimentos impuros.

Eles penderam as frontes e alguns olhos marejaram-se de lágrimas; sinal evidente de que, da rocha viva de seus corações, havia porejado a primeira linfa imaculada, com que se alvejam todas as manchas das almas, por mais denegridas que sejam! ...

Com verdadeira surpresa para as donzelas, o banquete fora servido por amestrados fâmulos, e em um ambiente de paz e ordem, abolidas as libações excessivas, sendo elas tratadas com delicadeza e respeito.

Quando finalizou a ceia, aproximaram-se das moças todos os convivas, já, então, sem as máscaras sombrias, que lhes davam um aspecto fúnebre. O que assumira a chefia dos bandoleiros, a personagem das ruínas, denominado Plínio, tinha o rosto intumescido e arroxeado, a fácies dos morféticos. A terrível enfermidade, de que fora presa, já se manifestava em toda a plenitude. Era ele de estatura elevada, de cor indefinível – rubra e violácea –, as orelhas disformes, o mento saliente, símile do de um troglodita, lábios excessivamente intumescidos, entre os quais sobressaíam os dentes, mal implantados e agudos, rivais dos de um carnívoro... Era hediondo o seu aspecto, apesar do impecável traje. Em seus olhos, havia o brilho sulfúreo de um archote aceso no interior de uma furna, quando olhara a formosa Norma. Tentava sorrir, mas o seu sorriso era um esgar simiesco.

– Cumpri a minha promessa – disse ele às jovens, triunfante. – Quem poderá esquecer-vos, ainda que vos contemple uma só vez na vida, mesmo no relâmpago de um segundo?

Dulcina, menos tímida do que a irmã, e que, até aquele instante, se conservara silenciosa, disse-lhe, com firmeza:

– Já que sabeis tão bem cumprir as vossas promessas, senhor, haveis de comprometer-vos a conceder-nos a liberdade, amanhã, depois de expordes o que tendes planejado a nosso respeito...

– Estais, acaso, sofrendo algum desacato dos magnânimos *Emboscados*?

– Não, senhor; e somos até muito gratas a todos pelo acolhimento que nos dispensastes; mas tememos que nosso tio Pôncio interprete mal a nossa ausência, julgando-nos coniventes com algum plano funesto... Ele, que nos tratou paternalmente, deve estar sofrendo imenso com o nosso desaparecimento; e não queremos que nos considere indignas de sua afeição tutelar...

— Não careceis mais de sua proteção. Ele que vos julgue como lhe aprouver. Sereis felizes e opulentas...

— E haverá felicidade na Terra, para os escravos, ainda que habitem palácios suntuosos?

— Mas vós não sereis cativas, e sim rainhas! Podereis fazer-nos imensamente ditosos!

— Como? senhor! Havemos de renegar nossa família para vos tornar venturosos?!

— Não tendes mais progenitores. A vossa situação na residência de Pôncio era intolerável, porque sua esposa é uma pantera. Aqui, não estais por esmola: sois queridas e soberanas!

— Agradecemos as vossas homenagens, que não merecemos. Se, porém, quereis fazer-nos felizes, consenti que voltemos para Roma. Temos, lá, amigas desveladas...

— Amigas? Onde existem elas, quando não há fortuna para lhes proporcionar gozos? Haverá amizade sem os elos do ouro? Não existe afeição entre pobres e ricos, e sim ódio implacável!

— Podemos trabalhar e viver humildemente, à nossa custa...

— O trabalho, em nossa era, é desprezível, reservado aos escravos, exclusivamente. Vale mais um bandido opulento do que um justo sem um sestércio! Quando nós, os *Filhos das sombras*, possuirmos o tesouro que ainda estamos acumulando... seremos cônsules em Roma!

Enquanto se estabelecia este diálogo entre Plínio e Dulcina, um dos associados, Felício, o falso irmão de Regina, disse a Norma, em voz baixa:

— Preciso falar-te.

— Onde?

— Aqui, amanhã, quando *eles* partirem...

— Temermos uma cilada. Perdeste a nossa confiança...

— Juro-te que vos protegerei a ambas como se fossem minhas irmãs, que não tive...

Plínio, que não percebera as palavras de Felício e de Norma, mostrou-se contrariado, com o cenho carrancudo. A moça, desde que findara a ceia, sem o fulgor da inspiração que lhe iluminara a fronte com lampejos de alvorada, sentiu-se novamente entibiada e apreensiva.

— Como és bela — disse-lhe Plínio com enlevo. — Eu, que me sinto putrefato em vida, que sempre odiei as mulheres e as tive por traidoras, venais e perjuras, estou alucinado com a tua formosura e com a de tua irmã. Teu aspecto, porém, é mais sedutor do que o dela. Desvias, entretanto, do meu, o teu luminoso olhar! ... Compreendo que tens asco de mim. Eu padeço com esse desprezo. Quando falaste, durante a ceia, eu julgava ter sido transportado ao empíreo, apesar de ser um ímpio.

— Eu não vos desprezo, nem a pessoa alguma, senhor! Se soubésseis também quanto sofro... longe dos que amo!

— Tu te referes a... Estênio, não é verdade? — exclamou ele com a catadura feroz. — Nunca devias ter amado o filho daquela que te odeia!

— Como sabeis de nossa vida, assim, tão minuciosamente?

— Temos agentes vigilantes em quase todas as habitações de abastados. Muitos informes obtivemos também por intermédio de Regina.

— Nós a considerávamos amiga; e, no entanto, traiu a nossa confiança!

— Não a acuses. Ela, como tu e tua irmã, órfã e desprotegida, foi repudiada pelos parentes abastados. Então, não relutou em aceitar a nossa proteção, e... ainda não se arrependeu de assim haver procedido!

Norma, não desejando agravar a sua situação, calou-se.

A conversação generalizou-se; e a jovem, após mais alguns momentos de palestra com aqueles indivíduos que lhe causavam temor, manifestou o desejo de se recolher ao aposento que lhe fora reservado.

Subitamente, um dos convivas, Cláudio, em plena juventude, traços perfeitos, olhos negros e intensos, robustez de atleta, aproximou-se de Norma. Olhou-a com infinita emoção, e, quase em segredo, disse-lhe:

— Vim, hoje, de Veneza. Conheces Estênio e Otávia? A mãe do escultor obrigou-o a abreviar o seu casamento com a prima, e ele vai obedecer-lhe, brevemente. Já estão preparando os principescos esponsais...

A donzela exalou um estridente grito, e caiu, como que fulminada por um corisco.

Dulcina, alucinada de dor e aflição, rogou aos circunstantes que a transportassem ao leito, a fim de lhe poder prodigalizar os cuidados de que necessitava, com urgência.

XV

Todos os associados queriam prestar-lhe socorros, mas o rapaz que lhe causara o desmaio, com a terrível notícia, precipitou-se para a desfalecida, e, qual se fora ela uma débil criança, transportou-a nos braços vigorosos, celeremente, até o aposento.

Dulcina, desatinada, ajoelhou-se em frente à cama, onde se achava, lívida e amortecida, a irmã adorada, que encerrava para ela todas as afeições terrenas; e, entre pranto e gemidos, tentava despertá-la para a vida, fazendo um apelo aos deuses para que não lhe arrebatassem a alma ao corpo exânime! Tão veemente era a amargura da aflita Dulcina, que aqueles endurecidos delinquentes que as rodeavam, afeitos ao crime e à impiedade, corações empedernidos em empresas sinistras, que não estremeciam ao saquear os cadáveres das vítimas de seus punhais e de seus mosquetes mortíferos, arrancando-lhes as bolsas tufadas de moedas preciosas, eles que desconheciam os carinhos dos pais e os afetos de honestas irmãs... pela primeira vez, como que içados de um abismo insondável, às alturas consteladas, sentiram-se comovidos à vibração daquela dor fraterna, empalidecidos; e, alguns deles, com brilho de lágrimas nos olhos, ressequidos ao fogo das paixões violentas e dos ódios irreprimíveis, que arrancam chispas coruscantes dos corações dos celerados! Tal o poder da virtude, que semelha um raio de Sol, penetrando nas profundidades de uma jazida carbonífera, levando suaves fulgores onde só imperam as trevas; igual ao aroma inebriante de cândida açucena que embalsama o ar, e parece que impregna a própria alma do ser... o seu poderio é tão intenso que, escudada pelos mensageiros celestes – cujas armaduras são forjadas de bronze imaterial, misto de luz e diamante imponderável – às vezes paralisa o braço de um verdugo, e o faz, após, contrito, seguir o carreiro áspero do bem... Raras as criaturas que são insensíveis ao influxo divino de um ente virtuoso. As que são indiferentes a essa puríssima influência é que ainda se acham distanciadas da Majestade suprema, a suma perfeição, qual os errantes cometas que se afastam, sempre, do ponto primitivo, enovelados pelo espaço em fora, até que o imã divino os detenha e os transforme em novos mundos.

Em tais momentos decisivos, em que o vício escravizava a virtude, houve a primeira metamorfose salutar naqueles Espíritos entenebrecidos pelos crimes, tal qual, na profundeza das minas de hulha, uma faísca poderá fazê-las explodir em vulcões de chamas! Dir-se-ia que, estendido sobre as duas donzelas, um manto estrelado as tornava invulneráveis ao mal. Os que contemplavam o comovente quadro das vítimas de sua prepotência – uma, inanimada qual arcanjo tumular, e a outra, abalada por evidente sofrimento – sentiram-se compungidos, e desejosos de lhes prestar socorros fraternais. Levaram à Dulcina essências eficientes para debelar o delíquio da irmã bem-amada! Houve um momento em que, insensivelmente, todos aqueles desditosos delinquentes, ante a perspectiva da morte de Norma, da qual se julgariam culpados, se prosternaram no solo, como que abatidos pelo mesmo golpe – o da espada luminosa do arcanjo da Justiça, a Têmis divina – cujas vibrações não visam ao corpo material, mas aos Espíritos criminosos... Quando, depois de alguns instantes de ansiosa expectativa, após uma imobilidade que dava à jovem desfalecida a aparência da rigidez cadavérica, ela descerrou os olhos tristes e encantadores, todos eles tinham lágrimas bailando nas pálpebras, primeiro manancial que brotou do rochedo de suas almas, para que fossem, mais tarde, saneadas das muitas atrocidades que já haviam praticado, e por onde entraria o primeiro revérbero da luz da redenção!

Plínio, que não cessava de lhe fixar o olhar, onde havia lampejos de hostilidade e de paixão, precipitou-se para ela, interrogando-a:

– Que te disseram, formosa? Dize-mo, que quero punir o culpado, que me parece ser Cláudio!

Ela o olhou com doçura, mas pareceu não o haver compreendido; cerrou as pálpebras novamente.

– Não a interrogueis agora, senhor! – advertiu-lhe Dulcina. – Bem vedes que seu estado inspira cuidados... Amanhã, se for possível, ela vos dirá o que lhe sucedeu. Deixai-nos a sós. Quero que ela repouse.

Todos se retiraram, ficando as jovens a sós.

– Quem nos valerá nestas circunstâncias desesperadoras? – gemeu Dulcina.

Norma olhou-a com ternura, murmurando:

– Se eu tivesse morrido, sabendo que te iam salvar deste cárcere, seria feliz!

– Não, minha adorada; pois minha única ventura é ficar a teu lado! Quero que vivas para que ainda sejas venturosa! Estênio merece tua afeição, pois é digno dela, ao passo que eu... tive para sempre destruída a minha mais cara esperança!

Ouvindo a irmã pronunciar o nome de Estênio, lágrimas ardentes derramou a enferma, dizendo em segredo:

— Como estás enganada, Dulcina querida! *Ele* me esfacelou o coração mais acerbamente do que Felício ao teu: ambos são carrascos do nosso afeto!

— Por que te expressas assim? Norma! Acaso Estênio também se transformou em bandido?

— Sim, pois me traiu covardemente... Vai casar-se em Veneza...

Não pôde concluir a frase: os soluços abalaram-na, convulsivamente.

Dulcina abraçou-a, interpelando-a:

— Foi o que te revelou Cláudio? Norma! Fala!

Norma contou-lhe tudo quanto o belo atleta lhe segredara e que lhe causara a impressão de uma punhalada...

— Eu já conhecia Cláudio, Dulcina. Não te lembras que parecia ele ser amigo de nosso primo?

— Lembro-me, agora, de o ter visto no festim em que fomos apresentadas a Felício e à sua falsa irmã... Escuta-me, Norma: quem sabe se Cláudio te ama e forjou uma calúnia para que odeies a Estênio, desistindo de ser sua esposa? *Eles*, aqui, estão a par de toda a nossa vida íntima. Sabem que amas nosso primo. Querem que renegues sua afeição, para que te infames aos olhos de Estênio, e este não providencie contra o nosso rapto aviltante. Não te mortifiques, pois. Hei de apurar a verdade, mesmo com sacrifício da própria vida!

— Mas eu não posso consentir nisso, Dulcina! A todas as afeições, prefiro a tua! Sem ela é que não poderei mais viver sobre a Terra...

Norma, com a loura fronte reclinada no regaço de sua irmã, chorou por muito tempo. Dulcina, alma forte e estoica, esforçou-se para lhe confortar o coração. A noite foi escoando-se, lentamente.

Igual ao da véspera daquele dia, novo e apavorante temporal fustigou a habitação fatídica, em que se achavam as encarceradas, qual se tentasse arrojá-la despenhadeiro abaixo. Só conciliaram o sono quase ao terminar da noite. Ao alvorecer, avistaram elas um pequeno retângulo de pergaminho, junto à soleira da porta.

Dulcina apressou-se em apanhá-lo, e leu o que nele continha, com emoção:

"Dulcina. Amo-te ainda mais do que quando me prezavas, julgando-me digno do teu amor! Compreendo o que se passa em teu nobre coração... tu, porém, nunca perceberás a tortura que flagela o meu! Tudo hei de fazer para reconquistar teu afeto, reabilitando-me a teus lindos olhos... onde noto uma comovedora tristeza... Se quiseres encarregar-me de alguma incumbência para os teus parentes, poderás fazê-lo com inteira confiança. Prefiro a morte a cometer mais uma deslealdade para contigo! Adeus. Perdoa-me e auxilia-me a sair do abismo insondável onde me arrojou a desgraça!"

Não estava assinado o manuscrito, mas a moça não duvidou de que fosse, realmente, de Felício.

"Agora começo a compreender o que sonhei, ontem: os deuses encarregaram-nos do desempenho de difícil missão terrena: despertarmos, em muitas almas corruptas, nobres sentimentos!", pensou Norma, ao término da leitura da mensagem de Felício.

No decorrer do dia foram elas chamadas à presença de Plínio, que, depois de se certificar a respeito da saúde de Norma, lhe disse, com manifesto interesse:

– Que te disse Cláudio, quando desmaiaste, ontem?

– Não o escutei, senhor. Senti-me indisposta, depois da ceia; e nem sequer percebi o que os cavalheiros presentes conversavam...

– Pois bem, essa informação livrou-o de severo castigo... Passemos, então, a outro caso. Os *Filhos das sombras* vão agir, agora, em Roma. Nossa empresa vai ser, doravante, mais arriscada ainda... Quero que ambas nos concedam esclarecimentos seguros sobre o que desejamos saber. Já frequentastes a mais elevada sociedade romana?

– Sim, enquanto nosso pai possuía invejável fortuna – respondeu-lhe Dulcina.

– Quero informações reais sobre a situação das mais afortunadas famílias das vossas relações.

– Podemos saber do que se trata? Senhor!

– Não vos compete interrogar-me, e sim obedecer-me! Este é um dos artigos do nosso Código Secreto. Estamos agindo de acordo com os interesses da associação a que pertencemos. Previno-as, a ambas, de que, se proferirem inverdades, perderão toda consideração com que têm sido tratadas... Serão, então, escolhidas para amantes dos mais destemidos dentre nós, depois de encarniçada luta para seleção entre os vencedores. Eu, como chefe, tenho o direito de escolher uma de vós; e, essa, tal como o fez Regina, terá de conquistar quem possa fornecer-nos o que mais ambicionamos: ouro, muito ouro!

Uma lividez de alabastro substituiu o róseo das faces das infelizes prisioneiras, que, no íntimo, sentiram insuportável revolta.

– Não percais um tempo precioso. Todos aguardam vossos informes, com ansiedade, a fim de partirem para Roma...

XVI

Norma, ofegante, estava prestes a esmorecer como acontecera na véspera daquele dia. Subitamente, porém, seu rosto ruborizou-se e algo de extraordinário vibrou em seu âmago: uma força desconhecida amparou-a e impulsionou-a a pronunciar a palavra que seus lábios recusavam proferir, pois a ouvira agora, nítida, no recesso do seu ser, em tom incisivo:

– Obedeceremos!

Uma grande alegria iluminou os rostos sinistros dos que a olhavam, com olhares de abutres.

– Podeis tomar apontamentos, senhores – disse Norma, com o mesmo timbre de voz com que pronunciara, no dia antecedente, a sua comovedora alocução. – Vamos obedecer-vos, embora nos sintamos amarguradas! Entre a força e a razão, vencerá a primeira, porque ela é qual um penedo; a segunda, um raio de luz;

uma esmaga, a outra ilumina os lírios, tornando-os mais alvos e puros! Obedecer pela opressão é anular, por momentos, a voz divina que vibra dentro da alma dos justos, dando-lhe a coroa do martírio! Compete aos deuses julgar o nosso proceder..."

Nenhuma objeção fizeram, ávidos que estavam pela posse de novos e maiores cabedais para a associação infernal a que pertenciam. Quando Norma terminou as informações, um grito uníssono se lhes escapou dos lábios, como se já estivessem contando montanhas de preciosidades...

Repentinamente, todos, alçando os chapéus acima das frontes, numa alegre saudação às donzelas exclamaram:

– Ave, formosas soberanas! Para breve será o nosso regresso; e, então, sereis coroadas de rosas e louros, recebendo o quinhão de nossas coletas...

Poucos instantes depois, os da corja afastaram um alçapão, que havia na sala das refeições, e por ele desapareceram, ingressando em extensa galeria perfurada em uma das ramificações dos Apeninos. Somente ficaram no antro dos *Emboscados*, além das prisioneiras e alguns serviçais, Plínio e Cláudio, que, à hora da partida dos companheiros, se sentiu atacado de súbito mal, que o prostrou no leito, gemendo lamentosamente, em aposento contíguo ao refeitório.

Assim Plínio ficou a sós com as duas raptadas, abeirou-se de Norma, e disse-lhe, emocionado:

– Linda rainha, pela primeira vez em minha acidentada existência, sinto-me fascinado por uma deslumbrante formosura: a que possuis! Eis-me, pois, subjugado aos teus irresistíveis encantos! Estou enamorado de ti; e, para conquistar o teu amor, farei todas as sublimidades, ou todas as abjeções.

"Somos muitas vezes milionários; e eu, chefe dos *Filhos das sombras*, tenho o maior quinhão... Onde me viste nas ruínas do castelo em que vos abrigastes, há meses, estou sempre vigilante qual o tigre à espreita de uma presa apetecida, a fim de que ninguém possa penetrar na galeria, por onde, há momentos, viste os nossos companheiros desaparecerem...

"Estas terras sempre me pertenceram. Sou o filho bastardo de um rico e temido castelão, que aqui passava o inverno, e residia em Roma. Nunca soube quem foi a que me deu o ser. Fui criado com imenso conforto, e educado principescamente, tendo viajado com meu pai – que me legitimou – em diversos países, inclusive a Grécia, o Egito e a Palestina. Aprendi filosofia, pintura e música...

"Tendo morrido meu pai, em desastre, quando viajava em sege, que rolou por um despenhadeiro pouco distante desta habitação, fiquei órfão aos dezoito anos; e, desde então, começou a tragédia da minha vida... Os nossos parentes, que me detestavam e ambicionavam os meus haveres, levados por meio de documentos valiosos, sob o pretexto de me protegerem... furtaram-me tudo o que eu havia herdado, inclusive o solar, cujos escombros já conheceis... Soube, por um servo fiel, que meu progenitor não sucumbira por acidente, mas fora atirado a um profundo fosso, cavado nesta serra, e oculto por uma frágil ponte, coberta de algumas camadas de terra. À hora aprazada, o palafreneiro desceu da boleia e fustigou os cavalos, que resvalaram com o veículo para um verdadeiro abismo... Eu, possuindo ainda alguns bens para me consolar da perda irreparável que havia sofrido, atirei-me a uma vida de gozos e devassidão, em plena Roma, onde contraí este mal execrável... Vi-me perseguido pelos parentes e abandonado pelos que eu considerava amigos. Acossado por adversários rancorosos, esgotei os haveres que me restavam; e, em lutas sangrentas, consegui exterminar alguns deles... Fui atacado neste castelo, que ficou reduzido a escombros; e nele, desde então, passei a habitar. Passaram-se os tempos... Odiando a Humanidade da qual fui banido, organizei a associação dos *Filhos das sombras*, constituída por diversos infortunados, chefiando-a o mais desgraçado de todos; pois os outros têm ainda ilusões e esperanças na vida, e eu... nem na vida nem na morte!

"Tenho vivido com o coração transbordando fel, vingança, ódio, decepções, remorsos! Pensava em consumar o meu suplício, cravando no próprio seio meu punhal empeçonhado... quando me apareceste, Norma, qual visão celeste... gêmea da que outrora contemplou Jacó! Nunca me considerei tão desditoso, nem me senti tão enfeitiçado... Agora, que te vejo sob minhas ordens, sem querer forçar os teus sentimentos... eu te pergunto se queres transformar o orco[90] de minha existência no Olimpo incomparável de ventura, unindo ao meu destino o teu!"

Indizível angústia se apoderou das duas jovens, que aquilataram toda a gravidade de sua situação naquela fortaleza, à mercê de tal súcia, sem defesa possível, ilhadas da Humanidade! Norma lançou um súplice olhar à irmã, que, tentando salvaguardar a liberdade de ambas, lhe disse:

– Norma, senhor, é noiva de nosso primo Estênio, e não deseja ser perjura nem pérfida!

– Não proferiste uma verdade, trigueira, pois sei que *eles* se amam, mas ainda persiste o compromisso de Veneza; e sua mãe força-lo-á a cumpri-lo...

– Perdoai-me, senhor, não posso compreender como outrem, que não seja eu ou Norma, aqui, tenha conhecimento da última deliberação de Estênio, ao partir para Veneza, pois somente nós duas ouvimos o que ele disse...

– Que vos falou *ele*? Quero sabê-lo!

"– Norma, somente a morte poderá separar-nos, pois eu não me casarei com alguém que não sejas tu! Espera-me; pois, tão logo regresse, serão efetuados os nossos esponsais!"

Plínio sorriu com sarcasmo, e respondeu-lhe:

– Soubemos, ontem, que *ele* se consorciará em Veneza, e não em Florença, onde não irá, jamais!

---

[90] Inferno.

– Não é bastante a notícia, sem uma prova concludente! – observou-lhe Norma, tomada de intenso pavor.

– E se eu a obtiver, serás minha esposa?

– Sim – murmurou a infeliz, quase desfalecendo de angústia, fazendo um secreto apelo aos deuses para que as salvassem em tão dolorosa conjuntura.

Alegria satânica fulgurou no rosto patibular de Plínio, que, ébrio de contentamento, disse:

– Para provar que não tens repugnância de minha enfermidade, consentes que eu oscule as tuas encantadoras faces?

– Oh! senhor! – disse ainda Dulcina, com denodo. – Esperai para satisfazer o vosso desejo, que venham as provas das pesquisas que ides fazer!

Um lampejo de despeito e raiva transpareceu no olhar do assassino, que, exasperando-se, disse com aspereza:

– Estais sob o domínio do chefe dos poderosos *Emboscados*, o qual, *aqui*, é maior do que o próprio Nero, em Roma! *Aqui* impera a minha vontade. Até os *Filhos das sombras* – que sabem manejar, com perícia, o punhal – me obedecem sem discutir! Sois minhas escravas, até que Norma se torne minha mulher!

– Enganas-te, Plínio, cruel, *aqui* há quem defenda estas míseras donzelas! – disse Cláudio, saindo do aposento em que estivera simulando grave enfermidade.

Plínio voltou-se rapidamente, fazendo um brusco movimento para desembainhar o reluzente punhal, até então escondido sob as vestes, dizendo com arrogância e cólera:

– Quem ousa, assim, desrespeitar a seu chefe?! ...

XVII

Cláudio, que havia aparentado súbita e violenta enfermidade, velozmente, pela retaguarda, cingiu-o, imobilizando-o com os braços vigorosos, que se fecharam com a força de tenazes de aço.

Plínio, porém, adestrado nas pelejas corporais, tentava morder-lhe as mãos, para, no caso de o não poder matar, ao menos inocular-lhe o mal que lhe empeçonhava o organismo.

Não conseguindo seu intento, Plínio espumejava, horrível, contorcendo-se qual serpente aos pés de um Hércules invencível; e, baqueando por fim, caiu sobre o solo, com o tórax perfurado por um punhal indiano, e o sangue jorrou em catadupa impetuosa. Ele, com o olhar coruscante de ódio, cravado no seu agressor, disse, a custo:

– Infame... perjuro... recaiam as maldições dos deuses... sobre tua cabeça!

– Os deuses não te escutam, malvado! Compreendemos, todos nós, os teus planos indignos, quando nos mandaste raptar estas inofensivas jovens: tu as querias para manchá-las com o veneno que corre em tuas veias! Ocultaste todos os tesouros que já conquistamos, sem os repartires conosco. Prometeste, ontem, punir-me severamente, suspeitando que eu houvesse dito palavras de amor a Norma, patenteando, claramente, a tua paixão criminosa por ela! Percebi tuas infames intenções, monstro: tu nos mandaste a Roma para ficares com o campo livre – com os nossos cabedais, e estas lindas joias...

– Maldito! ... Maldito! ... também tu... morrerás... Cheguei a ferir-te... e esta arma está... envenenada!

Cláudio empalideceu, bruscamente, contorcendo-se em convulsões espasmódicas, e caiu pesadamente sobre o soalho.

As duas prisioneiras, espectadoras emudecidas daquela trágica cena, que não durou senão alguns minutos, abraçaram-se fortemente, sem poder articular o menor comentário sobre o que haviam presenciado.

Cláudio, agonizando, com o olhar fixo em Norma, ainda pôde murmurar, com a boca contorcida:

– Adorada... fuja! Isto é um covil de lobos! Fujam! ... Norma... Dulci...

Um último estertor saiu-lhe do peito amplo.

Olhando, até o derradeiro alento, o desmaiado rosto de Norma, seus olhos imobilizaram-se afinal e as pálpebras foram cerradas por invisíveis dedos.

Estavam mortos os dois desventurados companheiros aliados por ambições e sentimentos torpes.

Silêncio sepulcral reinou no fúnebre recinto, onde as duas irmãs continuavam estarrecidas de pavor, os olhos desmesuradamente dilatados, como se esperassem uma outra tragédia.

– Dulcina – murmurou Norma, com medo –, como ainda não enlouquecemos?

– Pensemos, agora, que estamos quase livres! Vamos, Norma, aproveitar o ensejo, e fugir por onde *eles* saíram deste antro de feras!

– Um momento apenas, Dulcina; vamos rogar aos deuses para que se compadeçam destes desgraçados... Não nos esqueçamos, nunca, de que Cláudio sucumbiu salvando-nos a honra, que vale mais que a nossa própria vida!

As infelizes, ajoelhando-se por instantes, elevaram o pensamento ao Criador do Universo, implorando-lhe piedade para os desditosos, cujos cadáveres estavam naquele recinto, e agradecendo a proteção valiosa que haviam recebido para se libertarem do jugo esmagador dos *Filhos das sombras*.

As jovens, fechando as portas que davam para o interior da habitação, temendo que também os criados fossem perigosos sicários, galgaram rapidamente a escada que dava acesso ao andar superior, envolveram-se nos mantos escuros que lhes pertenciam; e, precipitadamente, desceram ao refeitório, a fim de descobrirem a saída para a galeria subterrânea. Seus intuitos foram coroados de êxito; e, à pressa, começaram a percorrer a extensa galeria – que, certamente, devia terminar nas ruínas – quando, já mergulhadas em trevas, ouviram rumor de passos. Um vulto negro, que mal percebiam, encaminhou-se para ambas.

"Estamos perdidas!", pensaram as infortunadas.

Um archote foi aceso e empunhado pelo indivíduo, que não foi reconhecido pelas fugitivas, pois o seu rosto estava velado por uma negra máscara.

– Como pudestes livrar-vos de Plínio e Cláudio? – interpelou-as o indivíduo, com a voz alterada pela surpresa e pela emoção, iluminando-as com o facho.

– Mataram-se um ao outro! Deixai-nos livres, senhor – exclamou Dulcina, abraçando-se à irmã.

O indivíduo arrancou da face, rapidamente, a máscara, e, atirando-a ao chão, falou com segurança:

– Não me temais. Vede-me bem; sou Felício, e vim para vos salvar!

Alentadas com essas palavras, elas o interrogaram sobre a sua presença, que lhes havia de ser tão útil, mostrando-se surpresas e alegres com o seu inesperado regresso.

– Ontem – explicou-lhes ele – quando Norma desmaiou, Plínio, louco de zelos, supondo que Cláudio lhe houvesse feito alguma grave revelação ou confidência amorosa, prometeu castigar a ousadia do nosso destemido companheiro... Entre ambos germinou a desconfiança, que se transformou em ódio indomável, cujas consequências vós já conheceis... Plínio, desejando conquistar o amor de Norma, encarregou-me de ir a Veneza, colher informes a respeito de Estênio, de quem sou já conhecido. Nosso cruel chefe – felizmente, agora, eliminado dentre os vivos – ordenou-me que, se ele desfizesse o contrato de casamento com a outra prima, eu o matasse! Desde, porém, que iniciei a viagem, algo de anormal se apoderou de meu ser: uma indescritível inquietação, uma desconhecida angústia, uma sensação de vergasta ardente a fustigar-me a alma – cuja existência, até há bem pouco, eu menosprezava – fizeram-me retroceder, contando com a sanha de Plínio contra mim... pois não tolerava que lhe desobedecessem impunemente! Vim, pois, disposto a cometer o derradeiro crime de minha acidentada existência, ou... a ser morto, contando unicamente com auxílio dos deuses, para vos salvar! Vejo agora que eles nos protegeram, livrando-nos dos dois mais temíveis *Filhos das sombras*. Desde que me foste deparada pela fatalidade, Dulcina, compreendo o abismo cavado entre nós, e já não sou o mesmo perverso de outrora... Apavorei-me dos meus delitos, e quis retroceder, mas não posso ainda satisfazer esse desejo, porque os meus companheiros ou comparsas não permitem que algum de nós se desligue desta fatal associação dos *Emboscados*, pois o matam de modo implacável!

"Morrer, para mim, é indiferente, mas ao que aspiro, tendo concorrido para vossa desdita e vossa reclusão, é a reabilitar-me perante ambas, arriscando a minha infeliz vida para salvar a vossa, com a honra ilibada!

"As palavras de Norma, ontem, no banquete, penetraram-me o coração, dolorosamente; e nunca me senti tão desgraçado como desde essa hora, por ter compreendido o poder da virtude, e a desventura do pecado... Vós estais protegidas por uma força extraterrena, por uma ronda de Entidades celestes; quando vos recolhíeis ao dormitório, muitos dos mais perigosos *Emboscados* postavam-se à porta que se interpunha entre eles e vós, mas, por que não vos dizer a verdade que vibra dentro em mim? Parecia-me que uma gigantesca muralha de rocha a pique, intransponível, se interpunha entre nós e vós, erguendo-se das profundidades do solo ao Infinito! Eis por que se tornou inviolável o vosso abrigo! Se não fora isso..."

À luz avermelhada do archote Felício viu lágrimas nos belos olhos das duas donzelas. Dulcina, sensibilizada, respondeu-lhe, com lealdade:

— Felício, nós te agradecemos a dedicação incomparável, e a sinceridade de tuas expressões... Contamos, agora, contigo, para vencer a prova final: salva-nos deste covil aonde uma sina fatal nos conduziu! Os deuses recompensar-te-ão esse nobilíssimo proceder... digno dos legítimos heróis!

— Muito me conforta o que acabas de me dizer, Dulcina; mas, hoje, não é possível realizar o que me rogas. É mister permanecer aqui, até o regresso dos meus companheiros, a fim de que justifique os acontecimentos, a morte de Plínio e Cláudio, se não julgar-me-ão assassino de ambos; e, então, a vingança seria imediata e feroz... Nestas condições não poderei ausentar-me, nem deixar-vos partir, para que eles se convençam da verdade. Sem isso, iriam em nossa perseguição.

— É horrível a nossa permanência neste local maldito, Felício! — exclamou Dulcina.

— Bem o sei, mas não me culpes do que vos sucedeu; pois fui impelido a fazê-lo sob o guante invencível do infame Plínio, loucamente enamorado de tua irmã.

— Por que não me avisaste do que premeditava ele contra nós?

— Seria pior, Dulcina. Eu seria morto, e ambas cairíeis vítimas daquele verdugo, sem um defensor sequer; pois, aqui, todos desejavam a vossa escravidão, ou o vosso amor; e, em qualquer dos dois casos, seria a vossa perdição!

— Estênio e meu tio Pôncio nos defenderiam, Felício!

— Quer isso dizer que me detestas tanto quanto aos outros sicários, Dulcina! — exclamou o jovem com tristeza indefinível.

— Não, Felício, eu não desconheço que tens nobres predicados; a tua lealdade e a tua solicitude, por nós nunca serão esquecidas! Não posso, porém, deixar de sofrer, quando me recordo de que te apresentaste à nossa vista sob a aparência de um cavalheiro digno de nossa consideração, e como irmão de uma desvelada amiga nossa. Fomos ludibriadas, Felício; e... quanto tenho padecido por essa acerba e esmagadora desilusão!

— Sim; não deixas de ter razão no teu severo julgamento, mas ainda não compreendeste a crueldade dos *Filhos das sombras*...

Se eu desobedecesse ao chefe, estaria condenado por ele! A princípio, quando me estabeleci em Florença, tinha apenas um intuito: cumprir as ordens de Plínio, mas depois... agi por conta do próprio coração! Sabes, acaso, interpretar todo o afeto que te consagro, Dulcina?!...

XVIII

Dulcina escutava-o enternecida, e não desejava magoá-lo; era-lhe impossível, porém, encorajá-lo, correspondendo-lhe ao amor, pois de permeio havia um oceano de decepções e a lembrança vívida dos crimes cometidos por ele...
Meditou por momentos, e respondeu-lhe:
– Felício, eu te agradeço as expressões do sentimento que te domina, e, talvez, te faça erguer do fundo de um abismo aos píncaros divinos do perdão! Esqueçamos, porém, o doloroso passado e lembremo-nos de que precisamos agir, presentemente, para alcançar a felicidade!
– Dulcina, não penses em ficar ausente, quando, justamente, abrolha em meu coração o veemente desejo de abandonar uma vida que me causa horror, aspirando a renascer para outra existência que eu desconhecia: a da honra e do dever! Esqueçamos o passado odioso. Temo, porém, que me abandones, deixando-me à beira da cratera do crime... onde rolarei, certamente! Não podeis partir por enquanto. É mister esperarmos a volta dos que foram meus comparsas. Por um dever de lealdade – que temos de manter, sob pena de morte – quero contar-lhes o que aconteceu e repartir o quinhão dos cabedais, que toca a cada um. Só depois que assim fizer é que me considerarei livre de qualquer compromisso para com os meus antigos companheiros! Se me ausentar neste momento, levando-vos em minha companhia, eles irão em nosso encalço, considerando-me traidor e ladravaz... Não me

livrarei de sua vingança, e – o que seria horrível – não deixariam de vos fazer desgraçadas!

"Somente tu, Dulcina, e o nume celeste que é tua irmã, podeis salvar-me, arrancando-me da vida que ora abomino! Se me abandonardes, porém, tornar-me-ei o chefe dos *Filhos das Sombras*, tão cruel quanto o outro foi; e, desse modo, arrojareis a um sorvedouro a minha alma, que agora já tem nobres aspirações e deseja salvar-se, qual um náufrago, em pleno mar tempestuoso! Vós sois a única salvação que se me apresenta nesta hora; valeis por uma galera encantada, à qual pode ser recolhido o náufrago em instante desesperador! ..."

Reinou silêncio na galeria, onde apenas era percebido o crepitar do archote empunhado por Felício.

Dulcina emudecia, sentia-se atormentada por um padecimento indefinível.

Foi Norma quem, subitamente inspirada, respondeu emocionada:

– Felício, o teu apelo é justo e comovedor... Sacrifiquemos a ventura da liberdade, a que aspiramos com veemência, pelas amarguras de um dever bem doloroso! Voltemos, querida Dulcina, para a prisão odiosa, para cumprir uma ordem suprema! Compreendo toda a proteção que nos tem sido dispensada nesta região abominável... Nossa vida, atualmente, é semelhante a esta soturna galeria, cheia de trevas; mas sabemos que lá, no exterior, há sol, há brisa pura, há espaço, há liberdade, enfim! Vamos conquistar a felicidade imortal de nossa alma, a golpes de sacrifício, sofrimento e renúncia!

Assim dizendo, Norma abraçou a irmã, que semelhava naqueles instantes a personificação da própria dor; e retrocederam lentamente até o refeitório, onde se achavam os cadáveres de Plínio e Cláudio – aquele circundado de uma rubra mortalha de sangue, o segundo, com o rosto ainda contraído, ao influxo do supremo sofrimento, todo denegrido, qual se ainda usasse a máscara fatídica – tal a violência do veneno de que estava impregnada a lâmina, que lhe arrancou a vida, parecendo ter sido fulminado por um corisco, sem expelir uma só gota de sangue...

Felício contemplou o quadro sinistro que se lhe deparou, e empalideceu...

– Como compreendo, agora, toda a hediondez de uma existência repleta de impurezas, crimes e abominações! – exclamou.

Serenamente, Norma retrucou-lhe:

– É preciso que seja inabalável o teu arrependimento, Felício! O arrependimento sincero é a prova evidente de que existe, dentro da alma, um íntegro juiz, que julga, imparcialmente, todas as faltas cometidas, absolvendo ou condenando o delinquente... Só conquistarás a paz de consciência, trabalhando e praticando a virtude, com que se resgatam todas as iniquidades do tenebroso passado...

– Esta é a minha mais ardente vontade, Norma! Tu és do Céu e percebes o que se passa no recesso de meu coração...

Depois, mudando de tom, disse, com tristeza:

– Ide para o vosso dormitório. Vou providenciar para que estes desditosos desapareçam no profundo fosso onde eram atiradas... as nossas vítimas!

As moças retiraram-se, vagarosamente, para seu aposento; e só então, após tantas emoções abaladoras, prorromperam em soluços.

Quando amainou essa explosão de pranto, Norma transmitiu à irmã seus secretos pensamentos:

– Dulcina, mais uma vez venceu o poder oculto que nos protege e nos orienta para o bem! Tenho a alma torturada por não havermos logrado a nossa retirada deste antro; mas algo me adverte de que fizemos, hoje, o mais heroico sacrifício de nossa existência! Entre a liberdade – que me parece estar almejando há séculos, e, para mim, representa a felicidade suprema – e a angústia desta reclusão, imolamos a primeira à segunda... Dir-se-ia que, quando decidi voltar para este sepulcro, onde estamos enterradas vivas, ouvi, distintamente, no íntimo de meu ser, uma vibrante voz dizer-me:

"– Salvai esta alma, que, sem o vosso apoio, sem os vossos conselhos, resvalará no torvelinho dos mais hediondos crimes... ou então, faltar-vos-á a proteção dos invisíveis legionários do bem e da virtude! Deter uma alma à borda do abismo, sustendo-a pelas vestes rotas e frágeis como neblina, com ingente esforço, eis um dos maiores méritos que o espírito humanizado pode conseguir! Sus, irmãs queridas! Estais granjeando um tesouro, com lágrimas, moeda dos desventurosos, a única que tem valor nos reinos siderais, e com que se pode conquistar a própria liberdade, ou liberdades e venturas imorredouras!"

– É estranho o que se passa contigo, Norma querida! Os deuses que nos protejam, para que estes conselhos recebidos por ti não se transformem em ciladas e para que continues com a tua clarividente inteligência integral; pois, com tantos golpes morais, tudo podemos recear.

– Eu confio, sempre, Dulcina, em uma intervenção superior, que nos há de salvar!

Ambas permaneceram por algumas horas silenciosas, alheias ao que se estava passando naquele covil de malfeitores.

Ninguém havia descoberto ainda, naquela fortaleza – construída toscamente de pedras, arrancadas da serra em que foi erguida, do lado oposto ao desfiladeiro próximo – que existissem nas galerias subterrâneas, que se entrecruzavam, diversos esconderijos, escavações profundas, onde muitos caminheiros, incautos e opulentos, foram sepultados, sem que seu paradeiro jamais houvesse sido descoberto...

Felício abriu a porta que dava acesso às dependências inferiores do prédio, e chamou pelos dois servos – que haviam percebido a discussão de Plínio e Cláudio, mas ainda ignoravam o seu fim trágico – e disse-lhes:

– Venham auxiliar-me a fazer desaparecer estes dois infelizes, que se mataram em um ímpeto de ódio feroz!

– E onde se acham as rainhas? – interpelou um dos criados, suspeitando de Felício...

– Elas se acham ainda prisioneiras, no andar superior; e aguardam a vinda dos companheiros, para decidirmos sobre seu destino. Eu me conservarei aqui, para as defender, com este punhal, herança de Plínio, que se gabava de nunca haver ferido alguém sem lhe causar morte instantânea... Eis por que ele se supunha invencível: a lâmina desta arma é venenosamente mortífera!

Os dois servos cumpriram-lhe a ordem; e, depois, fizeram a limpeza do refeitório.

Felício meditou sobre a grave situação dos que se achavam naquele reduto do crime, aliados pela fatalidade do destino, e resolveu ir em busca das jovens para as fazer compartilhar de suas penosas cogitações e fundadas suspeitas.

– A nossa permanência, aqui, não é tranquilizadora... Receio qualquer traição dos criados – que foram temíveis associados. Eles é que compram os víveres e os preparam. Eram afeiçoados a Plínio e não sei quais os seus sentimentos a meu respeito... Eles me interrogaram sobre ambas, fazendo-me despertar a desconfiança de que tramam alguma armadilha contra nós, antes que os outros regressem de Roma. Temo até a alimentação que eles vão preparar. Já reservei frutas, pão e vinho, que vou trazer-vos para nossas refeições. Vou mostrar-vos como podereis fugir deste prédio pelo lado oposto ao das ruínas. Tenho que ficar vigilante, até que voltem todos, e estou receoso de que não creiam na minha sinceridade e me acusem de haver matado nossos companheiros; pois a maior parte do tesouro desapareceu...

"Aqui estão as chaves de diversos compartimentos. Se me tirarem a vida, ireis até à estrada real; e, reunindo-vos a alguns peregrinos, podereis voltar a Florença."

As donzelas comoveram-se com a prova de lealdade e fraterno interesse que ele lhes dera, e Norma lhe disse:

— Felício, sempre te seremos gratas pelo que acabas de fazer, revelando-nos os teus temores e os meios de que lançaremos mão para sair deste suplício... Antes, porém, que se possa realizar algum imprevisto acontecimento, eu te rogo que envies um dos servos a Florença, levando notícias nossas a nossos parentes, Estênio e seus pais.

— Sim, isso até nos convém; pois, assim, só teremos que temer um dos criados, desde que se ausente o outro!

Uma das jovens apenas escreveu em um pequeno retângulo de pergaminho:

"Prezado tio Pôncio. Estamos reclusas, mas não infamadas. Fomos vítimas de uma odiosa perfídia, mas já antevemos a nossa alforria. Muito temos padecido, mas continuamos dignas de vossa amizade, da de Estênio e da de sua progenitora. Adeus".

Felício, depois de haver prometido generosa recompensa ao emissário, quando regressasse, ordenou-lhe que lhes trouxesse notícias dos parentes de Norma e de sua irmã.

Em seguida, cumprindo o que prometera às encarceradas, entregou-lhes diversas chaves e mostrou como poderiam sair, sem ser pressentidas, se houvesse disso necessidade premente.

XIX

Decorreram alguns dias em plena paz, no alcáçar onde se achavam detidas as sobrinhas de Pôncio, embora previssem, para limitado tempo, lutas e perigos...

O mensageiro, expedido por Felício, já havia regressado de Florença, trazendo notícias de Estênio e de seu pai. O escultor, ao retornar de Veneza, tendo confirmado a veracidade de suas suspeitas a respeito da noiva, de acordo com a sua progenitora desfizera o contrato nupcial; e, ao saber o que sucedera às primas, adoecera gravemente; mas já havia apresentado algumas melhoras, quando recebera o bilhete das prisioneiras. Sua alegria foi indescritível, ao ler as confortadoras notícias das prezadas desaparecidas, cuja letra reconheceu, e cuja missiva foi encontrada, misteriosamente, pela manhã, na janela de seu dormitório.

Felício, durante o dia, entretinha com as moças respeitosa palestra.

Uma vez, Dulcina, disse-lhe:

— Tira-nos deste cárcere, Felício, antes que os teus consócios voltem, se quiseres contar com o nosso eterno reconhecimento!

Ele, tornando-se muito pálido, replicou:

— Quereis fugir à minha presença? É assim que provais confiança e gratidão pelo que tenho feito por ambas?

Rapidamente, ela obtemperou:

— Não interpretaste bem o meu pensamento, Felício! Se teus companheiros suspeitarem de ti, vingar-se-ão em nós, supondo-nos coniventes contigo em uma infâmia... Nossa situação vai agravar-se. Não seria mais fácil a tua defesa, sem a preocupação de nos livrares de um desforço tigrino, em aflitivo transe?

— Como poderei provar-lhes que agi com lisura, se já houverdes partido? Dirão eles que levastes convosco o tesouro desaparecido.

— Céus! ainda não havia pensado em semelhante coisa! — exclamou Norma, com os olhos cintilantes de lágrimas, vendo a irmã querida empalidecer violentamente.

— Além disso — redarguiu pausadamente Felício —, a vossa presença, aqui, é que me anima a planejar outra vida, bem diversa da que tenho tido até agora... Dais-me coragem e conforto, estando presentes; se partirdes... todos os meus projetos fracassarão!

— E se nós fôssemos para Roma, e não para Florença?

— Onde não nos descobrirão eles?! Revolveriam Céus e Terra até que nos descobrissem, para impiedosa vingança! Não sabeis ainda avaliar como são cruéis os *Filhos das sombras*!

— Dir-se-ia que estamos agrilhoadas por cadeias de bronze, sendo-nos vedada toda tentativa de liberdade! – murmurou Dulcina, com desfalecimento.

— Como é odiosa a minha presença para ambas! – redarguiu Felício, deixando, pela primeira vez, que ardentes lágrimas resvalassem pelo seu rosto trigueiro, contraído de pesar acerbo.

— Como é aflitiva a expectativa de pelejas e delitos, Felício! É isto o que deves imaginar, não te atormentando com desconfianças de nossa sinceridade! Parece-me que o destino, doravante, há de aliar as nossas almas, e que vínculos indissolúveis já nos prendem, há muito, desde passadas existências...

"Felício, teu coração é nobre. Foste levado ao crime pela fatalidade, que não sabemos definir, mas cujas leis nos esmagam muitas vezes!... Se tu te reabilitares completamente, tornar-te-ás digno da afeição de Dulcina, que tem sofrido intensamente por tua causa!" – disse Norma.

— Obrigado, Norma! Foram tuas exortações nobilíssimas que acordaram, no íntimo do meu ser, sentimentos desconhecidos... É o contato da virtude que me santifica o coração!

Ele chorava, assim falando.

As irmãs entreolharam-se, surpresas, e Norma não se conteve, dizendo-lhe com emoção:

— Felício, se o destino tiver de separar-nos em breve, façamos um pacto inquebrantável: o Espírito não morre nunca; podemos, pois, fazer vigorar eternamente o nosso juramento! Nossas almas, quaisquer que sejam as situações do nosso *Eu* imortal, em regiões tão desoladas, quanto esta em que nos achamos, ou em outras, belas, as idealizadas pelos discípulos de Pitágoras, jamais se separarão! Além, nossos sentimentos serão mais puros e os deuses abençoarão a nossa aliança...

Suas mãos estreitaram-se fraternalmente; e foram, pouco depois, percorrer o alcáçar, mostrando-lhes Felício os esconderijos que nele havia.

Depois de terem visitado todos os meandros daquele prédio fatídico, o jovem avisou às duas donzelas:

– Prevejo que, dentro em poucos dias, eles estejam de retorno a estas paragens. Ficareis recolhidas em vosso aposento. Se tudo, entre nós, correr em paz, irei chamar-vos. Se suceder o contrário, não percais tempo: fugi rapidamente, pela galeria, a nossa esquerda. Aqui estão todas as chaves, que se achavam em poder do terrível Plínio. Talvez, então, não nos vejamos mais, pois serei atacado pelos que foram meus comparsas nos crimes, que, hoje, lamento haver praticado!

– Não morrerás, Felício, agora que tens de resgatar, dignamente, o passado! – exclamou Norma, sensibilizada.

Dulcina empalideceu, mas não proferiu palavra; apenas lhe apertou a mão, e logo se encerrou no aposento que ocupavam, havia alguns dias.

Dulcina, sempre animada por uma força indômita, que não a deixava esmorecer nas horas de lutas morais, sentiu, então, um desalento invencível... Afeiçoara-se a Felício, desde que o vira, supondo-o digno de seu amor. Concebeu, então, um ideal singelo: vincular o seu destino ao dele, em um lar ditoso, modesto que fosse, mas onde existissem as mais belas preciosidades do mundo: amor, trabalho e virtude!

Quando teve conhecimento de que ele era apenas um celerado, decepção tremenda, desilusão indescritível lhe cravou no coração a lâmina da desdita...

Não o odiou, mas sentiu repulsa pelo ente que se enriquecia de modo vil, usurpando os haveres de infelizes caminheiros, empobrecendo a alma, aviltando-a, tornando-a infamada com a prática de atrocidades... Um novo aspecto tomou sua afeição, naqueles dias intermináveis que passou em seu convívio.

A sua humildade; o desejo veemente de se afastar do lodaçal das ignomínias em que estava mergulhado; a delicadeza que mostrara, não querendo possuir o seu afeto por meio de uma violência, respeitando-lhe os escrúpulos de uma consciência reta, defendendo-a, e à irmã, contra os companheiros desregrados, facilitando-lhes a fuga quando enfrentasse, sozinho, os enfurecidos ex-associados; tudo isso lhe causara uma emoção indelével, fazendo-a meditar no amor que ele lhe consagrara, e servia de estímulo para se regenerar de seu hediondo passado; amor desabrochado naquela alma corrupta, com a pureza de lírio de neve em verdadeiro e denegrido paul...

Quem saberia dizer-lhe se teria esse amor o poder de o salvar do sorvedouro das iniquidades, ao qual fora arrojado pela fatalidade? Quem sabe não seria agradável aos deuses o seu sacrifício inigualável, unindo a sua sina à dele? Que maior imolação poderia alguém fazer, do que unir uma alma pura e casta a outra que já havia imergido em crimes nefandos? Que maior mérito poderia conquistar um ser humano do que salvar, do torvelinho do mal, um outro ser, encaminhando-o à luz da redenção?

Como, porém, poderia olvidar o passado hediondo de um malfeitor, adestrado no crime desde a infância? E se, depois, quando já estivessem enlaçados os seus destinos, perpetuamente, explodissem, de novo, os anseios de vingança e de ambição – tal qual sucede ao vulcão que, parecendo extinto durante decênios, um dia recomeça em erupção de cinzas e pedras candentes, que não pode mais conter dentro da cratera? Manchar-se-ia sua alma, ciosa de ter a pureza do arminho ou da açucena, ao aproximar-se do lodaçal que devia existir na de Felício? Mas contraste notável dos arcanos da Natureza! – Não é o paul que realça a alvura da açucena, dando-lhe seiva e perfume extraídos do lodo infeto? Como não se mancha a flor ao contato das águas pútridas dos marnéis, nem se estiola, como se houvesse nascido no mais maravilhoso jardim?

Repugnava-lhe vincular-se àquele que, durante algum tempo, fora o seu belo ideal da existência terrena, o mais encantador sonho de mocidade; mas (por que não confessar a si própria?) não continuava ela a dedicar-lhe intensa afeição?

Não encontrava em si mesma força suficiente para esquecer o ignominioso passado, para lhe perdoar, alçando-o até seu coração, arrancando-o do resvaladouro em que o vira tombar? Seria orgulho insubmisso o que existia em sua alma, ou pundonor inquebrantável? Podiam os deuses aprovar um consórcio forjado com elos que contrastavam – neve impoluta, e carbono denegrido?

Mas por que lhe parecera abrir-se um vácuo em seu íntimo, quando se fechara aquela porta do aposento em que se achava, interceptando-lhe a presença de Felício – tendo ela a impressão de o haver olhado pela derradeira vez? Por que se apoderara de seu coração uma intraduzível angústia ao pensar na hipótese de jamais tornar a vê-lo?

Por que se atormentava ela ao presumir sua vida em perigo, e por não haver expressado uma frase sequer de reconhecimento pelo cavalheirismo e lealdade com que a tratara a ela e à irmã querida?

XX

Dulcina, vencida por uma dor fremente, soluçava. Norma, aflita e comovida, compreendendo o que se passava com a adorada companheira, tentava confortar-lhe o coração.

– Não te mortifiques tanto, Dulcina! – dizia-lhe a irmã, tentando enxugar as lágrimas que lhe deslizavam pelo rosto. – Queres que eu fraqueje sem o arrimo de tua coragem varonil? Por que te torturas, assim, agora que antevemos a nossa liberdade?

– Porque sou covarde... interesso-me ainda por um ente... que devia odiar, pois foi ele quem nos fez cair na cilada infamante!

Norma, escutando-a, com a serenidade dos Espíritos adestrados nas refregas morais, crendo firmemente na Justiça suprema, disse-lhe, com veemência:

– Irmã querida, o meu amor é maior, mais amplo do que o teu porque não exclui o sacrifício e o perdão! ... Eu persistiria em amar a Estênio, mesmo quando ele se tornasse um criminoso, bastando que continuasse a amar-me... O único delito imperdoável para quem ama é ser apunhalado por uma infidelidade, por uma cruel traição, pois estas são as ofensas máximas para o coração que ama verdadeiramente!

– Que dizes, irmã querida? Pois tua alma angélica e lirial não repeliria a aliança com um bandoleiro?

– Escuta-me, Dulcina: o verdadeiro amor, como eu o compreendo, não se afasta da criatura amada pelas imperfeições que esta possui: perdoa-lhe as faltas, ampara-o com a sua coragem moral, incute-lhe ideias generosas, estende-lhe a mão para detê-lo na voragem dos crimes... Não podemos amar a um monstro – como o era Plínio, na alma e no corpo – mas sentir compaixão de sua hediondez, repelir do coração o asco, conceder-lhe um olhar de piedade, tal o fiz no instante em que o vi terminar, tragicamente, uma existência de ignomínias...

"Abençoo todos os suplícios aqui padecidos, pois me parece que, até então, o nosso afeto só se irradiava, exclusivamente, para os seres dignos e bons, com os quais fomos criados. Agora, já conhecemos a vida sob outros aspectos e adquirimos dolorosas experiências... Amávamos somente a luz, e, agora, já amamos também a treva, pois sem esta não compreenderíamos a excelsitude daquela; e, quem as gera, o artista consumado, nos faz perceber que ambas procedem do mesmo incomparável Genitor!

"A piedade, irmã querida, é uma das mais belas modalidades do amor-abnegação, do amor-sacrifício, que jamais pede coisa alguma e distribui tudo quanto possui! Se há, realmente, um Ente supremo, justo e boníssimo, Ele deve amar a todos – virtuosos e pecadores, transformando estes naqueles, no transcurso dos séculos, como metamorfoseia a podridão dos charcos nas mais alvas de todas as flores – os lírios... que são de neve perfumada! Quem sabe se não procedemos de um passado tenebroso e estamos remindo, com lágrimas, tremendas faltas!"

– Onde aprendeste essas formosas coisas de que falas, Norma?

– Não to sei dizer, Dulcina... Sei, apenas, que uma Entidade sublime me guia no dédalo da vida, qual mãe extremosa aos primeiros e vacilantes passos de um adorado filhinho... Estas e outras ideias são-me lançadas na alma como jatos de luz, e, então, os meus lábios pronunciam o que recebo, qual dádiva divina, no meu próprio Espírito...

– Não condenas, pois, a minha união com Felício? – interpelou Dulcina à irmã, dando à resposta o valor de uma sentença.

– Não; se te convenceres de que é sincera e duradoura a sua regeneração. Ele foi atirado no vórtice das iniquidades, não por ser um degenerado, um torpe, mas porque desconheceu os desvelos dos pais, conforme nos relatou. Filho espúrio de um devasso com uma incauta filha de humilde casal, esta quis ocultar à sociedade impiedosa uma desonrosa mácula, e cometeu outra mais grave ainda, enjeitando o infeliz bastardo... mal soltava o primeiro vagido! O repudiado Felício foi criado aos repelões como os cães importunos, em uma faustosa habitação. Expulso, talvez pelo próprio homem que lhe deu o ser (pois seu pai era casado), andrajoso, faminto, humilhado, tropeçando nas pedras de uma infinda estrada... foi acolhido pelos *Filhos das sombras*, que o fizeram ingressar no carreiro do mal, ainda com a inexperiência da segunda infância, tendo ele no coração muito ódio, muita avidez de represália, pelo que havia sofrido em privações, crueldades, espezinhações...

"Conhecendo a existência pelo prisma das desilusões e torpezas, afez-se à prática dos mais nefandos crimes... Desde, porém, que nos conheceu, sabendo-nos invulneráveis às ignomínias; desde que refletiu sobre o mérito da virtude; sentindo-se distanciado de teu coração por um oceano de luz e de lama – um que te insula, e outro que o envolve – houve em seu Espírito o despertar de sentimentos até então entorpecidos; não perpetrou mais nenhum delito, apavorou-se do sombrio passado e aspira a encaminhar-se para a regeneração definitiva!

"Bem vês, querida irmã, que ele não é mais um facínora; antes deseja ser redimido por um amor sincero e intenso! Tu és, para ele, qual um archote mágico na profundidade de um abismo de trevas; faltando-lhe essa luz, única, resvalará ele de novo até o fundo; tendo-a, poderá alçar-se até ao Infinito!

"Escolhe, pois, com ponderação e sensatez, a resolução a tomar..."

– Não é mister um longo meditar, Norma, para decidir o meu destino: quero empunhar o archote divino, para o retirar da voragem do crime e norteá-lo para o Céu! Quero fazê-lo abandonar o mal e cultuar a virtude, mas quanto sofro ao lembrar-me de que seu Espírito deve ter manchas tenebrosas!

Dulcina afligia-se, amparando-se à irmã idolatrada, cujas palavras eram, para seu coração flagelado pelos mais nobres escrúpulos, um refrigério celeste. Algumas horas haviam decorrido cheias de presságios desoladores para os três seres humanos ligados, então, pelas tramas misteriosas do destino.

Norma e Dulcina não conseguiram adormecer e ficaram vigilantes ao menor ruído, pois Felício, recolhido a aposento fronteiro ao em que se achavam elas, fizera-lhes recomendações que deveriam seguir ao sinal combinado – uma detonação de mosquete. Recordaram mentalmente os episódios ocorridos durante aqueles dias que, para ambas, pareciam ter uma duração infinda...

Amanheceu um belo dia, sem haver acontecido nada de anormal. Passaram-se, assim, outros ainda. Ao crepúsculo radioso de um dia de amargas expectativas, as jovens prisioneiras, enlaçadas ternamente, contemplavam o horizonte com os olhos lacrimosos – prece muda e veemente como a sabem fazer os desditosos, em horas acerbas ou aflitivas...

Felício, que se aproximou delas, e as contemplava embevecido, disse-lhes, com emoção:

– Se eu fora um Apeles aproveitaria o ensejo para pintar uma tela sugestiva – "O único lenitivo das prisioneiras: O céu, a prece e as lágrimas!".

Norma fixou nele o seu olhar puríssimo, e, lembrando-se do amado ausente, interrogou-o, com doçura:

– Tens vocação para a pintura, Felício? Por que não te lembraste de aprender essa encantadora arte quando eras adolescente... evitando *tudo* o que sucedeu?

– Teria que morrer de fome, para aprender uma arte que só dá rendimento aos gênios – respondeu-lhe o moço, enrubescendo. Depois, mudando de entonação, e ameigando a voz, prosseguiu:

– Eu te compreendo, Norma; queres que eu deixe esta aventurosa vida e me reabilite pelo trabalho honesto, não é verdade?

– E tu te sentes ofendido por isso? Felício! – obtemperou Norma, com um sorriso encantador.

– Que é que, querendo, ambas não conseguem de mim? Estou empolgado. Depende, agora, do que acontecer quando *eles* voltarem... Aproveitemos o tempo de que dispomos; queres enviar outra mensagem a teu primo, Norma?

– Oh! sim; Felício, e muito te agradeço a gentileza!

Norma escreveu a Estênio, confortando-lhe o coração e prometendo-lhe que voltaria para Florença, dentro em limitado tempo, assim que houvesse conseguido sua libertação. Mais serena com esse desafogo da alma, vendo partir o emissário que ia a Florença, disse a Felício:

– Eu vi uma cítara abandonada na galeria... Permites que eu a dedilhe?

Ele empalideceu; pois se recordou subitamente de que aquele instrumento, ao qual ela se referia, pertencera a um menestrel, vítima do punhal dos *Filhos das sombras*, quando voltava para seu lar distante, com uma bolsa repleta de moedas, de regresso de um festejo real, efetuado em Roma.

Vencendo a constrição que tal lembrança lhe trazia à alma, foi ele buscar o instrumento solicitado e entregou-o a Norma, que, dedilhando-o, entoou uma canção plangente, acompanhada por Dulcina. Naquele reduto de crimes, ninho de rapinas, covil de lobos, feito de pedras e insulado do mundo, onde se ocultavam seres humanos, soou pela primeira vez uma prece melodiosa, tecida de sonoridades que tinham algo de extraterreno, parecendo mais um lamento cheio de dolência, que só sabem exteriorizar os corações atormentados pelos cilícios de uma dor inexprimível...

Felício escutava, enlevado, aquela prece sagrada, urdida de luz e harmonia, com os olhos enublados de pranto, percebendo a salutar transição havida em seu íntimo. Deixara de execrar a Humanidade, parecendo-lhe impossível jamais arrancar a vida a uma criatura, salvo casos excepcionais: defesa própria ou daquelas adoráveis donzelas, cuja formosura moral dominara seu espírito, transfundindo neste sentimentos desconhecidos, certamente remissores... Amava-as, então, com ternura e todos os sacrifícios faria para merecer o afeto de ambas...

A fagulha divina – o desejo de redenção – havia penetrado naquele Espírito umbroso e jamais nele se extinguiria...

Anoiteceu e todos se recolheram aos compartimentos em que se achavam instalados. A noite continuava o seu curso incessante, e as jovens, relembrando as semanas transcorridas naquele presídio, bendiziam a proteção do Alto, que, em cascatas, descia sobre elas qual bênção divina, arrancando ao abismo do crime uma ovelha desviada do celeste aprisco...

Repentinamente, na calada da noite, quebrando o silêncio polar daquela alcantilada região, ouviram elas o galopar de corcéis, e perceberam que os *Filhos das sombras* estavam de regresso de sua expedição a Roma...

XXI

Estênio voltava radiante de Veneza, pois as suas suspeitas tinham sido plenamente confirmadas e fez-se o distrato do consórcio com a sua prima Otávia. Vencida pela insofismável realidade, Genoveva concedeu-lhe a almejada permissão para que se efetuasse a sua aliança esponsalícia com a formosa Norma. Ansioso, acelerando a marcha do corcel que cavalgava, chegou à habitação paterna, onde encontrou o venerável genitor avassalado por inconsolável pesar, motivado pelo misterioso desaparecimento das sobrinhas... O abalo moral que lhe fora vibrado em pleno coração, quase fulminou Estênio, prostrando-o no leito, onde ficou detido por muitos dias, abrasado por intensa febre, e, depois, agitado por uma hiperestesia, que o levou à beira da loucura...

Genoveva, que velava por ele com dedicação heróica, maldizia as jovens, que considerava causadoras de suas desventuras e do fracasso de todas as suas aspirações maternas. Chegou a tentar insinuar no coração do marido a seta ervada da desconfiança e da calúnia, dizendo-lhe, em surdina, para que o filho adorado não percebesse as suas palavras:

— Elas estavam aqui, Pôncio, representando uma farsa, para conquistar a nossa afeição e o amor de nosso filho... Tudo devia estar combinado com diversos malfeitores para esse simulado rapto, a fim de excitar o afeto de nosso desventurado Estênio...

— Senhora — respondeu-lhe o marido —, minhas sobrinhas têm o aspecto da candidez e da virtude que irradiam as almas nobres: não posso caluniá-las, julgando-as capazes de praticar semelhante crime! Aguardemos os fatos, incontestáveis...

— Talvez venham eles, depois que o nosso filho esteja perdido! — exclamou ela com desespero.

Uma noite, porém, a superexcitação do escultor foi substituída por uma prostração que alarmou seus pais, a ponto de o julgarem em estado comatoso.

Foi chamado, à pressa, um proveto médico que, refletindo sobre a brusca mudança operada no enfermo, sentenciou:

— Pode ser uma salutar transição. Deixemo-lo dormir. O sono profundo será precursor da morte ou da cura... Estejamos, porém, vigilantes.

Seus progenitores ficaram consternados com o estado assustador do filho querido, tendo ambos apenas uma derradeira esperança a florir nos corações aflitos – o despertar do doente, o que aguardavam com indizível inquietação...

O artista, por muitas horas, esteve inerte, em letargia.

Genoveva, vencida por longas vigílias, em muitas noites, adormeceu também pesadamente. Ficou velando o enfermo apenas seu genitor, que concentrava naquele digno mancebo todas as fagueiras esperanças da existência. Ao alvorecer do dia que já se anunciava no Oriente, por uma catadupa de ouro e rosas, Estênio descerrou as pálpebras, e, com olhar vago, percorreu todo o aposento até dar com seu dedicado pai, emagrecido, pálido e com a fronte marcada pelas cãs do sofrimento. Enternecido, chamou-o, com voz débil e carinhosa, dizendo-lhe:

— Julguei que jamais pudesse despertar... Vejo, porém, que me enganava. Reconheço os que estão velando por mim; as duas sentinelas que o Céu me concedeu na vida... Estou vivo... para continuar a padecer!

— Calma, querido filho! Não pensemos no sofrimento, mas na alegria de teres voltado à vida! – disse-lhe o pai, com lágrimas de emoção, acarinhando-lhe a fronte esmaecida.

— Meu pai... assim que puder falar... sem me fatigar muito, quero revelar-vos o que observei... e penso ir tornar-se em realidade...

— Sim; agora não convém que te excites. Vou acordar tua mãe, para que esta compartilhe de nosso contentamento!

— Não, meu pai, deixa-a despertar sem nenhuma perturbação; pois as mais fortes alegrias, e assim os pesares, também matam...

Tão logo o jovem artista entrou em convalescença, em uma das ocasiões em que sua progenitora estava ausente, ele confidenciou ao pai:

— Julguei que estivesse louco, e, após, que fosse morrer... Naquela noite, em que melhorei, passou-se comigo uma coisa indescritível... Eu sei que minha mãe, tão minha amiga, tem mágoas contra Norma e Dulcina, considerando-as coniventes de facínoras! Isso é para mim tão doloroso e repugnante que eu prefiriria morrer a despertar para uma odiosa realidade... Estou convencido, porém, de que tudo se passou de modo contrário: Eu *vi*, enquanto dormia letargicamente, reconstituídas todas as peripécias do rapto e da prisão de minhas primas... Acham-se elas em um só aposento, no andar superior de uma verdadeira fortaleza de cantaria. Mas onde? Em uma serra longínqua – talvez os Apeninos... Sei que Norma me escreveu, e sua mensagem deve aqui aparecer misteriosamente. Aguardo-a, avidamente, para me certificar de que não tive um sonho ilusório e de que ela continua digna do meu amor, que recrudesceu com o receio que tive de havê-la perdido para sempre!

Pôncio escutava-o, comovido e temeroso de que não estivessem em estado normal as suas faculdades mentais; mas não querendo contrariá-lo, disse-lhe:

— Permitam os deuses que o teu sonho seja confirmado, Estênio! Eu o desejo com veemência, para nossa tranquilidade e para que sejam destruídas as suposições de tua mãe.

No dia em que se estabeleceu este diálogo entre pai e filho – almas coligadas pelos mesmos dignificadores sentimentos – Estênio pôde erguer-se do leito e mover-se pelo aposento, amparado por seu velho pai. Inenarrável foi o júbilo de todos; e o escultor, compreendendo quanto era estimado – mormente pelos que lhe haviam dado o ser, capazes, se fosse mister, de por ele imolar a própria vida – desejou aplainar as dificuldades que pudessem, no futuro, estorvar a sua união com sua desventurada prima, que considerava sua verdadeira noiva.

— Mãe querida – disse ele a Genoveva –, parece-me haver estado em um túmulo, pois a enfermidade que me prostrou no leito ia sendo fatal... Escutai-me, pois, como se já vos falasse da outra nebulosa vida... que ninguém interpreta satisfatoriamente: sustai, por enquanto, qualquer julgamento temerário a respeito de minhas desditosas primas; não lhes fazendo acusações infundadas. Aguardai as notícias, que, sei por uma intuição inexplicável, não tardarão a chegar...

– Como podes afirmar semelhante coisa? Estênio! Ainda as defendes, meu filho, depois do que aconteceu?

– Preferiríeis ver-me no túmulo... a ver-me feliz, ao lado de quem adoro? Dizei-mo, querida mãe, para que a vossa resposta seja uma sentença para mim... Quero saber se devo viver ou morrer!

Genoveva olhou-o enternecida, com os olhos úmidos de pranto; tão dolorosa era a expressão do sentimento que tumultuava no coração do filho bem-amado; tão próximo ainda o considerava do sepulcro, que a menor vibração de uma dor moral poderia ser-lhe funesta. Ela o abraçou, sensibilizada, respondendo-lhe:

– Quero que vivas, Estênio, meu tesouro e meu orgulho, para, no instante extremo, fechares os meus olhos, cansados de chorar as desilusões da existência...

– Obrigado, mãe querida! Os deuses vos recompensarão o sacrifício que por mim fizestes! Prometo-vos, porém, que só me casarei com a adorada Norma, se ficar patente a sua inocência...

– E se ela já não for digna do teu afeto, por ter estado encarcerada e à mercê de celerados?

– Será ela culpada e responsável do suplício por que está passando? A desgraça, que por ventura haja padecido, não a tornará mais merecedora do meu amor e do meu amparo? Pode ter sido profanado o seu corpo; mas, para mim, sua alma estará sempre virgem e coberta de luz! Só não perdoarei é que haja combinado com sicários um rapto... que tanto nos tem amargurado!

A mãe olhou-o com indefinível mágoa, mas não retrucou.

Ao dealbar do dia subsequente a este diálogo, após um sono reparador, Estênio acordou às súbitas, como se houvesse sido agitado por inesperado acontecimento.

Percebeu ele, mais com a alma do que com os ouvidos, o rumor de passos sutis, no jardim fronteiro ao seu dormitório, e uma delicadíssima pancada na janela.

– Pai – disse ele a Pôncio, que estava em uma cama perto da sua –, perdoai-me o vos haver despertado... Verificai, porém, se estará, no peitoril da janela, a mensagem de Norma, a que, há dias, me referi...

Pôncio assustou-se, julgando que Estênio delirava, ou que estivesse com desequilíbrio mental. Não querendo, porém, contrariá-lo, satisfez-lhe a vontade; e ficou surpreso ao deparar-se-lhe, realmente, no peitoril da janela, a missiva de Norma, que, para Estênio – alma emotiva e carinhosa – foi um manancial celeste que lhe refrigerou as mágoas, a saudade, a tortura da separação, a incerteza da situação da noiva adorada...

XXII

Aquele pequeno retângulo de pergaminho, onde Norma traçara algumas palavras, alguns pensamentos, confirmando as revelações que lhe haviam sido feitas em sonho premonitório, causara-lhe uma impressão intraduzível: misto de ternura, de anseio, de esperança, de gratidão! ... Dir-se-ia que um fragmento do céu azul lhe caíra nas mãos, atirado por um dadivoso nume, digno habitante de algum astro fulgurante... Não o daria por nenhum tesouro, pois tinha para ele o valor de um talismã, preciosidade inestimável, partícula da própria alma da noiva amada, que se havia desprendido e voara até à sua, impregnando-se nela, indelevelmente, aproximando-as através da distância que os separava, dando-lhe o ânimo preciso para se erguer do leito e reviver para uma outra existência, fazendo-o aspirar a uma ventura que lhe parecera já haver perdido; e, então, ainda podia ser realizada, em futuro que não lhe era dado precisar...

Repelira a ideia de qualquer deslealdade de Norma, pois o seu aspecto de vestal impecável patenteava a perfeição da estátua imponderável que lhe moldara o organismo físico – sua alma radiosa – tornando-a uma criatura invulgar, de uma candura digna de figurar no Olimpo! Essa era a formosura que lhe arrebatara o coração passional de inspirado das musas, causando-lhe felicidade inaudita. Era a sua beleza plástica o que menos o impressionara – e quão poucos são os indivíduos que se deixam prender pelo prestígio moral de uma mulher! –, embora soubesse que ela é que atraía os corações dos homens, originando indômitas paixões...

Mas quem sabe também se ele não fora empolgado pela arrebatadora formosura de Norma? Não teria sido o artista quem fora seduzido pela maravilha de uma escultura viva... que só os deuses sabem plasmar? Sim... e não!

Parecia-lhe que o afeto consagrado à linda romana – oriundo da admiração de uma plástica incomparável – era mesclado de outro sentimento, mais intenso, mais ideal, que ele supunha ter tido sua origem no passado remoto, já transcorrido havia muitos séculos, conforme a crença dos hindus e dos egípcios – principalmente a dos pitagóricos – que ele estudara com admiração e aceitara desde que seus olhos deslumbrados contemplaram a formosa prima!

Não trocaria o seu amor por uma jazida de diamantes de Golconda,[91] por um império, ou pelo maior triunfo conquistável na arte a que se consagrara! Sua alma pressentira, ao vê-la pela primeira vez, que algo de anormal, de indefinível, se passara em seu íntimo – parecendo-lhe até que um vínculo de luz o prendera

---

[91] Golconda, cidade indiana conhecida por seus tesouros.

à adorada criatura, cujo semblante escultural e cujo timbre de maviosa voz existiam já nos arcanos de seu Espírito...

A vibração que fizera agitar todas as fibras de seu coração, com o temor de a perder, ia-o levando ao túmulo. A alegria de a haver reencontrado, não fora menos abaladora... Assaltou-o, porém, novamente, o receio de a perder, sem a proteção de um braço másculo de Hércules invencível...

– Quem iria defendê-la e à irmã querida?

"Como poderia dar uma resposta à adorável missivista, encorajando-a a tudo esperar de sua infinita dedicação?"

Embora apreensivo com a cruel ausência da amada, confiaria, daquela hora em diante, no porvir, de vez que tivera a confirmação de um sonho confortador. A esperança de a rever, balsamizou-lhe o espírito. Faria esforços para recobrar a saúde. Queria viver para unir ao seu o destino da encantadora prima, de quem havia recebido inequívoca prova de afeição imperecível...

Passou-se uma semana de expectativa e de apreensões. Estênio recobrou a saúde, mas estava sempre imerso em melancolia; e, à noite, ficava atento ao menor ruído exterior, esperando que o clandestino mensageiro lhe levasse outro fragmento da alma da bem-amada ausente. Ficava insone, sempre vigilante. Percebia até o leve agitar das folhas das plantas do jardim...

Aos albores de um dia, precursor de temporal, ele percebeu, novamente, os passos de alguém que penetrou no parque; e, no mesmo local da primeira, depositou a segunda carta. Não contendo a impaciência que o dominou no mesmo instante, levantou-se precipitadamente, mas, através das brumas que velavam a Natureza, pôde apenas lobrigar um vulto masculino que se afastava rapidamente, e, logo após, desaparecia no extremo do parque, galgando o muro.

Estênio apanhou a missiva que lhe era dirigida; e, à luz de um lampadário, pendente do teto do dormitório, leu, sensibilizado:

"Estênio querido: soube, com pesar indizível, que estiveste recolhido ao leito, tendo abalada gravemente a tua saúde, pelo que nos sucedeu; e, por isso, grande tem sido a minha angústia! Não me é permitido solicitar-te notícias diretas. Nossa sorte vai ser decidida dentro de poucas horas, talvez... Contamos reaver a liberdade – temporária ou definitiva, em limitado tempo... Não te aflijas, porém, pois contamos com a proteção do Céu para triunfar dos últimos perigos que nos têm ameaçado e atingido. Não cesso de pensar em ti e de implorar aos deuses que te concedam saúde e ventura. Abraços meus e da Dulcina, extensivos a todos os que são caros ao teu coração".

Aquele dia, passou-o Estênio planejando os meios de descobrir o esconderijo das primas, que lhe parecia terem sido arrebatadas por gênios malfazejos, ciosos de sua projetada felicidade. À tarde foi-lhe duplicado o contentamento com a chegada do mensageiro que regressou de Roma, trazendo a confirmação do proceder irrepreensível das modelares sobrinhas de Pôncio.

XXIII

Voltemos a nossa atenção ao desolado solar, oculto para os caminheiros da estrada real por escarpada serrania, sede dos *Emboscados*...

Os entes humanos que então lá se achavam, entristecidos e inquietos, raramente se avistavam, apenas às horas de refeições, que, às vezes, eram preparadas pelas duas moças.

Um dia, Dulcina e Felício olharam-se, e ela observou que ele tinha os olhos úmidos de lágrimas, quando lhe disse:

– Como abençôo o haver concorrido para que se efetuasse um crime...

– A que crime te referes, Felício? – interpelou-o a jovem empalidecendo.

— O de ter cooperado para o rapto de ambas...
— Pois bendizes o que tanto nos tem amargurado, Felício?
— Sim, abençoarei sempre o que auxiliei a fazer – ponderou ele, humildemente – pois, à vossa vinda, este antro de chacais, onde só se premeditavam morticínios e emboscadas, saneou-se, purificou-se! Desde então minha alma começou a compreender a vida sob outro aspecto, a tomar outra diretriz... Se, algum dia, quando eu provar que é sincera a minha regeneração... puderes esquecer o passado, ainda serei bom e honesto, talvez feliz!

As irmãs comoveram-se, intensamente, e foi ainda Dulcina quem falou:
— Muito me alegro com as tuas palavras, pois revelam que já existe luz onde só houve treva... Escuta-me, Felício: sou muito severa no meu julgamento; precisas saber que mais facilmente perdoarei uma falta grave, impensada, do que um embuste premeditado... A perfídia, para mim, não tem perdão! Quero-te leal e bom...

Felício, apesar da austeridade com que lhe falara a moça, exultou, pois, pela primeira vez, vislumbrou um revérbero de esperança, que lhe aqueceu o coração, ávido de perdão e de carinho. Assim decorria o tempo no alcáçar dos *Emboscados* até à noite em que, preocupados, todos se recolheram aos respectivos dormitórios, antevendo acontecimentos infaustos.

Sem poderem conciliar um sono reparador, às súbitas, perceberam, quebrando o silêncio da noite, tropel de cavalos, e passos violentos, sem as precauções das outras vezes.

Aterrorizadas, as duas moças como que impulsionadas por uma força invencível – não esperando sequer os acontecimentos – aprestaram-se para uma fuga precipitada. Envolveram-se em amplos mantos escuros; e, lançando um olhar de inexprimível sentimento ao recinto, que, por algum tempo, as abrigara, e onde padeceram inauditas torturas morais; utilizando-se das chaves que estavam em seu poder, desceram a estreita e íngreme escada que dava acesso ao exterior da habitação, sem nenhum impedimento.

Dulcina, quase desfalecendo, murmurou a custo, com voz débil:

— Norma querida, estou sem ânimo de partir... deixando Felício exposto ao furor de seus temíveis companheiros!

— Tens razão, Dulcina, mas a nossa presença, aqui, agravará a sua situação... A represália dos *Emboscados* será feroz, à menor suspeita de deslealdade de Felício, e, então, seremos infortunadas e poluídas por eles...

— É bem verdade o que disseste, Norma; mas, se tivesses com quem partir... para a tua união com Estênio... eu ficaria aqui, disposta a morrer com ele!

— Não! — exclamou Norma, soluçando — eu seria desventurada, mesmo ao lado daquele que muito amo, sem o teu incomparável afeto! Prefiro-te a todos os seres da Terra! Não me abandones, pois, no momento desesperador em que nos achamos! ... Confiemos nos deuses: eles nos salvarão de algum momento para outro! Vamos, querida, suplicando a proteção dos que, invisíveis, velam por nós!

Transpuseram, enfim, a porta que dava acesso ao exterior. Uma aragem fria lhes açoitava as faces esmaecidas, que, se se divisassem na obscuridade da noite, pareceriam de mármore. Dir-se-ia que eram as frontes de duas estátuas mutiladas, das quais restassem apenas as cabeças, que se tornassem imponderáveis, levitando, suavemente, por efeito de algum sortilégio ou força extraterrena... Além da serra onde fora edificado o alcáçar, havia outra, mais elevada ainda, que era mister contornar.

Dulcina fitava os olhos no mole de granito, sem coragem para caminhar; e, com voz trêmula, exclamou:

— O que é a liberdade, Norma, que buscávamos há tanto tempo! Agora, que se nos abre a porta... parece-me que ela está aqui, ao alcance da minha mão, e não além!

— Coragem, pobre irmã! A liberdade que vamos conquistar, neste momento, depois dos tantos suplícios morais por que passamos, há de conduzir-nos, enfim, a uma vida mais tranquila e venturosa!
— De que liberdade falas, Norma querida? Pois não vês que o meu corpo não se move? Ele está livre, mas minha alma recusa-se a obedecer, porque ela está encarcerada naquele solar fatídico.
— Ânimo, desditosa irmã! Não te entregues a um desalento que eu desconheço em ti, alma denodada e invencível!, pois um instante perdido poderá ser-nos fatal! Não ouves as vozes alteradas dos infelizes que chegaram? Fujamos, fujamos o mais breve possível, Dulcina!

Com andar de sonâmbula, deixando-se arrastar pela irmã, Dulcina resolveu-se a partir, tateando nas trevas que enlutavam a Natureza, parecendo-lhe que tudo se havia paralisado na Criação, para que jamais surgisse uma alvorada na Terra.

....

Naquela noite, cujos acontecimentos se gravaram, indelevelmente, nas almas agitadas por indômitos sentimentos, Felício meditou, profundamente, sobre sua situação e a das reclusas, julgando que, tendo ele resvalado em uma cratera insondável, tentava retirar-se dela, mas todos os esforços que fazia eram anulados pelas responsabilidades que surgiram... As pedras, onde colocava as mãos ansiosamente, desprendiam-se com fragor e rolavam na profundidade de um tétrico abismo, que o atraía para uma queda eterna... Uma inquietação indescritível o dominava. Um presságio avassalador e torturante comprimia-lhe o trabalhado coração. Depois de horas de acabrunhantes cogitações, temia que as duas jovens, retornando à casa de Pôncio, cessada a influência do convívio em que se achavam havia muitos dias, o esquecessem e desprezassem... Compreendia que jamais Dulcina teria o ânimo preciso para o apresentar às pessoas de suas relações, como noivo ou esposo... Por que lhes fornecera ele as chaves para poderem livrar-se de seu domínio? Fora loucura sua assim proceder! Atento a qualquer rumor, cogitava ele que as lindas encarceradas fugissem naquela noite infinda... Conservava-se em vigília, sentado sobre o leito, que lhe parecia repleto de víboras assanhadas.... Se elas saíssem às ocultas, os companheiros, quando chegassem, haviam de acusá-lo, julgando-o único responsável pela fuga das formosas rainhas; e eles tinham jurado mútua fidelidade! A quebra de qualquer jura, para eles, equivalia a uma sentença de morte para o infrator do código dos *Filhos das sombras*... Ele não a temia para si próprio, mas para as duas donzelas, que, dia a dia, mais compreendia e admirava, fascinado pela tríplice coroa que ambas possuíam: pureza, virtude, beleza! Não era só o receio da vindita que o atormentava, era o pavor de se ver, novamente, entregue às próprias paixões, à mercê do crime e da perversidade, que eternamente o haviam de distanciar daquelas adoráveis criaturas! O convívio que com elas tivera, por algum tempo, conhecendo-lhes as perfeições morais, sabendo que ambas desejavam afastá-lo de um caminho eivado de precipícios, tudo isso teceu elos invisíveis com a resistência do bronze, forjados nos páramos divinos – misto de luz e diamante indestrutíveis –, que o haviam de agrilhoar pelos séculos em fora! Ele bem o sentia, no recesso de sua alma tocada pela redenção.

Parecia-lhe que a presença das donzelas – tão formosas quão impolutas – santificara aquela morada, purificando-lhe o ambiente, que deixou de ser o de um antro infernal para se tornar o de um abrigo primitivo, uma tosca habitação humana, uma caverna pacífica das de antes que a ferocidade do homem se manifestasse, qual a das eras simples...

Nessa noite memorável para aquele inquieto culpado, que se debatia entre os últimos desvarios de uma existência criminosa e o anseio de se tornar digno no julgamento das duas honestas jovens, teve ímpetos de se levantar do leito e de reaver as chaves que lhes entregara, quando ouviu o sinal de alarme, convencionado entre os associados, ao regressar à sede.

Não encontrando eles, quando chegaram, a sentinela, sempre vigilante, Plínio, que velava todas as noites nas ruínas, para que ninguém pudesse penetrar impunemente no edifício próximo, detonaram o mosquete, advertência de rebate.

Felício, sem poder prevenir às encarceradas, escutando ruído de armas de encontro à porta do refeitório, pôs-se de pé rapidamente, empunhou o punhal envenenado e postou-se à porta que dava saída para a galeria.

Pancadas atroadoras foram vibradas nos batentes da porta, que estremecia como que agitada por um furacão senegalesco...

– Quem está aí? – interrogou Felício.

– *Sombras!* – responderam os recém-chegados, dando a senha convencionada entre eles.

– Por que deram o sinal de alarme?

– Porque o chefe não está nos escombros...

– Ele já não existe. Foi substituído por Terêncio, que lá deve encontrar-se...

– Não o vimos. Tudo está abandonado! A porta da galeria acha-se escancarada...

– Ele traiu a minha confiança! Deve ter abandonado o posto, criminosamente! Entrem, camaradas! Teremos, hoje, muito assunto para conversar...

XXIV

Felício abriu, receoso, a sólida porta que dava acesso ao refeitório; e, então, depararam-se-lhe alguns companheiros, lívidos, andrajosos, revelando os seus semblantes que algo de muito grave lhes havia sucedido...

– Que houve? – interpelou Felício, empalidecendo, à luz vacilante de um archote.

Eles não lhe responderam, de pronto, à interrogação.

Assim permaneceram por momentos ao penetrar no local destinado às refeições, que era a sala central do castelo, destinada também aos conciliábulos. Deixando-se cair sobre os bancos, desalentados, alguns penderam as frontes sobre os braços apoiados na grande mesa que rodeavam. Era inquietadora a situação de Felício. que aventava diversas hipóteses, não sabendo qual dentre elas fosse a verdadeira. Que acontecimento haviam presenciado aqueles homens, afeitos aos crimes e às maiores crueldades, almas torvas e empedernidas, que lhes houvesse sensibilizado os ferozes corações?

– Dizei-me o que aconteceu, amigos! – pôde murmurar Felício. – Estou curioso e aflito! Também eu tenho que fazer revelações sensacionais...

– Foi uma expedição sinistra a que fizemos, Felício! – disse-lhe Marcos, um dos mais destemidos, mostrando-lhe os braços chamuscados e feridos em prováveis labaredas, ou lutas renhidas... – Chegados ao termo de nossa viagem, não pudemos, logo, executar os nossos projetos, pois encontramos uma série de dificuldades: tudo conspirava contra nós! Em Roma passa-se uma coisa estranha e indescritível: chegou, da Palestina, um mágico pescador que fala qual um doutor dos templos! Chama-se Pedro, discípulo de um rabi, natural da Galileia, que foi crucificado, mas cujo poder rivaliza com o dos próprios deuses... Pedro tem feito prodígios. Suas pregações são sublimes... e parecidas com as da nossa mais bela rainha... Ele as faz no Ostriano, – que, como bem sabes, é o mais antigo dos cemitérios romanos – e em algumas catacumbas. Fomos, eu e nossos companheiros, por mera curiosidade, escutá-lo. Sabes o que nos aconteceu? Ele se aproximou de nós, e, com uma voz onde havia doçura e repreensão, disse-nos:

– Quereis perder as vossas almas, filhos meus? Esquecestes-vos de vossos Espíritos – que são imortais – em busca da lama que os homens adoram, e chamam ouro... que apenas proporciona gozos efêmeros, que acabam no sepulcro? Quereis ser condenados por

Deus – o Criador do Universo, que também é pai clementíssimo, e austero juiz? Quereis, impunemente, afrontar a Justiça Divina? Irmãos e desditosos pecadores – detende-vos à beira de um abismo que vai ter ao inferno – lugar de suplícios indizíveis, para punir todas as maldades perpetradas! Sabeis onde se acha esse local de tormentos inenarráveis? No âmago da própria alma: o remorso! O remorso é o látego divino empunhado pelos Agentes siderais, que andam esparsos pelo Universo, todo! Não o temeis? pecadores!

– Assim nos falou o santo varão, Felício... Alguns de nossos companheiros, contorcendo-se em espasmos de dor – parecendo chicoteados por mãos invisíveis, ou por vergastas de fogo, caíram ajoelhados e pediram o batismo... No dia seguinte, saindo eles de uma cripta, onde se reúnem os cristãos, foram presos, e levados a um calabouço... o qual só deixarão para ser supliciados no Coliseu! Nós, os que aqui nos encontramos, quando tentamos fugir de uma das catacumbas, onde Pedro exortava os pecadores, fomos envolvidos em labaredas terríveis; toda a poderosa Roma parecia arder em um mar de chamas, e nós julgamos estar já no lugar dos flagelados eternos de que nos falou o velho apóstolo!... Apoderou-se de nós um pavor desconhecido até então; e quase inconscientes, desnorteados, só a custo chegamos à Caverna da Máscara Negra, que, como sabes, fica nos arredores da cidade de que fugíamos, e pertence a um dos nossos companheiros... Lá, apavorados, montamos em nossos cavalos e viemos relatar o que houve, ao chefe... que não encontramos no seu lugar de honra...

– Aqui, também, Marcos, se passaram cenas trágicas! – exclamou Felício, que, a seguir, narrou fielmente aos amigos recém-vindos todos os acontecimentos ocorridos no solar, durante sua ausência, terminando, deste modo, a sua narrativa:

– Eu podia ter abandonado este recinto, apoderando-me dos haveres que encontrei, já desfalcados, e concedido liberdade às rainhas, mas não o fiz para que não recaíssem sobre mim... crimes que não pratiquei! Temos que procurar a maior parte do tesouro, que eu julgo ter sido escondido por Plínio, loucamente enamorado de Norma, desejoso de a fazer rainha pela opulência, como se esta pudesse vencer-lhe os escrúpulos da consciência impoluta!

— É bem certo o que disseste, Felício? — interpelou-o Marcos, já com os olhos fulgurantes de ambição e súbita desconfiança.

— Juro que falei a verdade! Estou de posse do punhal envenenado... que tornava invencível o nosso execrável chefe; e poderia ferir-vos, mortalmente, ao passo que fôsseis entrando no refeitório; mas, não por ter ouvido as exortações de Pedro, mas as de Norma, quero salvar minha alma e, jamais, manchar minhas mãos com o sangue de alguém... mormente o de meus velhos companheiros! Se, porém, julgardes que eu esteja mentindo, feri-me de morte, neste instante!

E, assim falando, Felício abriu os braços e olhou-os com altivez.

Os consócios fixaram-no surpresos, e não se moveram do local em que se achavam.

— Nós acreditamos que estejas procedendo com lealdade! — tornou Marcos, olhando-o. — Mas... ai de ti se nos estiveres ludibriando... pois bem sabes que nos vingaremos como o mereceres, Felício! Deliberemos, agora, sobre a nossa situação. Onde estão as rainhas? Quem ficará com as duas formosas?

— No aposento onde pernoitaram desde que aqui chegaram.

— Por que não deixaste o servo Galba, e sim Terêncio, no posto de vigilância do chefe morto?

— Porque tive necessidade de expedir Galba a Florença, a rogo das rainhas, e deixei Terêncio, que, sempre, foi mais valente e leal do que aquele, vigiando a entrada da galeria. Galba chegou exausto de Florença, e recolheu-se para repousar, ainda cedo. Vamos à sua procura, para que ele nos explique a ausência de Terêncio...

Aberta, de par em par, a porta do refeitório, que transpunha para o humilde aposento do serviçal, este foi encontrado, adormecido profundamente.

– Galba! – disse-lhe Felício, acordando-o. – Sabes por que não foi encontrado, nas ruínas, o nosso amigo Terêncio?

Ele bocejou com ruído, depois, como se estivesse sonambulizado, respondeu:

– Ele andava com maus projetos contra Felício e as rainhas, tendo-me convidado para deitar veneno na comida... Eu não quis atendê-lo, e ele ficou meu inimigo. Foi por isso que eu pedi, que, enquanto fui a Florença, elas próprias fizessem os alimentos. Terêncio enfureceu-se e prometeu vingar-se de mim e de todos, quando voltassem de Roma... Ele deve estar preparando alguma desagradável surpresa... Vamos todos nós às ruínas, à sua procura... se é que ele já não descobriu o tesouro do chefe, que Cláudio assassinou!

– Levanta-te, Galba! – ordenou-lhe Felício. – E põe, na mesa, a ceia para os que chegaram famintos e fatigados! Depois, iremos à procura de Terêncio, que, por sua traição para conosco, não terá mais direito à cota que lhe cabia na partilha... dos nossos haveres! ...

Depois de reconfortados com uma excelente ceia, já em hora tardia, foram todos pesquisar o que havia motivado o desaparecimento do vigia dos escombros. Após muitas e minuciosas investigações, à luz de alguns archotes, encontraram o cadáver do malfadado guarda, meio esfacelado, caído a um despenhadeiro existente abaixo do aposento ocupado por Felício.

– Que significa isto? – perguntou um dos *Emboscados*, a Felício e a Galba.

– Eu compreendo, agora, depois do que nos relatou Galba, o que se passou com este desgraçado: tentou escalar a muralha, para penetrar no meu aposento, e matar-me, enquanto eu estivesse adormecido... e rolou no fosso! Se vingasse o seu plano, ter-se-ia apoderado do punhal fatídico, assenhoreava-se do tesouro que encontrasse e das infortunadas rainhas! Ele foi traidor e perjuro, e Júpiter puniu-o como merecia! Vamos atirar pedras e terra sobre o seu cadáver... pois ninguém quererá expor a vida para o retirar da cova que ele próprio procurou!

– Tudo está contra nós – murmurou, apavorado, um dos circunstantes.

Depois de haverem entrado, um dos associados disse:

– Estamos sem chefe. Vamos escolher um, agora; e, amanhã, as rainhas dirão qual de nós preferem...

A escolha de um novo chefe foi realizada com rapidez, sendo proclamado o nome de Felício em altos brados, e novos tiros de mosquete.

– Amigos, perdoai-me – disse Felício, empalidecendo, lembrando-se do pavor que havia de apoderar-se de Norma e Dulcina, ouvindo aquele alarido –; eu não desejo continuar a manchar minhas mãos com outros crimes...

– Quereis trair-nos também, Felício? – bradaram os companheiros, erguendo-se, agitados por uma súbita exaltação.

– Acalmai-vos, camaradas, e escutai-me: depois do que tem ocorrido aqui e em Roma, tudo nos indica que devemos seguir outro rumo, bem diverso do de até agora. Vamos repartir o que existe no cofre, cuja chave está aqui, e sejamos, doravante, homens úteis, e sem temor à luz do dia! Vamos sanear os nossos corações, deixando de praticar o mal! Ouçamos as exortações do profeta judaico... que devem ser semelhantes às de Norma – ambos inspirados pelo Céu! – Vamos trabalhar na lavoura, perto das planícies, que, jamais, hão de seduzir-nos os crimes de outrora! Deixemos esta vida maldita pelos deuses e pelos homens honestos! Não compreendestes ainda que algo de extraordinário se passa conosco, desde que as rainhas vieram para esta habitação e nos fizeram conhecer as doçuras de uma existência tranquila e laboriosa?

– Sim! – disseram os presentes, com as frontes pendidas.

– Parece-me – murmurou Vinício, um dos mais velhos dos associados – que, desde o rapto daquelas jovens, tão formosas, quanto imaculadas, tudo concorre para nos vencer, e para que todos os olhares nos enxerguem! Cuidamos, até, que talvez dentro em poucas horas... vão desalojar-nos deste esconderijo, e que, quando o Sol de novo brilhar, seremos levados às masmorras onde se acham os que vão ser supliciados em Roma...

– Quando viajávamos – disse um outro – cuidava que nos seguisse uma patrulha de Nero...

– E eu, camaradas – afirmou Felício –, nestes dias infindáveis em que aqui permaneci, quase a sós, ouvia ruídos alarmantes de correntes que estivessem sendo arrastadas pela serrania abaixo, gritos de apunhalados, nos estertores da agonia, imprecações dos que nos amaldiçoam... Meu sono era perturbado por visões apavorantes... e eu preferia ficar acordado...

– Precisamos repartir o que nos pertence e desaparecermos pelo mundo, enquanto as trevas nos acobertam...

– Felício; c se estivesse mentindo, e houvesses dado a maior parte do tesouro para as rainhas ocultarem? – interrogou Marcos, outra vez duvidando da sinceridade do que havia sido aclamado chefe.

– Não duvides mais de mim, Marcos, e separemo-nos como amigos, que sempre o fomos!

Mal acabavam de soar estas palavras, quando algo de anormal se passou naquele reduto de pedra: uma rajada violenta de furacão ululou entre as frinchas das portas e das janelas, que foram abaladas como por patrulhas invisíveis... Todos os congregados empalideceram e fixaram o olhar nas galerias, aclaradas por um fulgor vermelhado de corisco, que lhes pareceu ser o de um archote, cuja flama fosse sulfurosa e fantástica...

– Vedes?! – interrogou Felício, com voz trêmula. – Julgo que até os deuses estão contra nós...

— Não será porque vamos romper um juramento, que só poderia ser desfeito com a nossa morte? Os deuses hão de punir-nos... Felício!

— Não, mil vezes não, Marcos! Eles devem achar louvável a quebra de um juramento que só pode prejudicar a Humanidade. Eles não podem ser nossos comparsas nos delitos, e sim amigos do bem, que doravante queremos praticar!

— Tens razão, Felício, era mister um paradeiro a tantos crimes que já cometemos! Desfaça-se o nosso pacto maldito e confiemos na justiça dos deuses compassivos!

XXV

Empunhando diversos archotes, todos os restantes *Filhos das sombras* se dirigiram ao local onde Plínio encerrava os haveres dos associados. Grande foi a surpresa de todos, verificando que a maior parte havia desaparecido.

Plínio havia ocultado grande parte dos cabedais acumulados, constantes em joias e moedas valiosas. Vendo o que restava, a decepção foi geral e intensa, e Felício murmurou:

— Se eu vos disser que tenho asco de tocar nestes valores... não vos minto! Tudo isto está amaldiçoado pelas vítimas e contaminado pelo terrível mal que deformava o chefe... Parece-me que o contato deste dinheiro vai empeçonhar-nos as mãos! Eu aceito o que me couber por partilha... para poder despender com a viagem das rainhas... até Roma, onde elas possuem uma modesta casa. Mandarei avisar a Estênio o paradeiro das primas. É provável que ele se case com Norma, que há de amparar a irmã... Eu pretendo ser agricultor, e, assim, ficarei livre das apreensões que me atormentam...

— Renuncias, então, a posse das rainhas? – interrogou Marcos, com os olhos incendidos de paixão.

— Elas não nos pertencem, Marcos, mas sim à sua família! Não temos o direito de as infortunar, privando-as de uma liberdade que me parece, agora, sagrada... Elas têm a proteção dos deuses; e o mal que lhes fizermos reverterá em punições contra nós. Não percebes que tudo quanto nos está acontecendo tem sua origem fora da Terra?

— Vamos chamá-las, então, para delas nos despedirmos...

— Não, Marcos, elas são tímidas e se assustariam, se fôssemos despertá-las... Eu te direi onde ainda poderão vê-las, pois havemos de reencontrar-nos em Roma...

— Elas estão acordadas, pois, quando procurávamos a Terêncio, vi luz no seu dormitório, pelas frinchas da janela...

— Não temos o direito de as contrariar... só as chamarei quando amanhecer o dia, para as levar para a sua habitação...

Todos concordaram com Felício; e, depois de terminada a partilha, entreolharam-se, desconfiados uns dos outros, desde que cada um possuía um pequeno pecúlio, já ansiosos por se apartarem...

Não tardaram os primeiros albores matinais. As trevas, porém, eram compactas, porque havia prelúdios de temporal. Intermitentes lufadas de tufão uivavam nas fendas das janelas, dando-lhes a impressão de que bandos de lobos esfaimados espreitassem as muralhas do alcáçar...

Felício, cujas palavras, então, eram escutadas com temor supersticioso, ainda lhes disse:

— Se os fados nos favorecerem, aqui voltaremos, de hoje a um ano, às mesmas horas, a fim de demolir a galeria, para descobrirmos o tesouro escondido pelo falso Plínio; e dele faremos um uso meritório. Se, aqui, apenas retornar um só... será certo de que nenhum outro existirá, e, então, fará o que lhe aprouver...

— Plínio era o pior de todos nós — disse Vinício —, pois nos furtou miseravelmente... Se Cláudio não o houvesse ferido de morte, ele seria capaz de festejar o nosso regresso com um banquete envenenado, e, desse modo, ficaria livre de todos nós, podendo apoderar-se das duas infelizes rainhas... O plano era diabólico, mas fracassou por um poder desconhecido... Plínio foi um infame, pois se apoderou do que conquistamos... expondo a nossa própria vida!

— Sim, meu amigo, e isso nos serve de exemplo... a demonstrar-nos que é um crime alguém apoderar-se do que é alheio...

Ninguém retrucou ao que disse Felício. Depois, todos os associados, cabisbaixos, já então desonerados de um compromisso sinistro, abraçaram-se em silêncio e desapareceram na penumbra dos últimos momentos daquela noite.... que lhes pareceu ter tido uma duração imensurável!

Quando se extinguiu o estrépito do tropel do último cavaleiro, viu-se Felício insulado; e mais do que nos derradeiros dias que passou no fatídico alcáçar, este pareceu-lhe intolerável, soturno, povoado de espectros, de remorsos; e ele, como jamais lhe acontecera, desejou o amanhecer qual uma dádiva do Céu!

Aproximou-se do aposento ocupado pelas formosas jovens; e, observando luz através da fechadura, quis bater à porta, para lhes dizer, com doida alegria:

— Estamos livres quais as aves do Céu! Voemos até onde os fados nos conduzirem! Sois, daqui por diante, rainhas, sim, mas somente do meu coração!

O contentamento que elas manifestassem seria seu, também, e o mais intenso de sua vida, pois conseguiria, assim, a gratidão das adoráveis criaturas que o haviam retirado de um sorvedouro... onde julgava que houvesse de rolar eternamente...

Nenhum rumor, por mais sutil que fosse, pôde ele perceber no dormitório das donzelas; dir-se-ia que deixaram de existir, arrebatadas por algum gênio tutelar... Quem saberia dizer-lhe se não havia ele sido ludibriado pelas queridas companheiras de degredo? Quem poderia também afirmar-lhe que os *Emboscados* tinham sido sinceros; e, alguns deles, não haviam raptado as rainhas para fins inconfessáveis? Como fora iludido em suas suposições e em sua sinceridade... Só ele tinha sido leal e probo. Todos haviam usado de artimanhas e falsidades...

Quando Marcos lhe pedira para se despedir das prisioneiras, ele a isso se opôs, temendo que eles se apoderassem de ambas... fascinados pelas rainhas que eles não se resignavam a perder... Um desânimo absoluto empolgou-lhe a alma. Descreu do passado e do futuro. Ele que queria ser, daquela data em diante, honesto e laborioso, tornar-se-ia, novamente, o pior dos bandidos, para reaver as belas criaturas, das quais não poderia, jamais, apartar-se sem que seus planos fracassassem, ruidosamente...

Teve ímpetos de abalar a porta, violentamente, para desvendar a verdade, por mais acerba que fosse, ansioso por lhes transmitir, fielmente, tudo quanto havia ocorrido naquela noite inolvidável... enquanto elas repousavam, serenamente, talvez, depois de uma prece para obter a liberdade pela qual ansiavam... Refletiu, porém, que seria brutal acordá-las daquela forma; aguardaria o alvorecer, o deslumbramento do Sol, para fazer as revelações que lhe tumultuavam na mente... O Sol, porém, tardava a despontar, prenunciando um dia sombrio.

Afligia-o o silêncio reinante no solar, ao qual cabia, mais do que outrora, o nome de morada dos *Filhos das sombras*... Teve a sensação de estar só, inteiramente só... no Universo, e naquele esconderijo pétreo, que então julgou indesejável e sinistro...

Pressentira, novamente, sem de nenhuma coisa ter tido conhecimento, que algo de anormal se passara através daquelas paredes impenetráveis. A sensação do vazio, do isolamento, quem não a teve ao menos uma só vez na vida planetária?

Perceber, sem que os órgãos visuais nisso hajam colaborado, estar uma habitação desocupada, ou abandonada por seus moradores, é um dos atributos psíquicos mais admiráveis da criatura humana. Foi essa percepção que Felício sentiu invadir-lhe todo o ser, empolgando-o, assenhoreando-se de sua própria alma...

Desnorteado pelas conjeturas penosíssimas que o dominavam, deixou-se cair, ajoelhado, em frente à porta, que naquele instante representava, para ele, um arcano impenetrável a desvendar: abrindo-a, teria a confirmação plena de seus receios, a derrocada de suas aspirações, o aniquilamento de todos os seus sonhos do porvir... ou a felicidade desejada, a convicção de que seria perdoado e amado pela altiva Dulcina; deixando-a fechada, continuaria a ser torturado por indescritível martírio moral...

Metido nesse dilema, optou pela primeira hipótese: bateu à porta, a princípio suavemente, depois com precipitação; ninguém, entretanto, respondeu ao aflitivo chamado...

Um brado de revolta se lhe escapou dos lábios, ecoando lugubremente pela vivenda deserta...

Esteve soluçando por alguns momentos. Depois, com os passos vacilantes, desceu as escadas que davam para saída do prédio, encontrando, no solo, as chaves que havia entregue às queridas fugitivas...

FIM DO LIVRO VI

Livro VII

Os Legionários da luz

I

Ainanidade do esforço humano ante as abaladoras catástrofes do destino – que destroem todos os planos, todos os anelos mais queridos da existência, em segundos, às vezes – refletia nitidamente a situação de Felício após as emoções de uma noite, que, para ele, teve uma extensão incalculável...

Ser escolhido para chefe de seus destemidos companheiros e recusar essa incumbência afanosa, cheia de tropeços, mas fértil em riquezas fascinadoras, pareceu-lhe uma tentação de Satã... Vira ele o olhar coruscante dos amigos, ao regressarem de Roma – onde tinham sido vergastados pela adversidade – reanimar-se, diante dos cogulos de ouro e preciosidades que, à luz dos archotes, pareciam minúsculas estrelas de todas as colorações, desde o alvo imaculado do diamante ao rubro fascinante do rubi, qual se estes fossem as derradeiras gotas de sangue dos sacrificados pelos *Filhos das sombras*, cristalizadas, petrificadas, ali, para testemunho ante a eternidade! ...

Enquanto os olhos dos consócios – combalidos pelo fracasso de arrojado projeto de expedição malograda – se reanimaram ante o esplendor daquele tesouro, maldito, mas cobiçado intensamente; os dele se encheram de lágrimas, interpretando, então nitidamente, a enormidade de todos os crimes perpetrados para acumular aqueles valores, que eram o fruto de penosos trabalhos de indefesos caminheiros... Queria ele ser bom e honesto, e a fatalidade lançava-o, novamente, na voragem dos morticínios e dos desvarios, que havia praticado outrora!

Queria, porém, saber toda a verdade, com a hediondez que tivesse, averiguando se houvera abandono por parte das duas jovens no momento preciso em que mais as desejava junto de si, perto de seu coração, para o nortear para o bem e para a salvação de sua alma... se é que Norma era sincera em suas asseverações!

Renegara a supremacia do mando, para ser escravo de duas criaturas, que, até então, ele julgava dignas do Olimpo... e fora iludido nas suas suposições?!...

Por que não se mostraram merecedoras de sua ilimitada confiança, que chegara a entregar-lhes as chaves do alcáçar? Arrependimento e revolta flagelavam-lhe o coração amargurado, por haver tratado as encarceradas com respeito fraterno, sem exigir uma recompensa à sua dedicação... Ao desalento absoluto sucedera ódio ou indignação pelo proceder desleal das jovens. Voltou ao local onde as donzelas tinham estado prisioneiras, e, com feroz violência, sacudiu a porta, que já estava cedendo aos seus impulsos impetuosos... Nenhum grito aflitivo, nenhum rumor, por insignificante que fosse, respondeu ao brutal apelo... Após esse ruidoso esforço, parou, exausto; nunca lhe pareceu tão desolador o silêncio reinante no solar...

Foi então que, desorientado, cambaleante, se dirigiu ao exterior da habitação, e, com um desespero inaudito, verificou que a porta da saída, do lado direito, estava aberta, de par em par...

A emoção agitou-o intensamente; e, presa de uma vertigem, cambaleou e caiu ao solo, como que fulminado por um corisco. Teve aí a impressão de que algo de muito grave ocorrera à sua alma, certamente, parecendo-lhe que fora sugada por vampiros intangíveis, arrebatada por um turbilhão devastador; e perdeu a consciência do local em que se achava, para transpor uma distância, cuja extensão lhe era impossível precisar.

Viu-se em uma paragem, em que não havia a constituição física da Terra, cheia de um éter violáceo, de tristeza infinita... Pairava ele ao alto daquele oceano imponderável, imóvel, paralisado; e, em uma região incomensurável, via inúmeros seres humanos com as mãos súplices, os olhos erguidos para o local onde devia ser o firmamento, implorando, entre carpidos:

– *Justiça! Justiça!* Roubaram-nos a vida e a bolsa... onde havia o sustento de nossas famílias que, ao desamparo, estão curtindo miséria e fome! Maldição aos que nos infelicitaram, pois não podemos perdoar os seus crimes; e, por isso, nosso padecimento é inconcebível!

– Felício! – ouviu ele, estarrecido de espanto, reconhecendo naquela voz um timbre familiar –, foste atraído ao Espaço, onde te achas, qual a ave que, perdendo o surto, ou fosse fulminada em pleno Infinito, ficasse imobilizada por uma desconhecida lei de equilíbrio, atração e repulsão; sempre tiveste alma de aventureiro, de denodado argonauta, ávida de emoções e triunfos efêmeros! Para que a tua descomedida ambição não te levasse ao desvario... nasceste, outrora, em um lar honestíssimo e foste irmão da encantadora jovem que, hoje, se chama Norma... Tu, porém, com a tua independência do pátrio poder, o teu veemente desejo de glórias e poderio, concorreste para a desventura e derrocada de teu próprio lar, infelicitando os membros de tua família. Tens, agora, uma dívida de honra a saldar com aquela que tens amparado e protegido contra os teus comparsas, criminosos quanto o és... Tens, outrossim, uma dívida sagrada a remir com a meiga Dulcina, à qual traíste e infelicitaste em era passada... Tens deveres imperiosos a cumprir a fim de que sejam atenuados os teus sofrimentos. Ninguém tem o direito de se apoderar delituosamente do que não lhe pertence. Vês as tuas vítimas? Achas que nosso Criador e Pai será insensível ao clamor pungente dos que lhe imploram *justiça*? Não tremes ante a perspectiva da Têmis divina? Não queres retroceder na senda do crime que tens trilhado? Queres vingar-te de imbeles donzelas que anseiam, há séculos, por uma liberdade que lhes será concedida ainda, e são já almas embranquecidas nos caudais de lágrimas que têm vertido? Queres revide, depois da cilada em que ambas caíram, por tua causa, depois das angústias experimentadas no solar maldito, onde estiveram encerradas?

– Eu as defendi e lhes dei as chaves para saírem – murmurou Felício; e sua voz ressoou pelo Espaço, vibrantemente. – Por que fugiram de mim, justamente quando mais carecia de sua presença?

– Desditoso Felício! Pois não te recordas do teu aviso para que fugissem ao ouvir um tiro de mosquete? Não sabes que este era o aviso de alarme? Não te lembras de que teus companheiros o detonaram ao chegar?

– É verdade... Foi um equívoco, ou, antes, uma fatalidade... que nos separou! ...

– Ouve-me, Felício: poderás ainda alcançá-las, se forem dignos os teus sentimentos e os teus intuitos; se souberes refrear os ímpetos de cólera e vindita, que fremem em teu coração... Desditoso irmão! tiveste, em outras eras, um lar honesto e digno de os deuses nele se instalarem; mas, com a tua imprudência e desejo incontido de vanglórias terrenas, prejudicaste todos os que viviam a teu lado... Levaste, inadvertidamente, à morte e ao suicídio muitos seres merecedores de veneração. Morreste, também, covardemente assassinado. Na atual existência, para que melhor aquilatasses a dedicação e a nobreza dos que prejudicaste, nunca tiveste um lar, não conheceste as sublimes carícias maternas... Só, acossado pela desventura, com o coração repleto de ressentimentos, de represálias e ódio, tu te lançaste no funesto caminho do crime e da insânia... Depois que conheceste as duas virtuosas donzelas – cujos Espíritos se revestiram com corpos de verdadeiras vênus –, despertaram-se, em teu íntimo, os germes dos sentimentos remissores. Tens débitos de honra e dedicação para com aquelas jovens, que já infelicitaste e infamaste por diversas vezes. Tens, outrossim, uma dívida a resgatar com Estênio, a quem causaste acerbas desditas! Concorreste para que se desfizessem suas núpcias, em transcorrida existência; agora, cabe-te um proceder contrário ao de outrora: vais cooperar para que se efetuem os seus esponsais. Não lamentes a extinção da sinistra associação dos *Filhos das sombras*. Por intervenção celeste foi destruída; e, contra a vontade suprema, ninguém poderá triunfar! Deixaste de ser um dos *Filhos das sombras* para te tornares um dos *Legionários da luz*; e precisas agir de tal modo que as máculas do teu Espírito se desfaçam; a penumbra que nele existe se metamorfoseie em fulgurações e radiosidades! Tens que sofrer, humilhar-te, ser útil ao próximo, fazer o bem que estiver a teu alcance, terminar heroicamente a vida, sacrificando-te por *alguém*... que vais conhecer ainda... Aqui estás neste ilimitado Espaço, e assim ficarás, por tempo indeterminado, se não te comprometeres a retroceder no carreiro do mal, e a consagrares-te a meritórios feitos. Se quiseres voltar ao planeta terrestre, somente para a prática do bem, ser-te-á concedida a permissão de retornar ao mesmo local. Teu Espírito retomará o mesmo estojo carnal, que jaz, inanimado, à beira de um precipício e prestes a ser varado pelo punhal mortífero, pela arma sinistra que pertenceu ao impiedoso Plínio! Vais, por momentos, desvendar o local onde se encontram as duas infortunadas jovens (almas ligadas em diversos avatares), e, então, dirás o que pretendes realizar contra elas.....

Um raio de luz, de cor violácea, projetou-se do alto, qual seta luminosa, expedida de aljava celeste, e focalizou o declive de uma serra. Felício distinguiu, então, qual penumbra de um sonho, dois vultos femininos, estreitamente aconchegados, arrastando-se fatigados, penosamente, pelo declive da serrania... Por instantes, apenas, pararam; e, abraçadas, as frontes quase unidas, soluçavam. Logo após, as itinerantes, que ele reconheceu serem Norma e Dulcina – recebendo o benéfico influxo daquele raio luminoso – ergueram os braços ao céu, em uma prece mental, veemente, irradiando-se de suas frontes uma réstia luminosa, de suavíssima coloração azulada como do luar dos pólos terrestres...

Felício tentou movimentar-se, mas não o conseguiu, por mais esforços que fizesse. Impossibilitado de se mover, crucificado no Espaço, imobilizado em um madeiro intangível, ele bradou:

– Quero aproximar-me *delas*! *Quero* acompanhá-las, eternamente! Meus braços só se estenderão para as proteger! Deixai-me, pois, voltar, ó vós que me ouvis! Tende piedade de mim, vós, que tudo podeis, e me transformastes em um ser impotente, em um nada que pensa, sofre, e está acorrentado por elos invisíveis a um abismo infinito!

Um soluço doloroso ressoou pela amplidão etérea. A mesma voz solene fez-se ouvir:

– Tranquiliza-te, meu irmão! Aqui há justiça e comiseração pelos delinquentes arrependidos! Tiveste uma prova de que o livre-arbítrio humano é muito limitado. Já delinquiste muito. Em teu passado distante foste corsário, audaz e cruel, mercenário empedernido; e, agora, compreendeste que a única ventura para o Espírito é a serenidade íntima, quando observa todos os preceitos morais, conquistando a virtude definitiva! Percebeste esta sublime verdade ao contato de duas almas açucenais... Houve, em teu íntimo, a florescência dos sentimentos dignificadores; e é mister que os deixes transformar-se em frutos opimos! Deixaste de caminhar nas trevas. Não é suficiente. O passado desapareceu no vácuo insondável do tempo; tens, porém, que resgatar todos os teus delitos para que faças jus à recompensa concedida aos vencedores do mal. Vais retornar à Terra, ao teu envoltório material, agora inerte à borda de um precipício. Presta a máxima atenção às minhas palavras: – *Seja o teu primeiro ato digno o lançar ao abismo o punhal fatídico!* Depois, aliviado do peso esmagador daquele destruidor de vidas preciosas, irás no encalço das duas criaturas, cuja beleza física rivaliza com a moral, as quais estão terminando suas provas no cárcere terrestre... Ireis, então, os três, a Roma. Lá vivereis em companhia de uns seres amigos, já conhecidos das nobres irmãs. Ali vos esperam as sementeiras da luz, que hão de abrolhar em vossas almas, perenemente, iluminando-as, norteando-as para o Bem Supremo! Sereis, dentro em pouco, adeptos das verdades excelsas, propagadas além pelo Emissário Divino... imolado na Palestina!

II

Houve um interregno na alocução do invisível Mentor sideral, que transmitiu esses e outros doutos conselhos e ensinamentos a Felício. Reinou, por momentos, um silêncio aflitivo. Subitamente, a mesma voz grave e serena vibrou novamente no éter:

– Sem que te libertes da arma purpureada pelo sangue de incontáveis vítimas, e que teria também ceifado a tua, se já não houvesse germinado em tua alma o desejo de regeneração, que é o alvo absoluto da existência humana, não te poderás locomover...

"Livre que estejas dessa víbora metálica, exterminadora de seres úteis às coletividades, encontrarás as duas donzelas para cuja desdita concorreste. Ireis, então, os três ao recinto onde se encontram os propagadores das verdades eternas, oriundas dos célicos mananciais – Roma – e, lá, tereis ensejo de os ouvir, recebendo-as em vossas almas, por todo o sempre! Tu, que deixaste de laborar nas trevas, receberás o batismo da luz... É mister, doravante, desvencilhares-te das iniquidades; abjurar o erro; praticar ações louváveis, atos de abnegação; imolar a tua própria vida por uma *causa eterna*!

"A Humanidade, até à era presente, tem vivido em busca de um ideal divino, que, por vezes, é disseminado por alguns Emissários siderais – Krishna, Moisés, Rama, Sócrates, Platão, Pitágoras... Cada um deles tem trazido um pouco de luz, erguendo uma ponta do véu de Ísis.[92]

"Todos eles têm vindo trazer o seu contingente valioso – as sementes de astros que só abrolham nas almas ávidas de progresso psíquico, e de remissão! Ultimamente, porém, baixou ao planeta das lágrimas e do sofrimento, o verdadeiro Mensageiro Celeste, o Profeta Máximo, o Iluminado Divino, um dos alabardeiros da Majestade Suprema, que, por instantes apenas, pousou sobre a Terra, com as asas radiosas em contato com o firmamento constelado, para ali disseminar o texto das Leis Eternas, que, no perpassar dos milênios, hão de imperar no mundo das sombras... Que importa tenha sido *Ele* pregado em um madeiro infamante, que, desta época em diante, será o símbolo do sacrifício e da salvação, e não mais do aviltamento? Que importa que pareça ter sido *Ele* esmagado, quando veio para ser vitorioso? Que veio, porém, conquistar *Ele*? Impérios? Latifúndios? Oceanos? Glórias falazes? Tesouros perecíveis? Não! Quer apenas as maravilhas do Universo – as *almas* imortais! Nada deseja do planeta em que o supliciaram, exceto a virtude e o bem! Alteza invencível, cujos exércitos serão um dia constituídos de todos os povos sublunares, parece ter sido, na Palestina, derrotado, envilecido, escravizado... Mas, ao passo que forem escoando os séculos, maior será o seu poderio; pois irá triunfando em todos os Espíritos, em todas as consciências, devassando todos os corações, transformando a lama do pecado no ouro portentoso do bem e da probidade! *Ele* não quer países para reinar, mas almas humildes para o *Império da Luz* – o *Céu*! Arauto de luz intensa, heraldo das *Verdades Divinas* – não foi compreendida ainda pela Humanidade imperfeita a sua sublime missão, sendo o alvo das injustiças, e da inveja dos venais fariseus... *Ele*, porém, cônscio de que lhe foi outorgado pelo monarca supremo um encargo de valor incalculável – teve sempre as mãos cheias de bênçãos, de benefícios, e espargiu fartamente as almas, torvas e denegridas pelos delitos, com as luminosas sementes siderais que *Ele* próprio colheu nos páramos estrelados...

---

[92] Deusa egípcia da Medicina, do casamento, da cultura do trigo, etc. Levantar o véu de Ísis quer dizer desvendar algum mistério ou arcano.

"Felício, infortunado pecador, é tempo de retrocederes no carreiro do crime! Basta de iniquidades! No instante em que quiseres perpetrá-las, serás chamado às regiões onde os Espíritos se despojam de muitas máculas, por meio de punições solenes e dolorosas, mas remissoras, até que, compenetrados dos seus deveres morais, retornem ao planeta das angústias; e, desde então, procedam de modo contrário ao que tiveram até àquela hora.

"Eis por que a muitos parece que os bons padecem mais acerbamente do que os perversos. Estes são as almas neófitas; tateiam nas trevas dos erros lamentáveis; cometem atrocidades, absorvidos pelo sorvedouro do mal; aqueles, os bons, são os arrependidos de muitos delitos praticados contra o próximo; os que se comprometeram a proceder impecavelmente na arena terrestre, disseminando o bem e recebendo o mal dos beneficiados; semeando bênçãos e consolações e colhendo, sempre, ingratidões e injustiças! ... Por quê? Deus, o magistrado incorrupto, terá um átomo de imperfeição? Absurdo! Suas sentenças são exaradas de acordo com as ações cometidas. Severas são as provas para a remissão; mas felizes os que perseveram na probidade sem desfalecimentos, sem revoltas, cumprindo nobremente a sentença até o final, resgatando delitos com o austero cumprimento de todos os deveres morais e espirituais! Os juízes terreais muitas vezes esquecem os deveres excelsos de seus penosos cargos – de grandes responsabilidades e valor incalculável... 'Quem com ferro fere, com ferro será ferido' – eis a verdade. Há, porém, sempre patente a Misericórdia Divina. Como prová-la? O delinquente que tem profunda compunção de seus desvios, que deseja desempenhar meritória empresa de devotamento e sacrifícios, não necessita ser punido com o assassínio, com a morte violenta; poderá sê-lo com sofrimentos morais, bem mais dolorosos do que os ferimentos produzidos pelos punhais envenenados, porque deixam vivas as vítimas, dilacerando-lhes a alma e o coração... Não te esqueças, jamais, destes conselhos fraternos. Vais voltar à Terra, Felício, mas guardarás, de modo indelével, os ensinamentos aqui recebidos... É provável que, voltando à vida material, olvides alguns dos conselhos ouvidos nesta região; outros, contudo, te ficarão à flor da alma, ou no seu recôndito, e deles te lembrarás, sempre: *não praticar mais nenhum desatino*, qualquer ato indigno de um converso ao bem; buscar a famosa Roma para aí receber os germes de luz da redenção; praticar um feito edificante, de abnegação e altruísmo, ou de imolação... para remate de uma trágica existência, que terá por sequência outra... fértil em dores e humilhações! Vai-te ser concedido o batismo sagrado e radioso, dos que aspiram a elevar-se na escala ascensional do aprimoramento do Espírito, dos vitoriosos das iniquidades, das paixões avassaladoras... Lembra-te, sempre, porém, de que não és mais um *Filho das trevas*, mas dos fulgores deslumbrantes, que provêm da alvorada incomparável, que surgiu da Galileia, e há de dealbar, totalmente, no mundo em que delinquiste, fadado a um porvir esplendoroso!"

....

Calou-se a voz. Vertiginosamente, sentiu-se Felício arrojado a um torvelinho apavorante, tendo a sensação de que fora atirado, pelo impulso de um fundibulário gigantesco, da amplidão etérea ao interior da cratera hiante de um incomensurável Etna, o terrível vulcão da Sicília, onde imaginaram estar as forjas, sempre ardentes, de Vulcano[93] e dos Ciclopes...[94] Repentinamente, cessou todo o movimento; e ele pôde abrir os olhos, gemendo dolorosamente, ao influxo de uma sensação dilacerante, indefinível, tal como se, liberto de um cárcere, soturno e frio, a este voltasse novamente, aos mesmos grilhões dos quais já se supunha livre... Dentro de poucos minutos certificou-se do local em que estivera estirado, pouco distante de uma cisterna, onde os *Filhos das sombras* atiravam os despojos humanos, cobrindo-os, após, de achas de lenha embebidas em pez,

---

[93] Deus do fogo e do metal, na mitologia romana.
[94] Gigantes, com um só olho no meio da testa, que forjavam, no Etna, os raios de Júpiter sob as ordens de Vulcano.

a fim de os cremar, fazendo desse modo desaparecer os vestígios dos seus monstruosos crimes. Sentiu-se atemorizado, compreendendo o duplo perigo a que havia estado exposto: o abismo da profundidade e o punhal envenenado sobre que caíra. Compreendendo ter revivido por um influxo extraterreal, sentiu grande metamorfose operar-se em seu próprio ser... Por segundos ainda esteve inerte, mas, de súbito, invadiu-o uma nova energia, que o fez movimentar-se; e seu primeiro pensamento concentrou-se no punhal, colocado à direita do cinto. Com um rápido e decisivo movimento, atirou-o ao sorvedouro sinistro, murmurando, com voz trêmula, em íntimo solilóquio:

– Se não o tivesse posto na bainha, ter-me-ia varado o corpo, fulminando-me! Vai-te, maldito, por toda a consumação dos séculos! Que jamais a luz do Sol te veja à superfície da Terra! A maldição dos deuses recaia sobre ti, arma fatídica e exterminadora!

O punhal resvalou com indefinível ruído; e, apavorado, Felício cuidou ouvir um gemido uníssono erguer-se do fosso, como se lhe fosse dado o poder de se expressar pela articulação do sofrimento humano – um grande soluço!

Sua mão crispou-se ainda como se o segurasse, e, novamente, murmurou:

– Vai-te, maldito; e, por todo o sempre, seja exterminado em meu íntimo o desejo de vingança, os sentimentos criminosos!

Sentindo que se normalizara o equilíbrio nervoso, invadido por indômita coragem dirigiu-se ao alcáçar, onde entrou a contragosto. Sorveu um cálice de falerno, ingeriu alguns alimentos, acondicionou outros, e algumas peças de vestuário, em um alforje; e, então, invadido por um medo indescritível, como nunca experimentara, deixou o solar sinistro... que lhe pareceu repleto de duendes, espectros vingadores, que pretendessem encerrá-lo ali, eternamente, dentro daquela habitação intolerável, ouvindo rumores desconhecidos, gritos abafados, choros de adultos... Desceu, a custo, a escaleira lateral, e, com o andar firme, tendo a impressão de que sentia um ator afamado, ao retirar-se do palco, com o coração transido de amarguras sob os apodos de compacta multidão enfurecida... Com os passos inseguros, desceu a encosta da serrania, os alforjes às costas, parecendo-lhe estar convalescente de uma enfermidade mortal... É que a desolação pesava-lhe na alma, qual fardo de bronze, ou cruz de granito, vergando-o para o solo.

....

Ao dealbar do dia começaram as duas irmãs a sua penosa peregrinação, sem uma determinada diretriz, sentindo-se abandonadas na Terra, e sem haverem refletido ainda qual o lugar para onde se arrastariam – Florença ou Roma?... Aguardavam, com verdadeira ansiedade, a chegada de Felício que, certamente, se não houvesse sido morto pelos cruéis comparsas, viria ao seu encalço.

"Que se teria passado", pensavam elas, com angústia, "no antro onde haviam permanecido por mais de dois meses? Que acusação teriam eles feito a Felício... por causa do desaparecimento de ambas? Ter-se-ia travado luta corporal entre todos os associados? Quais os vencedores? Viriam eles, os sobreviventes, após a peleja tigrina, em perseguição das evadidas, forçando-as a voltarem ao fatídico solar? Que lhes aconteceria, então, abandonadas, ao léu da sorte, em um ermo caminho, sem a valiosa proteção do redimido moço? Que falaz liberdade haviam elas conseguido, desventuradas e desprotegidas, como se estivessem caminhando para outro cárcere?"

Por momentos as desditosas jovens, em silêncio, tal a gravidade dos pensamentos que abrolharam em suas mentes conturbadas, sentaram-se em uma elevação do solo, à margem da estrada, e ficaram perplexas. Norma, pálida e compungida com o sofrimento da irmã idolatrada, meditou na penosa situação em que ambas estavam: – voltando à habitação de seu tio Pôncio, talvez fossem recebidas brutalmente, pela sua rancorosa esposa, que não acreditaria na lealdade das sobrinhas; certamente, também, já se havia arrefecido o amor de Estênio, desde que haviam partido, brusca e misteriosamente, para o covil de salteadores. Retornar a Roma? Receava não poder solver as dificuldades que, certamente, iriam assoberbá-las, antevendo uma existência de penúrias extremas em companhia de Sérvulo, que sustentava, custosamente, numerosa família, embora o tivessem acolhido no único abrigo que possuíam – sua modesta habitação. Como, pois, vencer os obstáculos que lhe pareciam insuperáveis? Onde estaria o seu bondoso Mentor espiritual, que lhes prometera auxílio e proteção nos instantes mais prementes da vida? Estaria ele presenciando tudo quanto agora sucedia à irmã querida?

Mal pensara no seu invisível protetor, pareceu-lhe ouvir, dentro do próprio "eu", uma advertência benéfica:

– Não te detenhas! Encoraja tua irmã, e prossegue a viagem...

– Vamos, querida – disse ela a Dulcina, levantando-se –, não é hora propícia para refletirmos em nossa grave situação. Fujamos enquanto estamos livres dos *Filhos das sombras*! Os deuses guiarão os nossos passos!

– É porque tens esperança de rever Estênio, que assim me falas, querida Norma! Pensarias, porém, de outro modo, se ele, como Felício, estivesse à mercê de um perigo, que, talvez, a esta hora já o tenha transformado em cadáver! ...

– Não será preferível saberes da sua morte a vê-lo ainda praticando crimes hediondos, ou em um patíbulo?

– Sim, mas, então, não crês na sinceridade de sua regeneração?

– Ele parece disposto a trilhar a senda do dever e da honra, Dulcina... Quem poderá dizer-nos, porém, se é ou não inabalável a sua regeneração? Aguardemos os sucessos. Saiamos deste local maldito! Prossigamos enquanto não nos faltarem as forças!

E, assim, amparadas, reciprocamente, galgaram a serrania que ocultava o esconderijo dos perigosos *Emboscados*. Dir-se-ia que, naqueles instantes, as vergava o peso formidável de um madeiro descomunal, prestes a esmagá-las...

Desviaram-se da estrada real até se terem afastado algumas milhas da região em que estiveram encarceradas. O dia já se adiantava; e elas, presas da fadiga, sem alimentação, sentaram-se perto do caminho, debaixo de uma árvore, abrigando-se sob seus ramos, flageladas pela sede e pelo desalento...

– E se a noite nos surpreender nesta floresta, cansadas, enfraquecidas e indefesas? – interrogou Dulcina à irmã, invadida de dolorosas apreensões.

– Estamos à mercê dos deuses, querida minha! Se houvermos chegado ao epílogo do nosso drama angustioso, tanto melhor para nós...

– E se, em vez da morte, formos atingidas por novas desditas?

– Serão *eles* injustos e impiedosos? Por que tem sido a nossa existência uma série de fracassos e padecimentos? Praticamos o mal? Não temos sido honestas e cumpridoras de todos os nossos deveres morais? Ah! minha querida: eu creio, por uma intuição celeste, que, com a nossa vida, não termina a nossa responsabilidade, nem tudo se consuma no túmulo, pois ressurgimos deste, qual a Fênix lendária das suas próprias cinzas... Os crimes de uma existência são resgatados em outra imediata, dolorosamente!

– Se assim é, Norma, qual, então, terá sido o delito que cometemos, para merecer tão severa sentença?

– O meu delito... Dulcina, já eu sei que foi o suicídio! Revoltei-me contra a sentença do Juiz supremo... e sou ainda tentada a praticá-lo nos momentos mais acerbos desta vida! Tenho sofrido porque pratiquei esse nefando erro... que atinge diretamente o Criador do Universo, nosso Pai, o mais incorrupto magistrado... Se não fosse a lembrança daquele desvario – cujas consequências desastrosas ainda padeço – já me teria arrojado ao primeiro abismo que encontrasse... nos arredores do *Solar das Sombras*!

– Seria a única solução à desesperadora contingência em que nos achamos, Norma!

– Não, querida minha! Compadeçamo-nos de nós mesmas, evitando um infausto e tremendo futuro! Soframos as lutas presentes e porvindouras, tendo a certeza absoluta de que apenas podemos aniquilar o corpo físico, não o espiritual, que é eterno, e será julgado, severamente, por esse auto-homicídio!

— Eu era corajosa e forte, Norma; agora já me invade o desalento... Que importa vencer ou ser vencida? Estou exausta de padecer, ignorando a origem de tantos infortúnios!

Ouvindo a irmã bem-amada, Norma sentiu-se, subitamente, reanimada por uma energia inexplicável. Durante alguns instantes, com a mente iluminada por clarões siderais, ela combateu o suicídio com veemência. Dulcina escutava-a, fascinada pelo encanto de suas palavras; e, ambas, reconfortadas por eflúvios balsâmicos, prosseguiram a jornada.

O crepúsculo de ouro e púrpura prenunciava o declinar do dia e a proximidade das trevas. Caminhavam as duas, envoltas em mantos negros, com os rostos velados por escuras mantilhas. Viandantes passavam, olhando-as, surpresos, sem compreenderem a causa que levava duas mulheres por aquela estrada deserta, sem a companhia de um cavalheiro... Alguns viandantes olharam-nas, desejosos de lhes desvendar os rostos, conjecturando que fossem moças e formosas. Por alguns instantes, exaustas novamente, elas se sentaram em uma pedra, à margem da estrada, invadidas de profunda amargura...

III

Assim ficaram, silenciosas, com os olhos cintilantes de lágrimas. Intimidava-as a aproximação das sombras noturnas. Achavam-se a pouca distância de uma floresta, e um medo soberano angustiava-lhes os corações, temendo algum ataque imprevisto de malfeitores ou de animais.

— Que faremos nós, quando a noite invadir a Natureza, Norma? — interpelou Dulcina, de repente. — Não vês que estamos abandonadas por todos os seres humanos e numes celestes?!...

— Espera, ainda e sempre, na intervenção superior dos deuses invisíveis, que me têm orientado nos momentos mais graves da vida! Vamos alçar o pensamento, minha irmã, até eles.

Ambas, com os braços enlaçados, em atitude contrita, fitaram os olhos fulgurantes de pranto no crepúsculo que esmaecia docemente, enviando ao Infinito um doloroso apelo. Eram duas almas fundidas em um só amplexo, amalgamadas pelos mesmos sentimentos, coesas pelas mesmas súplicas ardentes, terminando-as com os corações reconfortados. Afastadas um tanto da estrada real, semiocultas pelas frondes de uma árvore protetora, as quais, naqueles segundos de angústia, dir-se-ia descerem sobre elas braços carinhosos, viram passar, parecendo vergado por um peso descomunal, um peregrino, cujo aspecto lhes lembrou o de Felício. Estremeceram ambas; e, impulsionadas pelos mesmos pensamentos, ergueram-se, interrogando-o, com entonação aflitiva:

– Para onde ides, senhor?

Convulsionou-se ele, fazendo oscilar os fardos às costas; e olhou-as, com surpresa. Reconheceram-se, logo, os três peregrinos, soltando gritos de alegria:

– Felício!

– Dulcina! Norma!

Os fardos foram atirados ao solo e o cavalheiro precipitou-se para as jovens, e, abraçando-as, pela primeira vez, interrogou-as:

– Por que me abandonastes, quando mais preciosa era a vossa presença?

Calmas e confiantes na sua dedicação, relataram-lhe o imprevisto da deliberação que haviam tomado; e quanto tinham sofrido durante o dia, que findara entre grandes apreensões.

Ele, por seu turno, narrou-lhes que estivera próximo da cisterna fatídica e da morte...

Serenados os espíritos, refeitas as forças com os alimentos que Felício levava, conversaram amistosamente.

Findo o modesto repasto. Felício disse-lhes:

– É mister irmos para Roma, em cujo caminho estamos. Vamos acolher-nos, hoje, no primeiro abrigo que encontremos; e, amanhã, prosseguiremos a jornada.

No dia seguinte, por um emissário que se dirigia a Florença, Norma e a irmã enviaram notícias a Estênio, comunicando-lhe a resolução que haviam tomado de regressar para Roma, onde aguardavam sua presença e a de seus dignos progenitores.

Felício fretou um modesto veículo para continuarem a viagem, que se realizou, em todo o seu trajeto, sem incidentes dignos de menção.

Instalados em Roma, na habitação que as jovens possuíam, até então entregue aos cuidados de Sérvulo, que nela estava residindo com a família, passaram a viver fraternalmente uns com os outros.

Norma aconselhou a Felício que procurasse uma ocupação condigna.

– Tens razão, Norma – respondeu-lhe ele –, de aconselhar-me os meios de promover o meu saneamento moral pelo trabalho honesto! Depois que me despertaste a consciência, é que compreendi quanto era desventurado, embora tivesse em perspectiva uma fortuna incalculável que desapareceu misteriosamente nos instantes aflitivos que passei no *Solar das Sombras*... Também eu não queria trazê-la comigo, pois recordo que foi usurpada às vítimas por entre estertores e imprecações que ainda ressoam dentro de minha alma... Como lamento as horas nefastas que passei cheio de apreensões, em sinistras emboscadas, à espera dos infelizes viandantes, procurando, sempre, as trevas, temeroso de uma investida das autoridades centuriais, do cárcere, da cruz! Que quantidade de ouro haverá capaz de asfixiar os brados de revolta e de remorso, que flagelam os corações dos delinquentes? Nem que estes possuíssem a quantidade suficiente para preencher a cratera do Vesúvio...[95] Percebo, agora, que só existe uma felicidade integral neste sombrio mundo, onde as trevas ofuscam a Natureza e as almas: ter uma consciência pura, isenta de qualquer mancha, e o afeto de criaturas virtuosas e amadas... Para conquistar essas duas vitórias... terei a impavidez que tinha outrora para escalar muros, sacrificando vidas, afrontando tormentas, curtindo fome e frio... Posso utilizar-me, para benefício próprio, do que extorqui, na

---

[95] Vulcão italiano.

calada da noite? Não. Esses haveres... inspiram-me repulsa instintiva! São despojos de cadáveres, que eu julgo ver, ressuscitando, hostis, perfilados; que eu distingo nas trevas noturnas, em atitude vingadora, querendo realizar um ataque de desforra...

— É tua alma que acorda para receber a luz do arrependimento, Felício! Bendito remorso esse que te levará à reparação de todos os erros perpetrados!

Silêncio reinou, por instantes, no ambiente da modesta sala em que se achavam os dois interlocutores.

Foi Felício quem o interrompeu, dizendo:

— Assim que Estênio chegar, partirei para o campo, onde quero viver quase insulado, longe das seduções mundanas, arroteando a terra e o coração... para neles fazer germinar as boas sementes!

— Aprovo os teus projetos, Felício! É mister que trabalhes, e faças o bem; que te humilhes, e acolhas os peregrinos, amparando os que padecem, suavizando-lhes as dores e as penúrias com o pecúlio que tens em mãos... Com a quantia que Sérvulo nos entregou, proveniente dos aluguéis de nossa vivenda, faremos as despesas do lar. Antes, porém, que Estênio chegue, se a mãe consentir, quero que me leves, e a Dulcina, ao Ostriano... para ouvirmos a palavra mágica do famoso Galileu...

— Acho-me ao teu inteiro dispor, Norma...

Visível era o domínio que a donzela exercia sobre o espírito do rapaz. Aos poucos, ao influxo de suas exortações inspiradíssimas, ele ia descortinando novos horizontes e despojando-se dos defeitos do passado.

Uma noite, depois de se inteirar do local em que se efetuavam as prédicas do apóstolo cristão, Felício resolveu levar as jovens ao Ostriano, embora recease as perseguições que moviam os incrédulos aos conversos à consoladora doutrina de Jesus, cujo nome iam escutar pela primeira vez – para jamais se desarraigar de suas almas...

Norma refletia, e disse-lhe, com meiguice:

– Estou ansiosa por me aproximar do maravilhoso israelita; algo, porém, me adverte de que muitos acontecimentos de suma gravidade se vão desenrolar, aqui, por causa desse forasteiro... O temor, porém, não me demoverá do desejo de o ouvir, pois, há muito, concebi uma religião ideal, que tenho vislumbrado, por vezes, e cuido ser semelhante à que ele tem pregado, conquistando almas, arrebanhando ovelhas para o aprisco divino... Desejo que me elucide sobre o que se passa em meu íntimo: não vivemos uma só vez, porém muitas vezes, tantas quantas forem necessárias, para se realizar o apuro de nossos Espíritos, a fim de que eles tenham ingresso nos mundos felizes, que os nossos olhos vislumbram considerando os astros resplandecentes! Nas regiões superiores não têm guarida os pecadores, mas os lapidados pela dor e pelo fiel cumprimento de todos os deveres terreais. Estes são os pensamentos que me ocorrem à mente em todo o instante de reflexão... Vivo o passado. Sofro as consequências dos meus erros dos tempos idos. O meu passado ressurge, sempre, das sombras dos séculos transcorridos: não o das dezenove primaveras, que conto, mas um outro, do qual me recordo, às vezes plenamente... Eu reconheço os seres que comigo têm privado, amigos e adversários...

"Temo cometer alguma falta – grave ou não – pois sei que os meus padecimentos seriam decuplicados... porque já a praticaria, tendo plena consciência da responsabilidade de meus atos!"

– Mas quem te revela essa desconhecida religião? Norma! – interrogou Dulcina, que até então estivera cuidando das ocupações domésticas, e que receava o desequilíbrio mental da irmã.

– *Vejo e sinto* o que manifesto por meio da palavra... Há, em mim, uma visão interior, subjetiva, que me mostra todos os arcanos da existência. Plínio, o desventurado monstro, que todos nós conhecemos, já me tem execrado tanto quanto eu a ele, em diversos avatares (como dizem os egípcios que crêem na transmigração da alma em diversos corpos), sempre dominado por uma violenta paixão... a que eu nunca pude corresponder... Tenho a impressão de já haver vivido muitas vezes, percorrido vários países dos quais tenho reconhecido diversos seres amigos ou desafetos.

Repentinamente, mudando de entonação, disse a Felício:

– Sabes por que me tratas como se o fizesses a uma irmã, e nos tens defendido e amado respeitosamente?

– Eu? Não! Mas anseio por sabê-lo, Norma!

– Fomos, realmente, ligados pelos elos fraternais, em finda e trágica existência, na qual muito me prejudicaste... Já foste esposo de Dulcina, mas infligiste-lhe pesares acerbos, como traidor e perverso companheiro de existência... Queres reparar, agora, ofensas muito graves. Não tens todas essas impressões no recesso de tua alma?

– Sim... penso ser verdade o que disseste... Devo, também, ter tomado parte em arriscadas expedições. Tenho sido insubmisso e cruel, e só agora, depois de tuas exortações, é que eu compreendi a ventura de ser bom e honesto. Como, porém, hei de ressarcir tantos crimes que pratiquei?

– Pois já não estás adquirindo méritos, protegendo-nos, livrando-nos da desonra, concorrendo para que se efetue a minha aliança com Estênio, do qual já foste rival, muito o tendo prejudicado? Ouve-me, agora, Felício: nunca te compadeceste das tuas vítimas?

– Que sei eu, Norma? Às vezes, quando tomava parte em alguma emboscada... ou me atirava aos incautos viajantes... sentia um estrangulamento interior... uma angústia indefinível... uma revolta contra o meu ato de ferocidade, e julgava escutar – dentro de meu próprio ser: "Basta de crimes, Felício! Eu sofro tanto por tua causa!".

Horrorizava-me essa voz, Norma, pois supunha fosse a de um ser familiar... desconhecido na presente existência...

– Nunca viste os que te deram o ser, Felício?

– Não. Odeio-os, sinceramente! São eles indignos do nome de *pais*, e para ambos peço a maldição do Céu! Eles são os culpados dos delitos que cometi, pois me atiraram ao relento, por uma noite de invernia, à porta de opulentos desumanos... As feras não renegam os filhos, os seres racionais fazem-no, como se aqueles possuíssem atributos mais nobres de que estes! ... Criado aos repelões, não pude suportar os vexames e as injustiças que me faziam, em um lar onde era considerado intruso. Fugi, uma noite, sem destino, por uma estrada deserta – a mesma por onde viajamos –, sem dinheiro, faminto, andrajoso, tendo ódio na alma, e fel no coração... Tinha eu, então, quinze anos de idade. Enquanto era criança, não refletia na minha condição de anônimo, de espúrio, de repudiado pelos que me conceberam... Que coração de hiena tem ânimo de atirar na lama das estradas um débil ser que mal abriu os olhos à luz da vida? As leis sociais punem esses maiores bandidos do mundo em que vivemos?

"Não são eles piores que os ladravazes e os assassinos? Quando comecei a meditar na minha situação humilhante, com os primeiros sonhos da juventude aflorando-me na alma – fugi do dourado cárcere onde era tratado como se fora eu o celerado que lá me atirou! ... Sem saber como, desviando-me do caminho em que me arrastava, impedido pela fatalidade, fui bater no solar dos *Filhos das sombras,* em cujo convívio estive até há pouco...

"Se eu tivesse sido criado em um meio honesto, por progenitores amorosos e probos, nunca teria sido um mau. Ignoro, pois, de quem é a voz que me censurava nas horas trágicas em que perpetrava os mais cruéis desatinos... Devo ter sido gerado pelas pedras e não por seres humanos – piores do que os bandidos – porque estes, os temíveis *Emboscados* acolheram-me... Para aqueles é que deviam existir as cruzes e os patíbulos! Ignoro, pois, felizmente, de quem sou filho... talvez para não praticar mais dois crimes... ou parricídios!

– Certamente houve uma causa justa para que merecesses tão dolorosa pena... Deves ter sido filho desnaturado, insubmisso, causando dissabores acerbos aos que velavam por ti com os extremos de que são capazes os verdadeiros corações de pais...

— É lógico o que pensas, querida Norma – disse Dulcina, vendo lágrimas fulgirem nos olhos de Felício –, mas temo que enlouqueças... com essas ideias que nos transmites...

— Enlouquecer? Não. Compreendo a realidade, interpretando a Justiça Divina exercida pelo incomparável magistrado universal! Muitas vezes o meu pensamento esvoaça pelo passado e pelas regiões siderais: vejo o desenrolar dos dramas em que tomei parte, reconheço entes amigos e detestados, para meu júbilo e para martírio meu... Tu, amada irmã, já te imolaste por mim. Tenho uma dívida de reconhecimento a resgatar contigo... e, feliz serei, se o conseguir! ...

"Nossas almas entrelaçaram-se fortemente, há muito, qual a água de dois arroios, antes de se lançarem em um oceano imenso e, assim, ficarão eternamente unidas! Felício? Irmão que me detestava e me causou inconsoláveis pesares comprometeu-se a reparar as suas faltas... restituindo-me o ente amado que, por sua causa, quase foi exterminado, selvagemente... Como padeço recordando as angústias transcorridas, que ainda ecoam no meu íntimo... com feição do rumor do oceano repercutido, indefinidamente, dentro dos caramujos. Plínio? Como o execrei, quando percebi que queria apoderar-se de mim, como outrora, tentando, mais uma vez, usurpar o amor de Estênio – seu secular adversário! Sei, porém, que devo esforçar-me por lhe perdoar, olvidando o tenebroso passado... Há amigos invisíveis que me segredam, no recesso do espírito, conselhos sublimes de comiseração e esquecimento dos dissabores dos tempos idos... Consegui compadecer-me de Plínio nos seus derradeiros instantes de existência: seu olhar – pleno de desespero e paixão – fixou-se em mim, gravando-se, perpetuamente, em meu íntimo, e não o esquecerei jamais! Não é crível que o perdão nos liberte de nossos adversários, inutilizando os seus ímpetos de vingança contra nós? Sinto que, desde que lho concedi, reinou mais paz em minha alma, aumentando a minha percepção espiritual... Seria, agora, se o visse ressuscitado, capaz de estender-lhe a mão, sem asco, dirigir-lhe palavras de piedade, que lhe refrigerassem as chamas do remorso... Falta-nos algo na Terra, que eu pressinto mas não defino. Às vezes, em um templo, fito os olhos nos deuses, com indiferença, sem nenhuma contrição, sem nenhum fervor; e, então, no meu interior, repercutem estas palavras: 'Tudo isto é perecível; esses deuses não passam de seres imaginários... As Entidades Superiores ainda são quase desconhecidas... A verdade excelsa não tarda a ser projetada no mundo sublunar. Espera-as, pois, irmã querida! '. Por que julgo que elas somente nos podem proteger, e inspirar o bem? Porque vejo, a meu lado, Entidades tão formosas, cujo confronto com o nosso físico é humilhante para a mais perfeita vênus humana! Onde se inspiraram os escultores gregos quando modelaram as mais encantadoras obras de Arte senão nesses seres imateriais a que me refiro? Por que me afirmam eles que os meus almejos vão ser satisfeitos? Por que anseio pela revelação que edifica os desventurados que estão sendo chacinados, barbaramente, depois de ouvirem as prédicas fascinantes do extraordinário Galileu, que arrebata as multidões? Quero conhecer o novo credo. Não sei esclarecer o que se passa comigo, desde quando me separei de Estênio, mas conjecturo que algo de anormal se passa em minha alma: vivo uma existência passada, e aspiro a um futuro indefinível, – esquecendo o presente, que me parece frágil ponte lançada entre dois continentes de uma extensão fantástica! Vejo seres belíssimos, resplandecentes, apontando-me, sorrindo, um caminho estrelado... que termina no Espaço insondável!"

Observando, Norma, a atitude respeitosa e digna com que a ouvia o converso Felício, para experimentar a sua sinceridade, interpelou-o, bruscamente:

– Que fizeste do fatídico punhal de Plínio?

Ele estremeceu e, empalidecendo, respondeu-lhe:

– Quando, ao verificar que havíeis abandonado o *Solar das Sombras*, sentindo inenarrável agonia, tombei no solo, perto da cisterna de que já vos falei, pareceu-me que minha alma fora sugada por um vampiro potente...

Estive no Espaço, tendo a impressão de jamais poder voltar à Terra... Estado indefinível e penoso, o meu! Quando, depois de muito tempo, despertei novamente, percebi que, com o punhal maldito, estive prestes a ser golpeado no meu próprio coração... pois estava em um bolso interno da roupa... Senti-o, naqueles instantes, pesar tanto sobre o meu peito, qual se fora um rochedo esmagador! Compreendi, então, o que me restava fazer: com a mão insegura, de ressuscitado para outra vida mais pura, atirei-o ao abismo... no qual estivera quase a resvalar, sentindo-me livre de um aprisionamento intangível, mas avassalador, como se, àquela hora de transição, se despedaçassem elos de bronze que me ligavam àquele local apavorante e sinistro... Só depois de livre do punhal satânico, que tantos corações golpeara, e tanto pesava no meu, qual avalancha de granito... pude locomover-me e partir do fatal alcáçar, onde fui dos amaldiçoados *Filhos das sombras*...

– Foi o teu passado sombrio que sentiste rolar no abismo, Felício! – exclamou Norma, com os lindos olhos aljofrados pelas pérolas da emoção.

IV

– Estou receosa de que conheças o novo credo, Norma! – exclamou sua irmã, entristecida.

– Por que antevês somente perseguições e dissabores, quando eu julgo encontrar lenitivo, Dulcina? *Eles* não mentem – os meus bons amigos invisíveis! O futuro provará se *eles* me revelaram, ou não, a verdade...

Silêncio comovido envolveu aqueles três seres ligados por sentimentos diversos, ou, antes, pelos grilhões inquebrantáveis do destino.

Uma tristeza indefinível pairava nos seus semblantes, demonstrando bem o que lhes ia pelas almas, que pressagiavam novos embates morais. Dulcina temia pela integridade das faculdades mentais de Norma, que, meditativa, aguardava os acontecimentos já preditos pelos bondosos Invisíveis. Dulcina, ao contrário da irmã, era um Espírito positivo, forte, de aço enrijado nas chamas da adversidade. Norma, contrastando com o seu modo de agir, era uma visionária, não sabendo bem distinguir o sonho da realidade... Dócil, meiga, compassiva, fora criada sem admoestações, patenteando um discernimento invulgar dos arcanos da existência. Seus belos olhos, ensombrados de melancolia, estavam sempre engolfados em sonhos, possuíam um encanto sedutor, pareciam imersos em luz crepuscular. Era uma idealista. Apavoravam-na as perversidades humanas, os festejos ruidosos; e, com a sua palavra eloquente, procurava persuadir a todos da existência de algo superior e sublime, que superava as realidades terrenas, e colimava os triunfos siderais. A incursão daquelas ideias que a jovem expendia, desde quando fora para o antro dos *Filhos das sombras*, preocupava intensamente a irmã, que temia vê-la demente. Nunca a tinha visto, como até então, cogitando dos enigmas do passado e do porvir, olvidando o presente em que se achava...

Ela, porém, percebendo o que se passava no cérebro de Dulcina, tranquilizou-a com a sua palavra convincente, manifestando ideias criteriosas:

– Não te aflijas, amada irmã – disse-lhe –, ainda não enlouqueci, e os deuses hão de permitir que assim continue... Nunca me senti tão calma e confiante no futuro. Aguardo a chegada de Estênio, a qualquer instante. Sei que a nossa aspiração se tornará em realidade. Nossos dissabores, suportados em comum, serão amenizados por uma resignação que vencerá todas as provas por mais tenazes que sejam! Crês que tenhamos somente uma existência; e eu penso o inverso dessa crença mundial...

"Uma existência não é suficiente para adquirirmos a perfeição moral, intelectual e espiritual. Somos falíveis. Praticamos erros abomináveis. Uma só existência é insuficiente para adquirirmos todas as virtudes, resgatar todos os crimes, lapidar nossos Espíritos, alijando deles defeitos e máculas que os obscurecem; desse modo, ninguém teria o direito de ingressar no Olimpo – o cenáculo dos deuses! Se assim não fora, quais seriam as criaturas humanas em condições de se erguerem deste abismo de trevas, para as regiões luminosas em que *eles* vivem aureolados?"

– Tu te esqueces, Norma, de que és um arcanjo, que nunca transgrediu as Leis Divinas, e bem merece viver ao lado dos deuses! – disse Felício, com emoção e sinceridade.

– Presentemente, Felício, todo delito me causa pavor, prefiro a morte à prática de um ato reprovável; mas quem fui eu? Por que sofro, sem haver cometido nenhum mal nesta existência? Por que amamos ou odiamos entes humanos, à primeira vista? Por que reconhecemos, às vezes, um rosto amigo, uma voz familiar, e nos causam repulsa algumas fisionomias de pessoas que, na vida presente, nenhum prejuízo – material ou moral – nos acarretaram? De onde procede o ódio e o amor? Como cessariam as animosidades, os rancores, as vinganças no decurso de algum tempo de vida terrena, insuficiente para o resgate de crimes abomináveis e para as reparações dos prejuízos infligidos às vítimas? Como se explicam as súbitas paixões e os ódios profundos? Por que senti instintivo horror pelo desventurado Plínio, cujo olhar parecia penetrar-me a alma, maculando-a? Que força indômita me repelia de sua presença, qual se fora ele uma sangrenta pantera? No entanto... deu-se o inverso com ele – que eu julgo ter-me adorado desde que me viu e reconheceu – pois recordou quem eu era e quanto já me fizera sofrer, usurpando, arbitrariamente, o afeto do ser que eu tanto amava! Queria, então, tornar-me *rainha*, arrojando riqueza incalculável a meus pés; e, no entanto, eu preferiria viver dentro de um charco, com os crocodilos, a viver a seu lado! ... Se seus lábios me tocassem, eu morreria de asco! Felizmente, porém, para o meu aperfeiçoamento espiritual, consegui perdoar-lhe e compadecer-me de sua desdita, nos últimos estertores de tão miserável vida... Aconselham-me os queridos Mentores – cuja voz tem a suavidade da brisa ao perpassar num roseiral em flor – que não devemos execrar quantos nos façam sofrer, mas sim ter comiseração deles... Há um amor sublime, dizem-me *eles*, o mais excelso e desinteressado de todos os sentimentos, de todos os afetos – quer seja o maternal, filial, fraternal, ou conjugal: aquele que nossa alma consagra sem pedir recompensa – a piedade!

"Tive-a eu, acaso, pelo infortunado morfético? Sim! Quando o vi golfando sangue, semimorto já, procurando olhar-me ainda, com ternura... compreendi, então, toda a intensidade do seu amor por mim... Seu olhar, que sempre me parecera diabólico, cheio de paixão malsã, ameigou-se, inundou-se de estranha luz... a que deve acender-se na alma prestes a transpor as fronteiras do Além... Como expandir tudo o que, então, se passou no meu íntimo? Toda a avalancha de repulsas, que nutria por ele... desmoronou-se, fundiu-se, refrigerou-me o Espírito insaciado de vingança; e, desde aquele momento, uma suavidade indefinível paira em meu ser – onde desabrochou o lírio do sacrifício, a suprema imolação dos nossos próprios sentimentos em prol de nosso próximo! Por que, porém, continuo a ouvir o mesmo doloroso gemido que ele desprendeu, ao morrer, com os lábios contorcidos, macabramente, já apodrecidos em vida? Se não houvesse tantos e fúlgidos legionários divinos – que nos defendem com as suas forças rutilantes contra os nossos adversários invisíveis – talvez ele não me abandonasse um só instante, e quisesse interpor-se entre o meu amor e o de Estênio... para nos separar novamente! Há, em todos os momentos de nossa vida terrena, mormente nos graves, uma intervenção superior. Como poderíamos negá-la, mesmo que o quiséssemos, rememorando o passado, sem reconhecê-la patente? Por que ficamos sem nossos protetores naturais, para sermos impelidas a outro lar, onde fui encontrar aquele que o meu coração pressentia... antes de o conhecer? Por que se deu o nosso encontro contigo, para desempenhares um papel nobilíssimo, qual o de nos proteger contra todos os perigos que nos ameaçavam, em um reduto de sicários? Quem nos guiou, depois, através das estradas desconhecidas, fazendo-te seguir igual trajeto, sem prévia combinação?"

— Eu caminhava ao acaso, como se fora impulsionado por algum braço de gigante! — exclamou Felício, agitado.

— Não existe o *acaso*, Felício! Agora compreendo melhor a trama do destino. Houve uma sentença infalível, austera e justa, a respeito do que fizemos em transcorridas existências... e estamo-la cumprindo, auxiliadas por dedicados amigos do Mundo Espiritual... Todo nosso esforço deve tender para não transgredirmos nenhum de nossos encargos, por mais penosos que sejam! Quando alguém pratica um delito, vai de encontro às Leis Divinas e aos alvitres dos desvelados Mentores... que nos seguem do berço ao túmulo! Há uma inteligência e um poder superiores que nos dominam... Felizes os que percebem suas fraternas orientações e nunca perpetram atos reprováveis...

— Quem exerce esse permanente influxo em nossa existência, por que não susta o nosso braço, quando empunhamos uma arma homicida? — interpelou-a Felício, amargurado. — Algum deus, desses que existem nos templos? Em minha vida acidentada e desditosa... nunca me foi possível estudar esses arcanos, nem apreender os conselhos dos invisíveis...

— Não percebias, muitas vezes, amargas censuras, na hora de um crime, conforme confessaste há pouco? Quem te dirigia dolorosa censura, senão uma entidade amiga e benfazeja, mais útil do que os impassíveis deuses que se acham nos templos, para serem adorados?

"Não é mais que um deus o que ama o próximo, e por ele se sacrifica?

"Ouve-me, agora, por mais alguns momentos, e terei concluído o que desejo revelar: ultimamente tenho flutuado mais no Mundo Espiritual do que no visível... Cheguei à convicção de que há verdadeiros amigos imateriais, quando aspiramos a ser honestos e exatos cumpridores de nossos deveres terreais. Foram eles que me inspiraram as ideias que expendi no *Solar das Sombras*, para exortar os seus infelizes habitantes... Desde que, em época dolorosa, nossos progenitores desapareceram do cenário desta masmorra sombria – a Terra – minha existência transformou-se visivelmente. Nosso lar, até então venturoso, mudou-se em galera, desarvorada com a morte de seu zeloso comandante, e exposta às intempéries e aos açoites dos tufões; teria soçobrado, se outro piloto amestrado não a dirigisse para uma enseada abrigadora, a residência de nosso tio Pôncio. Compreendo que temos agido amparados pelos Espíritos tutelares dos que nos conceberam, e sei que eles hão de nortear-nos para a salvação... Vejo-os, às vezes, destacando-se do sudário da noite... Vejo-os, novamente, tristes ou plácidos, conforme a nossa situação... Ora, eles me aparecem contristados, em aflição, outras vezes, orando por nós... O mundo etéreo deve ser semelhante ao em que vivemos: nele há dores e alegrias, dedicações e odiosidades! A morte não transforma os Espíritos, momentaneamente; apenas lhes despe as vestes materiais, mas os sentimentos continuam a ser os mesmos; salvo os que já têm ânsia de conquistar a perfeição! Julgo que somente as almas aprimoradas e libertas de todos os erros, depois de conquistadas as virtudes, é que ascendem ao Olimpo ou ao Céu. Somente vão em demanda das regiões ditosas do Universo as que alcançaram a vitória definitiva sobre o mal!

"Quem são os nossos gênios tutelares? Nossos pais, amigos devotados – destas ou de findas existências – que nos auxiliam a vencer as escabrosidades das lutas terrenas; regozijam-se com as nossas vitórias e padecem com as nossas quedas e desventuras..."

Avizinhava-se a noite. Os últimos lampejos do crepúsculo afogueavam o ocaso, qual se este fora a apoteose de uma ópera de luz, divina, inigualável no planeta sublunar!

Norma olhou o horizonte, enlevada, murmurando, com o cicio de uma prece:

– Quem duvida, em hora assim, de que haja, além, uma Entidade sublime e grandiosa, que vela por todos, esparge sobre nós raios rutilantes do Sol, que, estando no Espaço, nos enlaça em fios de luz, aproximando-nos do próprio Céu? É verdade que estamos mergulhados em um oceano de trevas, mas Ele nos observa, através da distância infinita a que está de nós, como se fosse um Argos[96] portentoso, com miríades de olhos radiosos, espreitando-nos da sua amplidão infinita... Não estamos abandonados ao *acaso*, que não existe. Quando fugimos do alcáçar das *Sombras*, depois de momentâneo desalento... pressenti que caminhávamos ao lado de solícitos protetores invisíveis... Parece-me que fomos impulsionados para Roma, por uma força oculta, por mãos carinhosas... e prevejo que, aqui, em breve, vamos conseguir decisões de sumo alcance para o futuro...

V

Depois de algum silêncio, Dulcina olhou a irmã, por entre lágrimas.
– Por que choras, querida? – interrogou a inspirada Norma.
– *Pensas* que estou enlouquecida? Dá-se, comigo, o inverso do que *pensas*: tenho as faculdades mentais iluminadas. Percebo que algo de anormal se passou; antevejo novas dores, mas sei que terei lenitivos que hão de superar os meus infortúnios! ...

Várias apreensões turbavam aquelas criaturas, reunidas pela força empolgante do *carma*. Penosas conjecturas, de ordem pecuniária, entristeciam-nas. As nobres moças não queriam utilizar-se do tesouro fatídico de Felício; e, para suprir as despesas do humilde lar, desfizeram-se de preciosas joias, que, havia muito tempo, constituíam cabedais acumulados por seus ancestrais. O que conseguiram apurar chegaria para a manutenção do lar, por alguns meses.

---

[96] Na mitologia grega, gigante que possuía cem olhos, cinquenta dos quais estavam sempre abertos. Símbolo da vigilância.

Naquela tarde, trajados com modéstia, saíram, em demanda do Ostriano, onde se realizavam as prédicas de Pedro – o discípulo do excelso renovador de crenças e costumes, o sublime Crucificado de Jerusalém.

Dirigiram-se, a pé, embuçadas em mantilhas negras, as duas moças, seguidas por Felício; e foram ter aos arredores da Cidade eterna, a um local deserto. Ao aproximarem-se da Porta Nomentana, transposta a Via Salaria, uma sentinela quis embargar-lhes os passos, mas Felício, compreendendo a gravidade da situação, entregou-lhe uma bolsa repleta de áureos.

O centurião, inclinando-se, disse-lhe:

– Podeis, doravante, sempre que eu aqui estiver, transitar livremente...

Voltando-se para as duas lindas companheiras, Felício disse, a meia-voz:

– Estou alijando da consciência e do coração o peso que os oprime...

Chegados ao local que desejavam, seguindo outros seres humanos, todos silenciosos, e embuçados, alguns deles, em mantos gauleses, desceram uma escada que lhes pareceu de difícil acesso, tão sombrio estava o recinto e tão estreitos eram os degraus, dando-lhes a impressão de se estarem internando no interior do próprio globo terrestre.

Acharam-se, finalmente, em uma vasta planície onde se viam túmulos abandonados, já meio ruídos, iluminada frouxamente por alguns archotes empunhados por indivíduos que se revesavam, quando fatigados.

Um vento glacial, por vezes, introduzia-se pelos desvãos das muralhas, fazendo oscilar as chamas dos archotes. Emocionados, com os corações pulsando aceleradamente, as donzelas e Felício penetraram numa área retangular, úmida, rodeada por paredes denegridas pela ação do tempo.

Diversas pessoas já se achavam ali reunidas, orando com fervor, frontes pendentes para o solo. Dir-se-iam sentenciados que fugissem à alçada de severo tribunal, e, acossados pela desdita, impetrassem aos deuses um auxílio extraterreno, que os livrasse de sentença acabrunhadora...

Um golpe de vista, observador e perspicaz, verificaria as diferenças entre as criaturas que ali estavam prosternadas, com os rostos esmaecidos: uns, teriam o terror estampado nas feições convulsas pelo sofrimento ou pelo remorso; outros, uma doçura infinita e uma resignação santificante, que lhes iluminavam as faces entristecidas, parecendo de alabastro luminoso... contrastando com a escuridão do ambiente!

Eram eles os oprimidos, os espoliados, os escravizados, os banidos de pátrias longínquas, os infortunados, enfim, que nenhuma esperança nutriam mais das coisas terrestres, e alçavam os olhos para o Infinito, em busca de lenitivo que lhes suavizasse os tormentosos pesares! Bustos acurvados, mãos súplices, olhos banhados de lágrimas, interpretavam os sentimentos dos que aguardavam a chegada do Apóstolo galileu. Ali, entre muralhas que pareciam ter sido feitas por mãos de titãs, isolavam-se do restante da Humanidade festiva, todos olhando-se com mútua simpatia, aliados fraternalmente, com as almas estreitamente coligadas para a vida e para a morte! Havia um murmúrio de preces, vibrações de almas infortunadas, sinfonias dolorosas para serem ouvidas pelo Maestro supremo; alguns estavam com os corpos pendentes para o solo; outros, com os braços alçados para o Céu!

Às vezes o rumor do choro dos cativos unia-se ao murmúrio das rogativas que se evolavam no ambiente, buscando atingir as alturas constelladas, qual o ruído das ondas sobe ao firmamento, confundindo-se com a luz das estrelas e com as harmonias siderais.

As atrocidades de Nero contra os iniciados do novo credo faziam-nos prever mais cenas trágicas e avaliar a gravidade da situação em que se encontravam os conversos ao Cristianismo. A inclemência com que eram tratados os adeptos da religião, que, mais tarde, teria de avassalar a Terra, oprimia os corações; mas eles tudo olvidavam nos instantes de fervorosas preces; não incriminavam os tiranos, não maldiziam dos senhores, porque havia em todos os Espíritos a dúlcida esperança de, padecentes na Terra, vencidos e humilhados, serem vitoriosos nas regiões fúlgidas do Universo, incomparavelmente mais belas do que as do planeta da dor... Lá, entoariam hinos ao glorioso Crucificado.

Não tinham mais apego à pátria terrestre, mas à celestial. Eram navegantes que, em hora de procela, desejam aportar às plagas queridas – para fruir eterna tranquilidade, sem as agonias de suas tormentosas existências...

Todas as rogativas, em uníssono, se elevavam para o Além desconhecido.

Devotadas matronas, abraçadas aos filhinhos, donzelas, rapazes, anciãos, aguardavam, com ansiedade, a presença do Emissário da Palestina.

Os três neófitos, já nossos conhecidos, incorporaram-se aos que ali estavam congregados. Uma emoção indefinível lhes fazia os corações fremir, despertando sentimentos ignorados, um fervor indescritível, parecendo-lhes que, bruscamente, fora descido um velário sobre o ato final do drama de suas próprias existências, erguendo-se outro que desvendava novo cenário e novas personagens que nele ainda não haviam tomado parte...

Tiveram a sensação de que um epílogo ia ser representado, mais singular do que os antecedentes. Sentiam as almas abaladas por uma comoção indefinível; e, como se a fé absoluta dos ali congregados fosse contagiosa, impregnaram-se da mesma sensação, capazes das maiores abnegações, dos máximos martírios e das máximas imolações!

Um suave murmúrio elevou-se do seio da multidão: todos os olhares se concentraram em uma personagem que chegara naquele instante, modestamente trajada, com o busto envolto em um manto à feição dos dos fenícios.

A um impulso de suas mãos, pequenas e trigueiras, o manto resvalou para os ombros, aparecendo uma fisionomia enérgica, e uma fronte encanecida.

– Pedro! – murmuraram todos, havendo um rumor uníssono de genuflexões.

A face crestada pelo sol da Palestina, os olhos perspicazes e lúcidos do recém-vindo, a expressão de bonomia que ressumbrava, inspiravam uma confiança que penetrava o âmago dos corações, acordando neles sentimentos dignificadores.

A sua aparência, porém, transfigurava-se para os que lhe ouvissem as palavras vibrantes e harmoniosas. Havia nelas um influxo divino, uma tonalidade musical em que se mesclavam, energia e bondade, persuasão e humildade, que arrebatavam o auditório. Suas prédicas eram cálidas e convincentes, descendo às almas em cataratas de luz que iluminavam o recesso das consciências; tinham o dom de despertar nos corações sentimentos estagnados, fazendo-os desprender estranhos acordes, tão maviosos quanto os emitidos pelos Espíritos redimidos e dignos das regiões paradisíacas!

VI

Todos os circunstantes, comovidos e contritos, ajoelhados entoaram um melancólico e suave cântico, ou, antes, uma prece sonora. Ouvindo-o, Pedro traçou uma cruz com a mão direita, cruz essa que, dir-se-ia, ficou paralisada nos ares qual relâmpago permanente... Seu braço conservou-se ereto para o Alto, por momentos, apontando o firmamento constelado, como tentando retirar dele muito fulgor estelar para infundir nas almas dos conversos à Nova Lei, ali silenciosos e prosternados, abençoando-os, em nome de Jesus e do Criador do Universo.

Por momentos ficou Pedro emudecido, com o braço suspenso, parecendo em êxtase, ou recolhendo, nos refolhos psíquicos, mensagens siderais, que se lhe infiltrassem pela fronte venerável, transformando-se, depois, em catadupas de eloquência...

Que disse ele, após aquela deslumbrante concentração? Somente os que ali se achavam poderiam reproduzir – embora imperfeitamente – a maravilha que fluiu de seus lábios.

A Humanidade, até então, ainda não tinha tido um apoio seguro sobre a Terra; parecia suspensa em um incomensurável vácuo, flutuando entre a incerteza das coisas celestes e o fanatismo. Os deuses da mitologia eram ídolos adorados com fervor, mais como obras de arte e imaginação potente dos grandes filósofos gregos, e inspiravam aos intelectuais daquela época ideias soberbas, mas não acordavam nos corações sofredores os sagrados arroubos da fé. Todos os temiam, novos Neros de bronze ou mármore, que se comprazessem com morticínios e represálias selvagens, não inspirando sentimentos fraternos, nem conforto às suas penas... Todos os temiam, mais do que os amavam com sinceridade. A época era de tormentos físicos e morais, de opressões e de vinganças! Quase todos se consideravam infortunados, porque as almas estavam inquietas e insatisfeitas, aguardando algo de melhor que lhes amenizasse as agruras do destino.

Pontentados e plebeus odiavam-se, como que separados por imensa vastidão de água, qual a do mar Vermelho insulando o Egito da Ásia Menor. Os escravos execravam os senhores, e estes àqueles. Não sabiam tolerar as mútuas faltas. Ninguém sabia perdoar. Todos ambicionavam regalias sociais e opulência, adquiridas, às vezes, à custa de extorsões, ou à ponta dos punhais; mas, uma vez conquistadas ilicitamente, as almas sentiam-se paupérrimas e desgraçadas, porque haviam perdido a sua maior riqueza – a paz da consciência, tesouro máximo dos Espíritos imaculados, que ninguém pode destruir. As palavras tão concisas e consoladoras – perdão e esperança – eram quase desconhecidas dos desditosos.

Só então compreenderam os assistentes a sua luminosa significação. Um soluço se fez ouvir. Ninguém se voltou para ver quem pranteava, tantos eram os infortunados que ali se achavam, mal contendo as lágrimas e os gemidos. Olhou-o, porém, o boníssimo ancião; e seu olhar incidiu sobre Felício, ajoelhado, e contorcendo-se de dor moral, com o rosto banhado em pranto. Pedro, interrompendo, por segundos, a sua maravilhosa exortação, fixou-lhe um olhar profundo, devassando-lhe a alma e o coração, e, dele se abeirando, disse-lhe com brandura:

– Meu filho, quero aconselhar-te, quando terminar a prédica...

Depois, alçando a voz, prosseguiu:

– Perdoar é uma palavra de origem divina e de aplicação restrita no globo terrestre. Ninguém desejava imitar o Criador de todos os portentos que admiramos, e dele fazer uso amplo e generoso. Começou, porém, a ser valorizado, desde que o sublime crucificado, o Mestre Bendito, a pronunciou no alto do Calvário, sendo uma das últimas palavras que seus lábios proferiram, antes de se alçar ao firmamento, referindo-se a seus algozes: 'Perdoai-lhes, meu Pai, porque eles não sabem o que fazem!'.

"O perdão é a prova máxima da perfeição espiritual. Quem perdoa as ofensas eleva-se às culminâncias siderais, deixando de ser réptil, empeçonhado pelo ódio e pela vingança, para ser águia altaneira, que respira os ares do Céu. É um raio de sol, que devassa todas as trevas, por mais compactas que sejam, fazendo surgir a alvura da neve, onde parecia existir unicamente a negrura do carbono! Mas quão poucos percebem a sua grandiosidade, a sua esplendorosa magnitude!

"No ódio, nivelam-se a vítima e o carrasco. Perdoar é imitar o próprio magistrado supremo – Deus – que não vive nos altares, mas está entronizado no Universo, que se ilumina da sua luz de astro incomparável!

"A ofensa repercute no Espírito, às vezes durante séculos, qual a vibração do camartelo sobre a bigorna; não cessa de bater e de arrancar fagulhas inflamadas...

"Não se alimenta o ódio, senão de amarguras e execrações. Deixa uma nódoa denegrida na alma. É um eclipse caliginoso, que, às vezes, dura tempo indefinido. É semelhante ao próprio câncer: corrói o coração, onde se acha localizado, alimenta-se de sofrimentos, de torturas e desesperos! A sua impressão é corrosiva, quanto à da ferrugem, que destrói o próprio ferro tenaz – fazendo-o devorar-se a si mesmo!

"Muitas vezes arrasta os indivíduos à prática dos mais abomináveis desatinos, das maiores selvagerias! Um dia, porém, com o dealbar, uma alvorada radiosa, após uma noite de temporal, que parecia eterna, começa a dourar os horizontes da alma, e os primeiros clarões do esquecimento vêm embranquecê-la, iluminá-la, santificá-la! O esquecimento é a transição do ódio para o perdão. É o primeiro cautério lançado à chaga viva do rancor, para a sanear e predispor à cura. Após a incursão do olvido, raia finalmente o dia maravilhoso do perdão, a primavera encantada de todos os Espíritos, que entoam, então, um hino triunfante, compondo a epopeia sublime de uma palavra apenas – *perdão*! Essa grandiosidade, que nivela a criatura ao Criador, é, infelizmente, quase ignorada nas eras calamitosas em que nos achamos...

"A virtude e o trabalho são apupados pelos corruptos, que os relegam aos escravos, julgando-se senhores do mundo! Trabalham os cativos, os oprimidos, os anônimos, os vencidos; no entanto, o Soberano do Universo nos dá o exemplo inconfundível do labor perene, dirigindo todos os seus vassalos, quer sejam homens, quer sejam planetas, estrelas, flores, insetos, concedendo-lhes vida, movimento, alimentação, harmonia, sentimentos dignificadores, radiosidades imperecíveis!

"Só têm virtude os obscuros, os pequeninos, os esmagados, os que estão com as frontes pendentes para o solo, sempre temendo as crueldades dos tiranos...

"A desonestidade, a audácia, o dolo, a perdição, enfim, sentam-se em tronos dourados, ao passo que os probos se supliciam nas lúgubres masmorras... As mulheres formosas são facilmente conquistadas com o ouro dos devassos, que tanto mais valem quanto maior é o número de amantes que possuem! ... Cobrem elas os corpos de púrpura e pedras preciosas, mas suas almas ficam rotas, polutas, cheias de vícios e corrupções, enxovalhadas pelo ceno dos pântanos, da luxúria e da perdição... Vale mais, no entanto, para o mundo tenebroso, o audacioso, o conquistador impiedoso, o dissoluto opulento, o sátrapa devastador, que usurpa reinos, consciências e vidas preciosas, do que o artífice pacífico, construtor dos monumentos invulneráveis às fúrias dos séculos!

"Os artistas adquirem fama imorredoura, são entes consagrados pela admiração dos povos, mas, se não alcançam fortuna, quantos ultrajes, quantas amarguras, quantas decepções suportam nos tugúrios em que vivem e penam. Os seres tímidos, acovardados, deixam-se vencer pelo ciclone das desventuras; mas quem poderá arrefecer, nos recessos de suas almas, as aspirações grandiosas, o desejo de liberdade e de triunfo? Embora arrastados por uma corrente vertiginosa, há de haver um instante de alçarem os olhos lacrimosos para o céu, azul ou tempestuoso, e de seus lábios partirem brados clangorosos de revolta contra as iniquidades que premem a Humanidade! Quem os escutará? O Soberano de toda a Criação: Deus, que é Juiz universal, e também Pai clemente e extremoso. Para melhor auscultar os padecimentos de seus filhos desventurados, enviou, à Terra dos pecadores, um dos seus mais fúlgidos emissários, a fim de exortar os delinquentes, assegurando-lhes os meios de seguir a felicidade suprema, os tesouros celestes reservados aos heróis da virtude...

"Até então os infortunados deixavam-se morrer, asfixiando, às vezes, os gemidos dolorosos, sem o alento de uma fagueira esperança a dourar-lhes os Espíritos angustiados...

"Quando maior era o seu desalento, surgiu, na Palestina, o suave Consolador de todas as torturas morais e físicas: Jesus, o rabi incomparável! *Jesus*, escutai bem esta palavra, que será gravada em vossas almas, e contém um oceano de luz dentro das suas duas sílabas... Seus ensinamentos elevarão, às mansões astrais, os Espíritos que, redimidos pela compunção ardente, com a fé absoluta nos desígnios divinos, praticarem atos de abnegação, sacrifício, devotamento; poderão reparar todas as suas culpas, sendo honestos e laboriosos, e, se estenderem as mãos ao enviado sideral, Ele, como já o fez, mandará amainar as tempestades de sofrimentos, aconchegando-os ao seu seio luminoso... É mister labor, honestidade, sofrimento, amor ao próximo, fé absoluta nas Leis Celestiais, para conseguir uma vitória espiritual.

"Devemos, pois, compadecer-nos do tirano que infelicita os romanos,[97] desalmado que condenou à morte aquela que lhe deu a vida, e cujas perversidades já atingiram o zênite, embriagado de vaidades malsãs, e de libações incessantes, que lhe conturbam a mente, cegando-lhe a razão, levando-o a cometer desatinos e arbitrariedades, a sentenciar a suplícios bárbaros número infinito de criaturas, cujo único crime é o de tributar a devida homenagem à Majestade suprema!

"Concedeu-nos esta um eterno modelo de como poderemos alcançar o definitivo triunfo sobre nossos sentimentos amesquinhadores. Esse é *Jesus*, o Emissário Divino, cuja lembrança ainda me emociona até às lágrimas, cujo exemplo nos edifica, cujas ações foram as de um justo, e cuja morte arbitrária foi nivelada à de um sicário... Sigamo-lo de perto, imitando-o na humildade, na cordura, na justiça, na bondade e na resignação!

"Oprimidos, cativos, desditosos – todos vós que me ouvis – deveis conformar-vos com os vossos padecimentos, imitando o fúlgido Emissário do Senhor do Universo, pois as dores terrenas se transformarão em gozos perpétuos, ao passo que os prazeres ilícitos acarretarão sofrimentos seculares!

"Esqueçamo-nos do momento fugitivo do presente para só nos lembrarmos do futuro milenário que nos aguarda nas regiões superiores da Criação... Sejamos amigos de nós mesmos, evitando as sentenças rigorosas a que os malvados fazem jus...

---

[97] Referência a Nero.

"Não fenecerá, jamais, qual relâmpago em firmamento tempestuoso, a sã doutrina do Redentor, do inspirado de Deus.

"Os deuses mitológicos baquearam de seus sólios, à vibração de sua voz melíflua, ao impulso de suas palavras, e todos ruíram por terra. Sua voz não ficará circunscrita às almas dos que a ouviram, além, na Galileia: será um clarim portentoso, que ressoará em todos os corações, será um clamor e um hino melodioso, que hão de ecoar em todos os Espíritos, os da atualidade e os dos milênios porvindouros! A nova crença, lançada em tantas almas infortunadas, lavrou qual incêndio perpétuo, não crestando, nem destruindo os corações, mas purificando-os, incinerando neles os sentimentos indignos, metamorfoseando-os em austeras e remissoras virtudes...

"Os que pregam a doutrina inconfundível de Jesus aos desventurados são, para eles, portageiros de um refrigério celeste, que dulcifica todas as agruras morais...

"À sua chegada, as almas fremem, porque os soldados de Jesus não combatem com armas mortíferas, mas com as que lhes entregou o sumo general: coragem, mansidão, humildade, perdão, paciência; não ferem os corações; arrebatam os Espíritos. Ditosos são os espezinhados, os desditosos, os escravizados, os oprimidos, os sedentos de justiça, porque serão erguidos aos páramos divinos, e o que lhes falta agora, tê-lo-ão em profusão, no Além.

"Ide-vos, agora, filhos meus, para vossos abrigos quem os tiver... Não ireis sós e desamparados: *Jesus* está convosco, dentro de vossos corações, qual raio de sol oculto em escrínio precioso! Não imprequeis contra os déspotas, nem contra o destino; estais sob a proteção do Altíssimo, e este vos concederá paz e consolações a todas as vossas dores. Se, dentre vós, alguns não tornarem ao Ostriano, é que, talvez, tenham sido arrebatados para as paragens siderais; mas virão, em Espírito, dar-nos novos alentos, mais arroubos de fé, e esperança! Ide, amados meus, e que o Mestre galileu inunde vossas almas de bênçãos e consolações!"

VII

Em poucos instantes a multidão desapareceu, tendo muitos crentes osculado as mãos do venerável pregador, cuja cabeça encanecida tinha, por vezes, clarões suaves, de neve com reflexos de luar. Apenas ficaram no recinto poucas pessoas: Felício, suas companheiras e alguns conversos ao Cristianismo, mais dedicados a Pedro. Com a retirada das tochas e das lanternas, intensificaram-se as trevas. O Apóstolo, então, perto de um cipreste, cujos galhos pendiam para o solo, sobre um túmulo abandonado, fez um gesto a Felício, para que se aproximasse; e, perscrutando-lhe a alma com o olhar perspicaz, disse-lhe, com voz carinhosa, brandamente repreensiva, pondo-lhe a mão sobre a fronte ardente:

– Filho meu, por que pecaste tanto?

Um frêmito de emoção percorreu o organismo do jovem, não tanto pela verdade que escutara como por lhe haver concedido ele a ventura de lhe chamar *filho*! Palavra de duas sílabas apenas, pronunciada em um segundo veloz, mas tão extensa em significação real: representa ela a proteção, o amor, o desvelo, a ternura dos que receberam nos braços o novel companheiro, vindo de paragens siderais, às vezes, das fronteiras da eternidade, o qual aqui aporta com um vagido doloroso, a primeira manifestação de uma vida, sabendo que vai encetar uma outra peregrinação penosa, onde não lhe faltarão dissabores, decepções, refregas morais, desilusões...

Felício nunca tivera quem a pronunciasse assim, nunca ninguém lhe chamara *filho*, como naquela hora inolvidável, em que sentiu ter adquirido um verdadeiro protetor e amigo, como jamais tivera... Não podia mentir àquele varão, cuja fronte embranquecida pela neve de Saturno tinha clarões de crepúsculo, e cujas mãos – quase sempre alçadas ao Céu – possuíam eflúvios magnéticos, que penetravam do cérebro aos pés, fazendo pulsar celeremente o coração, e causando-lhe a estranha sensação de vertigem, de um esvaimento como o que tivera no momento em que verificara a fuga de Dulcina e Norma, à beira do abismo...

Filho! – proteção, ternura, carícia, amigo escolhido pelo próprio Criador do Universo! Seria crível o que seus ouvidos haviam percebido? Teria ele um pai naquele ancião, um orientador, um amigo, como tanto desejara nas horas aflitivas, ele, Felício, o produto do adultério e do anonimato, criado sem uma afeição, ao léu da sorte, no seio de uma sociedade egoística, para se vingar da qual empunhara o punhal e o bacamarte, tingindo de sangue as mãos e a consciência?

Filho! ser amado por alguém sem a menor tisna de egoísmo ou de repulsa; ter um irmão de amadurecida idade, ao qual pudesse confiar todos os almejos e receios; ter um coração experiente e bom para se acolher nas horas angustiosas, narrar-lhe todas as secretas torturas que o seu Espírito antevia, já penetrado das verdades celestes...

Seus lábios permaneceram emudecidos, mas os soluços prorromperam do íntimo, convulsionando-lhe o corpo e a alma, que flutuava dentro do arcabouço material...

O Apóstolo, comovido, sempre com a mão direita sobre a fronte do pecador, como para melhor ficar em contato com os seus arcanos, reiterou o que havia dito:

– Filho meu, por que pecaste tanto?

– Porque... não tive um pai como vós o sois! – pôde Felício responder. – Sou um dos filhos do prostíbulo, sem nome e sem afeto! Sou o produto do gozo venal e da devassidão... Revoltei-me contra a sociedade impiedosa, que eu odiava, e contra os insensíveis deuses de pedra, que não compreendem o que se passa dentro do corpo vivo, sujeito à fome, ao frio, à desventura!

– Infortunado mancebo! São verdadeiras as tuas palavras, mas faliste, porque ignoravas que não há filhos anônimos, pois que o nosso verdadeiro *Pai* vive além, nas regiões consteladas do Infinito (que será a nossa futura pátria), mas não perde os nossos passos sobre a Terra, espreita-nos pelos milhões de olhos de todas as estrelas ou de todos os astros, porque é o mais maravilhoso Argos do Universo!

"Filho meu, erraste muito, cometeste muitos crimes hediondos, maculaste tua alma em caudais de sangue, porque não sabias que tens, como todos nós, o melhor e o mais clemente de todos os pais – Deus – o soberano dos mundos! Agora não tens mais o direito de transgredir os preceitos divinos: – amá-lo sobre todas as coisas e o próximo como a nós mesmos – pois os teus olhos já se abriram para a luz! Tens que resgatar os delitos do passado culposo, sofrendo, trabalhando e praticando ações nobres! Pressinto que em teu espírito os sentimentos maus foram destruídos, qual penedia ao efeito de um terremoto, e nele já começaram a florescer o desejo do bem e da redenção... Doravante, com a alma trabalhada de compunção e já iluminada pelo esplendor das verdades celestes, não terás mais o direito de falir, sob pena de punições severas..."

– Não, pai querido – permiti que eu vos trate por esta designação sublime –, não quero mais delinquir! Arrependo-me dos crimes que pratiquei, quando ainda em plena cegueira espiritual; sei que, de agora para o futuro, maior será a minha responsabilidade, e que penoso será o resgate... Concedei-me, porém, a vossa bênção inigualável, para mim, um escudo de bronze, de proteção para o corpo e para a alma!

– Sim, filho meu, antes, porém, vou conceder-te a aliança do Criador com a criatura humana – o batismo, que é uma prova de que aceitaste todos os árduos deveres do cristão, isto é, o de suportar todas as amarguras da vida por punições remissoras dos crimes já perpetrados: serás compassivo e justo, ordeiro, considerando os homens *irmãos*, e jamais adversários, não te esquecendo do soberano de todo o Universo, ao qual tributarás amor fervoroso, cheio de reconhecimento!

Subitamente, o ancião desviou o olhar do converso, e fixou as duas jovens, que também o escutavam, ajoelhadas e comovidas:

– São tuas irmãs? filho meu? – interpelou Pedro a Felício.

— Não, apenas a desventura ligou os nossos destinos, como se houvéssemos tido os mesmos genitores...

— Que estranha aliança, a vossa, amados meus! — exclamou o pregador. — Trevas caliginosas e esplendores aurorais... em coesão! Como é surpreendente o destino humano: os que já têm almas açucenais, irmanados aos que contêm sombras compactas, para, mais tarde, juntas ascenderem às regiões ditosas da Criação! ... Conúbio de neve e cinza... Perdoai a minha admiração. Dizei-me, como vos chamais?

As donzelas atenderam à pergunta.

Ele fitou os olhos na mais jovem, Norma, com enlevo, falando como em íntimo solilóquio:

— Sua formosura é invulgar na Terra; têm-na somente as criaturas que já estão próximas de Deus... Só conheci duas, assim, que lhe ultrapassam a beleza peregrina — Jesus, o amado Mestre, e sua mãe sacrossanta, seres que, pisando o plano terrestre, têm os Espíritos mergulhados nos fulgores siderais...

Depois, elevando a voz, disse-lhes:

— Filhas minhas, muito haveis sofrido; mas tendes sabido vencer, com galhardia, as vossas atribulações tremendas... Já possuís a virtude dos justos ou dos redimidos; e, se não tiverdes a ventura na Terra, vós a encontrareis na vida eterna, onde se recolhem os bons, os perseguidos, os pacientes, os redimidos!

Bruscamente, fixando mais profundamente o rosto helênico de Norma, murmurou, com convicção:

— És um Espírito que ultima as provas terrenas... Tens que padecer ainda alguns reveses, curtir dores morais profundas, mas vencerás todos os obstáculos, com a alma iluminada pela fé nos desígnios divinos, confortada pela esperança de um porvir isento de inquietações. Aproxima-se de ti um outro ente, de nobres feições — que eu distingo, qual uma nuvem acima de tua fronte — o qual, como tu, cara filha, já tem nítida compreensão de todos os seus deveres morais... pois vejo um nimbo de luz circundando a tua cabeça... Não vaciles mais. És uma inspirada das coisas siderais, e recebes, como dádivas celestes, muitas mensagens do Plano Espiritual. Tu e *ele* ireis trabalhar, eficazmente, pela propagação dos novos ideais disseminados por Jesus. Dir-se-ia que também já ouviste a palavra consoladora do Mestre... Coragem e persistência no fiel cumprimento de todos os teus encargos terreais, pois não tens mais o direito de errar: és uma alma que se desprende dos silvedos do mundo para colher as flores do Céu...

Voltando-se, em seguida, para Dulcina, pálida ao ser penetrada pelo olhar perscrutador do ancião, que parecia ler através dos séculos passados e porvindouros, disse-lhe:

— Tu, querida filha, tens seguido, *há muito*, os passos luminosos de tua irmã, mas ainda não tens o mesmo tirocínio espiritual que ela já possui... Ambas, porém, são almas redimidas em cataduvas de lágrimas... Amas, no mais profundo recesso de teu ser, a um converso ao bem, mas que tem um passado escuro, cuja aliança desigual, por isso, teu coração reluta em aceitar, embora sinta por ele uma afeição invencível... Sois, todos vós, Espíritos eternamente unidos de cambiantes diversos, que tornam mais bela e surpreendente a escala da redenção!

Dulcina prorrompeu em soluços. Pedro, sensibilizado, dirigiu-lhe palavras de conforto; e, depois, referindo-se aos três, disse:

— Ide-vos, queridos meus. Amanhã farei o batismo de todos vós, encaminhando-vos para Deus. Ide para vosso lar. Seguir-vos-ei com o meu pensamento, e rogarei a Jesus por todos que aqui estiveram. A noite já vai alta, e os nossos inimigos rondam os nossos passos – hoje lobos cervais, mais tarde ovelhas de Jesus. Devemos orar por eles, filhos, pois estão enfurecidos contra a Luz... que será a salvação do mundo!

Norma, que, até então o escutava em silêncio, aproximou-se mais de Pedro e murmurou comovida:

— Senhor, desejo falar-vos!
— Por que já não o fizeste, filha?

— Ouvi-me; quando iniciastes a vossa prédica, emocionei-me até às lágrimas, pendi a fronte para a terra, muito abalada por um frêmito avassalador. Subitamente, porém, uma voz que tenho percebido nos momentos mais graves de minha vida, disse-me com suavidade e energia: "Olhai o alto!". Impulsionada por força invencível, fitei os olhos no céu, e fiquei deslumbrada: uma Entidade alvinitente estava acima de vossa fronte, com os braços amplamente abertos, como a abençoarvos... Uma faixa radiosa ligava-o à vossa fronte, unindo o céu à Terra... Seu rosto era sereno, mas triste, muito triste... Quis falar, quando a vi olhar-vos com os olhos cheios de prantos de luz que rolava sobre vossa fronte, mas a emoção embargou minha voz, transformando-a em soluços...

— Filha minha! — exclamou ele, tocando-lhe a cabeça com a mão direita — tens já a visão dos eleitos do Senhor! Viste o amado Mestre, cujas palavras repito às turbas... Viste o celeste Crucificado, pois os seus braços ainda se nos apresentam na posição em que estavam na cruz em que exalou o derradeiro alento... Ele segue os meus passos... está vigilante... Que Ele me dê o ânimo preciso para consumar o meu sacrifício, até o término — eis o que lhe imploro! A morte não me apavora mais; desejo-a, para achegar-me ao rabi bemamado; falta-me a coragem para ver tantas imolações de irmãos cujo delito único é o de quererem seguir o Mestre incomparável. As lágrimas, que viste sobre a minha fronte são o prenúncio de maiores sofrimentos e suplícios!

VIII

Regressaram ao lar, em hora adiantada da noite, aqueles três entes ligados agora mais fortemente pelos grilhões do futuro.

Branda perturbação redesabrochava em suas almas as rosas rutilantes das verdades eternas. As palavras eloquentes do Apóstolo, a convicção que possuía de uma justiça e de uma ventura conquistadas, penosamente, por meio de rudes e remissoras provas, penetraram-lhes nos corações ávidos de conforto e esperança.

Nunca haviam eles sentido emoção que tanto lhes abalasse os Espíritos; pareceu-lhes terem vislumbrado fulgores de uma aurora desconhecida...

No dia imediato, voltaram ao Ostriano, atraídos pelos ensinamentos do ancião, cujas expressões paternais lhes haviam granjeado afeição indelével.

Nessa noite, um companheiro de Pedro estava a seu lado; era Paulo,[98] que arrebatava as multidões com o fulgor de suas pregações maravilhosas. Era menos idoso do que Pedro, trigueiro, de olhos negros, vivazes, uma voz maleável, em que havia modulações diversas, revelando, ora arroubos de fé, ora doçura ou energia. Era o verdadeiro pregador, que verberava o crime, abalava as almas torvas, arrebatando-as do torvelinho das iniquidades às regiões serenas da purificação, tornando-as propícias ao sacrifício, à abnegação, ao lídimo cumprimento de todas as virtudes cristãs. Pedro ouvia-o com enlevo. Sua estatura era mais baixa que a de Paulo, menos trigueiro, olhos sonhadores; suas perorações eram suaves, desciam aos corações sem os ardores das do Apóstolo de Tarso. Paulo tinha arroubos de oratória; suas palavras feriam quais os gládios acerados, e pelas aberturas penetravam clarões de sóis coruscantes. Suas mãos – que também sabiam abençoar – às vezes, dir-se-ia, empunhavam açoites invisíveis, que eram brandidos nos ares, contundindo os corações e as almas... Pedro tinha, quase sempre, os braços alçados para o Infinito, em um gesto de bênção e consolação, que, certo, de lá lhe chegavam a flux, parecendo atraídos para o céu e para as constelações, por influxo magnético. Tímido e fraco, desde a aparição do Mestre, que lhe verberara o tê-lo negado no local onde se imolavam centenas de conversos, avigorou-se-lhe a fé, e sua resistência moral

---

[98] Era perseguidor dos cristãos, mas converteu-se ao Cristianismo após haver tido uma visão do Cristo na estrada de Damasco (atual capital da Síria).

decuplicou-se. Seu espírito, afeito à vacilação e à dúvida, sofreu uma verdadeira metamorfose; converteu-se em baluarte da doutrina que propagava, e contra ela poderiam assestar as bombardas de todos os tiranos da Terra, sem que fosse mais abalada a convicção com que falava! Manifestara-se nele uma serenidade inefável, como só a têm os que se aproximam das regiões siderais, das quais já percebem as harmonias incomparáveis.

Chegara ele a renegar o rabi, algumas vezes, e isso lhe pareceu ter sucedido por influência exterior, por uma conspiração dos invisíveis adversários da Luz e da Verdade... Compreendeu, assim, que os rebelados, os que permanecem nas trevas da iniquidade são os que desejam arrastar para o abismo dos sofrimentos as almas redimidas que já ascendem para Deus.

Mas, desde quando contemplou o Mestre bem-amado, com os esplendores de um astro que tivesse a configuração humana; com a fronte aureolada por um fulgor de estrela, houve uma completa mutação em seu íntimo... Fundiram-se os últimos átomos de sombra, arraigando-se nele uma bênção de luz permanente, que o havia de transportar ao Céu! Não duvidara, nunca, da excelsitude da missão do radioso Crucificado, cuja expressão de tristeza, no olhar resplandecente, lhe causara uma compunção indefinível... quando ia abandonando a Cidade eterna... Sabia, desde então, que Ele não o abandonaria jamais, que seguiria seus passos, paternalmente, e que não podia fugir à luta, deixar os convertidos à crença de que era propagador, entregando-os, covardemente, à sanha de Nero e de seus sequazes... Foi ateada em sua alma a divina centelha da fé, para jamais dela se apartar, qual fagulha de sol penetrando no fundo de uma cisterna.

Até ali existira em seu espírito algo que o fazia oscilar entre a positividade e o idealismo, misto de fascinação e realismo, que não o deixava agir com segurança.

Jesus, era, para ele, uma Entidade excepcional e maravilhosa, possuindo faculdades extraterrenas; mas, por vezes, em sua mente pairava uma partícula de dúvida: e se não se efetuassem as suas consoladoras promessas? Por que fora Ele abandonado às mãos de seus cruéis adversários, e não arrebatado, à vista de todos, para as paragens divinas, sendo fulminados todos os seus algozes? Ele, Pedro, se tivesse algum poderio, não deixaria o rabi querido ser supliciado; como, pois, o magnânimo Onipotente, cuja bondade e cujo poder eram ilimitados, o deixara exposto ao furor dos sacerdotes fariseus?

Negara-o por três vezes, em conjunturas diversas. Ocultara a glória de ter sido discípulo e amigo do mais insigne dos Mestres... Amava-o sempre, porém, com ternura indescritível. Sofrera angústias inenarráveis ao vê-lo martirizado, e desejaria salvá-lo, dando em permuta a sua própria vida para o conseguir. Sempre, porém, pairava em seu espírito secreta dúvida: por que não se patenteara, no Gólgota, o seu poderio supernormal, ao influxo de Deus, de quem se dizia filho e enviado?

Vira-o curvado ao peso do madeiro infamante, espezinhado, flagelado, sem um gemido, sem um brado de revolta...

Por que não fulminara Ele os seus carrascos, que o cobriam de injúrias e apodos?

Não era mais preciosa sua vida do que a deles? Que poder era o seu, se tudo sofria, sem blasfêmias e sem rebelião, os martírios injustos que lhe infligiam os pecadores? Não seria permitida a vindita, para punir os suplícios suportados por um *justo*? Ninguém sabia perdoar como Ele o fez. A vingança, até então, representava a força, a dignidade, a honra; punia uma ofensa grave, ultrajante. O perdão era a covardia dos fracos ou dos impotentes.

Quando prenderam e crucificaram Jesus, Pedro, no seu íntimo, julgou-o um ser semelhante a todos os indivíduos, apenas diverso no valor moral, da bondade inexcedível, na inteligência fúlgida e surpreendente... Infinita foi a sua decepção!

Negara ter sido seu discípulo, embora estivesse avisado por Ele de que ia cometer essa falsidade, pois Jesus sabia ler nas consciências os pensamentos antes de serem exteriorizados, como se já estivessem gravados em papiros com tinta indelével... Não quis presenciar a descida do rabi bem-amado ao túmulo. Um desalento esmagador lhe pesava sobre a alma, destruindo-lhe todos os argumentos em prol do que se havia passado em Jerusalém, ressaltando apenas um pensamento: Ele não possuía nenhum poder extraterreno! ...

Sentia-se Pedro acabrunhado e desditoso. Desejando voltar ao seu humilde mister de pescador, dirigiu-se a Emaús,[99] em companhia de alguns amigos, curtindo no coração um pesar inominável...

Um dos companheiros, Cleófas, perguntou-lhe, de repente, vendo-o imerso em mágoa infinita:

– Que pensas tu, Pedro, que era Ele?

Um silêncio penoso se seguiu à arguição.

O amigo reiterou a pergunta. E então, com entono de profundo abatimento moral, Pedro lhe respondeu com uma evasiva:

– Que sei eu? Cleófas! Julgava-o do Céu... mas parece que era da Terra... igual a todos nós!

– Igual a todos nós?! Pedro! – retorquiu o discípulo com os olhos lacrimosos. – E os milagres que Ele fez... quem os imitará? E os benefícios que disseminou pelos sofredores? Quem o iguala na formosura moral e física? Quem o imitará na generosidade, perdoando até aos que o flagelaram barbaramente?

– És feliz, Cleófas, porque possuis a fé, que não perquire a verdade, não investiga, tal um ceguinho conduzido pela mão de outrem, sem interrogar quem é ele, que o pode levar a um local maravilhoso ou a um despenhadeiro... Eu observo e sofro... Eu vacilo, e tu tens a verdadeira fé que transporta montanhas... como se elas fossem grãos de areia...

– Por que duvidas ainda, Pedro? – perguntou-lhe, subitamente, um desconhecido de voz suavíssima e beleza surpreendente, reunindo-se aos dois.

---

[99] Aldeia da Judeia, perto de Jerusalém.

Pedro estremeceu. Onde já a ouvira o pescador? Que timbre mavioso era aquele tão semelhante ao de Jesus, excedendo-o, quase, na beleza?... Que túnica alvíssima era a sua com reflexos de luz, como não havia nenhuma na Terra? Que estranha semelhança tinha ele com o rabi! Confuso e entristecido, o ancião respondeu-lhe, sem poder olhá-lo novamente:

— Por quê? Porque sendo Ele enviado de Deus, o senhor dos mundos, não deveria ter sido supliciado como um criminoso por inimigos indignos, sem que estes tivessem sido fulminados por um raio do Céu! Ele, nosso amado Mestre, cuja saudade me oprime o coração, era um ente boníssimo, portentoso; e, para que todos cressem no seu poder extraterreno, não devia ter morrido às mãos de carrascos infames, e, sim, sido arrebatado para o firmamento, pela mão de Deus, que aqui no-lo enviou — conforme Ele nos disse...

— Compreendo que tu o amas ainda verdadeiramente, Pedro! — exclamou o desconhecido.

— Como sabeis meu nome? Senhor! — redarguiu o pescador, estremecendo.

— Quem, na Galileia, não te conhece, e aos outros discípulos do rabi? Nada temas, porém, sou incapaz de te prejudicar...

— Sois, então, amigo... de Jesus? — interrogou-o Pedro, ousando olhá-lo, aturdido por uma influência poderosa que se irradiava do misterioso caminheiro.

— Ouve, Pedro; o que desejo expor-te — retrucou o incógnito viajante, com austeridade. — As tuas conjecturas dolorosas são fáceis de ser destruídas. Antes, porém, que eu o faça, quero dar-te um conselho: não tens ainda a verdadeira fé, que ilumina a alma de Cleófas, pois este crê sem investigar minuciosamente, por uma íntima intuição, que pressente todos arcanos divinos e humanos, e sabe distinguir o falso do real, como o emérito ourives, a um simples olhar, reconhece o ouro, o cobre, ou qualquer outro metal. És um Espírito esclarecido pelas experiências dos séculos de existências que tens tido; és arguto e refletido, mas só te convence a verdade palpável e irrefutável... Infelizmente, aqui, no planeta da dúvida e do sofrimento, muitos são os que agem como tu... Já te esqueceste, porventura, de que Ele disse: "Bem-aventurados são os que têm fé inabalável?".

– Senhor! quem sois vós? – tornou o ancião, confuso e aflito. – Por que tendes a voz do Mestre bem-amado?

– Que te importa a minha identidade? Pedro! Apenas por momentos estamos perlustrando o mesmo plano terráqueo; mas afirmo-te que havemos de reencontrar-nos, definitivamente, em outras regiões mais ditosas e mais perfeitas do que esta... Não me chames mais *Senhor*, e sim, irmão, que é o único e verdadeiro parentesco de toda a Humanidade... A tua fé vacila, ainda, Pedro, porque não compreendeste o alvo a atingir pelo Emissário do Criador... *Ele* não desceu à Terra para afrontar as multidões com o poderio invencível do Onipotente; não veio ao planeta das trevas para exterminar os adversários da Luz... pois estes também são nossos irmãos, menos experientes, dignos de nossa comiseração, porque se acham ainda afastados de Deus e sujeitos a punições dolorosas para resgate de seus crimes; são eles ovelhas, embora desgarradas do pastor de todas as almas, do zagal celeste, que ama piedosamente os transviados do áspero carreiro do bem... O que Ele aspira é atear, em todos os Espíritos, o facho eterno da fé, que concede, na Terra, os esplendores do Céu! O que *Ele* quer é que todos lhe sigam o exemplo; sendo bons, justos, compassivos e humildes, amando o Criador sobre todas as coisas e o próximo como se todos fossem irmãos, filhos do mesmo generoso e magnânimo Pai!

"O que *Ele* pretende é persistir no bem, embora haja recebido os maiores suplícios...

"Na cruz, o peso que o vergava não era o da ponderabilidade do madeiro, que seus ombros suportariam facilmente, como se fosse o peso de uma pena, mas o das montanhas de iniquidades que existem nos corações dos pecadores...

"A cruz é também o símbolo dos delitos, que vergam, para um sorvedouro, os pecadores, não os deixando alarem-se ao firmamento; é o emblema das provas por que têm de passar todos os seres humanos, até a deporem no Calvário da Redenção; para, só então, alijando-a de seus ombros, começarem a alçar-se aos páramos azuis... O Gólgota é o remate de todas as provas; o primeiro degrau do Infinito, ao qual se alam os redimidos! A cruz, o símbolo das dores terrenas, é o ascensor das almas para as regiões consteladas do Universo! Parece-te que *Ele* foi vencido, quando em verdade alcançou um triunfo inigualável: saiu vitorioso de todas as provas; ensinou a vencer o erro, as iniquidades, as tentações, as revoltas, as fraquezas; foi derrotado para o mundo, mas tornou-se herói aos olhos do Altíssimo! Foi vencido, na Terra, pelos desditosos que se comprazem com o mal e vivem nas trevas; mas coroado, nas amplidões resplandecentes, com os louros simbólicos dos triunfantes espirituais. *Ele* não desejava a vitória da Terra, mas a do Céu..."

– Senhor! ... não, meu incomparável irmão! quem sois vós? – perguntou Pedro, empalidecendo, com a voz trêmula de emoção, surpreso por haver o enigmático viajante penetrado nos meandros mais recônditos de sua mente.

Ele, porém, não lhe deu resposta: havia desaparecido, repentinamente...

IX

Pedro e seus companheiros, apreensivos, confusos, e, ao mesmo tempo, maravilhados, quando alcançaram o termo de sua peregrinação, refugiaram-se no Cenáculo, onde estava convocada uma reunião dos discípulos de Jesus, para ventilarem diversas questões de grande alcance para todos.

Foram debatidos os últimos sucessos: o martírio do boníssimo rabi, sua aparição às piedosas mulheres, a quem *Ele* havia dirigido a palavra, e o estranho caminheiro que tinha sido visto por alguns amigos do Crucificado na estrada de Emaús.

Estavam todos, entristecidos, congregados em um vasto refeitório, quando um deles perguntou a João, que se conservava calado, com reflexos de lágrimas nos olhos azuis:

– Quem seria o notável peregrino? Como pôde sumir-se diante de todos nós, qual neblina dissolvida pelos raios solares?

– Juro que, por vezes, pensei fosse o Mestre! – murmurou João, comovido.

– Já não te lembras mais do rabi? – disse Marcos, excitado. – O seu aspecto, realmente, recordava o do rabi, mas havia nele algo de diverso que não me podia iludir: a cor da epiderme, os cabelos, a túnica... Se fosse o Mestre, eu o reconheceria... mesmo que fosse o seu fantasma! Só o que me faz meditar é o timbre de sua voz: a do misterioso peregrino possuía a mesma suavidade, as mesmas inflexões, que se gravara em minha alma, eternamente, por certo...

– Que alegria a nossa, se fosse Ele! – exclamou João.

– Vamos orar, conforme Ele nos ensinou? – propôs Pedro, aos amigos que, em uníssono, com fervor e saudade, iniciaram: "Pai nosso que estais no Céu...".

– Paz seja convosco! – disse-lhes alguém, com dulcíssima voz.

Bruscamente abalados por aquela exclamação, proferida com um timbre inconfundível, todos os circunstantes fitaram os olhos na porta de entrada, que um deles havia fechado com segurança, temendo que por ali penetrasse algum adversário do novo credo. Na porta projetara-se uma cruz luminosa, e, parecendo dela desprender-se, com os braços amplamente abertos, viram surgir uma Entidade fúlgida, que, sorrindo tristemente, havia passado através da sólida porta do Cenáculo, tal qual a luz transpõe um cristal puríssimo... Era o rabi, supliciado no Calvário, cujo corpo então surgia de novo, feito agora de transparências luminosas...

Pânico indescritível reinou entre os assistentes.

Impulsivo e cético, Tomé adiantou-se e interpelou a Entidade, cujo aspecto era o de Jesus; mas, quintessenciado como se achava, ainda lhe causava vacilação sobre a identidade, murmurando:

– Como? Senhor! sois realmente o Mestre?!

– Ainda o duvidas? Tomé! Já te esqueceste de minhas palavras: "que eu havia de ressurgir do túmulo ao terceiro dia depois de consumado o meu martírio?".

– Perdão! Senhor, mas vós, se sois o rabi, estais tão belo, que eu cuido ainda estar iludido por meus próprios olhos... O Mestre era formoso, mas vós sois de um deslumbrante aspecto... que eu julgo só existir no Céu!

– Vede – disse o recém-vindo, descendo a neblina da túnica, de neve sutil e luz, mostrando-lhe os vestígios dos cravos e da lança nos pés, no peito e nas mãos resplandecentes, cujas chagas pareciam rosas de rubi com reflexos de sóis... Tomé tocou-as e estremeceu, sentindo eflúvios magnéticos desprenderem-se delas e penetrarem-lhe o íntimo, proporcionando-lhe uma sensação indefinível. Caiu, então, de joelhos, com os olhos cintilantes de lágrimas; e, juntando as mãos em súplica, pediu, com emoção:

– Perdoai-me, Senhor! Vejo, agora, que vós sois, realmente, o Mestre bem-amado!

– Tomé – respondeu-lhe docemente Jesus, com amargura –, tu representas a Humanidade... que só acredita no que lhe fere os sentidos corporais! "Bem-aventurados os que creem, vendo somente com os olhos da alma, que podem pressentir as verdades e as maravilhas eternas!"

– Senhor! – pôde dizer-lhe Marcos, enquanto o incrédulo Tomé soluçava. – Vinde ficar eternamente conosco, livre dos vossos implacáveis inimigos, pois agora ninguém mais ousará supliciar--vos, porque já pertenceis às regiões celestes!

– Não se derrogam as Leis Divinas, Marcos! Dai à Terra o que é da Terra, e, ao Céu, o que a este pertence! Apenas por instantes me é permitido estar convosco...

– Que dissestes? Senhor! Sois, acaso, um fantasma?! ... – interpelaram diversos dos assistentes, afastando-se, aterrorizados.

– Já vistes um fantasma de carne e osso?! – perguntou Jesus, tentando desvanecer-lhes o susto, por saber quanto os judeus temiam as aparições, dominados que estavam por supersticioso temor.[100]

Ninguém mais, porém, ousou tocar-lhe no corpo sideral.

– Vamos cear como outrora! – disse-lhe o rabi, com doçura e tristeza, vendo-os perplexos e ainda temerosos de que Ele fosse um duende. A mesa do Cenáculo já estava com as iguarias sobre ela. Naquela época, como ainda acontece na atualidade, os assuntos graves eram, às vezes, tratados às horas de refeição, porque, assim, a assistência era mais numerosa e a atenção não se desviava, como sucede quando cada um fica em um local separado, tratando de vários temas. A reunião daquele dia foi conduzida para um assunto magno, convocada que fora por Pedro para que todos tomassem uma definitiva deliberação, sobre as circunstâncias em que se achavam; predominando entre eles o desejo de se dispersarem, eximindo-se dos compromissos e das responsabilidades que haviam tomado, entre as quais, a de propagar o nascente Cristianismo.

– Visto não serdes um espectro, Senhor, muito nos alegra a vossa presença em nossa humilde ceia! – disse Pedro.

Na mesa havia pão e peixe. Tomando um dos pães, que estavam sobre a alva toalha, Ele o partiu da mesma forma por que o fazia sempre; e, então, os discípulos disseram, entreolhando-se, admirados:

– Sois, realmente, o Mestre bem-amado!

---

[100] Nota da médium psicógrafa: Jesus, naqueles momentos, estava materializado, como sucede às aparições dos Espíritos, já verificadas por W. Crookes e outros cientistas europeus. Os Apóstolos eram possuidores, todos eles, de faculdades medianímicas; e, por isso, grande fora o desprendimento de fluidos, A tangibilidade de Jesus era completa. O Espírito, quando se materializa, parece atrair, como um condensador, os fluidos contidos no ambiente para produzir o fenômeno desejado.

E alguns choravam de alegria. Não sabiam os Apóstolos definir o fenômeno psíquico que ocorrera com o rabi – que possuía, em máximo grau, a faculdade de materializar e desmaterializar o que Ele quisesse, ao influxo de sua volição prodigiosa, podendo, assim, aumentar e diminuir os alimentos que suas mãos puríssimas tocassem.

Naquele momento Ele parecia alheio à observação dos Apóstolos. Indizível emoção vibrou em todos os corações ao certificarem-se da presença real do inolvidável Mestre. Jesus, serenamente, translúcido e majestoso, tomou dos alimentos e repartiu-os pelos comensais. Estes, porém, cabisbaixos e perplexos, não erguiam os olhos dos pratos, não percebendo que, enquanto Ele orava, todas as partículas da iguaria, que reservara para si, iam sendo dissolvidas em átomos; e qual bruma das serranias, evolavam-se para o alto, integrando-se na atmosfera...

Ninguém o percebeu, mas, no final da ceia, ao dirigir-lhes a palavra o Mestre querido, todos o olharam maravilhados, tal o esplendor que Ele irradiava através de suas vestes etéreas e radiosas... Refletiram eles, então, que nem Jesus, nem suas vestes luminosas eram deste planeta, pois, segundo o costume judaico, Ele havia sido encerrado no sepulcro inteiramente despido, apenas envolto em lençóis, além do que, não podia haver na Terra uma túnica alvinitente igual à sua...

Os alimentos, por abençoados, causaram-lhes uma sensação indefinível; dir-se-ia que, apenas ingeridos pela boca, haviam penetrado, imediatamente, nos tecidos corporais, impregnando-se neles, em seus Espíritos, refrigerando-os qual um éter delicadíssimo...

Jesus, vendo-os entristecidos, confortou-lhes os corações, paternalmente.

Com doçura infinita, disse-lhes:

– Meus amigos e meus irmãos, já se consumou uma das missões que o Pai celestial me confiou: a de vos dar o exemplo vivo da humildade, e do sofrimento sem revoltas e sem impaciência...

Sejam quais forem as nossas provas, não recusemos o cálice de amarguras; saibamos recebê-lo em nossas mãos, sorvendo-o, até à derradeira gota, para que outras mais pungentes expiações não vibrem em nossas almas, nem os açoites de sofrimentos mais acerbos! Orai, orai, sempre, e vigiai! Não temais os vossos adversários, mas as vossas transgressões às Leis Divinas. Aqui estáveis reunidos pela última vez, pois todos vós, duvidando dos ensinamentos que vos ministrei, desejáveis abandonar os misteres celestes pelos terrestres... Agora, que já vistes a realidade do que preguei, não o fareis jamais! Fostes, novamente, unidos pelo Céu, que não alimenta só os vossos corpos mas vossos Espíritos combalidos e incrédulos, despertando neles energias desconhecidas...

"Saturai vossas almas no amor mais sublime do Universo, o que se consagra a nosso Soberano Pai, alçando-lhe os vossos corações contritos, impregnados das virtudes supremas... Recebestes uma excelsa missão que tendes de desempenhar a despeito de todos os obstáculos, transpondo abismos no passadiço das inquietações, escudados por inquebrantável fé, atravessando os oceanos temerosos das revoltas morais, das injustiças, das perseguições e das dores tremendas, como se estivésseis em um bergantim que não naufraga nunca, com a coragem que aquela fagulha divina infunde nos Espíritos, tornando-os invencíveis!

"Orai... e vigiai os vossos próprios sentimentos, irmãos queridos! Não vos esqueçais das minhas palavras e dos martírios que padeci por amor de todos os seres humanos, servindo de eterno exemplo para os que aspiram ao triunfo espiritual, renegando as coisas terrenas, conquistando, com lágrimas, labor e humilhações, os bens imperecíveis, que nos transportam às regiões felizes do Universo!

"Aqui me tendes, companheiros e amigos, após o cumprimento de uma missão dolorosa, para encetar outra, não menos cheia de responsabilidades, e cujo término não devo precisar ainda, porque atingirá muitos milênios porvindouros! Não me julgueis uma Entidade privilegiada, com poder para derrogar as Leis Divinas, pois apenas sou um servo do incomparável Soberano, que muito já tem laborado na seara bendita. Todos vós sereis algum dia o que, presentemente, eu sou. As Leis Supremas são justas e equitativas; não excluem nenhum ser na escala maravilhosa da evolução espiritual; todos ascendem dos mundos de trevas para os planos luminosos, que existem, em profusão, nos domínios do Infinito! Já conquistei algumas faculdades que vós ainda não possuís, todas somente para a prática do bem; mas, no instante em que eu desejasse exercer uma desforra, fulminando os nossos infortunados adversários, perderia todos os triunfos já conquistados em séculos de provas pugentíssimas, e teria que enfrentar outras e mais penosas dificuldades... Não é fruindo gozos e regalias mundanas, nem exterminando inimigos (que são irmãos iniciantes nas jornadas do progresso espiritual), mas vencendo nossas próprias imperfeições de caráter, nossas paixões nefastas, nossos impulsos aviltantes que a nossa alma se robustece na prática das virtudes, se depura de seus defeitos predominantes e adquire a contextura das dos justos!

"Não é o abutre, vencendo pela força a tímida e frágil avezinha, que merece as bênçãos celestes, mas a ave cândida, de plumagem de neve, cujo olhar puríssimo não reflete os ardores da ferocidade.

"Não é o Espírito engolfado em deleites, que degeneram em vilanias, o acolhido nas paragens de luz, mas o que, na Terra ou em outro planeta de expiações, é espezinhado, sofre os rigores dos maus ou dos que desconhecem as leis do amor e da fraternidade, que regem a Criação! Nosso Pai ama a humildade, a mansidão, o ânimo sereno, sem brados de rebelião; o que sabe perdoar e esquecer as injúrias e as injustiças que ferem as almas sensíveis!

"Eu fracassei no conceito da Humanidade imperfeita; venci, porém, para a suma perfeição do Universo!

"Não queirais os triunfos da Terra, mas os do Céu. Não invejeis os soberanos, pois estes, às vezes, são mais desditosos do que os seus mais obscuros escravos, que não têm as lutas nem as responsabilidades deles.

"Curvai vossas frontes nos momentos de ríspidas tribulações, e alçai os vossos corações ao Infinito, implorando conforto e coragem ao divino semeador de estrelas pela amplidão sidérea! Quanto mais rigoroso é o cativeiro, mais se esfacelam os grilhões e se dilatam as asas brancas das almas redimidas, quando deixam o estreito ergástulo em que se achavam encarceradas, para cortarem a vastidão incomensurável do Espaço, sempre azul e florido de astros e nebulosas...

"Ele, o Pai misericordioso, acolhe sempre, compassivo, os rogos dos humildes de coração, e de desejos castos e dignificadores.

"Eis-me aqui, após o término de espinhosa missão, apto para encetar outra, sem desfalecimentos! Somos servos submissos do Senhor do Universo e devemos obedecer-lhe com desvelos e carinho de filhos, pois Ele nos ama e nos recebe como o pai do *filho pródigo*, quando buscamos os seus braços afetuosos, o seu incomparável lar...

"Quanto maior é o peso da cruz tanto mais valioso será o galardão e o mérito conquistados...

"Não é com as regalias terrestres, vivendo sem apreensões, cercado de considerações e pompas que o Espírito triunfa das provas planetárias. Se vos sentirdes fracos para os embates das lutas da existência, suplicai força e denodo moral ao único Soberano da Criação, e Ele vo-las concederá em profusão. Ele nunca abandona a quem lhe implora bênçãos e proteção. Quando eu orava no Horto,[101] antes das tribulações tremendas por que ia passar, por instantes, tive um desfalecimento, que logo foi desvanecido, pois, juntamente com o cálice de amarguras... eu hauri, vindos do Alto, eflúvios balsâmicos que me deram o ânimo de que necessitava para o final desempenho de minhas acerbas angústias.

---

[101] Horto das Oliveiras – local onde Jesus sofreu; viveu momentos de angústias.

"Pedi, pois, nos momentos aflitivos, e Ele vos enviará catadupas de consolações.

"Ele não fornece pedras a quem lhe implora um pão ou um consolo. Confiai, portanto, no Pai extremoso, abrindo-lhe os corações, como se o fizésseis ao vosso melhor amigo.

"Confiai-lhe vossos segredos, vossas angústias, vossas humilhações, e Ele vos dará conforto e inspirações salvadoras.

"Não sois ovelhas abandonadas na Terra, à sanha dos lobos vorazes; estais à vista de um pastor vigilante, que não deixa transviar-se nenhuma das que lhe foram confiadas, retirando-as do abismo do erro todas as vezes que nele se precipitarem; toma-as sobre os ombros luminosos e leva-as ao aprisco maravilhoso, onde não entram os tigres ferozes do mal – o Céu – região bendita em que se abrigam os redimidos, os justos, os conversos ao bem...

"Tendes em vosso próprio íntimo o mais precioso de todos os tesouros, por mais destituídos que sejais dos bens terrenos: uma alma imortal, que, sendo às vezes de trevas, pode ser metamorfoseada em luz; e, sempre que o quiser, tem a faculdade de se rojar aos pés do Criador por meio de uma prece fervorosa! A prece é a simbólica escada de Jacó; estabelece estreita comunhão do Céu com a Terra; é o elo fúlgido que liga a criatura ao Criador; é o ascensor portentoso que liga os encarcerados na carne às mansões siderais!

"Tende fé no que vos digo e sereis norteados para Deus, a suprema e incomparável maravilha do Universo. Orai e vigiai os vossos corações. Muitos séculos hão de escoar na ampulheta do tempo antes que, aqui, sejam definitivamente implantados os ideais remissores, transformados em magnas realidades.

"Este planeta está quase no seu início. A corrupção lavra em quase todas as almas, qual incêndio devastador. Os sentimentos bons crestam-se às suas chamas consumidoras; hão de, porém, ressurgir das próprias cinzas, como a lendária Fênix, brancos e redivivos rivais dos mais belos raios solares!

"Virá, nos últimos tempos, uma verdadeira tempestade de dores, que a todos atingirá; como se aproxima outra para os vossos dias, mas, depois da procela, que vai durar milênios; depois das refregas morais de grande intensidade; depois das lutas fratricidas, que ensanguentarão o solo, destinado ao abrigo e ao plantio dos alimentos úteis à Humanidade e a todos os viventes terrestres; após a vitória do despotismo, uma era bonançosa há de raiar, em que as criaturas serão libertas do mal, e a verdade excelsa – depois de ser tenazmente combatida – será implantada neste orbe como se fora um cedro de bronze eterno e inabalável!"

X

– Nunca façais o que possa prejudicar o próximo, seja qual for o motivo que tenhais contra ele, para que o remorso não conturbe as vossas almas; não sejais infratores dos códigos sociais e divinos; não prolongueis indefinidamente vossas peregrinações no vale dos tormentos. Tomai vossas cruzes aos ombros, amigos e irmãos queridos, e parti a semear as verdades que aprendestes!

"Cerrai vossos lábios às palavras de revolta, às murmurações, às censuras, às falsidades...

"Santificai-os com as preces, as palavras de brandura, as consolações, a piedade, o perdão...

"Por mais pesado que seja o madeiro, nunca vos faltará o arrimo dos cireneus deste planeta e dos páramos celestes. Nunca estareis sós para a luta.

"A projeção de minha alma irradiará sobre vós pensamentos que deveis pôr em execução. Parti, pelo mundo vasto, com as bolsas vazias de moedas e os corações transbordantes do ouro da fé. A Misericórdia Divina suprirá o que vos falte. Sois eternos peregrinos, conquistadores de almas para o aprisco celeste.

"Ide lançar as sementes de luz, que já vos foram concedidas, e que germinarão nos Espíritos, transmudadas em sentimentos dignificadores.

"Chamai-me, do âmago de vossas almas, e eu vos escutarei, pois estarei sempre vigilante, atento à voz das ovelhinhas que o Pai celeste me confiou. Não vou partir para o gozo perpétuo, que aniquila nas almas as nobres iniciativas, tornando-as inertes e indiferentes às lutas benditas que se travam pelo Universo inteiro; mas para a peleja eterna de que sou um dos mais humildes legionários de Deus! Vou partir para regiões siderais, ficando em vossos corações os meus ensinamentos, que permanecerão convosco nas horas de agonia que se aproximam...

"Nunca olvidareis as minhas palavras, como eu não vos esquecerei jamais!

"A cruz, em que fui supliciado, é o eterno emblema da excepcional missão que Deus me confiou: cravada no solo, os braços estendidos para o Infinito! Estarei, assim, convosco, na Terra, e com o Pai celestial, nas alturas consteladas.

"Esgotei, neste planeta, o cálice de amarguras, e assim vos sucederá, amigos meus!

"O Gólgota será eternizado por todos os milênios, em todos os Espíritos. Ele simboliza a etapa final de todos os que, penosamente vergados ao peso das iniquidades e das expiações aspérrimas, vergastados pela dor, caminham pela via crucis das existências planetárias, deixando farrapos de alma pelo seu trajeto; mas chegam, enfim, ao termo de todas as amaritudes, de todas as punições salvadoras, que são facetas abertas nos diamantes informes, para que mais brilhem e se tornem verdadeiros fragmentos de estrelas!

"Lembrai-vos, sempre, de que é mister carregar o madeiro esmagador, sem um lamento, sem um gemido, deixando apenas que as lágrimas refrigerem os corações, qual neve dos píncaros do Himalaia!

"Eu vos dei o exemplo de como se pode conquistar o Céu. Sustive aos ombros a avalancha das iniquidades, das injustiças, dos escárnios, até atingir o Calvário, que começa na Terra e termina no Infinito! Soube calar nos momentos de angústia suprema. Fui humilhado, escarnecido, vilipendiado, vencido, enfim, pelos pecadores, para triunfar para Deus supremo, o justo!

"Este é o roteiro da redenção.

"É penosamente que as almas torvas escalam as muralhas azuis do firmamento, deixando de ser limo dos charcos, para se transformarem em luz resplandecente; deixando de ser reptis que se rojam pelo pó, para ascenderem ao Espaço, rivais das águias altaneiras!

"As que foram abatidas nas masmorras de trevas, serão exaltadas nos Impérios Divinos, destinados aos conversos ao bem.

"Não compreendestes ainda a sublimidade da dor e da humildade, todos vós que vos rebelais contra elas, considerando-as adversárias... Abri-lhes os braços, qual eu o fiz no cimo do Gólgota: abençoai-as, santificai-as com resignação e serenidade espiritual!

"Quem são os nossos inimigos, os nossos traidores, os nossos escarnecedores? Os que desconhecem as Leis Divinas, os transgressores do mandamento supremo: 'Amar a Deus sobre todas as coisas e ao próximo como a nós mesmos', ou os que já infelicitamos em eras passadas...

"Como resgatarão eles as suas perversidades, no transcurso dos séculos? Assim como feriram os nossos irmãos, também eles serão feridos, pois as espadas que empunhavam, para molestar os que consideravam adversários, serão conservadas pelos executores da Justiça eterna, e, mais tarde, traspassarão seus próprios corações, a fim de adquirirem a experiência de quanto torturam os apodos, a vindita, as tribulações, que infligiram a seus irmãos. Nunca sejais impiedosos, nem injustos. Procurai sondar as misérias humanas e concedei a todas as almas ulceradas de sofrimentos morais um lenitivo, uma palavra de compaixão, que, às vezes, vale mais do que as moedas metálicas, que não as penetram como raios de sol, aquecendo-as com o calor da mais valiosa de todas as caridades: a piedade!

"Sublime é a vossa missão, mas repleta de tormentos e de decepções tremendas...

"Não vos esqueçais, porém, de que os humildes de coração, os oprimidos, os espezinhados, serão exaltados; e os que forem injustos, não possuindo outro mérito além do despotismo e dos tesouros mal adquiridos, serão humilhados em posterior peregrinação terrena...

"Vós sois o sal da Terra... Sim, vossas palavras, combatendo o erro e a corrupção, o egoísmo e as iniquidades, terão o poder de sanear as almas, que pareciam estar em plena putrefação moral, contaminadas dos pecados mais hediondos e vis..."

XI

– Vossas palavras – que indicam o roteiro do Céu, como o sal, que preserva as carnes de inevitável corrupção – livrarão os Espíritos da putrefação do mal, tornando-os puros e sãos...

"Ide, amigos, não mais para os vossos humildes misteres, mas para diversas paragens, transpondo mares e serranias, levando, a todo sofredor, consolações e conselhos fraternos; transmitindo, às turbas sequiosas das coisas celestes, verdades luminosas, que hão de ultrapassar os séculos...

"Ide, e sereis amparados pelos luminares das regiões siderais. Nunca estareis sós para a luta. Eu vos seguirei, embora invisível, em todas as vossas peregrinações terrenas.

"Eu vos ajudarei a suportar todas as dores, nas horas de acerbos padecimentos...

"Eu vos receberei nos meus braços, eternamente abertos para acolher os redimidos, os que, transformados, asas dilatadas, cindirem as regiões serenas do Universo! Nunca achareis fechados estes braços que, perenemente, hão de disseminar conforto e perdão...

"Vede-me, sempre, como no ápice do Gólgota, tentando abraçar a Humanidade toda em um só amplexo de piedade e amor intraduzíveis...

"Aprouve ao Pai e Senhor que eu vos transmitisse sua excelsa vontade: ligar o Céu à Terra por meu intermédio; estabelecer as leis básicas da redenção; ensinar a sofrer e a aprimorar os Espíritos por meio do bem e da prática de todos os deveres morais.

"Meus braços se fecharão, em um amplexo amistoso, sobre a Humanidade sofredora, unindo-a em um só grilhão amoroso, mostrando-lhe o quanto é incomensurável a Misericórdia Divina, que enche o Universo, como luz imperecível!"

Assim dizendo, Jesus alçou as mãos alvinitentes para o Espaço ilimitado, a implorar uma bênção radiosa do Criador, para todos os que se achavam reunidos em nome da Majestade suprema; baixando-as, após, à altura de todas as frontes. Dir-se-ia que eram elas duas asas de neve, que adejassem sobre aqueles pecadores, conversos ao bem, aprestando-se já para o voo eterno...

– Senhor – murmurou Pedro, lívido de emoção –, ficai conosco, e não nos abandoneis jamais! Agora estais livre de vossos inimigos, por todo o sempre... Ficai, pois, a nosso lado... sem que ninguém o saiba, confortando-nos com a vossa presença, e as vossas expressões inigualáveis! Sereis um pai e um irmão carinhoso a reanimar-nos, sempre que regressarmos de nossas dolorosas romagens...

– Amigos – tornou Ele, afastando-se um passo, com entonação de ternura e tristeza –, eu tenho que partir para as regiões superiores, porque esta é a vontade do Soberano de toda a Criação, mas nunca vos abandonarei, nem a nenhum dos que trabalharem na seara divina – agora ou no fim de todos os séculos!

– Como podeis ficar conosco, Senhor, se ides partir para as longínquas paragens celestiais? – perguntou Pedro, sensibilizado até às lágrimas, estendendo-lhe as mãos crispadas, desejosas de o prenderem.

– Pedro, amigo meu, não duvides mais de minhas palavras! Não conheces ainda todos os arcanos da alma, que é luz e pode irradiar seus raios através das maiores distâncias, como o fazem os astros... Não vês o Sol, como, longe da Terra, pode aquecê-la e enviar até à profundidade dos abismos suas setas radiosas? Há Espíritos que têm o negror das trevas mais intensas, e outros que possuem o fulgor do astro rei. Destes, os pensamentos são fagulhas que devassam as mais negras sombras e percorrem as distâncias com mais vertiginosa rapidez que a da luz dos raios estelares... Eu vou partir para o Espaço incomensurável, mas ficarei convosco, e nenhum passo darei sem que eu esteja presente... Chamai-me, com a voz da alma, que é a prece, repetindo a que vos ensinei, e nosso Pai clementíssimo permitirá que eu me comunique convosco, vos oriente, vos norteie para o Céu...

"Urge, porém, amigos meus, que eu vos deixe, agora, sentindo um pesar bem acerbo – porque vejo que, alguns dentre vós, ainda são fracos e vacilantes... Consumou-se uma das etapas da minha missão, para iniciar outra mais arriscada ainda. Ide, também vós, pregar as verdades que conheceis. Vai, Pedro, pescar almas e corações para o Céu. Todos vós sereis generosamente recompensados, conforme o mérito que alcançardes. Não recueis diante dos perigos nem dos suplícios. Sabeis que ninguém poderá aniquilar a fagulha divina – o Espírito – e este, que é imortal, receberá seu galardão! Não vos abandonarei jamais! Deus que vos abençoe e vos encoraje a cumprir, com denodo, vossos dolorosos encargos, nos quais alguns encontrarão o martírio... e a glória!"

Todos os circunstantes, como sob o domínio de uma força potente, caíram genuflexos, e ouviram, atônitos, qual celeste sonoridade, um suavíssimo tanger de harpas dedilhadas por arcanjos, sentindo que aquela dulcíssima vibração lhes penetrara nos refolhos das almas emocionadas.

Subitamente, afastando-se até à porta, depois de os abençoar, Jesus estendeu novamente os braços – como se ainda estivesse crucificado, e, então, todos os presentes assistiram a um estranho fenômeno, inexplicável para eles, que o desconheciam e o temiam: a névoa alvinitente que formava o corpo exterior do rabi, tornou-se bruscamente fúlgida, ou, antes, foi dissolvida, e logo substituída por indefinível resplandecência, que ofuscou todos os olhares; e penetraram nos Espíritos radiosidades inéditas, impregnando-os indelevelmente! Sua túnica pareceu-lhes tecida de raios do próprio Sol.

Então, aturdidos, curvaram as frontes até o solo, estarrecidos e deslumbrados pelo esplendor que se irradiava do Nazareno, mormente no tórax, onde pulsava um rubro coração de luz...

XII

Lentamente, Jesus, assim transfigurado, de lúcida transparência, foi-se aproximando da porta, pesada e intransponível para os seres materiais, mas que, às súbitas, se tornou translúcida, com os átomos desagregados, desenhando-se nela uma cruz rutilante, por onde Ele penetrou facilmente. Os Apóstolos, como que magnetizados pelo influxo daquela Entidade fulgurante que se ia afastando deles, e cuja superioridade reconheceram, estavam todos fascinados e arrastados por sua vontade unicamente... Quando o Nazareno desapareceu, todos eles se ergueram e se precipitaram para Ele, e, abrindo a porta, de par em par, viram-no, pairando ao alto, tendo-se erguido de um só ímpeto, como que atraído pelo Céu azul e radioso, abençoando-os ainda, grave e triste, parecendo saudoso do mundo tétrico que ia deixando... E, assim, se foi alçando ao Espaço, formando a sua trajetória uma resplendente via-láctea, que ligava a Terra ao Infinito, até que desapareceu como se houvesse ficado reduzido a um átomo de estrela...

Absortos, emudecidos, eles se conservavam em prece, até que Pedro, ajoelhando-se, novamente, murmurou:

– Perdão, Senhor, perdão! Eu duvidei de Vós, algumas vezes, confesso, com indizível pesar! Sou um mísero pescador, e Vós uma Entidade celeste... que aqui esteve por momentos; e, por isso, não podemos agir da mesma forma! Não me deixeis, porém, só, neste calabouço cheio de dores! Eu sou trevas apenas, e Vós, luz deslumbrante! Agora, mais do que outrora, tenho necessidade de Vós, pois em meu Espírito fizestes desabrochar faculdades desconhecidas e germinar a centelha imperecível da fé; mas como sou fraco e sujeito às tentações do Espírito do mal! Auxiliai-me a ser digno de Vós e do Pai celestial!

Todos os companheiros de Pedro, tanto quanto ele, choravam; e, em conjunto, prestaram solene juramento de fidelidade ao Mestre querido, comprometendo-se a propagar as verdades que Ele lhes havia transmitido, com desprezo pela vida, por amor à sublime doutrina cristã.

A nova, surpreendente, da aparição de Jesus, ou sua ressurreição, foi logo amplamente divulgada em Jerusalém e seus arredores. A mãe puríssima do rabi e suas leais companheiras lamentaram não se acharem presentes no Cenáculo, mas choraram de alegria por saberem que Ele proclamara uma verdade incontestável, triunfara de todas as provas e se alçara ao Céu; tiveram muito confortados os nobres corações, com a certeza absoluta de ter Ele subido para a glória e para o esplendor da eternidade, isentando-se, por todo o sempre, de qualquer átomo de dor e de perfídia...

Os discípulos de Jesus, desde então, congregavam-se com frequência. Às suas reuniões estava sempre presente Maria de Nazaré, que, muitas vezes, lhes dirigia a palavra, suave e persuasiva, inspirada pelos luminares do Infinito, e Maria de Magdala, que se tornou inseparável companheira da boníssima senhora. Dir-se-ia que o seu unigênito filho lhe havia transmitido predicados excepcionais de oratória, pois fascinava os circunstantes com as suas pregações em que faiscavam as rutilâncias celestes dos Espíritos acrisolados na virtude, incutindo em todas as almas eflúvios balsâmicos, ondas de harmonia, serenidade e fé. Muitas vezes, os Apóstolos, ouvindo-a, esqueciam-se de que o rabi já se houvesse alado ao empíreo, pois a voz da pulcra senhora tinha as mesmas cadências dulcíssimas, as mesmas inflexões das do Nazareno...

Os adeptos do novo credo acorriam àquelas predicações, atraídos por um poder maravilhoso. As perseguições dos sacerdotes de Jerusalém recrudesciam, porém; e, então, houve necessidade da dispersão dos Apóstolos, que já haviam sido investidos de uma autoridade super-humana, sendo-lhes outorgadas faculdades surpreendentes, com a recepção dos dons do Espírito Santo, por meio de fagulhas de um fogo celeste que impregnava suas próprias almas, desde aquele instante completamente iluminadas...

Orientado por uma intuição iniludível, Pedro, depois de haver percorrido várias localidades, dirigiu-se a Roma, onde foi levar o conforto da palavra inspirada pelo Mestre querido, inoculando, pela vez primeira, em muitos corações desalentados, a consoladora esperança de uma vida melhor, após as mais ríspidas procelas de lágrimas e dores que os vassalos de Nero, então, estavam a custo suportando.

Sua chegada constituiu um acontecimento jubiloso para os desditosos romanos, vítimas da tirania de um infeliz, que, elevado às culminâncias do poder humano, ainda tinha o Espírito obscurecido pela caligem do mal.

Pouco tempo depois, foi coadjuvá-lo outro luminar do Cristianismo, Paulo, de Tarso, cuja conversão, na estrada de Damasco, constituiu um deslumbrante acontecimento para todos os convertidos do novo credo.

Encontraram-se, pela primeira vez, os dois Apóstolos, ao crepúsculo de um dia estival.

O céu, de um azul intenso, de turqueza úmida, mostrava os esplendores de um ocaso onde havia cataratas de ouro e papoulas eterizadas. Abraçaram-se eles como se já fossem velhos conhecidos, chorando de emoção, pois não desconheciam a intensidade das refregas que iam sustentar em Roma, onde imperava o despotismo, onde gemiam incontáveis infortunados, premidos pelo implacável e tresloucado Nero, cujo nome ressoa clangorosa e eternamente nas páginas da História humana, como sendo o de um dos mais cruéis dirigentes de povos...

A chegada dos Apóstolos foi recebida com demonstrações de reconhecimento por todos os perseguidos cristãos, que viam neles dois emissários divinos.

Eles não precisavam sondar os corações de seus ouvintes; viam, em suas faces, os vestígios das amarguras, das humilhações, das injustiças que lhes eram infligidas pelos senhores e potentados, que se julgavam acima dos desprovidos de fortuna, julgando-se, no seu poderio, semelhantes aos deuses invencíveis, não tendo remorsos pelas violências que praticavam contra indefesas e infelizes criaturas, como se fossem, eles, os opressores, denodados heróis...

Dentro em pouco, como se a ida dos discípulos de Jesus tivesse sido anunciada por uma trompa atroadora, vibrada por um arauto gigantesco, um Adamastor[102] celeste, todos os habitantes de Roma souberam da chegada dos propagadores das verdades divinas.

Os recintos, por mais vastos que fossem, eram insuficientes para conter os que desejavam ouvir as elucidações apostólicas.

Uma ideia, então, foi amplamente ventilada: as reuniões seriam secretas e realizadas nas catacumbas, onde, nos tempos

---

[102] Na mitologia greco-romana, gigante que se rebelou contra Zeus e foi fulminado por este, sendo reduzido a cabos, ilhas e fraguedos.

calamitosos de guerra, se ocultavam os que temiam as crueldades da tirania que, sempre, sucede às guerras. Deu-se, então, um fato inédito até aquela era; congregaram-se todas as castas sociais: humildes e bastados, doutos e ignorantes, anciãos, jovens, crianças, todos acorreram à vibração do clarim divino...

As catacumbas regorgitavam de almas conturbadas pelas paixões terrenas, ou desalentadas, e, dentro em pouco tempo, elas eram também insuficientes para conter todos os neófitos que as buscavam...

Era mister um âmbito mais amplo para os adeptos do novo credo; então, os Apóstolos procuraram os arredores de Roma, além da Via Salaria, depois da Porta Nomentana; e, numa vasta planície, onde havia uma necrópole abandonada, o Ostriano, escolheram o local para serem efetuadas as prédicas cristãs. Quando um dos Apóstolos aparecia, todos os joelhos se dobravam, todas as almas fremiam de comoção, e, com os corações coesos, imploravam ao Céu bênçãos e consolações, que, embora silenciosas para os ouvidos dos materializados, dos que ainda se achavam no cárcere carnal, tinham modulações de harpas eólias e buscavam o espaço sideral, qual aves libertas de um ergástulo que as oprimisse, atingindo o azul do firmamento constelado, qual sinfonia excelsa, só percebida pelos que já haviam acrisolado o Espírito nas refregas do bem e da virtude!

Paulo ainda estava em plena vitalidade.

Sua voz era vibrante e ele emitia as palavras com rapidez. Pedro, mais no declínio da vida, não revelava a mesma indômita firmeza, mas uma infinita doçura. Sua barba e seus cabelos, já quase de todo encanecidos, emolduravam-lhe o rosto, e, por vezes, tinham os reflexos da prata.

Desde que, por influxo do Alto, começou a desempenhar a excelsa missão de propagar a confortadora doutrina do Mestre da Galileia, sua voz mudou de timbre, tornando-se suave, com surtos de eloquência, que arrebatavam os auditórios. Ao comparecer perante o público – constituído de humildes e de grandes, todos, porém, com as almas opressas de mágoas ou de íntimas torturas – os corações estremeciam de emoção e lágrimas lhes fulgiam nos olhos tristes...

Possuía uma força de persuasão tal que convencia os mais incrédulos das coisas mais transcendentes; falava, mostrando ser um inspirado celeste; todo o seu aspecto se transfigurava, parecendo que as cãs, emoldurando-lhe o rosto, se tornavam fúlgidas, com cintilações irisadas...

Vendo-o, Norma e seus companheiros fremiram e caíram genuflexos, como dominados por um poder extraterreno. Pedro, intuitivamente, olhou-os e sorriu com bondade paternal. Dir-se-ia que um elo fluídico vinculou, desde aquele instante, aqueles Espíritos atormentados por secretos pesares.

– Vê, Dulcina! – disse Norma, premindo o braço esquerdo de sua irmã – parece que nos olhou de um modo particular; como se já nos conhecesse de há muito, reconheceu-nos entre esta multidão de infelizes...

Nunca ela sentira tão intenso abalo, tal a emoção que se apoderara de sua alma naquele instante.

Sempre, em seu Espírito excruciado de dissabores, jazia algo de insatisfeito e irreprimível, que a fazia entrever uma intervenção superior no destino humano, norteando as criaturas para uma região isenta de dores e de reveses. Previa algo de sublime que não sabia exprimir por meio do vocabulário humano; parecia-lhe ter vivido não uma, mas inúmeras vezes, no planeta do sofrimento.

Ao ver, pela vez primeira, o digno ancião, dir-se-ia que já o tinha visto algures; que uma afinidade existia entre eles, aliando seus Espíritos através dos séculos... As nobres feições de Pedro pareceram-lhe familiares; sua voz possuía inflexões que não lhe eram estranhas. Não perdia uma só das suas expressões; e foi com indizível emoção que o viu ajoelhar-se e alçar os braços ao Alto, evocando o Mestre bem-amado e rogando-lhe bênçãos e proteção para todos os que se achavam reunidos no Ostriano e para toda a Humanidade.

Norma, sensibilizada, olhava-o entre lágrimas. Subitamente, estremeceu; acabava de observar uma luminosidade de luar projetar-se sobre a fronte do pregador, que tinha Paulo à sua direita.

XIII

Norma contemplava-o, em êxtase. Os cabelos de Pedro estavam como que incendidos por uma pira interior, fundindo em luz todos os fios de prata e neve, nimbando-lhe a fronte de deslumbrante radiosidade. Atentando melhor, pôde ela vislumbrar, acima de sua cabeça, uma outra, de excepcional formosura e serenidade celestial, parecendo um astro que tivesse a configuração humana...

A aparição, que só ela notara, de beleza sideral, olhou-a com doçura, e aquele olhar radioso penetrou-lhe no âmago da alma.

Dulcina, aflita, olhou-a então: uma lividez mortuária lhe cobria a linda face.

Sacudiu-a, e ela estava rígida.

Nunca a vira com aquele aspecto; e, temendo por sua vida, soltou um grito estrídulo.

Todos a fixaram, admirados. O pregador, compreendendo o que se passava, interrompeu a oração, e, aproximando-se de Norma, impôs-lhe as mãos, ordenando, com bondade:

– Em nome de Jesus, filha, desperta! Volta à vida, pois ainda careces de aqui permanecer!

Norma, respirando com ruído, fitou no ancião o seu olhar vago.

– Filhas queridas – disse ele às donzelas –, quero falar-vos, quando terminar a prédica.

Norma, amparada pela irmã, sentou-se sobre uma laje e continuou a prestar atenção às palavras do Apóstolo, impregnadas de empolgante fé, ouvindo-o como se estivesse a sonhar:

— Quero ainda falar-vos do que nos revelou o sublime galileu – Jesus – o emissário celeste, pois Ele não nos podia iludir, quando nos fez conhecedores do pensamento divino; e Ele é a Verdade e a Justiça, a que todos nós aspiramos!

"Irmãos bem-amados, sei o que se passa em vossos corações: *vejo*, como sombras projetadas por vossos próprios Espíritos, as amarguras, os vexames, os tormentos morais, que mal se ocultam no íntimo de vossos peitos; mas eu vos concito a erguer as vossas frontes abatidas para olhar o firmamento – Império da Luz – onde nos aguarda o mais clemente dos soberanos, o mais extremoso dos pais! Lá, os nossos pesares, as nossas vicissitudes – desde que saibamos cumprir austeramente os nossos deveres, não infligindo as Leis Supremas e sociais – se transformarão em perene paz, sendo-nos concedida outra vida, não isenta de nobres labores, pois seremos agentes ou emissários do bem e da justiça, levando conforto aos que sofrem pelo Universo ilimitado!

"Lembrai-vos de que todos os nossos padecimentos têm uma duração efêmera, em confronto com a eternidade que nos aguarda nas esferas dos redimidos, dos bons e dos piedosos...

"Aqui, amados meus, tudo trevas, opressões e dores; além, tudo luminosidade, amplitude e venturas sem remorsos...

"Não valerá a pena suportar, com serenidade cristã, todos os suplícios que nos infligirem os nossos adversários, para conquistarmos a felicidade perpétua?

"Mas como consegui-la, irmãos queridos?

"Usurpando reinos, tesouros de déspotas, profanando lares, poluindo consciências, corrompendo almas, sendo algozes crudelíssimos?

"Não! queridos meus, não é praticando o mal que poderemos alcançar o bem eterno; não é com as preciosidades da Terra que havemos de conquistar as do Céu, e sim, curvando a cerviz ao látego da dor; é alijando de nossos corações os sentimentos corruptores; é alvejando, como açucena, a treva de nossos Espíritos com as lágrimas dos tormentos!

"Vede-me, caros amigos, pois vos sirvo de salutar exemplo: outrora, ignorando as verdades reveladas por Jesus, pescava seres aquáticos para alimento do corpo humano; hoje, que já as conheço, retiro, do mar das iniquidades, as almas infortunadas, fornecendo-lhes a nutrição celeste do conforto e da esperança! Outrora desejava fortalecer os corpos, hoje os Espíritos...

"Quero que se opere essa mesma transição benéfica em vossas almas. Desejo salvar-vos, arrebatando-vos do abismo das iniquidades para o Infinito de todas as perfeições!

"Eu vos repito o que Ele nos afirmou, no alto das montanhas da Judeia, para nos sentirmos mais próximos do Céu e do Criador, acima dos pântanos das paixões malsãs que infestam os corações: procuremos a perfeição, que tornará mais opulentas as nossas almas, com a mesma ansiedade dos que submergem no golfo do Ofir, buscando as pérolas mais valiosas, que tornam opulentos os seus possuidores. Acreditemos sempre nos ensinos do Mestre incomparável, pois Ele é a Verdade sem jaça, é a Justiça ilimitada, a do Criador de todas as maravilhas do Universo!

"Unamo-nos, irmãos e amigos, para a refrega a ser travada, dentro de pouco, nas arenas do Coliseu. Saibamos sofrer as torturas que nos aguardam, sem desfalecimentos, olhando o céu azul e tendo-o dentro de nossos olhos e dos nossos corações... Seja a nossa fé inabalável como a rocha tarpeia...

"Conseguiremos, assim, incalculável mérito e uma vitória compensadora, tendo, antes, vencido os nossos desejos imoderados de vingança e de oadiosidades, nossos defeitos morais, nossas imperfeições de caráter, que são os nossos mais temíveis adversários, enjaulados em nossos corações!

"Oremos, agora, irmãos queridos, preparando os nossos Espíritos para o triunfo supremo!"

Calou-se o inspirado Apóstolo. Silêncio reinou por instantes, curvando-se todos os ouvintes, em concentração profunda, ao passo que suas almas, alígeras pela fé, buscavam as plagas azuis do firmamento...

Muitas matronas, tendo achegadas ao seio criancinhas adormecidas, prorromperam em soluços, oferecendo-se em holocausto às Entidades Superiores, às mãos do déspota que infelicitava Roma...

Norma, como lhe sucedera da primeira vez que ouvira a prédica do Apóstolo, estava impaciente para que ele a atendesse. Pareceu-lhe que, por vezes, enquanto o escutava, seu Espírito flutuava no éter, em longínqua região sideral. Onde já assistira ela a uma peroração semelhante à de Pedro, para estar identificada com ela? Não podia expressar o que se passava em seu âmago, onde havia um infinito de reminiscências pungentes.

Felício, tanto quanto Norma, sentia intraduzível emoção, ouvindo o inspirado pregador. Nunca, pensava ele, tivera quem o aconselhasse paternalmente. Não se dedicara a nenhum culto religioso, evitando até entrar em algum templo, pois tinha a consciência sobrecarregada de crimes; temia ser descoberto pela fatalidade do destino; vivia receoso de cair prisioneiro, tendo por triste remate da existência o patíbulo...

Aterrorizava-o a justiça de antanho, que o era somente na denominação; era, para ele, Têmis com os olhos de bronze vendados, com as mãos e os pés agrilhoados, as conchas da balança desequilibradas, pendendo, sempre, uma delas para onde houvesse o som metálico das moedas, ao passo que a outra, contendo virtude e humildade, ascendia para o alto, sem o menor peso, como pluma que tentasse voar ao céu... Ele não tinha a depositar em algumas das conchas senão moedas que vertiam o sangue dos que trucidara...

E – doloroso é confessá-lo! – até à presente geração Têmis ainda não está sendo imparcial como deveria sê-lo... Se ainda conserva nos olhos espesso véu, não é para distribuir, integralmente, doutas decisões, ou punições merecidas, mas para não fixar os rostos cavos, macilentos, cheios de desânimo ou desespero, dos que se veem espezinhados pelos poderosos, pelos que conseguem posições de realce, esmagando direitos, menosprezando a honra e a dignidade alheia...

Continua ela com os órgãos visuais enfaixados, mas tem os ouvidos atentos aos brados dos potentados e surdos aos gemidos dos pariás, aos gritos de revolta, às imprecações de dor e de sofrimento... Essa, porém, é a justiça humana, jamais a divina.

E o atilho que lhe cinge a fronte, muitas vezes se teria inundado de lágrimas, por se ver coagida a agir em desacordo com as Leis Divinas – rígidas, justas, incorruptíveis!

Não tem mais grilhões nos pés, mas continua com os olhos tapados, e, por isso, ainda não pôde olhar o Céu – símbolo da verdadeira justiça, onde fulgura o magistrado incomparável: *Deus*!

Felício continuava a meditar.

Então, dir-se-ia que um fulgor de arrebol lhe dourava as trevas da alma, e, aos poucos, ela se ia transformando, aligeirando-se, ao contato das nobres criaturas que não o repeliam, tratando-o qual se fora um irmão desditoso. Ele se via tolhido nas expansões de afeto que lhes consagrava, pois lhe parecia serem seus lábios impuros ainda para se manifestar, supondo que as suas palavras iriam macular a neve de duas almas angélicas... Nunca ousara dizer:

– Dulcina, eu te consagro adoração profunda e nunca te causarei o mais leve dissabor! Não possuía ânimo preciso para externar esse pensamento, que harpejava em seu íntimo um poema de amor inefável...

Ele se sentia como que manietado; não ousava proferir quaisquer palavras que não fossem de cortesia e respeito. Eram as duas donzelas, para ele, uma, noiva; outra, irmã, igualmente adoradas...

XIV

Todos os que se achavam no Ostriano, se ajoelharam, e Pedro, em atitude de prece, suplicou bênçãos e a proteção divina para os que ali estavam.

Subitamente, uma voz, de timbre diverso da do venerável Apóstolo, que naquela noite havia orado, fez-se ouvir no recinto, com inflexões graves e sonoras. Era Paulo, que desejava falar-lhes. E, com o vigor de linguagem que lhe era peculiar, disse-lhes:

– Irmãos bem-amados, aprouve a Jesus que também se semeasse o Verbo Divino em vossos corações oprimidos, sequiosos de conforto, de justiça e de luz! Apenas por momentos prenderei a vossa atenção.

"Compreendo as vossas amarguras – para as fazer minhas...

"Percebo os tormentos morais, que, qual incêndio purificador, requeimam as vossas almas.

"Venho apenas dizer-vos: esqueçamo-nos do mundo, onde pousam nossos pés, por efêmeros instantes, como sobre um ramo de salgueiro os de uma andorinha, antes de desprender o voo à rispidez do inverno, desejosa de uma eterna primavera! ... A hora é de lutas benditas. Não fujamos às refregas da dor!

"Nossos corpos periclitam, mas nossos Espíritos se fortalecem. Soframos tudo por amor ao nosso próximo, imitando o Mestre incomparável – *Jesus*!

"Tenho ainda, nos refolhos d'alma, suas palavras, vibrando como clarim de ouro precioso ou divino: 'Por que me persegues? Saulo! Vai, procura Pedro e auxilia-o a levar ao redil celeste as ovelhinhas do meu rebanho!'.

"Eis-me, pois, queridos meus, ao vosso lado, não pusilânime, tíbio, vacilante, mas com o Espírito iluminado, como no caminho de Damasco, por um clarão astral... que dele não se apagará jamais, pois veio de Jesus, que me cegou, por segundos apenas, para me mostrar a verdadeira Luz. Ele nos segue os passos, nos ouve, nos alenta, nos ampara e nos guia para o triunfo final!

"Foram suas palavras candentes que me atearam na alma o lume inextinguível da redenção... Não duvideis mais das verdades cristãs, que operam milagres!

"Não vos prostreis mais perante os ídolos de mármore, dos falsos deuses do paganismo; mas elevai antes o pensamento a Jesus, o enviado de Deus, e ambos ficarão, sempre, bem presentes em vossas almas. Aproxima-se a borrasca, que nos fustigará intensamente, mas surgirá a bonança – senão aqui, além, nas plagas divinas!

"Unamo-nos, pois, para as refregas supremas da vida! Nenhum de nós, porém, morrerá realmente, porque eterna e invencível é a nossa alma, centelha perpetuamente viva do Criador do Universo!"

As exortações de Paulo causaram uma impressão indelével em todos os circunstantes, mormente em Felício, que se sentia um ser diverso do que havia sido, principalmente depois de assistir às pregações apostólicas. Uma brusca revolução se operara em seu íntimo; percebera como que o fragoroso desmoronar de um alude, despenhando-se dos píncaros dos Apeninos sobre a impetuosa correnteza de um rio soberano; derrocara-se, em seu íntimo, algo de gigantesco, que não sabia definir: um esfacelamento interior que o transmudara em outro indivíduo, desconhecido de si mesmo, até então...

Era indefinível o estado de seu espírito.

Parecia-lhe que fora o passado sepulto nos blocos polares que havia existido em seu âmago, e que um fulgor de alvorada substituíra as trevas lá reinantes; que os átomos de todas as virtudes haviam sido pulverizados, e, após, dispersos por um vendaval, estavam sendo reunidos novamente, infiltrando-se-lhe no íntimo...

Uma desconhecida ternura, uma fé viva no Nazareno, de quem falavam Pedro e Paulo, arraigaram-se fortemente em seu coração, sem que ele soubesse expressar o excepcional fenômeno que observava em si próprio...

Sem se poder dominar, sob influxo invencível, ajoelhou-se perante os Apóstolos, dizendo-lhes, com veemente contrição:
– Quero salvar minha alma, amigos meus! Fui um criminoso, premido pela fatalidade do destino, mas pretendo, doravante, ser bom e honesto! Salvai-me, pois, discípulos de Jesus!
– É a fé, filho meu – respondeu-lhe Pedro, pondo-lhe a mão sobre a fronte ardente –, que nos conduz à redenção! Qual o crime que a fé, o dever e o sofrimento não redimem?
"Foste delinquente, filho amado? Deixa o passado resvalar no oceano incomensurável, que é o tempo, que aumenta um pouco a todos os instantes... Se, de hoje para o futuro, fores cumpridor de todos os deveres humanos e divinos, estarás definitivamente trilhando o espinhoso caminho da salvação. Já foste iniciado no credo remissor, cujas responsabilidades são rigorosas e penosas, mas compensadoras... Carrega a cruz, que o Mestre te oferece, sobre o próprio coração, como Ele o fez sobre seus ombros de titã do Céu! A luz do batismo, que vais receber, ungir-te-á a alma, ligando-a a Jesus!
"Tens que lutar, padecer, não te revoltares – nem mesmo à face do martírio – para que alcances a remissão de teus erros do passado, que encontram atenuantes na inexperiência da juventude e no rigor das injustiças humanas...
"Em nome do Altíssimo, do Mestre dos mestres e do Espírito Santo – és cristão! Levanta-te, agora, irmão querido, e abraça-me, como se o fizesses a um pai! Amanhã, ao alvorecer, procura-me neste mesmo local, pois desejo ouvir-te para melhor poder aconselhar-te.
"Teu arrependimento é tão sincero... que me tocou profundamente o coração!"
Felício ergueu-se, sentindo o Espírito alígero, sem o peso do mal.
Dir-se-ia que sua alma fora ao pináculo da mais alta serrania; e, lá, abalada por uma procela purificadora, se despojara de todas

as máculas, tornando-se alva, leve, saneada, redimida... Ele, que se habituara ao crime desde a adolescência, sentindo-se conspurcado e sombrio, teve a impressão de que se lhe desagregara do Espírito, átomo por átomo, um rochedo de pecados; e, de que, fragorosamente, todos eles se houvessem abismado em um mar insondável. Ele, que fora criado sem carinho paterno, sem as louçanias da infância, encontrara, alfim, irmãs pela dedicação, e um progenitor santificado pela proteção de Jesus...

Achara-se, até o rapto das donzelas, só, na senda de todas as torpezas; e, dia a dia, afundava-se mais no lodaçal da corrupção... Via-se, depois de magnos sucessos para sua alma, amparado por mãos tutelares, podendo fazer as verdadeiras conquistas valiosas ao ser imortal. Identificara-se, plenamente, com os ensinos de Norma e dos Apóstolos. Sentia-se arrebatado da voragem estonteante para uma planície serena, coberta de relva veludosa e de flores inebriantes...

Amava, sem saber expressar o que se passava em seu âmago, ao desconhecido Crucificado, que perdoara do cimo do Calvário a todos os delinquentes, e morrera, entre dois infortunados bandidos, com os braços amplamente abertos para apertar a Humanidade toda sobre seu coração de luz...

Era então outro ser, bem diverso do que fora até receber em seu íntimo os clarões da fé e do arrependimento; as palavras apostólicas penetraram-lhe no coração, como estiletes de luz; e, após, como que jorros de água cristalina lhe purificaram o Espírito, tornando-o ágil, sem a carga plúmbea de recordações e culpas. Renascera para o bem, triunfante em seu coração.

Não teria mais ânimo de empunhar um punhal, ou qualquer arma mortífera, para sacrificar a vida dos inermes peregrinos. Parecia-lhe estar manietado para o crime, sentindo agrilhoados os braços, e leve e flutuante a alma prestes a desprender-se da Terra, num voo ao Infinito... Reconheceu o poder extraterreno dos pregadores de além-mar, que lhe haviam transmitido fagulhas vivas do lume intenso, que incendiara suavemente seu Espírito mergulhado num permanente crepúsculo de noite sinistra.

Dessa vez, regressou meditativo e silencioso ao lar. Ele e Norma mais profundamente haviam sentido as vibrações do Alto.

— Felício — disse-lhe a donzela —, quero ir contigo, à hora designada por nosso amigo Pedro, pois também desejo receber o batismo e revelar-lhe o que, hoje, observei no momento em que ele iniciou os seus conselhos confortadores...

— Terei grande prazer em te poder ser útil, Norma — respondeu-lhe o moço. Depois, enternecido e apreensivo, continuou:

— Norma, Estênio ainda não chegou, apesar de ter prometido que aqui estaria em breve tempo... Quem sabe se ele duvida da sinceridade de suas primas? Tenho o pressentimento de que, se ele não vier, terei de deixar-vos sozinhas, em Roma, com Sérvulo.

— Como, Felício? Pretendes deixar-nos, sendo tratado como se foras nosso irmão? Qual a razão do teu desgosto?

— Não pretendo ausentar-me, mas percebo que se aproxima de todos nós um acontecimento muito grave... Bem sabes a perseguição que os asseclas de Nero estão movendo aos cristãos, e não me falta a coragem para me entregar ao suplício, a fim de poder, assim, resgatar o passado hediondo...

— Confiemos em Jesus, Felício! Aqui ou além, tendo-o por amigo e protetor, estaremos tranquilas... Hoje pensei intensamente em Estênio... Quem sabe se está para chegar? Deves compreender quanto tenho sofrido com essa separação e com a falta de notícias de Florença... Tenho a impressão de já estarmos distantes há um século! Quem sabe se novamente enfermou? Anseio por que chegue a tempo de ouvir os dois inspirados Apóstolos!

Dulcina, que ainda não havia tomado parte na conversação da irmã com Felício, disse:

— Eu, enquanto estáveis absortos, empolgados pela pregação dos discípulos de Jesus, alheios ao mundo real, observei que certa personagem, envolta em um manto negro, se acercou de nós; e, quando voltamos, seguiu nossos passos... Lembrei-me de que poderia ser Estênio... ou – quem sabe? – algum espião delator dos cristãos...

– Por que não nos disseste isso, lá mesmo, Dulcina? – interpelou-a Norma, em amistosa censura.

– *Pareceu-me*, apenas; não tenho absoluta certeza do que notei... Faremos nova observação, amanhã, quando voltarmos ao Ostriano... Suponho que *ele* ouviu, quando Pedro nos disse para lá nos acharmos ao alvorecer...

Terminada a palestra, depois de ligeiro repasto, todos se recolheram ao leito.

Quando, de novo, os três se reuniram ao amanhecer, verificaram que tinham tido sonhos semelhantes... Não havia, porém, tempo para comentários.

Chegaram, ainda em meia obscuridade, ao local desejado. Pedro já se achava no Ostriano, genuflexo, mergulhado em preces, a ponto de não perceber a chegada dos três jovens. Talvez houvesse ali passado a noite, entregue a secretos solilóquios com o rabi bem-amado.

– Senhor! – murmurou o ancião, quando eles se achavam a poucos metros de distância, como se estivesse a dialogar com uma invisível Entidade. – A missão que me confiastes é superior às minhas débeis forças... Eu me tenho sentido fraquejar inúmeras vezes, mormente agora, em que o sangue de nossos irmãos purpureia as armas romanas... Falta-me o ânimo preciso para assistir a tantos suplícios... Quis fugir ao espetáculo apavorante... e vós me chamastes, novamente, ao cumprimento penosíssimo de esmagadores deveres...

"Eu não vacilo mais na minha fé, que será eterna e inabalável! Não sofro por temor à morte, pois já vivi o tempo suficiente para conhecer todas as tribulações da vida, e anseio por partir ao vosso encontro... O que me pesa na alma, porém, o que me oprime o coração, o que me conturba o Espírito, é estar arrastando ao suplício tantas criaturas que têm o direito de viver, que vos amam com sinceridade (e este é o único crime de todas elas!), que, sendo-vos fiéis até o extremo alento, se imolam por vossa causa...

"Temo enlouquecer, Senhor, nestes instantes sombrios, sabendo que os nossos irmãozinhos queridos estão sendo pasto de feras, sanguissedentas... Senhor, abreviai o meu martírio moral, levando-me para onde vos achais! Tende compaixão da minha angústia, Senhor! Sacrificai-me a vida, mas salvai a dos vossos amigos fiéis e dedicados!"

Com os braços estendidos para o Alto, as lágrimas, aos borbotões, jorrando pelas faces empalidecidas, Pedro mostrava quão intensos eram os seus padecimentos. Lembrara-se, naqueles tormentosos momentos, de que desejara fugir ao espetáculo horrível do massacre dos cristãos, nas arenas romanas, mas ressoavam-lhe ainda, na alma, a cena e as palavras:

– *Quo vadis? Domine!* [103]

– Senhor, falta-me a coragem de presenciar o extermínio de nossos irmãos...

– Pedro, amigo meu, não a tiveste para assistir ao meu suplício? Amas-me, tu, realmente? Pedro! Será crível que ainda não tenhas a verdadeira fé que transporta montanhas? Não sabes ainda que bem-aventurados são os martirizados pelas verdades divinas, pois serão recebidos nos meus braços, trocando as misérias terrenas pelos esplendores do Céu?

– Senhor! – tornou ele, quase soluçante. – Perdoai-me, mais uma vez! Vós me destes a preciosa coragem de que necessitava para voltar ao local dos suplícios: mas tende compaixão de mim, Senhor! Eu desejo imitar-vos no ânimo sereno, e imolar-me como nossos irmãos, para ser digno de vós como eles o são!

– Ide, Pedro, e confiai na Justiça de nosso Pai celestial, que quer as melhores ovelhas da Terra para o aprisco do Céu! Não

---

[103] Para onde ides, Senhor?

só não vos abandonarei, como a nenhuma ovelha do rebanho querido, que nos foi confiado. Também eu sofro, intensamente, com o sacrifício de tantas vidas úteis neste mundo de trevas, mas não as lamentemos em demasia, pois muitos resgatam, em algumas horas apenas, séculos de iniquidades, saneando suas almas no Jordão da fé e das lágrimas, e preparando-as para existências afortunadas, livres das angústias e vicissitudes terrenas... Voltai, pois, a Roma, meu amigo! Tendes, como eu, de sorver o cálice dourado das amarguras supremas! ... e das eternas consolações!

XV

Extinguiu-se o clarão que se irradiava do rabi; desde aquele momento, porém, um ânimo viril e uma força moral insuperável se lhe infiltram na alma, que ele sentia fraquejar nos instantes de provas acerbas. Pareceu-lhe que, desde aqueles segundos, uma voz suave e carinhosa o seguia por onde ele andasse, aconselhando-o, com brandura:

– Não fujais à hora das lutas, amigo meu! Sou um dos soldados do exército formidável do Divino Soberano do Universo. Nunca será galardoado o covarde, o que não cumpre as determinações do comando supremo, mas o vencedor nos prélios do bem, da honra e da virtude! Como seria aquilatado o valor moral de uma criatura, sem o ensejo de o patentear?

"Pedro; assim como atiráveis a rede ao mar para recolher inocentes e incontáveis peixinhos, fazendo com isso honesto ganho, estais, agora, recolhendo almas sofredoras, do oceano infinito das paixões humanas... Vós lhes atirastes a maravilhosa rede da fé e da esperança, e tendes sido incansável na pesca celeste. Incalculável será o número dos que vão ser colhidos nas malhas da rede luminosa que vos foi concedida...

"Sacrificam-se, agora, vidas terrenas para lhes serem concedidas vidas siderais: as primeiras, efêmeras e perecíveis, eivadas de dissabores; as outras, eternas e isentas de padecimentos! ... Não compreendeis a pesca maravilhosa que estais fazendo? Pedro! Pescáveis para alimentar os corpos, agora, para nutrir as almas... Éreis criminoso quando deitáveis a rede ao mar? Sois delinquente, agora, que estais arrebatando as mais puras almas para Deus? Não! Ireis encontrá-las felizes, contentes por se haverem imolado pelas verdades divinas e pela fé indestrutível."

– Senhor, Senhor, é bastante o que dissestes – murmurou ele, flebilmente –, essa foi a minha última fraqueza, o meu derradeiro fracasso! Estais com a verdade indiscutível. Não me pertenço mais: meu Espírito é vosso; meu corpo... pertence a Nero!

O fulgor de arrebol, que ele sempre divisava nos instantes de êxtase, enfraqueceu, subitamente, extinguindo-se rapidamente; mas dentro de seu coração ficou uma verdadeira cascata de luz permanente, e mananciais de conforto e de resignação, que nunca mais diminuiriam, até aquele instante, em que estava sendo observado por Felício e suas lindas companheiras.

Compreendeu, durante aquela noite passada em vigília, que algo de muito grave estava para suceder; e, embora sentisse brilhante e viva a centelha da fé, teve instantes de angústia indefinível...

Não tinha querido repousar das fadigas do dia, sabendo que, ao dealbar daquela nova noite, seriam exterminados no Coliseu inúmeros adeptos do novo credo... Se tivesse um átomo de poder divino, sustaria no Espaço a lâmpada portentosa do Sol, deixando que fosse eterna aquela noite que findava; ou adormeceria, em sono perene, transformando os em pedras humanas, todos os carrascos de Nero...

Mas, contra seu desejo veemente, rompeu a alvorada, embora sem esplendores régios, lívida e merencória... Dir-se-ia que, naquele dia, um punhal invisível estava vibrando em sua alma, ferindo-a intensamente...

Não sofria senão por seus irmãos bem-amados. Queria que fosse abreviado o seu martírio, esgotado o cálice de amarguras de um só trago... Lembrou-se, então, com angústia infinita, da noite inesquecível, que o querido rabi passara no Jardim das Oliveiras, só, e abandonado por todos os discípulos; crime esse que ele, agora, julgava imperdoável...

Via-se, também ele, insulado naquela noite de agonia, que lhe pareceu de duração infinita... Só ficara em seu íntimo o clarim de ouro da voz do rabi, qual se houvesse impregnado em seu próprio ser, para dele jamais se apartar... Não teria um protesto de revolta se a vítima fosse ele e não os seus amigos, mas sucedia o inverso...

A vida pesava-lhe qual o bronze, fazendo-o vergar o busto, tornando-o insustentável às suas forças humanas, qual se tivesse sido transformado em um fragmento de vime... Parecia-lhe estar sustendo um madeiro descomunal, que começasse na Terra para terminar no Infinito.

Bruscamente, porém, seu rosto iluminou-se, os braços penderam para o solo, e ele, soerguendo o busto, olhou o firmamento, onde havia um jorro luminoso, que o ofuscava...

Assim esteve por segundos, em êxtase, e julgou divisar, no meio de intensa fulguração, uma cruz de proporções descomunais, com um crucificado luminoso, cujo semblante recordava o dele próprio, mas invertido, como se a sua cabeça estivesse imergindo do abismo de um rasgão invisível da Terra.

Quanto tempo esteve assim, fascinado por aquela visão? Nunca soube dizê-lo. Apenas voltou à realidade quando percebeu que estava sendo observado, que era mister confortar e atender Felício e suas companheiras.

Qual se houvesse despertado de um sonho longuíssimo, olhou-os, carinhosamente, sorrindo com bondade paternal.

— Meus filhinhos — falou-lhes com doçura —, vejo em vossos olhos, que tantas lágrimas já têm vertido, a luz de uma fé inabalável, que se irradia de vossas almas contritas...

"Já vos lembrastes de que é enorme a responsabilidade de um soldado do Cristo?

"Aceitais, sejam quais forem as consequências, todos os obstáculos que surgirem, o próprio martírio, como está acontecendo a outros irmãos nossos?"

— Sim — responderam os três, ajoelhando-se humildemente aos pés do bondoso ancião, inclinado para eles. Tão radiantes eram os cândidos semblantes das donzelas, que ele os contemplou emocionado.

— Filhas — disse-lhes —, parece que descestes do Céu para receber o batismo na Terra... Sois Espíritos vencedores em muitos embates terrenos, que se encaminham para Deus e para Jesus, vitoriosamente. Estais ultimando as derradeiras provas deste mundo de trevas... Pertenceis, doravante, ao Exército Divino, que será invencível, embora esteja combatendo contra cruéis adversários, parecendo estar sendo esmagado... Ilusão! Os que estão tombando nas arenas, ou sendo pregados nas cruzes, ressurgirão, impavidamente; hão de empunhar novas armas — labor, caridade, virtude, mansidão e humildade; trabalhar e lutar, tenazmente, triunfantes, por todo o sempre — aqui e além! Os primeiros e os últimos combates, travados neste planeta, serão os mais encarniçados... No entanto, felizes os que morrerem ao lado de Jesus, tendo-o no coração e na alma, enrijados nos embates das verdades siderais!

"O galardão é tentador, mas quantos não o sabem conquistar! Sei que, dentro em pouco, serei sacrificado como os nossos confrades o estão sendo... Tenho praticado faltas graves e não posso evitar um penoso resgate. Quero escolher o pior dos suplícios para conseguir ser redimido. Estamos nos instantes das mais intensas refregas..."

— Não vos reanimam as palavras e a presença do querido rabi? Senhor! – interrogou Norma, sensibilizada.

— Como o sabeis? Filha!

— *Porque o vejo*, apenas iniciais as prédicas. *Ele* é de uma formosura inexprimível: parece esculturado em neblina luminosa! ... Enquanto estais orando ou doutrinando, eleva o seu radioso braço direito, e de sua mão desprendem-se fagulhas de estrelas que se infiltram em vossa fronte... Quem sabe, senhor, se cada um de nós tem a proteção de uma Entidade maravilhosa, assim? Não será por isso que, às vezes, escuto palavras que ninguém ouve; e, desse modo, me são transmitidos os mais sublimes conselhos, com os quais tenho sabido vencer as mais rudes provas?

— Quanto conforto encontro nas tuas revelações, filha! Eu julgava estar só, e vejo, agora, que me iludia: Jesus não me abandona, cumprindo o que me prometeu! Tu, filha querida, tens um Espírito que se aproxima da Majestade Divina! Procurando consolo, tu é que mo deste... Eu estou perto das derradeiras lutas; tu, ainda ficarás, na Terra, em cumprimento de áspera missão... Não desanime nenhum de vós; segui, corajosamente, o rumo traçado pelo Enviado celeste, a fim de que seja alcançado o triunfo final! Quero, agora, em nome de Jesus e de seu Pai clementíssimo, dar-vos o batismo – o símbolo augusto da aliança de nossa alma imortal com a daqueles inigualáveis amigos da Humanidade, firmando com ambos um pacto indissolúvel! Antes, porém, desejo interrogar-vos, qual se fôsseis, realmente, filhos diletos:

— Qual das duas jovens ama este rapaz, que vos acompanha, e muito vos quer?

Dulcina empalideceu, bruscamente. Norma, então, tocou-lhe no braço direito, olhando significativamente para o Apóstolo, que se voltou para Felício, dizendo-lhe:

— Amigo meu, muito pecaste; mas Jesus é nosso irmão, sempre compassivo, e sabe redimir os que se arrependem, sinceramente, de suas iniquidades, tendo o firme propósito de jamais as repetir. *Ele* me perdoou inúmeras vezes. Não quero, pois, ser inflexível e severo para quem da vida só tem conhecido os desenganos e as penúrias; para quem tem peregrinado pela Terra sem consolações, entregue à voragem das injustiças humanas, sem bênçãos nem carinhos de pais, e ao qual bastou um tênue raio de amor para que se operasse completa metamorfose em seu Espírito, que já estava à borda de um precipício, de onde estendeu os braços súplices para o Céu! Esse raio de luz, filho, unido ao amor de Jesus, será a tua salvação! Vê quanto é piedoso o Criador do Universo: não ignorando os nossos desvios e as nossas degradações, não nos deixa perdidos na selva espinhosa dos erros e das abominações, e envia-nos um fio de estrela para nos retirar do fundo do abismo dos pecados, qual se fora uma corda de luz, atirada à beira de um sorvedouro; para, por intermédio dela, nos podermos alçar até o esplendor da redenção – ponto culminante de nossa alma – pelas mãos de arminho de nossos Protetores intangíveis, que nos conduzem aos páramos divinos!

"Rendamos, pois, graças a Jesus e ao Soberano do Universo!

"Sejamos legionários fiéis do Rei supremo: esqueçamo-nos dos erros do passado. Lembremo-nos das vitórias do futuro. Aceitemos, com denodo, o cálice de angústias das mãos luminosas de nossos amigos, que descem do Céu constelado para no-los ofertar... Juremos fidelidade à Majestade excelsa que nos tem por verdadeiros filhos; sejam quais forem os obstáculos, as dores, os martírios! Tombaremos na Terra, parecendo vencidos, mas ressurgiremos vitoriosos nas regiões siderais , onde não há rancores, nem vinganças, nem adversários! Ajoelhai-vos, filhos queridos, pois quero abençoar-vos novamente, e unir, por todo o sempre, os vossos Espíritos com os grilhões divinos, tão eternos quanto o próprio tempo!"

Subitamente, parecendo surgido de um dos sepulcros, ou ali transportado por invisíveis meios, apresentou-se um jovem, esbelto e formoso, cujo apuro do traje revelava a situação social em que vivia; e, com a voz trêmula de emoção, dirigiu-se ao Apóstolo galileu:

– Quero, também, ser abençoado por vós, Pedro, amigo de Jesus!

XVI

Surpresos e atônitos, voltaram-se todos para quem havia chegado de modo tão despercebido – tão alheios estavam eles ao mundo real – e reconheceram, no jovem, o nobre Estênio, que se ajoelhara, humildemente, ao lado direito de Norma, que, lívida pela emoção, estava prestes a perder a noção da realidade.

Pedro olhou-os, também, com surpresa e bondade, compreendendo, pela argúcia inerente aos Espíritos que já se aproximam das derradeiras etapas da vida terrena, estarem aqueles dois seres, belos e moços, destinados um para o outro, sob o influxo do Alto.

Indefinível era a emoção que avassalara aqueles entes, tangidos pelos tormentos remissores do destino.

Estênio, que estivera por algum tempo em observação, investigando pessoalmente a vida das duas jovens, compreendeu que a sua adorada noiva não deixara de ser digna de sua afeição ilimitada. Ele, desde o rapto das primas, caíra em rebelde apatia, e, após grave enfermidade, fora presa de melancolia invencível. Não desejando prolongar tal martírio, combinou com os genitores ir, ele próprio, em procura das inesquecidas parentas, e desvendar a realidade, por mais penosa que fosse! Pôncio concordara com esse projeto do filho, que ele temia ficasse com as faculdades mentais desequilibradas. Não o acompanhou a Roma, por estar enfermo. Extremoso e desprendido das cobiças terrenas, confortava-o em horas de tétrica amargura, e, secretamente, fazia pesquisas inteligentes para descobrir o paradeiro das sobrinhas.

Um dia, Estênio, tendo recebido uma carta de Norma, inteirando-o, e a seus tios, de sua partida para Roma; embora lhe custasse acreditar totalmente na veracidade de suas palavras (por suspeitar de coação por parte de alguém), resolveu ir à deslumbrante metrópole e realizar averiguações comprobatórias das asseverações da noiva querida, talvez não liberta do domínio dos celerados e forçada a escrever-lhe aquela notícia fagueira, do seu retorno com a irmã para o único abrigo que possuíam, e onde, por certo, as aguardaria a penúria e a morte, sem o arrimo da família de Sérvulo, com quem estavam residindo...

Condoendo-se da situação das sobrinhas, deliberou Pôncio enviar-lhes recursos, por intermédio do filho, que, ainda debilitado, se reanimou só com a esperança de reaver a afeição daquela que julgara sequestrada e perdida para sua sonhada felicidade! Havia instantes, porém, que um ignoto tormento lhe supliciava o coração: quem poderia crer na sinceridade das duas jovens, depois da aventura lamentável em que se acharam envolvidas? Por que se estabelecera a dúvida em seu íntimo, ouvindo as palavras de suspeita de sua progenitora, que as acusava de coniventes com os bandidos, para o conquistarem, por saberem que possuía ele tentadora fortuna? Martírio! Embora confiante na candidez das donzelas, não podia deixar de fazer penosas conjecturas, sentindo-se deprimido, e, por vezes, avassalado por um zelo empolgante... Ansiava por uma prova insofismável, qualquer que fosse o resultado de suas investigações, desejoso de pôr termo a esse suplício moral insuportável! Vida, alegria, futuro, tudo se resumia na afeição que consagrava à adorada criatura!

Uma tarde foi ele à presença de seu venerável genitor, dizendo-lhe, com aparente serenidade de ânimo:

— Já me sinto com a precisa coragem para efetuar uma viagem a Roma. Irei de liteira, para me não fatigar. Alugarei alojamento nas imediações do local onde estão *elas* vivendo. Se ainda forem dignas de meu afeto, desposarei Norma, e trá-las-ei a ambas, já em condições diversas das em que aqui estiveram... No caso contrário, ainda não sei o que farei, meu pai! O que se passa em meu coração é intolerável! Morto ou vivo, nunca cessarei de vos amar. Quero, porém, terminar um suplício, que dura há quase um ano... ou um século! Pretendo demorar-me um mês, no máximo, e prometo enviar-vos as notícias que houver. Se, dentro de trinta dias, eu não regressar, podeis tomar a deliberação que vos aprouver...

Genoveva estava inconsolável; custou-lhe a consentir na partida do amado filho, fazendo tremendas acusações às sobrinhas.

Estênio, porém, flagelado por aquele pensamento dominante, partiu, cheio de apreensões. Chegando a Roma, instalou-se em modesto alojamento, pouco distante da residência das primas, e tendo colhido informes a respeito do proceder de ambas, convenceu-se de que nada justificava odiosas suspeitas. Via-as sair apenas à noite, cautelosas e pobremente trajadas, seguidas por um vulto masculino, cuja presença no lar das primas o desgostou sobremodo, causando-lhe, a princípio, mortificantes desconfianças que lhe entenebreciam a mente e lhe inspiraram ciumentos receios.

Teve, por vezes, ímpetos de lhes gritar pelo nome e fazer-se reconhecido por ambas; mas precisava consumar o seu suplício, não queria julgar a noiva sem provas definitivas. Limitou-se, então, a segui-las. Que iriam fazer, além da Porta Nomentana? Que iriam buscar à planície deserta, em hora tardia de trevosas noites?

Tormento inenarrável se assenhoreou de sua alma quando as acompanhou pela primeira vez, pois via no cavalheiro que as acompanhava um temível rival vencedor... Chegou, finalmente, ao Ostriano, e uma súbita luminosidade lhe envolveu o coração.

Abeirou-se de Norma e da irmã, sem ser pressentido. Percebeu, no aspecto humilde, e na tristeza de seu rosto, que continuavam sendo as mesmas dignas criaturas que ele tanto admirava. Só então, desde que delas se apartara, desabrocharam em sua mente pensamentos consoladores, mesclados, porém, de remorso; pois havia posto em dúvida a ilibada honestidade das duas jovens... Sensibilizou-se à chegada do bondoso Pedro; e, por impulso desconhecido, ajoelhou-se como haviam procedido os circunstantes. À primeira vibração da voz do ancião, sem poder reagir à emoção que dele se apoderou, sentiu as lágrimas deslizarem pelo rosto esmaecido...

Quando o Apóstolo terminou a prédica, escutou as determinações que lhes fizera; e, insone, aguardou o alvorecer, à espreita da saída dos três conversos ao novo credo.

Seguiu-os; e, inteirando-se das pretensões do Apóstolo, sem poder mais sofrear os próprios sentimentos, prosternou-se ao lado de Norma, rogando a Pedro que abençoasse a sua aliança com a adorada eleita de sua alma.

– Vindes de longe, mancebo, norteado pelo coração! Aceitais, então, a crença que vai avassalar o mundo, como estes que aqui vedes?

– Sim, eu vos tenho ouvido e ao vosso companheiro, há dias; e as vossas palavras empolgaram-me, levando-me à convicção de que pregais as verdades celestes...

– Jesus, o amado Mestre, que vos receba em seus braços paternais, irmão querido, pois tendes, na Terra, notável missão a cumprir... Quereis, então, unir ao vosso o destino desta digna donzela?

– Sim, há muito que aguardo esse ditoso momento... Não sei como não se acham encanecidos os meus cabelos... tanto tenho padecido em sua busca!

– Eu sabia que estáveis prestes a vir, irmão, e já tinha predito a vossa vinda. Sois, todos vós, almas agrilhoadas pelos vínculos eternos do destino; e não há poder humano que vos aparte... Viestes, à Terra, cumprir, em conjunto, as determinações do Alto...

"Escutai-me, pois, todos vós, queridos meus..."

XVII

Uma tristeza infinita pairava no rosto do ancião. Dir-se-ia que os seus cabelos se tornaram de neve, durante aquela noite passada em vigília, orando e meditando. Seus olhos tinham fulgor estranho – de lágrimas ou de luz...

Com voz carinhosa, repassada de tristeza, ele lhes disse:

– Filhos bem-amados, estais de posse das verdades divinas; não há deuses de pedra ou de metal; há um só Deus, de radiosidade inigualável, do qual se desprendem fagulhas perenes, que formam as estrelas, o Sol, todos os corpos celestes, as almas de todos os seres viventes – é o Criador de todos os portentos do Universo!

"A Ele devemos obedecer, não cegamente, mas como filhos obedientes e gratos a tão excelso Pai. Quereis, pois, aliar, eternamente, ao mais clemente dos Soberanos, vossa alma agradecida? Quereis ser filhos e legionários do mais augusto dos poderosos, que não nos esmaga com a sua força, mas sabe erguer os humildes aos orbes felizes e resplandecentes da Criação? Quereis ser vassalos fiéis e dedicados de Deus e de Jesus?"

– Sim – afirmaram eles.

Pedro alçou os braços, em atitude de prece.

Estênio sensibilizou-se, profundamente, com as expressões austeras e afetuosas do nobre ancião. Depois de tantas emoções, durante meses de provas incessantes, as palavras apostólicas abalaram-lhe a alma.

Quem já lhe havia falado sobre o Onipotente, o fator de todas as preciosidades e portentos do Universo, que ele admirava com arroubos de artista?

Deus! vocábulo mágico e patético, corisco deslumbrante, que serpeou em seu íntimo, dando-lhe uma sensação de encantamento, conforto, inebriamento, ventura inefável... Estênio, inspirado pelas luzes siderais, afeito à meditação e às ações edificantes, muito se preocupava com as religiões dominantes; achando-as, porém, falhas de verdade, não lhe satisfazendo às íntimas cogitações, ao passo que, em poucas horas, após as prédicas apostólicas, algo de singular se passou consigo, como sucede a alguém, que, percorrendo estéreis regiões, sedento e abrasado de ansiedade, às súbitas, encontrasse uma fonte de água cristalina e dela sorvesse borbotões de linfa que lhe refrigerasse o organismo, o coração ou o próprio Espírito...

Artista, que era, desde os seus primeiros trabalhos em telas e esculturas admiráveis, nunca se sentiu atraído pelos deuses mitológicos, que considerava apenas estátuas plasmadas pelos mais célebres escultores, sem nenhum poderio extraterreno. Não lhes descobrira uma alma que confabulasse com a sua, nas horas de angústia intensa. Percebia que eram insensíveis à dor humana e às homenagens que os seres lhes tributavam, mais por temor do que por gratidão e afeto.

Naquela ocasião, porém, durante as horas de vigília e reflexão, algo de anormal ocorreu em seu íntimo: pareceu-lhe que, ao abeirar-se da necrópole abandonada, soturna e impressionante; ao rever entes queridos, ainda dignos de seu amor, pelos quais tanto sofrera; ouvindo as palavras candentes de Pedro e de Paulo, impregnadas de fé e de piedade pelos pecadores, que diziam seus irmãos; fora o seu Espírito tocado pelo condão divino que sabiam brandir, sendo-lhe transmitido um influxo celeste, ao mesmo tempo luz e encantamento.

Compreendeu que as exortações dos discípulos de Jesus tinham um cunho sideral, revelavam uma nobreza infinita, possuíam fragmentos de astros, dardos de Sol que difundiam paz em seu Espírito...

Quis encaminhar-se para a noiva adorada, estreitá-la nos braços, rogar-lhe perdão pelas odiosas suspeitas que o zelo e a crueldade materna lhe haviam insuflado no coração, sentimentos condenáveis e destruidores de todas as alegrias da vida; mas ficou inerte, vencido por um poder invencível!

Quis gritar, chamando as primas pelos nomes queridos, pedir-lhes informes a respeito do rapaz que as acompanhava, sempre que saíam, mas só conseguiu balbuciar um único vocábulo mágico, que irrompeu do recesso de seu ser: *Deus!*

— *Deus!* ouviu ele e, ao mesmo tempo, com energia avassaladora:
— Verga os joelhos, Estênio! Curva-te ante a Majestade suprema, para fazeres a primeira prece cristã! Humilha-te, qual se o fizesses ante o mais poderoso de todos os Césares romanos, que dele são apenas servos imperfeitos, e terás bênçãos e conforto inigualáveis.

Tendo, então, arroubos de fé, implorou a Pedro que o abençoasse, unindo o seu destino ao da querida donzela.

Houve um esvaimento de sua alma; e, logo após, reagindo sobre o próprio organismo, recobrou o domínio individual e continuou a escutar a voz harmoniosa do ancião:

— Percebo que, lá das Alturas, Deus vos liga os destinos, aliando-vos por toda a consumação dos séculos! Sois como filhos diletos que se tivessem apartado do lar paterno, e, hoje, voltassem a ele, depois de ásperas peregrinações por alguma região alcantilada e inóspita... Sei que Ele exulta e vos abençoa, mas, queridos meus, isto não vos exime das provas libertadoras... Tendes que levar a cruz dos delitos ao calvário do sofrimento e da redenção. Tendes ainda débitos a resgatar, ou sentenças a cumprir; tendes que libar a derradeira gota do cálice de amarguras... Não vos afasteis mais, porém, do espinhoso caminho do dever, sejam *quais forem* as provas por que passardes... Sede humildes e compassivos. Sois, doravante, discípulos de Jesus, que, sendo o mais fúlgido Enviado do Monarca universal, sofreu, sem murmurar, iníqua sentença, vexames e ultrajes esmagadores... A luz de sua alma, porém, tornou-se mais pura e fulgurante!

"É mister, pois, que a nossa alma resgate os seus delitos, seculares, às vezes, para poder conquistar valiosos méritos, a fim de podermos ser dignos filhos e emissários de tão clemente Pai e Soberano... Ele entrega armas invencíveis às mãos beligerantes – inteligência, físico maravilhoso (com sentidos vários e surpreendentes), faculdades morais, intelectuais e orgânicas admiráveis – colocando-os em um campo de batalha, a vida terrena; e, então, com a clarividência do Argos luminoso, que pode ver simultaneamente todos os combatentes, Ele aquilata do denodo ou da covardia de cada um; sabe quais são os heróis e quais os fracos e desertores das campanhas espirituais!"

E, depois de ligeira pausa, terminou:

— Guardai, bem no escrínio de vossos corações, as minhas derradeiras instruções...

— Como? querido Mestre! Pois pretendeis abandonar-nos? — interrogaram eles alarmados.

— Não, diletos meus, nunca vos abandonarei, quer neste vale de lágrimas, quer nas paragens siderais: sois meus irmãos e meus filhos espirituais, porque somos todos fagulhas do mesmo foco luminoso — *Deus* — procedendo igualmente de onde veio o resplandecente astro, que é *Jesus*! Algo, porém, me adverte de que hoje fiz os últimos batismos e a derradeira pregação... Sei que está prestes a consumar-se minha missão terrena... — E, dirigindo-se a Estênio, continuou: — Antes, porém, que sôi o instante que antevejo, quero ainda dizer-te, amigo, que chegaste há pouco de Florença; eras esperado por nossas irmãzinhas, com verdadeira ansiedade... Eu sabia que virias e que Jesus permitiria que se realizasse tua aliança perpétua com uma destas jovens, de virtudes e beleza inigualáveis, almas alvinitentes que já se avizinham do Céu! Vou, pois, em nome de Jesus, satisfazer teus anseios, unindo-te a Norma, tua angélica noiva.

— Amigo meu — respondeu-lhe Estênio, sensibilizado até às lágrimas, — muito vos agradeço que, assim, realizeis a maior aspiração da minha vida, o meu único sonho de ventura... que eu julgava já destruído, e, agora, tenho ao alcance de minhas mãos! ... Sois qual um pai que acabo de reencontrar; leio, em vossas palavras, a sinceridade que transparece em vossas nobres feições; confesso-vos, porém, com toda a lealdade, que desejava, para este ato tão grave de nossa existência, que aqui estivessem meus pais, para, assim, ser completa a minha felicidade...

— És filho extremoso, tens um coração de ouro, mancebo, bem o percebo, são justas as tuas aspirações... Não sabes, porém, que neste orbe de trevas não existe integral felicidade? São legítimos os teus desejos, mas teus bondosos progenitores perdoarão o que te alvitro. Toma, pois, a Jesus por testemunha de que são puras as tuas intenções, e Ele, que é nosso amigo, lê nossos pensamentos mais secretos, conhecendo os teus louváveis sentimentos, abençoará tua união.

– Pois bem, amigo de Jesus, abençoai a nossa aliança, que desejo seja eterna! – disse Estênio, com incontida emoção, cingindo uma das mãos de Norma, que tinha a gelidez do mármore.

Grave e solene, o venerando Apóstolo dirigiu-se a Felício e Dulcina, dizendo-lhes com extremos paternais:

– Também vós, olvidando o passado que tem erguido entre ambos uma verdadeira muralha de obstáculos, uni vossos espíritos com os grilhões divinos do amor conjugal... Deus, unicamente, sabe qual a duração terrena que terá essa união, mas também será perene... através dos séculos em fora! Orai, todos vós, meus filhos, para que as vossas alianças sejam duradouras e abençoadas por Jesus e pelo Criador do Universo!

"Esquecei, neste instante, vossas dores, vossas suspeitas, vossos reveses: desprendei as almas para o Infinito, para que elas adejem no templo azul do Céu.

"Vejo, dentro do meu próprio ser, o rosto compassivo e fúlgido do Mestre bem-amado, que vos tomará sob sua proteção e vos guiará através dos séculos!

"Caminhai, juntos, pela senda da vida terreal, tendo a nortear-vos a virtude e o amor, não só de uns para com os outros, mas para todos aqueles que buscarem o conforto de que é fértil a nossa crença sublime! Deus vos há de retribuir, com graças inestimáveis, vossos esforços e vossa piedade...

"Não pequeis mais, filhos queridos, para que a justiça incorrupta do tribunal celeste não recaia sobre vossas cabeças.

"Ouvi-me, filhos diletos, pois que vos falo escutando a voz harmoniosa do Mestre: vai findar a minha tarefa terrena... bem como a de um dos meus mais dedicados amigos... A luta aproxima-se para que chegue o fim culminado... A morte espreita-nos, através dos olhos de Nero... Jesus, porém, nos dará o ânimo preciso para chegarmos à derradeira etapa. Ele vos toma sob sua égide invencível e eu prometo guiar-vos ao triunfo eterno...

"Podeis, agora, retirar-vos.

"Fostes vós os últimos a ouvir a prédica do humilde pescador da Galileia, que, nos mares revoltos dos sentimentos, pôde recolher, na rede do amor e da dedicação, os mais belos peixinhos... para os levar ao oceano azul da paz, da luz e da redenção!"

XVIII

Já o dia esplendia em toda a sua plenitude, quando Pedro, com os olhos turvos de lágrimas, olhou os quatro entes ajoelhados a pouca distância; e, por um fenômeno comum nos videntes, distinguiu a aura de todos, podendo reconhecer as conquistas espirituais de cada um. Compadeceu-se mais do que estava ainda aureolado de sombras, Felício, que soluçava, não só de compunção por seus desvios às Leis Divinas como de emoção e inefável felicidade, vendo, alfim, realizada a mais cara aspiração de sua existência...

Pedro percebeu a sua emoção, e disse a todos os circunstantes, para não o magoar:

— Esquecei o passado e lembrai-vos do futuro milenário que tendes em perspectiva e que será tanto mais belo quanto melhores forem as vossas condições morais e espirituais... A dor é a consócia fiel da vida humana; permanece nas choupanas e nos palácios reais. É inflexível juiz para o delinquente, a fim de lhe dar, depois de resgatados todos os seus erros, a liberdade tentadora, com a alma diáfana, podendo adejar onde lhe aprouver... A dor, disse-nos Jesus, o inimitável propulsor de todos os Espíritos deste planeta de sofrimentos, é a pedra de toque de nossos sentimentos; com ela podemos aferir o ouro inestimável de nossa própria alma! Felizes os que saem vitoriosos da prova positiva!

"Ditosos os que a recebem – não por visita indesejável ou abominável, mas com doce serenidade... Chorar é humano, blasfemar é próprio dos ímpios. Venturosos os que, nas horas de angústias, não têm um brado de revolta, não imprecam contra a divindade, não reclamam da justiça celeste! ...

"Felizes os que não se vingam das ofensas recebidas, os que perdoam aos seus adversários, ou aos seus companheiros de peregrinação terrena; pois, todos nós, queridos, que somos senão itinerantes em viagem perpétua, que, por instantes apenas, aportam em algum país estrangeiro... e logo prosseguem a excursão até atingir as paragens siderais?... Realizam, assim, a trajetória sideral, tal já o fez Jesus, tal o faremos todos nós...

"É mister vencer todas as batalhas da vida com denodo invencível, tal qual ela se nos apresenta... Aproxima-se grande procela de dores, ou, antes, já estamos dentro dela! Que importa morrer pela fé e pela redenção de nosso Espírito? Que importa, se formos imolados por amor do que se deixou crucificar sem um gemido, sem um brado de maldição, antes alçando ao firmamento os olhos luminosos, cheios de lágrimas, rogando ao Pai clementíssimo perdão para seus ofensores, inscientes da vastidão do crime que estavam praticando, com o suplício de um justo?

"Silenciemos, pois, nos instantes de provas, porque não sabemos avaliar a extensão de nossos delitos, tendo ainda as almas conturbadas pelas monstruosidades que já praticamos no passado secular! Soframos, amigos, todos os reveses, todas as injustiças, todos os suplícios, contanto que os nossos lábios e os nossos corações estejam purificados pelas preces e pelo bem que estiverem ao nosso alcance praticar...

"Eis ao que devemos aspirar.

"Aqui, onde estão nossos pés, não é nossa pátria. Além, onde fulgem os astros, é nossa eterna pátria! Aqui, somos banidos de nossas plagas natais, delas sempre nostálgicos. Nada, aqui, nos pertence, exceto a virtude e as nobres ações, que nos acompanham ao Céu! Eis nosso tesouro perene, que a ferrugem dos séculos, não destrói... Ninguém no-lo pode usurpar: nem os ladravazes, nem a oxidação do tempo infinito... É nosso. Deus o garante, guardando-o por sentinelas incorruptíveis – nossos Mentores espirituais – que o entregam intacto às suas mãos radiosas, quando findamos uma etapa terrena. Deus o recebe, com júbilo paternal. Deus o valoriza. Quem o possui, tem um passaporte para o Céu, ou, antes: para as regiões felizes do Universo! Não vos inquieteis, pois, quando o sofrimento cravar as suas garras aduncas em vossos corações... Abençoai-o. Amai-o. É o nosso consócio incessante nos prélios deste planeta. Não nos abandona nunca, ao inverso da alegria, que, raramente, adeja sobre nossas frontes, e, logo, alça o voo para as distantes paragens onde não há o erro, o delito, o ódio! Poderemos esperar a felicidade com que sonham todas as criaturas humanas, quando as almas se convulsionam de torturas morais e os corpos de nossos irmãos estão sendo devorados pelas feras, no Coliseu de Roma? Poderemos desfrutar a paz, quando a era atual é de lutas e ignomínias? Poderemos aguardar a justiça dos homens, quando a idearam com os olhos vendados – qual se fora cega – para não reconhecer o valor da virtude, ou não fitar os olhos no lívido rosto dos infortunados, surda às suas imprecações de revolta e humilhação, escutando apenas as canções festivas e obscenas dos devassos mais poderosos da Terra? Amigos, todos os povos padecem do mesmo mal: falta de justiça, espezinhações, cativeiro do corpo ou do pensamento. Tudo isso, porém, se transformará em vitórias e venturas incalculáveis! Consolemo-nos, pois, com todas as dores, todos os reveses, todos os tormentos que nos atingirem! Unamo-nos para formar um só exército invencível – o dos *Legionários do bem* – e para a execução da obra grandiosa que tem por lema: *Redenção espiritual!* A batalha será renhida; incontáveis combatentes cairão por terra, fulminados pelos dardos da adversidade, para serem reerguidos nos planos siderais; por muitos séculos há de durar a luta, mas os que pelejarem, tendo a *Jesus* como general supremo, hão de fruir um triunfo compensador: a eterna *redenção*!

"Cumprir as Leis Divinas, sem relutância, vencendo todos os obstáculos que se antepõem à sua execução – eis a nossa divisa!

"Perca-se o corpo, salve-se o Espírito! Não cogitemos do mal e sim do bem que nos possa servir no cumprimento de nossos deveres, por mais penosos que sejam! Sois, também, doravante, apóstolos do bem e executores dos decretos do Soberano universal; e, portanto, guardai no íntimo de vossos corações os conselhos de vosso velho amigo, que jamais vos há de abandonar, por todos os milênios do porvir!"

O silêncio caiu naquele desolado local, podendo-se quase perceber o pulsar dos corações dos que se conservavam ajoelhados, os olhos enublados de lágrimas ardentes.

Oscularam, todos, após, as mãos do venerável Apóstolo, que se levantou e abraçou cada um com paternal carinho.

Felício, com voz trêmula, disse-lhe:

– Mestre, todos os crimes podem ser resgatados? Todos podem alcançar o perdão divino?

– Sim, imitando a Jesus, meu filho; sofrendo sem revoltas as mais acerbas provas, injustiças, humilhações; sendo honesto e laborioso, abnegado, justo, manso de coração, sabendo perdoar e amar os seus ofensores – os desviados do carreiro do bem e da fraternidade, que deve existir entre todos os filhos do incomparável Progenitor de todos os Espíritos do Universo! Jesus ultimou seus padecimentos, crucificado entre sicários; e, ao que se arrependeu de seus crimes, chorando-os amargamente, ao que recebeu o batismo da fé no olhar boníssimo do rabi, a este prometeu, generosamente: 'Na verdade te digo que ainda estarás comigo no Paraíso!'.

– Obrigado, mestre... não, pai querido, único que encontrei na vida; e, se há mais tempo o soubesse, jamais me teria desviado do caminho reto do dever e da honra!

– Jesus te salvará e levará tua alma para o Céu! – murmurou Pedro, impondo-lhe a mão sobre a fronte.

XIX

Emudecidos de emoção e contentamento, os desposados seguiram o bondoso emissário da Palestina; mas, logo ao transporem o recinto do Ostriano, viram luzir os capacetes romanos.

Um pavor indescritível lhes confrangeu os corações.

– Voltemos, Mestre – disse Felício, tornando-se lívido.

Um centurião, de catadura patibular, deteve-os, com um gesto brusco da mão.

– Que fazes, aqui, Pedro, todos os dias, e, às vezes, durante a noite toda; pois estamos à tua espreita desde ontem? – perguntou um dos centuriões, com arrogância.

– Que venho fazer, aqui? Irmão! – interrogou o Apóstolo, com humildade e mansidão. – Venho lembrar-me de nosso magnânimo Pai celestial, o Criador do Universo, e render-lhe as homenagens que lhe são devidas...

– Estás mentindo, judeu! – retrucou o centurião, com sarcasmo e rispidez. – És um sedicioso... tal o era aquele que foi crucificado em Jerusalém!... Nero já sabe o que aqui tens pregado...

– Crede-me, romano, não estou faltando com a verdade! Não cobiçamos os esplendores de Nero, e, sim, os do Céu, que desejamos conquistar com humildade e com obras dignas da Majestade suprema! Quando conhecerdes a nossa doutrina, também amareis a Jesus!

– Bastam-me os nossos deuses, que não nos importunam! Estás seduzindo os incautos, com intuitos ocultos, que precisamos saber se têm por fim uma revolta contra o incomparável

César! Segue-me. Lá, no cárcere, explicarás quem são os deuses celestes, nas nuvens ou no Espaço infinito, e cuja existência ninguém pode confirmar! Segue-me!

Enquanto se travava este diálogo entre um centurião e o Apóstolo, Felício disse a Estênio:

— Eu não abandono este adorado velhinho, que considero como pai e verdadeiro amigo! Salvai as nossas companheiras, enquanto é tempo!

Assim dizendo; Felício colocou-se ao lado direito do Apóstolo, e, num rápido movimento, abeirou-se do centurião, dizendo-lhe, resolutamente:

— Não sejais criminoso, prendendo um justo, um humilde, que só tem um desejo ardente: a salvação das almas dos pecadores!

— Por que, então, vos ocultais para orar, e não ides, à luz do dia, aos templos que há em Roma?

— Porque é perseguido quem só aspira à felicidade de nossas almas!

— Pois ele que fique com as *almas*, e Nero, com os corpos! — exclamou com sarcasmo o centurião.

— Haveis de prestar estreitas contas à Majestade Divina!

— Não reconheço outra mais poderosa, que ultrapasse a de Nero! Tu, que o defendes, és conivente com este ousado judeu! Estás preso também!

A um sinal do centurião, os milicianos atiraram-se sobre Pedro. Felício, indignado, tentou desprendê-lo das mãos férreas que lhe haviam arrochado os braços. O centurião, enfurecido, empunhando uma lança, abateu de um só golpe o extremoso Felício, que, banhado em sangue, tombou ao solo.

Prevendo o que lhes estava reservado, Estênio aproveitou os instantes de confusão; e, segurando os braços de Dulcina e Norma, quase desfalecidas, arrastou-as, a custo, daquele local sinistro.

— Foi mister ser covarde! — exclamou o escultor com infinita angústia e com lágrimas nos olhos. — Não tive ânimo de vos perder, agora que vos encontrei, por toda a vida!

— Seria mais humano que seguíssemos o exemplo de Felício! – exclamou Norma, soluçante.

— Bem o sei, querida – respondeu-lhe Estênio –, não me importaria sacrificar a minha vida, mas não a de ambas! Não me julgues um covarde, Norma; quis salvar-vos; mas voltarei de novo ao local sinistro!

— É tarde, Estênio! Aquelas vítimas não carecem mais do nosso sacrifício; o destino de ambos já foi traçado, e nada podemos fazer, senão orar por suas almas! – disse Norma, desolada.

A custo o artista conseguiu chegar ao modesto abrigo das primas, compreendendo, então, a penúria em que viviam, em contraste com as suspeitas odiosas de sua genitora, que as julgava venais sedutoras... Residiam com Sérvulo e sua humilde família. Dulcina, mal chegou ao lar, retirou-se para o dormitório, a fim de dar expansão à sua dor.

O escultor disse, então, à sua desposada:

— Parece-me que uma fatalidade pesa sobre nós, querida; nossa aliança vai ter a duração do relâmpago!

— Pois pensas, realmente, Estênio, em nos deixar nesta amargurada situação?

— Quis apenas salvar-te, para te dizer o que se passou em meu íntimo durante a nossa separação: o amor sempre superou às mais odiosas calúnias contra ambas! Quero que jamais duvides do afeto que te consagro, Norma! Saíste vitoriosa aos olhos de meus pais, que, doravante, serão os vossos protetores... É o que desejava dizer-te. E, agora, adeus! Vou saber o que foi feito de nossos infortunados irmãos.

— Respeito a nobreza de teus intuitos, Estênio, e perdoa-me se te ofendi, há pouco, em um momento de dor perturbadora. Jesus que te proteja, Estênio! Se não voltares jamais, eu e Dulcina iremos juntar-nos aos cristãos; saberemos também findar dignamente a vida... E, assim procedendo, nossa união será mais longa, na eternidade que nos aguarda!

Um ósculo ardente na fronte da donzela, que o abraçou ternamente, soluçando – o primeiro e que podia ter sido o derradeiro naquela atribulada existência – foi a despedida do jovem, que saiu, à pressa, envolto em uma toga escura. Dirigiu-se ao local onde se efetuara a prisão de Pedro e onde Felício havia sido ferido mortalmente.

Estertorando, cercado por alguns populares, que não faziam comentários sobre o sucedido, agonizava o inditoso Felício. Estênio abeirou-se dele, dizendo-lhe, comovido:

– Desejas alguma coisa em que te possa servir, meu querido irmão?

– Sim... saber... se elas... estão salvas!

– Sim, estão ambas em sua habitação...

Sem poder mais descerrar as pálpebras, já esmorecendo, murmurou ele, debilmente:

– Eu... não a merecia... Deus... é justo... Proteja-a, Estênio... Amo-a... até à... eter... – E expirou o desditoso, sem haver terminado a frase. O jovem escultor, vendo aproximarem-se alguns escravos com uma padiola para conduzir o cadáver à vala comum, acompanhou-os até o local onde sepultaram o assassinado. Regressou, então, à residência das primas, dizendo, ao chegar:

– Nada mais pude fazer pelo infortunado, senão ouvir-lhe as derradeiras palavras...

Pedro foi recolhido a um ignorado cárcere. Suspeitaram de mim... por ter querido realizar, por minha conta, o enterro do desventurado Felício, e ninguém consentiu que o retirassem da vala comum...

Inenarrável era a dor que invadiu o sensível coração de Dulcina.

– Também eu morri para o mundo e para todas as alegrias da Terra! – exclamou ela, em prantos. – Se não fora o receio de ferir rudemente o teu coração, Norma, bem sei o que me restava fazer...

– Não, querida de minha alma! Renuncia à ideia do suicídio, porque, além de apunhalares meu coração de desgosto, se cometesses esse crime, feririas diretamente ao mais bondoso e justo dos pais – *Deus*! Lembremos, sempre, nas horas amargas, as palavras de nosso incomparável amigo Pedro, ora nas garras de Nero: 'Estamos em plena procela moral! Não percamos, por um segundo de tormentos morais ou físicos, séculos de paz, de venturas inefáveis! A separação que ora deploramos será efêmera'. Felício não *morreu*, seu Espírito adejará sobre nossas frontes, ficará conosco durante o nosso cativeiro terreno, e havemos de o encontrar quando despertarmos na luz da redenção, que estamos conquistando, com prantos e rudes sofrimentos...

"Minha irmã, lembra-te de que, infelizmente, não tinha ele direito de fruir uma ventura terrena, tendo feito a desdita de tantos seres humanos, cujas vidas foram ceifadas, cruel e traiçoeiramente, na calada da noite, nos caminhos desertos... Nós, que aqui nos achamos, bendizemos a sua memória, mas quantos hão de maldizê-la... Deus é sempre justo, querida, nos seus desígnios supremos! ..."

Instantes de aflições e tormentos morais tangiam os corações das duas irmãs, feridas pela adversidade.

Recordavam-se, porém, dos vaticínios do venerando Pedro, que previa, para si e para os seus discípulos, dores inevitáveis. Norma, reanimada pela presença do amado companheiro de existência, e pelos conselhos dos seus Protetores invisíveis, tentava confortar a irmã, dirigindo-lhe palavras de carinho, incutindo-lhe ânimo, de acordo com a consoladora doutrina que professavam. Um dia, disse-lhe Dulcina:

– Nunca poderei esquecer a tragédia que ocorreu diante de meus olhos, para se gravar perpetuamente em minha alma, em caracteres de fogo! Sinto que todas as páginas de minha vida foram destruídas e dispersadas ao furor de um vendaval... Não me suicido... para não agoniar o teu nobre coração, justamente agora que Jesus permitiu se unisse ao que adora... Não quero perturbar a vitória que conseguiste alcançar, e sei que é um crime de lesa-divindade, uma ofensa às Leis do Criador do Universo! Sei que a morte voluntária acarreta dores inomináveis durante tempo infindo!

– Há um consolo inigualável para os nossos sofrimentos, cara irmã: a prece! Vamos orar a Jesus, o excelso Crucificado, para que possamos imitá-lo na resignação e em benefício das almas de Felício e de nosso incomparável amigo Pedro... Ele ouvirá as nossas vozes e poderá suavizar todas as nossas amarguras, por mais acerbas que sejam.

XX

Quando Dulcina soube toda a extensão da apavorante realidade a respeito de Felício, certificando-se de que ele fazia parte de um bando de salteadores, houve em seu íntimo a dor idêntica à causada por penetrante dardo, lacerando fundamente, com o gume da desilusão, do desalento, destruindo todas as esperanças terrenas... Tornou-se, depois, sua prisioneira. Tivera o ensejo de observar de perto o seu caráter, de sondar os seus mais recônditos pensamentos. Via-o, aos poucos, ascender do lamaçal do crime às regiões puríssimas do arrependimento...

Compreendeu, enfim, que o seu Espírito não era destituído de dignidade e que seus deslizes morais haviam sido motivados pela perversidade humana. Era vítima da crueldade social, um produto do meio corrupto em que vivera. Seus progenitores – que o abandonaram mal chegara ao mundo – e principalmente o meio ambiente, que o obrigara a proceder assim, eram os verdadeiros responsáveis pelos seus desatinos. A mulher que enjeita o ser que concebeu para evitar o labéu de desonesta, embora vítima do homem e do meio em que vive, torna-se delinquente; pode ludibriar a família e a sociedade, mas não a própria consciência; é um crime lançar ao acaso o entezinho que devia amar e proteger. Não merece essa infortunada que a chamem pelo sublime monossílabo feito de carinho e bondade – *mãe*! Mãe é a excelsa criatura que, na Terra, representa diretamente o Criador do Universo, anjo materializado, que deixa as asas no Céu para poder se desvelar junto aos berços de cândidas criancinhas, bonecas divinas, abismando-se nas trevas terrenas, nos cárceres de angústias e sofrimento; sabe sorrir para o entezinho que concebeu, às vezes com os olhos turvos de lágrimas, presa de tormentos físicos e morais indescritíveis; adorando a fragilidade que gerou em seu seio; guiando-lhe os primeiros passos incertos; transformando em beijos e carícias os penosos trabalhos que lhe causa; ensinando-lhe, com os primeiros balbucios, as primeiras preces dirigidas ao Pai e Soberano do Universo, ao fator de todas as maravilhas da Criação!

Mãe é sinônimo de amor, piedade, sacrifício, ternura. Mãe é amparo e proteção. Mãe é guia e condutora de almas para o Céu; é um fragmento da divindade na Terra sombria, com o mesmo dom do Onipotente: plasmar seres vivos onde se alojam Espíritos imortais, que são centelhas deíficas!

Não merece a designação de *mãe* – a que não amamenta os filhinhos, a que não lhes transfunde no organismo o sangue vivificante metamorfoseado em pérolas líquidas, transformada a cor rubra do pecado na alvura da inocência, por divina alquimia. Não é mãe quem os entrega a mãos mercenárias, não se privando dos festejos mundanos – em que se arruínam os corpos, a saúde, a alma – ou quem deixa os pequeninos arcanjos a dormitar em berços áureos e profana as santas alegrias da maternidade com os gozos efêmeros da sociedade maldosa, sujeitando-os a diversos perigos e deformidades, que, com os seus desvelos, não teriam sofrido...

Monstro e não mãe é a que, esquecendo seus sacrossantos deveres terrenos, atira, qual inútil farrapo humano, o ser que gerou, pelas estradas desertas, às soleiras de alheias portas, como se fossem calhaus, que os inconscientes garotos arrojam ao fundo negro das cisternas...

Felício tinha sido um dos desditosos que não conhecem os desvelos paternos. Fora criado onde havia tudo: ouro, iguarias deliciosas, móveis confortáveis, flores e frutas, tapeçarias de púrpura, mas não possuía os maiores tesouros, os mais valiosos para Deus: virtude e caridade!

O seu protetor, isto é, quem o mantinha em sua luxuosa habitação, talvez seu próprio pai, tratava-o com menor piedade do que a seus cães favoritos. A consorte, que era estéril, tolerava o pequeno Felício de mau grado, suspeitando de uma perfídia do esposo, e era retribuída na mesma moeda! ... Sua presença, porém, era-lhe odiosa. Os fâmulos tratavam-no com dureza. Quando completou três lustros, depois de acerba humilhação, fugiu da casa adversa (azorragado que fora, por ordem da senhora do seu mantenedor) sem recursos pecuniários, com o corpo sangrando...

Dois dias passou ele sem abrigo e sem alimento.

Ao terceiro dia seu aspecto era outro: faces encovadas, macilentas, dando-lhe a aparência de um desenterrado ou de um espectro foragido das geenas... Andava a custo, trôpego, arrastando-se com desânimo, sem destino e sem esperança. Faminto, furtou alguns cachos de uvas de uma casa campestre. Já longe de Roma, e algo reconfortado, abasteceu-se de outros cachos dulçorosos; mas, perseguido por um cão feroz, atirou ao solo e fugiu, por desconhecida vereda, numa carreira vertiginosa e louca.

Livre dos dentes do mastim, sentou-se em uma pedra e pôs-se a meditar na vida. Relâmpagos de pensamentos lhe brotavam do cérebro e um furor insopitável lhe explodiu da alma revoltada: execrava a sociedade, todos os seres humanos, mormente sua desnaturada mãe... Muitos eram os responsáveis por seus padecimentos; ela, porém, a todos sobrepujava em perversidade. Não podia perdoar-lhe, nunca, havê-lo deixado à porta de um desalmado. Não pensou, por um instante sequer, que sua infeliz mãe havia desprendido o Espírito para o Além, e aqueles que a cercavam mandaram que um criado o atirasse à porta do covarde sedutor, que iludira a pobre vítima com promessas de casamento. Felício, que tudo isso ignorava, não podia perdoar--lhe o crime que ela não praticara; ele a execrava e incriminava por todos os seus padecimentos. Suas forças, já debilitadas pela peregrinação, pela escassez de alimentos e pela vigília, tornaram--no um ente indefeso e inferior; e, num ímpeto de revolta contra a Humanidade crudelíssima, seria capaz de praticar os maiores desatinos, abençoando quem lhe varasse o coração com a ponta de um punhal e lhe arrebatasse a única preciosidade que possuía, o único tesouro de pariá desgraçado: a Vida!

Anoitecera. Após algumas horas de chuva incessante, sobreveio um frio glacial, que lhe penetrava as carnes quais víboras de gelo. Transido de fome e de frio, já se achava distante de Roma algumas milhas. Avizinhava-se de um desfiladeiro, num dos contrafortes dos Apeninos, quando avistou as ruínas de uma habitação, que ele imaginou fosse o seu derradeiro abrigo. Tiritando de frio, acolheu-se ao único aposento que conservava intactas as paredes, embora um tanto danificadas pelas intempéries, e que, naqueles instantes aflitivos, lhe pareceu um palácio real. Súbito, qual se saísse das trevas, ou de um abismo ignoto, alguém lhe falou com agastamento e entonação de cólera:

– Olá, camarada! daqui ninguém se aproxima impunemente: tem que deixar a bolsa ou a vida!

– Bolsa não a tenho; quanto à vida, tirai-ma; e os deuses hão de abençoar-vos, senhor, por haverdes livrado o mundo de um de seus maiores desgraçados!

Estas palavras foram pronunciadas com expressão de profunda tristeza, que excitou a curiosidade do desconhecido habitante dos escombros.

– Quem és tu e de onde vens? – interpelou ele, com visível interesse.

– Quem sou eu? Um pariá! Um desprezado. Um anônimo. Um maldito que não tem pais, que devem ter sido monstros, pois tiveram ânimo de me abandonar em casa alheia... onde reina uma harpia e de onde fugi por não poder mais tolerar que os cães favoritos fossem tratados com carinho, e eu, com crueldade e desprezo!

– Vem viver conosco, aqui! Serás um *Filho das sombras*, igual a todos os que aqui se asilam... És de nosso bando: doravante não serás mais escarnecido, mas temido! De mísero cão, passaste a caçador... de feras! – disse o desconhecido com energia e convicção. – Vem!

– Para onde? Para o inferno? Que me importa sabê-lo? Frio tenho certeza de que ninguém padecerá... como eu o estou sentindo! Parece-me que já nem tenho mais consciência do local em que me acho... nem de com quem falo neste instante!

– Bem! Bem! Odeias a Humanidade?

– Sim! Sim! Odeio!

– Queres ser rico, ter roupas custosas, vingar-te dos infames que nos tratam como a cães famintos, ainda que tenhamos alma opulenta de virtudes, das que, aqui na Terra, não valem um insignificante sestércio? Queres vingar-te dos que não nos estendem as mãos empeçonhadas de ignomínias, embora repletas de ouro, e as almas denegridas de torpezas e no-las estendem amplamente, quando nos tornamos seus iguais?

Um doloroso e convulsivo soluço escapou do peito do adolescente, que, opresso por inominável dor e revolta, não pôde responder à arguição.

– Não rejeites o que te ofereço, garoto! – exclamou aquele verdadeiro espectro das ruínas. – Não achas santa a luta dos desventurados e oprimidos, contra os vis potentados? Não viveste em habitação confortável, onde a opulência se alia à falsidade, onde os próprios escravos se conspurcam ao contato dos senhores perversos e corruptos?

– Senhor! – pôde, enfim, tartamudear o desditoso fugitivo. – Eu quero trabalhar, para viver à minha custa. Há, aqui, algum serviço que eu possa fazer?

— Trabalhar? Ingênuo garoto! Que valor tem o trabalho nesta era? O labor é relegado aos cativos dos debochados. A sociedade não quer mãos calosas, com as luvas da honradez, nem corações puros; prefere almas pestilenciais com mãos de veludo! Escuta-me, pois. Fui arquimilionário. Mortos os meus mais próximos parentes, em sucessivos desastres, quando viajavam em berlinda, eu não suspeitei que os tivessem assassinado... para se apoderarem do que nos pertencia... Fiquei, bruscamente, inexperiente e vaidoso, com incontáveis haveres, entregues a um tutor ladravaz. Criado em coxins de pelúcia dourada, não tinha o menor conhecimento das infâmias do mundo. Os que se arvoraram em amigos e protetores esbulharam-me rapidamente, rapinando, dentro em pouco, quase tudo quanto eu possuía... Ficaram eles todos ricos, e eu, paupérrimo! Vês estes escombros? Foi, aqui, o meu primeiro ninho dourado. Escorraçado, esbulhado do que me pertencia, contaminado por incurável moléstia – a lepra – que contraí em uma viagem ao Egito, passei as mais atrozes humilhações, e duras privações. Senti, por isso, avolumar-se em meu íntimo indestrutíveis instintos de revolta e de vingança, como jamais os havia tido! Paupérrimo, depois de expulso desta habitação por aquele a quem, outrora, havia aberto os braços e os salões floridos, em noites de festejos deslumbrantes, percebi, nitidamente, que eu nunca tivera valor algum pessoal, nem meu corpo, nem minha alma... se é que a temos! O que valia, exclusivamente, era a vil riqueza que eu possuíra! Perdendo-a, fiquei nivelado aos rafeiros... Enquanto não conheci a perversidade humana, era incapaz de praticar o mal; mas, aos embates da adversidade, despertou em mim a fera que dormita em todos os corações felizes... Incorporei-me a um bando de sicários, tornando-me um dos mais audazes e temidos! Feri, à sorrelfa, os que me espoliaram, destruí, a fogo, todos os domínios que foram meus, consumindo-se nas chamas vorazes todos os falsos documentos que haviam forjado contra mim. Ninguém, jamais, descobriu o meu paradeiro, nem exigiu o que me pertencera. Ninguém, que possua dinheiro, passa incólume por esta região... Acolá, do lado oposto da serra, há um confortável fortim, onde se reúnem os chamados *Filhos das sombras*, dos quais me fiz chefe. Eu poderia considerar-me ditoso e fruir relativamente a vida como os meus valentes companheiros, se não fora esta maldita enfermidade, que eu hauri nos beijos de uma egípcia, que não suspeitei estivesse afetada do pior de todos os males da Terra. Mais tarde, meu estado de saúde agravou-se, declarando-se esta enfermidade infernal, que mata o organismo, tornando-o em putrefação; enquanto o que chamam *alma*... continua arraigado intensamente a ele! Tudo quanto eu possuía foi sequestrado e rapinado, mas ninguém deseja a herança maldita, provinda de um sangue intoxicado pelo mais terrível de todos os morbos!

"Já sabes, criança, por que me fiz celerado.

"Não somos os únicos bandidos. Eles existem, em profusão, por este mundo vil afora... no qual a lama dourada das jazidas vale mais do que o diamante divino da virtude e do trabalho! Não vaciles mais, garoto; torna-te um dos nossos amigos!"

XXI

Felício, chorando, esquivou-se ainda a dar uma resposta decisiva ao chefe dos bandoleiros temíveis; mas, revivendo todos os seus suplícios, desde a infância misérrima, sem carinhos, intolerado, humilhado, espancado, por todos que o cercavam... Por fim lembrou-se da derradeira afronta: fora acusado, injustamente, de latrocínio. Contundiram-no, brutal e barbaramente, até que ele, desvairado, cheio de revolta e desespero, resolveu fugir daquele antro de sofrimento.

– Tenho frio, tenho fome e sou desgraçado! – pôde murmurar por fim. – Aliemo-nos, pois, para a vingança, de que tenho sede insaciável!

— Sim, aliemo-nos por toda a vida e maldito seja o perjuro! Se me traíres, serás morto, fatalmente! Bem vês que não te iludo. Sou um homem verdadeiro, pois digo o que sinto, às primeiras palavras, ao inverso do proceder dos bandidos que se vestem com elegância; e, por isso, são julgados probos e leais. No entanto, escondem o punhal das vilanias... dentro dos próprios corações ferozes... para assim ferirem às ocultas os que chamam amigos!

Felício sentiu, na treva, o contato viscoso de uns dedos, que lhe pareceu inocularem o veneno dos ofídios, o *vírus* do mal, a gangrena do ódio... Pareceu-lhe também que o desventurado que lhe falara se apoderava, desde então, do seu corpo e da sua alma, onde havia muito fel e muitas lágrimas represadas...

Embrenhou-se Felício, desse modo, na senda apavorante do crime, tendo apenas por atenuante a sua inexperiência, o abandono a que havia sido votado e a falta de quem o norteasse para o bem.

Só muito mais tarde foi erguido do paul das inquidades pelas mãos suavíssimas de dois arcanjos terrestres – Norma e Dulcina.

Um misto de gratidão, de terror e de lealdade o atraíram também para o impávido indivíduo, que, em momento aflitivo, lhe estendeu a mão virulenta, para lhe salvar o corpo, quase inanimado, tais as privações por que estava passando. Nunca, porém, olvidou as dolorosas expressões de Plínio:

— Desde que saciei os ímpetos de vingança, o meu coração adormeceu no leito da vindita saciada. Passei a viver neste túmulo em ruínas! A própria luz solar já me ofende a retina... tanto me habituei às trevas! Tornei-me dragão ou monstro – no aspecto e na alma, como dizem que os há... No entanto, Felício, nenhum coração é tão sensível, quanto o meu, a qualquer demonstração de afeto e reconhecimento... Só consegui na vida um triunfo inestimável: o cultivo intelectual, recebendo lições de eméritos professores... É a diversão que ainda posso desfrutar neste túmulo e neste cárcere privado – a leitura.

"Teria sido bom e justo, se não houvesse sofrido tremendos desenganos, que me convulsionaram o íntimo, ou minha alma (que não sei se existe ou não; a ela me referindo, como sendo a sede dos sentimentos, que eu julgo não terem a mesma fonte material da saliva e das outras secreções do organismo), deformando-a, transformando-a em monstro horripilante!

"Tenho a impressão de que, em meu interior, havia uma estátua de formas apolíneas, plasmada por um artista genial; e que, a golpes de camartelo, empunhado por um gigante louco, foi estilhaçada, e os fragmentos arrojados a um fosso profundo, de onde não mais poderão sair.

"Eu já morri, física e moralmente, mas continuo desenterrado, encontrando-me encerrado em um duplo sepulcro: o da carne putrefata e o destas ruínas trevosas e apavorantes...

"Os dragões, porém, também sofrem e têm o direito de viver. Se é certo que existe um Deus que nos criou – Ele não separou o mundo com intransponíveis muralhas, designando os lugares para os bons e para os perversos, ou desventurados! O ar espalha-se, livremente, por todas as regiões deste globo, para ser respirado por todos – insetos e aves, serpentes e feras –; o Sol veste de luz e aquece todos os seres vivos. Eis por que ainda não pus termo ao meu suplício: assiste-me o direito de viver, qual o têm as aves e as panteras!

"Cada vez mais, porém, abomino a Humanidade, que apedreja a virtude do pariá e abre os braços para os celerados que possuem opulência e regalias sociais! ... Se eu voltasse à sociedade, de onde fui escorraçado pela fatalidade despótica, seria recebido qual um príncipe, pois ocultaria a podridão do corpo com valiosos brocados e veludos...

"Ao menos, aqui, reina a sinceridade, ninguém pretende iludir o companheiro.

"Todos se consideram monstros, mas sabem tolerar-se uns aos outros. Sei que todos têm repulsa por esta enfermidade odiosa, mas sabem que, por último requinte de bondade, eu não os contamino, pois tenho insulado tudo quanto necessito. Apenas lhes transmito os meus pensamentos e a minha voz, que não têm o vírus maldito desta moléstia..."

– O que eu temo, senhor, é ser enforcado...

– Tranquiliza-te, rapaz, pois nossa sociedade é poderosa e dispõe de grande prestígio.

"Vários de nossos consócios não se trajam qual me vês agora... Vestem-se como os príncipes; e tu, se o mereceres, serás um deles, porque tens garbo e beleza física. Além dos associados, há, também, formosas jovens, que conseguem fascinar os mais eminentes magnatas da atualidade... os quais desaparecem como por encanto... Temos conseguido prodígios. Nunca fomos perseguidos. Que a tua mão não trema ao tirar a vida a um opulento, pois este, de bom grado, se lhe pedires uma esmola, te matará com o seu desprezo e suas humilhações..."

Foi ao influxo de tais conselhos nocivos que Felício se fez um temível salteador.

A fortuna sorriu-lhe e conheceu muitas regalias e gozos mundanos, até que seu coração se aprisionou, por vínculos invisíveis, mas resistentes, ao de Dulcina.

Até então viveu como que arrastado por uma vertigem interior – não ouvindo os gritos da consciência, que ele julgava paralisada, inerte. Bruscamente, porém, essa consciência que parecia adormecida, ou em letargia, ressurgiu do túmulo das iniquidades. Ressuscitou, qual divina falena, ou novo Lázaro, mais viva que outrora, fustigada por um látego luminoso, que ele julgou haver descido das próprias alturas consteladas... Instintivamente, fitou os olhos em suas mãos – enluvadas de sangue, exalando a podridão dos cadáveres...

"Sou indigno" – pensou – "de tocar com estas mãos criminosas nas de Dulcina, que são de rosa e neve".

XXII

Só então Felício aquilatou de toda a sua degradação moral...
Seria preferível a mais abjeta miséria, o opróbrio, os vexames, os ultrajes – que havia recebido, em profusão, na casa onde fora criado – à riqueza que possuía, adquirida com o bacamarte e o punhal! ...
Antes seu corpo mal coberto de andrajos, com a alma imaculada, do que vestido de púrpura, com o Espírito conspurcado de sangue...
Preferia a fome, o frio, as espezinhações, ao flagelo do remorso!
Quando era um pariá, desprezado e faminto, tinha a mais preciosa de todas as riquezas: a honestidade, o sossego, a paz de consciência, que lhe permitiam adormecer, placidamente, até sobre uma lájea, como se esta fosse um leito de veludo e arminho... Agora, sua vestimenta era de seda... mas sua alma era de lodo putrefato.

Tentara fugir à tentação daquelas jovens, mas não o conseguira. Prendiam-lhe o coração, a pureza, as virtudes, a beleza ideal, que não encontrara em mulheres mercenárias...

Prevalecia a lei dos contrastes: a treva amando a luz das alvoradas, que nunca poderia aniquilar, eternidade em fora... O convívio que tivera com as duas donzelas, conhecendo-lhes os mais nobres sentimentos, tornara-se-lhe em tormento, do qual não desejaria libertar-se, jamais!

Admirava Norma, adorava Dulcina. Não tentara, nunca, aproximar-se delas com intuitos malévolos. Dir-se-ia que os separava uma grande muralha chinesa, de cristal luminoso, que não as ocultava à vista, separando-as, porém, e defendendo-as contra os seus desejos humanos...

Afeiçoara-se mais de Dulcina, embora fosse menos bela e inteligente do que sua irmã, porque uma força desconhecida o fazia consagrar a Norma um afeto puramente fraternal... As palavras que esta pronunciava, cheias de nobreza e suavidade, tinham o dulçor de bálsamos encantados ou maravilhosos, que lhe caíam no coração, onde vibrava, então, um desalento profundo, um arrependimento veemente, por todos os delitos que já havia perpetrado... Como poderia aliar-se a Dulcina, honesta e ilibada? Fazê-la sua esposa, sujeitando-a às incertezas do futuro? Não! Jamais o faria!

Muitas vezes, olhando-a, lia em seus belos olhos negros a tristeza e a repulsa que seu passado lhe inspirava, com justa razão! Ele não esperava, nunca, encontrar a ventura a que não fizera jus. O mal só pode produzir o mal. Assim como as leis humanas privam de liberdade os criminosos, e, às vezes, até do direito de viver, os que praticam atrocidades, enquanto que a justiça celeste se exerce favorecendo meios para a reparação de todos os delitos cometidos, despertando a consciência do criminoso para retroceder na senda da perdição, chamando ao carreiro do bem o transviado da virtude; é o clarim que atroa os ares, advertindo a todos para que se desviem do abismo, ou para que o mal seja reprimido e o bem disseminado. Quem o ouve e recua, abandonando a vereda do erro, evita penas dolorosas. Quem o escuta e prossegue, voluntariamente, terá a flagelá-lo o látego da dor, das penas inflexíveis.

Felício, desde que compreendera a inteireza de caráter das duas irmãs, refletiu sobre tudo isso, sentindo-se manietado para o mal, propenso às ações meritórias.

Estava preso aos encantos de Dulcina, mas não ousava patentear-lhe seus sentimentos. Seu suplício, porém, atingiu o Infinito, quando, assistindo às pregações de Pedro, se capacitou melhor das atrocidades que já havia praticado; sabia que, para conquistar o perdão divino, teria que resgatar os delitos do passado... Como, porém, o faria ele? Sofrendo. Humilhando-se e não fruindo uma parcela mínima de ventura terrena, pois não a merecia...

Quando, ao alvorecer do dia ao qual nos reportamos, ele se certificou de que Dulcina não se opôs a unir indissoluvelmente o seu destino ao dele, uma emoção abaladora lhe interceptou a voz, enquanto em sua mente os pensamentos fervilhavam...

Precipitaram-se os sucessos: tudo se realizou conforme lhe vaticinara o coração...

Chegou, finalmente, ao derradeiro capítulo de sua existência acidentada, a qual teve por epílogo uma tragédia, como trágica tinha sido durante toda a sua trajetória...

Não se iludira, pois, quando conjecturou que ainda não merecia a ventura terrena, tendo-a destruído em diversos lares, arrancando a vida de muitos de seus dirigentes... A voz da consciência, que ele sentia sempre, advertindo-o em instantes decisivos, fizera-o compreender, claramente, a sentença exarada, nos refolhos da alma, para resgate de todos os seus crimes.

Nunca lhe mentira essa voz amiga. Percebeu que o Criador do Universo concede, a todos os seres humanos, dois desvelados mentores, dois guardiães tutelares, um visível, a mãe; outro invisível, um arcanjo; um sobre o solo, junto aos berços dos inocentes, desvelando-se em carícias e beijos; outro, alado, podendo, a quaisquer segundos, alçar-se ao Infinito! Faltara-lhe o primeiro, mas ficara-lhe o segundo.

É ao contato das Entidades lúcidas que os Espíritos torvos progridem. Esses sublimes protetores são água cristalina que pode tornar alvo um tecido que esteve imerso no lodo...

Não é, porém, só o esforço dos bons que poderá melhorar a situação espiritual de uma criatura, é mister que esta receba o seu influxo benéfico e não o repila, mas o absorva, dentro do coração, transformando-o com a virtude, com a honestidade, em obras louváveis, metamorfoseando as trevas em luz interior!

Os seres afeitos à prática das perversidades não se abeiram dos justos; temem-nos, ou odeiam-nos, como os mochos a claridade solar, que lhes ofusca os olhos habituados às sombras... A pureza de sentimentos daqueles contrasta com as crueldades dos maus, mas os bons se compadecem dos delinquentes.

Todos esses pensamentos germinaram na mente de Felício desde quando ouviu o enviado da Palestina. Percebeu que se operava uma completa revolução em seu interior.

Era indefinível o estado do seu espírito, que tinha períodos de trevas e de intensa radiosidade.

Uma desconhecida ternura, uma absoluta fé em Jesus, do qual lhe falara Pedro com emoção, todas as angústias transcorridas, subitamente, se conflagravam, sem que ele pudesse explicar o estranho fenômeno...

Uma vez, após horas de vigília, levantou-se, ao alvorecer; e, sem que as jovens o soubessem, foi ajoelhar-se aos pés do Apóstolo, falando-lhe, com veemente contrição:

– Senhor, quero salvar a minha alma! Pequei muito, mas quero ser bom, doravante...

"Dizei-me como poderei salvar-me."

– Pela fé, pelo arrependimento sincero, pelas obras dignas de louvor, filho meu! Qual é o crime que, pela reparação, pelo labor e pelo sacrifício não poderá ser resgatado? Em uma existência unicamente não será possível a remissão de delitos hediondos, como o suicídio, o homicídio, as calúnias, as traições, mas em diversas existências terrenas, para que se cumpra a consoladora promessa de Jesus: 'Pai, das ovelhas que me destes, *nenhuma* se perderá!'.

"Ele nos fez perceber que não basta uma só peregrinação planetária; é mister que, durante séculos, em sucessivas vidas terreais, o Espírito repare o mal, praticando o bem, imitando o Nazareno, havendo o tempo suficiente para todos os débitos contraídos com o Criador e nosso próximo... Deixemos, pois, escoar esse perene oceano – o tempo – que se avoluma todos os dias, e o passado, que desaparece a todos os segundos! Sê, desde este instante, bom e laborioso; não queiras o néctar, adquirido por meios ilícitos; não te apavores pelos tormentos que flagelarem o teu coração, pois, às vezes, o martírio é a coroa de louros que circunda a fronte dos heróis espirituais... Eu te auxiliarei a salvar o teu Espírito, aqui ou no Além, ou onde estiveres! Tu te tornaste um filho carinhoso para meu coração. Falo-te qual se o fizesse a um filho querido. Carrega a cruz que te coloco nos ombros, ou, antes, sobre o teu coração, e cujo peso há de, muitas vezes, esmagá-lo; e segue, corajosamente, o caminho do calvário, que é o primeiro ou o último degrau com que se escala o Céu, ou o próprio Infinito! Tu te tornaste soldado do bem, legionário de Jesus, pois recebeste o batismo, que é o aceite da fé, ou, antes, da Doutrina do Divino Mestre! Jamais deverás deixar de pertencer ao exército invencível de Deus."

Confortado pelas palavras afetuosas de Pedro, conseguiu ele, então, algumas tréguas no seu penar, e, no extremo alento, o bálsamo da consolação...

A notícia consternadora que Estênio levara ao lar – a morte de Felício, e a prisão de Pedro, irrecorrível da justiça daquelas calamitosas eras, mais compungiu o coração das duas recém-desposadas. Dulcina, a desventurada viúva-noiva, esteve por alguns dias presa de intensa febre cerebral, em perigo de vida. Com a dedicação inexcedível da irmã, auxiliada por preces fervorosas, lentamente sua saúde foi recobrada. Ocultaram-lhe, por muito tempo, os padecimentos dos derradeiros instantes de vida do malogrado Felício e do suplício reservado a Pedro e a Paulo, aquele cruelmente crucificado, a fim de que maiores fossem os seus padecimentos...

Enquanto corriam graves sucessos públicos, naquele humilde lar, que as virtudes cristãs santificavam, viviam seres humanos unidos por indestrutível afeição, harmonizados por sentimentos afins.

Já, então, haviam sido supliciados os dois notáveis Apóstolos. Seus Espíritos e o de Felício recebiam eflúvios balsâmicos, a fim de que lhes fossem suavizados os últimos instantes.

FIM DO LIVRO VII

Livro VIII

Os pioneiros do bem

I

O despertar de Pedro, nas regiões siderais, depois de alguns meses de reclusão em lôbrego calabouço – tempo esse que lhe pareceu secular, tanto havia chorado e padecido – foi lento e eivado de penosas reminiscências daquela dolorosa existência que findara com cruéis suplícios... O afluxo do sangue, no cérebro principalmente, o desequilíbrio cardíaco, pela inversão dos vasos arteriais – tortura essa que não pode ser descrita em linguagem terrena, imperfeita e falha para o relato de tão grande tormento – ainda o flagelava no Espaço. Desligado o Espírito dos liames fluídicos, que o retinham encarcerado na matéria, começou a flutuar no ambiente, sem consciência de seu estado, qual um aeróstato, cujo atilho fosse cortado, ascendendo logo ao Infinito, impelido sem imperar a sua vontade, sugado por uma força absorvente. Não podia perceber o que com ele se passava: *sentia* apenas, sem poder, contudo, traduzir essa impressão psíquica, que alguma Entidade protetora o conduzia, suavemente, através do Espaço incomensurável... Finalmente, sem precisar o tempo decorrido, percebeu achar-se rodeado de amigos, num local sereno, em um dos mundos felizes do Universo, destinado ao repouso dos Espíritos redimidos.

Perdendo a noção da realidade por algum tempo, estava em letargia invencível, conservando, entretanto, no íntimo, penosas impressões dos derradeiros instantes de sua vida atormentada.

Sabia que Entidades boníssimas velavam por ele, destacando-se dentre todas elas, pelo esplendor que irradiava de seu núcleo quintessenciado – Jesus – emitindo em seu benefício vibrações balsâmicas e luminosas, que lhe suavizavam as penosas impressões.

À semelhança dos recém-nascidos, semi-inconscientes por algum tempo, apenas com a sensação de qualquer dor que os atormente, sendo penoso o seu ingresso na matéria (olvidado às vezes um passado doloroso), os recém-desencarnados também, imersos em invencível torpor, mormente os que sofreram penas acerbas, ou tiveram morte violenta, ficam em letargia profunda, desaparecendo para eles o mundo objetivo.

As prolongadas enfermidades que debilitam o organismo, lentamente, desligam os elos espirituais e fazem que as almas recobrem a liberdade psíquica e readquiram toda lucidez, principalmente aos que se insularam do tumultuar da vida mundana, vivendo com humildade, no recesso de seus lares, trabalhando e orando, sem praticar atos reprováveis.

Pedro, que tivera, no seu início, uma existência tranquila, isenta de preocupações mundanas, ganhando, honestamente, sua manutenção, viu-se, subitamente, lançado como em uma voragem irresistível, terminando-a, tragicamente, por meio de bárbara crucificação...

Estando ele avassalado por um aturdimento indefinível, percebeu, vagamente, que não se achava mais em Roma, que sempre lhe inspirara terror, e da qual quis evadir-se, mas continuava inerte, em local ignorado, com o corpo e a mente entorpecidos.

Um instante houve, porém, em que principiou um íntimo despertar, e, embora permanecesse inativo, sua consciência foi-se iluminando, percebendo um dealbar divino, dentro de si mesmo...

Que voz era aquela, dulcíssima e piedosa, que lhe chegava aos ouvidos?

Onde já a ouvira?

– Pedro – dizia-lhe a voz suavíssima –, vais acordar, dentro em pouco.

"Quero auxiliar-te, nestes instantes magnos, enquanto o teu Espírito está adormecido em braços tutelares. Escuta, estremecido irmão: as almas purificadas pelas refregas acerbas, cinzeladas pela dor, abençoadas pelo Divino Pai, são justamente as que passam as maiores angústias, quando ultimam suas provas; sendo esse o glorioso remate de sua trajetória pela Terra, a fim de conquistar um ingresso nos orbes de paz e de bonança da Criação...

"Não compreendeste tu, amigo meu, que ouviste a grande Verdade, proferida pelos lábios sacrossantos de Jesus, que ninguém resgata as suas tremendas faltas, não alicerça uma ventura porvindoura, perpétua, senão por meio de prélios penosíssimos, no cumprimento de todos os deveres, renascendo, número incontável de vezes, no símbolo da maravilhosa lenda da Fênix, ressurgindo das próprias cinzas? Que Fênix imortal é essa senão a nossa própria alma?

"A matéria, de que se reveste o Espírito, é, apenas, efêmera mortalha, uma túnica de carne que se desfaz em putrefação no seio do sepulcro... A alma, porém, eterna, Fênix divina, ressurge sempre, ilimitado número de vezes – tantas quantas lhe forem mister – toma nova roupagem, e, assim, no decorrer dos milênios, vai se despojando dos detritos do mal, depurando sua contextura, alvejando sua cor, no Jordão das lágrimas e em combates incessantes com as injustiças, com as humilhações, com as ingratidões, com as perfídias, com inumeráveis infortúnios remissores, que assediam o calceta humano.

"A luta é titânica, formidável, tremenda; mas nunca o combatente está sozinho para a peleja. Vigilantes e solícitos, acham-se, a seu lado, abnegados auxiliares, incomparáveis Mentores invisíveis, que cumprem verdadeiras missões de sacrifícios, na Terra, norteando, para Deus, os seus tutelados... Muitas vezes as armas tombam, imprestáveis, das mãos inertes, mas os soldados divinos, os eternos paladinos do bem, erguem-nas do solo, repondo-as nas mãos esmorecidas; pensam as feridas dos Espíritos combalidos, que, reanimados com os bálsamos celestes, se empenham em novas batalhas, até o triunfo definitivo! Venceste, há pouco, Pedro, uma peleja arriscada; no entanto, fugiste à luta, por três vezes, porque tua alma – que já tem o dom de perscrutar as sombras do futuro – não possuía, ainda, a precisa coragem para se empenhar na batalha suprema...

"Jesus, o Enviado incomparável, escolheu para companheiros de jornada homens todos de condições humílimas; mas providos de elementos morais apreciáveis – exceto o Iscariote, que faliu, mas que, também, terá ensejo de redimir-se.

"Ele, em precedente existência, esteve ligado ao Mestre, que, como deves perceber, também já venceu prélios exaustivos, embates morais indescritíveis, adquirindo o seu mérito próprio, o valor individual. Ele que triunfou do mal, quis sofrer superlativamente para exemplo de todos os entes humanos, atraindo as almas dos pecadores, por meio desses ensinos excelsos, à rota da luz, ao código celeste, que vai ser inspirado a vários de seus discípulos, constituindo o livro básico de todas as religiões da Terra, onde serão estatuídos todos os direitos humanos, de acordo com o *Decálogo*.

"Pedro, tiveste a glória de ser um dos satélites do Mestre radioso que, durante quase trinta e dois anos,[104] (*sic!*) esteve visível no planeta das sombras perenes...

---

[104] A idade exata de Jesus, no planeta terrestre, quando finalizou sua sublime missão de sofrimento, era de 31 anos, e 4 meses, pois, do ano I contam-se, apenas, 6 dias, e do 33, 4 meses, porque exalou o último alento a 25 de abril.

"Já possuías a riqueza inigualável de muitos predicados dignificadores, mas faltava-te ainda facetar e polir o diamante do espírito.

"Eis por que, amigo meu, foste submetido a provas acérrimas! Ainda tinhas resquícios de deslealdade... A falsidade conspurca a alma, denegrindo-a, por tempo inapreciável. Só poderá embranquecê-la a lixívia das lágrimas e dos sofrimentos requintados! A perfídia é uma treva que se propaga, assustadoramente, pelo Espírito, tirando-lhe o fulgor moral. Ser desleal é cometer um crime nefando, mais contra si próprio do que contra os seres amigos.

"A hipocrisia é igual à víbora adormecida que desperta para ferir de morte o seu benfeitor; é mais temível do que a pantera que devora uma criancinha – porque a fera é inconsciente do ato cruel que pratica, e fá-lo, às vezes, para saciar a fome, obedecendo aos impulsos imperiosos da natureza, enquanto que o falsário medita longamente no delito que pretende perpetrar, realizando-o com inteira lucidez e assentimento da razão, que é o farol aceso na enseada da consciência, a fim de que não deixe entrar nela nenhum navio inimigo...

"Ai de quem vibra em coração amigo o dardo envenenado da traição ou da perfídia! Esperam-no decênios de angústias e de ríspidas expiações! ... Não se desvanece nos ares a mais simples das ações da criatura, boas ou más, meritórias ou perversas: cada ação cometida, agindo no fluido universal, plasma com ele uma forma indelével e grava na mente, em sulcos profundos, o ato realizado, constituindo um documento perene no Espírito, que não a deixa na Terra, mas leva-a através do tempo infinito... Não há nenhum pensamento, por mais secreto, que não se arraigue no Espírito, formando caracteres inapagáveis, telas etéreas, baixo-relevos fluídicos, de duração prolongada... Quando a criatura se desmaterializa, há a exteriorização do arquivo ou subconsciente, pelo qual os agentes divinos podem capacitar-se do verdadeiro mérito ou demérito de cada indivíduo, julgando-os imparcialmente..."

II

— Tu, Pedro, tinhas já a alma acrisolada nos prélios do dever, ao tempo em que foste escolhido por Jesus, para o auxiliar no cultivo da seara celeste. Fostes, tu e Ele, em diversas etapas planetárias, companheiros e intérpretes das verdades sublimes, que vindes de pregar. Tu, porém, irmão querido, faliste muitas vezes, ao passo que Ele ia só conquistando triunfos eternos. O Mestre compreendeu que era necessário desalojar-te de dois defeitos predominantes: falta de firmeza nas convicções e deslealdade... Foste, então, escolhido por Ele, para desempenho da mais sublime das missões terrenas: arrebanhar almas delituosas, ovelhas desgarradas do aprisco divino, para os redis celestes!

"Tu sempre o amaste profundamente, Pedro; mas no íntimo de teu ser ainda existiam defeitos seculares, que era mister extirpar, a fim de que culminasses a vitória suprema!

"Não voltarás mais à Terra, cingindo a túnica putrescível da carne, mas em missões nobilíssimas, de paz e abnegação. Tuas derradeiras provas planetárias — severas mas proveitosas — deram-te o direito de ser, perpetuamente, cidadão do Universo, e não mais um restrito habitante terrestre. Teu arrependimento empolgante e sincero; tua fé absoluta nas verdades divinas; tua dedicação à santa cruzada do bem e da remissão; as conquistas espirituais que fizeste, em Roma, pescando miríades de almas no oceano infindo das paixões e dos desvios morais, deram-te um valor excepcional.

"Agora, amigo, adquiriste a verdadeira vitória, mas a batalha não está finda; continuará, sob outros aspectos, pois terás que pescar ainda, no oceano insondável das iniquidades, outros peixes, coadjuvando o rabi na condução das ovelhas desgarradas.

"Irás, em breve, em busca de duas criaturas cujos Espíritos têm carência de teus desvelos – Felício e Judas Iscariote – ambos companheiros de romagem planetária, ambos flagelados por inenarráveis pesares, ambos acorrentados à tua alma por vínculos indissolúveis...

"O primeiro, malfeitor desde a infância, regenerado pela fé em Jesus; o segundo, que podia ter alcançado a sua remissão, imitando o Mestre, faliu fragorosamente!

"Havemos de ouvi-los, irmão, para melhor fundamentar o nosso julgamento. Em toda a odisseia humana, existe algo de proveitoso e útil, que é mister observar. Em toda labareda que cresta e calcina, há uma parcela de bem, algo de saneador e purificador, que nos pode ser benéfico... Nas chamas vorazes, que são como as paixões malsãs, há o que quer que seja que pode redimir, pois a intensidade dos sentimentos vulcânicos gera sofrimentos inauditos; e, muitas vezes, funde o gelo do egoísmo, eleva o delinquente do báratro do crime ao céu da redenção!

"Pedro, amigo meu, chegou o instante de despertar; ergue-te, pelo impulso da volição, sacode os últimos átomos do sonho, pois quero que, eternamente acordado, escutes as palavras de um companheiro milenário que, contigo, também alcançou perene vitória, conseguindo o mesmo triunfo espiritual!"

– Onde estou eu? – interrogou Pedro ao companheiro que lhe falava, sentindo-se feliz.

"Pareceu-me, até esta hora, ainda estar cego, pelo afluxo do sangue ao cérebro; mergulhado em um mar de brumas, onde há o escarlate do sangue e as trevas das noites de procela... Tive a sensação de ser um criminoso, indigno do perdão divino... Só agora é que sinto dissolver-se a neblina trevosa do sofrimento..."

O Mentor, que confabulava com Pedro, abraçou-o, impondo-lhe a mão sobre a fronte.

Pedro abriu os olhos e ficou perplexo pelo que viu.

A seu lado, grave e formosa, genuflexa, orava outra Entidade luminosa; e, entrelaçando-se as mãos diáfanas dos que ali se achavam, evolou-se de suas mentes incomparável harmonia, ascen-dendo qual bruma dourada a uma abóbada mais azul do que o mais belo céu visto da Terra.

Terminada a prece maravilhosa – luz e som – Pedro sentiu-se outro.

Despertou, enfim, empolgado pelas divinas belezas, que contemplava extasiado.

Encontrava-se em uma região de formosura indescritível.

Ofuscado, Pedro não se julgava em plena realidade, mas empolgado por um sonho mágico. Depois de contemplar, emocionado, todas as maravilhas que o cercavam, tentando velar com as mãos os olhos deslumbrados, pôde murmurar, debilmente, dirigindo-se ao compassivo Mentor, airoso e resplandecente, sorrindo com benevolência e carinho:

– Senhor, eu ainda não fiz jus a tão grande felicidade; não sou digno de permanecer nestas paragens excelsas, que só merecem entidades como vós... Levai-me desta região rutilante... que me cegará, certamente, para aquele recanto da Terra – a Palestina – onde vivi ignorado de todos, humilde e sem receios... Eu maculo, com a minha presença, o esplendor destes sítios incomparáveis!

– Agora não me é dado fazê-lo, amigo Pedro; mais tarde, porém, serão satisfeitas as tuas modestas aspirações. Já não estás sujeito à cegueira, pois não pertences mais ao planeta das trevas, de onde vieste, mas ao qual poderás ir, quando te aprouver, depois de cumpridas as determinações que recebi do fúlgido Mensageiro – *Jesus*. Irás, sim, irmão querido, àquelas paragens, que amas ternamente, e também a Roma, confortar os amigos que se acham nos cárceres e nos tugúrios, onde falta o pão e a luz, e a piedade humana...

"Não me chames, porém, *Senhor*... que não os há nos Planos Superiores do Universo, de onde o cativeiro foi banido, onde há, para cada um, verdadeira autonomia e plena responsabilidade de seus próprios atos.

"Estende, pois, os braços à amplidão sidérea e deixa que tua alma fale a linguagem divina da prece, em uníssono com outras entidades irmanadas contigo pelo pensamento – a linguagem universal!"

Ainda fascinado pelas irradiações que se desprendiam daquela Natureza fantástica que o cercava, Pedro lançou, novamente, o olhar, ávido de emoções, por todas as estâncias celestes, confrontando-as com as da Palestina, das quais se recordava com inenarráveis saudades...

Não descortinou Pedro nenhuma edificação humana. Aquém das serranias notou extensa planície, repleta de flores, graciosas e vívidas, aladas borboletas que fossem prisioneiras em hastes esguias, movimentando as asas, no ensaio de um bailado ideal.

Pedro, extático, fixou o olhar nas formosas entidades que o ladeavam, comparando-as com as mais belas esculturas que vira em Atenas, mas que ficariam eclipsadas a seu lado.

III

– Amigo meu – tornou o Mentor de Pedro, com suavidade –, compreendendo a perplexidade e o enleio em que te achas imerso; não duvides de tuas próprias faculdades; não vaciles mais nos instantes de provas decisivas, pois a dúvida implica na desconfiança dos desígnios supremos...

– Um humilde pescador não pode ser habitante destas paragens.

– Pedro, foste discípulo de Jesus, não nessa última existência, mas em diversas etapas terrenas. O rabi reconheceu, em ti, um dos seus seculares companheiros. Foste promovido a um dos orbes de repouso, fraternidade e plena paz, onde se refazem as energias quebrantadas nos prélios intensos, onde se desvendam os arcanos espirituais, acumulados em milênios de aprendizagens, de quedas e reerguimentos morais... Vais, tu próprio, modelar tuas vestes, só existentes nos planos astrais. Aqui, porém, as vestes não são feitas de tecidos materiais, mas plasmadas de acordo com o desejo e a categoria de cada entidade. Age, pois, em nome do Criador do Universo, e verás as tuas descoloridas roupagens... metamorfoseadas em outras, bem diversas das primitivas..."

Pedro estendeu os braços para o alto, com agilidade desconhecida, própria de alguma criança afeita a preceitos de ginástica grega ou romana, e, de acordo com o que lhe fora aconselhado pelo companheiro, unificou o pensamento no Altíssimo, rogando-lhe uma túnica semelhante à do Mestre querido, a qual fosse de cor violácea com reflexos prateados. Apenas alguns segundos ele esteve em profunda concentração. A veste almejada surgiu-lhe no corpo, revestindo-o do pescoço aos pés. Deixou ele o aspecto de ancião, tornando-se belo como um jovem, e seu traje, ao menor movimento, mudava de tonalidade.

Seu organismo tornou-se ágil e formoso como o dos atenienses, quintessenciado, conservando, porém, os traços primitivos característicos de sua individualidade, aprimorados.

– Queres contemplar-te em uma superfície polida para observares a transformação operada em teu corpo fluídico, sem que alterasse a tua individualidade?

– Sim, meu irmão, porém, quero prestar o culto da gratidão ao Pai de bondade inimitável.

Ambos fizeram preces que se tornaram harmoniosas, de sonoridades dulcíssimas, formando melodias indescritíveis.

Aproximaram-se, ambos, de um lago de dimensões incalculáveis, verdadeiro mar imóvel, contendo um fluido indefinível em linguagem terrena, um líquido com fulgores de prata polida, sem uma ondulação sequer, sem um frêmito, tranquilo qual o alvorecer em um céu de primavera.

— Pedro, amigo meu, podes contemplar-te, aqui, e realizar algumas experiências psíquicas.

Pedro, surpreso e extasiado, inclinou-se, e um espetáculo, inédito para ele, logo se patenteou a seus olhos deslumbrados: dir-se-ia que, incrustado ali, se encontrava um espelho de proporções descomunais, o qual refletia os portentos do céu e se cobria de imagens que ele compreendeu existiriam em local ignorado da sua mente.

Entidades de formosura inenarrável, graciosas falenas humanas ali se moviam, ao simples impulso do pensamento, como se fossem aladas, a exemplo do que fizera Jesus sobre o lago de Tiberíades.[105]

— Como podem surgir tantas imagens, neste lago prodigioso, sem que sejam refletidas pelos que nos cercam? – inquiriu Pedro, surpreso e custando-lhe a reconhecer a própria imagem.

— São criações fluídicas, que, instantaneamente, se formam na mente de quem as concebeu. É o poder da volição que se exterioriza...

— Entao, tudo isto que vejo, admirado...

— É o que eu idealizei, neste instante, focalizando o meu pensamento nesta superfície fluídica, para que avaliasses a potência criadora do pensamento que, na Terra, ainda é quase desconhecida! Vês, neste segundo, uma coisa real: a reflexão de teu organismo, já quintessenciado, mas podendo reconhecer os teus característicos individuais e fisionômicos...

— Parece um sonho o que se passa comigo, Mestre! Pois será crível que o meu corpo, tão alquebrado, enfraquecido, miserando, esteja com a aparência de um verdadeiro Apolo?

— Este é, verdadeiramente, o digno invólucro do Espírito imortal! O outro, que melhor conheceste, foi uma das muitas espessas vestes que o recobriram, como as armaduras ao cavaleiro, em horas de intensa retrega; vencida a batalha, a

---

[105] Cidade ao norte de Israel, às margens da Galileia.

armadura cai, inerte, por todo o sempre, no seio dos sepulcros... Além do que observaste, vais verificar um fenômeno surpreendente: a reprodução a distância, do que desejares ardentemente, investigando em longínquas paragens o que está sucedendo...

— Neste caso, de quem é a volição que ora se me patenteia?

— De meu ser. Quero, porém, que realizes uma experiência. Manifesta-se o fenômeno de dois modos: quando focalizamos o nosso pensamento em alguma entidade, que se ache separada pela distância incomensurável, em um outro orbe, ou quando é ela que no-lo transmite. Basta que nos lembremos de alguém que esteja em determinada região, ou que o nosso pensamento a esse alguém se dirija, com intensidade, para logo se estabelecer a coesão de duas correntes magnéticas. Estabelecido, assim, um elo fluídico entre as duas correntes magnéticas, geradas nos cérebros de duas criaturas, pondo em contato duas vontades, o resultado dessa fusão psíquica reproduz-se no Espelho Sideral, onde se desvendam todos os sigilos do Universo, todos os sucessos mundiais, qual se ele fora um arauto maravilhoso, o transmissor de todos os acontecimentos da Criação.[106] É, assim, que as Entidades Superiores se capacitam de todos os sucessos ocorridos no cosmos, podendo partir, com rapidez inenarrável, para o local em que são atraídos por meio de preces, ou em horas aflitivas...

"Quanto mais puras forem as irradiações dos seres planetários, tanto maior será a extensão vibratória dos pensamentos, aumentando a coesão com as dos entes siderais.

"Os pensamentos vingativos, impuros, impregnados de desejos violentos, são densos qual a cerração marítima, em algumas regiões terrenas, e ficam circunscritos ao planeta em que foram emitidos. Os primeiros são luz solar; os segundos, trevas polares...

---

[106] Nota da médium psicógrafa: Trata-se da televisão sideral, existente, certamente, há milênios, nos Planos Superiores do Universo. É o que o homem planetário cogita realizar presentemente, tendo já colhido os primeiros resultados satisfatórios ultimamente.

Eis por que os seres evolvidos recebem mais rapidamente as intuições siderais, do que os que se acham ainda imersos no abismo da sensualidade ou da corrupção.

— Não seria mais razoável que os pecadores, pobres desditosos, recebessem, mais facilmente, as mensagens do Alto?

— Eles as recebem; mas, muitas vezes, repelem-nas, não seguindo as salutares advertências que lhes são transmitidas fraternalmente. É mister que tenham quedas tremendas para que se convençam do erro e de seus prejuízos.

"Vamos, agora, observar o que se passa na Terra, na Palestina, onde viveste muitos séculos."

— Séculos? Ainda não tenho um, sequer...

— Eu me refiro às tuas diversas etapas terrenas, Pedro, às várias existências que tiveste, não só naquela província romana, como em outras regiões terrestres. Tuas reminiscências estão ainda amortecidas, mas latentes, e hão de desabrochar dentro em pouco. Essas recordações lembram o *bombyx mori*,[107] que fica entorpecido, em letargia, por algum tempo, para subitamente criar asas e erguer-se nos ares, em busca dos focos de luz...

— Como hei de rever aqueles a quem amo com mais veemência, os que foram meus companheiros na seara do Senhor?

— Focalizando o pensamento no Onipotente. Teu pensamento, assim concentrado, terá prodigiosa irradiação, que poderá devassar o Universo todo... Vibrará em união com o das pessoas que pretendes rever; e, qual se fora uma seta fluídica, luminosa e onividente, penetrará onde te aprouver...

Pedro, submisso e curioso, depois de rápida e fervorosa prece, olhou o tranquilo e azulado lago, e, por segundos, ficou extasiado.

Movimentavam-se as imagens; e, dir-se-ia, do lago desprendia-se uma dulcíssima sonoridade, como o prelúdio de uma orquestra composta de harpas e violinos.

---

[107] Espécie de mariposa.

— Eis, meu irmão – disse o fúlgido Mentor –, o poder miraculoso da virtude e da fé! Percebes, agora, como se pode, com rapidez incrível, saber o que se passa em longínquas paragens do Universo? Compreendes, também, que não se pode ocultar nada aos mensageiros siderais?

— Sim, caro amigo, percebo, deslumbrado, os portentos da Criação! Quanto desejaria, se Deus mo permitisse, ainda estar tomando parte na luta pela fé, ser um dos pioneiros do nascente Cristianismo! Vejo, com saudade inaudita, os meus queridos companheiros, trabalhando pelo triunfo da santa causa, bem mais úteis, lá, do que eu aqui, desfrutando estas maravilhas, não sonhadas na Terra...

— Já contribuíste com o teu quinhão valioso, com o teu tributo preciosíssimo, irmão bem-amado, como propagandista do novo credo.

— Quero, então, amigo, rever os meus companheiros de suplício, saber do destino de Felício, que sacrificou sua vida, tentando salvar a minha.

— Sim, Pedro, serás um dos seus Mentores, como eu tenho sido o teu. Ambos nos esforçaremos para que ele se redima definitivamente.

Felício desprendeu o Espírito completamente arrependido e regenerado, converso às verdades sublimes de Jesus. Terá ele, dentro em limitado tempo, nova incursão na arena terrestre. Terá o Espírito cinzelado pela dor, convicto das verdades celestes. Ser-lhe-á dado um lar amigo, pais modelares; e ao influxo do amor e da virtude, sua alma triunfará de todas as provas e marchará, vitoriosamente, para a redenção! É mister uma nova existência, para que seja eficaz a aprendizagem colhida em precedente avatar...

IV

— Pedro, amigo meu, ninguém pode remir o crime de outrem. Como poderia alguém aquilatar do sofrimento alheio, se não adquirisse dolorosa experiência ou não tivesse já estado em idêntica situação? Como pode o traidor ajuizar do flagelo da perfídia que sua vítima padeceu, sendo-lhe ele perjuro e falso, sem ter o coração apunhalado por iguais suplícios? Como pode o homicida experimentar o martírio da violenta rutura dos laços vitais, que prendem a alma ao corpo físico, senão sofrendo a rude pena de idêntico gênero de morte? A pena de talião, assim entendida, é uma verdade coerente.

"A Lei suprema não se aplica, porém, sem piedade e, sim, apenas por antídoto ao mal. Ameniza todas as provas dos delinquentes, concedendo-lhes protetores ou guias espirituais de solicitude inigualável!

"Há, porém, uma falta que a todas sobrepuja: a do martírio de criancinhas, como fez Herodes[108] e outros desventurados tiranos...

"A crueldade máxima, no planeta das sombras, em que tudo é transitório, é a tortura de um indefeso e pequenino ser, débil, inconsciente, flutuando ainda mais no Espaço do que na Terra...

"Herodes, com a sua iníqua sentença, ordenando a chacina de débeis criancinhas, tornou-se o delinquente máximo. O próprio Pilatos,[109] condenando um justo, por temor a César, acovardado pelo rigor das leis romanas, tem dirimentes; ao passo que aquele excedeu os limites da perversidade humana! ..."

– Como poderá ele expiar o seu hediondo crime? – interpelou Pedro a seu Guia.

– Em séculos de amarguras. Amando seres meigos e lindos... que hão de ser arrebatados de seus carinhosos braços. Viverá sempre insulado, sem amigos, sem um afeto sincero, padecendo enfermidades repulsivas, abandonado por todos, deformado, hediondo, privado dos órgãos visuais ou dos membros locomotores, mudo, enfim; terá os estigmas com que são assinalados os desditosos transgressores da Justiça Divina...

---

[108] O Grande, rei da Judeia (73-4 a.C.).
[109] Juiz que lavou as mãos, condenando à morte Jesus.

"O corpo físico é o estojo da alma. É a sua luva exata; e, por isso, se ajusta àquela, estreitamente, revelando a forma do que está exteriorizando.

"O corpo é plasmado pelo escultor imponderável, a que todos chamam *Espírito* – diverso em cada indivíduo. Às vezes, porém, o corpo modelar não revela alma impoluta, infalível ou perfeita. Há Espíritos vaidosos que desejam seduzir pela plástica impecável de que se revestem, qual roupagem de tecido real cobrindo os corpos das mais pecadoras heteras... Deus lhes favorece o desejo, para que possam adquirir experiências preciosas. Há, sempre, para eles, quedas fatais; são, quase sempre, orgulhosos da beleza física que possuem; fascinam, destroem lares honestos; e, então, em porvindouras existências têm que cumprir uma sentença, que é o inverso do que foram em outra, passada: descem ao plano material deformados, monstruosos, e, por meio de humilhações e provas equivalentes às faltas cometidas, adquirem méritos e virtudes inestimáveis. Eis por que há criaturas hediondas, e outras de formosura helênica – não angélica, pois esta só pertence aos redimidos.

"São eles como encarcerados que, conforme o proceder, a pena que lhes foi imposta poderá ser comutada por outra, menos severa, em futura etapa. Qualquer rebelião, qualquer transgressão à imparcial e remissora sentença que lhes foi imposta, agrava a sua situação, tornando-a mais penosa do que havia sido outrora. Os maus não têm o mesmo livre-arbítrio daquele que quer cumprir os deveres mais penosos, dos que não transgridem mais os códigos celestes...

"Pode ser igual a liberdade que se deve conceder a um bandido e a um santo varão? De modo nenhum!

"Os Espíritos monstruosos têm, pois, deformidades que são reproduzidas pelo estojo carnal. Tudo, na Terra, constitui provas, irmão querido: a opulência e a miséria, a inteligência e o cretinismo, a beleza e a hediondez, pois todos são estados transitórios dos seres humanos, que estão adquirindo mérito e experiência!

"Geralmente as criaturas passam por todas essas fases, todas as modalidades sociais, onde baqueiam ou conquistam triunfos espirituais, indispensáveis aos que estão aprimorando suas faculdades psíquicas.

"Exemplifiquemos com um caso, amigo Pedro: uma alma em que impere a vaidade, o desejo de seduzir, quer, ardentemente, possuir a formosura de Aspásia e a fortuna de Balquis.[110]

"Esse Espírito vaidoso modela, então, um corpo ideal e reencarna em um palácio deslumbrante, onde pode, mais amplamente, satisfazer as suas aspirações. Verdadeira obra-prima, de plástica helênica, arrebatando os corações fascinados pelo esplendor das formas, que todos julgam esculturadas por um Fídias sideral... Elevando-se aos píncaros de todas as regalias sociais, a queda é fatal."

V

— A criatura assim, que seduz os corações, levando-os ao desvario, forçosamente quer vencer todos os óbices da vida, alucinando os fracos.

"Pratica sempre desatinos; impera pelo despotismo; trai a confiança dos que a amam; destrói lares; lança a desdita sobre esposas fiéis; semeia mortes e desventuras; sacrifica corações enamorados; orfana entezinhos dignos das bênçãos divinas e dos beijos mais puros; desencadeia tempestades de dores sobre lares honestos... Quando a senectude chega, consumado o fastígio de uma nociva formosura, quando atinge a morte da carne ou a da plástica encantadora, essa alma pecadora passa pelas humilhações do desprezo social, vê-se abandonada por todos e espezinhada no seu orgulho real, pois o vencido raramente tem um amigo devotado. Então, percebe toda a hediondez de sua existência transcorrida em gozos prejudiciais ao corpo e à

---

[110] Como os autores árabes tratam a rainha de Sabá, na era de Salomão.

alma; e, ao desprender-se da matéria, fanada e poluída, sente a podridão dos tecidos, tendo a impressão de achar-se na profundidade de um sepulcro asfixiante, ao qual ninguém se lembra de lhe atirar uma humilde flor...

"Então, meu amigo, essa alma que apresenta deformidades e nódoas denegridas, não poderá mais modelar formas apolíneas, capazes de seduzir, de usurpar venturas alheias; conservará, por tempo indeterminado, o ferrete da Justiça suprema, e só poderá engendrar corpos monstruosos, que não inspirem mais amor, senão piedade, nos corações nobres que se lhe depararem na via crucis de tormentosa peregrinação terrena...

"O inverso, porém, sucederá aos que, em organismos disformes, realizam heroísmos ignorados do mundo, sacrifícios, abnegações... que os redimem de todo o passado deletério, cheio de ignomínias... Eis a origem de existências apagadas, de insulamento, de penúria, com falta de afetos, de martírios morais.

"Resgatam, assim, os orgulhosos, os déspotas, os homicidas, os usurpadores, as suas tremendas dívidas do passado tenebroso, adquirindo penosas experiências...

"Desagregam-se dela todos os resíduos dos crimes.

"Muitas vezes, quando a perversidade foi exagerada, não há uma brusca metamorfose nos Espíritos que se rebelaram contra as sentenças supremas, e blasfemaram, ou se lamentaram, tentando arrastar, na queda fatal, ao suicídio ou ao prostíbulo cândidas donzelas ou inexperientes crianças para a senda da perdição...

"A esses são impostas penas mais severas, sendo mais intenso o vibrar do açoite do sofrimento até que, humilhando-se, arrependendo-se dos crimes, perpetrados com requintes de crueldades, entrem, definitivamente, no carreiro luminoso do dever, da moral e do labor!

"Vamos prosseguir as nossas observações no espelho sideral – que é qual uma consciência celeste, viva, onde se refletem todos os sucessos do Universo..."[111]

Inclinaram-se ambos sobre o lago fluídico.

– Vê, amigo Pedro, a portentosa influência magnética dos seres purificados pela dor e iluminados pelo farol da virtude: basta evocá-los, com veemência, para sentirmos um átomo de felicidade, uma dulcíssima sensação de ventura imaterial, a certeza de que estamos na presença de uma entidade digna das esferas superiores!

– E se nós os evocássemos, Mestre? – interpelou Pedro a seu nobre Mentor.

– Por que não o fazes, amigo? – respondeu-lhe ele.

Pedro, com um fervor desconhecido, que parecia iluminarlhe os refolhos da mente, fez uma ardorosa prece; e, então, observou, naquela formosa tela fluídica, uma nova luminosidade, com cambiantes rubros.

– Como é isto, Mestre? As radiosidades são diferentes e peculiares a cada entidade?

– Pois não as contemplas, amigo, onde se reflete a verdade integral? A cor, nestas regiões, simboliza as graduações psíquicas. Não são meras fantasias de régios pintores, pois revelam uma inspiração divina. As notas musicais estão de acordo com as diversas cores, todas elas vibram sublimidades que só as almas dos artistas percebem. Só poderemos compreender a excelsitude da Criação no decorrer dos séculos! Há, contudo, os que implantam, na Terra, algumas das maravilhas que existem nos mundos siderais. A ideal Escola de Pitágoras, Pedro, era um simulacro do que ele já havia adquirido nos orbes aprimorados, sendo um fúlgido Espírito, um dos implantadores das verdades divinas, que, no escoar dos tempos, são reveladas pelas almas iniciadoras, adestradas nas ciências siderais...

---

[111] Cinematógrafo, ou televisão sideral? – Pergunta a psicógrafa. Magnetismo, rádio, cinema, televisão – há quantos séculos são, lá nas regiões do astral superior do Universo, plenamente conhecidos?

Foi com imensa emoção que Pedro pôde rever os companheiros de romagem terrena e os que mais caros lhe eram, arrancando-lhe lágrimas de saudade inexprimível...

Depois de haver vibrado uma prece em benefício de todos eles, disse, comovido:

– Desejo, agora, Mestre, rever o que foi meu companheiro de martírio – Paulo, de Tarso – e o local de nossos grandes padecimentos – Roma; saber, em suma, o destino de meus últimos amigos, mormente de Estênio e das duas nobres criaturas que a ele se ligaram por vínculos sagrados e indestrutíveis.

– São todos dignos de tua atenção, Pedro. Vais contemplá-los, dentro em poucos instantes, exceto o magno instrutor dos gentios, o inspirado Paulo, pois, quanto a este, terás grata surpresa.

VI

Repentina mudança se operou na superfície lacustre: desapareceram os cambiantes de crepúsculo, ou de alvoradas deslumbrantes, extinguiram-se as tonalidades azuladas, tingindo-se de um rubro intenso; e, decorridos apenas segundos, metamorfoseou-se o fluido puríssimo em lago de sangue...

Pedro, estremecendo, olhou-o consternado, mal distinguindo os vultos dos romanos, indistintamente nele projetados.

Reconheceu, porém, o imponente Coliseu, que lhe aparecia porejando sangue, em cuja arena se viam, esparsos, membros humanos, espostejados pelas feras, indiferentes ao espetáculo apavorante que tinham diante dos olhos cobiçosos...

– Deus meu! – exclamou Pedro, horrorizado – como deixais um dragão crudelíssimo, Nero, governar um povo de ovelhas, espreitadas por panteras e tigres famulentos, ávidos por devorá-las?

– Lembra-te, amigo, de que o Criador concede a cada ser humano a liberdade de agir, tanto para o mal, como para o bem; embora só permita que sejam atingidos – pelo mal, ou pelo bem – de acordo com a Lei de Causa e Efeito, aqueles que a isso tenham feito jus.

– Mas, querido Mestre, por que, prevendo o futuro, até à consumação dos séculos, não aniquila o Altíssimo todos aqueles cujos Espíritos têm tendência para a crueldade, desejosos de se tornarem verdugos de seus irmãos?

– Porque todos têm o mesmo direito de viver, e porque, de acordo com as suas tendências, são aproveitados como instrumentos inconscientes. Mas, de qualquer forma, no transcurso dos tempos, o mal será substituído pelo bem.

"As vítimas do despotismo de Nero – nosso desventurado irmão – ainda imbuído das ideias nocivas dos orbes inferiores, terão, no porvir, missões grandiosas.

"Os massacrados por amor ao Mestre dos Mestres terão, por instantes de padecimentos, séculos de alegrias e de paz nas mansões dos justos ou redimidos.

"Não compreendes, agora, amigo Pedro, o que sucedeu contigo mesmo? Não foram remidos todos os teus mais tenebrosos delitos?

"É assim, caro Pedro, por meio de sentenças remissoras, que se tornam níveas as almas que já foram de trevas, como a noite mais negra se transforma em radiosa alvorada! Quem as suporta nobremente, galga um degrau na escaleira do progresso psíquico!"

– Como? Irmão e Mestre querido! Então devemos considerar os algozes da Humanidade seus benfeitores, porque aceleram o progresso espiritual dos que acrisolam as virtudes por meio da dor e das provas mais árduas?

– Benfeitores, não, amigo Pedro, mas fatores inconscientes do bem, por meio do mal que desejam praticar... Benfeitor é o que se sacrifica pelo seu próximo e não o que o martiriza e o que quer subjugar pelo poderio e não pela justiça e pela verdade! Esses desditosos fazem o mesmo que as labaredas no caldeamento do ouro: fundem o metal, de onde são retirados todos os detritos, para o transformar em filigranas, em joias artísticas e preciosas...

"O indivíduo mau nunca pratica um ato perverso, julgando transformar as almas pecadoras ou infortunadas em almas bem-aventuradas; não, ele o faz pelo prazer de produzir o mal, desconhecendo o bem, ou não querendo realizá-lo, enlutando, assim, o próprio espírito com as trevas das iniquidades..."

– Dizei-me, amado Mestre, por que o monarca supremo consente que os maus governem os povos, onde se acham incluídos os bons e os maus? Por que os não fulmina ao produzirem um ato iníquo, a fim de que esse justo castigo atemorize os que desejassem imitá-los, evitando, desse modo, tantas desventuras terrenas? – inquiriu Pedro à Entidade que o instruía nas verdades siderais.

– Geralmente, amigo, os povos têm o governo que bem merecem. Os tiranos são cruéis, mas, da opressão e dos sofrimentos que ocasionam, resulta a separação do joio do trigo – os maus imitam-nos e aplaudem-nos, ao passo que os bons padecem, nobremente, o seu jugo, e ascendem na escala da redenção, esforçando-se por minorar os reveses de seus companheiros de peregrinação planetária...

– Tem, então, algum mérito o mal que eles cometem?

– O mal, não, mas o bem que porventura resulte de seu despotismo. O mal é um dos abusos do livre-arbítrio.

– Mas, querido irmão – objetou ainda Pedro –, perdoai a minha ignorância; não achais que Ele, o Juiz incorrupto, pode retirar-lhes todo o prestígio, reduzindo os perversos à escravidão, à ínfima classe, e libertar os bons de seu domínio nefasto?

– Pois assim não sucede, número infinito de vezes? Pedro! Não são os tiranos tantas vezes punidos, na própria existência em que perpetram desvarios? Não tens inúmeros exemplos nas páginas da História Universal? Julgas que não soará, para todos os que transgridem seus deveres humanos, o instante de punição ou reparação? Sabes o que está reservado a Nero?...

"Vamos, agora, certificar-nos do que se passa em Roma. Vejamos os teus amigos, que meus também o são.

"Nossos melhores amigos são sempre os que já o eram em precedente avatar. Tudo se resgata com as moedas radiosas da gratidão e do afeto mais puro e desinteressado!"

– Quanto me alegram as vossas palavras, Mestre! – exclamou Pedro, comovido. – Quero vê-los.

– São dignos os teus desejos; dentro em pouco serão realizados!

Pedro concentrou sua atenção nas cenas que se reproduziam no lago sideral. Viu ele a humilde habitação aonde fora uma vez conduzido por Felício; e, lá, observou a tristeza infinita de três criaturas, que, naquele instante precisamente, estavam orando. Compadeceu-se de todos, e mormente de Dulcina, que pensava constantemente no companheiro querido.

– São essas criaturas – disse o Mentor a Pedro –, almas acrisoladas pela dor e pela virtude, que ascendem vitoriosas, para Deus! Têm uma meritória missão a cumprir na Terra, finda a qual terão acesso às regiões dos redimidos, como esta em que te achas. A prova, para que seja aferido o seu valor moral, será árdua e dolorosa. É mister que lhes levemos as vibrações de nossos Espíritos até o local em que estiverem, para que o desalento não os atinja... Dentro em poucos meses, sairão de Roma...

– Por que não o fazem, hoje, Mestre?

– Porque recrudesceu a perseguição aos adeptos do novo credo... Eles seriam suplicados, se tentassem evadir-se. Na ocasião propícia, serão inspirados a sair de Roma; e, então, acompanhá-los-emos, na sua retirada, reanimando-os com as nossas vibrações mentais... nossas preces...

VII

– Vejamos o Coliseu e os cárceres repletos de seres humanos, que vão tombar nas arenas sangrentas, ao furor de um tirano...

São almas prestes a desligar-se do sofrimento onde já imperam os sentimentos redentores, o amor, a justiça, a caridade, em grau absoluto... Os algozes, porém, são mais dignos de nossa compaixão do que as vítimas, porque estas findam provas, e, aqueles, estão fazendo jus a outras mais acerbas...

– Quanto tempo ainda há de reinar, em Roma, aquele tigre, que, de humano, só tem o aspecto – Nero?

– A espada de Dâmocles está sobre sua fronte... Não o injuriemos, porém, Pedro, pois que é ele merecedor de nossa comiseração. Os tiranos são Espíritos rebeldes, nos quais transbordam, como as lavas incandescentes das crateras dos vulcões, os sentimentos de orgulho, cobiça, vaidade, despotismo... Seus desejos são realizados, mas quanto o lamentarão, mais tarde! Os déspotas nunca inspiram uma afeição sincera; adquirem adversários disfarçados em amigos, por sentimentos de interesses pessoais... que aspiram, apenas, a galgar posições.

"No entanto, amigo Pedro, muitos julgam que, por esse modo, podem adquirir a lídima felicidade... Verás, em breve, ruir por terra, clangorosamente, tronos usurpados e punidos tiranos que causam a desdita dos povos e a deles próprios! Infelizes que são eles!

"Ditosos os que enxugam e não arrancam lágrimas nem brados de revolta! Felizes os oprimidos, e não os opressores!

"Aqui, amigo, é um dos sanatórios do Universo, onde repousam os Espíritos, após ásperas batalhas planetárias.

"Nos mundos inferiores, o ouro ou a opulência faz o potentado, o soberano sem reino; aqui, só a virtude faz o milionário sideral, o Apolo celeste! Será tanto mais bela uma túnica quanto maior for o mérito adquirido, e este, que se acumula em milênios, vai aumentando infinitamente.

"As vestes dos redimidos já fazem parte de seus organis- mos fluídicos, refletindo pureza e virtude, das quais partem irradiações resplandecentes, criando um halo maravilhoso em torno desses seres evolvidos!

"Na Terra há predileção por determinadas cores que, sempre, revelam os sentimentos dos que as preferem.

"As cores são símbolos significativos e inconfundíveis: representam os diversos estados de uma alma, são gradações dos sentimentos, verdadeiras escalas cromáticas do Espírito, pelas quais se pode aquilatar os mais íntimos sentimentos. A cor negra é o emblema da tristeza e, bem assim, as ideias lúgubres ou sinistras. As cores suaves revelam os temperamentos espiritualizados, que anseiam pela prática das virtudes redentoras, dos que aspiram aprimorar-se no bem. Mais tarde, já no Espaço, ao poder da volição, seu anelos se transformam em plena realidade; e, então, desabrocham-se vestes maravilhosas de cores e luzes surpreendentes! São essas túnicas portentos de coloração sideral: há o branco imaculado das geleiras polares; o róseo das alvoradas e dos crepúsculos tropicais; o violáceo da ametista; o azul dos céus venezianos; o jalde de ouro das acácias celestes... Nada, porém, se compara à beleza indescritível que há nos cambiantes do arco-íris, nas combinações maravilhosas que revelam a categoria excelsa das entidades que as podem produzir...

"As almas libertas dos erros e das lutas planetárias readquirem a sua seiva divina e conseguem a sua emancipação (que, contudo, não é ilimitada), e nelas desabrocham faculdades portentosas, jamais entrevistas na Terra, onde existem os que crêem na magia e nos contos de fadas, isto é, no que não se acha no domínio da Ciência natural e invade as regiões da fantasia ou do irreal.

"Os Espíritos de diversas categorias distinguem-se pelas colorações dos envoltórios fluídicos, plasmados de acordo com os elementos existentes no âmago do próprio ser nuclear. São elas patenteadas a um simples golpe de vista. Ninguém poderá ostentar, enganadoramente, qual se faz nos planetas inferiores, uma cor que só se irradia pelo mérito real e intrínseco; o que não sucede na Terra, onde, muitas vezes, as impuras cortesãs ostentam vestes esplendorosas, ao passo que os destituídos de fortuna, os que se abrigam nas sombras dos tugúrios, embora tenham almas nimbadas de luz, mal cobrem de farrapos os corpos debilitados pela vigília ou pela penúria...

"Verás, amigo, nossos irmãos cingidos de túnicas de todas as gradações, desde o negro de azeviche, mesclado de ouro e rosas, revelando os sentimentos ainda profundos das últimas refregas morais, até o branco de açucenas, da neve do Himalaia, dos rochedos polares! Entre umas e outras, porém, quantas gradações!

"Há, também, as cores neutras, indefiníveis nas línguas terrenas, dos que ainda não se desligaram, totalmente, das lutas materiais, e tiveram existências apagadas ou cheias de decepções...

"Por algum tempo eles as conservam, com todas as recordações dolorosas que os assediam, perpetuando os vestígios das batalhas, qual o soldado conserva as suas armas em recordação de todas as pelejas de que foi herói. Depois, alegram-se e deixam a melancolia de que se achavam saturados e julgam-se ditosos por haverem terminado provas redentoras...

"Há os que se encontram nos planetas secundários e apresentam uma cor umbrosa em que existem tonalidades de labaredas: são os que nutrem sentimentos idênticos de ódio, vingança, ciúmes violentos; e, quase sempre, terminam a vida material tragicamente, ocasionando males irreparáveis por muitos decênios...

"Cada um tem, pois, que elaborar fluido e cor, de acordo com a categoria espiritual que lhe corresponde, não lhe sendo possível ocultar sentimentos, na conformidade do progresso realizado.

"A cor, pois, é a revelação de quem a emite, é a irradiação própria de cada alma, como o tem cada flor que possui um matiz e um aroma característicos, não podendo tê-los de outra flor de gênero diverso."

– Não poderá a irradiação espiritual ser substituída por outra, por meio do livre-arbítrio e da própria volição? – interrogou Pedro a seu Mentor.

– Conforme o mérito adquirido, amigo, as almas passam por incontáveis situações, nos planetas em que estão laborando por seu desenvolvimento. Sempre que finaliza uma etapa planetária, de acordo com as suas ações meritórias ou aviltantes, suas emanações sofrem sensíveis alterações, tornando-se mais suaves ou mais sombrias, conforme o arquivo gravado em sua mente, que nunca deixa de patentear a verdade insofismável. Não é permitido ao Espírito de quem praticou desvarios, de quem foi impuro, traidor, perjuro, relapso no cumprimento de seus deveres morais e sociais, irradiar uma cor que seja formosa, porque não possui ainda em seu âmago elementos para a produzir.

"Há, contudo, Espíritos tão puros e tão humildes que preferem as cores indistintas às brilhantes e esplendorosas..."

– E quando granjeiam a perfeição máxima?

– Não poderão deixar de patenteá-las, pois as fulgurações que possuem tornam esses Espíritos verdadeiros astros, com liberdade absoluta, não devendo ostentar o que não é mais de sua categoria, qual formosa estrela que não recebe, por magnanimidade régia do Sol, uma esmola de luz...

– E não há mais quedas quando as almas atingem esse grau de perfeição?

– Não, pois as formosas cores são produzidas pelos Espíritos que têm absoluta compreensão de todos os seus deveres. Nunca viste caldear e fundir um metal?

– Sim, mestre querido...

– Pois bem, sucede à alma humana o mesmo que a um metal precioso: retirado das jazidas, informe, cheio de detritos, passa por diversos processos que o vão diluindo e separando das impurezas; é levado aos fornos, e, aí, ao calor intenso das forjas, passa por diversas fases de caldeamento, e, sucessivamente, vai mudando de uma a outra coloração, até ao grau máximo, depois do rubro, o branco. Quando chega a esse ponto, está apto para ser moldado e tomar as mais variadas formas, desde o instrumento mais singelo à estátua impecável em estética! Eis o que se passa com o nosso Espírito, caro Pedro! Às vezes, um Espírito apresenta tantos cambiantes que o tornam semelhante a um arco-íris, porque os seus pensamentos almos, para individualizá-lo, criam, de acordo com a volição – que é o poder elaborador da mente evolvida – matizes maravilhosos, desconhecidas tonalidades, que o diferençam dentre todos os que o cercam. Nenhuma entidade que atinja a evolução máxima pode ocultar os seus sentimentos, pois estes lhe transparecem no envoltório fluídico que parece, incessantemente, incendido por admiráveis fulgores...

– Como o possui o vosso, Mestre! – murmurou Pedro.

– O qual, no entanto, é um dos mais singelos e sem estética, em confronto com os que existem nos orbes luminosos do Universo... onde se acham as entidades que mais evolveram na escala espiritual!

– Será crível o que ouço, Mestre? Como, então, será a túnica de Jesus, nas paragens siderais?

VIII

Pedro atentou no que ia dizer-lhe o Mentor querido; este, porém, por alguns instantes silenciou, transparecendo-lhe no rosto a gravidade e a ponderação que o caracterizavam; depois prosseguiu:

– Vais, dentro em pouco, rever o rabi, sob outro aspecto... Ele, na Terra, apesar de não ter um organismo com a mesma contextura material dos outros seres humanos, possuía como que uma clâmide materializada a revestir-lhe o corpo sideral, e seu Espírito, que se eclipsara, centralizando-se no seu âmago, qual joia preciosa em um escrínio incomparável, teve amortecidas as suas fulgurações astrais... O rabi, como lhe chamavam os galileus, tem a tessitura das estrelas espirituais mais fulgurantes!

– Como pode haver um tecido capaz de lhe ocultar as irradiações de sua alma de luz, através de uma clâmide apenas materializada? – interrogou Pedro.

— Já te esqueceste, amigo, de que, por duas vezes, pudeste vê-lo com as radiosidades de um plenilúnio quando, imerso em preces, no alto do monte Tabor?[112] Não te lembras de que Ele não possuía o peso da matéria que reveste as almas em peregrinação terrena, quando atravessou o lago de Tiberíades? Não parecia Ele ser apenas formado da mais etérea neblina?

— Sim, e tudo isso nos maravilhava e confundia, Mestre; mas julgávamos que fosse apenas um *milagre*... por ter Ele baixado ao mundo em que vivi, investido de poderes supraterrenos!

— E julgas que, sem o mérito adquirido, poderia Ele produzir os fenômenos que assombravam os assistentes; que poderia possuir uma ciência invulgar e um organismo de astro espiritual?

— Perdoai-me, Mestre, mas ainda desejo uma das vossas elucidações: Vós lhe chamastes *astro espiritual*; pois bem, como poderia o Sol ser encerrado em um estojo, por mais espesso que este fosse, sem que o fundisse, ou sem que as suas irradiações o atravessassem?

— E nunca o viste eclipsado, Pedro, oculto o seu fulgor, que ofuscava, em momentos inolvidáveis? Que é o eclipse senão a interposição de um corpo opaco entre o foco de luz e o objeto sobre o qual são projetados os seus raios luminosos? Pois Jesus, na Terra, era já como um Sol, mas, ofuscado por uma tênue mas impenetrável opacidade, que se dissolvia à simples volição de sua alma radiosa, de lídimo emissário da Majestade suprema!

— Como pôde Ele permanecer no sepulcro e só ressuscitar no terceiro dia após haver sido nele encerrado? Enterrou-se luz? Por que não se alou logo, à vista dos perversos e dos seus perseguidores, e incrédulos em suas faculdades extraterrenas, a fim de convencer a todos de sua glória e de seu poder maravilhoso?

— Amigo meu, o mundo do qual vieste ainda está na sua infância e imerso em trevas; só com o escoar dos séculos é que a Humanidade

---

[112] Colina da Galileia.

poderá compreender as verdades sublimes da tragédia do Gólgota... Não há morte, Pedro, mas a separação dos elementos putrescíveis, dos que são imperecíveis – o corpo físico e a alma!

"Jesus não possuía o organismo tangível ou carnal – sujeito às contingências fisiológicas – mas um organismo sideral, de sensibilidade quintessenciada, no qual os pensamentos cruéis de seus adversários atuavam maleficamente, ocasionando-lhe sofrimentos e torturas morais indefiníveis. Como, porém, já estava de posse de todos os atributos, Ele os exteriorizava como se, realmente, seus tecidos fossem materiais: apresentava equimoses, chagas, perfurações nos membros superiores e inferiores. Tudo isso que não passava de reprodução psíquica, Ele o padeceu, porque o seu corpo tangível estava em contato com o ambiente terreno. Se Ele o quisesse, não sofreria nenhuma dor, insulando-o pelo poder da volição, que, logo, eliminou todos os vestígios dos martírios por que passou, novamente patenteados na presença do incrédulo Tomé; mas a sua missão era bem outra, não a de convencer pelos olhos, qual se fora um mago, mas pelo coração e pela fé; e, ao mesmo tempo, deixar o eterno exemplo de como se pode conquistar a redenção: praticando o bem, padecendo injustiças, calúnias, traições, tendo na alma piedade infinita por todos os delinquentes; e, em permuta, receber escárnios e bofetadas, sem ter, no plano material, dedicados amigos que com Ele *sofressem e que ficassem vigilantes nos momentos de dor infinita...* Tudo isso, Pedro, se passou diante de teus olhos... e não o viste! Também tu o abandonaste e lhe foste infiel... o que ora relembro, não para te censurar, mas apenas avivando o passado e a realidade. Não te comovas, assim, até às lágrimas, irmão! Escuta-me: de Jesus foi encerrado no sepulcro apenas seu corpo condensado ou materializado, amortecido voluntariamente, e, mal se achou insulado, logo despertou.

"Jesus não era um ser igual aos entes humanos, porquanto, quando baixou ao planeta do sofrimento, já possuía todos os atributos espirituais, muitos dos quais ainda ignorados pelos que o conheceram. Mais tarde, porém, todos os sucessos relativos ao *nascimento* e à *morte*, isto é, ao início e ao termo da missão do Nazareno, serão elucidados plenamente, na Terra. Algo direi sobre o que tanta admiração te causa: a derradeira cena do Calvário.

"Não conheces, Pedro, a vida do pequeno inseto que fabrica a seda, a maravilha dos tecidos, feitos com elementos gerados nas entranhas de uma das espécies *bombyx mori*? Pois bem, não fica ele entorpecido, durante algum tempo, no próprio estojo que engenhou, e os homens mais cultos e inteligentes procuram vãmente imitar? Onde se ocultam as suas asas que, durante a letargia, se desagregam de seu próprio organismo, pétalas que desabrochassem em um cálice de flor, para, então, a falena já desperta, ansiosa por liberdade, ébria de amplidão, corroendo o envoltório que a constringia, expandir os seus adejos, sobre as mais encantadoras filhas dos jardins e dos prados?

"Assim, Pedro, no paralelo do mágico produtor da seda, calcula o que se passou com o Mestre bem-amado que já era um dos emissários divinos.

"Tomado o seu corpo de um torpor ou de um esmorecimento que lhe deu a aparência de rígido cadáver, foi levado ao sepulcro. Mas, realizado o seu despertar, dissolveu-se o envoltório materializado, recobrando o Espírito todas as suas portentosas faculdades.

"Os amigos siderais de Jesus, os que o auxiliaram a concluir sua embaixada dolorosa, cercavam-no, dando-lhe o ósculo de felicitação, por haver desempenhado sua penosa e simbólica missão espiritual.

"As irradiações desprendidas daquele recinto eram tantas que, quando as perceberam as sentinelas do túmulo sagrado, sentiram-se desfalecer, e não puderam impedir que a pedra, que o fechava, caísse ao solo, com fragor, impelida por uma falange luminosa!

"Se todos os seres que o viram tivessem observado o esplendor astral daquele Espírito... muitos deles teriam abaladas as suas faculdades mentais, e ninguém duvidaria de que Jesus era, realmente, o emissário do Soberano do Universo."

– Oh! Mestre! – exclamou Pedro, creio em tudo o que acabastes de revelar-me, e que me maravilhou... perdoai-me, porém, a ignorância: não conhecia o Criador a imperfeição humana? Não devia Ele (relevai a ousadia do meu alvitre) ter enviado, à Terra vil, o boníssimo Nazareno, pois a Humanidade ainda não merecia tão inestimável dádiva...

– Sim, Pedro, esse é o nosso pensar; as tuas palavras revelam sagacidade; mas ouve, irmão querido: não viste no grão de trigo, tão minúsculo, encerrado em uma palha áspera, conter-se o gérmen de um vegetal precioso, que produz um dos mais alvos e nutritivos alimentos do gênero humano – o pão? Pois bem, Pedro; Jesus foi à Terra semear os mais preciosos germens da seara divina: o bem, a virtude, os preceitos morais que podem redimir as almas, a humildade, o sacrifício, a mansuetude; deixou Ele na aspereza dos corações pecadores uma das sementes de luz, que, no decorrer dos séculos, hão de produzir o pão alvíssimo, o pão que fortalece as almas, elevando-as ao Céu, transformado em fé, em virtudes sublimes que hão de redimir a Humanidade toda! Supliciaram o Semeador celeste, é verdade, mas os adversários da luz não poderão impedir que a sementeira produza o *pão* imaculado, níveo, luminoso e sacrossanto da redenção!

IX

– Podemos chamar, a esse alimento espiritual, pão evangélico, manancial de consolações da Humanidade porvindoura.

"Agora, está sendo Ele combatido, mas a sua sublime doutrina será triunfante, no escoar dos séculos, embora em futuro ilimitado... Que é, porém, o tempo para a duração incomensurável da eternidade e para o Espírito imortal e indestrutível?

"As sementes de luz jazem nas almas perenes, e esses germens divinos hão de abrolhar por toda a Humanidade e triunfar em todos os países do orbe terrestre...

"Tudo, na vida do Redentor, é simbólico, Pedro. Pensavam os homens o inverso, dando à sua missão uma diretriz diferente da que lhe foi traçada no Infinito, pelo sumo geômetra do Universo...

"Mais tarde, farão interpretação errônea dos sucessos do Calvário; mas chegará a época em que tudo será aclarado pelo archote inextinguível da verdade!

"Não é – como dirão muitos intérpretes dos recentes acontecimentos finalizados em Jerusalém – o *sangue* de Jesus, derramado pelos algozes, que remirá os infratores do código celeste; não; será remido todo aquele que padecer as provas mais acerbas com a mesma resignação, a mesma humildade, a mesma serenidade espiritual, a mesma confiança na justiça perfeita, que teve o impoluto Emissário divino... Cada ser humano terá que arrastar, pela via crucis da existência planetária, o pesado madeiro da salvação.

"Jesus, como todos os que descem ao planeta terrestre, também foi submetido a uma prova suprema, para ficar reafirmado o seu denodo moral; por vezes – o que muito o excruciava – não enxergava – os seus fiéis amigos siderais, os companheiros ideais das esferas superiores do Universo, e, julgando-se, então, abandonado, exclamou, com a alma agoniada: – 'Pai e Senhor, por que me abandonaste?'"

– Como é possível o que acabaste de dizer-me, senhor? Pois será crível que duvidasse Ele da Justiça suprema?!

– Não; porque já era Ele um dos seus executores mais excelsos; no entanto, embora pertencesse a uma categoria espiritual inexistente na Terra, Ele se sentiu esmorecer, momentaneamente, é certo, pois assim o disse, novamente, quando se tornaram visíveis as falanges siderais; e, então, reconfortado, suportou Ele, estoicamente, nobremente, todas as provas pungentíssimas, que não desconheces, inclusive a de não ter a seu lado um só dos discípulos, que se diziam seus amigos, naqueles instantes de profunda amargura...

– Crime esse que também eu cometi, Mestre, e do qual terei perpétuo remorso...

– Essa compunção desvanecer-se-á, em breve, Pedro. Como deves perceber, amigo, não era o sofrimento físico, mas o moral, que mais o torturava. Ele antevia, no Jardim das Oliveiras, com pesar infinito, todas as angústias, todas as injustiças e ingratidões que estavam iminentes sobre sua fronte, e que Ele pressentia, com a sua intuição quintessenciada, como um marujo pressente o aproximar de ríspida procela... Além disso, não padeceu só as próprias, mas também as alheias, antevendo todos os martírios e padecimentos por que passariam todos os enviados divinos, todos os que vêm à Terra e aos planetas de expiação em cumprimento de incumbências meritórias.

"Eis, Pedro, a origem do que padeceu o Mestre bem-amado, no Horto, lembrando-se de todas as imperfeições humanas, tendo exsudado sangue da sua alma, atormentada e ferida pelas rebeldias de nossos semelhantes, abandonado por todos os seres terrestres, sem um amigo que lhe confortasse o magnânimo coração, sorvendo, até à derradeira gota, o cálice do martírio...

"Ele, porém, nunca perdeu a tranquilidade espiritual, nos instantes de mais dura prova: não praguejou, não desejou revide, não duvidou da Justiça suprema. Suas palavras, que serão repetidas por todos os seres terrestres, eternamente, têm uma significação oculta.

"Pedro, irmão e amigo, o desânimo, o desalento profundo é uma das modalidades da revolta contra as Leis de Deus. Jesus não podia mais duvidar do direito divino, cuja equidade é admirável em tudo quanto concebeu a Majestade incorruptível do Universo..."

– Senhor – disse, timidamente, Pedro –, desejo que me elucideis sobre se somos responsáveis pelo desalento que às vezes se apodera de nosso Espírito, em horas de provas tremendas, quando nos julgamos impotentes para vencê-las galhardamente, considerando-as superiores às nossas próprias forças morais.

– Enganas-te, Pedro; não há provas invencíveis, quando existe verdadeira e inabalável fé.

"O desalento é o resultado, às vezes, do orgulho espezinhado, ou da falta de confiança nas Leis Supremas, que sempre são justas, e imparciais, e contêm salutares lições.

"Muitas vezes as dolorosas situações são criadas pelo destino para julgamento da coragem moral de quem se acha em horas amargas; mas basta o ânimo viril manifestado; o denodo nos momentos trágicos ou dolorosos; a convicção da Justiça Divina, para que terminem os pesares ou sejam suavizados..."

X

Após ligeiro silêncio, Pedro retrucou:

– Mas, nobre amigo, há pais que se acham enfermos, encarcerados ou cativos, impossibilitados de agir, não podendo suplicar socorros aos abastados... Que deverão fazer para minorar a situação dos entes queridos que lhes pedem pão, sem que o tenham, para lho dar?

– Onde estarão esses progenitores em aflição, que não possam implorar socorros à divina Providência, Pedro?

"Deus não desampara, nunca, os humildes, os aflitos, os que sabem orar com verdadeira fé e contrição..."

– Mas, Mestre querido, e quem não o conhece ainda, e apenas roga o auxílio dos deuses mitológicos... que não existem?

– Os deuses do paganismo não existem, realmente, caro irmão; há, porém, emissários celestes disseminados por todo o Universo; e, portanto, quando alguém faz uma súplica fervorosa, dirigida a qualquer entidade, mesmo imaginária, *confiando numa proteção e justiça extraterrena*, poderá obter o auxílio do Alto, quer esteja no meio de uma floresta, sobre as ondas enfurecidas, ou em local deserto, qual se sua súplica fora vibrada em nome do Criador de todas as maravilhas! ...

"Vênus, Júpiter, Marte, Saturno e outros não passam de ficções dos filósofos gregos. A Mitologia, porém, está com seus dias contados. Jesus, com a sua palavra, terá que avassalar o orbe terráqueo, nos milênios porvindouros. Amigo Pedro, quantos sofrimentos, quantas angústias passarão os seus adeptos até o triunfo definitivo do Cristianismo! ...

"Os séculos hão de se escoar. O novo credo será deturpado e destituído de sua beleza e simplicidade primitiva; mas sairá vitorioso, por fim, recobrando sua singeleza sublime! Não há rochedo que esmague um raio de sol. Não há montanha que atinja o Infinito! Assim, o Cristianismo – doutrina celeste – vencerá todos os óbices, todos os obstáculos; e os rochedos das inovações, as montanhas dos erros seculares não poderão aniquilá-lo, jamais! Que são os séculos em comparação com a eternidade? Gotas de água, na clepsidra do Universo. Os milênios passarão, com a celeridade dos vendavais, e o tempo jamais se esgotará, pois que é ele incomensurável!

FIM DO LIVRO VIII

Livro IX

Nas fronteiras do Céu

I

Voltemos às personagens que ficaram em Roma, em peleja com a adversidade e com os tormentos daquela época inolvidável.

Estênio, que, enfim, realizara uma aspiração de muitos séculos, consorciando-se com a eleita de seu coração, vivia recluso, com ela e a cunhada.

Esta, sempre imersa em intensa tristeza, não pusera remate à penosa vida, lembrando-se das palavras do humilde Pedro, cujas expressões consoladoras não haviam caído em terra sáfara, mas fértil, adubada com lágrimas de sofrimento... Confiava nos desígnios do Alto, qual um cego que se deixa conduzir, de pálpebras cerradas, pelas mãos protetoras de um invisível benfeitor. Viviam aqueles três entes na modesta residência das duas jovens, livres de preocupações monetárias; mas, tendo-as, muito grandes, quanto à perseguição que lavrava em Roma contra os humildes cristãos e que os levava a temer, de um momento para outro, uma cilada.

Quando a genitora de Estênio foi cientificada de que o filho fora ao encontro das primas, para desposar Norma, desejando evitar o que ela supunha uma verdadeira desdita, exigiu do esposo que a acompanhasse à Cidade eterna.

Transportados em faustosa carruagem, realizavam a viagem projetada, quando, à noite, em momento de violenta borrasca, que os surpreendeu em plena floresta, os corcéis, espantados com trovões e com o rumor intenso do vento, nas árvores, perderam a direção, precipitando-se em um abismo, à margem da estrada. A queda foi desastrosa, ocasionandolhes brusca passagem para o Mundo Espiritual.

Estênio, avisado pelo próprio palafreneiro, foi ao local do desastre, mandou apanhar os cadáveres e transportá-los ao mais próximo cemitério, na região da Etrúria; erigiu-lhes um suntuoso jazigo e dirigiu-se, após, a Florença, onde entrou na posse de considerável herança, regressando a Roma, na intenção de levar a família para sua terra natal.

– Querida Júlia,[113] disse ele à cunhada –, sei que é doloroso teres que ausentar-te deste local, onde te é permitido levar flores ao túmulo de Felício, mas é mister voltarmos a Florença, onde, certamente, não nos surgirão as mesmas dores de outrora... Aqui deixaremos o dedicado Sérvulo, a quem faremos doação deste abrigo, para viver com os que lhe são caros. É uma prova de que não esquecemos o quanto por nós eles têm feito...

– Irei convosco – respondeu Júlia com tristeza –, pois não teria o ânimo preciso de enfrentar, a sós, as tormentas da vida... Tu e Norma sois os únicos capazes de suavizar a minha inextinguível amargura...

– Sim, Júlia querida; não te entregues, perpetuamente, à mesma dor; sabes que o futuro de nossa alma é ilimitado, que o teu destino ainda será ligado ao de Felício, e que, nos tempos porvindouros, todas as nossas mais nobres aspirações hão de ser realizadas! Recordemos, sempre, as palavras que ouvimos no Ostriano: há um prazer que ninguém nos poderá usurpar, a serenidade de consciência, a ausência de remorso na alma, dos que cumprem todos os seus deveres terrenos.

– Como seria feliz se obtivesse a certeza absoluta de que o piedoso Pedro não abandonou o desventurado Felício...

---

[113] Dulcina Júlia era tratada, familiarmente, pelo segundo prenome.

— Não ponhamos em dúvida quanto nos disse ele com tanta convicção. Pedro afirmava que há uma justiça, na qual devemos confiar, e que é crime deixar que se extinga a fagulha da fé.

O amistoso diálogo foi interceptado com a chegada de um condiscípulo de Estênio, que, também, estava residindo em Roma, e que, lívido, arquejante, disse ao artista:

— Foge, amigo, com todos os membros de tua família! Eu, tu e quantos na cripta fomos orar, já estamos denunciados como cristãos...

— Como o soubeste, Solano? — interpelou-o o escultor, atemorizado pelas duas jovens, que se tornaram pálidas desde as primeiras palavras.

— Havia, entre os ouvintes, diversos asseclas de Nero. Aos poucos fizeram eles a relação de todos os que lá costumam orar; e, se não fugirmos, com a devida presteza, espera-nos o Coliseu! Um parente meu, que é centurião, tudo me revelou!

— Obrigado, Solano! Jesus que te recompense pela lealdade de que nos deste prova...

— Adeus, Estênio! Ide, com a proteção divina!

Mal havia Solano desaparecido, quando o artista, voltando-se para a esposa e a cunhada, falou-lhes:

— Apressemo-nos, queridas, para que saiamos, ainda a tempo, desta trágica cidade... Não sou covarde, e, certamente, morreria por amor à nossa fé, se tivesse a certeza de que seríeis salvas... mormente agora, que aguardamos a chegada de um pequenino enviado do Criador... É meu dever defender-vos. Sei que a nossa vida é um tesouro divino, que nos foi confiado para cumprir uma missão terrena; e ninguém poderá sacrificá-la, sem cometer um grave delito...

À pressa, com uma atividade febril, organizaram o indispensável para uma retirada que duraria alguns dias, e Estênio ordenou ao condutor de uma sege que se aprestasse para uma brusca viagem, podendo exigir o que lhe aprouvesse, devendo esperá-lo fora da Cidade eterna.

Sérvulo, que não os acompanhou na dolorosa peregrinação por se achar gravemente enfermo, ficou de reunir-se aos fugitivos, assim que houvesse possibilidade. Preferia morar onde estivesse o escultor com a família ao sobressalto contínuo de Roma. A casa que lhe foi doada ficaria rendendo um módico aluguel em benefício de sua família.

Embuçados em longos mantos, deram os retirantes um derradeiro olhar à vivenda onde se reencontraram e fruíram relativa felicidade; e, por escusas vielas, dirigiram-se ao local combinado com o palafreneiro, ao norte do grande empório romano. Antes do pôr do sol, já haviam eles transposto as últimas habitações e as colinas que as dominam, tendo sido mister, por várias vezes, Estênio gratificar alguns centuriões que pretenderam embaraçar-lhes os passos.

Fatigados e entristecidos, detiveram-se por momentos em uma ruína de antigo castelo, demolido por populares sediciosos. Alçaram eles o pensamento ao Criador do Universo, implorando-lhe conforto e denodo moral, e agradecendo-lhe o ter-lhes concedido proteção para que ali estivessem salvos das perseguições dos adversários da Luz.

Fizeram ligeira refeição, e Estênio foi em procura do condutor da sege, com o qual havia combinado o seu transporte e o de sua família, para Florença.

Norma, aparentando serenidade de ânimo, estava, contudo, de uma lividez de alabastro, tendo os olhos emperlados de pranto. Estava imóvel e emudecida, ao lado da irmã soluçante.

Estênio, ao regressar, olhou a esposa, com olhar de artista e consorte extremoso, e disse-lhe:

– Norma, quanto és formosa, e quanto desejo esculpir o teu semblante inconfundível, interpretando a angústia de teu coração pelos que ficaram em Roma, curtindo dores acerbas, padecendo, heroicamente, por amor à fé em uma crença salvadora de nossa alma! Nunca observei uma dor tão profunda, querida, porque a pureza de teu rosto... deve estar aliada à do teu Espírito. A dor que te assalta neste momento plasmou, em teu semblante, uma expressão que eu nunca percebi na dos outros seres humanos. Quero representá-la, ou eternizá-la no mármore, mal cheguemos a Florença! ...

— Obrigada — Estênio, respondeu-lhe a consorte —, por teu julgamento demasiadamente generoso! Creio, porém, que jamais meu rosto poderá interpretar a angústia e o sofrimento que vibram em minha alma, ao lembrar-me de nossos irmãos que continuam em Roma, padecendo cruelmente porque acreditam no celeste Enviado... Nunca as lágrimas e a linguagem poderão revelar a tortura de meu espírito, fugindo à hora do embate mais doloroso, quando podia patentear, perante Deus, a minha crença inabalável na doutrina cristã! Como padeço, deixando Sérvulo e tantos entes queridos entregues a uma voragem de amarguras! Parece-me que traímos nossos companheiros e irmãos!

— Bem compreendo as sutilezas de tua alma nobilíssima, Norma. Consola-te, porém; pois ninguém, na Terra, está isento da dor, nem pode fugir ao seu próprio destino! Onde se achar um ente humano, aí estará o sofrimento, moral ou físico. Não lamentemos a graça que nos foi concedida pelo Céu, conservando-nos a vida, para podermos adquirir novos méritos, trabalhando eficazmente na propagação do novo credo das margens do Jordão. Mais sofreremos, vivendo, do que morrendo no Coliseu. Não temos o direito de sacrificar a vida do entezinho que vai ser enviado para nosso lar... Unamo-nos, os três, fazendo um pacto sagrado, de só dedicarmos ao bem o tempo de vida que nos restar. Sejamos amigos e consoladores dos que professam o Cristianismo, congraçados todos sob a égide de Jesus! Façamos por minorar as agruras aos que padecem pelo Mestre.

Enquanto Júlia soluçante se abraçara à irmã, Estênio, voltando-se para Roma, banhada pelos fulgores derradeiros do crepúsculo vespertino, exclamou:

– Senhor e Pai, que estais no Universo todo, tende compaixão dos que permanecem ainda sob o domínio de Nero, que, de humano, só tem o corpo... Amiserai-vos de nossos irmãos que imolam o tesouro divino, a vida, por amor ao vosso excelso Emissário – *Jesus*! Vós, ó meu Deus de bondade infinita, e vós, ó Jesus, amado e incomparável Mestre, vinde em socorro dos exterminados nas arenas romanas! Dai-me, Senhor, o ânimo sereno preciso para enfrentar todos os obstáculos que surgirem para ser experimentada a minha fé. Quero ser forte e invencível qual têm sido os mártires cristãos. Quero lutar, escudado na convicção inabalável da vossa inigualável justiça e em vossos desígnios supremos! Quero ser infalível, fortalecido por vossa proteção paternal. Quero ser vosso fiel vassalo até o extremo alento. Abençoai-nos, Pai amantíssimo, e a todos os vossos filhos, quer estejam com a alma vestida de luz ou de trevas! Entregamos em vossas mãos benditas o nosso destino, e seja perenemente feita a vossa vontade e não a nossa, Senhor!

Ajoelhados e súplices, com os olhos marejados de lágrimas, imploraram ao Altíssimo proteção para a peregrinação que iam reencetar, e para todos os que, em cárceres asfixiantes, aguardavam a hora do martírio...

Era um entardecer maravilhoso e triste, onde havia grinaldas de rosas siderais diluídas no esplendor do Sol que começava a mergulhar-se no ocaso, dando uma desconhecida coloração à Cidade eterna... Dir-se-ia que uma apoteose celeste invadia o firmamento em homenagem aos torturados adeptos do Crucificado Nazareno... Norma parecia imersa em êxtase, divisando, além, no ocaso esplendoroso, o vulto alvinitente de uma Entidade formosa e serena, cujos cabelos dourados estavam transformados em fios de luz, descendo até às espáduas, sobre uma túnica tão alva que se assemelhava à espuma das vagas embravecidas... Deslizava ela, suavemente, com os braços em cruz, parecendo caminhar em direção a Roma, para receber em seu seio amantíssimo os que se imolavam pelo mais excelso de todos os ideais – o da redenção de todas as almas do mundo de trevas – a Terra!

– Estênio – murmurou Norma, com a voz alterada por inflexão desconhecida –, *eu vejo*, pela segunda vez, uma Entidade celeste, que julgo ser o amado rabi, o sublime Crucificado! Eu o contemplo, no fulgor do crepúsculo, com os braços estendidos, parecendo querer abraçar todos os que sofrem, ou infundir, em todos os corações, a fagulha radiosa da fé e da esperança! ... Como é belo o glorioso Emissário do Céu! Hei de interpretar essa visão de tal forma que a possas reproduzir no mármore mais puro e alvo, ou na tela, com as cores mais formosas, fixando os seus contornos inimitáveis.

– Tu sonhas, querida, – disse-lhe o esposo –, ou melhor, deliras, tantos são os martírios que tens padecido!

– Não, meu amigo, eu *vi*, realmente... Ele acaba de ser diluído na luz crepuscular, e desapareceu. Antes de se ocultar, levantou o braço direito, e parece haver abençoado a Terra toda...

– Bendita seja, pois, a crença que professamos, Norma, pelo conforto que nos traz! Bendito seja o Mestre querido que não abandona os que sofrem por seu amor, e vem dulcificar todas as dores dos angustiados corações!

II

A noite envolveu o hemisfério oriental num velário de crepe, antes que surgissem as estrelas. Os três peregrinos, exaustos de caminhar, encontraram afinal a sege aprazada por Estênio. Adormeceram no veículo, e, só ao alvorecer, desceram para tomar alimento e proporcionar descanso e forragem aos animais. Já não distavam muito de Florença, quando as duas jovens reconheceram o local onde haviam ficado prisioneiras dos *Filhos das sombras*, sentindo que se lhes confrangia o coração...

O firmamento que, até então, estava de cor azul safira, começou a toldar-se, tomando tonalidade sombria. Rajadas impetuosas tangiam as nuvens enegrecidas, como se fossem rebanhos de ovelhas denegridas que se precipitassem para o seu redil!

Depois, um vendaval infrene agitou as frondes das árvores esparsas pela estrada, parecendo açoitá-las com látegos invisíveis, deslocando pedras da serrania de que os viajantes estavam perto, causando-lhes sobressaltos inauditos. As árvores pareciam possuir uma coma desgrenhada, braços convulsos, implorando comiseração a seus algozes intangíveis, entrelaçando-se, às vezes, umas às outras, como que coligadas para uma fraterna defesa comum... Um turbilhão de pó e de folhas desprendidas dos galhos escurecia o caminho. Trovejava, com violência assustadora. Amedrontados, os cavalos da sege começaram a resfolegar, corcoveando, fazendo esforços inauditos para se desvencilharem das trelas que os prendiam aos varais, instintivamente desejosos de liberdade, a fim de poderem procurar abrigo... Dir-se-ia que, por vezes, iradas serpentes de fogo sulcavam o céu, incendiando-o, e parecendo que, enfurecidas, iam precipitar-se sobre a Terra, para a destruir...

— Sejamos prudentes — disse Estênio, compreendendo a gravidade da situação —; é impossível vencer a Natureza! Atendamos à sabedoria dos irracionais, que nos estão advertindo de que será rematada loucura o prosseguirmos neste momento...

— Estênio — murmurou Dulcina Júlia, com voz trêmula —, já conhecemos esta fatídica região... Quando eu e Norma nos dirigíamos para Florença, como agora, uma tremenda tempestade nos obrigou a procurar refúgio naquelas ruínas, que ali vês; e lá se ocultava o temível chefe dos *Filhos das sombras*, o que deu origem às desventuras por que passamos...

— É pasmoso o que nos sucede, Júlia! — disse sua irmã. — Será crível que tenhamos de nos acolher, ali, pela segunda vez?

— Sim, é o que devemos fazer, sem mais detença! — disse o escultor, com firmeza. — Se não quisermos perecer, aqui, nesta estrada deserta, depois de nos havermos livrado da ferocidade de Nero... Desçamos, queridas, enquanto a chuva não nos fustiga com maior intensidade...

— E se, lá, ainda estiver algum dos celerados de outrora, que nos queira atacar? — tornou Norma, atemorizada.

— Que poderá ele querer roubar-nos, querida Norma? A bolsa? Está vazia! A vida? Quem é que no-la poderá furtar, se é ela divina e imortal?

— Apressemo-nos, *domine*! — exclamou o cocheiro que já não podia mais conter as alimárias.

— Sim, desçamos, e sigamos o nosso destino: a morte espreita-nos neste instante, aqui, ou na furna onde nos vamos abrigar...

— Jesus, velai por nós! — balbuciou Norma, já prestes a esmorecer, tal a violência dos trovões, da ventania, e das bátegas de chuva que os fustigavam.

Estênio, guiado pela cunhada, dirigiu-se ao local que ela lhe indicara.

Os cavalos, desatrelados dos varais da sege, foram abrigados numa das cavidades existentes na serrania, de que se achavam perto. Estênio, auxiliado por Júlia e pelo condutor, que era adepto do novo credo, conduziu a esposa. Norma não mais compreendia a realidade e deixava-se transportar para onde quisessem, tal o sofrimento que de sua alma se apoderara, ao encontrar-se no mesmo local, onde, por vezes, outrora, julgara enlouquecer...

Então, já o temporal estava no auge. O clarão dos coriscos deslumbrava os viajantes, e, logo, uma treva quase completa envolvia a Natureza, qual se fora espesso manto de cinza. Ao veloz fulgor de um relâmpago, avistaram o esconderijo dos *Filhos das sombras*.

Nenhum rumor, nenhum indício de vida havia naquelas paragens, denotando que tinham sido abandonadas pelos sinistros sicários.

Estênio, temendo o perigo que ameaçava a cara consorte, bradou por socorro, a fim de verificar se alguém lhe responderia ao apelo angustioso. Nenhuma voz humana lhe deu resposta...

Quando cessava o canhoneio aéreo, o silêncio era intenso, quebrado apenas pela veemência da chuva que ameaçava tudo envolver... Capacitados do abandono do solar fatídico, os viajantes entraram na primeira caverna que encontraram. Reanimados por não haver ocorrido impedimento algum, aproveitando a claridade dos relâmpagos, Estênio e Júlia procuraram a escada que dava acesso ao interior do antigo solar, que verificaram estar completamente abandonado, pois as ervas selvagens começavam a invadi-lo, atestando que nenhum ser humano havia ali penetrado, desde muito tempo.

Não podendo galgar a escada, devido ao desfalecimento de Norma, observaram uma fenda existente na muralha que formava a galeria por onde saíam e entravam os sicários, parecendo que fora perfurada por instrumentos de alvenaria, por alguns assaltantes. Com inaudito esforço, sempre receosos de qualquer imprevisto, à luz dos coriscos, conseguiram, Estênio e Júlia, acomodar a enferma naquele solo nefasto, justamente no local onde os salteadores costumavam despojar os cadáveres.

Com inauditas dificuldades, conseguiram aproximar a sege do lugar em que se achavam, retirando dela o indispensável para resguardar o solo, improvisando um leito para Norma, então completamente desfalecida, e algum reagente para fazê-la recobrar os sentidos. Possuída de inenarrável aflição, Júlia orava em alta voz, implorando o auxílio de Jesus, a fim de que a irmã querida despertasse do sono letárgico.

Poucos instantes decorridos, Norma descerrou as pálpebras e fixou o olhar. Como se voltasse de um sonho tenebroso à realidade sombria, sentindo o contato das mãos do consorte, que apertavam as suas, parecendo desejar transmitir-lhes calor e vida, disse ela, com débil voz:

– Meus amados, percebi que a vida se me ia extinguindo, subitamente... *Senti* que minha alma já se estava libertando do corpo, mas foi impelida, por um poder superior, a voltar ao cárcere... Jesus, cujo nome foi o primeiro que ouvi, ao despertar, atendeu às vossas súplicas fervorosas... Eu quis abandonar a prova, mas compreendi que cometia um crime; e, auxiliada pelas forças espirituais e compadecida de vossa aflição... pude retornar à luta, para sofrer convosco, meus amigos! Dai-me um pouco de água. Depois, deixai-me adormecer um pouco. Amanhã, tenho a relatar-vos o que me sucedeu; agora, falta-me o ânimo preciso para o fazer.

Após algumas horas de procela violentíssima, a Natureza aquietou-se e o silêncio de novo reinou naquela região. A noite decorrera em sobressaltos, no receio de incidentes inesperados.

III

Não puderam conciliar o sono, apesar da fadiga da jornada. Apenas Norma adormeceu profundamente, e só ao alvorecer despertou.

Vendo-a descerrar as pálpebras, Estênio deu-lhe um copo com água, vinho e mel, e perguntou-lhe se já estava em condições de prosseguir a viagem.

– Não, Estênio, sinto o corpo como que contundido e inerte... Tenho a impressão de que morrerei, se tentar retirar-me deste local.

O artista, persuadido de que a esposa não se achava em condições de se locomover, saiu, seguido do condutor do veículo, em busca de alimentos e de informes sobre aquele local sinistro, capacitando-se de que, havia muito, fora abandonado pelos malfeitores que o habitavam.

Estênio, ao regressar, tranquilizou as duas jovens e todos reconfortaram seus organismos com os alimentos adquiridos em uma humilde mercearia que encontrara à margem da estrada real. Norma, pálida ainda, reclinada no improvisado leito, murmurou:

– Prometi falar-vos, e cumpro a minha palavra: estive prestes, ontem, a interromper esta viagem por todo o sempre... Senti minha alma desprender-se totalmente de sua prisão de ossos e músculos, rasgando o Espaço com a velocidade de um relâmpago... Estive além, muito além da Terra, da qual comecei a ter saudades... Ah! meus amigos, já me abeirava das estrelas mais resplandecentes, quando me lembrei de vós, de vossa aflição por minha causa, e quis regressar ao vosso lado, para sofrer convosco os mesmos tormentos da vida... Retrocedi, pois, dominada por um poder mais forte. Antes, porém, que retomasse o corpo desfalecido, meu Espírito atravessou celeremente este covil; e, então, compreendi, nitidamente, que há muito está ele livre dos antigos moradores.

"Horroriza-me, porém, recordar o que *vi*: os espectros dos que aqui viveram, e os que por eles foram imolados... Lutavam uns com os outros, proferindo gritos e impropérios de duendes enfurecidos... A cisterna, onde queimavam os cadáveres dos peregrinos que por aqui passavam, parecia um carcinoma de fogo, vomitando labaredas destruidoras... Eu escutava, confrangida, os seus gemidos e os seus brados de vingança... Todos pareciam coléricos e procuravam, vãmente, o antigo chefe dos *Filhos das sombras*, que havia desaparecido deste local... sem que ninguém o tivesse percebido... Ninguém o encontrava, mas parecia temida a sua chegada...

"Subitamente, toda aquela multidão de espectros estendeu os braços esqueléticos para o alto, implorando justiça aos deuses, insensíveis às suas dores... Ouvi lamentos; e – coisa inexplicável! – tu, Estênio, os estavas escutando, envolto em uma túnica alvíssima; fazias uma prece a Jesus e ao Criador do Universo, ensinando-os a rezar e a perdoar aos seus algozes... *Vi* o meu corpo estirado neste solo, que já foi embebido com o sangue de incontáveis entes humanos, parecendo-me estar acorrentado, sem jamais poder libertar-me de pesados grilhões, inundado por lago de sangue.

"Repentinamente, uma Entidade de formosura celestial postou-se perto de meu corpo inerte, e disse, com voz harmoniosa e incisiva, que me penetrou o âmago da alma:

– Aqui viestes por inspiração do Alto, e não deveis, nunca, abandonar estas regiões, que vos parecem fatídicas mas serão abençoadas por Jesus, vosso Mestre, que vos investiu de sublime missão, à hora do crepúsculo do primeiro dia em que deixastes a trágica Roma...

"Vós fostes encarregados – todos os que ora aqui estão acolhidos – de sanear este local, até agora maldito por quem o conhece...

"Fostes incumbidos de beneficiar os que, aqui, se acham agrilhoados pelas forças do ódio e da vingança; os quais só se libertarão quando souberem compreender o prestígio do *perdão* e da *piedade*! Os adeptos do novo credo têm que dar testemunho de fidelidade ao Mestre querido... como o estão fazendo os massacrados em Roma. Deus permitiu que vos libertásseis dos adversários da luz; mas não ficastes isentos de uma prova de lealdade ao rabi. A súplica de vosso esposo foi ouvida pelo bondoso Nazareno. Não deveis melhorar só as vossas condições espirituais, mas as dos desditosos que existem acorrentados a estas paragens, e ainda os que para aqui vierem, acossados pela desventura ou pela perseguição dos asseclas de Nero... Não deveis prosseguir vossa jornada até Florença; lá, tanto quanto em Roma, arriscaríeis a vossa vida e a vossa tranquilidade, pois os inimigos de Jesus estão esparsos por todo o território onde há adeptos do Cristianismo. Adquirireis estas terras que se acham devolutas, pois não há mais herdeiros do desditoso Plínio...

"Fareis deste antigo e malfadado antro de sicários um asilo de paz, um abrigo acolhedor para os peregrinos, com os quais repartireis os tesouros acumulados em um dos esconderijos deste *solar do crime*, que se transformará, completamente, qual a lagarta repulsiva na mais formosa das falenas. Vós, que adotastes o código da luz, substituístes os *Filhos das trevas* ou *do crime*.

"Permanecereis aqui, em paz, sob a égide inquebrantável da fé, protegidos pela Misericórdia Divina. Tendes, irmãos bem amados, sublime tarefa a desempenhar na Terra: arrebanhar almas para o redil de Jesus! Vão ser-vos confiadas... duas almas torvas para serem norteadas à salvação, a *Deus*! Tereis horas de desalento profundo, bem o sei, mas – prestai atenção ao que vos digo! – os Espíritos são tesouros divinos e ninguém poderá prejudicá-los sem que tenha que sofrer as consequências...

"Todos aqueles que presentemente trabalham na *seara do Senhor* serão reconhecidos através dos séculos e dos milênios, em diversas existências, em quaisquer regiões terrenas, no seio dos povos onde já estiverem reencarnados; uns, pela fé inabalável, outros, por seus predicados morais, alguns por sua complacência, outros por suas elevadas faculdades".

IV

– Envidai esforços para mitigar as agruras de nossos irmãos em crença. Acolhei, nesta pétrea habitação – que deverá ser transformada em abrigo – todos os infortunados que a buscarem.

"Ides metamorfosear a caverna dos bandidos em remanso de paz e harmonia, disseminar o bem a mancheias, onde eram perpetrados os mais bárbaros delitos... Ai! querida minha: quão difícil é a ascensão para Deus, quão penosa é a escalada para os mundos felizes! ... É mister semear as flores perfumosas do bem e colher os dolorosos espinhos do mal, da ingratidão, da injustiça e da calúnia... É mister mitigar as penas alheias e ferir os pés nas pedras aspérrimas das intérminas estradas que nos conduzem ao Criador e a Jesus. É mister a renúncia ao gozo, para sorver, gota a gota, a taça de amaritudes... Praticar a caridade, como o rabi aconselhava, e receber recompensas... é ser indenizado, prontamente, pelos próprios companheiros de peregrinação terrena; mas ser virtuoso e humilde, cultivar o bem às ocultas, tendo, às vezes, por galardão o escárnio e as ofensas dos próprios beneficiados, que apunhalam as almas altruísticas e boas, com o punhal de fogo das perfídias e da ingratidão, dos que não sabem reconhecer os benefícios, agindo nas trevas do mal... é ser discípulo de Jesus!

"Eis a missão que é outorgada aos que já mereceram a confiança divina."

– Eis, Estênio e Júlia, o que ouvi, enquanto choráveis por mim, julgando-me prestes a exalar o extremo alento. Se eu não me houvesse responsabilizado pelo cumprimento das determinações do Alto, já meu Espírito teria deixado definitivamente o seu envoltório carnal... Minha alma se tornou mais sutil do que a essência de uma rosa![114]

"Dá-se ainda, neste instante, o mesmo fenômeno comigo; dir-se-ia que jamais terei forças para me erguer do leito improvisado... ou do local em que me encontro: meu corpo está dolorido e como que desarticulado, desde que foi rodeado pelos espectros enfurecidos, que observei neste recinto e que me atiraram uma névoa nociva e enegrecida... Tenho a impressão de que minha alma se aprofundou neste solo; a qualquer tentativa que fizerem para me arrancar daqui... dar-se-á o seu desligar do envoltório carnal, rompendo-se o tênue fio que os mantêm coesos e estreitamente unidos!"

Estênio e sua cunhada escutaram-na perplexos, temerosos de que a enferma estivesse com as faculdades mentais em declínio, para a loucura... O esposo apertou-lhe a mão enfebrecida, e disse-lhe, com carinho:

– Sonhaste, querida, o que acabaste de expor-nos, e funda impressão nos causou, mas não se realizará o que te parece conter uma determinação do Alto... Estás um tanto febril devido à fadiga e às emoções por que tens passado; e, por isso, tomaste o arcano de um sonho por uma revelação ou pela própria realidade...

---

[114] Nota da médium psicógrafa: Norma possuía faculdades mediânimicas que não sabia compreender, nem explicar. Passou-se com ela um dos fenômenos de exteriorização do Espírito; e ela pensou que estivesse no derradeiro instante da vida. É provável, porém, que, se não acedesse às determinações do Alto, ela se tivesse desmaterializado, suavemente.

— Delírio? Estênio! Não, querido, eu vos transmiti, quase fielmente, o que observei, ouvi e ainda sinto... Se desobedecermos à voz amiga que escutei... iremos fracassar em Florença! Que digo eu? Não me levareis daqui viva...

— Ouve-me; adorada Norma: vamos agir com prudência e deixar que o teu estado melhore, para prosseguir a viagem. Estou convicto de que, então, pensarás de modo diverso do de agora. Vou agir para que seja melhor a nossa permanência neste local, até que o tempo favoreça a nossa pretensão, pois está ameaçando nova tempestade... Deixemos de nos atormentar com tétricos pensamentos!

— Em que consiste a felicidade terrena, senão no austero cumprimento de todos os deveres morais e na aliança das almas que profundamente se amam, unidas legalmente sem destruírem venturas alheias, nem arrancar lágrimas de pesar? Não poderemos encontrá-la, aqui, transformando o covil dos salteadores em asilo para nossos desditosos irmãos em crença, em obediência ao conselho de um amigo de Jesus, que já se acha no plano sideral?

— Sim, querida, tens razão; não devemos procurar, vãmente, a felicidade no mundo, que não no-la pode conceder, e sim a paz de consciência pelo dever cumprido estritamente.

"Pesa-me, porém, ver-te, e à Júlia, em plena juventude, tão belas e bondosas, aqui, sepultadas em vida! Teria remorsos pungentes se consentisse em tão grande sacrifício..."

— Pois também não és jovem e não terás de compartilhar de nosso sacrifício? Não és um artista invejável, opulento e cheio de nobres ideais, e não serás capaz de metamorfosear este antro sombrio em remanso luminoso, aprazível e bonançoso, para suavizar as agruras de desventurados peregrinos?

— Estênio – disse Júlia –, não te preocupes com a imolação de nossa juventude... Minha ventura... desapareceu com Felício... A única felicidade a que aspiro é a de não me apartar de vós, irmãos queridos! Que me importa sepultar-me aqui ou alhures, se o meu coração jaz encerrado em um sepulcro vivo, repleto de dores e saudades? Deixemos melhorar o estado de Norma; e, se ela persistir ainda nas mesmas ideias, será forçoso obedecer à voz dos que já se acham perto de Deus e de Jesus...

— Não posso conformar-me em permanecer numa região maldita como esta! — exclamou o artista. — Embora reconheça a justeza e a nobreza das vossas palavras!

— Poderás torná-la bendita, Estênio — exclamou Norma, com firmeza. — Ouvi, ainda, queridos meus, o que recordo de me haverem dito, embora não compreenda bem o que me disseram: 'Norma, filha minha, estás aliada aos que muito te amaram em transcorrida existência e que imolaram a vida por tua causa... Se tivesses sofrido, sem revoltas, a última prova terrena, não terias mais voltado ao mundo sublunar... Faliste na *derradeira prova*, Norma! É mister, agora, que cumpras, à risca, os desígnios divinos, de acordo com o que te expus, terminando a existência por um triunfo meritório, incompreendido na Terra, mas valiosíssimo no Além...'

"Ouviste, Estênio? Queres que eu desobedeça aos alvitres do Mensageiro celeste? Não compreendes que, à menor transgressão, serei punida severamente?"

Estênio soluçava, prevendo o desmoronar fragoroso de todos os seus planos de ventura, arquitetados em longos sonhos, para serem realizados em Florença...

V

Outro dia surgiu na voragem do tempo.

— Dir-se-ia — murmurou Estênio, percebendo o rosicler da madrugada — que pela primeira vez contemplo o amanhecer de um dia, após tantas horas de tempestade!

"Cessou a chuva que, por mais de quarenta horas, nos aprisionou neste covil... Tive a impressão de que jamais veria romper um dia radioso; e, nunca, o desejei tanto como nestas horas intérminas, em que aqui nos achamos."

– Que sucederá, querido, se não cumprirmos as determinações do Alto? – respondeu-lhe a esposa, com intensa tristeza.

– Não digas palavras atrozes, querida! Hoje devemos partir, para jamais voltar a estes sítios malditos...

Mal pronunciara essas palavras, Estênio notou que a consorte empalideceu bruscamente e estava prestes a desmaiar, como já havia sucedido quando para ali fora transportada...

– Norma, querida Norma! – exclamou Estênio, osculando-lhe a fronte esmaecida, com extremo carinho. – Cumprirei a sentença do Juiz supremo, se assim for mister para que tu vivas e para que possamos alcançar a nossa salvação!

Dentro em poucos momentos, o estado da enferma melhorou e Estênio retirou-se, deixando-a entregue aos cuidados da desvelada irmã.

Ao regressar, ao cabo de algumas horas de ausência, tendo-se utilizado do veículo em que viajavam, trouxe o escultor, além de víveres e utensílios domésticos, vários operários, depois de se haver dirigido às autoridades que encontrara, com as quais aprazara a aquisição de grande parte daquela região abandonada, havia muito.

Só então teve ele ânimo de penetrar na galeria. Orientados por Júlia, chegaram à sala onde se realizara o festim que lhe oferecera e à irmã o temível chefe dos *Filhos das sombras*. Ao penetrarem no compartimento destinado às refeições habituais, onde se haviam reunido pela derradeira vez os infortunados sicários, lá se achavam quatro esqueletos, havendo manchas denegridas sobre o pavimento, marcadas, certamente, pelo sangue das últimas vítimas.

Providenciando, Estênio, depois de haver mandado vir de Florença fiéis servidores e os haveres que lhe pertenciam por herança paterna, dentro em pouco tempo transformou o antigo antro dos salteadores em uma aprazível habitação, cujos jardins atingiam a estrada real, por onde passavam os peregrinos, e onde, à noite, era aceso um farol, indicando aos caminhantes um abrigo seguro e fraterno.

Norma, porém, ainda não havia recobrado a saúde, não lhe sendo possível erguer-se do leito. Seu estado muito preocupava a irmã e o esposo, que não podiam conformar-se em vê-la presa ao leito por tempo indefinido...

Estênio, entrando na posse de todos os seus haveres existentes em Florença, dispôs dos imóveis; e, mandando transportar o que havia de mais valioso e artístico, aformoseou o solar, que denominou, em homenagem ao Apóstolo cristão, *Castelo de Pedro*.

– Por que não recobras a saúde, querida Norma? – disse Estênio, apreensivo. – Já se consumou o nosso sacrifício, permanecendo nesta habitação, que, ao lembrar o passado ainda me causa pavor...

– Quem sabe – respondeu-lhe Júlia, pela irmã – se é porque ainda não demos graças ao Criador pelos benefícios recebidos e não lhe oferecemos os sacrifícios que pretendemos consagrar-lhe?

– A que benefícios te refere? Júlia! – interpelou-a o cunhado, com tristeza.

– A não havermos sido imolados em Roma, conservando a vida para lhe darmos provas da nossa dedicação...

– Tens razão, Júlia; vamos, então, alçar os nossos pensamentos ao Céu, não só agradecendo os benefícios que nos tem proporcionado, mas suplicando o seu auxílio para que se restabeleça a saúde de nossa adorada enferma.

Estênio, que até então se achava inclinado para o leito da esposa, ergueu-se. Júlia, comovida até às lágrimas, ajoelhou-se com humildade, e, ambos, com fervor, começaram a orar em conjunto. A voz do escultor, grave e harmoniosa, ressoou pelo ambiente com estranha vibração. Pareceu-lhes, naqueles momentos, não estarem no domínio da realidade, e que, ao som de voz amiga e piedosa, uma multidão de espectros dolorosos, ávidos de conforto e de compaixão, sentiram consolação em suas almas, refrigeradas por um orvalho celeste. Norma, que lhes acompanhara as preces, mentamente, adormecera profundamente, e seu rosto exprimia inefável consolação. Com surpresa indizível para o artista e sua cunhada, ouviram a enferma murmurar, com um timbre desconhecido:

– Estênio, irmão em Jesus, eis o início de tua verdadeira missão terrena: ser um despercebido discípulo do rabi da Galileia e companheiro dos mártires que foram teus amigos, na cidade dos Césares...

"Aceitaste-a, impulsionado pelo temor que tiveste de perder a tua bondosa companheira de existência: é mister que o faças por amor à grande Causa, que redimirá a Humanidade toda... Já fizeste reparos no antigo *Solar das Sombras*, tornando-o confortável residência, digna de um artista de renome. Urge fazer mais: no local das ruínas, onde vivia o chefe dos infortunados bandidos, há um salão; reserva-o exclusivamente para lá serem feitas preces cristãs, e para servir de refúgio aos perseguidos que aqui vierem ter, acossados pela procela ou pela dor... Não poupes esforços em ser útil aos caminheiros que passarem por esta temida região. Receberás, na Terra, ingratidões e injustiças, mas, lembra-te de que estás preparando tua alma para as conquistas siderais; para o teu definitivo desprendimento da masmorra terrena! Bem vês que a prece formulada, ao deixares Roma, foi aceita pela Entidade superior a quem a dirigiste... Tereis pesares a suportar, mas conseguireis, todos vós, uma vitória compensadora! Sê forte e varonil, para encorajares as almas aliadas à tua. Encara as coisas do mundo sublunar como transitórias que são, e não te esqueças das que são eternas e divinas.

"A criatura, que te transmite as palavras que ouves, necessita de cuidados especiais, de conforto e carinho, a fim de que possa cumprir dolorosa missão, que vai dar-lhe o mérito imprescindível à sua completa purificação!

"Julgai-vos ditosos, todos que aqui vos achais, pois recebestes, do Alto, uma prova de grande responsabilidade, digna de

Espíritos já evolvidos, prestes a desprenderem-se dos pauis terrenos... Nossa irmã Dulcina Júlia é a atalaia deste lar e está investida de valiosa incumbência: a de auxiliar-vos a levar a cruz das vicissitudes ao calvário de eterna remissão!".

VI

Como se despertasse de um sonho letárgico, Norma descerrou as pálpebras, fitando o formoso olhar no consorte e na irmã, que dela se acercaram, comovidos, e desejosos de informes sobre sua saúde.

– *Agora*, queridos meus – disse-lhes ela, – sinto-me um pouco reanimada; parecendo haver a minha alma abandonado este recinto, enquanto eu adormeci profundamente...

– Estás sob o império de uma grande depressão moral e física, Norma... Hás de recobrar a saúde e vencer a crise atual; e, então, verás tudo sob outro aspecto...

– Ouve-me, Estênio... Passa-se comigo algo de anormal; confesso-te, porém, que, desde a mais tenra idade, me ocorrem ao cérebro ideias que achei semelhantes às dos hindus: que a nossa alma transmigra em diversos corpos, até adquirir mérito e virtudes que nos darão o direito de melhorar a nossa situação espiritual.

"*Sei*, meu amigo, que o afeto que te consagro não desabrochou nesta existência, em que te reconheci desde o primeiro instante que meus olhos, saudosos de ti, havia muito, te contemplaram, enternecida...

"*Sei* que já sofremos muito; que fomos, implacavelmente, separados por um cruel potentado... Há muito nos amamos, Estênio, e muito temos padecido. Não queiras, agora que o Senhor consentiu na nossa aliança, desobedecer às vozes amigas... pois compreendo que viria uma punição severa: o nosso afastamento, talvez, por muitos séculos!"

Estênio, umedecendo-lhe as mãos com lágrimas, disse-lhe:

– O que mais me intimida, Norma, é o receio de que já não pertenças mais ao mundo vil, e partas para o Além, por todo o sempre! ... Se tal suceder, querida, prevejo que jamais a minha angústia terá limite... Não desejo, pois, desobedecer aos conselhos recebidos por teu intermédio, como, outrora, nos templos de Elêusis,[115] os davam as pitonisas, que transmitiam aos mortais as vozes do Céu! Estou resolvido a fazer o que me alvitram por tua boca; e, doravante, tornar-me-ei um dedicado discípulo de Jesus e do boníssimo Pedro...

– Graças mil sejam rendidas ao Criador e a Jesus! – exclamou Júlia, juntando as mãos. – Eu também quero concorrer com o meu pequenino quinhão para trabalhar na *seara do Senhor* de que falava Pedro... Parece-me, desde já, que, se eu o fizer, com dedicação, será aliviado o peso de minha cruz...

– Eis-me submisso à vontade do Alto! – disse o artista. – O que lamento é o não ter ainda recobrado a saúde a minha adorada Norma!

– Estou cumprindo uma justa sentença divina, Estênio!

– Julgas-te criminosa, Norma, tu que tens cumprido, com escrúpulo, todos os teus deveres morais, e que da vida só conheces as atribulações?

– Ouve-me, querido. Tenho a iludível certeza de que, outrora, cometi uma grave ofensa à Divindade Suprema...

– Que falta foi essa? Querida! Acho-te tão nobre que te julgo incapaz de haveres praticado uma iniquidade... há um século, se realmente a esse tempo já viveste...

– Eu sei qual foi essa falta, Estênio, pois minha alma ainda se conturba ao recordar o momento fatal em que a pratiquei: o suicídio, fugindo à dor que dilacerava o meu coração... talvez porque houvésseis, então, partido antes de mim, queridos meus...

– Mas, adorada Norma, como sabes que o suicídio é um delito condenável pelas Leis Supremas? Às vezes a morte atinge

---

[115] Cidade da Grécia Antiga.

a heroicidade. Não te lembras do pobre Felício? Depois de uma existência de ignomínias, sacrificando vidas preciosas, imolou finalmente a sua, defendendo um santo varão; e, por isso, deve ter resgatado, talvez, um passado odioso...

— Felício não se suicidou; foi levado, pela veneração que consagrava a Pedro, a sacrificar a vida pela sua — disse Norma, com firmeza.

— Afrontar os centuriões romanos sem armas, só e indefeso, é mais que temeridade: é suicídio...

— Não houve tempo para reflexão, obedeceu apenas ao primeiro impulso de seu coração, consagrado ao venerável Pedro! O suicídio é sempre um premeditado auto-homicídio. Felício praticou um ato meritório: imolou sua vida, justamente quando mais a prezava, na irrefletida persuasão de salvar um amigo, ou antes, o único pai que conheceu na Terra...

— Não deixas de ter razão, querida. És um Espírito lúcido. Às vezes penso que, à força de rudes provas, ficaste alucinada... Outras horas há em que se patenteia toda a pujança da lógica e do acerto nos pensamentos que expendes! Ouve-me, porém, querida. Deve existir alguma atenuante para o que, em momento de desespero inaudito, atenta contra sua própria existência. Calcula o que poderia eu ter cometido, há dias, ou antes, há dois meses, quando para aqui viemos, acossados pelos temporais, se te não reanimasses mais, se houvesses morrido... Eu me arrojaria, do alto deste rochedo, ao abismo. Não haveria tempo de elaborar, lentamente, o desatino; fá-lo-ia apenas impulsionado por uma dor irreprimível! Julgo que os nossos Espíritos são ligados, como afirmaste, há séculos, e não seria facilmente que poderíamos separá-los, pois sinto que os elos afetivos se estreitam, dia a dia... Não é a tua formosura física que me fascina, mas a tua alma, que me parece ver, através do corpo material.

— Obrigada, amigo meu! Exageraste os meus predicados físicos e morais. Escuta-me, porém. Se praticasses o ato tresloucado, agirias de acordo com um impulso humano... mas não de verdadeiro discípulo de Jesus! Lembra-te da situação pungentíssima em que ficará a nossa querida Júlia, nossa dedicada companheira de desdita e das raras alegrias que temos tido, se eu vier a faltar e se tu cometeres um desatino! ... É mister que vivas, e ela também, aliados como irmãos, esperando o remate da existência, para, então, livres de qualquer remorso e de merecidas punições, nos podermos reunir, perpetuamente.

– Tens uma alma celeste, Norma! Possuis uma lógica que me vence; mas – penso eu – Deus não aceitaria a imolação de minha vida, como o sacrifício supremo, para lhe testemunhar toda a extensão infinita do meu afeto?

– E Ele ignora-o? Não sabes que a maior prova de amor de que podemos dar exemplo, deve ser tributada a Ele, e não a uma criatura humana?

– Ainda tens razão, mais esta vez, querida! Parece-me, porém, que a teu lado suportarei todas as provas, sentindo suavizadas todas as tribulações.

– Sim, meu amigo – tornou a sensível Norma –, apresentas motivos que parecem justos; mas bem sabes que não devemos deixar que somente o coração nos domine... Não ignoras que o amor humano tem os olhos vendados pela paixão avassaladora, não enxerga as verdades sublimes que Pedro nos revelou. O amor divino deve sobrepujar àquele; pois um nos pode levar a todos os desvarios, ao passo que o outro nos redime, não tem os olhos enfaixados pelas sombras da Terra, mas abertos para a Luz, devassa todas as trevas e atinge o infinito!

– E se eu perdesse a vida neste momento, querida Norma, qual seria o teu proceder?

– Minha dor seria incomensurável, e, certo, arrastar-me-ia ao túmulo! Se, porém, Deus me concedesse a precisa coragem para sobreviver (seria o sacrifício máximo!), envidaria esforços para cumprir a minha missão terrena, dedicando-me aos que padecem, sufocando os meus pesares para mitigar os alheios. Conservar-me-ia fiel ao meu amado companheiro, como se ainda o tivesse a meu lado. Viveria na sombra, semeando a luz da esperança pelos desditosos que não a têm.

"Assim aguardaria o limite de minha pena... para poder reencontrar-te. A prece dar-me-ia o ânimo preciso para vencer todas as lutas nos instantes acerbos!"

– É preciso que uma alma esteja perto do próprio Céu... como se acha a tua, para poder proporcionar aos da Terra tão excelsos conselhos! – exclamou Estênio, osculando as esmaecidas mãos da esposa.

VII

Uma era bem diversa da que até então transcorrera para o escultor e sua família raiou no seu lar.

Conseguiu adquirir as terras onde passaram a viver, e que, durante decênios, haviam pertencido aos desventurados *Filhos das sombras*.

Permanecia em todas as mentes a recordação de que incauto peregrino, com aparência de opulento, que por ali passasse, jamais aparecia de novo à luz do Sol. Todos temiam aquelas terras; ninguém as desejou. Os habitantes dos arredores, rudes campônios, se por acaso ali passavam, só se aventuravam a fazê-lo armados de bacamarte, convencidos de que fosse Estênio um transviado, por se instalar no *Solar das Sombras*, com a família.

Aos poucos, porém, foram perdendo o temor, certificando-se de que o novo proprietário era a antítese dos sicários e vivia para a prática do bem. Estênio contratou hábeis e ativos artífices para a remodelação de todo o alcáçar, que, desde então, à noite, aparecia iluminado por lampadários colocados ao alto de esguios minaretes. Fora reconstituído o castelo, aumentado por extenso salão, situado no local onde permanecera, encarnando a sentinela do mal, o chefe do bando sinistro.

Apenas foi conservada a galeria que punha em comunicação o alcáçar com uma ampla sala retangular, destinada às reuniões cristãs. Ali, naquela confortável habitação senhoril, viviam os três seres humanos na mais invejável harmonia. Norma obtivera melhoras precursoras de completa saúde.

Pelo alvorecer de um dia de outono, nasceu o primogênito do casal: pequenino monstro, de feições mal delineadas, olhos e lábios defeituosos, faces rubras, como se estivessem maculadas por uma bofetada permanente, vibrada por mão enluvada em sangue indelével; tronco mal conformado, mãos com os dedos contraídos e pouco extensos, como se possuíssem apenas duas falanges cada um, ou houvessem sido meio decepados; o que lhe dava a aparência de garras aduncas...

Ao vê-lo, Estênio disse, profundamente decepcionado:

– Deus meu! Por que puniste o artista, que ama o belo e a perfeição, dando-lhe por filho um monstro horripilante? Como conseguirei amá-lo, se o seu aspecto me infunde repulsa? Por que ordenaste que ficássemos neste local sinistro, o qual, decerto, influi maleficamente em minha esposa, fazendo-a conceber um repelente aleijão?

– Não te revoltes, Estênio! – aconselhou Júlia, com resignação. – Lembra-te do estado de Norma; o menor abalo poderá ser-lhe funesto!

– Ai! Querida! Não compreendes o abismo de minha desilusão? Percebes, a extensão de toda a minha amargura? É horrível o que nos sucedeu! ... Esperar poder apertar nos braços paternais um ser idealizado, há muito, com arroubos de artista, e ter a mais amarga das decepções, vendo um monstrengo, que tenho o dever de amar, contra todos os meus sentimentos humanos e de artista...

– ...Mas que não está de acordo com a doutrina que professamos! Pois tu, que tens sido bom e justo, amas, acaso, mais ao belo do que ao feio? Desventurado! Não necessita este de mais carinho do que aquele? Se tu fosses hediondo, perderias o amor de teus pais?

— São justas as tuas observações, Júlia, mas, tenho sofrido muito nesta região que me parece maldita...

"Não me conformarei jamais, por ter um filho monstruoso..."

— Escuta, Estênio — disse Dulcina Júlia, com bondade. — Lembra-te de que, além de artista, és cristão. Não ponhas em dúvida a Justiça Divina, sempre de acordo com o que melhor pode favorecer a nossa redenção. Deves ser grato ao Criador que conservou a vida à tua esposa, e ter comiseração do infortunado entezinho que terá talvez faltas graves a resgatar e necessita do teu apoio moral, da tua proteção para triunfar de acerbas provas...

— Tens razão, boa Júlia; mas lamento ter permanecido nesta região fatídica; pois presumo que a impressão causada a Norma nos últimos meses de concepção, recordando os desventurados que aqui viveram, atuou, maleficamente, no nascituro...

— Enganas-te, Estênio, outra deve ser a origem da deformidade do pequenino. Aguardemos o seu crescimento. Vejamos se o corpo de teu primogênito contrasta com a alma ou se ambos são monstruosos! Trabalhemos, de comum acordo, para burilar o Espírito que Deus nos enviou, para experimentar a nossa fé. Sejamos amigos do que nos vem procurar, qual andorinha temerosa, no momento de temporal, em busca de um pouso salvador... Arrefece o entusiasmo de artista... recordando-te dos deveres de cristão! ...

— Quem sabe se cometi, inadvertidamente, alguma falta, desatendendo alvitres recebidos por intermédio de Norma?

— Não, Deus não pune a demora no cumprimento das determinações superiores. Ele quer que concorras com o teu esforço para mitigar o sofrimento de nossos irmãos desditosos.

"Cada vez mais se arraiga em minha alma a ideia de que não temos uma, porém várias existências, solidárias umas com as outras, resgatando, em uma, os erros cometidos na anterior, embora os tenhamos esquecido totalmente... É o que diz a nossa querida Norma, cuja alma se põe em comunicação com as regiões mais elevadas do Universo, e de lá nos traz os mais sublimes conselhos.

Não conheceste, como eu e ela, o nefasto chefe dos *Filhos das sombras*. Um dia, quando ainda éramos suas prisioneiras, minha irmã me disse, apavorada, referindose à paixão que ele nutria por ela: 'Prefiro a morte, os maiores suplícios a pertencer-lhe como esposa!'. À noite, depois de muito meditar, teve ela um sonho revelador, em que lhe disseram, docemente, palavras ainda vivas em minha mente: 'Filha bem-amada, há um amor sublime que não possui sequer um átomo de egoísmo; não exige a retribuição de seu afeto; tem a pureza das açucenas e pode ser dedicado até a um monstro, físico ou moral, sobrepujando todos os sentimentos afetivos: é a comiseração, a excelsa piedade! Pois não achas, cara irmã, tu, que és bela e inteligente, que é digno de compaixão um ser tão hediondo quanto desventurado? Não compreendes quanto sofre ele, sendo alvo do desprezo e da aversão alheia? Por que se fez ele um perverso? não é por ter certeza de que só o temor que inspira é que o faz acatado em seus desejos e ordens?'

"Percebes, Estênio, como o amigo invisível há muito preparava o coração de Norma para bem poder desempenhar uma grande missão de devotamento e sacrifício? Quem sabe se não é o desditoso Plínio, que a adorava, que volta, agora, como filho, implorando-lhe o amor que ela não lhe podia dar, para que seja amado, santamente, perdoado e norteado para Deus? Vês tu quão sublime é a tua missão e a de Norma? Não te julgas com o ânimo preciso para o encaminhar para a virtude? Não foi o peso de sua alma, que aqui esteve presa tanto tempo, que a reteve encarcerada neste local, forçando-nos a permanecer em uma região que ele adorava, e que, a nós, causa pavor, Estênio?"

Estênio, ouvindo-a, teve os olhos invadidos pelas lágrimas, e respondeu-lhe:

– Tu e Norma tendes algo de celeste que me domina e me convence!

"Esforçar-me-ei por acreditar que essa é a justiça do Alto, que devemos acatar com submissão. Mas continuo convicto de que foi a influência nefasta desta região que causou a minha desventura... Eu desejava fazer a querida Norma olvidar os passados padecimentos, cercando-a de um ambiente de felicidade, de Arte e de beleza, para que o nosso primogênito possuísse uma formosura ideal, digna da mãe que o concebeu..."

— Não façamos previsões trágicas, Estênio! Vamos orar a Jesus para que Ele nos inspire boas resoluções e nos proteja nestes momentos de apreensão...

Júlia e o cunhado separaram-se, cada um deles buscando, no silêncio de sua câmara, conforto e salutar orientação.

À hora em que terminaram o diálogo amistoso, a noite havia invadido a Natureza. À luz escassa de uma lâmpada velada, o escultor meditava, com as faces úmidas de pranto. Norma, adormecida profundamente, não observara ainda o seu primogênito, parecendo dominada por um anestésico.

Encerrando-se em seu dormitório, contíguo ao aposento da esposa, Estênio pensava, em íntimo solilóquio:

"Eu que amo em Jesus a síntese de todas as perfeições, como hei de resignar-me a ser o genitor de um aleijão horripilante? É horrível o que me sucedeu! Que mérito tem o homem virtuoso, se é, às vezes, punido pelo que não praticou? Não é revolta o que sinto, é angústia infinita pela injustiça que me esmaga! Tudo me parece indiferente à minha agonia... Cerca-me o silêncio. Há trevas em tudo, dentro e fora de mim; sinto-me asfixiar em um oceano de sombras..."

Soluçante, atirou-se sobre o leito, com espasmos de superexcitação nervosa. Decorreram instantes angustiosos. Subitamente, pareceu-lhe ouvir, dentro de sua própria alma:

— Ora a Jesus, o compassivo Mestre, e obterás as elucidações de que careces... É mister ser forte para merecer a glória de discípulo do Nazareno! Tu te acovardas nos momentos de provas redentoras? Estênio!

O escultor, dominado por uma força avassaladora, ajoelhou-se; e, por instantes, com os braços erguidos, as mãos aconchegadas, implorou humildemente:

– Jesus, tende compaixão de mim!

Não percebeu ele nenhum rumor no aposento em que se achava, nem no exterior do prédio, onde o silêncio era absoluto, mas sentiu um suave aturdimento, que o fez perder a noção do local em que se encontrava.

Apercebeu-se de que, a seu lado, grave e majestosa, uma Entidade protetora lhe dirigia a palavra, que se infiltrava, docemente, até os arcanos de sua alma:

– Estênio! – ouviu em voz brandamente repreensiva – tu, que tens sido bom e justo, ainda não te convenceste da transmigração das almas através de número infinito de corpos, em existências sucessivas? Não percebes que o amor profundo que devotas à tua companheira já vem de vários séculos, e que a aversão que votas ao ser que ela concebeu é, igualmente, secular?

"Necessitas viver ainda algum tempo, e bem assim as tuas dignas companheiras. Há reparações que há muito já deviam ter sido realizadas. Tu e elas sois Espíritos missionários. O ser que tua esposa concebeu teria o mesmo aspecto, quer nascesse em um antro de sicários, quer em um roseiral em flor, ou no próprio Panteão!

"O corpo físico é plasmado pela própria alma; e, quando esta transgride gravemente os desígnios divinos, não pode imprimir-lhe uma beleza que esteja em desacordo com as monstruosidades por ela perpetradas. És artista, Estênio, e teu Espírito percebe as vibrações da harmonia, do belo e da perfeição; em teu coração concentram-se nobres e elevados sentimentos; ama, portanto, a maior formosura da alma, que é a virtude, síntese de todas as perfeições morais, penosamente conquistadas, a golpes do escopro da dor e do sacrifício, ou das renúncias individuais; e assim te aproximarás do *Artista Absoluto*, o que produz todas as maravilhas e portentos do Cosmos – *Deus*!

"Não é por motivo de estética que sentes aversão pelo entezinho que te foi enviado por um decreto divino: não, além, muito além da decepção que tiveste, há a lembrança pungitiva do passado tenebroso... Ecoam ainda em teu íntimo, com o clangor de trovões ensurdecedores, as tempestades de outrora... Ainda não foram amortecidas, pelo escoar do tempo, as recordações das eras transcorridas em sobressalto, e ainda tens o receio do ingresso do temível adversário de outrora no remanso de teu lar feliz... Tu o achas hediondo porque, intuitivamente, percebeste os aleijões morais do déspota ou tirano, decaído do fastígio do poder às ruínas, que, aqui, existiram por muito tempo...

"Não é a hediondez daquele rosto patibular, com aparência trágica, o que te atemoriza; e sim a aproximação do Espírito que te foi fatídico, causando a ti e a Norma dores inomináveis; é a vinda de um secular adversário o que te convulsiona a própria alma... Não te lembras, com profunda emoção, do Coliseu romano, onde foste supliciado, depois de te haverem usurpado a noiva adorada, a ventura sonhada e a própria dignidade de legionário destemido? Estremeces? Compreendes o pavor que sentiste, sabendo os nossos irmãos, ali naquele mesmo circo, barbaramente martirizados? Estênio amigo, não é o artista que repele o mísero entezinho; é o rival, o sacrificado; é o ódio antigo que te dita esses pensamentos sombrios, em desacordo com a doutrina consoladora que professas... Meu amigo e meu irmão, tudo quanto Norma te revelou ela o fez por inspiração do Alto, para compreenderes que não temos uma, porém múltiplas existências terrenas.

"O ódio excita a vingança; o amor, o arrependimento e a reconciliação.

"Vê se consegues esquecer o passado e consagrar ao teu ex-rival uma migalha de afeto, paterno ou fraternal, e, juntamente com a tua consorte, obtereis prodígios... Tem sido *ele* detestado e repelido por todos com quem privou. Ninguém se compadeceu de seus tormentos físicos ou morais. É incompatível com a nobreza de tua alma a incursão de sentimentos malsãos, rancores já arrefecidos; mormente tu, que, à hora extrema do *tirano*, rudemente justiçado, levaste uma gota de consolação, ou refrigério para lhe atenuar as duras e enlouquecedoras penas, não tens o direito de te deixares dominar por tais sentimentos! Desde aquele momento, Estênio, tu te comprometeste a perdoar-lhe e a ter compaixão de seus suplícios... O tácito perdão que lhe deste precisa de ser posto a prova, mormente agora, que te tornaste cristão... Nele já desabrochou o desejo divino de se regenerar, de amar os que execrou outrora. Contemplou ele, vividamente, o desenrolar de seu passado trágico, e quer, unido aos que por ele têm sofrido, aos bons e virtuosos, poder adquirir méritos espirituais. Não repilas, pois, o mendigo que estende a mão à tua piedade, Estênio; pois de outra sorte cometerás uma falta cuja gravidade não podes calcular, em toda a extensão.

"Podes, amigo, com um fraco impulso de tuas mãos arrojá-lo a um precipício... talvez ao mesmo em que ele outrora atirava os despojos de suas vítimas... Mas, se tal fizesses, todo o mérito que já adquiriste estaria perdido, e a tua alma, atormentada de remorsos lancinantes, rolaria a um sorvedouro de pesares inconcebíveis!

"Estênio, amigo meu, é tempo de mostrares o valor moral de teu Espírito, onde há milênios acumulas os tesouros incontáveis de muitos sofrimentos. É a era abençoada das provas máximas e das dores supremas! Mostra, aos olhos do Redentor, que és seu digno discípulo, um escultor de almas, desbastando-lhes as arestas com o escopro das verdades excelsas que Pedro te revelou, e Norma recebe do próprio Infinito. Transforma o sinistro antro dos *Filhos das sombras* – míseras ovelhas desgarradas do aprisco de Jesus – em viveiro de graças espirituais, em reduto de paz, em fortaleza da luz, do bem e da fé!

"Metamorfoseia o orco de suplícios, em asilo acolhedor para os peregrinos, para os famintos, para os perseguidos, para os desditosos... Dá-lhes o pão que alimenta o corpo exausto, e o pão espiritual que lhes conforta a alma – o amparo, a consolação!

"Jesus, pregando aos galileus, repartiu com os que lhe ouviram a palavra, inspirada nas coisas siderais, os pães divinos que se multiplicavam, enquanto Ele lhes tocava ou os abençoava; pães esses que alimentavam, ao mesmo tempo, o corpo e o espírito.

"Não podes fugir, pois, à luta que se te apresentar, sem que transgridas, gravemente, as Leis de Deus, ou, antes, os seus decretos supremos. Não deves renegar a missão sublime que te foi outorgada e às tuas companheiras de existência – reunidos todos, não pelo cego acaso, que não existe, mas pela determinação superior.

"Estênio, escultor de almas; toma o buril da fé, que te oferece um dos Emissários de Jesus, e começa a agir em nome do Senhor dos mundos! Burila a alma do pequenino ser que te foi confiado e que deseja encetar, neste planeta, dolorosa peregrinação, para reparar muitos de seus tenebrosos delitos...

"Pois não é digno da alma de um artista cristão – amar muito mais o monstro do que o Apolo, que conta com a admiração de todos os mortais? Se a arte é uma inspiração divina, lembra-te de que as regiões siderais são aformoseadas com as esculturas vivas e belas, afeiçoadas pelo *Artista* supremo, com o qual vais colaborar para refundir e aprimorar as almas imperfeitas, mas imortais! A dor é o buril de luz que o Criador concede à Humanidade para cinzelar o próprio Espírito.

"Plasma o seu Espírito, infundindo nele o horror pelo crime e o culto pelo belo, pelo bem, pela virtude! Tu, tua esposa e Júlia tereis o auxílio necessário para triunfar nas mais ríspidas provas; tereis a bênção e a proteção divina, o que equivale a dizer que jamais sereis apartados e ascendereis, juntos, nos tempos porvindouros, às paragens siderais, por todo o sempre!"

VIII

Um gemido doloroso escapou-se do peito de Estênio, ainda inerte sobre o leito. Ouviu-o a solícita Júlia, que passara a noite velando a enferma querida. O escultor descerrou as pálpebras e verificou que a alvorada já havia invadido o aposento, enquanto ele estivera, alheio ao mundo, imerso no mistério de um sonho-revelação que lhe deixara, na mente etérea, repercussão perene...

A cunhada assustou-se; e, ao vê-lo, interrogou:

– Que tens? Estás doente, Estênio?

Ele fitou nela os olhos fulgurantes, parecendo-lhe que, por mais de um século, estivera adormecido.

À vista da claridade solar e da presença da cunhada voltou à realidade da vida material, sentindo que no seu Espírito se acendera um lâmpada dourada... Ergueu-se amparado por Júlia; depois de tomar um cálice de vinho, que o reanimou, inteirou-se do estado da esposa, e, já então, mais tranquilo, disse-lhe:

– Penso, Júlia, que este local tem algo de extraordinário, uma influência dominadora sobre as criaturas! ... Julgava que Norma estivesse alucinada quando nos relatava os seus sonhos ou inspirações... Pois bem: também os tive... Durante o sono fui dominado por um poder indefinível; senti-me inerte durante muito tempo, sem que estivesse dormindo... Passou-se comigo o mesmo fenômeno inexplicável que se manifesta em Norma: uma Entidade, de grande elevação moral, elucidou-me os fatos ocorridos nesta e em outras existências, de que não mais me recordava.

"Quem sabe não estão eles com a verdade, da qual temos tido provas exuberantes? Sinto que doravante serei uma criatura diversa do que tenho sido até o presente. Modificaram-se as minhas aspirações. Deixei de ser *artista*. Quero ser apenas discípulo de Jesus, e cumprir as determinações do Alto".

– Louvo-te muito, Estênio; pois estranhava a tua relutância em aceitar quanto Norma nos transmitiu várias vezes...

– Minha mente estava em eclipse... mas este findou. Tenho, novamente, sol dentro da alma!

"Vamos procurar a enferma querida. E, a propósito: ela já viu o nosso deformado primogênito?"

— Sim, e não fez nenhum comentário, mostrando uma coragem espartana, digna de admiração, murmurando apenas: "É preciso confortar o coração de Estênio, pois sofrerá imenso com a tremenda decepção que tivemos...".

Ambos entraram no aposento de Norma.

Vendo-a, o esposo sobressaltou-se. Pálida, adormecida, tinha a aparência de um cadáver.

— Júlia — disse o escultor —, ainda temo por sua vida!

— Vou acordá-la para lhe dar alimento.

— Não; esperemos um pouco, Júlia! Eu velarei por ela, se tiveres necessidade de te ausentar.

— Ficarei contigo. Há muito minha alma não descansa, Estênio! Vivo pressagiando acontecimentos funestos...

— A vida é luta permanente, Júlia.

Nesse instante, o recém-nascido movimentou-se, soltando um débil vagido. Júlia foi acomodá-lo para não interromper o sono da irmã. O cunhado disse-lhe, com amargura:

— Leva-o, por instantes, para o outro aposento. Eu quero evitar qualquer emoção a Norma. Preciso conversar com ela, quando despertar, para melhor sondar os seus pensamentos...

Com ansiedade indescritível, enquanto Júlia acalentava com solicitude o pequenino monstro, Estênio contemplava, com enlevo, o rosto da formosa companheira, achando-o com intensa expressão de comovedora tristeza...

Júlia, depois de acomodar o pequenino sobrinho, foi postar-se ao lado de Estênio, que lhe disse baixinho:

— Norma nunca se resignará com a nossa desventura...

— Tu te esqueces de que ela é *mae* e *cristã*, Estênio!

— Tudo sofrerei, Júlia, com a resignação precisa, contanto que ela recobre a saúde! Sinto-me outro, desde que diretamente recebi conselhos inolvidáveis durante a noite que findou.

Nesse momento Norma descerrou as pálpebras e fitou os olhos no consorte, desejosa de lhe perscrutar os pensamentos ou os sentimentos mais íntimos. Ele se aproximou do leito; e, depois de a beijar na fronte, onde caíram lágrimas ardentes, começou a soluçar.

– Por que choras, Estênio? – murmurou ela, com meiguice.

– Choro de alegria, por te ver voltar à vida, querida de minha alma!

– Não me ocultes a verdade, Estênio! Tu te magoaste com a vinda ao mundo de nosso primogênito...

– Perdoa-me, Norma! Não te perturbes por minha causa! Quero que recobres a saúde para te narrar o que ocorreu comigo à noite passada; tenho a impressão de haver morrido para ressuscitar ao amanhecer de hoje...

– Podes dizer-mo agora, meu amigo! Anseio por sabê-lo!

O escultor, intensamente emocionado, narrou à esposa o que consigo se passara.

....

Desde então, com o transcorrer dos dias, sensível mudança se operou na existência dos seres reunidos sob o mesmo teto, que, pouco depois, recebera o bondoso Sérvulo e os entes que compunham sua família. Nunca mais o artista lastimou o seu destino e resignou-se com a presença de um mostrengo, sempre enfermo, torturado por moléstias de pele, febres violentas, constituindo um contraste em seu lar ditoso.

Empreendeu o que havia recebido, em salutares conselhos, do amigo invisível. O antigo e temeroso covil de bandidos foi ampliado, havendo nele um salão, de uma singeleza encantadora, destinado às reuniões dos adeptos do novo credo, espécie de cripta, na qual teriam ingresso os perseguidos, os necessitados de conforto, os desempregados, os peregrinos, que por ali passassem.

À entrada do pórtico, Estênio havia gravado a seguinte inscrição:

"Vós, que transitais por esta região, famintos ou desalentados, entrai! Aqui se distribui o pão que mitiga o sofrimento da alma e do corpo!".

Aquelas paragens, fustigadas repetidamente por furiosos temporais, foram, desde então, procuradas por todos os infelizes que tiveram conhecimento dos intuitos humanitários de seus habitantes.

Aos poucos, diversos camponeses edificaram humildes abrigos nos arredores; e, atraídos pela generosidade e benevolência do castelão, que consentira fossem feitas as construções sem ônus algum, iam reunir-se, fraternalmente, na sala destinada às preces e às elucidações cristãs, recebendo caudais de consolações. Eram, os que ali se congregavam, almas simples de montesinos, muitas vezes flagelados pela penúria do lar, padecendo os rigores das invernias, e que, desde então, naquele solar bendito, recebiam conforto moral e material. Eram comovedoras as reuniões daqueles seres; corações tangidos pela dor, mães que apertavam ao seio opresso os tenros filhinhos, às vezes famintos, e que, não raro, desmaiavam ao penetrar no recinto, sendo transportadas, em braços, à improvisada enfermaria onde se alinhavam leitos alvos e confortáveis.

Estênio, Sérvulo e os que o auxiliavam em todos os misteres caridosos, sempre vigilantes, nunca deixavam de atender aos clamores dos desprovidos de recursos pecuniários, recebendo-os com uma palavra de cordura e discreta compaixão.

Estênio, recordando-se com plena lucidez da expressão de dor que observara no semblante da consorte, quando iam abandonar a trágica Roma, modelou uma escultura, que, tempo depois, foi considerada uma das mais formosas obras de Arte, representando a casta mãe do Nazareno, quando velava o estremecido Crucificado, na hora amaríssima da sua angústia inenarrável... Ajoelhada, as mãos unidas, em prece, olhos voltados para o Alto, o rosto espelhando lágrimas, era a efígie magistral, a concretização da amargura silenciosa, da fé e da tristeza humana, que já perdeu tudo na Terra e só confia na esperança do que provém do Céu! Pôs-lhe o artista a sugestiva legenda: "Sofre, mas espera em Jesus!".

Estênio era não somente escultor, mas inspirado pintor; manejava com maestria o escopro, o buril e o pincel. Para ornamentar o salão onde se congregavam os peregrinos, idealizou ele belo painel, representando uma jovem de surpreendente formosura, tendo ao colo um filhinho monstruoso, que denominou *Tortura de mãe*! Tal era a expressão de amargura revelada no olhar da progenitora desventurada, que arrancava lágrimas a quantos a contemplassem. Mais tarde o artista escreveu, no lado posterior do painel, estas palavras reveladoras dos seus sentimentos: "Quem sabe se o acha belo, vendo-o através dos prantos que enublam seus lindos olhos?".

Idealizou ele, então, outro quadro magistral: o *monstro*, já aformoseado, chegando a um local deslumbrante, conduzido pela mão tutelar da mesma linda mulher, que retratava, fielmente, o rosto de Norma, encimando-o com os dizeres: *"O amor opera milagres!"*.

Já então o pequenino monstro, que era seu primogênito, de queixo saliente, nariz parecendo carcomido, olhos esbugalhados, atingira cinco anos de idade, e fora batizado com o nome de *Plínio*, de acordo com um sonho-revelação que sua mãe tivera, e ao qual ela obedeceu considerando ação do Alto.

O mesmo insondável destino deu ao aleijado um irmãozinho, belo quanto o eram seus genitores, porém irremediavelmente cego!

Estênio, sempre fervoroso adepto do Cristianismo, recebeu, com pesar, o novo golpe, mas não proferiu qualquer lamento. Dando ao menino o nome de Pedro, prestou homenagem ao fervoroso Apóstolo de Jesus, que fora supliciado em Roma.

Ao passo que os meses iam decorrendo, o segundo filho de Estênio, de inequívoca e vivaz inteligência, preferia os carinhos de Júlia aos da própria mãe, ao passo que Plínio adorava a que lhe dera o ser... Júlia observava a semelhança que havia no semblante do pequenino Pedro com o do seu inolvidável Felício.

— Como — perguntou ela um dia —, sem poder ver-nos, prefere ele as minhas carícias às tuas? Norma!

— Ele não nos enxerga, mas reconhece-nos pela voz, minha irmã... É sua alma, e não os seus olhos, que prefere uma à outra... Quem sabe, Júlia, se ele não é a reencarnação de Felício?

O tempo foi-se escoando tranquilamente, Plínio já havia completado treze janeiros, e seu irmão, oito. Eram inseparáveis.

— Quanto Deus é sábio e previdente nas suas Leis! — exclamou um dia, Norma, olhando-os. — Para que Plínio fosse assim amado pelo companheirinho, fez a este cego... Um é o complemento do outro...

Eram ambos dotados de percepções lúcidas e investigadoras. Dirigiam aos progenitores e à tia perguntas de grande alcance moral, e notável perspicácia... Como nunca haviam saído daquela região, conversavam sobre assuntos locais, mas surpreendiam os que os escutavam pelo acerto dos julgamentos. Um dia Pedro, repentinamente, disse, referindo-se aos *Filhos das sombras*, dos quais alguém lhes falara algo:

— Pobres *Filhos das sombras*! Avalio quanto eram desgraçados, praticando crimes, fugindo à luz do Sol — a maior maravilha deste mundo! — para poderem praticá-los, odiando os homens que os temiam! Eram assim maus porque, certamente, não tiveram pais tão bons como o são os nossos... nem nunca ouviram falar em Jesus! Os maus devem ter sido os abandonados ou os órfãos, Plínio!

— E tu, Pedro — interrogou-o Estênio, surpreso —, não serias capaz de cometer um delito, voluntariamente?

— Não! Só o faria — e Deus me proteja para que tal não suceda! — para defender os que amo, ou se estivesse louco... privado da luz da razão!

— Tua resposta não é a de uma criança... mas a de um Espírito que já adquiriu preciosas experiências de outros avatares! — exclamou Estênio.

Era patente a predileção de Pedro pela tia, que, desde quando se dedicara ao pequenino cego — flagrantemente semelhante, nas feições, ao finado Felício — sentiu menos pungente o seu desgosto pela vida. Plínio preferia a todos a progenitora, evitando, tanto quanto possível, a proximidade do pai. Um dia, porém, em que os irmãos estavam confabulando intimamente um com o outro, os pais, que os observavam, ouviram, com admiração, o seguinte diálogo:

– Aqui, Pedro – disse Plínio –, deve haver muito ouro enterrado!

– Também eu confirmo o que imaginaste, Plínio; mas por que supões o mesmo que eu?

– Ora, por quê? Pois não sabes que os bandidos tinham receio de um assalto ao *Castelo das Sombras*;[116] e, como temiam até os próprios companheiros, esconderam a maior parte do tesouro em local ignorado por todos, exceto pelo chefe? Não sei quem me disse o que ora te estou dizendo; tenho a impressão de que me revelaram isso em sonho, meio confuso...

– Deve ser isso, então, uma verdade indiscutível, Plínio! É provável que, no subterrâneo desta habitação, haja algum indício do tesouro oculto, à procura do qual, certamente, os bandidos travaram luta e se exterminaram... Quem sabe se poderemos descobri-lo... para reparti-lo com os pobres? Que bom seria se pudéssemos dar esmolas como faz papai!

– Boa ideia tiveste, Pedro! Sabes onde conto encontrar o que foi escondido? Na galeria que une o solar ao salão onde todos se reúnem para orar...

– Impossível, Plínio! Pois não sabes que nosso pai mandou demolir tudo para edificar esta nova residência? Por que é que ninguém o encontrou?

– Porque conservaram as pedras que cobrem o solo da galeria, não o aprofundando... Calcula tu, Pedro, que eu sonhei, durante a noite passada, que o havíamos encontrado; ficamos muito admirados de tanto ouro, tantas joias, tantos valores arrancados às vítimas; justamente no lugar onde nosso pai mandou colocar uma lâmpada, por ser o trecho mais escuro da galeria! Hei de descer contigo, lá, e, se me deixarem procurar o que desejo, direi onde devem cavar a terra para encontrar tudo isso...

---

[116] Nome consagrado pelo povo; não tendo prevalecido o que escolheu Estênio – Castelo de Pedro.

O artista e a esposa, que haviam escutado o diálogo dos filhos, aproximaram-se deles, dizendo-lhes o pai:

– Ouvimos, meus filhos, a vossa conversa. Iremos ao local indicado e faremos pesquisas, com alguns de nossos mais fiéis servidores. Se for verdadeiro o vosso sonho, todo o tesouro será distribuído pelos que sofrem... Não quero dele uma só moeda!

Norma carinhosamente enlaçou a mão de Pedro, e, reunidos a alguns servos, desceram todos ao subterrâneo. Plínio, assim que nele penetrou, passou à frente, com segurança, como se aquele local não lhe oferecesse o menor segredo. No lugar mais próximo à lâmpada, Plínio começou a bater com uma pedra que lá encontrara; e, observando, atentamente, as suas diversas repercussões, disse aos progenitores, com entonação de triunfo:

– Notais a diferença que há no som das pancadas?

Respondendo-lhes eles afirmativamente, as averiguações foram realizadas pelo próprio Estênio e por Plínio, que encontraram um cofre, de grandes proporções, repleto de preciosidades.

– Este tesouro foi oculto pelo chefe dos bandidos, que prejudicou a todos os associados, dando origem à sua morte! – murmurou Plínio, com extrema melancolia. – Ele suspeitava de todos, até dos próprios companheiros, e, prevendo que poderia vir a ser assassinado por algum dentre eles, enterrou o que era seu... e o que não era!

– Tudo isto é o produto de crimes horripilantes! – sentenciou o escultor, com acentuada amargura. – Como sabes, porém, dos sucessos ocorridos, aqui, antes de teu nascimento?

– Como os conhecemos, pai? Por meio de sonhos que eu e Pedro temos tido, em que nos é revelado o passado, parecendo-nos que assistimos à cena final da tragédia que exterminou parte dos *Filhos das sombras*...

– É extraordinário tudo o que nos dissestes, meus filhos! Ouvi-me, agora. Tenho náuseas destes valores que acabamos de encontrar... Meu desejo é arrojá-los ao abismo que existe nos arredores do castelo, e onde eram atirados os despojos dos caminheiros que aqui tiveram morte cruel...

Com energia especial, Plínio retrucou:

– Seria loucura, se tal fizéssemos, pai! Jamais estes valores serão restituídos a seus legítimos possuidores... Que lhes valem, agora, tais riquezas? Devemos atirá-las às suas cinzas, às suas inertes ossadas? Que benefício resultaria desse ato? Arrojá-los a um abismo... será perpetuar ou agravar um crime do passado! ... Vós, meu pai, vós que sois justo e piedoso, haveis de consentir que eu vos imite: *quero* seguir os vossos exemplos, protegendo os infortunados que não têm teto, a quem falta o pão nos lares desconfortáveis. Transformemos o ouro do crime no alimento que fortalece os corpos enfraquecidos pelas privações e pelas penúrias da existência! O ouro do martírio transformar-se-á em óbolo de caridade. Não é isso o que Jesus deseja de seus filhos?

Estênio e a esposa entreolharam-se, perplexos, dando, mentalmente, graças ao Céu por lhes haver proporcionado o ensejo de verificar que o filho, sempre insubmisso e revoltado contra o destino, possuía tão elevados sentimentos.

Com um movimento rápido, Plínio revolveu todos os valores existentes no cofre, empilhando as moedas e acogulando as joias de grande preço, com um sorriso sarcástico que parecia contrastar com as ideias que, havia pouco, expendera. Pedro, ouvindo o som metálico do ouro, pálido e emocionado, disse ao irmão:

– Quero ajudar-te a distribuir, Plínio! Havemos de dar tudo, tudo, sem nada conservar para nós!

– Deus! – exclamou Norma, em voz baixa, amparando-se ao consorte – que dúvida poderá mais existir para nós de que ambos eram associados ao bando sinistro... que aqui se ocultou por tanto tempo? Reconheço, há muito, nas fisionomias dos dois... o chefe dos Filhos das sombras e Felício...

Plínio parecia alheio a tudo o que se passava em sua presença, murmurando com entonação dolorosa, ao revolver as peças do tesouro, como se presa de um encantamento:

— A inutilidade das riquezas da Terra! Que me vale o que está em minhas mãos, se isto, reunido a todas as restantes deste mundo, não me dariam a menor migalha de felicidade, pois nasci desgraçado, sentenciado ao sofrimento sem tréguas? Que valem aos monstros as venturas provenientes das riquezas terrenas?

Norma, que o escutara surpresa e comovida, aproximou-se dele, e, tocando-lhe em um dos ombros, disse-lhe, com ternura:

— Muito folgarei se houveres chegado à exata compreensão do que acabas de dizer, meu filho!

"Põe em execução o que disseste, tendo em mira suavizar os padecimentos de nossos irmãos desventurados; e, a cada lágrima que enxugares, receberás um quinhão de felicidade, que ninguém te usurpará: a satisfação do bem praticado! Não serás desgraçado se, embora prejudicado fisicamente, puderes ser ditoso espiritualmente. Não aspires, pois, ao que fica na Terra, mas ao que podes levar contigo para as regiões siderais: a virtude, o bem largamente disseminado!"

— Quem vos afirma tudo isso, com tanta segurança, mãe?

— Não acreditaste em um sonho, que já se tornou realidade? Eu os tenho tido também, desde que vim a este mundo...

— Vós descestes do Céu, mãe?

— Não o mereço ainda, filho, pois que me acho na terra das lágrimas e da dor, meu filho!

— Viestes para velar pelos desgraçados que vos amam, mãe? Vós sois para mim um pedaço do próprio Céu...

— O amor que me consagras, Plínio, é que te faz pensar assim...

— O futuro mostrará com quem está a verdade...

Estênio, em silêncio, observava os filhos, com o olhar cheio de amargura... Pedro, de feições regulares e formosas, manifestando, sempre, intensa melancolia, sentia-se impressionado com o encontro do fatídico tesouro. Plínio, dir-se-ia abalado pelo achado. Seu aspecto era, então, mais desagradável, porque, habitualmente pálido, apresentava, naqueles instantes, um rubor que lhe congestionava as faces; seu mento, quase sempre pendente, patenteava os lábios desunidos, dando-lhe a aparência de um riso macabro... O nariz, curto e achatado, parecia carcomido. Os braços, pouco extensos, terminavam por mãos disformes, de dedos quase de uma só dimensão, movendo-se agora mais desgraciosamente, ao revolver as moedas sinistras. Os olhos, estrábicos, fulguravam de alegria e triunfo, mas o seu riso parecia um ricto de sarcasmo... Plínio, de gênio impulsivo e violento, às vezes proferia imprecações sobre o destino, que o havia feito monstruoso; mas, bastava uma branda repreensão, um simples olhar de sua genitora, para que ele se humilhasse e se confessasse arrependido, conformando-se com a sua sina, desde que a tinha a seu lado. Seus conselhos, gravavam-se-lhe na alma, profundamente; e, de uma feita, disse-lhe ele, comovido:

– Mãe querida, eu não me considero completamente desgraçado... por vossa causa, porque possuo a melhor e a mais bela das mães! Evito, porém, beijar-vos as mãos, porque julgo que meus lábios as manchariam... se eu tal fizesse! Compreendeis quanto sofro, mãe querida, pelo sacrifício que faço? Percebo também que ninguém me ama, realmente... e apenas a alguns inspiro comiseração... Os estranhos que me veem desprezam-me ou odeiam-me... Horroriza-me a ideia de que Deus possa levar-vos antes de mim... Se tal suceder... eu me despenharei deste rochedo, ou fugirei desta terra, pelo mundo, sem destino.

– Procederias mal, se assim fizesses, Plínio! Teu pai, Júlia e Pedro também merecem o teu amor, e, com certeza, os desgostarias, intensamente, se praticasses o que acabas de dizer... Tens um gênio insociável, retraído em demasia, e, por isso, te consideras desditoso e desprezado, quando, na realidade, não há motivo para essa tua impressão, pois és tratado com bondade infinita por todos que privam contigo!

— Ninguém me tem amor; apenas me toleram por vossa causa, mãe! Eu amo muito mais a Pedro do que ele a mim!

— Como é que o sabes, Plínio? – perguntou-lhe Norma, repreensiva.

— Porque eu o vejo e o acho belo, ao passo que ele é cego mas sabe que sou monstruoso!

— Então só tem valor a beleza do corpo, meu filho? Se uma enfermidade ou um acidente me deformasse, deixarias de me amar?

— Eu vos amaria mais do que presentemente!

— Por que, então, duvidas da nobreza dos sentimentos alheios? Não quero mais ouvir-te lamentar o destino. Temos mais de uma existência, Plínio; e umas são solidárias com as outras. Tudo nos leva a crer que tiveste um passado trágico e cheio de crimes hediondos. Que é preciso, pois, fazer para melhorar a tua situação? Padecer, em silêncio, sem revoltas, com humildade e resignação. Se fores bom, e digno discípulo de Jesus, serás belo para Deus e para o amado Mestre; ninguém te verá com os olhos corporais, e sim com os da alma, que adivinha as belezas psíquicas, por mais ocultas que estejam elas. Sê humilde e bom. Procura minorar as dores de nosso próximo; trabalha e combate os ímpetos de revolta; faze o bem que estiver a teu alcance; e, então, verás que possuis a verdadeira felicidade, que nos acompanha para Além-Túmulo, embeleza nosso Espírito e atinge o próprio Infinito: a paz de consciência!

— Eu desejo exercer o bem, mãe, mas com o que me pertence, realmente! Quando se esgotar este tesouro amaldiçoado por todos, quero adquirir outro com o meu trabalho! Há bandidos na Terra, mãe, porque não os ensinaram a trabalhar, desde a infância, nem na mocidade. Mesmo que sejam ricos na infância, devem ter uma profissão honesta, para no caso de necessidade se utilizarem dela e auferir os meios de subsistência, não se tornando em peso morto para a sociedade...

Estênio, que sentiu irresistível emoção pelo que acabava de ouvir, aproveitou o ensejo para dizer ao primogênito:

— Tu proferiste verdadeiras sentenças que cabem a todos nós, Plínio! O trabalho deve ser o alvo de nossa vida. Os próprios opulentos, se não fossem ociosos, não veriam, como sucede a muitos deles, escoar-se de suas mãos haveres incalculáveis, tornando-se, depois, mendigos revoltados contra o destino! É mister que sejas laborioso e bom. Não te preocupes, em demasia, com os defeitos orgânicos, mas com os morais. Eu não sou um indiferente à desdita de meus filhos... Ninguém suspeita as torturas que tenho padecido, desde que viestes ao mundo...

— Vós esperáveis descendentes belos e perfeitos, parecidos convosco — murmurou Plínio, com mágoa.

— A vaidade humana fez-me assim planejar um sonho que se desvaneceu, Plínio; e bem vês que imensa foi a nossa decepção, mas só agora compreendemos que é maior o afeto que consagramos àqueles que Deus enviou a nosso lar do que se fôsseis formosos e perfeitos. Por que, porém, nascestes imperfeitos? Por nossa vontade? Não! por determinação do Alto! Que devemos fazer? Revoltar-mo-nos contra as Leis Supremas? Loucura! Só conseguiríamos agravar a nossa situação. Devemo-nos conformar com o destino. Vê quão mais desditoso é teu irmãozinho, que sabe chorar sem se lamentar, enchendo de lágrimas as trevas de seus olhos, ao passo que tu podes ser feliz, contemplando o mundo, a Natureza, enquanto ele vive imerso numa noite sem fim, num verdadeiro abismo de sombras, sem um momento de tréguas! E, Plínio, se tu fosses como és, no físico, mas órfão desde os primeiros dias de existência, desprotegido, necessitando implorar sustento à caridade pública?...

— Eu me mataria! — exclamou Plínio, chorando convulsamente.

— Agravarias a tua situação, meu filho! É louco quem pensa poder lutar contra Deus, contra suas Leis, contra a sua justiça. Provas, com as tuas palavras, que és ainda um rebelado. Precisas compreender que tudo, na Terra, obedece às determinações do Criador do Universo, ao qual não podemos deixar de ser submissos.

"A cada prova de rebeldia, nova dor nos aguarda! Não julgues, pois, com prevenção de ânimo, os que te cercam de conforto, de dedicação, porque todos são teus amigos e deves evitar causar-lhes quaisquer desgostos. Se és tolerado por piedade, como dizes, sempre, cheio de mágoa, não tens motivo de pesar, pois a comiseração é o maior dos afetos; aquele que compartilha da desdita alheia, sem o mínimo interesse material, tudo concede e nada exige em recompensa! Vês, e não sentes remorsos por haver arrancado lágrimas a tantos olhos, mormente aos daquele que tem sido teu fiel companheiro, e já nasceram tristes e imersos em trevas permanentes!"

Plínio, cabisbaixo, relanceou o olhar pelos circunstantes; e, vendo-os lacrimosos, emocionou-se. Depois, aproximando-se de sua mãe beijou-lhe a mão.

No decorrer do dia, ela o aconselhou:

– Meu filho; teu pai é boníssimo, tem nobres sentimentos e sofre com a desconfiança que nutres a seu respeito... Repara como são tristes as suas mais formosas telas, a ponto de impressionar profundamente a todos que as contemplam... É necessário que não fujas à sua presença, e, antes, a busques. Pede-lhe que te ensine pintura ou escultura. Todos os artistas se afeiçoam a seus mais esforçados discípulos. És inteligente e observador. Se revelares verdadeira vocação para as Artes prediletas de teu pai, torná-lo-ás ditoso, desvanecendo os retraimentos que há entre ambos; e, com a proteção do Alto, haveis de tornar-vos amigos, eternamente!

– Cumprirei as vossas ordens, mãe querida! Basta que o queira a minha melhor amiga, para que eu siga as suas orientações...

– Nunca te arrependerás por haver obedecido a conselhos ditados pela consciência esclarecida com as luzes que provêm dos

Emissários do bem e da justiça! – murmurou Norma, que estava sentindo a intuição dos amigos invisíveis.

IX

No dia imediato ao desse diálogo, às primeiras horas da manhã, Plínio, com aspecto humilde, apresentou-se no ateliê de seu genitor, dizendo-lhe:

– Meu pai, já refleti, por palavras de minha querida mãe, na dureza de meu destino, amando o belo, e tendo a hediondez dos rostos patibulares... Não quero, porém, doravante, lamentar-me, porque aquele que envia à Terra os monstros não deixa de compadecer-se deles e lhes concede afeições preciosas, de inestimável valor, como eu as possuo, como verdadeiras dádivas do Céu! Se outros fossem meus pais, vexados do aleijão que produziram, talvez me arrojassem deste rochedo abaixo... ou aos cães que passassem pela estrada deserta...

– Seriam esses pais indignos do nome sublime que os iguala ao do Criador do Universo – murmurou Estênio.

– Sim, pai; mas aqui tal não sucedeu e todos me toleram com bondade. Há sentimentos, porém, que existem em nosso íntimo, e jamais afloram à flor dos lábios... Quero esquecer o que me atormenta, evitando, também, aumentar os vossos dissabores... Acho-me à frente de um dos mais notáveis artistas de nossa pátria. Aproveitei os conhecimentos intelectuais que os professores me têm transmitido; sei o suficiente para enfrentar as contingências da vida que, espero, não será das mais longas. Admiro-vos; e pensei, pai, implorar-vos que me tomeis por aprendiz das Artes em que sois Mestre consumado... Quem sabe se não conseguireis ensinarme todos os segredos de duas Artes sublimes? Quem sabe se o escopro e o pincel não me farão atenuar as agruras da existência, amenizando-as sensivelmente? É-me intolerável a vida sem um alvo! Já completei quinze anos e começo a preocupar-me com a minha própria nulidade... Quereis aceitar-me para vosso discípulo, pai?

Estênio, surpreso e sensibilizado, fitou os olhos no primogênito, com verdadeiro interesse profissional, mas... seu olhar deteve-se nas mãos de Plínio, cujos dedos pareciam decepados, ou possuírem duas falanges unicamente; e disse-lhe, com tristeza:

– Estou ao teu dispor, meu filho; e praza ao Céu que venhas a ser um artista! Como hás de, porém, conseguir manejar, com destreza, o pincel e o buril, Plínio?

– Meus dedos são curtos, mas resistentes; desajeitados, talvez, para o pincel, mas firmes para suster um escopro ou um cinzel, pois já tenho experimentado amoldar pedras... sem que o soubésseis, pai!

– Pois bem, meu filho, folgo com a resolução que tomaste, vindo procurar-me; e tudo farei para que teus esforços não sejam baldados!

Nesse ínterim, uma dolorosa interrogação se fez ouvir:

– E eu? Pai! Qual o meu préstimo para a vida? Para que vim eu ao mundo? Que poderei aprender, senão lições orais?

Era Pedro que assim falava. Estênio abraçou-o e respondeu-lhe com emoção:

– Quisera possuir atributos divinos para poder dar luz aos teus olhos, filhinho; e, depois, saberia ensinar-te todos os segredos das Artes que cultivo! Como, porém, não tenho esses poderes, vou mandar-te ensinar a dedilhar harpa... Queres ser músico, Pedro?

– Sim! Hei de aprender com a mãezinha, que a sabe tocar admiravelmente.

Plínio, que empalidecera às demonstrações de carinho de Estênio ao ceguinho, fixou-os com ressentimento, com os olhos fulgurantes de lágrimas e despeito, prestes a soluçar. Estênio percebeu essa tortura moral; e, abraçando-o com ternura, para lhe desvanecer mágoas recalcadas no íntimo, disse-lhe:

— Plínio, meu filho, considero muito nobres os teus projetos; alegro-me com a resolução que tomaste, escolhendo-me para Mestre, mas deves compreender quanto me emocionou a exclamação de teu irmãozinho... Tomo-te para meu discípulo, doravante, com prazer. Se te tornares um notável escultor, causar-me-ás indizível júbilo!

— Eu vos agradeço o bom acolhimento, pai; mas temo ser desprovido de talento artístico e causar-vos o desgosto de um ensino inútil.

— Não presumas absurdos, Plínio! De qualquer maneira, és meu filho, enviado por Deus para o meu lar; e eu me considero, agora e sempre, feliz em proteger os que o Céu me enviou!

Pela vez primeira, espontaneamente, Plínio beijou a mão paterna, intensamente emocionado.

— Vamos, pois — disse Estênio, afagando-o —, começar as lições, meu filho! Verás que as Artes têm o dom de atenuar muitas amarguras, confortando-nos o coração em horas de íntimos dissabores...

Desde aquele dia, Plínio tornou-se assíduo frequentador do ateliê de seu genitor, aprendendo escultura e pintura, porque desejava imitar o artista que tanto admirava, e que, agora, era seu professor.

Às mesmas horas em que ele estudava, o meigo Pedro aprendia a tocar harpa com sua extremosa mãe ou com Júlia, revelando, desde as primeiras lições, apreciável aptidão para a célebre Arte de Davi.[117] Plínio, tanto quanto seu irmão, era dócil na aprendizagem. Estênio, a princípio, não percebera, no filho, o menor pendor para o que desejava ensinar-lhe, atribuindo-lhe a imperícia à estrutura defeituosa dos dedos:

— Teus dedos são curtos em demasia, Plínio! — disse-lhe ele, certa vez, impaciente por causa da falta de agilidade do primogênito.

— Não acreditais — retrucou ele, com manifesta tristeza — que, consoante a crença dos hindus e dos pitagóricos, todos nós temos um passado sombrio a resgatar?

— Sim! Por que me fazes tal pergunta?

---

[117] Tocador de harpa na corte de Saul, viveu por volta do século X a.C.

— Quem sabe se estes dedos com que a Natureza me dotou... são assim constituídos para evitar que eu empunhe um punhal, com a mesma destreza de outrora? Seria melhor que eu o fizesse ainda, revivendo o passado odioso?

— Não, meu filho! Não penses mais em semelhante coisa! — obtemperou Estênio, que, no íntimo, havia concebido o mesmo pensamento expendido pelo filho.

Nunca mais o escultor fez ao filho observações que lhe pudessem causar dissabor, conseguindo assim captar-lhe a confiança, em definitivo. No decorrer de algum tempo, começou a notar, com júbilo, vocação artística no primogênito, que ideou diversas composições, sem a suavidade das suas, mas de um vigor que despertava a atenção.

Todas as telas, imaginadas por ele, pintavam cenas trágicas, traçadas com mão firme e linhas fortes. Não era Plínio um idealista, mas um realista, de alma tangida pelas borrascas de precedentes existências, conseguindo, por isso, interpretar as suas mais dolorosas minudências... Aquele adolescente, que se tornara um discípulo dedicado, começou a externar ideias próprias, dignas de aplausos, interessando nelas vivamente seu mestre, que, desde então, lhe consagrou sincera afeição.

Norma exultava com o êxito obtido com seus conselhos, sentindo embora que não amava o primogênito tanto quanto ao meigo ceguinho. Um dia Plínio disse-lhe:

— Idealizei a minha primeira tela... Quero, porém, pintá-la sem que meu pai a veja... para, quando terminar, submetê-la à sua apreciação...

— Encarrego-me de avisar teu pai do que pretendes — respondeu-lhe Norma, sorrindo —, mas, para poderes fazê-lo, terás que separar o ateliê...

O escultor, atendendo o pedido, organizou um outro gabinete de trabalho, anexo ao seu, e, quando se viu só, novamente, entristeceu-se por se encontrar separado do discípulo, percebendo, então, que, se ainda não o amava com ternura, já lhe consagrava intenso afeto como o têm todos os que se acham em companhia de um ser amigo, de um companheiro da mesma Arte. A constante permanência do monstro a seu lado, habituara-o à sua hediondez; desaparecera, para ele, a máscara primitiva, trágica e patibular, afivelando-se-lhe outra, menos repulsiva... Verificou, com prazer, a sua tenacidade no trabalho, a estética dos traços, e, sobretudo, o critério das cores, o acerto com que dissertava sobre assuntos artísticos ou intelectuais, que viessem à baila, revelando a sólida aprendizagem adquirida por intermédio de seus eméritos professores. Ele apreciava Fídias, com entusiasmo; mas sua verdadeira admiração era consagrada à Filosofia; não preferia nenhuma religião; e, por isso, Estênio aproveitava as oportunidades e dava-lhe a conhecer as sublimidades do Cristianismo, que, no entanto, não foi recebido sem relutância, ao inverso do que sucedeu com Pedro, que o abraçou com fervor. Uma vez, em palestra amigável, enquanto trabalhava a seu lado, Plínio disse ao pai, com amargura:

– Como hei de amar a doutrina de Jesus, que era formoso, sendo eu a sua antítese, horrível e monstruoso? Onde se revela a proclamada bondade divina, fazendo os entes humanos tão dissemelhantes uns dos outros. Jesus, com todos os atributos físicos e morais; outros, iguais a mim e a Pedro, hediondos, imperfeitos, cegos, mudos ou cretinos?

– Cada um recebe o que merece, Plínio! Cada um recebe o quinhão que conquistou, em séculos de labor ou de crimes, conforme o seu mérito ou demérito! Jesus triunfou completamente do mal, esmagou o dragão de todas as imperfeições morais, adquiriu todas as virtudes! Nós, meu filho, ainda temos de lutar durante decênios infindos, sofrer todas as amarguras inerentes à Humanidade, para que possamos conseguir os méritos que conseguiu o Nazareno.

– Que crime cometi eu, meu pai, insulado nesta serrania, estudando, trabalhando, sofrendo, no meu íntimo, dores morais intraduzíveis?

— Se houvesse para cada ser uma *só* vida, filho, terias razão de refletir assim; mas tudo nos leva a crer, segundo antigas concepções dos hindus e de muitos gregos ilustres – que eu tenho estudado profundamente – que as nossas existências são múltiplas, e, aquele que mais padece, mais deve ter delinquido... Os delitos, ou as ações nobres, deixam vestígios indeléveis na alma, e, quando esta tem que modelar uma estátua carnal, que é plasmada sobre aquela, qual a túnica se modela pelo corpo, não pode deixar de patentear sua beleza... ou sua hediondez!

— Então, pai, somente as criaturas belas é que são boas? Depende de nosso físico e perfeição espiritual?

— Não, 'Plínio'! No início das existências primitivas, quando há a eclosão violenta dos sentimentos rudimentares e dos instintos inferiores, os Espíritos vaidosos, sem experiência, desejam, ardentemente, fascinar as multidões por meio de um corpo material que lhes é concedido. Por que aspiram eles a um corpo sedutor e a consideráveis bens de fortuna? Para conquistar amores, destruir lares, corromper consciências, poluir entes fracos ou tímidos... Têm quedas tremendas! Praticam ignomínias, não respeitam os escrúpulos das consciências alheias, nem os direitos sagrados do próximo. Assinalados, condenados pelos tribunais supremos, após a perpetração de muitos e revoltantes atentados às leis celestes e humanas, maculam as próprias almas, que, assim conspurcadas, se tornam hediondas; e, por isso, desde então, só podem engendrar organismos físicos que revelem o passado ignominioso... Os Espíritos, porém, triunfantes do mal, os que aspiram a ascender para Deus, os que culminam todas as provas terrenas, patenteiam a formosura sideral! Há, pois, duas espécies de belezas: a das verdadeiras flores da perdição, qual a das sedutoras messalinas, e a das lídimas açucenas humanas.

— Há, portanto, duas espécies de formosuras físicas: as perniciosas às coletividades e as que já saíram vitoriosas das iniquidades terrenas. Como, porém, poderemos distingui-las com as nossas deficientes percepções mentais?

— Facilmente, Plínio, pois quem não distingue a treva da luz? Pelo modo de proceder, quando as criaturas manifestam sentimentos nobres ou indignos, pelos quais se evidencia, de modo irrecusável, quem os possui...

— Então todas as criaturas hediondas espelham almas delituosas?

— Sim, meu filho, mas muitas já podem estar trilhando o carreiro da regeneração espiritual; e, desejando-a ardentemente, iniciam uma prova acerba... a fim de que mais rapidamente possam alcançar méritos incontestáveis...

— Vós me julgais incluso nesta classe, Pai? – interpelou Plínio ao genitor, com angústia.

— Sim, meu filho; e graças sejam rendidas ao Pai de bondade incomparável que faculta aos filhos pecadores o meio de reparação de seus crimes, não os condenando eternamente a um suplício inútil, nos antros infernais, destruindo os seus próprios atributos: misericórdia e bondade infinitas! Mais tarde, filho, a justiça humana agirá de acordo com a divina; envidará esforços para corrigir os delinquentes, sem os flagelar, barbaramente, com o intuito de *punir* unicamente, sem o menor resquício de piedade humana...

"Desde que os delinquentes compreendam a necessidade de ressarcir suas transgressões às Leis Supremas e sociais, é mister que saibam cumprir, com escrúpulo, todos os seus deveres terrenos e divinos, concorrendo, deste modo, para sua felicidade porvindoura."

— Quero conquistar essa ventura, pai!

— Está em tuas mãos efetuar quanto planejas, Plínio; e Deus há de coroar de êxito os teus esforços!

— Eu terei a precisa força de vontade para conseguir o que me dissestes, pai! Parece-me que há, realmente, lógica nas vossas palavras, mas quem vos assegura tudo isso com tanta convicção?

— Uma intuição inabalável que, julgo eu, deve provir das esferas superiores do Universo! Muitas vezes, quando te falo, suponho que ouço a voz harmoniosa de uma entidade que me diz sempre ser a mesma inspiradora de tua nobre mãe... Essa convicção proveio também, em grande parte, da leitura dos luminares gregos e hindus, que acreditam na imortalidade da alma, nas existências solidárias umas com as outras, na lei da palingenesia, ou das reencarnações, isto é, do regresso do Espírito à vida corporal, depois de já ter tido uma existência anterior, responsável por todos os erros e quedas.

Plínio ficou pensativo e não replicou a seu progenitor. Um dia, porém, tendo refletido, provocou e prosseguiu o diálogo:

– Se for real a transmigração da alma em diversos corpos... que julgas que fui eu, pai?

– Ao certo, não te posso afirmar, Plínio; mas teu físico denota que delinquiste, gravemente, perpetrando muitas atrocidades...

– Talvez seja essa a verdade, pai, por mais doloroso que isso me pareça – redarguiu o aprendiz com incontida tristeza –; pois bem vejo que o meu aspecto é medonho... Não pareço provir de dois seres moços e formosos como são os que me conceberam... Às vezes acredito que fostes inspirado a pôr-me o nome do chefe dos desgraçados *Filhos das sombras*, conforme o sonho tido por minha mãe... Também eu tenho sonhos reveladores do passado ignominioso, nos quais sou azorragado por duendes ferozes, que me odeiam e tentam despenhar-me do alto de elevada serrania, que eu reconheço ser esta em que habitamos, dentro de um sorvedouro, que também existe ao sopé deste penhasco, que se me apresenta cheio de trevas compactas, aonde sou arrastado por mãos invisíveis e onde me aguardam seres vorazes, escorpiões humanos, que me pungem e me infiltram um *vírus* intolerável... Outras vezes forçam-me a percorrer extensa galeria – em tudo semelhante à em que achamos o tesouro. Aí, ante corpos em putrefação, sou impelido a ajoelhar-me, no solo ensanguentado e a implorar, em altos brados, perdão a todos quantos ali se encontram, de rostos convulsionados pela dor, outros mutilados horrivelmente, causando-me a sua presença uma angústia indizível; e sou forçado a beijar aquelas mãos putrefatas, verminadas, que me causam náuseas terríveis. Ninguém, entretanto, me perdoa; atam-me a uma denegrida coluna, dentre as muitas que lá existem, e esfacelam-me as carnes com açoites de fogo... Percebeis, pai, quanto devo padecer, quando sonho com aquele palácio maldito?...

Estênio olhou-o, emocionado, sem um comentário, vendo-o, com os olhos esbugalhados, repletos de lágrimas... Notando o mutismo do genitor, mudou de entonação, e disse-lhe:

— Eu percebi, há muito, que havíeis concebido as mesmas suposições que tenho a meu respeito, pai, desde que encontramos o tesouro execrado, escondido na galeria, que, hoje, dá acesso à cripta onde almas cheias de fé elevam a Jesus os seus pensamentos. Os antigos facínoras foram substituídos pelos discípulos do rabi: os *Filhos das sombras* pelos *Filhos da luz*... Devo ter sido crudelíssimo, bem o sei, mas, muito atormentada, minha alma sente, agora, verdadeira aversão ao homicídio e ao latrocínio... Tenho uma sensibilidade apuradíssima e uma percepção inexplicável: penetro as mentes, descubro secretos pensamentos... É, assim, que imagino o passado e não ignoro o que todos pensam a meu respeito... Ninguém, realmente, me consagra amor, mas compaixão... mas minha alma tem ansiedade de um afeto profundo, de carinhos e de dedicações reveladoras das grandes afeições! Ai de mim! , porém; sei que hei de passar pela tortura de viver insatisfeito!

— Não acreditas na afeição de teus pais, de Pedro, e da tua boníssima tia Júlia?

— Sim, mas eu inspiro repulsa e há sacrifício no afeto que me consagram...

— Por esse motivo, deves ser grato aos que te dedicam tal afeição...

— E a minha tortura moral, haverá quem a interprete e a compreenda?

"Percebi, há muito, o que sofrestes, quando encontramos aquelas preciosidades soterradas, que, dir-se-ia, exalavam emanações pútridas, como se tivessem sido metamorfoseadas em vísceras de ouro e diamante, há muito apodrecidas em sepulcros! Confesso-vos, pai, que não foi menor do que o vosso o asco que senti por aqueles valores."

— Vamos orar em seu benefício, para que os errantes destas paragens perdoem aos seus adversários, melhorando a situação de uns e de outros!

— Ainda não me toleram, pai! Julgo que me fazem sofrer por causa do tesouro maldito... Quando sinto o contato de algumas daquelas moedas, suponho que minha alma se eriça dentro das carnes... Quero dá-las todas aos que sofrem; alegro-me ao imaginar que, não levará muito tempo, estarão esgotadas, pois só então...

— Que sucederá, Plínio, quando extinto o malfadado tesouro? — perguntou ao filho, o escultor, com surpresa e inquietação.

— Uma grande ventura para os que me toleram, por piedade, pai...

— A que ventura te referes tu, filho?

— A minha vida será arrebatada, logo após, bruscamente... Meu Espírito, desde então, começará uma nova etapa, em condições melhores do que as desta em que me encontro! ...

— Quem to disse, Plínio? Tens prazer em me atormentar?

— Atormentar-vos, pai? Não percebo esse desgosto. Já não tenho padecido bastante, física e moralmente? Não vos lembrais de que, na infância, fui atormentado por febres, infecções, úlceras, enfermidades dolorosas, que me tornavam um martírio a vida? Sabeis, acaso, o suplício que padeço, no meu íntimo, sem que os lábios profiram queixas inúteis, por ser um ente diverso dos outros, tendo sido assinalado pelo ferrete desta horripilância, que exempla claramente um passado tenebroso? Considerais tormento, o meu Espírito libertar-se deste míscro cárcere?

— Meu filho — respondeu-lhe Estênio, com emoção —, a morte só é um triunfo quando a existência foi inteiramente de sacrifícios, abnegações, labores, responsabilidades, sofrimentos nobremente suportados, com resignação e confiança nos desígnios divinos! Nunca desejes a morte como término de padecimentos, para que estes não sejam agravados numa existência porvindoura... Confesso-te que já tenho almejado, em transes angustiosos, o remate da existência, mas basta esse pensamento, para que me seja desferido um outro golpe mais doloroso ainda. Desvanece, pois, essas ideias depressivas, antevendo o fim da luta, que apenas está iniciada... Aprende a sofrer sem murmurar nem achar demasiado o peso da cruz. Não ponhas a beleza física acima da moral, mas esta sobre aquela. Tu, meu filho, ainda não tens a humildade de Pedro, pois vives ressentido, comigo e com tua genitora. Não nos amas, verdadeiramente, pungido de zelos pelo pobre e meigo Pedro.

"Ele é mais desditoso do que tu, porque nunca viu um raio de sol; ignora a Natureza, os próprios seres amados; vive soterrado nas trevas, no infinito das sombras!

"Não se deve considerar completamente infortunado quem possui a maior maravilha da criatura humana – a vista, que a todos os instantes nos liga ao próprio Céu, pois com um olhar, despedido da Terra, podemos atingir o firmamento azul, contemplar o esplendor dos astros, das nebulosas, abranger a Natureza toda dentro do âmbito estreito da nossa alma que se torna incomensurável!

"Tu te consideras desventurado quando, até à data presente, não conheceste ainda os espinhos da vida dos que não têm lar, nem pão, nem o amparo de um ser amigo. Estás robusto e são, e não te compenetras do infortúnio de Pedro, cuja cegueira irremediável não lhe permite jamais viver sem uma proteção tutelar, nem a sós, mas servido por mãos alheias. No entanto, tens zelo dos beijos que tua mãe e tua tia lhe prodigalizam..."

– Eu amo Pedro, mas queria que me consagrassem o mesmo afeto que lhe dedicam! – exclamou Plínio confuso. – Não queria só compaixão...

— Se fosse exclusivamente piedade o nosso sentimento por ti, Plínio, não quereríamos que correspondesses à nossa afeição...

— Obrigado, pai, pelas palavras que acabais de dirigir-me, despertando-me a reflexão! Perdoai-me, vós e minha querida mãe, os desgostos que vos tenho causado, desde que vim ao mundo!

Assim dizendo, emocionado, cobriu de ósculos e lágrimas a mão alva e delicada de seu genitor, tão comovido quanto ele.

X

Desde aquele dia, sensível transformação se operou no proceder de Plínio. Não se lamentou mais e começou a tratar com extrema ternura o pobre ceguinho. Somente este era admitido no seu ateliê. Percebeu, então, quanto este sofria por ser desprovido da vista.

— Parece-me – disse-lhe, um dia Pedro – que o tempo é constituído de uma noite eterna.

— Não digas assim, meu irmão! Nosso pai diz que todos nós temos diversas existências, resgatando em algumas os delitos praticados em outras. Quem sabe se não fomos assim assinalados pelo destino, porque já infortunamos a nosso próximo? Quem poderá dizer-nos qual foi o nosso passado? Observando ao espelho as minhas feições horripilantes, o meu corpo deformado e hediondo, penso que já cometi crimes apavorantes; reparo nos meus olhos, que são vesgos, inexpressivos, parecendo de cadáver... talvez os de algumas de minhas vítimas, das muitas que chacinei, outrora, Pedro!

— Como são os meus também? Plínio! Mas tu tens a ventura de enxergar o que existe na Natureza, os rostos amados de nossos pais, e eu tenho os olhos vazados, sem luz, que apenas sabem fluir lágrimas, muitas lágrimas...

— Se assim não fosse, Pedro, talvez sentisses pavor do meu aspecto...

— Eu te veria através de meu coração, que te consagra muito afeto, Plínio, e te acharia formoso, como dizem que o é nosso pai...

— Obrigado! Obrigado! Nunca me comoveram tanto palavras de compaixão, como as que acabas de dirigir-me, Pedro!

— Olha, meu amigo, tu fazes questão cerrada da beleza do corpo... Mas é melhor sermos belos para Jesus do que para o mundo em que vivemos.

— Sim, Pedro; mas, dize-me, irmão querido: por que será que Deus, que os cristãos afirmam ser bom e justo, nos fez assim infortunados?

— Eu não me considero desditoso, Plínio, porque Ele me concedeu entes que me amam, e que eu adoro. Infeliz seria eu se fosse um abandonado, criado por piedade por alguém, e depois necessitasse implorar esmolas para me manter, espezinhado por todos... Deus substituiu-me o lume dos olhos pelo grande amor dos entes queridos que nos cercam!

— Eu invejo a tua resignação e a tua fé, Pedro! Compreendes, porém, que és mais amado do que eu...

— Se assim é, Plínio, por que não fazes como eu? Não indago a extensão do amor dos nossos companheiros de existência, humilho-me e não evito a convivência de nossos nobres pais e da adorada tia Júlia... Tu repartes com os infelizes as moedas do tesouro maldito, mas te esquivas de comparecer às reuniões, escondendo-te no dormitório. Oh! Plínio, tu ainda não sabes quanto uma prece fervorosa conforta o coração. Eu, que sou cego, quando oro percebo que tudo se ilumina dentro de mim e julgo divisar um vulto muito belo, sorrindo para mim, estendendo-me os braços...

— Quanto és mais feliz, Pedro, do que eu!

— E a felicidade, igual à minha, não está ao teu alcance, Plínio?

— Não, pois sinto que Deus não me ama tanto quanto a ti. Prova-me que Ele nos ama, Pedro, e eu ficarei convicto de sua bondade e justiça.

— Escuta-me, Plínio: nossa querida mãezinha, um dia, em que me viu chorar, porque, por ser cego, não podia brincar como as outras crianças, disse-me estas palavras, que jamais poderei esquecer: "Pedro, todos os que sofrem são prediletos de Deus. O gozo e as alegrias prendem-nos à Terra; a dor e o sofrimento encaminham-nos para o Céu; são os degraus por onde nos alçamos às regiões ditosas do Universo! Nós temos, neste mundo, dois caminhos a seguir: o do mal e o do bem. O primeiro é fácil de percorrer, florido de prazeres, encantador; o segundo, cheio de espinhos, de decepções, dores inomináveis. Quase todos preferem o primeiro. Jesus, porém, escolheu o segundo; e, por isso, padeceu martírios, arrastou ao Calvário o madeiro; mas ao terceiro dia, depois de sepultado, ascendeu ao Céu, triunfalmente! Nós temos de imitá-lo, de carregar a nossa cruz; e, então, no alto do Gólgota do sofrimento, alcançaremos a nossa redenção! Jesus, o Mestre bem-amado, tornando-se luz, ascendeu ao Céu! Nós teremos, também, igual destino". Eis o que ela me disse, Plínio. Compreendes a necessidade da dor, em benefício de nossa perfeição espiritual?

Pensativo, cabisbaixo, Plínio sentiu-se abalado pelas palavras do inspirado irmãozinho.

Com emoção incontida, tocou com a sua rude mão a do ceguinho e disse-lhe:

– Pedro; reconheço que tens razão, mas falta-me algo na vida, que preciso buscar.

– A ventura alheia, a paz de consciência, o prazer de praticar o bem são as melhores felicidades que devemos buscar neste mundo de trevas...

– Tu tens sempre razão, Pedro, pois és um inspirado do Céu, um iluminado.

– Temos, Plínio, vários tesouros ao alcance de nossas mãos, justamente os que são mais valiosos do que todo o ouro e preciosidades terrenas: o amor de nossos pais e de nossa tia, a fé e a prece, que nos alçam ao Infinito, mesmo mergulhados ainda nas sombras da Terra!

— Obrigado, Pedro, pela luz que me deste durante a nossa palestra, pois me abriste o coração para receber as dádivas do Céu. Tu, irmão querido, não tens claridade nos olhos, mas dentro de tua própria alma...

— Se assim me julgas, Plínio, escuta: Logo, à noite, quando formos orar, não te recolhas, com indiferença, ao teu dormitório. É preciso, em teu benefício, que participes da ração luminosa que nossos pais repartem com os famintos de justiça e de consolação que as buscam, com ansiedade...

Cessou o diálogo com a saída de Pedro, chamado para o estudo da lição de harpa.

Os cegos, geralmente, têm uma percepção intelectiva mais desenvolvida do que os videntes, porque não dispersam a atenção com o mundo exterior, concentram intensamente as faculdades perceptivas, não perdem uma palavra das que escutam, sempre com interesse, retendo-as nos refolhos da alma, arquivando, desse modo, cabedais incalculáveis de conhecimentos úteis. Há um mundo subjetivo dentro de cada um deles; e, por isso, têm sempre um aspecto meditativo, reflexo, talvez, da rememoração recôndita de tudo quanto aprenderam mentalmente.

Desde aquela data, os dois irmãos tornaram-se inseparáveis. Enquanto Plínio trabalhava o mármore, ou delineava uma tela, Pedro dedilhava, com doçura e expressão, suaves acordes na harpa.

Plínio terminou, então, o painel que concebera e desejava submeter à apreciação paterna, denominando-o "Suplício de um monstro". Havia, na sua concepção, uma estranha tonalidade de cores, que a tornava vívida, movimentada, impressionante. Representava a tela uma jovem idealmente bela, cujas feições eram, fielmente, as de Norma, tendo ao colo um filhinho de incomparável formosura, e pouco distante, sob uma árvore florida, um rapazinho de fealdade horripilante, com os traços reconhecíveis do próprio pintor, olhando-a com uma expressão de zelo ou de dor infinita, simbolizada por lágrimas que fluíam dos olhos estrábicos...

Quando o concluiu, Plínio chamou, ao ateliê, seu genitor e mestre, a fim de que opinasse sobre o mérito ou demérito da tela.

Estavam, então, presentes em uma sala todos os membros da família, que, ávidos por contemplar o quadro de Plínio, se apressaram a ir vê-lo. Estênio, ao contemplar o painel, empalideceu de emoção. Observou-o com alma de artista e coração de pai. Abraçou o filho, por fim, felicitando-o, com tristeza, e dizendo-lhe:

– Compreendo o tormento de teu espírito, meu filho, mas és digno de nossas felicitações por haveres conseguido reproduzir, com arte e fidelidade... três rostos bem nossos conhecidos! ... Achaste o veio fecundo e inextinguível da *Fonte Castália*:[118] a dor, a companheira inspiradora de todos os verdadeiros artistas. Tens vivido, até agora, em um mundo subjetivo, neste recanto insulado de uma região agreste; mas eu te aconselho que viajes, para poderes colher outras impressões...

– Quereis libertar-vos da minha presença, pai?

– Que loucura, Plínio! Pois ainda duvidas da nossa afeição profunda? Quero apenas que mudes de cenário, vejas novos horizontes, adquiras outros conhecimentos...

Plínio disse ao pai:

– Que é o mundo, para mim, pai, senão o lugar onde se acham os entes que mais amo? O restante da Terra é-me indiferente! O Universo, para meu coração, resume-se nesta serrania, nesta paisagem agreste, nesta habitação, neste lar querido! Meu único Céu é o amor dos que me cercam, é o remanso em que vivo...

– Nós te agradecemos, Plínio – respondeu-lhe Estênio –, mas, para que se complete a tua educação artística, é mister que observes as obras dos gênios, mormente dos gregos e dos romanos. Desejo que vás a Florença, a Veneza, a Roma, a Atenas...

– Não tenho a ânsia de ser artista, pai! O que tenho aprendido convosco é suficiente para ocupar a minha atenção, para ter um

---

[118] Fonte consagrada a Apolo e às musas. Suas águas límpidas e frescas inspiravam os poetas e serviam nas purificações rituais.

alvo na vida. É a ansiedade de não esperar os acontecimentos futuros de braços cruzados, o meio eficiente de olvidar os meus pesares, de não ser um inútil na sociedade humana!

– O convívio com artistas servir-te-ia de incentivo para produzires obras notáveis!

– Não quero patentear ao mundo a minha fealdade, pai!

– Pois bem, Plínio, tua primeira composição patenteia muita observação e realidade, sendo promissora de outras obras de grande apreço!

XI

Sentindo o coração confortado como jamais o tivera, Plínio deliberou ir assistir às reuniões cristãs, que, em determinados dias, se realizavam no mais secreto salão subterrâneo – verdadeira cripta romana, semelhante àquela em que Pedro fizera a sua derradeira pregação.

À noite, quando os campônios, os peregrinos, os perseguidos nas eras calamitosas de Tibério,[119] buscavam esconderijos para poderem manifestar os arroubos de uma fé inabalável, Estênio, e, depois, Norma, apareciam transformados aos olhos dos que os viam. Pedro, avisado pela bondosa Júlia, que era quem se encarregava de o levar às práticas cristãs, segurando-lhe uma das mãos, penetrou no salão.

Antes, havia-lhe dito o irmão:

– Pedro, quero hoje acompanhar-te, porque não me apraz o desgostar-te nem aos que nos são caros. Não posso, porém, ainda, conformar-me com a ideia de justiça e bondade do Criador do Universo, por haver elaborado as flores, tão formosas e aromáticas, para terem uma vida efêmera, ao passo que conserva, por decênios, a existência dos monstros... Algumas flores são alvas qual a neve e, no entanto, desabrocham nos pântanos, nos lamaçais pútridos...

---

[119] Imperador romano que cometeu muitas atrocidades.

Comigo sucedeu o contrário: nossos progenitores são belos e virtuosos, e, no entanto, conceberam filhos mutilados e imperfeitos! Por que, se me chafurdei outrora no charco dos crimes, não me fez renascer lírio, como acontece com os vegetais?

— Estás louco, Plínio! Pois uma flor tem a mesma responsabilidade que uma criatura humana? Não compreendes que, fazendo uma açucena abrolhar de um charco pútrido, o Criador quer demonstrar com isso, que, assim como sucede àquela flor, nossa alma pode viver imaculada nos paúis mundanos, impregnada do aroma incomparável da fé e de todas as virtudes morais?

— Eu admiro a tua lógica, Pedro, mas ainda não estou plenamente convicto das verdades que me transmites, bem como os que mais caros são aos nossos corações... Não vês a semelhança que há entre nós e as flores – há as que dão vida, as que curam, as que matam, as que produzem frutos deliciosos, outras que destilam amargos, ácidos, tóxicos imprestáveis?

— Pois bem, meu irmão, tens razão, quanto à semelhança que há entre a nossa e a vida das plantas, ou das flores. Ouve-me, porém, por alguns momentos ainda. Já fomos flores, formosas na aparência, mas desabrochadas nos pântanos das paixões criminosas. Já fomos flores venenosas, nocivas à sociedade. Agora, Plínio, precisamos reparar os danos causados, tornando-nos flores preciosas, que desabrocham em frutos excelentes, fazendo os que os veem abençoar as corolas que as geraram...

"Nossa alma, meu irmão, pode tornar-se como lírio nevado, alvíssimo, encerrada em um corpo hediondo..."

— ... como o meu, Pedro!

— Como o teu, que eu não vejo e julgo sempre belo, através da afeição que te consagro. A formosura que encanta, realmente, é a que se irradia da alma, que torna o corpo transparente como preciosa urna de cristal, cheia de luz! Serás belo, desde que sejas bom...

— Arranquem-me do cérebro estes pensamentos selvagens, de rebeldia e de ânsia, e serei imensamente feliz, Pedro!

....

A noite envolveu a região onde habitavam Estênio e os que lhe eram caros em um sendal de trevas.

Aquela era hora de início das reuniões que tinham caráter secreto. O Cristianismo, combatido e perseguido por Nero ferozmente, ainda o era, então, sob o governo de Tibério, quase tão cruel quanto o filho da desditosa Agripina.[120]

Os adeptos da crença consoladora não podiam ainda expandir em público os seus ideais.

Uma tristeza coletiva parecia avassalar todos os Espíritos que, para terem algum conforto, buscavam as criptas sombrias, a fim de enviar às alturas radiosas os seus temores, as suas angústias, as suas súplicas em verdadeiras mensagens de luz...

A incerteza do amanhã, os prováveis infortúnios que, sempre, flagelavam o povo, sem garantias, ávido de justiça, que não existia, só encontravam lenitivo na prece – fenda luminosa aberta no firmamento para acolher os pensamentos dos oprimidos. Somente aos prosélitos do Cristianismo era franqueado o salão subterrâneo, no alcáçar de Estênio, o qual se diria cavado na rocha viva, e tinha entrada por extensa galeria, por onde outrora ingressavam e saíam os *Filhos das sombras*.

No teto havia uma lâmpada, de prata fosca, que iluminava o caminho para o salão secreto. Transpostos os seus umbrais, surgia um vasto compartimento, alto e amplo, todo azul, ornamentado por algumas pinturas inspiradas na vida do Mestre de Nazaré.

Vultos femininos e masculinos, embuçados em humildes peplos, tendo, alguns, nos braços pequeninos seres, passavam, silenciosamente, pela galeria e alcançavam o salão, iluminado por diversas lâmpadas pendentes do teto por correntes metálicas. Ali era o refúgio dos desditosos, dos foragidos, dos oprimidos, que, fraternalmente, antes das preces, relatavam a Estênio

---
[120] Mãe do imperador Nero; foi assassinada por ordem do filho.

os seus dissabores; e ele, compadecido, dirigia-lhes palavras de conforto e dava auxílios materiais, que eram entregues discretamente, depois das reuniões... por uma das pessoas da família.

Muitas vezes, no decorrer das preces, e das exortações de Estênio, muitos choravam, outros proferiam, baixinho, preces fervorosas, súplicas ardentes, dirigidas ao Crucificado.

Júlia era a desvelada protetora dos escravos, dos fâmulos e das criancinhas, muitas das quais já se achavam sob a sua tutela, com permissão plena do cunhado e da irmã.

À porta da saída, disfarçada na rocha, onde estava construída parte da habitação, detinham-se os que necessitavam de socorros monetários, que lhes eram ofertados, com palavras de conforto, encorajando-os a suportar, com resignação inalterável, as suas torturas morais, confiados na justiça e na proteção do Alto.

XII

Plínio, que não havia tomado parte nas reuniões, até àquela noite, aconselhado por Pedro resolveu acompanhá-lo, envolto em um manto escuro, que o cobria da cabeça aos pés, a fim de que a sua hediondez não excitasse a curiosidade dos presentes. Era assim que, sempre à noite, ele aguardava os que lá iam, esperando-os com uma bolsa repleta de moedas, que, conforme a respectiva carência, cada um recebia, balbuciando um agradecimento. Certa vez, um dos beneficiados, surpreso, disse-lhe:

— Como é que teu nobre pai consente, menino, que distribuas, a mancheias, toda a sua fortuna?

— Dou o que me pertence... e a Pedro! É uma dádiva particular que possuímos...

Aquela noite, após os últimos clarões crepusculares, começou a trovejar, prenunciando um dos temporais tão frequentes naquela região, no início do verão...

Passos apressados, dos que se dirigiam ao *Castelo das Sombras* – como foi denominada a habitação de Estênio – eram observados pelos que residiam no solar.

O salão, consagrado às preces, já estava repleto, quando Plínio entrou, segurando a mão de Pedro, que lhe pediu que o conduzisse para junto de Júlia e de sua progenitora, como era hábito seu. Eram, para ele, os momentos mais ditosos de sua vida, pois neles sentia os arroubos da Fé e percebia uma claridade interior que o inundava, parecendo-lhe, então, perceber os vultos dos que ali se achavam, congregados sob a proteção de Jesus, e o de um nobre ancião, que, por vezes, ele julgou ver sorrir, paternalmente, para si...

Plínio estava visivelmente comovido. Nos outros dias, fazia ele as ofertas do tesouro maldito aos que lhe pedissem; depois, lentamente, dirigia-se a seu dormitório, onde se encerrava até o dia seguinte. Temperamento impulsivo, mas passional; de gênio violento, mas sensível à menor demonstração de carícia, ele ainda não havia percebido a sublimidade da fé, o conforto da prece. Nos primeiros anos de existência, a mãe o havia levado à cripta para o iniciar na mesma crença que ela professava; ele, porém, vendo-se observado pelos circunstantes, sentiu-se humilhado e intimamente revoltado contra o destino que tão infortunado o fizera, assinalando-o por uma hediondez que revelava o monstro – na alma ou no físico...

Foram-se passando os tempos, celeremente. Os pais de Plínio não quiseram forçá-lo a frequentar as reuniões de preces, aguardando que ele o fizesse, voluntariamente, qual sucedeu naquela noite.

Naquele dia, porém, algo de extraordinário ocorrera em seu íntimo – sentiu-se enternecido, melancólico, sem revoltas e sem sarcasmos – estado que ele não saberia expressar.

Depois de permanecer algum tempo ali, quis retirar-se, pois todos os olhares convergiam para ele, mas conteve-se, ouvindo as comovedoras expressões de Pedro:

– Como sou feliz, por me teres atendido, Plínio, vindo orar conosco!

E, assim falando, tateou-lhe o braço esquerdo, para se certificar de que o irmão não o havia iludido.

– Vieste, enfim – continuou, com entonação comovedora –, compartilhar do nosso banquete espiritual, fazendo-me tão venturoso por isso que, se faltar a vida, neste instante, morrerei sorrindo, de felicidade!

– Eu é que preciso morrer, e não tu, Pedro! – exclamou Plínio, sensibilizado, achegando-se ao irmãozinho, sentindo-se prestes a soluçar.

– Todos nós, irmão querido, precisamos viver e morrer, lutar e sofrer, a fim de tomar parte na grande batalha da vida! Somos eternos soldados de Deus e temos de adquirir todos os triunfos na Terra, para os desfrutar no Céu! Temos um destino traçado pelo Onipotente – o Juiz supremo! – e é mister que sejamos obedientes e humildes para com todas as suas determinações, cumprindo-as, sem murmurar contra nenhuma... É necessário que dês uma prova de reconhecimento ao Criador do Universo, sem ressentimentos, sem mágoas, implorando-lhe perdão, conforto e esperança!

Mal ouvira as palavras de Pedro, quando foi invadido Plínio por uma súbita vertigem, desprendendo-se-lhe a mão que segurava a do ceguinho e sentindo-se dominado por um torpor invencível que, aos poucos, o alheou do mundo físico, parecendo-lhe distinguir, dentro de si mesmo, outros seres, que se movimentavam em um cenário que lhe pareceu familiar. Não estavam eles com a placidez estampada nos rostos, como os cristãos que o circundavam; mas convulsos de ódio, saindo de todos os lábios um clamor intolerável, que perturbava os corações, enchendo-os de pavor...

Ouvia ele, torturado, aqueles comovedores ululos de imprecações e de cólera, tendo, à sua frente, uma pirâmide de ouro e de preciosidades, em cujo ápice começou a jorrar sangue, exalando um odor nauseante...

Dir-se-ia que ele, Plínio, se tornara intangível e emparedado, pois as pedras que lhe atiravam atravessavam-no, deixando-lhe uma impressão dolorosa, mas ninguém dele podia aproximar-se em demasia, sustidos que pareciam ser por uma barreira intransponível! Subitamente, ele estremeceu, dominado por uma emoção empolgante; todos aqueles carpidos e ululos, todas aquelas exclamações angustiosas convergiram para seu coração, que principiou a vibrar qual um sino, tangido por diversas cordas invisíveis... Que percebia ele? Firmou a atenção, e, apavorado, escutou:

– *Assassino! Ladrão! Perverso!*

Compreendeu, então, sua verdadeira situação, que era desesperadora e intolerável, diante de uma turba amotinada de famintos que, para saciar a fome e a sede abrasadora, mordiam os próprios membros e sugavam o sangue que jorrava das artérias seccionadas pelos dentes, pontiagudos como punhais minúsculos...

– Que quereis comigo, desgraçados? – pôde ele, enfim, articular, com muito esforço.

– Que morras faminto e devorado pela sede! Roubaste os nossos haveres, com os quais nos mantínhamos e a nossos entes queridos, para os esbanjar em festins licenciosos, em saturnais diabólicas! És maldito por todos os séculos, usurpador de ouro e de honras alheias!

– Levai-os convosco; não os quero mais, nem sequer uma só moeda! – exclamou Plínio, apontando para a pirâmide que se achava a pouca distância, com as fauces escancaradas e os olhos esbugalhados.

– Tens que no-los pagar, até o último punhado de ouro... que é a poeira da maldição sobre a Terra, pelo mau uso que dele fazem!

Ninguém quis abeirar-se do cogulo de ouro execrado. Plínio, então, recobrando a locomoção, mal invocou o nome de Jesus, chegou até ele, e, com as mãos trêmulas, tentou arrojá-lo sobre a multidão enfurecida, mas apenas lhe havia tocado, retirou bruscamente a mão, que sentiu pungida por verdadeiras víboras enraivecidas; e todas aquelas preciosidades, que se achavam soldadas umas às outras, se desfizeram em um riacho rubro, que se foi avolumando e ameaçando asfixiá-lo... Às súbitas, alteou-se um jorro de sangue incandescente, que lhe atingiu o rosto, crestando-o e assinalando-o, indelevelmente, qual se fora transformado em ferrete de fogo, deu-lhe a impressão de que iria corroê-lo, como um câncer de labaredas que, certamente, lhe ia carbonizar as faces e as mãos...

— Salvai-me, vós que estais orando a Jesus! — gritou Plínio, com a voz enrouquecida de terror. — Estou arrependido de meus crimes; perdoai-me! *Nunca mais* hei de manchar minhas mãos ou minha alma com o sangue de nossos irmãos! Suspendei o merecido castigo, para que eu possa trabalhar pelos que sofrem! Perdoai-me! Perdoai-me!

— Presta atenção no que disseste, Plínio! — murmurou uma voz angélica, enquanto todo o âmbito tétrico em que se achavam se encheu de um luar celeste. — Atenta no que proferiste: *Jamais* hás de macular-te com o sangue humano. Aceitas quaisquer provas, para resgate das tuas abominações, e dos teus crimes, por mais acerbas que sejam tais provas?

— Sim! Sim! aceito; sejam quais forem!... contanto que me liberteis dessa turba rancorosa. Tenho lama e fogo dentro da alma e do coração! Compreendeis o meu suplício? Meu rosto queima-me, meu corpo está ameaçado de perpétua putrefação...

— Nunca! Nunca! tu serás maldito por toda a consumação dos séculos! — vociferavam os desditosos, que ele já não via, mas cujas bocas, retorcidas pela fome e pela sede, jamais sairiam de sua retentiva. Serás, eternamente, assinalado pelo ferrete do destino: o sangue que fizeste jorrar de muitos corações transformou-se em fogo para calcinar todas as alegrias que poderias usufruir sobre a Terra!

— Valei-me, amigo desconhecido, que eu não enxergo, mas sois o único que me fala com piedade! Valei-me, amigo de Jesus!

Levai-me para outro local, ou para o *Solar das Sombras*! Quero padecer muito, muito, mas longe daqui!

– Ouve-me, irmão! – respondeu-lhe a mesma voz suavíssima. – Este tesouro fatal é vosso, novamente; mas, agora, já não tendes o direito de gastar, em proveito próprio, uma só moeda. Ide reparti-lo com os infelizes, os estropiados, os enfermos, as criaturas, que, em nome do Nazareno, tendes que defender e amparar, até que não haja mais nenhuma...

"A mácula que desfigura as tuas faces... é a reprodução da que existe em tua alma de sicário impiedoso; e só será extinta com a lixívia das lágrimas e das dores nobremente suportadas, das ações dignificadoras que praticares..."

– É horrível o que me fazeis recordar, Mensageiro do Céu!

– Mas é mister que te revele a verdade para que não pratiques mais os mesmos crimes!

– Tendes razão, amigo, mas auxiliai-me a suportar tão severa prova... para que eu não desfaleça e fracasse novamente!

– Sim, Plínio, mas ouve, ainda.

"Eu me compadeço de ti, irmão, que eu sigo há muitos decênios; mas é mister que conheças uma realidade integral, para que a revolta constante contra o destino – que é a síntese das leis celestes postas em execução – não manche mais os teus lábios. Concentra as tuas forças psíquicas investigando as eras transcorridas, fazendo uma digressão retrospectiva... Sabes quem são Estênio, Norma e Pedro?"

– Sim, meus progenitores e meu irmão, que não me estimam tanto quanto a ele...

– Vem daí, comigo, irmão Plínio! Levar-te-ei além, ao Coliseu de Roma... Verás, então, uma cena retrospectiva... por um influxo extraterreno...

Plínio, como que arrastado por uma voragem oceânica, ou por um tufão sem-par, sentiu-se desapegar do solo e começou a cortar os ares, onde ululavam vendavais apavorantes; e, de súbito, foi transportado a um local que, até aquele momento, lhe era desconhecido;

ao chegar, porém, a um vasto anfiteatro, reconheceu-o, surgindo-lhe à mente, com toda a nitidez, um cenário quase familiar...

XIII

Aterrorizado, transido de um frio todo interior, Plínio viu, na arena, circundada de compacta multidão de criaturas, belo e majestoso, pálido como um Páris,[121] seu próprio pai, Estênio, prestes a digladiar com um hércules que, repentinamente, sem que houvesse sido iniciada a luta, lhe atravessou o tórax com um gládio fulgurante... Um clamor de ensurdecer atroou o trágico recinto. Acima, em um palanque, regiamente ornamentado de flores e seda carmesim, avistou ele uma dama que soltou um grito dilacerante, reconhecendo, então, sua própria mãe, Norma, cujas feições, alteradas pela dor, revelavam desespero inaudito, nos paroxismos da loucura! Ao lado direito da desventurada dama, observou ele – com um terror indescritível – uma personagem de aspecto sinistro, cujas feições patibulares eram a exata reprodução das suas... Que dualidade inexplicável era aquela, presenciada por ele?

– Não te conturbes, irmão! Tudo quanto vires... é do passado e se acha arquivado no envoltório fluídico do teu próprio Espírito. Este, acionado pela volição, que é um dos atributos divinos da imortalidade localizada no *eu* de cada ser humano, pode reproduzir quanto sucedeu, ora por meio de sonhos retrospectivos, ora em plena lucidez, quando nos achamos livres do jugo da matéria, por uma exteriorização voluntária ou involuntária...

– Então o que estou *vendo*, nestes instantes trágicos...

– Já ocorreu, em Roma, quando eras um déspota empedernido, transformado posteriormente, em uma nova vida, em chefe do bando sinistro dos *Filhos das sombras*!

– Tende compaixão de mim: tirai-me deste local, ou despertai-me, por Deus!

---
[121] Na mitologia grega, personagem que matou Aquiles.

— Mais uns momentos ainda, e poderás acordar...

Plínio observou ainda o seu sósia, que sorria sarcástico e triunfante. Na arena, ensanguentado, já exânime, agonizava *Estênio*...

— Horror! Horror! como pude praticar tão hediondo atentado?

— Ninguém, por mais delinquente que seja, desmerece da Misericórdia Divina, que é infinita! — disse-lhe a mesma dulcíssima voz. — Basta o pensamento que tiveste, avaliando toda a extensão de teus crimes... para que mereças a comiseração divina...

— Vós, que me falais com piedade, ouvi-me: quero redimir-me de todas as máculas dos tempos idos! Quero implorar perdão dos males que perpetrei! Minha dor é infinita! Aconselhai-me o que deva fazer, para conseguir abrandar as labaredas da dor, que me consomem o coração! Todo o sangue daquela pirâmide se transformou em fogo e me cresta até o mais recôndito da alma... Aconselhai-me! Orientai-me!

— Ajoelha-te e eleva o teu pensamento contrito ao Criador do Universo! Humilha-te e repete comigo, assim prosternado neste local fatídico, onde mandaste arrancar a vida a um nobre mancebo, esta prece, desditoso irmão, agora encaminhado para a remissão de muitos e tenebrosos delitos: "Senhor do Universo, Pai magnânimo de todas as criaturas, amigo incomparável de todos os seres existentes — fagulhas eternas, desprendidas do verdadeiro Sol de todo o Cosmos — recebei-me, doravante, qual o *filho pródigo* que voltou ao lar paterno, cheio de remorsos e desejoso de cumprir, por todo o sempre, os seus deveres, com o escrúpulo de uma consciência ilibada... Esbanjei, a mancheias, os vossos tesouros sagrados; andei transviado por estradas perigosas, repletas de abismos intransponíveis, mas, desperto pelos clarins dos emissários siderais, lembrei-me de Vós e de vosso luminoso lar; e, depois de muitos desvarios, eis-me de retorno à habitação bendita, onde posso encontrar-vos, arrependido, cheio de desgostos pelos pesares que vos causei, ansioso por uma palavra de perdão! Compadecei-vos de mim, Pai e

Senhor! Acendei em meu espírito a fagulha imortal da fé, que é o roteiro de luz, que, aliado ao bem, ao labor e à virtude, há de conduzir-me a vosso reino bendito, onde se encontram todos os redimidos do Universo!"

— Quão aliviado me sinto, amigo! — murmurou Plínio, em pranto. — Dizei-me por que, eu o sinto e vejo, se intensificou desse modo a súplica que acabamos de proferir?

— Porque foi incorporada às preces de todos os Espíritos redimidos, que, por uma percepção que não pode ser descrita na linguagem terrena, se aproximam dos que, deixando a senda do crime e das iniquidades, se voltam para *Deus*, iniciando uma nova fase de vida... Eles se regozijam com a redenção dos delinquentes e os auxiliam, avigorando a rogativa que, celeremente, fende os Espaços, e chega às mansões divinas — assim chamadas aquelas onde não existe mais o mal, onde se congregam os redimidos — transformada em sinfonia sublime... A prece, irmão, que fizeste agora pela vez primeira, é a força suprema da alma e é harmonia da irradiação astral... Observa, agora, o que sucede ao redor de nós...

— Oh! que vejo eu? Terão desaparecido todas as minhas vítimas e todos os meus adversários, sendo substituídos por uma legião de entidades alvinitentes, de túnicas de névoas e frontes aureoladas de luzes... que formam os mais belos cambiantes?

— Foi o que sucedeu a Paulo, de Tarso, quando, a caminho de Damasco, compreendeu que havia sido cruel; e, ferido pela radiosidade da aparição de Jesus, teve compunção de seus erros, e resolveu ser dedicado Apóstolo da Santa Cruzada do Bem... Teus adversários desapareceram virtualmente, pois estás em plano diferente, ou antes, exteriorizou-se o que se achava em teu foro íntimo... Eles permanecerão onde estiveres, observando-te, imparcialmente. Não é suficiente prometer cumprir todos os deveres terrenos e espirituais; é mister realizar a promessa. Contraíste uma dívida sagrada e tens de efetuar o resgate.

— Eu nunca saberei orar, como me ensinaste há pouco, amigo! Por que, há mais tempo, não despertastes em meu íntimo esse consolador desejo de redenção?

— Porque... o passado predomina ainda. Aguardava, pois, o momento em que, quase voluntariamente, procuraste a Jesus, prosternando-te perante a autoridade suprema. Vais, agora, voltar à arena terrestre, mas não te esqueças dos conselhos que recebeste, ditados pela afeição que te consagro, há muito...

— Pois haverá alguém, no Universo, alguém que me dedique, realmente, amor? – interpelou-o Plínio.

— Há séculos que te acompanho, Plínio; e, portanto, não deves pôr em dúvida a afeição que te consagro...

— Obrigado, irmão e amigo incomparável! Doravante ser-me-á mais suave o peso da cruz... Deus que vos recompense pelos desvelos que tendes tido para com este monstro humano... Quero saber o vosso nome para fazer-vos apelos nos momentos angustiosos e rogar a Deus que vos recompense, magnanimamente...

— Basta que me consideres teu Guia e me chames amigo... Eu te sigo sempre, pois tive a incumbência de alçar o teu Espírito às mansões felizes do Cosmos... Não te abandono nunca, tal qual a sombra ao corpo que a projeta...

— Mas vós sois de luz, amigo! Eu sou de trevas espessas...

— Só Deus sabe julgar com imparcialidade e justiça, irmão! Só agora é que te vejo predisposto a seguir as pegadas dos entes virtuosos que são os teus progenitores e tua tia Júlia, dos quais já foste verdadeiro algoz! Tenho sofrido muito por tua causa, filho meu...

— Filho? Ouvi mal as vossas palavras? Então, aqueles a que chamo *pais* não o são, realmente?

— Sim... agora! Viste bem quem foram eles outrora?

— Sim! Sim! Tenho pavor de me lembrar daquelas cenas trágicas... Agora compreendo por que me não amam, apenas tendo compaixão do monstro, no físico e no moral, que sou eu! No entanto... continuo a adorar... com entusiasmo de artista...

a beleza peregrina... daquela a quem agora posso dar o nome sacrossanto de *mãe*! Quanto desejo também ser adorado por ela!

— É mister metamorfosear essa adoração por outra espécie de amor, tecido de respeito e de veneração por aquela a quem tiveste a ventura de chamar *mãe*, nesta existência. É necessário esqueceres as tragédias do passado, pelas conquistas do futuro. Esta ânsia, de ser intensamente amado, há muito insatisfeita, provém da falta de compaixão pelos sofrimentos alheios ou, antes, o menosprezo pelos mais nobres e sinceros sentimentos de nossos irmãos, calcados aos pés, amesquinhados, destruídos sob o guante esmagador de tua outrora despótica vontade. É preciso, porém, que te imoles por uma grande e sublime causa, que te redimirá conforme o desempenho que lhes deres. Não fujas à consolação das preces, à luz do Cristianismo, no qual colaborarás incessantemente, até o extremo alento, prestando assistência aos que padecem injustiças odiosas, iguais às que infligiste outrora a desventurados companheiros de existência.

"Segue, impavidamente, a diretriz que te aponto. Se assim o fizeres, percorrendo os mais obscuros lugarejos, ou as mais famosas urbes, buscando a dor e a penúria para mitigar todo o sofrimento que estiver ao teu alcance, então a montanha sinistra ruirá no pélago do esquecimento, e, em vez de sangue, um jorro de luz dela fluirá.

"Vais olvidar os pormenores destas revelações, mas, indelevelmente, ficarão registrados todos os deveres a cumprir, para a conquista da vossa redenção, tua e do teu companheiro de infância, teu comparsa nos crimes... *dos Filhos das sombras*..."

XIV

Um soluço prolongado se fez ouvir no calmo recinto, onde todos oravam em silêncio, aguardando a habitual preleção cristã, realizada, sempre, magistralmente, por Estênio.

Às vezes, antes que o artista lhes dirigisse a palavra, escutava-se o som maviosíssimo da harpa, dedilhada por Júlia, depois pelo ceguinho, em acordes dulcíssimos e comovedores, preces musicais em homenagem a Jesus, ao Criador do Universo e aos mártires da fé cristã. Naquela noite, instintivamente, todas as frontes se moveram em direção ao local de onde partira o soluço. Viram, todos os assistentes, o desventurado Plínio – sempre fugitivo aos olhares observadores de sua hediondez – com as mãos comprimindo a fronte, chorando convulsivamente. Julgando-o afetado de súbita enfermidade, seus genitores e diversos assistentes achegaram-se, a fim de lhe prestar algum auxílio de que necessitasse.

– Que sentes, Plínio? – interrogou Norma, precipitando-se para ele, com verdadeira ansiedade maternal.

Todos os olhares convergiram para aqueles dois seres, mãe e filho, tão ligados pelo destino e tão contrastantes no aspecto.

Plínio, convulsionado ainda, continuava a chorar. Pedro, comovido por uma ternura inexprimível, como nunca tivera, compreendeu que algo de anormal ocorrera com o irmão, e, unindo as mãos em súplica fervorosa, sentiu o cérebro lucificado pela fé e exclamou, em murmúrio:

– Meu Jesus, tende piedade de Plínio! Fazei que ele melhore e tenha conforto na alma!

Plínio descerrou as pálpebras orvalhadas de lágrimas; e, decorridos alguns momentos, como se estivesse sonhando alto, disse com voz vibrante, cheia de contrição:

– Perdoai-me, Deus, vós que sois clementíssimo, todos os meus crimes! Perdoai todas as minhas transgressões às vossas leis sacrossantas e as minhas perversidades! Perdoai-me, também, ó pais adorados, todas as ingratidões e maldades que vos infligi outrora! Vós, Jesus, que sois bom e justo, estendei-me vossa mão luminosa... para que, jamais, eu role nos abismos das iniquidades!

– Plínio! Plínio! – dizia Norma, em pranto, percebendo, pela primeira vez, que o amava profundamente.

O primogênito, porém, parecia não a escutar, dominado ainda por uma força desconhecida. Estênio, pálido e emocionado, colocou a mão sobre a fronte do filho, que se conservava ajoelhado, em atitude de êxtase, com os olhos fixos em um ponto do Infinito, interpelando-o, sensibilizado:

— Plínio, meu filho, dize o que sentes e o que estás vendo, em nome de Jesus!

O adolescente estremeceu, como se só então houvesse despertado de um sono avassalador, abriu, desmesuradamente, os olhos, congestos, e, fitando-os através das lágrimas que ainda vertia no rosto paterno, respondeu-lhe:

— Onde estive eu, pai? Padeci tanto, tanto!

— Sonhaste, por certo, Plínio, alguma coisa impressionante...

— Não, pai! não sonhei o que *vi*, pois me parece que fui arrebatado para longínqua paragem, que me era familiar... e à qual não desejo voltar, nunca mais!

— Ficaste desacordado, Plínio; e, talvez, convenha não frequentares, por enquanto, as nossas humildes reuniões. Tenho receio de que adoeças, gravemente...

— Não, pai! Pois não tendes fé em Jesus? Não compreendeis que sou um enfermo... da alma e do corpo? Quero vir todas as vezes que aqui se encontrem, e implorem a Misericórdia de Deus para este infortunado, que sou eu!

— Graças sejam rendidas ao Criador e a Jesus, meu filho! Vamos, sim, erguer o pensamento ao Céu, irmãos, em benefício de Plínio, que despertou para a luz da redenção!

Um suave murmúrio de preces se evolou de todos os lábios, enquanto que, na harpa, era dedilhada, por Pedro, uma invocação sonora, de inefável doçura, qual um gorjeio de rouxinol, em plena selva, florescente, ao dealbar de um dia primaveril...

Quando cessou a música, que acompanhava as preces veementes de muitos seres emocionados e contritos, Plínio disse, intensamente comovido:

— Eu tenho sido uma ovelha tresmalhada do rebanho do Céu! Doravante, porém, Jesus, que é o pastor desse rebanho celestial, há de tomar-me sobre os ombros para me conduzir ao redil do Criador de todas as maravilhas!

— Ainda bem que a ele voltaste, hoje, filho! Vamos, pois, agora, Plínio, celebrar, dentro de nossas almas prosternadas, o festival bendito pelo regresso do *filho pródigo* ao lar resplandecente do Eterno e Divino Pai!

Sentindo-se confortado com as palavras de seus genitores, pôde ele reanimar-se, ouvindo, então, com calma, a preleção de Estênio, que, grave e triste, ereto e varonil, sempre bem inspirado por uma lúcida Entidade, assim falou:

— Deus! incomparável Senhor de todos os seres, Soberano do Universo, único na vastidão incomensurável de toda a Criação, ouvi as nossas súplicas, consagradas a todos os entes deste planeta, cheios de dores e carpidos, presos aos irresistíveis e inevitáveis abismos do passado e do futuro, ligados pela fragílima ponte levadiça do presente!

"Que fomos nós nos arcanos do passado? Que seremos nós no sorvedouro do infinito que se chama futuro? Sombra ou luz?

"Somos peregrinos nas diversas carreiras da existência, míseras ovelhas de vosso redil; infortunados cegos, tateando nas trevas compactas deste lodaçal asfixiante da Terra. Nós, aqui neste recinto, pecadores contritos, vos imploramos, hoje e sempre, bênçãos e auxílio que somente Vós nos podeis conceder para nos tornarmos invencíveis, invulneráveis ao mal...

"Olhai, Pai de ilimitada misericórdia, para este humilde recinto, que se enche de luz para receber mais uma ovelha em vosso bendito aprisco, e acolhei, propício, em vossas falanges invencíveis aquele que confessa ser vosso fiel soldado, até à consumação dos séculos...

"A fé consola, reanima, fortalece, destrói todos os obstáculos; e, quando todas as esperanças da Terra fracassam, escala o Infinito e ascende para Deus, onde haure novo alento!

"Esqueçamos o passado, amigos e companheiros, e lancemos a vista para o futuro, para as conquistas supremas!

"Amigos e irmãos em Jesus, prosternemos as nossas almas perante o sólio da Majestade inigualável, qual se estivéssemos diante do tribunal celeste, no qual são julgadas todas as iniquidades e todas as virtudes humanas, gratos pela concessão que acaba de nos ser feita: o regresso de mais um *filho pródigo* ao lar resplandecente do mais magnânimo e generoso de todos os progenitores – *Deus!*".

XV

Terminara Estênio sua comovedora preleção. Reinava um silêncio profundo, como há nas catedrais vazias, como se a vida se houvesse extinguido em todos aqueles corpos reverentes, quando se fez ouvir um solo de harpa, ao qual se aliaram vozes femininas, de extrema doçura, ou, antes, preces de sons melodiosos, de uma suavidade indescritível... Estênio, com os braços erguidos, parecia ter adormecido em pé, ou sido petrificado, dir-se-ia alheado a tudo o que se passava ao redor de si, compreendendo todos os circunstantes que sua alma cortara o Espaço para buscar, nas constelações siderais, o batismo de luz para o seu primogênito, convertido ao novo credo.

O que se passara no íntimo de Plínio, porém, ninguém poderia, jamais, reproduzir por meio de palavras, articuladas ou escritas: era a contrição que o dominara naqueles instantes; era a compunção pelos crimes de que não se recordava mais, mas percebia, por intuição, que o seu passado havia sido tenebroso, e fora autor de incontáveis atrocidades; era uma emoção desconhecida, um desejo de encetar uma existência isenta de remorsos; a ânsia de praticar o bem, de se humilhar, de encontrar a paz e a salvação de seu Espírito; era, enfim, o tumultuar, o rumorejo, o marulho das ondas do passado, entrechocando-se, no presente, ressoando surdamente nos rochedos e nos abismos que existem dentro do próprio eu...

Subitamente, ouviu-se a voz trêmula de Pedro, que, parando de dedilhar a harpa, exclamava, em tom de comovida expressão:

– *Ele* lá se acha... pairando ao Alto, com os braços abertos, em cruz, estendidos para abraçar a Humanidade toda, pregado, ainda, em uma enorme cruz... que vai da Terra ao Céu, toda feita de uma luminosidade, que é o reflexo de sua alma radiosa!

– Vinde até nós, Jesus, Mestre dos Mestres! – disse Estênio, com intensa emoção, compreendendo as palavras do ceguinho. – Vinde, amigo dos que sofrem! Também nós padecemos o suplício de uma cruz, que ninguém vê senão Vós; mas sentimos, muitas vezes, o seu contato, os cravos perfurantes da dor dilacerando as nossas carnes, os nossos próprios corações! Vinde dar alívio à dor infinita, ao martírio ignorado, as merecidas punições que padecemos por nossas faltas cometidas em séculos de crimes!

Todos os assistentes, sensibilizados, prosternaram-se sobre o solo, e um murmúrio de preces veementes desprendeu-se de seus lábios, ou antes, de seus Espíritos, comovidos e gratos pela presença, embora invisível para quase todos, do celeste crucificado!

Quando, enfim, terminou a reunião inolvidável para todos que a ela assistiram, uma humilde mulher interrogou à sua companheira, que a levara, pela vez primeira, à prédica de Estênio:

– Não tem o ceguinho apenas 15 anos de idade? Como, sendo ele desprovido de vista, enxergou Jesus? Como, sendo seu irmão pouco mais idoso do que ele, já praticou tantos crimes... segundo seu pai nos fez compreender?

– Pois ainda não sabes, Felícia, que Estênio e a família são quase uns visionários... e supõem que a nossa alma transmigra em diversos corpos, sendo esta a origem e a consequência dos erros do passado; que, quanto mais alguém sofre, mais delitos praticou em uma anterior existência?

– Quem sabe se eles não têm razão? Quem sabe, se, por isso, padecemos tanto, parecendo-nos não haver praticado nenhuma falta?

XVI

Estênio contemplava o primogênito, antes de haver terminado a reunião, com verdadeira comiseração, como nunca sentira: via--o ofegante, os olhos exorbitantes, os braços estendidos para os lados, formando uma cruz. Não o enxergava mais com o seu físico disforme, com o olhar de artista, e, sim, o de discípulo de Jesus, que não cogita da matéria exclusivamente, mas da alma também!

Sentira o escultor que se haviam despedaçado os grilhões dos ressentimentos, que os prendiam com violência, sem vincular os seus corações; uma luz dulcíssima, um rosicler de verão, inundava-lhes as almas, infiltrando-lhes uma alvorada divina, penetrando--as, pelos resquícios abertos pelo amor cristão, os clarões do Céu, transformando os elos do ódio em liames de afeto indestrutível...

Até então uma repulsa instintiva os repelia.

Achara-o medonho, asqueroso! Sobretudo a mácula sanguínea, na face direita – que parecia ter sido apunhalada por um gume invisível, ou haver recebido uma bofetada agressiva, vibrada por alguma vingadora mão, mergulhada no sangue de uma de suas vítimas – causava-lhe uma impressão indelével... Como havia de amá-lo, pois, com extremos de pai, se o seu coração o repelia? Impossível!

Como havia de ouvi-lo, sem repugnância, se ele patenteava, claramente, uma fisionomia de réprobo?

Após a decepção que tivera com o nascituro monstruoso, foi-se avolumando, em seu íntimo, uma verdadeira muralha de indiferença por ele...

A primeira vez que o olhou com algum interesse e compaixão, foi quando viu a tela que ele havia concebido, revelando o secreto pesar que o mortificava, interpretando, quase com maestria, *O suplício de um monstro*... Percebeu, então, que, através do arcabouço defeituoso, palpitava um coração sofredor, sensível, e uma mentalidade de artista que, certamente, se imporia, no porvir, à admiração de seus contemporâneos.

O primeiro elo, pois, que o destino forjara para vincular seus Espíritos foi originado pela Arte, que é uma das revelações das Entidades das esferas superiores, concedidas às humanas criaturas para embelezar o planeta das sombras, que é a Terra, e que ambos cultivavam com dedicação e inteligência apreciáveis. Vendo-o, depois, enfermo e prestes a exalar o derradeiro alento, forjou-se o segundo elo, o da comiseração, o do arrependimento por o haver tratado, sempre, com uma polidez que não era de pai extremoso, mas de pessoa mais ou menos indiferente à sua sorte... Então, naquela noite memorável, para ele e para todos os que mais prezava sobre a Terra, moldara-se o terceiro vínculo – mais pujante, mais resistente e inquebrantável que os outros; o afeto cristão, ou de fraternidade que, no galopar dos séculos, há de nivelar e unir a Humanidade.

....

Começara, para Plínio, uma nova etapa da existência, que ele considerava semiditosa, de uma delicadeza de névoas alvinitentes, bailando nos píncaros das serranias.

Dir-se-ia que, com fragor, uma catarata de pedras arrojadas do Infinito, sobre um rochedo que lhes resistisse aos embates violentos, se reduziram a pó; que uma correnteza impetuosa, havia muito, paralisada pelos rigores do inverno polar, rompera os cristais sonoros da neve intensa; e, então, levasse além, bruscamente, blocos gigantescos de gelo, impulsionados por um *Gulf Stream*[122] ou corrente oceânica indomável...

---

[122] Corrente do golfo, corrente oceânica, de água quente, que começa no golfo do México, indo até a Europa.

O entrechocar, porém, das rudes geleiras foi descendo e o curso do rio seguiu, então, uma trajetória tranquila.

Assim se operou a transformação desejada pelas almas daqueles dois entes secularmente atingidos pelos frêmitos do ódio, e, agora, pelos do amor. Na forja divina dos corações ateara-se o fogo sagrado da redenção, metamorfoseando-o no luar opalino de um afeto dulcíssimo – o fraterno – que enlaça todos os seres, sobrevivendo a todos os outros amores... Ao princípio, quando observou o dealbar da inteligência de Pedro, sentiu uma angústia indefinível, lembrando-se de si próprio: parecia-lhe saírem, da profundeza de seu *ego*, gemidos dolorosos, que ninguém escutava senão ele, lamentos enternecedores, brados de revolta... logo abafados como por efeito de uma mordaça... Certo dia, à tarde, em um dos varandins da habitação, olhando a relva que a defrontava, cuidou ouvir os mesmos gemidos, como se houvesse partido das próprias pedras próximas, as quais estivessem soluçando por uma causa ignorada... Teve ímpetos de fugir àquele local, onde era supliciado moralmente, mas uma força invencível o prendia, como que transformando suas pernas em bronze e introduzindo-as pelo solo adentro, transformadas em raízes vivas, até uma profundidade desconhecida... Sentia-se acorrentado àquelas paragens por um poder indômito. Odiava-as e amava-as a um só tempo. Um dia, sem saber o valor da verdade que proferia, disse ao irmãozinho, que estava ao pé de si:

– Pedro, eu me acho ligado a estas pedras... por um poder que não sei explicar! Parece-me que faço parte destas rochas, que sou uma pedra viva, que fala, que sofre, percebe o que se passa em meu íntimo, ao mesmo tempo que no interior desta serrania! Quem sabe se estes granitos, que nós julgamos insensíveis, não têm uma alma, como a nossa, a qual padece mais do que nós, porque não pode gemer, chorar, manifestar, assim, seus pesares como nós? Antes, porém, fosse eu uma pedra desta serrania, meu irmão, porque seria desconhecido de todos, não seria monstruoso, e, sobretudo, não sofreria o escárnio alheio...

Norma, que se achava presente, ouvindo o primogênito, sentiu um deslumbramento interior, qual sombria masmorra devassada, às súbitas, por um raio solar, e falou-lhe:

— Não, Plínio! Antes a dor, antes o infortúnio, sendo humano, do que anônimo, possuindo a insensibilidade das pedras... Por mais imperfeitos que sejamos, já estamos mais próximos de Deus do que aquelas.

"As pedras, meu filho, se tivessem uma alma como a nossa, se sofressem, quando esfaceladas e contundidas pela picareta e pelos martelos, ou trabalhadas pelos artífices, não se nos poderiam tornar úteis, formando os lares humanos: humildes, ou opulentos. Quer a cabana do pastor, quer os palácios reais, ficam fazendo parte da nossa existência, asilam nossos corpos durante a vida terrena e cobrem as nossas sepulturas... Elas não são úteis unicamente formando grandes moles de granito – esqueletos rijos da própria Terra – elas o são mais ainda depois de quebradas e polidas, para fortalecer e aformosear as ruas e as habitações!

"Pois bem, Plínio; sucede conosco o mesmo que com as pedras... O egoísmo nos prende às coisas materiais e ao que nos pertence; vivemos para nós unicamente, querendo evitar as grandes dores, argamassadas nos nossos desejos de felicidade, de paz, de imortalidade, de conforto, de repouso, quando o progresso do Espírito requer justamente o contrário: temos que sofrer intensamente, para desalojar defeitos condenáveis de nosso ser; lutar com a adversidade, com a morte, com as enfermidades, com as intempéries, com as desarmonias, com os labores penosos, com a falta de pão ou de opulência... Enxergar a dor alheia, esquecendo-nos das nossas, a fim de desligar nossa alma da rocha do egoísmo, procurar o convívio dos que padecem e batalham... É assim que tomamos parte na comunhão de nossos companheiros de jornada terrena, compartilhando com eles de seus destinos, gozando com eles, fazendo parte de sua existência, auxiliando-os na medida de nossas possibilidades, dando a alguns um pedaço de pão, a outros a esmola de uma palavra consoladora, concorrendo, enfim, para que se erga ao Céu o mais belo monumento, forjado em nossas próprias almas: *fraternidade* e *redenção*! Devemos, sempre, estar onde se acham nossos irmãos, solidários com eles, só nos afastando deles quando suas vidas se tornarem dissolutas, quando se entregarem aos delitos mais tenebrosos; no entanto, e ainda nesse caso, se depender de nossos esforços, devemos dar-lhes a mão para os retirar do abismo...

– Como, então, mãe, vós e meu pai deixastes Florença e viestes ocultar-vos nesta despovoada região?

– Com o intuito de sanear este local, até há poucos anos temido pelos míseros viandantes; desejosos de proteger os peregrinos, os perseguidos discípulos de Jesus, amparando-os e socorrendo-os na medida de nossas forças... Nossa estada, aqui, foi determinada pelos gênios invisíveis da Humanidade, quando estavas prestes a nascer... Nossa desobediência – afirmaram eles – acarretaria a minha morte...

– Julguei, mãe querida, que fosse para esconder o monstro de vosso filho... mais velho, cuja fealdade causa reparo a todos que o veem...

– Pois já não nos achávamos aqui, antes de teu nascimento, Plínio? És supliciado, sempre, pela desconfiança nos que tanto te estimam!

– Perdoai-me, mãe! Eu sou infeliz e faço, aos que amo, também desditosos... Compreendo, porém, todo o sacrifício que fazeis, conservando-vos ausente de Florença...

– Apenas nos impede uma determinação superior às da Terra...

– Essas determinações podem ser anuladas... quando eu partir, por todo o sempre, como vai suceder dentro em pouco tempo...

Serás cruel para conosco, Plínio; pois não tens tido motivos de queixa contra alguém, deste lar, onde todos te tratam com afeto...

– É bem verdade o que dizeis, mãe, e não vos magoeis comigo, que sou um desfavorecido pela própria Natureza... Eu também recebi um aviso do Alto e dele darei conhecimento... quando chegar a ocasião oportuna... Quero, porém, agora, que concluais o que dizíeis sobre as pedras...

Norma, atendendo o pedido de Plínio, prosseguiu:

– Lembremo-nos, filhos queridos, da pedreira quase inútil, enquanto estava inerte, apenas servindo de esconderijo aos malfeitores, e que, despedaçada, formou diversos abrigos humanos, que, em boa hora, mandamos construir para nossos irmãos desfavorecidos pelos bens de fortuna, para acolher os peregrinos, os famintos, os perseguidos, os desconhecidos... Lembremo-nos, também, dos moinhos que transformam os grãos de trigo no alvo pó abençoado para os pães saborosos, que parece alimentarem ao mesmo tempo o corpo e a alma... Meus filhos, é mister, pois, o sofrimento, a dor moral e física, as decepções, para fustigar nosso Espírito, a fim de acelerar o nosso progresso psíquico, para nos impulsionar para Deus, enfim! Se fôssemos como o granito, poderíamos ficar inativos, padecer as pancadas do alvião, sem que a dor nos atingisse a consciência, e esta deve ser a punição das rebeldias, das blasfêmias, dos traidores, dos caluniadores... A própria pedra, porém, Deus não a quer imprestável...

– Não serve ela de ossatura à Terra, dando-lhe consistência e solidez? – interrogou Plínio.

– Sim, mas não é o bastante; é mister, também, compartilhar da existência humana, na luta abençoada da manutenção da vida, na qual se acham empenhados os homens e os irracionais. É mister que seja útil, embora inconsciente, prestando valioso concurso, desde a construção de humildes choupanas, até a de monumentos que perpetuam a glória dos mais afamados heróis, dos que se imortalizam por feitos memoráveis e de palácios imperiais, onde se abrigam os dirigentes dos povos! É a pedra – seja o granito ou o mármore – que assinala o túmulo dos obscuros, ou o dos que eternizam sua trajetória pelo mundo sublunar com alguma ação meritória. Sendo ela sem vida própria, compartilha da nossa existência e das nossas atividades; ela nos rodeia, ela nos protege com os seus músculos sólidos, contra os malfeitores, as intempéries, verdadeiros braços de gigante que, quando feridos, desprendem gotas de sangue ignificado, como o são as fagulhas que se desprendem ao atrito de um corpo torturante... talvez lágrimas de fogo ou estrelas minúsculas formadas em suas almas, secularmente adormecidas, e que, então, despertam aos golpes contundentes das dores profundas e redentoras!

"Se as pedras têm sentimentos, meus filhos, ninguém o sabe; mas, se os têm, devem ser inferiores aos nossos, pois a nossa sensibilidade é patente, ao passo que a delas é, ainda, desconhecida.

"As pedras, como disse Plínio, talvez sofram com o brandir do camartelo, mas deixam de ser informes para se metamorfosearem em formas graciosas e artísticas, continuando a ser consideradas insensíveis aos maiores cataclismos do globo terrestre. No entanto, é semelhante aos delas o nosso destino, ou antes, o de nossos Espíritos, que deixam de ser amorfos ao escopro da dor; vão-se aformoseando até conquistar a beleza indefinível como a que possuía Jesus...

"Não nos devemos revoltar, pois, com os padecimentos morais ou físicos, que são os buris que afeiçoam a maior obra-prima do Universo: nossa alma! Devemos, antes, desejá-las a fim de progredir, e não regredir.

"Devemos elevar os nossos pensamentos para Deus, e não deixá-los resvalar para o torvelinho do ceticismo e da revolta!

"A alma, sem ideal, ainda se acha afastada do termo da jornada, que é infinita relativamente ao tempo, mas limitada no planeta das trevas; é deixar de ser águia real, que corta a amplidão dos ares, para se tornar galináceo que se compraz em devorar os vermes da terra, que tem asas e não sabe voar no Espaço, onde abrolham as estrelas!

"A pedra não pode elevar-se por si própria do solo de que faz parte, senão por intermédio da Humanidade a quem o Criador confiou um papel preponderante no mundo sublunar, ao passo que nós, filhos seus, temos a faculdade maravilhosa da locomoção, da percepção de todos os fenômenos da Natureza, e podemos trabalhar, voluntariamente, por nosso aprimoramento moral e espiritual. A pedra, filhos, poderia ser considerada sem a menor partícula de vida, como os outros minerais, se não contivesse, em seu âmago, qual pequenina centelha de astro... uma gota de luz petrificada por um influxo divino!

"Que é mister, porém, para retirá-la desse íntimo? Contundir o granito com um corpo semelhante, em solidez, à que ele possui, vibrar-lhe um golpe, e quanto mais obscuro o meio ambiente em que estiver, quanto mais intensas forem as trevas que o cercarem, mais viva e brilhante será a fagulha que se evolará dele, qual lágrima de fogo de um coração torturado, tenazmente, pela dor!

"Pois bem, queridos meus, a alma humana semelha-se à pedra de que falamos; pode ser insensível aos pesares de nossos irmãos, alheia ao bem, afastada dos que sofrem, indiferente como o coração de granito do egoísta, mas, um dia, é abalada por um frêmito incoercível: é o macete da dor que lhe vibra golpes tremendos; os padecimentos arrancam-lhe das entranhas a fagulha perpétua da fé, sendo esta uma cintila celeste indestrutível, que se apega por todo o sempre em nosso íntimo, iluminando-o como um archote, fazendo-a transpor os maiores obstáculos, suportar os maiores infortúnios, ligando o corpo perecível ao Céu de duração ilimitada, dando-lhe a serenidade dos bons e dos justos!".

– Foi esse milagre que se operou em minha alma tenebrosa, mãe! – balbuciou Plínio, trêmulo de emoção. – Eu estava inerte, como este rochedo... Nos primeiros anos de minha vida, vendo-me deformado e enfermo, odiava a Humanidade... como se fosse ela culpada das minhas desditas; e tinha ímpetos de me vingar dos que não se achavam nas minhas condições! Agora, sofro com os infortúnios alheios, sabendo compadecer-me das criancinhas, dos desventurados, dos perseguidos...

Plínio, dominado, então, por incoercível exaltação, tinha os olhos fúlgidos de pranto.

Norma, não podendo ocultar a sua compaixão pelo filho mais velho, acariciou-lhe a fronte, dirigindo-lhe palavras de conforto e afeição; mas não teve ânimo de lhe dar um ósculo, naquele instante inolvidável para ambos, por sentir, ainda, secreta aversão pelo cruel adversário de outrora...

XVII

Pedro, percebendo o que ocorria no âmago de seu irmão, ergueu-se de onde se achava – uma poltrona de estilo romano – e, passando-lhe sobre a fronte sua leve mão direita, disse-lhe, com carinho:

– Bendito seja quem me privou da luz dos olhos, mas não me negou o consolo das lágrimas que dulcificam a alma! Percebo o que padeces, Plínio, mais do que eu, porque estou resignado com a vontade suprema!

"Pensas que, sendo eu desprovido da visão, desconheço as amarguras alheias, os infortúnios de nosso próximo? Há momentos em que eu cuido que minhas mãos enxergam, que todo o meu corpo é dotado de centena de olhos – novo Argos que ninguém suspeita! – e, com eles, devasso as trevas do passado, do presente e do porvir... Há poucos dias – lembras-te? – nosso pai nos relatou a lenda de Argos, que possuía uma centena de olhos, estando sempre vigilantes cinquenta daqueles pequeninos faróis, que Deus concede aos seres vivos para sua defesa e conservação. Desde então, eu dela me recordo incessantemente. Por quê? Porque os cegos, como eu, são Argos que veem com os olhos da alma, que ninguém sabe quantos são, e que estão esparsos, ou engastados no Espírito, mas se acham velados pela cegueira das paixões nocivas, do egoísmo, do orgulho, da perversidade, da hipocrisia! Raros são os entes humanos que não se encontram nessas condições lamentáveis. É por isso que, nós, os cegos, como todos pensam, vemos por uma sensação indefinível, sem que haja palavras que traduzam quanto se passa em nosso eu...

"Sei o que é a beleza física, a cor, a hediondez, por uma percepção interior, que nada mais é que a reminiscência de tudo quanto já observei em precedentes avatares... Eu vejo os seres através dos olhos espirituais que não se iludem nunca, que desvendam tudo com maior precisão do que os corporais, conhecendo, ou antes, reconhecendo, as criaturas – não por suas qualidades físicas, mas psíquicas...

"Às vezes, quando te aproximas de mim, Plínio, sou advertido por uma vibração intraduzível, a respeito do estado moral de tua alma: *sei* quando estás conformado com o destino, quando te achas com pensamentos tenebrosos, quando te revoltas contra as leis sacrossantas que nos regem! Eu enxergo, através dos olhos de minha alma, as almas das outras criaturas... As trevas, que me cercam, desfazem-se, como por magia; e, então, circunda-me uma dourada e luminosa bruma, como deve suceder nas manhãs de estio das regiões tropicais... Movem-se, então, dentro dessa névoa divina, muitos seres silenciosos, alguns sorrindo para mim, outros compadecidos do meu penar, outros ameaçadores, desejando agredir-me, mas que nada me fazem de mal, porque surge um velhinho bondoso, que eu já conheço, há muito, e, com um gesto amigo de suas mãos de neblina luminosa, os faz recuar e ajoelharem-se, dominando-os paternalmente, ensinando-os a orar, com os braços erguidos para o Céu... Cai, então, sobre todos nós, uma chuva incomparável, que eu julgo ser formada de pedacinhos de estrelas pulverizadas na amplidão sideral! E, o que considero notável, inexplicável, é que, por uma percepção, certamente espiritual, eu distingo todos os entes que se acham ao meu redor, por seu valor moral; quer os que estão no plano material, quer os que já passaram pelo transe da morte, pela gradação de luz e de sombra que os circundam... Quando eles elevam os braços, para fazer súplicas a Deus, formam todos como que uma floresta humana, despida de folhas, onde somente existissem hastes da mais variada coloração imaginável... Vejo-as de todas as cores que suponho existirem para os que têm vista...".

— E como me enxergas, Pedro? — interrogou-o Plínio, com ansiedade.

— Não te entristeças, meu irmão, mas preciso falar-te com lealdade para que te esforces em purificar o teu Espírito... Eu e tu ainda temos os braços denegridos e com reflexos de sangue... Eis por que não maldigo do destino, achando-o justo, ao condenar-nos ao sofrimento... Somos o inverso de nossos pais e da adorada tia Júlia: eles têm irradiações astrais nas frontes e nas mãos benfazejas!

— Quando havemos de igualá-los, Pedro?...

— Quando trabalharmos, com ânimo heroico, na *seara divina*! Temos que sacrificar-nos pelos que padecem fome, injustiças, perseguições, resgatando, com lágrimas, labor e honestidade, o que fizemos outrora de iniquidades...

— Mas tu tens uma fé que é um tesouro, Pedro!

— E quem te impede que a tenhas igual à minha, Plínio?

— Eu ainda vacilo, Pedro, porque desejava conseguir as venturas terrenas... sabendo que todas elas me são vedadas!

— E que ventura mais sublime existe do que a de ser honesto, cumprindo todos os deveres terrenos e celestes, ter, enfim, a paz na consciência de justo? Quem te impede de seres bom e virtuoso, Plínio?

— A tua fé veio do Céu, contigo, ao passo que a minha... apenas desabrochou há pouco, nas trevas de minha alma, e, qual frágil sensitiva, só terá vigor irrigada com muitas lágrimas e muitos sofrimentos!

— Benditos prantos e abençoados sofrimentos que lucificam as sombras de tantos crimes!

— Quero orar contigo, Pedro, sempre e sempre! Quero experimentar se consigo os mesmos esplendores que abrolham em teu íntimo... embora tenha a impressão de que sou um ser maldito, que nem ao menos tem o repouso do sono, pois que este é perturbado por visões sinistras! Desejo, porém, remir o meu passado e alcançar o perdão divino! Compreendes, Pedro, o suplício em que vivo?

— E o teu será mais intenso do que o que me tortura, Plínio? Sabes, porém, o que me conforta o coração? Deus não amaldiçoa nenhum de seus filhos, e faculta, a todos, os meios de remissão: virtude e trabalho, sacrifício e amor a nosso próximo!

— Tu me surpreendes, Pedro! — exclamou Plínio, perplexo. — Como é que, sendo menos idoso do que eu, percebes melhor os desígnios divinos?

— Porque vejo tudo através dos olhos da alma... e tu estavas com os teus cerrados à luz, meu irmão! Meu espírito, inundado de fé, devassa o passado e o porvir. É um clarão permanente no meu íntimo, é como um farol inextinguível, aceso em alto mar, servindo de roteiro a todos os nautas em noite tétrica e procelosa... Tem a fé, que desabrocha pela convicção da bondade e da justiça do Criador, e terás consolo, sentirás a presença divina dentro de ti mesmo!

Plínio, sentado a pouca distância do ceguinho, apoiando a fronte sobre as mãos, silenciosamente, sentiu que lágrimas ardentes as umedeciam. Pedro, solene e grave, não parecendo ser da idade que realmente tinha naquela vida terrena, levou a destra, por intuição apurada que os desprovidos de visão possuem, deixando-a, após, recair sobre a cabeça do irmão; e, assim ligados por um elo fluídico, encetou uma prece veemente em seu benefício. Sentiu-se, subitamente, com a mente iluminada por uma projeção sideral, sendo arrebatado por muitas recordações de um tempo transcorrido, havia muito:

— Plínio, companheiro querido de diversas jornadas terrenas, não te entregues, nunca, aos pensamentos depressivos, ao desalento, sejam quais forem os teus dissabores, pois ficarás ao influxo dos adversários da luz. Aceita, pois, com ânimo sereno, com verdadeira coragem moral, as provas mais penosas que patenteiam crimes funestos de um passado sombrio, lembrando-te de que só depois de todos eles reparados é que poderás fruir a isenção de dores e as felicidades. Ergue-te e vamos agir em benefício dos que prejudicamos outrora, quando desconhecíamos as Leis Divinas, o amor fraterno e o respeito aos direitos alheios! Nós os encontraremos... onde estiver um faminto, um enfermo, um infortunado. Transformaremos o ouro do crime no óbolo bendito da caridade, ou antes, da reparação, aos que já espoliamos do que lhes pertencia legalmente.

Norma chorava, ouvindo a exortação de Pedro, murmurando, a custo:

— Parece-me que estou sob o domínio do irreal... Julgo estar sonhando, em plena realidade!

Ela via o ceguinho sob outro aspecto, qual se fora um varão experimentado pelos embates da vida... Ele, enquanto aconselhava o irmão, calou-se, por instantes, para elevar o pensamento ao Céu, e, repentinamente, após um leve aturdimento, compreendeu que seu Espírito se exteriorizou, pondo-se em comunicação com um esplendor intenso, que o envolveu completamente, distinguindo, então, o mesmo vulto venerável cuja fisionomia não lhe era estranha, todo ele entrajado em uma túnica alvinitente, postado ao pé de imensa cruz, que estava erigida na Terra, mas terminava nas alturas consteladas... Ao redor de sua fronte, como um círculo vívido e formoso, apareciam rostos expressivos de crianças, com indefinível irradiação de ternura e candidez.

O ancião falou-lhe com bonomia, e ele, Pedro, sem perceber nitidamente o fenômeno psíquico que consigo ocorria, reproduziu-lhe as austeras palavras:

– Plínio, presta atenção às minhas palavras: Começamos a saldar uma dívida tenebrosa, mas ainda não houve sacrifício nem mérito nos atos de altruísmo que já realizamos, porque, até hoje, distribuímos o alheio, o que não foi adquirido com esforço e labor honesto... Para que possamos fazê-lo, meu irmão, deveremos experimentar, nos lábios, a taça das amarguras, angariar, penosamente, o fruto de nosso labor. Aqui, no lar bendito de nossos pais, temos conforto invejável e o amor dos que nos cercam, a dedicação dos que têm compaixão de nossos infortúnios... É mister, pois, sair deste remanso de paz, conhecer o mundo com os seus obstáculos, as suas penúrias, as suas atribulações, as suas tremendas decepções... Aqui, salvo alguma enfermidade, nosso sofrimento é quase imaginário, porque provém das recordações acerbas que jazem em nosso íntimo...

"Não esperemos que nos busquem os sofredores, mas nós é que temos de procurá-los em suas desguarnecidas alfurjas! Temos que buscar a dor, o pranto, a miséria – moral ou física – para prestar o nosso auxílio a quem dele carecer... Aqui, ficarão os entes que mais amamos, como três atalaias vivas, de braços abertos para receberem os peregrinos, ou para orarem por nós... Vamos, pois, partir pelo mundo, meu companheiro de provas, em procura da paz de consciência – única ventura que aqui fluímos – cooperando em prol dos que padecem, olvidando mágoas recônditas.

"Como, porém, poderemos trabalhar? Não é o que pensaste, meu irmão?"

– Sim, que sabemos nós que agrade ao público? Trabalhando ou esmolando, Pedro.

– Não, eu executando músicas na harpa, tu, cantando as canções que temos composto; e, sempre que for possível, farás painéis, ou retratos, que tão bem sabes pintar. Desse modo, não nos faltará o pão e o teremos para repartir com os que não o tiveram... Quem não se compadecerá de dois menestréis... que, por seu turno, farão dos infortunados seus próprios irmãos? Iremos pelo mundo, curtindo dores, saudades, decepções, cobrindo as almas com a primeira túnica de luz que temos de conquistar, calando íntimos pesares para só nos lembrarmos dos que os padecem...

– E cuidas, Pedro, que nossos extremosos progenitores não se oporão a esses projetos? – interrogou Plínio, perplexo, comovido até às lágrimas.

– Eles compreenderão os nossos nobres intuitos e dar-nos-ão o seu consentimento. Tanto quanto nós eles desejam o nosso progresso espiritual, a nossa redenção.

– Teus projetos me surpreendem, Pedro; mas estão de pleno acordo com o que há muito tenho conjeturado. Quero que me ouças, por alguns instantes, assim como nossa querida mãe, que não cessa de chorar desde que começaste a transmitir-nos esses pensamentos...

"Sou um desditoso; só causo infortúnios aos que amo...

"Escuta-me, porém, meu irmão. Disseste que, até agora, nossos dissabores têm sido quase imaginários, no entanto, eu te afirmo: nunca as palavras de que se compõe o vocabulário humano hão de interpretar o que tumultua em meu âmago – tortura indefinível que jamais alguém perceberá! Um ente, como eu, deformado e hediondo, sem poder associar-se aos prazeres da vida, inspirando repulsa ou compaixão, assinalado pelo destino, com indelével ferrete, perpetuado em sangue, estampado em minha face direita, denunciando o que fui, a todos que me observam, à primeira vista: a sentença divina, exarada em meu organismo, para que eu não possa esquecer-me dos crimes e das perversidades que já perpetrei... tudo isso que ninguém avalia – porque ocorre em meu espírito – constitui um tormento incessante que não me é dado exteriorizar!... Que posso eu esperar do mundo em que vivemos? Como vencer os obstáculos que me atingem, constantemente, sem poder manejar os instrumentos de labor, senão a custo, tendo dedos que parecem garras, mal podendo suster os pincéis, ou o buril?"

– No entanto, Plínio, já produziste duas telas que foram elogiadas por nosso pai, que é verdadeiro artista... e que só eu não posso apreciar.

– É verdade, Pedro, mas prevejo que não poderemos auferir os meios de subsistência, pois precisamos agir, peregrinar pelas mansardas, onde desejamos levar um óbolo ou um consolo, tolhidos para realizar qualquer outro serviço produtivo... Tenho, pois, que abandonar a Arte, que tanto admiro, para me fazer cantor ambulante, para podermos ter rendimentos com que nos mantenhamos e para que restem algumas moedas que possamos repartir com os que tiverem menos do que nós...

– Não conjecturemos dificuldades invencíveis, Plínio, pois, cumprindo as determinações do Alto, havemos de conseguir triunfar de todas elas! Confiemos no auxílio dos gênios do bem, que não nos abandonarão, compreendendo o nosso nobre objetivo: a remissão de nosso passado sombrio! Não convém que desistas da pintura e da escultura. Aconselho-te que submetas à apreciação dos mestres, mormente o teu painel – "Suplício de um monstro" – que, dizem, sobrepuja todos os outros que produziste... Não te esquecerás de expor, também – "Arroubos de fé" – em que me pintaste, ajoelhado, orando, com fervor, com os olhos de trevas, buscando a luz do Infinito – *Deus*! Afirma nosso pai que é semidivino o clarão que o inunda, projetado de uma cruz maravilhosa, e que parece ter sido forjado no Céu, com um só radioso bloco de estrela...

– Obrigado, Pedro, por tuas expressões generosas! Não sabes ainda o que escrevi, do lado oposto da tela: "Os cegos, que são bons e humildes, enxergam mais que os pecadores, pois veem com os olhos da alma iluminados pela fé". Mas, querido irmão, se eu expuser aquele painel, logo perceberão qual é a nossa crença... e o Coliseu romano nos aguarda...

— É bem verdade o que disseste, Plínio! Deixá-la-ás permanecer aqui, ofertando-as aos que muito prezamos... Futuramente, então, terá o valor que merece aquela obra-prima! Dize-me, porém, Plínio: quem te inspirou aquele belo pensamento que escreveste no teu melhor painel?

— Foi nosso pai e verdadeiro amigo! Vamos, agora, escutar a nossa querida mãe, que ainda não se fez ouvir a respeito de nossos projetos...

— Meus filhos – pôde murmurar Norma, até então surpresa e compungida –, é digno de reflexão tudo quanto falastes, certamente inspirados pelos gênios celestes; e eu, embora com o coração martirizado, antevendo inquietações e saudades, quero expor a vosso pai o que estivestes conversando, pois reconheço em vossas palavras muita inspiração do Alto...

"Uma coisa, porém, quero que fique bem elucidada: não duvideis de nosso afeto, por ambos! Eu e Estênio sabemos que algo de misterioso e trágico ocorreu no passado de todos nós... O passado, porém, deve jazer num sepulcro fechado e silencioso.

"Laboremos, sim, pelo grandioso futuro de nossas almas imortais, sem voltar os olhos para a estrada percorrida! Soframos, corajosamente, as nossas amarguras, de que ninguém suspeita, para que se rompam as trevas do passado com as projeções radiosas do amor ao próximo, da virtude e do perdão!"

Como que impulsionados por um poder insuperável, Pedro e Plínio ajoelharam-se a seus pés, osculando-lhe as mãos. Foi o primogênito que balbuciou, entre lágrimas:

— Perdoai-nos, intercedei junto de nosso pai a concessão do que pretendemos efetuar; e compreendei, sobretudo, o sacrifício que vamos fazer, ausentando-nos deste remanso de paz e de venturas... que não existem em qualquer outra região da Terra!

XVIII

Era ao crepúsculo de uma tarde estival.

Estavam reunidos no *Castelo das Sombras* todos os membros da família de Estênio, em um terraço lateral, onde havia uma roseira em flor, parecendo prolongar o jardim, em plena florescência, como que tocado pelo condão de ouro de alguma fada celeste.

– Como? filhos queridos! Pois quereis abandonar-nos?! – interpelou o escultor aos adolescentes que se achavam perto.

– *Abandonar-vos*, não, pai – respondeu-lhe Plínio, emocionado. – Queremos melhor trabalhar na seara do Senhor, da qual falava Jesus; investigar a dor alheia, esquecendo-nos da nossa; viver, penosamente, como míseros rapsodos...

– E contais com o nosso consentimento, Plínio?

– Sim; pois sabeis que vamos cumprir os conselhos recebidos por Pedro. Vamos esforçar-nos por melhorar nossas condições futuras.

– Nobres são os vossos intuitos, filhos meus – respondeu Estênio, abraçando-os, comovido. – Seria um crime se tentássemos obstar a execução da tal missão... Não temos o direito de estorvar o futuro que vos aguarda; somos responsáveis por ele; e, portanto, imploramos a Jesus a sua bênção para o que pretendeis empreender!

"Como progenitores... assiste-nos o direito de proibir a vossa retirada do lar paterno; como cristãos, porém, não o faremos, devendo, antes, favorecer a execução de vossos nobilíssimos planos... Quero, porém, que sejais sinceros e nos digais se não nos achais egoístas – a mim, a Norma, e a Júlia – permanecendo aqui, nesta inóspita região, enquanto ides expor-vos a incontáveis obstáculos e perigos..."

— Respondo-vos com a máxima lealdade. Aqui, sob a égide tutelar do amor paterno, não nos faltaria o conforto celeste de vossos carinhos e o de vossos conselhos. E poderíamos permanecer aqui, eternamente, sem ser atingidos pelas desventuras terrenas... Isso, porém, seria a inércia, a isenção de méritos, pela escassez dos sofrimentos decorrentes da penúria e do convívio humano. Só estaríamos em condições de não praticar nenhuma falta, mas isso não basta. Não temos o direito de fugir às procelas da desdita; antes, temos que buscá-las, enfrentando, com ânimo sereno, as lutas da existência. Compreendeis ao que aspiramos, pais bem-amados? – concluiu Plínio, com a voz trêmula de comoção.

— É profundamente justo e espantoso o que disseste, Plínio! – murmurou Estênio, admirado por ter ouvido semelhantes palavras da boca do sempre revoltado primogênito. – Como, porém, chegaste à percepção da diversidade de nossos destinos e das desastrosas consequências dos erros do passado... que, quase todos, julgam findo?

— Como, pai? Por uma intensa e iniludível intuição; uma percepção interior que, muitas vezes, nos segreda verdades porvindouras.

"Julguei, de bom grado, que devemos executar quanto nos alvitra o Alto. Ah! meu prezado pai! o próprio Deus nos desvendou os olhos para que pudéssemos enxergar, lucidamente, a realidade e os crimes de nossas findas existências... Eu e Pedro pretendemos exibir-nos nos centros mais populosos da Europa: eu, como cantor; ele, como harpista... De tudo quanto obtivermos, retirando, apenas, o indispensável à nossa manutenção, distribuiremos o excedente com os infortunados. Queremos ficar em contato com os que padecem – nossos prováveis companheiros de existências eivadas de delitos – para melhor aquilatar as suas humilhações; e, sempre que for possível, melhorar as suas tribulações. Não desejamos, porém, deixar o *Castelo das Sombras*, por todo o sempre... pois aqui nos prendem vínculos eternos de afeição imorredoura... E voltaremos, sempre que o destino favorecer o nosso plano. Vós aqui ficareis, em paz, orando por nós. A saudade, mais poderosa que a nossa presença, há de unir nossas almas, divinizando o afeto que as vincula, eternamente!"

— Mas, Plínio — exclamou Estênio, comovido —, nunca poderemos permitir, de bom grado, que ambos deixem o lar paterno, causando-nos inconcebíveis apreensões!

— Jesus vos concederá a precisa coragem para aquiescer à nossa pretensão! — respondeu-lhe Plínio, com serenidade e firmeza. — Eu, tanto quanto Pedro e nossa adorada mãe, recebi revelações assustadoras... É preciso que eu beba do cálice das amarguras que redimem, como o fez o amado Mestre de Nazaré. É mister que eu seja útil, quanto já fui nocivo; que entre na batalha da vida com heroicidade, empreendendo uma longa cruzada do bem, empunhando as armas abençoadas da fé, da resignação, sem desfalecimentos, mas com invencível denodo.

"Desde que interpreto a verdade da Justiça Divina por esse modo, não tenho mais o direito de me acovardar e de falir... Quero trabalhar por meu progresso espiritual. Agora, que já sabeis quais são os meus intuitos, os meus ideais, acredito que não ponhais obstáculos à sua realização, não prejudicando, por muito tempo, o futuro de minha alma!

"A mão deturpada, que empunhava o punhal e o bacamarte... vai segurar a cruz onde Jesus agonizou, vai manejar o pincel e o escopro para auferir, penosamente, o alimento para seu próprio corpo e para o dos desditosos... seus irmãos ou suas vítimas em findas existências..."

Calou-se Plínio, e, por alguns instantes, imperou profundo silêncio no recinto em que se achavam congregados os membros da família. Quebrou-o Estênio, que estava empolgado por intensa emoção, mergulhado em acerbas reflexões.

XIX

– Tens razão, meu filho! – disse o escultor, com os olhos enevoados de lágrimas. – Eu não devo, dominado pelo egoísmo paterno, suster a marcha ascensional dos Espíritos que me foram confiados por Deus, impedindo o resgate de débitos tenebrosos... Não devo estancar a sede de redenção, mas fazê-la recrudescer, amados filhos!

"Nós consentimos, pois, em nome de Jesus, que partais para o sofrimento, para a abnegação, para o labor e para a caridade! Haveis de compreender, porém, que, aqui, os nossos corações ficarão amortalhados em saudades intensas, orando por ambos, meus filhos...

"Que Jesus vos abençôe e a todos os vossos remissores projetos! Nossas bênçãos, também, transfundidas em saudades, hão de seguir-vos, qual a sombra ao corpo, dar-vos-ão coragem e alento para, mais tarde, exaustos peregrinos, buscardes novamente este lar, que será sempre vosso, e do qual partireis em procura de tribulações... que hão de dar-vos o triunfo almejado!"

Assim dizendo, Estênio abraçou os filhos, com os olhos inundados de pranto, enquanto eles, Norma e Júlia estavam soluçantes...

XX

Operou-se o milagre divino nos Espíritos daqueles seres, que, havia muito, eram companheiros na longínqua voragem do passado, por sentimentos que se conflagravam; já, então metamorfoseados em amor suave e generoso, que eclipsara os ressentimentos e os rancores que os repeliam... As trevas das odiosidades e da vindita dissiparam-se totalmente; ruíram por terra as trincheiras da execração, sendo, no local onde haviam existido, edificados os pedestais que atingem o próprio infinito – perdão, esquecimento de todas as ofensas, traições, barbaridades, humilhações, que foram substituídas pela afeição espiritual.

Norma compartilhava, intensamente, dos pesares do esposo; e só então lhe pareceu que a existência dos filhos era bem um fragmento da sua, imprescindível à sua alma; era um agregado de átomos vivos que se desalojaram de seu próprio ser, que, daquela data em diante, ficaria incompleto, ou, antes, mutilado, até que eles retornassem ao lar, para integrar o que então lhe faltava... Sentiu-se insulada e desditosa, antes da projetada separação, pois percebeu que se ia dilacerar sua alma; e, naqueles momentos pungitivos, pôde bem compreender quanto os amava...

Como poderia, pois, sem um abalo aterrador, separar-se daqueles dois seres, que, durante todo o decorrer da vida, desejaria cumular de carinhos, para lhes abrandar as agruras do destino?

Plínio já havia completado dezenove aniversários, e Pedro, catorze. O primeiro era robusto; o segundo, débil e esguio, tendo ultrapassado o irmão na estatura. Ela, pois, bem como Estênio e Júlia, não podiam resignar-se com a sua partida, mormente por causa do mais moço, cuja saúde era muito alterável. No entanto, dir-se-ia que, no íntimo dos três que iriam ficar imersos em saudades e desolação, uma voz bradava, atroadoramente:

– Deixai-os cumprir os desígnios supremos! Eles necessitam adquirir méritos para a sua evolução espiritual. É mister a experiência própria, o sofrimento, a penúria, o esforço, o sacrifício, a renúncia dos gozos terrenos, a aquisição das virtudes máximas, para que suas almas conquistem as bênçãos divinas e sejam norteadas ao Criador e às paragens felizes do Universo!

XXI

Decorreram dias de apreensões e tristezas para os habitantes do *Castelo das Sombras*.

Um dia, porém, quase ao alvorecer, tendo os jovens ultimado os preparativos para uma longa jornada, ajoelharam-se perante os pais e a tia, que se achavam em preces, oscularam-lhes as mãos veneradas; e, soluçantes, foram em busca da sege que os ia conduzir a diversos lugares desconhecidos. Estênio não os deixou partir sem recursos pecuniários, que eles guardaram ocultamente, em um dos braços da harpa que iam levar consigo.

A manhã estava de uma beleza indefinível, contrastando com a tristeza que dominava os corações angustiados pelo tormento da separação iminente daqueles entes queridos, que, talvez, jamais regressassem ao *Solar de Pedro*...

Havia chovido, durante a noite. Ondas de brumas alvinitentes engrinaldavam os píncaros da serrania, vizinha à habitação de Estênio, parecendo que, de um mar longínquo, vagalhões de névoas, subitamente eterizadas, houvessem atingido o ápice das montanhas, ameaçando, silenciosamente, inundar todo o horizonte da Terra... Tons de púrpura luminosa ainda aformoseavam o Oriente. As neblinas, vagas etéreas de um distante Mediterrâneo – ao influxo de condão divino – estavam paralisadas, muito leves e alvas, fazendo parte, ao mesmo tempo, da Terra e do céu... Na tranquila Natureza havia luz e amenidade; nas almas, uma dolorosa expectativa, uma melancolia intraduzível...

– Vamos orar, na cripta, pelos que vão partir e pelos que aqui ficarem com as almas dilaceradas de saudades! – havia dito Estênio, com a voz mal firme.

Ajoelhados, na penumbra do subterrâneo, apenas iluminado por uma lâmpada suspensa à abóbada, depois de haverem orado, todos se voltaram para Norma, que, com a fisionomia transfigurada, disse, com um timbre de voz desconhecida:

– O sacrifício é a prova máxima por que passam os Espíritos que se encaminham para Deus, pois por meio dele se redimem das derradeiras faltas, inundando-se de luminosidades inextinguíveis...

"O sacrifício é a pedra de toque com a qual Deus afere o valor do ouro preciosíssimo da alma humana... O déspota quer triunfar, sempre, e não sabe imolar-se por nobres ideais: quer tudo conseguir, não pelo direito e pela justiça, mas pela força dominadora do absolutismo ou por alguma apavorante crueldade, pela violência, ou pela destruição... O perverso, para saciar os seus desejos ou seus instintos inferiores, lança mão do bacamarte, do veneno, da deslealdade, da calúnia, da fraude, dos crimes mais horripilantes... O fim justifica os meios – eis o seu lema. O justo, ao contrário, sabe calar-se, e resignar-se com a vontade suprema, renegar os seus direitos, emudecer seus lamentos, ajoelhar-se e implorar ao Soberano do Universo a força que lhe falta para cumprir, austeramente, os seus mais penosos deveres, que, muitas vezes, o esmagam, abatendo-o para o solo, fazendo-o desfalecer por momentos da fé e da esperança – que são imortais!

"Quem diz – *sacrifício* – expressa o que há de grandioso e santo na alma imolada pelo bem do nosso próximo.

"Imolar-se por um ideal, pela consecução de elevado empreendimento, para a realização de um sonho divinal, é não medir o sofrimento, os apodos, os reveses, as desilusões esmagadoras; é ter chumbados à Terra os pés agrilhoados, e a alma aprisionada a uma estrela de incomparável luminosidade; é chorar sem que ninguém perceba as suas lágrimas; é ter a carência de alimentos e repartir a migalha de pão que possuir pelos que estão famintos; é tiritar de frio e ofertar o único agasalho, ou farrapo que lhe pertencia a um enfermo, a um inválido, ou a uma criancinha.

"Não sei qual de vós sofrerá mais acerbamente as agruras da separação: vós, que ides pelo vasto mundo em busca de padecimentos remissores, ou vós, que ides permanecer nesta alcantilada região.

"O sacrifício redime e angeliza os Espíritos, impulsionando-os para Deus, o eterno Soberano do Universo! Jesus já vos ensinou como deveis padecer. Quem quiser atingir o Céu, ou antes, a perfeição espiritual, que é o termo das agruras terrenas, terá que tomar o madeiro das provas sobre os ombros, e galgar o calvário de todas as dores, que são pungitivas crucificações que purificam todas as máculas seculares das almas delinquentes! Ninguém pode eximir-se da prova suprema, que sintetiza todos os sacrifícios. Sacrifício é sinônimo de virtude superlativa!

"Irmãos queridos, que desejais partir em demanda da desventura... ou da salvação de vossos Espíritos. Se já compreendestes o valor do sofrimento e do sacrifício é porque em vossos íntimos vibram os clarins benditos dos Emissários divinos, despertando as nobres aspirações que ficam em letargia, enquanto os delitos estendem os seus tentáculos asfixiantes sobre as vítimas inermes, qual polvo infernal; se quereis caminhar com passos de Golias, para atingir a remissão de vossos passados erros... é que estais sendo impulsionados por uma força extraterrena!".

XXII

– Irmãos e amigos, a vida humana é uma série ininterrupta de refregas e de desilusões... Felizes, porém, os que já compreenderam o sublime alvo da existência planetária.

"Podeis partir, agora, queridos irmãozinhos, mas nunca estareis apartados de vosso lar, nem dos corações afetuosos que vos cercam, como flores vívidas; e vós continuareis a prezá-los ainda mais à luz consoladora da saudade, que liga todos os seres, através das distâncias incomensuráveis, deste e dos mundos siderais...

"Ireis, seguidos por uma trama radiosa, tecida pelo amor que vos consagram entes nobilíssimos, aos quais fostes vinculados, há muitos séculos... Tornam-se necessárias, às vezes, as borrascas tremendas do sofrimento, para melhor aquilatarmos a doçura, a amenidade, o frescor da bonança de alguns períodos fagueiros da existência terrena... os quais passam despercebidos pelos que os desfrutam, quase inconscientemente...

"Podeis, agora, partir, meus queridos, nimbados pela luz tutelar das bênçãos dos que vos amam, deixando encerradas, em vossos corações, as reminiscências dos tempos transcorridos, tão placidamente, como se fossem apenas instantes fugazes de um sonho feliz... Ide, em paz, e, para vos consolar do vosso apartamento, ficarão duas consciências, inseparáveis: a prece e a saudade! Ide, com as almas repletas de ilusões, de esperanças, de douradas aspirações; e, aqui, só voltareis com os corações cheios de amarguras, e de luminosidades inextinguíveis! Aqui, neste inolvidável recanto da Terra em que habitais, todos vos esperarão com uma ansiedade, semelhante à de um marujo, lutando com vagalhões bravios, e que, avistando o horizonte da pátria bem-amada, haure novo alento, e pensa ainda poder alcançá-la, com ingente esforço...

"Ouvi-me, talvez pela derradeira vez nesta existência: nunca falteis ao cumprimento austero de todos os deveres terrestres, por mais penosos que eles vos pareçam. Sofrei as injustiças e as perseguições com a mesma sublime serenidade dos humildes cristãos, que têm sucumbido no Coliseu romano, devorados pelas feras famulentas e enfurecidas, ávidas de carnagem humana, e que, no entanto, são menos cruéis do que os tiranos que condenam criaturas humanas, inofensivas, quais ovelhas, como se fossem facínoras, somente porque tributam ao Criador do Universo e a Jesus um sincero e elevado culto, tendo já nos espíritos de justos, ou de heróis espirituais, revérberos inapagáveis de fé e de esperança, nas paragens siderais!"

XXIII

— Amados de minha alma! eu, que vos sigo há muitos séculos – às vezes torturado por vossos delitos – acompanhando-vos através de existências tenebrosas; eu que tenho contemplado, atônito, apavorado e entristecido, vossas quedas tremendas, quero externar os meus pensamentos, até completá-los por meio desta criatura que está ultimando suas provas planetárias.

"Agora, amados meus, não haverá mais separações para vossos corações encadeados, agrilhoados, ligados por toda a Eternidade! Como, porém, padecerão quantos aqui vão permanecer! Como serão longos os dias – eles minúsculos, que formam a corrente inquebrantável da Eternidade – quer sejam os do inverno, quer os da radiosa primavera, pois as horas de saudades e de recordações, como os vossos leitos e os lugares que ocupáveis – parecerão vazios aos que ficarem!

"Estais livres para partir, deixando, aqui, os vossos corações, ou, antes, permutá-los-eis pelos que aqui se conservarem no *Castelo das Sombras*... Não desistais, porém, de um projeto que foi elaborado no Além...

"Se, porventura, regressardes a este local, e a invernia da dor e da saudade já houver arrebatado algum dos que me ouvem, podereis entoar, neste recinto, a aleluia da imortalidade, orando pelo que partir para as alturas consteladas! Não o procureis mais no estreito âmbito de um sepulcro, mas regozijai-vos por se haver libertado mais uma águia divina; e, todos, em uníssono, vibrarão as notas de dulcíssimas harmonias nas harpas celestes das almas – fagulhas de Deus – que sabem desprender as melodias que sobem ao Infinito, as preces, cujos fulgores se confundem com os das próprias estrelas!

"Ide, agora, amados meus, com a bênção e a proteção do Altíssimo, entoando, em vossas almas, a epopeia sublime do amor, do perdão e da caridade!"

....

Subitamente, calou-se Norma, pálida e desfigurada, como se estivesse prestes a desfalecer, sendo então amparada por Estênio, que a interpelou, com emoção irreprimível:

— Norma, querida, estás com a saúde abalada?

— Que sei eu, Estênio? Sinto, às vezes, uma influência dominadora, de fora deste mundo, atuando em mim de um modo empolgante, forçando-me a externar pensamentos que só percebo vagamente...

— Falaste qual uma profetisa, Norma, tal como quando para aqui viemos, com verdadeira inspiração do Céu...

— Ainda não cessou a influência, Estênio... Deixa-me completar os conselhos dos Invisíveis amigos de Jesus...

A voz da esposa de Estênio tomou outra inflexão, mais suave do que aquela com que até então havia falado; tornou-se débil e entrecortada qual a de um enfermo, como que revelando outra personalidade; e, não respondendo às arguições que lhe foram feitas, ficou em absoluto silêncio.

Houve uma transformação mais pronunciada em seu semblante, que se transfigurou. Dir-se-ia que uma outra entidade esculpira em jaspe luminoso, patenteando linhas de uma pureza e dignidade que ultrapassavam as do rosto de Norma, uma fisionomia sideral. Deixou os braços de Estênio, que a amparavam até àquele instante, ergueu-se, ereta e majestosa, com os olhos cerrados e murmurou, pausadamente, com doçura:

— *Vejo*, novamente, como outrora, nos instantes de amarguras inolvidáveis, nas criptas romanas... à hora em que Pedro evocava o Mestre querido... *Ele* surgiu, serenamente, na orla do horizonte, ideal... Parece que está sulcando vagas de luz, em um batel de espumas vaporosas. Move-se, com Ele, uma cruz radiosa... Seus braços estão levantados em súplica; e, ao mesmo tempo, disseminando bênçãos a todos os que, neste momento, se acham em preces ou em aflições, sofrendo rudes provas experimentais; suas mãos, que irradiam raios estelares, atingem o firmamento... onde recebem fulgurações divinas... Dir-se-ia que em cada mão fúlgida está incrustada uma estrela... Caminha em nossa direção. Ajoelhai-vos, queridos que aqui vos achais. Devemos recebê-lo humildemente, e como dádiva do Céu a sua bênção... Ele nos investe de uma sublime e valiosa missão espiritual...

"Sejamos verdadeiros discípulos de Jesus. Ele também não fechará os seus braços senão em um amplexo paternal, para proteger as ovelhas que haviam sido tresmalhadas do seu rebanho luminoso. Abençoemos nossos pesares, todas as torturas que nos forem enviadas para a redenção de nossos crimes... Esqueçamo-nos de nossos infortúnios – para só nos lembrarmos dos de nossos companheiros de jornada planetária.

"Parti, agora, queridos; que Jesus vos abençoe, e nunca o olvideis nos instantes dolorosos. Lembrai-vos, sempre, dos suplícios e da sublime resignação do Mestre de Nazaré, tendo-o para exemplo de bondade e de mansidão. Ide, como os argonautas ousados, sem bússola e sem itinerário, em demanda de regiões desconhecidas... onde encontrareis unicamente espinhos esfacelantes... Ide em busca das conquistas espirituais, que são dignas da pátria celeste, a que todos nós aspiramos.

"E, assim, há de suceder através dos séculos: todos os verdadeiros discípulos do Nazareno hão de ter o corpo ou a alma crucificados pelas perseguições e pelas tribulações que lhes infligem os algozes do bem, ou os que ainda desconhecem as leis sacrossantas do amor e da fraternidade, que existem nos mundos dos redimidos! É mister, porém, que as mãos generosas, que espalham óbolos e proteção, sejam perfuradas pelos cravos pontiagudos de todos os martírios terrenos!

"Cavaleiros de Jesus, cobri vossa alma com o arnês invencível da fé, e parti!"

XXIV

Repentinamente, os que escutavam os conselhos de um amigo invisível, por intermédio de Norma, ficaram angustiados, vendo-a esmorecer, como se estivesse prestes a exalar o derradeiro alento. Estênio chamou-a, com energia e aflição intraduzível. Ela, então, abriu os olhos, como para inteirar-se do local onde se achava, após um prolongado sonho. Pareceu-lhe haver sonhado em alta voz, dominada por um sono profundo. Relanceou o olhar pela cripta e pelos entes queridos que a circundavam. Não guardava a menor recordação do que havia falado; mas, em seu íntimo, restava-lhe uma impressão suave e dolorosa, de que algo de muito grave se passara.

— Parece-me que dormi longamente, depois que entramos para este recinto — murmurou Norma. — Devo ter perdido os sentidos... Tive a sensação de haver morrido; e não compreendo como continuo a viver em um corpo diverso do que possuí, por momentos!

— Tens uma faculdade psíquica semelhante à que possuía a pitonisa de Endor,[123] querida Norma — disse-lhe o escultor, beijando-a.

— Deus assim o quer, Estênio.

— Acabaste de nos dar sublimes conselhos, querida, sob a influência de amigos invisíveis...

— Vamos, então, orar em conjunto, talvez pela derradeira vez na presente existência, amados de minha alma! Ajoelhemo-nos e supliquemos forças a Jesus para vencer, até remate, os tormentos que forem necessários para a redenção de nossos Espíritos, na atual peregrinação terrena...

— Norma, querida — tornou Estênio comovido —, deves estar combalida, pois tiveste um ligeiro desmaio... durante o qual

---

[123] Cidade da Palestina, onde vivia uma célebre profetisa, que previu a derrota e a morte de Saul na batalha de Gelboé (1055 a.C.). Era a médium da Antiguidade.

proferiste excelsas verdades, parecendo uma das iluminadas da Grécia, no afamado Templo de Delfos...

— Bendito seja Jesus que permitiu o que acabas de revelar-me! — murmurou Norma. — Ele me dará novo alento e permitirá que também eu me prosterne, para melhor lhe agradecer o nosso sacrifício, no altar vivo dos corações, ora devorados pelas chamas de intraduzível sofrimento moral.

"Vibremos, em nossos pensamentos, por toda a Humanidade que sofre as consequências de seus erros!"

Por instantes, aqueles amargurados seres, unificados pela mesma consoladora crença, oraram, ao som de dulcíssima harpa, dedilhada por Júlia; e, depois, pelo ceguinho, que desejou fazê-lo, talvez pela derradeira vez naquele local; e dir-se-ia que a dor existente no íntimo de todos os presentes havia transformado sua música em harmonia inigualável. Depois que terminou aquela memorável prece, abraçaram-se, chorando, por pressentirem uma derradeira separação material. Estênio, a esposa e a cunhada beijaram a fronte dos que iam partir, soluçantes, e sem ânimo de os deixar, embora sabendo que todos eles estavam obedecendo a determinações do Alto!

Tudo já estava aprestado para a viagem. Uma sege modesta, mas resistente, aguardava os itinerantes.

A Natureza, após uma noite de chuva, mostrava-se calma e luminosa, qual se Jesus pairasse pela amplidão sidérea. Do horizonte parecia descer um mar de brumas alvíssimas, como se além, por cima das montanhas, estivesse um oceano maravilhoso, todo de espumas alvinitentes, do qual se houvessem escapado vagalhões silenciosos, invadindo o céu, e parando, de repente, por sobre as serranias altaneiras.

Plínio e Pedro, depois de se haverem despedido dos entes caros, abraçaram-se em lágrimas, como a buscar um mútuo conforto. Não tinham o ânimo resoluto para deixar o amado teto, mas algo de irresistível os compelia para fora do lar, para o início de outra vida de atividades, labor e sofrimentos...

A Estênio, que lhes ofertara uma harpa com um pequeno pecúlio, a fim de que ficassem em condições de agir como o desejavam, quando chegassem ao termo da viagem, Plínio disse:

– Ainda temos o restante das joias e preciosidades do tesouro maldito... como o classificastes, pai!

– E como o designas tu, Plínio? – interpelou-o Estênio, percebendo que havia ressentimento naquelas palavras, referentes ao tesouro dos *Filhos das sombras*.

– Como vós o classificastes, pai! Anseio por libertar-me dele!

Plínio e o ceguinho abraçaram de novo os seus entes caros; e, não podendo pronunciar qualquer palavra, pois a comoção lhes embargava a voz, entraram na sege.

Estênio, pela derradeira vez, contemplou o interior da carruagem, onde jaziam vários fardos e aquela harpa que lhe pareceu uma decepada asa de águia gigante.

– Vamos viver, doravante, como que sepultados em vida, meus filhos! – murmurou Norma, parecendo despertar de um sono cataléptico. – Aqui havemos de esperar-vos, orando por ambos, até que nos possamos reunir, por todo o sempre!

Depois que a carruagem havia desaparecido ao longe, retiraram-se os habitantes do *Solar das Sombras* para a cripta, onde fizeram intensas vibrações espirituais em prol dos que haviam partido, implorando ao Mestre de Nazaré proteção para eles e conforto para suas almas desoladas...

XXV

O tempo, o curso incessante do caudaloso rio da eternidade, vai correndo, lentamente, levando para o insondável sorvedouro do passado o que alegra ou compunge a Humanidade...

Não havia alteração na vida plácida dos habitantes do agora *Castelo de Pedro*, desde a ausência de dois dos mais queridos membros da família; diversas apreensões, porém, lhes entristeciam os corações, dentre elas avultando a falta de notícias dos dois viajores.

Após longos dias de dolorosa expectativa, por um entardecer de estio, reunida a família em um dos varandins do solar, poucas palavras pronunciavam, absorvidos todos pelas preocupações espirituais que os assediavam.

As trevas noturnas já adejavam sobre a serrania que se tornara quase indistinta, parecendo um monstro mitológico, um mastodonte de pedra, quando ouviram o tropel de um cavalo, que se aproximava a galope, ouvindo-se, logo que ele chegou, uma voz que disse, em tom decisivo:

– Trago uma carta de Roma!

Estênio precipitou-se para recebê-la; e, dentro de poucos momentos, tendo convidado o emissário a entrar em uma sala destinada aos visitantes, ladeado pela esposa e por Júlia, leu a missiva:

"Já estamos instalados em Roma, queridos de nossa alma, depois de sérios obstáculos. Estávamos a três dias do *Castelo das Sombras*, entristecidos e saudosos, quando, ao anoitecer, imersos em recordações, ouvimos um brado que soou dentro de nossas almas, como o clangor de uma trombeta:

– Parai o carro... ou atiraremos sobre os que nele se acham!

Olhei aterrorizado para fora do veículo, e divisei, a pouca distância, três vultos embuçados, com máscaras negras, que intimaram, com a energia dos perversos:

– A bolsa ou a vida!

Ouvindo essa intimação irreplicável, ergui-me e respondilhes com segurança:

– Aqui se acham dois rapazes que não trouxeram armas e não se podem defender, sendo, um deles, cego. Vamos a Roma, ganhar a vida. Os valores que trouxemos ser-vos-ão entregues...

Uma gargalhada escarnecedora seguiu-se às minhas palavras:

– Quereis, acaso, burlar-nos? Não vemos que a sege é de valor? Se ides ganhar a vida, como possuís valores?

— As joias que trazemos conosco... são preciosidades de nossa família, destinadas a serem vendidas para apurarmos alguns recursos, até que os possamos ganhar com o nosso trabalho!

— De onde vindes?

— Do *Castelo das Sombras*!

— Sois, então, filhos do abastado castelão, que o transformou em fortaleza, ou descendentes dos bandidos que, por muito tempo, lá se refugiavam, e todos o sabem, lá deixaram tesouros incalculáveis.

— Somos filhos de um servo do castelão a que vos referistes, o qual, generoso que é, encontrando diversas preciosidades em um dos subterrâneos, não as quis e as tem distribuído com os seus mais fiéis servidores e os camponeses dos arredores. Eis, pois, o que nos deram, para as nossas primeiras despesas... Deixai-nos partir, em busca do pão para a boca!

— Por Júpiter!, estamos hoje com sorte, depois de tantos dias magros... vamos herdar alguns punhados do tesouro dos *Filhos das sombras*... nossos ilustres antepassados! Podemos agora agradecer a Satanás, nosso melhor amigo, a herança que nos coube... Dai-nos o que nos prometestes, mancebos!

— Aqui tendes, senhores, o que levávamos... Aqui se acham todos os haveres que nos pertenciam. E tendo a nossa bolsa, deixai que partamos com a vida e a harpa que é o nosso ganha-pão.

— Sim, levai-a porque nos é inútil... mas ai de vós, se nos tiverdes logrado!

— Não vos iludimos, senhores! — exclamou Pedro, com doçura e tristeza. — Eu vos afirmo que a harpa será o nosso ganha-pão, o sustento de nossa vida... com a graça de Deus.

"Tempo virá em que haveis de mudar de pensar, arrependendo-vos por haverdes posto vossas aspirações somente nas coisas da Terra..."

— Que nos importa o futuro e o que desconhecemos? Venha de lá a bolsa e não percamos tempo com inutilidades! Calai-vos, agora, se não quiserdes perder a vida, pois sabemos provar-vos se ela depende de Deus ou de nossos punhais...

Achamos inútil qualquer outra ponderação com aqueles desventurados pecadores, e nunca eu compreendi, tão nitidamente como naqueles momentos, a necessidade que há de respeitarmos o alheio, os direitos sagrados de nossos irmãos. Confesso-vos, queridos pais, foi com alívio que vi passarem às mãos daqueles infortunados sicários o restante dos haveres dos *Filhos das sombras*, os quais do mundo só conhecem e conheceram o mal, o dinheiro e a revolta contra a sociedade! Sentimos que um enorme peso se havia deslocado de nós ambos para aqueles aventureiros, que, quanto mais encherem a bolsa, mais vazia lhes fica a alma imortal, eterna e imperecível. Eles a empobrecem, para somente acreditarem no que vale tanto quanto um punhado de cinza atirado ao curso de um vendaval: o dinheiro!

Por instantes, que me pareceram horas, aguardei a sentença dos lábios daqueles desgraçados sicários, refletindo na torpeza do latrocínio.

Achando pouco o que lhes havia entregue, quiseram inspecionar o interior da sege, o que fizeram com rapidez e ansiedade. Nada mais descobrindo, deram-se por satisfeitos, dizendo-nos, com escárnio:

— Somos valentes e não costumamos atacar aleijados. Estais livres, com a harpa, mas a Roma irá um emissário nosso, para verificar se não burlastes a nossa boa-fé... Ai de ambos, se estiverdes mentindo! Aqui voltareis, ou lá iremos; e, no caso de burla, sereis forçados a pertencer ao nosso bando invencível!

— Será preferível que nos tireis a vida, pois, no caso contrário, mataríamos de desgosto nossos pais! — exclamou Pedro, em um ímpeto de revolta, com os olhos brilhando.

— Se não fosses um imprestável, um inútil, um morto-vivo, nós saberíamos punir o teu orgulho, mendigo! – retrucou um dos malfeitores, rangendo os dentes de raiva incontida.

— Sou inútil para vós, amigo, mas não para Deus...

— E em que servirás tu para Deus, se é que Deus existe?

— Para trabalhar na seara divina, fazer o bem, recebendo o mal, estancando lágrimas, arrancando almas... do abismo do crime, encaminhando-as para o Céu!

— És louco ou cristão, garoto?

— Discípulo de Jesus!

— De que te tem valido o teu Jesus, na vida? Não és cego? Porque te não concede Ele a vista? Por que precisas trabalhar, cego assim, para não morreres de fome?

— Para remir os meus crimes do passado; para adquirir mérito perante Deus, que não ama os ociosos, e sim os que vivem do seu trabalho honesto.

— Não nos insultes, garoto, pois de outra forma não responderemos por tua vida! Não necessitamos de teus conselhos. Preferimos arranjar fortuna, facilmente! Só os loucos e os imbecis é que trabalham. Nós *herdamos*... o que constitui o fruto de seus sacrifícios!

— Foi por haver pensado assim no passado... que agora nasci cego! – tornou Pedro, com humildade comovedora, e com tanta tristeza em sua expressão, que o salteador se aproximou para, quiçá, melhor gravar na mente o seu rosto pálido e merencório.

— Agora chegou a vez de mostrares que não tens senso... Já foste acaso bandoleiro, antes de teres nascido? A esta hora, neste deserto, francamente, as tuas maluquices divertem!

— Os delitos que se praticam, amigo, nunca deixam de ser punidos pelos magistrados da Terra ou pelos do Céu! A vida não termina na sepultura, como supondes, mas prolonga-se pela eternidade afora! Temos que resgatar todos os erros que já praticamos: eis por que nascemos infelizes, parecendo que somos inocentes, que estamos isentos de máculas! ... É por esse motivo que nascemos cegos, defeituosos, mudos, deformados; porque, embora estejamos deslembrados do que já fizemos, essas lacunas da Natureza... revelam que fizemos mau uso dos olhos, das mãos, ou da voz...

— Estamos fartos de te ouvir, garoto, e não penses que te vamos dar crédito... Nós, seres normais, só acreditamos no que nossos olhos enxergam, e que o nosso futuro será este: o corpo, de que ora nos utilizamos, desaparecerá no sepulcro, devorado pela terra, sempre faminta! Só contamos com o presente e com o dinheiro.

— Já pensei da mesma forma, amigo; hoje, porém, bem vedes que todo o ouro da Terra não poderá comprar uma gota de luz para meus olhos cheios de trevas! Compreendeis que o dinheiro não pode comprar a vista nem a paz da consciência?

— Cada um segue o destino que quer!

— Podemos modificar o nosso destino, conforme o nosso proceder...

— Por que, então, és mais desgraçado do que nós?

— Porque sofro as consequências do passado cheio de crimes! Porque já errei muito, ceifei muitas vidas preciosas, causei muitas dores, e não mereço ainda a felicidade que Deus concede aos bons e aos justos, em lugares isentos de sofrimentos...

— Basta! Já ouvimos mais do que costumamos! Estamos habituados a não dirigir a palavra aos viajantes... Mandai fustigar os cavalos e desaparecei de nossa vista... para não sermos tentados a fazer-vos calar para sempre... a fim de ficarmos com a sege e as alimárias...

— Obrigado! Deus que vos recompense por vossa generosidade! Ainda nos encontraremos... no futuro eterno de nossas almas! Boa noite, irmãos!

Irmãos! Esta expressão do compassivo Pedro parece-me que emocionou, profundamente, os filhos das trevas... Não sei se me iludi, adorados pais, vendo um estranho fulgor nos olhos dos salteadores, que mais próximos se achavam do carro... Disse-me Pedro, que, naquele momento, sentiu dele abeirar-se um ancião, e estas palavras lhe foram segredadas:

— Pedro, é tua missão, na Terra, conquistar os desditosos transviados do bem para levá-los ao carreiro da virtude e da honra!

"Lançaste em suas almas torvas a semente luminosa do amor fraterno. Deus abençoará os teus esforços e os de teu companheiro de peregrinação!"

Eu, confesso-vos, quando vi nossa vida em perigo, ao acercarem-se de nós os malfeitores, meu primeiro ímpeto foi o de empunhar a arma que trouxemos conosco, defendendo-nos e ao que trazíamos na sege, mas algo de imperioso me tolheu o mau impulso e lembrei-me de vossas palavras, quando me entregaste o mosquete:

— Não são as armas homicidas que nos protegem, mas os mensageiros divinos, nos quais deveis confiar, sempre, por mais angustiosa que seja a vossa situação! Esta arma servirá, apenas, para intimidar algum malfeitor...

Vede, pai, como se realizou a vossa previsão no acontecimento que ora vos relato.

Permita o Redentor que, no decorrer de nossa existência, possamos ter ensejo de encaminhá-los à senda da luz, aonde nos conduzistes, com os vossos salutares conselhos e proceder irrepreensível!

Atingimos a meta de nossa viagem, sem outro incidente digno de referência, e já estamos instalados em modesto aposento, ainda muito fatigados, mas com a alma tranquila, em véspera de tomarmos parte em um festejo noturno. Aproveitamos, para vos levar esta carta, um viandante que se dirige a Florença, com o qual nos relacionamos em uma das hospedarias durante o trajeto. É mister que o gratifiqueis, com generosidade. Vai, à margem desta, a direção exata de nosso abrigo, para o qual podeis enviar-nos os vossos afetuosos pensamentos. Vamos iniciar os nossos trabalhos musicais e de pintura, na semana vindoura. Pedro tem composto diversas melodias, mais merencórias do que as que já conheceis, pois é a saudade que as inspira.

Assim que nos for possível, mandar-vos-emos as nossas impressões sobre a nossa estreia, em uma casa de diversões públicas, para a qual fomos contratados. É preciso que muitos se divirtam à custa de nossas mais pungentes amarguras, a fim de que possamos suavizar as alheias... Eis o nosso destino!

Osculam-vos as mãos queridas, bem como as da inesquecível tia Júlia, os muito saudosos, sempre amigos e filhos extremosos – *Plínio e Pedro*".

XXVI

A chegada daquela carta dos ausentes estremecidos levou um raio de alegria às almas sensíveis dos habitantes do *Solar das Sombras*. Mais alguns meses decorreram sem que novas notícias lhes chegassem às mãos. Finalmente, após muito esperar, e quando Estênio já havia tomado a deliberação de ir a Roma, um peregrino lhes entregou uma segunda missiva, cuja data era muito anterior à da entrega.

"Aqui vão, queridos, as nossas mais recentes notícias, depois de recebermos as expressões carinhosas de vossos corações: estreamos com êxito, no *Paraíso das rosas*, casa de diversões em que executamos, diariamente, as nossas melhores composições, que têm sido intensamente aplaudidas.

Eu e Pedro, no dia da estreia, apreensivos e antevendo um fracasso para ambos, lembramo-nos muito de vós, desejando que aqui estivésseis para nos encorajar e lenir os nossos corações.

Oramos, porém, com veemência, como sempre, nos instantes aflitivos, e Deus não nos abandonou, antes, coroou de êxito os nossos esforços. Já nos vamos relacionando, nesta famosa e antiga Roma; e não podeis compreender o contraste que há entre os que se divertem e os que sofrem em mansardas infectas, ou os que oram nos subterrâneos sombrios, voltando os pensamentos para o Criador do Universo.

Temos, queridos nossos, descido às criptas asfixiantes, distribuindo o que pudemos salvar – com a proteção dos amigos invisíveis – quando fomos assaltados por cruéis salteadores...

O que nos resta, porém, já é pouco; e, se não fora o fruto de nossos labores, não teríamos mais o indispensável para a nossa manutenção. Quando, porém, nos enviardes algum recurso pecuniário, não o façais prodigamente, pois não queremos suscitar a cobiça alheia nem que nos faciliteis ensejo de repouso...

Já passamos por amaríssima decepção: fomos contratados para divertir os convivas de um potentado romano residente em Nápoles; quando, porém, começamos a executar as nossas melhores composições, merencórias reminiscências dos tempos idos, sentindo-nos alheios em uma sociedade corrupta e ébria de libações deliciosas e de gozos impuros, alguns assistentes disseram-nos, com arrogância:

– Não estamos aqui para chorar, e, sim, para nos deleitarmos! Se não sabeis outras músicas, roubastes o nobre Marcus, que vos contratou para que nos divertísseis e não para que nos entristecêsseis!

– Não devíeis, senhores – murmurou Pedro, emocionado –, esperar que dois desditosos vos fizessem alegres e felizes! Só sabemos expressar o que se oculta a vossos olhos e existe em nossos corações: a dor!

– Que nos importa o vosso sofrimento? O que queremos é fruir os gozos da vida!

– Permiti, então, que nos retiremos, senhores?

– Não, porque necessitamos de quem execute músicas, para nosso prazer! Se daqui sairdes, depois de nos haver burlado, caro pagareis a ousadia: Marcus mandar-vos-á encarcerar.

– Mas nós não praticamos crime nenhum!

– Então julgas que os pariás estão isentos do chicote e do cárcere?

– Perante Deus todos merecem a mesma justiça!

— Mentes, cego insolente! Somos diferentes em tudo: física e socialmente falando!

— Deve existir uma causa que ignoramos agora! — respondeu Pedro, com a voz trêmula de emoção.

— És tu o ignorante, não eu, pretensioso! Os deuses fizeram, a seu talante, bons e maus, ricos e pobres, nobres e plebeus, para que não tivessem todos as mesmas pretensões nem se julgassem com os mesmos direitos, como pensam os imbecis, em cujo número tu te encontras!

— Não é ser imbecil desejar justiça e igualdade de condições... o que deve existir nos Planos Superiores do Universo!

— Quem sabe o que existe depois de nossa morte? Deixemos as conjecturas inúteis! Nós exigimos que ambos executem músicas alegres, sem o que serão vergastados por ordem de Marcus! Quem sabe se não sois cristãos, ousados pariás?

Nós havíamos sido contratados, por um amigo, para certo festim então realizado em Nápoles, onde nos achávamos havia dois dias. Tão logo foram proferidas aquelas palavras pelo arrogante conviva de Marcus, estranho rumor se fez ouvir, parecendo ululo no interior do solo; e, logo, como um carcinoma de fogo, incendiou-se o Vesúvio, arrojando chamas e lavas, em proporções assustadoras! Estabeleceu-se grande confusão. Eu abracei o pobre Pedro, que me disse, emocionadíssimo:

— Eis a resposta àquele infeliz! Vamos morrer, por certo, Plínio! Oremos, aqui mesmo, por todos os nossos companheiros na hora suprema! Lembremo-nos de nossos pais e de tia Júlia, que terão nosso derradeiro pensamento na Terra... Lembremo-nos de Jesus... que dulcificará todas as nossas amarguras!

— Sim, querido Pedro! Vamos, porém, tentar salvar a nossa vida nesta confusão! Arrastemos a harpa, a asa morta, que nos auxilia a ganhar a vida!

Com esforço inaudito, pudemos fugir e caminhar, arrastando nosso fardo precioso.

Ao amanhecer, já se ouviam longe os uivos do Vesúvio. Eis-nos, por isso, há dois dias, de regresso de Nápoles, cuja recordação nos é extremamente penosa...

Fomos forçados, pelas circustâncias prementes de nossa nova situação, a compor canções e músicas menos dolorosas, evitando dissabores... Há algumas que desejamos sejam ouvidas por vós, mormente as que designamos pelos títulos de – 'Sorrisos dos desditosos' e 'Recordações que consolam'.

Ainda este mês haveis de receber notícias nossas".

⁂

Uma terceira mensagem chegou ao *Castelo das Sombras*, enviada pelos ausentes queridos:

"Muito nos comovemos ao dirigir-vos esta portadora de nossas notícias e de nossas saudades... A nossa vida cada vez se torna mais penosa, embora útil aos desventurados. Temos recebido, pelos nossos trabalhos artísticos, quantias que nos garantem o sustento, as quais, acrescidas às que costumais remeter, permitem que tenhamos a nosso cargo mais lares, onde a penúria se alojava com tirania impiedosa...

Temos tomado parte em reuniões cristãs, nas sombrias catacumbas. Há três dias, no meio de absoluto silêncio, enquanto orávamos, Pedro, transfigurado, ergueu o braço direito, e falou, como um inspirado dos templos de Delfos:

Jesus está conosco, irmãos! Eu, que sou cego, estou inundado de uma luz astral, que desce das regiões serenas do Universo, para abençoar os que sofrem, os que seguem o Mestre de Nazaré, os que pregam sua doutrina confortadora! Que importa o martírio, a luta, a perseguição, a injustiça, se, após todas as pelejas, após todos os suplícios, Ele nos abre os braços de névoa radiosa, e nos acolhe em seu seio onde palpitava um coração de luz! Ajoelhemo-nos, irmãos, para receber a dádiva celeste de sua bênção luminosa!

Temos, assim, distribuído o tempo entre os labores que nos auxiliam a ganhar o pão cotidiano, as partilhas de pequenas dádivas aos que se acham em penúria e os deveres cristãos".

Sucediam-se as mensagens de Plínio, narrando todos os sucessos que com ele e o irmão ocorriam.

Para que não se esgotassem os haveres que seus genitores lhes remetiam, aumentavam o trabalho mormente os de menestréis nos festejos noturnos, nos quais passaram a tomar parte. Pedro tinha organismo débil, e sua saúde se alterava com frequência, mas, ainda assim, não poupava esforços.

Embora os dois irmãos residissem em um bairro dos mais modestos de Roma, onde eram muito procurados, precisavam multiplicar as atividades para atender aos que os contratavam.

Certo dia, disse Pedro ao irmão:

– Hoje temos menos compromissos... Quero que me conduzas ao Coliseu.

Andaram por algum tempo, até que Plínio, tocando-lhe no braço esquerdo, disse, com tristeza:

– Eis-nos chegados, Pedro, ao local sinistro onde inúmeros seres humanos, e mormente os cristãos, têm sido supliciados, como verdadeiros heróis de resignação sublime, propagando, desse modo, com intensidade a doutrina do Mestre de Nazaré!

– Quem sabe se não terminaremos, aqui, nossa penosa existência, Plínio? – respondeu o ceguinho, com ansiedade; e, talvez, com desejos veementes de que tal sucedesse, para apressar o seu progresso espiritual.

– Não o sei, Pedro, meu amigo e companheiro de cativeiro terreno... Constringe-me o coração este local tenebroso, de eterna recordação em todas as almas que desceram à arena da vida... Dir-se-ia... que já ocorreu algo de aterrador comigo, neste macabro recinto. Não nos demoremos aqui, Pedro! Pressinto que o meu Espírito, arrastado ao abismo do passado, vai devassar tempos idos e desvendar crimes que já presenciei nesta arena.

"Parece-me haver neste recinto um oceano de sangue, prestes a asfixiar-me, e que só eu vejo; que aqui permanecem falanges de espectros, braços erguidos ao Céu, bradando justiça ao Onipotente... Sou um dos que vão ser julgados, e por isso estou apavorado! Fui impelido a este local por uma força imperiosa, e, agora, para que não fraqueje, ou cometa uma loucura, tenho necessidade de orar, para conforto do meu coração alarmado!".

– Tens razão, Plínio. Eu *vi*, com os olhos da alma, tudo o que acabas de dizer-me... e, coisa inexplicável, para mim! Sabes que mais notei? Numa das tribunas, semilouca, nossa adorada mãe, e, na arena ensanguentada, o cadáver de nosso querido pai! Será o passado ou futuro que acabamos de ver, espiritualmente?

– Pressinto que já aconteceu.

– Bem haja o Criador, concedendo-nos a compreensão do que fomos.

– Fujamos do Coliseu, Pedro! Temo enlouquecer! Tenho necessidade de orar... para esquecer este local sinistro!

Saíram os dois irmãos do recinto apavorante, onde centenas de criaturas humanas já haviam sido chacinadas pelos adversários da luz, dirigindo-se ao humílimo abrigo que ocupavam. Naquele dia, tinham que tomar parte em um festival a realizar-se no palácio de opulento patrício romano.

Chegando ao desguarnecido lar, alçaram o pensamento a Jesus, rogando-lhe conforto e auxílio, e ensaiaram os números musicais do recital noturno.

O círculo de suas relações aumentava, quase que diariamente. Tinham a seu cargo diversos desamparados, mormente crianças, enfermos e anciãos.

Pedro, que não os via, já os conhecia pela voz, e quase sempre era inspirado a dizer-lhes algo de confortador.

Uma vez, na presença de um ancião, cujo estado de saúde era grave, Pedro, disse, com tristeza:

— Meu irmão, terminas, agora, uma existência abençoada, pois tiveste ensejo de resgatar muitos dos teus delitos... alguns dos quais já olvidaste... Lembras-te, acaso, de quando eras opulento e vergastavas os escravos que se achavam sob o teu jugo despótico? Lembras-te do quanto te ufanavas de teus cabedais e como desprezavas os humildes e os esfarrapados?

— Como sabes que isso se passou comigo, se não me conheces senão há poucos dias... e ainda não te fiz nenhuma revelação sobre a minha vida?

— *Vejo* o teu passado... à luz dos olhos de minha alma, irmão! Sou cego dos órgãos visuais, mas meu Espírito vislumbra o futuro, e devassa o passado.

— Dize, então, o que me aguarda no porvir! Tenho ânsia de o saber!

— Mudança de situação... Virás à Terra sob a proteção de um dos luminares do Céu! Vais trabalhar na seara do senhor, e muitas bênçãos conquistarás...

— E ainda reaverei os meus tesouros, como os tive outrora? — interpelou-o o ancião, com avidez.

— Quem deseja conquistar o ouro divino... não se deve preocupar com o ouro das jazidas, que, muitas vezes, arrasta ao abismo dos mais negros crimes!

— Mancebo, auxilia-me a conquistar o ouro do Céu! — exclamou ele.

Pedro, piedosamente, sentado a seus pés, em humilde leito, deu-lhe edificantes instruções, que lhe confortaram o coração, proporcionando-lhe novo alento. Plínio, que também o escutava com crescente interesse, disse-lhe:

— Pedro, meu querido irmão, és um inspirado de Jesus!

Pedro calava-se, humildemente, murmurando, às vezes:

— Se há fulgor na minha palavra, Plínio, este deve provir do radioso ancião, que me aparece sempre, inspirando-me o que expresso por meio da palavra...

Inúmeras foram as conversões ao Cristianismo que o humilde ceguinho conseguiu por meio da palavra.

Reuniam-se, às vezes, em um subsolo abandonado, nos arredores de Roma, diversas criaturas desalentadas, a fim de receber ensinamentos e auxílio monetário que pudesse minorar-lhe as agruras da vida.

Dentro em limitado tempo, os filhos de Estênio tornaram-se populares na grande metrópole cesariana.

Convidados para executar as mais formosas composições daquela época, apresentaram-se, certa vez, na encantadora habitação de um senador patrício. Aproximando-se do local, Plínio sentiu-se abalado por um tremor convulsivo. Julgando-o enfermo, deram-lhe um cálice de falerno para o reanimar, e, alguém, fazendo reparo em suas modestas vestes, disse, penalizado:

— Quem sabe se ele está faminto?

— Não – respondeu Pedro, com humildade –, nós trabalhamos o suficiente, e temos sempre o pão de cada dia!

— É então um doente? Por que aceitastes o compromisso de vir tomar parte no festival de Caio Flávio?

— Nós saberemos cumprir o contrato – disse Pedro, com ânimo sereno.

Nesse ínterim, Plínio segredou-lhe:

— Já melhorei, Pedro, e, graças à proteção de Jesus, podemos cumprir o contrato...

— Mas, que sentiste, Plínio, que te causou uma palidez cadavérica, como disseram os circunstantes?

— Uma sensação indefinível, de angústia e compunção! Quando chegarmos a casa, dir-te-ei.

Reanimado Plínio pelo vinho generoso, dentro em poucos instantes os dois irmãos executaram admiráveis melodias, que foram aplaudidíssimas.

Plínio pôde narrar o que com ele se passara:

— Não sei expressar, fielmente, o que ocorreu comigo, quando penetrei naquele local festivo... Sei apenas que fui presa de um aturdimento, ou antes, de um esvaimento de meu próprio ser... como se minha alma se estivesse extravasando por meus poros... Enquanto me reanimavam, ouvi alguém murmurar dentro de mim mesmo, como de Espírito para Espírito:

"'Eis o local onde cometeste os mais nefandos crimes! ... Tirano, que foste, aqui subiste a escaleira do crime, da vingança, da barbaridade! A habitação onde te achas, recentemente reconstruída, relembra cenas apavorantes! Se o sangue que aqui foi derramado pudesse hoje ser reunido, chegaria para asfixiar todos os convivas que estão aqui... Vê como a Justiça Divina é íntegra e infalível! Vês, agora, invertida a situação de potentado, feito simples cantor ambulante, igual a um desventurado menestrel... que apunhalaste, outrora, jogando-o no tanque das vorazes moreias, somente porque teve a ousadia de decantar a formosura da que usurpaste aos carinhos de um noivo que desventuraste!'

"Julguei, ver, então, Pedro, um jovem ensanguentado, com o coração fendido e, logo após, diversos espectros, em atitude ameaçadora, atirando-me uma névoa denegrida, que me penetrava nos poros, causando-me uma sensação indefinível, de dilaceramento ou de intoxicação... O meu terror foi tão intenso... que dei graças a Jesus por haver perdido os sentidos!'".

— Graças sejam rendidas ao Mestre bem-amado e ao Criador por nos haverem concedido esses conhecimentos preciosos.

Entristecidos, voltaram ambos ao tugúrio em que viviam; e, durante alguns dias, Plínio permaneceu enfermo, febril e desalentado. Por vezes erguia-se do leito, dizendo, com os olhos desmesuradamente abertos:

— Vejo, Pedro, *eles* vieram até aqui... Zombam de meu sofrimento, riem-se das minhas torturas... Meu martírio atinge ao auge, quando me apresentam, morta por enforcamento... nossa adorada e formosa mãe! Sinto a boca ressequida e amarga e *eles* me dão taças de sangue para aplacar a sede abrasadora, que, então, recrudesce, requeimando-me o coração e a própria alma!

– Vou expedir um portador, Plínio, chamando nossos pais, para que tenhas mais conforto e possas ser tratado convenientemente... Teu estado não me parece bom, Plínio...

– Não, Pedro, não provoques o nosso regresso... É mister que fiquemos aqui mais algum tempo... Não te aflijas tanto com o meu estado. Sei que vou melhorar e poderemos prosseguir o nosso trabalho...

Debelada a febre cerebral, Plínio começou a recobrar a saúde, mas, desde aquela época, tornou-se verdadeiramente taciturno e incomunicável. Seus cabelos haviam encanecido, como que imersos em cinza branca...

XXVII

Tristes e apreensivos viviam os dois irmãos; mas, além do conforto da prece, possuíam outro; rodeavam-se das cândidas criancinhas, que os amavam, e que eles protegiam com extremos de pais.

– Eis os nossos filhinhos espirituais, Plínio! – exclamou, um dia, o meigo Pedro. – Eis definida a nossa missão terrena: amparar, proteger, justamente o inverso do que fizemos, outrora, se não nos mentem as recordações pungentes que sobem à tona da memória, por meio de sonhos retrospectivos...

– É bem verdade o que disseste, Pedro!

"Quem sabe se essas encantadoras criancinhas não foram, em eras transcorridas há muito, nossas vítimas? Quem sabe se ora se apresentam tal qual foram, naquela época, para melhor avaliarmos toda a extensão de nossos delitos?

"Vamos encaminhá-las para o *Castelo das Sombras*? Vamos encaminhar para nossos pais, que idealizavam filhos formosos, estes arcanjos terrestres, que, certamente, suavizarão as amarguras da saudade dos ausentes, e hão de alegrar a sua solidão?

"Que metamorfose se há de operar naquele casarão cheio de sombras e saudades! Quanto consolo hão de sentir nossos caros paizinhos e nossa boníssima tia Júlia! Deixará de existir o *Castelo das Sombras*, para surgir em seu lugar o *Solar das Luzes*!

– Acho magnífica a tua ideia, Plínio! Deus deve ter-te inspirado o que acabas de imaginar! ... Que felicidade vamos proporcionar a nossos desolados parentes e a estes anjos da Terra!

Plínio foi buscar a harpa, e o ceguinho começou a dedilhar harmoniosos acordes. Subitamente, bafejado, aquele entoou uma comovedora canção, improvisada no momento:

> *Crianças que nos cercais,*
> *qual um bando de andorinhas,*
> *guardadas, no Céu deixais*
> *as vossas brancas asinhas!*
> *Viestes suavizar*
> *agruras de nossa vida...*
> *Agora ides, a espalhar*
> *os beijos de despedida!*
> *Ide, andorinhas serenas!*
> *Buscai feliz região,*
> *deixando conosco as penas,*
> *Dentro em nosso coração...*

Esta canção, que foi largamente aplaudida e se tornou popular em Roma, deu maior nomeada aos dois artistas; e, dentro em pouco, as suas previsões foram totalmente realizadas: suas amiguinhas, as cândidas companheirinhas de suas horas de lazer, seguiram, algumas acompanhadas pelas progenitoras, viúvas e em estado de penúria, para o *Solar das Sombras*, onde foram recebidas com demonstrações de carinho, e lá se instalaram, definitivamente, alegrando a solidão em que todos viviam, saudosos dos ausentes bem-amados.

A canção de Plínio, enviada a seus pais e a Júlia, muito os comoveu, arrancando lágrimas de saudosas recordações...

Plínio escreveu aos pais: "Perdestes dois monstros, ganhastes quinze formosos arcanjos! Vede quão generoso é o Criador de todas as coisas... Aqui vão os nossos mais belos irmãozinhos... que não nasceram no *Solar das Sombras*, mas no da *Penúria*. Vão, aí, em busca de carinho, de um lar honesto, farto e acolhedor. Recebei-os como se fossem vossos filhinhos...".

Pedro e Plínio viram partir seus encantadores companheirinhos pelo alvorecer de um radioso dia, dentro de humildes veículos, fornecendo-lhes eles tudo quanto necessitavam para a jornada. Disse o mais velho, vendo-os partir lacrimosos:

– Eu os amo tanto com se fossem, realmente, filhos enviados por Deus, e não sei como resignar-me com essa nova separação! ... Fazem-me falta os seus risos e as suas inocentes palestras... Para que os possamos esquecer... vamos ausentar-nos de Roma por algum tempo, Pedro...

Pedro concordou com o irmão; e, dentro em poucos dias, foram peregrinar em Salerno, aprazível cidade, pouco distante de Nápoles, onde se apresentaram em público, sendo contratados para diversos festivais.

....

Já, então, se haviam passado alguns anos, desde quando deixaram o lar paterno.

Amarguras pungentes, por vezes, surgiam por desconsiderações recebidas, por falta de trabalho, que os deixava em situação penosa, por injustiças que lhe infligiam, arrancando-lhes lágrimas de dor profunda. Muitas vezes desejavam regressar ao *Solar das Sombras*, onde poderiam desfrutar algum repouso;

mas contratempos imprevistos foram prolongando a sua permanência em Salerno.

Na era em que estavam, ainda havia intensa perseguição aos cristãos, os quais, para encontrar conforto às suas atribulações, se reuniam secretamente nos subterrâneos, mormente nos dos prédios em ruínas, que não eram escassos naquela região.

Por aquela época, governava a afamada Salerno um crudelíssimo asseclea de Tibério, sanguinário e despótico, adversário dos cristãos, os quais, a seu mando, eram levados a infectos calabouços, existentes na esplanada da urbes, onde havia residido um famoso procônsul romano.

Tristeza avassaladora dominava os dois irmãos, pressagiando sucessos funestos, numa localidade onde tinham superficiais relações, sendo tratados com geral indiferença e desconsideração por muitos. Algo de anormal, porém, ocorreria com Pedro que, repentinamente, tomando parte em uma reunião cristã, foi tomado por súbita inspiração, falando com a eloquência de verdadeiro Apóstolo. Desde essa vez, as reuniões tomaram nova diretriz, aumentando o número de adeptos.

Plínio escreveu a Estênio relatando o extraordinário sucesso, convidando-o e aos outros membros da família para irem até Salerno ouvir as comovedoras composições e prédicas do inspirado ceguinho.

Antes de haver recebido tal carta, Norma, que possuía uma surpreendente faculdade psíquica (depois denominada *medianimidade* pelo insigne apóstolo Allan Kardec), sentiu na alma a repercussão do que se passava com os filhos em Salerno. Sabia ela que ainda perseguiam, tenazmente, os crentes na doutrina de Jesus, e um vago temor pelos filhos a assaltava sem cessar, qual se soubesse que estavam em perigo iminente, desejando ir ao seu encontro para os conduzir ao lar e jamais se apartar deles... A chegada das criancinhas muito concorreu para avivar a saudade que lhe oprimia o coração. O *Castelo das Sombras*, sempre imerso em silêncio e em dolorosa tristeza, reanimou-se. A princípio intimidadas, depois contentes com o conforto e o carinho que lhes dispensavam, espargiram elas alegria e risos pelos parques e pelos varandins, onde outrora reinava silêncio tumular. Grande foi o júbilo de todos quando, por um emissário expedido de Salerno, lhes chegou às mãos a missiva de Plínio relatando-lhes os triunfos de Pedro.

Norma, que acabara de orar profundamente, reconhecida pelas alegrias que lhe haviam sido concedidas, foi como que tomada de uma vertigem; e, logo após, tornando-se ofegante, disse solenemente às pessoas presentes:

– Ides, dentro em pouco, ao encontro dos que partiram do *Castelo das Sombras*... e melhor fora que tal não sucedesse; mas, o que constitui a trama do destino, acontece com o nosso próprio concurso, e involuntariamente! Graves acontecimentos estão iminentes sobre o vosso lar, irmão Estênio...

"Não vos revolteis, em nenhuma hipótese, contra os sucessos, sejam quais forem! A execução da justiça eterna muitas vezes nos parece severa em demasia, porque todos ignoram os acontecimentos do passado, os frutos opimos da resignação. Nós vos acompanharemos a Salerno, irmãos bem-amados, e aqui deveis de tudo dispor, como se fôsseis para uma viagem da qual jamais houvésseis de regressar... Deus que vos abençoe e inspire!".

Estênio, embora surpreso pelas palavras desse amigo invisível, tudo dispôs para a partida. Dulcina permaneceria no solar, assumindo todas as responsabilidades; e, se por motivo imprevisto não voltassem, todos os haveres passariam a pertencer a ela e aos sobreviventes, a fim de poderem continuar a sublime missão que estavam desempenhando.

– Vamo-nos separar pela primeira vez nesta existência, Dulcina! – exclamou Norma, abraçando com ternura a adorada companheira de infância. – Deus, porém, há de permitir que seja esta a única vez. *Sinto* que somos eternas aliadas. Nossas almas são imortais e jamais se hão de separar uma da outra, senão momentaneamente. Na Terra ou no Infinito hão de vibrar gêmeas e nunca se apartarão!

Grandes modificações se haviam operado naqueles três seres. O escultor, sua esposa e a cunhada, embora não tivessem atingido ainda meio século de existência, tinham algumas estrias prateadas a pincelar-lhes as belas frontes. A dor moral, que se irradia da alma para o corpo, impregnando este de elementos depressivos, que, aos poucos, lhe tiram o fulgor da mocidade, aprimora, por outro lado, a estátua imponderável, com seu envoltório sideral, que se torna mais formoso e lúcido!

Nunca haviam desfrutado uma ventura integral; sempre se interpusera entre eles e as prováveis alegrias da vida a consócia de todos os mortais que estão remindo, com lágrimas e decepções, suas penosas dívidas terrenas: a dor!

A tristeza envelhecera-lhes os rostos, mas realçara-lhes a beleza moral – que se percebe mesmo através da clâmide carnal, como se fora uma lâmpada acesa e oculta em um cristal fosco, como se seus raios fossem punhais de luz capazes de penetrar todas as trevas, de um só e certeiro golpe...

Terminados ligeiros preparativos, Estênio e Norma, depois de beijar os que iam ficar, soluçando, não esquecendo nenhum dos fiéis servidores, com as almas ansiosas de reverem os ausentes queridos, deixaram o *Solar das Sombras*, pressagiando que jamais tornariam a vê-lo... com os olhos materiais!

XXVIII

Na noite em que partiram para Salerno, Norma empalideceu; e, com voz magoada, assim transmitiu ao companheiro de viagem outra mensagem dos bondosos Invisíveis:

– Caro irmão Estênio, tende coração ao enfrentar os obstáculos e os sucessos para que caminhais... Não fraquejeis na hora das tempestades que se aproximam... Graves acontecimentos ocorrem em Salerno, onde se encontram dois pedaços de vossa alma... Não duvideis, porém, da proteção do Alto, nem lamenteis as prováveis ocorrências que ides presenciar, não vos esquecendo de que os mais graves episódios da existência dependem da intervenção divina! Nossos caros irmãozinhos, que partiram do *Castelo das Sombras* em busca da luz da redenção, estão no limite de suas missões terrenas.

"Vossos Espíritos, porém, hão de acompanhar sempre a trajetória fulgurante daqueles que, na atual existência, chamais filhos, e são vossos seculares companheiros!

"Quando partirdes da Terra, em cumprimento de missões celestes, jamais vos esquecereis dos que arrancastes ao resvaladouro do mal, norteando-os para Jesus. Que o Mestre dos Mestres, pois, vos conforte as almas, e faça cada vez mais inabalável a vossa fé na Justiça Divina! Tende coragem e vencereis galhardamente as vossas derradeiras provas terrenas! ..."

Norma, sem consciência das palavras que havia proferido, tinha o rosto pálido e banhado de torrentes de lágrimas.

Estênio, que a escutara com profundo interesse, achou prudente preveni-la das verdades que lhes foram transmitidas por seu intermédio:

– Norma, querida companheira de existência, algo de contristador se aproxima de nós...

– Que é que te faz crer nesses tristes eventos, Estênio?

– As palavras que pronunciaste, inspirada por um nume: ele nos previne de graves acontecimentos, iminentes sobre nossas frontes!

– Deus que nos proteja e nos conceda a precisa coragem para não fraquejarmos na hora da peleja... Estênio!

Circularam, naquele dia, notícias aterradoras.

Os cristãos iam ser supliciados em Roma, com a crueldade dos adversários de Jesus. Dizia-se que os cristãos eram chefiados por iluminado pregador, um ceguinho, cuja palavra eloquente arrebatava.

Atônitos, os esposos, que já se haviam dirigido a Salerno, tinham o coração opresso de angústias.

Chegados que foram ao local desejado, todas as notícias alarmantes se confirmaram.

– Se, ao menos, pudéssemos vê-los! – exclamou Norma. – Ter a graça de morrer unidos em presença e em alma, eternos vinculados pela fé; quanto me sentiria ditosa!

– Sim, querida, penso o mesmo que tu.

Como poderemos resistir à tortura de não os ver jamais, senão à hora do suplício? Que vale a fortuna material que possuímos, se não os poderemos salvar?

– O que se passa em teu íntimo passa-se dentro de meu próprio ser... Tudo, porém, agora, parece conspirar contra nós! Vamos fazer um fervoroso apelo!

"Não nos esqueçamos de que Jesus há de compadecer-se de nós..."

– Tanta é a perturbação de minha alma, Norma querida, que eu espero que se acalme a procela, que ruge em meu íntimo, para podermos orar, serenamente...

– Ele também elevou o pensamento em horas trágicas de desolação, no Jardim das Oliveiras, e o Enviado celestial entregou-lhe o cálice de amargura, que Ele teria de esgotar! Quem sabe se vamos receber o nosso... terminando uma prova, ou uma *dor*, que, na Terra, será *suprema*?

– É verdade, Norma, vamos implorar a coragem, a resignação e as forças que ora sentimos faltarem-nos...

Ajoelharam-se, ambos, com os olhos súplices voltados para a amplidão sidérea, rogando, com veemência, que lhes fosse permitido poderem sorver todo o dourado cálice de sofrimentos, sem um pensamento de revolta, com verdadeira serenidade cristã.

Confortados com os eflúvios celestes que receberam, Estênio disse à esposa:

— Vou propor ao chefe dos centuriões o resgate de nossos infelizes filhos, providenciando sobre sua libertação a partida definitiva para o *Castelo das Sombras*... de onde jamais se ausentarão...

E, levantando-se, saiu à procura das altas autoridades de Salerno.

XXIX

A noite desceu sobre a Terra uma sombria mantilha de trevas. Raras estrelas cintilavam pela amplidão sidérea, parecendo diamantes luminosos incrustados em um manto negro. Lufadas frias, iniciais do inverno, atiravam ao solo as derradeiras folhas das árvores que se despiam, e que, frágeis, rodopiavam nos ares antes de se aquietarem no solo, parecendo pássaros fulminados, ciciando ainda um doce pipilo...

Estênio e Norma, recolhidos em humilde aposento de hospedaria dos arredores de Salerno, a mais próxima do cárcere onde se achavam encerrados seus estremecidos filhos e seus companheiros de martírio, recordavam o passado.

Depois de prolongadas rogativas dirigidas ao centurião, que ia levar para Roma os prisioneiros, apenas conseguira que, ao alvorecer, antes que partissem, lhes fosse concedida licença para abraçar, pela derradeira vez, os jovens cristãos, pelos quais tanto se interessavam, não lhe sendo permitido libertá-los antes de uma decisão que aguardavam da metrópole do país.

Na iminência de os não reverem senão por alguns momentos céleres e angustiosos, Estênio e a esposa aguardaram o amanhecer do dia, orando e chorando, firmemente resolvidos a declarar que também eram discípulos de Jesus, acompanhando os filhos para o local dos suplícios... Só haveria um meio de salvar da morte os adorados filhos: fazendo-os abjurar publicamente o Cristianismo! Como, porém, cometeria ele semelhante crime, sem graves responsabilidades para seu Espírito e para os dos entes que lhe eram queridos? Por que se sentia desditoso, justamente no instante em que mais necessitava dar testemunho da confiança em Jesus?

– Anda uma tentação, querendo arrastar-me para o abismo! – exclamou ele, com desalento. – Norma, meu tesouro do Céu, vamos orar novamente e implorar uma orientação aos dedicados amigos que nos têm falado nos momentos acerbos...

Os dois esposos, em concentração profunda, com as mãos unidas, imploraram uma palavra que os norteasse naqueles instantes de amargura. Subitamente, Norma ergueu-se, com o braço direito estendido, o rosto lívido, e falou, com entonação de doçura e mágoa infinita:

– Sois realmente soldados do Exército Divino? Legionários de Jesus?

"A vitória que se obtém, encaminhando almas para o Criador do Universo, os transviados da virtude, os delinquentes mais nocivos à coletividade, é incalculável! E vós bem a conquistastes, irmãos queridos! Estais aptos para realizar as provas máximas, unidos, eternamente, pela fé, pelo perdão, pelo amor, que podem atingir o Infinito! Estão terminadas, para ambos, as mais rudes provas planetárias. É mister, porém, que deis a prova definitiva, o testemunho final.

"Eia, pois, irmãos bem-amados! Tende coragem e fé absoluta nos desígnios supremos! Entregai-vos às mãos luminosas de vossos protetores invisíveis!"

A voz de Norma e sua fisionomia de jaspe vivo revelavam indefinível amargura, que as tornava de uma beleza imaterial. Depois, elevando as mãos ao Alto, disse, com inenarrável inflexão.

– Jesus! Jesus! abri-lhes os braços paternais! Não os deixeis vacilar no instante magno das provas supremas!

Logo após, quase em sussurro, murmurou:

— Terminei árida missão, Pai, que me confiastes há muito: a de infundir em almas tíbias inquebrantável fé e confiança nos desígnios divinos! Estão entregues em vossas mãos, agora e sempre! Recebei-os, amparando-os nos momentos das provas remissoras!

Calou-se Norma, escapando-se-lhe do seio um suspiro profundo. Despertou, então, e assustou-se vendo Estênio ajoelhado e com o rosto banhado de pranto.

— Que se passou comigo, Estênio, durante o tempo em que estive amortecida? — interpelou-o a esposa.

Ele se ergueu, e, tomando-lhe a mão entre as suas, disse, enternecido:

— Ouve-me, querida: um dia, no início de nossa ventura, fugimos de Roma, enquanto nossos companheiros de crença eram levados ao Coliseu, para o suplício... Agora, depois de alguns anos de sofrimentos e alegrias — pois as tivemos bem intensas, em um local tranquilo, rodeado de amigos e servidores desvelados — ao primeiro embate da dor, partimos no encalço dos amados fugitivos, deliberando salvar de morte trágica aqueles que estavam cumprindo uma missão dignificadora, e que nós, por egoísmo paterno, desejávamos ver novamente no *Castelo das Sombras*, vivendo placidamente a nosso lado... Teríamos o direito de lhes interceptar uma missão redentora... salvando-nos e libertando-os, como pretendemos fazer?

— Que deliberaste, então, Estênio? — interpelou Norma ao esposo, trêmula de emoção. — Bem sabes que, nesta existência, nunca discordamos na mínima decisão...

— Amiga e companheira idolatrada, deliberei, firmemente, no caso de não poder libertar os nossos filhos... confessar que também sou cristão e mereço o mesmo suplício que está reservado a ambos... Não posso, porém, conformar-me com que tenhas igual sorte... Voltarás ao *Castelo das Sombras*, e, juntamente com a nobre Júlia, continuareis a tarefa dignificadora que, há muito, empreendemos...

– Pois então pensaste em separar-te de mim, no momento mais angustioso de nossa vida, Estênio?!...

– Sim... Esperar-te-ei no Mundo Espiritual, ansioso por nossa união perpétua! Concebi esse pensamento para não trair a Jesus, que precisa emissários sinceros, convictos, para propagação da sua doutrina salvadora na Terra!

– E não tens trabalhado, acaso, na seara bendita, Estênio?

– Sim, mas falta-nos a prova mais grata ao Redentor.

– Pois bem, meu amigo: eu também quero dar essa prova de amor a Jesus, não me separando de ti um só momento!

– Amada companheira, falta-me a precisa coragem para consentir em tão grande imolação! Lembra-te de que a pobre Júlia poderá enlouquecer, ficando privada de todos os entes que mais ama na vida! Lembra-te de que ela vai ficar só, para uma acerba tarefa; e, combalida e insulada, talvez não resista ao golpe desferido em seu sensível coração...

– Ela não ficará só, meu amigo, pois tem uma corte de anjos terrestres a circundá-la... Os divinos protetores hão de ser incessantes sentinelas de nossa cara irmã, suavizando as angústias que lhe pungirão, certamente, o nobre coração... já tantas vezes ferido pelo punhal de rudes provas...

"Vamos orar, até que rompa a alvorada, fitando os olhos na apoteose do amanhecer... para que jamais a esqueçamos, mormente quando estivermos mergulhados nas trevas... luminosas de um cárcere, do mesmo cárcere onde se acham os nossos queridos filhinhos. Abre a janela, de par em par. Quero gravar na alma todos os aspectos desta noite decisiva para nossos atribulados Espíritos..."

– Sou um covarde, Norma querida, porque não tenho o ânimo preciso para repelir o que me propões, com heroicidade: a imolação de tua luminosa existência!

— Não te considero um covarde, Estênio; não aceitaste com indiferença a minha renúncia à vida, mas compreendeste, tanto quanto eu, que as nossas almas são inseparáveis, e juntas hão de comparecer ao tribunal divino...

— Seja feita a vontade do Pai de infinita misericórdia, assim na Terra como no Céu! – exclamou Estênio, levantando-se para abrir a janela.

Um hausto de ar gelado inundou o aposento.

Norma tentou desvendar as sombras noturnas para olhar o calabouço, que, qual mole de trevas, estava a pouca distância do aposento, que ela e o esposo ocupavam.

— Como custava ainda o romper do dia! – exclamou ela, com voz trêmula. — Tenho a impressão de que jamais meus olhos mortais hão de vê-los! Compreendo, meu amigo, que meus lábios transmitiram salutares conselhos... para as horas supremas da vida... Tuas palavras de há pouco fizeram-me perceber essa verdade...

— Elas me deixaram perplexo, Norma...

— Muitas vezes entrevemos a luz... por um orifício diminuto, Estênio...

Enlaçados ternamente, com as lágrimas bailando nas pálpebras, fizeram ambos mais uma prece muda e fervorosa, rogando as inspirações do Alto, para consumarem cristãmente as suas angustiosas provas planetárias...

Como se houvesse uma misteriosa transmissão de suas almas para as dos encarcerados, irrompeu, de repente, um suave murmúrio de vozes, modulações dolentes, que subiram do fundo da prisão para as trevas daquela noite aterradora, e que, certamente, além da estratosfera, se transformariam em harmonias incomparáveis, em harpejos maviosos que Deus havia de escutar compadecido, abençoando-as.

Eram os cristãos prisioneiros que oravam, almas enclausuradas na matéria, prestes a libertarem-se de seus liames efêmeros; aliados pelo mesmo ideal sublime, o da redenção de seus

Espíritos em árduas provas; coligados na vida terrena e por toda a imortalidade.

Ouvindo aquele hino dolente e comovedor, Estênio e Norma logo recordaram que ele fora composto por Plínio, quando se sentiu propenso ao novo credo, recebendo em seu Espírito rebelado as primeiras vibrações da fé.

– Ouves, Estênio? – interpelou a esposa, soluçante.

– Sim, querida de minha alma! Como poderia esquecer-me desse hino, se ele está gravado, de há muito, no meu coração? Estará lá a harpa do nosso Pedro, Norma? Mas que digo eu? Entoam esse hino na harpa que ninguém, na Terra, lhes poderá tirar, na harpa de suas próprias almas vibrantes do mais excelso amor, o que consagramos a Jesus e ao Criador do Universo!

– Também *eles* não dormem, velam conosco! É a mensagem da saudade que ora nos enviam... supondo que estamos longe, no *Castelo das Sombras*! Parece-me, Estênio, que já não são eles que cantam: são as trevas que choram; é a própria Terra, infelicitada pela maldade humana, que reza e soluça como nós! É do seio do mundo, de seu coração de fogo, que parte essa vibração, que há de atingir o firmamento, em busca de Deus e de Jesus, a síntese da Justiça e da Misericórdia incomparáveis!...

– Confiemos no Senhor, querida. Estes cânticos dolorosos, que ouvimos emocionados, hão de despertar os arautos divinos, as sentinelas siderais... que virão, pressurosas, em socorro de tantos infelizes... Jesus, certamente, está perto de nós, escutando o mesmo hino comovedor que lhe é consagrado... e há de amparar-nos, com as falanges de arcanjos que o cercaram no Horto das Oliveiras, a fim de sorver, até à derradeira gota, o cálice dourado das amarguras, das *dores supremas*! Vamos juntar às vibrações de suas almas as das nossas, com as asas das preces... Já recebemos as suas mensagens afetuosas; sabemos que pensam em seus desolados genitores... Vamos, agora, enviar-lhe as nossas... Vamos entoar, baixinho, enquanto todos dormem e imperam as sombras da noite, aquele hino que

Plínio compôs, antes de partir para sua dolorosa peregrinação... Ele e Pedro hão de sentir... que estamos perto.

Com uma voz suave – mais soluço do que cântico – Norma e o consorte entoaram o plangente hino que o primogênito havia composto nos primeiros arroubos de fé, fazendo-se acompanhar pelo ceguinho, na harpa dedilhada por este:

> *Vinde, Jesus, nortear-nos*
> *para o Céu o coração!*
> *Vinde acolher nossas preces*
> *– as flores da gratidão!*
> *Buscam elas vosso seio*
> *– abrigo de ovelha mansa –*
> *e vinde dar-nos conforto,*
> *muita fé, muita esperança!*

Mal soara a derradeira palavra do cântico profundo, algo de extraordinário ocorrera em Salerno: um estrépito fragoroso, um abalo sísmico aterrador, um ruído ensurdecedor, fez as casas trepidarem nos alicerces, parecendo afetadas de uma convulsão coletiva, dançando tragicamente, ao clamor de uma apavorante trovoada, que não provinha das nuvens em colisão, mas das entranhas da Terra, que, dir-se-ia, estava sendo abalada por alviões de titãs invisíveis enlouquecidos. Dir-se-ia, também, que as habitações, moles compactas de argila, pedras e madeiras, se desconjuntaram a um só tempo, atingidas por uma coreia incoercível, impulsionadas por um ciclone devastador, ou, talvez, ensaiando uma dança macabra, para um lúgubre festim das trevas eternas...

Gritos de terror e sofrimento cortaram os ares. Moradas e criaturas humanas desapareceram no solo, tudo tragado pelo sorvedouro monstruoso das fendas, como se estas fossem fauces de leões famulentos que houvessem encontrado avezinhas adormecidas e todas desaparecessem nos seus esôfagos insaciáveis...

Gritos de angústia, choros convulsivos, brados de pavor... formaram uma rumorosa filarmônica para acompanhar o último ato de uma tragédia coletiva...

....

No dia imediato ao do sinistro, verificaram os poucos sobreviventes dos arredores de Salerno que alguns quarteirões se haviam sumido, como por efeito de apavorante sortilégio...

Não prossigamos, pois, a nossa pungente narração, para que não tenha ela uma duração infinita...

Aqui termina a – *Dor suprema* – de alguns Espíritos que, trilhando já o carreiro do bem, tiveram provas mais torturantes do que as de seus companheiros de peregrinação planetária, a fim de que fossem aquilatadas as suas potências psíquicas. São necessários os grandes terremotos morais, o harmatão vigoroso dos infortúnios, os padecimentos superlativos para que as almas – comparsas de trágicos acontecimentos – se libertem de erros seculares, e entrem, definitivamente, no carreiro do labor, da virtude e do sacrifício redentores!

As mortes violentas, quase sempre, são a sequência de existências dramáticas, agitadas por delitos horripilantes... Nenhuma alma, porém, fica eternamente acorrentada à masmorra das sombras, que é a Terra.

Todos os seres humanos têm que ascender ao Infinito, para Deus.

São suas almas centelhas inextinguíveis, que se desprendem da forja celeste, do núcleo divino, voam pelo Universo, iluminam-se pela prática das virtudes, do dever, do trabalho e da justiça; e, finalmente, transformadas em falenas siderais, buscam, por todo o sempre, as rosas fulgurantes, que são os astros radiosos que pairam no azul, de onde já foram banidas as trevas que lá jamais encontrarão abrigo!

No local onde estava edificada a formosa cidade de Salerno – em que imperavam primores de Arte, de arquitetura apurada, habitações principescas, havia agora, à flor do solo, escombros fumegantes, ruínas desoladoras... Nenhum rumor pela acrópole que se metamorfoseara, às súbitas, em extensa necrópole... Parecia que um carcinoma, de dimensões incalculáveis, havia devorado tudo o que existira sobre o mundo sublunar... Os prisioneiros cristãos e todos os que se achavam nas proximidades do calabouço tinham sido tragados pela voragem insondável cavada no solo, ao furor do abalo sísmico... O romance, que ora termina, não está, realmente, consumado, pois as suas personagens são imperecíveis e ele continuará por todo o galopar dos milênios! ...

A neblina viva e luminosa – constituída por miríades de almas libertas em um só instante – alçou-se, dos escombros fumegantes, tomou formas humanas, e, algumas destas, atingiram o Espaço, alçadas, naves de luz e névoas, escoltadas pelos mensageiros siderais, a fim de que despertassem em alguma ditosa região do Universo – conforme as conquistas espirituais efetuadas no planeta das lágrimas... tornando-se, desse modo, habitantes da Criação, cujas pátrias não têm limites, nem fronteiras!

ELUCIDAÇÕES

Muitos leitores, talvez, do romance mediúnico – *Dor suprema* – hão de estranhar que, em suas páginas, se verifiquem fenômenos psíquicos, e que algumas de suas personagens acreditassem na palingenesia, ou lei das reencarnações, numa era muito afastada da codificação do Espiritismo por um dos luminares da Humanidade, Allan Kardec, na França...

Eu lhes direi que as manifestações dos Espíritos existiram sempre no mundo sublunar, em todas as eras, desde muito antes da primeira cena da *Bíblia*, com a aparição de Jeová que expendeu diversas determinações aos habitantes do paraíso terreal, até os nossos dias.

Para me não alongar, porém, demasiadamente, com centenas de fatos espíritas comprobantes de minhas asseverações, transcrevo alguns trechos da magistral conferência – "A reencarnação na *Bíblia* e na História" – do Dr. Correia de Araújo, realizada no templo de Ebnezer, do Maranhão, em 1925:

"A reencarnação é uma doutrina antiqüíssima e tão universal como a doutrina da imortalidade de que é ela o corolário lógico.

Crêem na reencarnação mais de 650 milhões de pessoas do Oriente e mais de 50 milhões no Ocidente. Esotérica e exotericamente, ela tem sido ensinada por todas as religiões. Os gregos criam que as almas, depois de alguns séculos, bebiam água do Letes para esquecimento das suas vidas passadas, e voltavam em seguida à Terra."

Creram nos fenômenos psíquicos Moisés e Maomé, pois escreveram o *Decálogo* e o *Alcorão*, por inspiração do *Espírito Divino*, sendo, assim, segundo suas próprias afirmações, médiuns de Deus.

Pitágoras, Platão, Jesus, Buda, criam nas reencarnações.

Os profetas, os iluminados, as pitonisas, os oráculos, os inspirados, os magos – eram os médiuns da Antiguidade. Foram as faculdades psíquicas cabalmente demonstradas nos templos de Delfos e de Elêusis, na Grécia, mas ficaram ignoradas as que ocorreram no recesso dos lares.

Foram observadas no antigo e no novo continente, pois é notório que os selvagens americanos eram animistas, realizando ruidosos cultos aos desencarnados e escolhiam os seus dirigentes dentre os que possuíssem faculdades mediúnicas mais desenvolvidas, os chamados pajés.

Não devem, pois, causar surpresa aos leitores de *Dor suprema* os fenômenos nela descritos, tratando-se de Espíritos evolvidos e que já possuíam conhecimentos das religiões do Oriente e da doutrina pitagórica, que antecedeu o advento do Cristianismo. Lembre-se também de que suas páginas foram ditadas pelo emérito reencarnacionista, Victor Hugo, com a lucidez que lhe é peculiar. Relatou ele o que, certamente, observou através dos séculos, pois o seu Espírito fúlgido, de grande tirocínio, deve ter sido habitante deste planeta desde épocas imemoriais, e, durante milênios, já conseguiu ser águia divina, entidade sideral que já pode desvendar os arcanos deste orbe e os dos mundos radiosos do Universo!

Aceitemos as suas experiências seculares, adquiridas no plano terreno e no sideral.

Eu nelas creio, com fé inabalável!

ZILDA GAMA
Belo Horizonte, 26 de janeiro de 1939.

O QUE É ESPIRITISMO?

O Espiritismo é um conjunto de princípios e leis revelados por Espíritos Superiores ao educador francês Allan Kardec, que compilou o material em cinco obras que ficariam conhecidas posteriormente como a Codificação: *O livro dos espíritos, O livro dos médiuns, O evangelho segundo o espiritismo, O céu e o inferno* e *A gênese*.

Como uma nova ciência, o Espiritismo veio apresentar à Humanidade, com provas indiscutíveis, a existência e a natureza do Mundo Espiritual, além de suas relações com o mundo físico. A partir dessas evidências, o Mundo Espiritual deixa de ser algo sobrenatural e passa a ser considerado como inesgotável força da Natureza, fonte viva de inúmeros fenômenos até hoje incompreendidos e, por esse motivo, são tidos como fantasiosos e extraordinários.

Jesus Cristo ressaltou a relação entre homem e Espírito por várias vezes durante sua jornada na Terra, e talvez alguns de seus ensinamentos pareçam incompreensíveis ou sejam erroneamente interpretados por não se perceber essa associação. O Espiritismo surge então como uma chave, que esclarece e explica as palavras do Mestre.

A Doutrina Espírita revela novos e profundos conceitos sobre Deus, o Universo, a Humanidade, os Espíritos e as leis que regem a vida. Ela merece ser estudada, analisada e praticada todos os dias de nossa existência, pois o seu valioso conteúdo servirá de grande impulso à nossa evolução.

FEB editora
Livro espírita para um novo mundo
www.febeditora.com.br
@febeditoraoficial
@febeditora

Conselho editorial:
Carlos Roberto Campetti
Cirne Ferreira de Araújo
Evandro Noleto Bezerra
Geraldo Campetti Sobrinho – Coord. Editorial
Jorge Godinho Barreto Nery – Presidente
Maria de Lourdes Pereira de Oliveira
Miriam Lúcia Herrera Masotti Dusi

Produção editorial:
Elizabete de Jesus Moreira

Revisão:
Elizabete de Jesus Moreira

Capa:
Thiago Pereira Campos

Projeto Gráfico:
Júlio Moreira

Diagramação:
Rones José Silvano de Lima – instagram.com/bookebooks_designer

Foto de capa:
www.istockphoto.com / IvanBastien

Normalização técnica:
Biblioteca de Obras Raras e Documentos Patrimoniais do Livro

Esta edição foi impressa no sistema de Impressão pequenas tiragens, em formato fechado de 140x210 mm e com mancha de 104x173 mm. Os papéis utilizados foram o Off white 80 g/m² para o miolo e o Cartão 250 g/m² para a capa. O texto principal foi composto em Minion Pro 12,5/16,85 e os títulos em Requiem 20/16,85. Impresso no Brasil. *Presita en Brazilo.*